변리사 시험 2차 대비

조현중 특허법

2차 기본서

제4판

변리사 조현중

자현장

PREFACE

4th edition

본 교재는 2차 시험 준비를 위한 특허법 기본서입니다.

1. 2022.10.18. 시행법과 2023.8.31.까지 선고된 판례를 반영하였습니다.
2. 기출문제로 출제된 쟁점 모두 정리하였습니다.
3. 출제 가능성 있는 주요 판례, 법령, 학설을 정리하였습니다.
4. '조현중 특허법 2차 사례집 핸드북' 교재와의 호환성을 위해 목차 및 문장을 '조현중 특허법 2차 사례집 핸드북' 내용으로 정리하였습니다.

항상 많은 관심 가져주시는 독자 여러분께 진심으로 감사드립니다.

최대한의 도움 드릴 수 있도록 끊임없이 노력하겠습니다.

감사합니다.

2023년 09월 03일

변리사 조현중 올림

CONTENTS

PART 01 · 특허법 일반

제01장 • 특허법 개정 이력 ··· 002
제02장 • 특허법의 목적 (제1조) ··· 005

PART 02 · 특허에 관한 절차

제01장 • 절차능력 (제3조 내지 제5조) ·· 010
제02장 • 대리인 (제3조, 제6조 내지 제10조, 제12조) ································ 012
제03장 • 복수당사자의 대표 (특허법 제11조) ·· 015
제04장 • 방식 위반 절차의 처분 (제16조 내지 제17조) ······························ 017
제05장 • 기간 (제14조 내지 제15조) ·· 021
제06장 • 서류의 제출 및 송달 (제28조 등) ·· 024
제07장 • 수수료 (제82조 내지 제84조) ·· 028
제08장 • 절차의 취하·포기 ·· 032
제09장 • 절차의 효력 승계 및 속행 (제18조 내지 제19조) ························· 033
제10장 • 절차의 정지 (제20조 내지 제24조) ·· 035

PART 03 · 특허출원에 관한 절차

제01장 • 정당권리자의 보호 ·· 042
제02장 • 출원 시 제출서류 ·· 048
제03장 • 청구범위제출유예제도 (특허법 제42조의2) ································· 051

제04장 · 임시명세서 특허출원 (특허법 시행규칙 제21조) ·· 053
제05장 · 외국어특허출원 (특허법 제42조의3) ··· 056

PART 04 · 특허명세서

제01장 · 발명의 설명 기재방법 (제42조 제3항 제1호) ·· 060
제02장 · 배경기술 기재요건 (제42조 제3항 제2호) ·· 063
제03장 · 청구범위 기재방법 (제42조 제4항 및 제6항) ·· 066
제04장 · 다항제 기재방법 (제42조 제8항) ·· 070

PART 05 · 청구항 기재형식에 따른 쟁점

제01장 · 제법한정청구항 (PBP 청구항) ·· 074
제02장 · 젭슨 청구항 ··· 077
제03장 · 기능식 청구항 ·· 079
제04장 · 마쿠쉬 청구항 ·· 081

PART 06 · 발명의 주체와 관련된 쟁점

제01장 · 특허를 받을 수 있는 권리를 가지는 자 ··· 084
제02장 · 특허법상 권리의 이전 ··· 086
제03장 · 특허법상 공유 ·· 090
제04장 · 직무발명 ·· 097

CONTENTS

PART 07 · 특허요건

제01장 • 발명의 성립성 (제2조 제1호) ·········· 106
제02장 • 특허법과 실용신안법의 대비 ·········· 110
제03장 • 외국인의 권리능력 (특허법 제25조) ·········· 112
제04장 • 특허를 받을 수 있는 권리 (특허법 제33조 제1항 본문) ·········· 114
제05장 • 공동출원 (특허법 제44조) ·········· 116
제06장 • 산업상 이용가능성 (제29조) ·········· 119
제07장 • 신규성 (제29조 제1항 각호) ·········· 123
제08장 • 진보성 (제29조 제2항) ·········· 130
제09장 • 확대된 선출원주의 (제29조 제3항) ·········· 136
제10장 • 선출원주의 (제36조) ·········· 140
제11장 • 특허를 받을 수 없는 발명 (제32조) ·········· 145
제12장 • 하나의 특허출원의 범위 (제45조) ·········· 147

PART 08 · 특허 출원인을 위한 제도

제01장 • 공지예외적용주장 (제30조) ·········· 152
제02장 • 명세서 또는 도면의 보정 ·········· 156
제03장 • 분할출원 (특허법 제52조) ·········· 163
제04장 • 분리출원 (특허법 제52조의2) ·········· 168
제05장 • 변경출원 (특허법 제53조) ·········· 171
제06장 • 조약우선권주장 출원 (특허법 제54조) ·········· 175
제07장 • 국내우선권주장 출원 (특허법 제55조 및 제56조) ·········· 179

제08장 • 우선권 주장의 보정·추가 (특허법 제54조 제7항, 제55조 제7항) ·············· 184
제09장 • 절차 요약 ··· 185

PART 09 • 심사

제01장 • 심사제도 ·· 192
제02장 • 직권보정 제도 (특허법 제66조의2) ··· 208
제03장 • 직권재심사 제도 (특허법 제66조의3) ··· 210
제04장 • 재심사청구 제도 (특허법 제67조의2) ··· 212
제05장 • 출원공개 (특허법 제64조) ·· 216
제06장 • 보상금청구권 (특허법 제65조) ··· 219
제07장 • 국방상 필요한 발명 ·· 221
제08장 • 출원의 취하 또는 포기 ··· 223

PART 10 • 특허권 및 실시권

제01장 • 특허권 일반 ·· 226
제02장 • 특허권자의 의무 ··· 228
제03장 • 청구범위의 해석 ··· 230
제04장 • 특허료의 납부 등 (특허법 제79조) ·· 233
제05장 • 특허권의 발생 및 효력 등 ··· 240
제06장 • 존속기간 연장제도 ··· 249
제07장 • 실시권 일반 ·· 260
제08장 • 법정실시권 ··· 265

CONTENTS

제09장 • **선사용권 (제103조)** ·· 271
제10장 • **중용권 (제104조)** ·· 274
제11장 • **강제실시권** ··· 277
제12장 • **재정에 의한 통상실시권** ·· 282

PART 11 • 특허권 침해

제01장 • **침해의 성립요건 및 보호범위 판단방법** ································· 290
제02장 • **특허법상 실시** ··· 293
제03장 • **균등범위** ·· 296
제04장 • **간접침해 (제127조)** ·· 302
제05장 • **이용침해 (제98조)** ·· 310
제06장 • **생략침해** ·· 314
제07장 • **공동직접침해** ··· 315
제08장 • **무효사유항변, 자유실시기술항변, 실효의 항변** ······················ 316
제09장 • **권리소진이론** ·· 322
제10장 • **특허괴물 (Patent Troll)** ·· 325
제11장 • **무효사유가 없는 특허권 행사에 대한 제재** ····························· 326
제12장 • **표준특허와 FRAND 선언** ·· 328
제13장 • **침해에 대한 특허권자의 조치** ·· 330
제14장 • **손해배상청구 (제128조)** ·· 334
제15장 • **침해와 손해액의 입증에 있어 도움을 주는 규정** ······················ 341
제16장 • **벌칙** ··· 347

PART 12 · 특유발명

제01장 · 의약용도발명 ·· 356
제02장 · 컴퓨터 프로그램발명 ······································· 361
제03장 · 영업방법발명 (BM발명) ·································· 367
제04장 · 미생물발명 ··· 371
제05장 · 식물발명 ·· 377
제06장 · 동물발명 ·· 378
제07장 · 방법발명 ·· 379
제08장 · 선택발명 ·· 383
제09장 · 수치한정발명 ·· 387
제10장 · 파라미터발명 ·· 391

PART 13 · 특허심판

제01장 · 심판제도 일반 ··· 396
제02장 · 심판의 당사자 ··· 410
제03장 · 참가 (특허법 제155조 및 제156조) ················· 416
제04장 · 제척·기피·회피 ·· 419
제05장 · 중복심판청구의 금지 (특허법 제154조 제8항) ··· 423
제06장 · 일사부재리 (특허법 제163조) ·························· 425
제07장 · 심판 및 소송과의 관계 (특허법 제164조) ········ 431
제08장 · 특허취소신청 (제132조의2 내지 제132의15) ··· 433
제09장 · 거절결정불복심판 (특허법 제132조의17) ········· 441

CONTENTS

제10장 • 특허무효심판 (특허법 제133조) ········· 445
제11장 • 존속기간연장등록무효심판 (특허법 제134조) ········· 450
제12장 • 정정무효심판 (제137조) ········· 452
제13장 • 권리범위확인심판 (특허법 제135조) ········· 454
제14장 • 정정심판 (특허법 제136조) ········· 468
제15장 • 특허의 정정 (특허법 제133조의2) ········· 473
제16장 • 정정심판과 무효심판·침해소송과의 관계 ········· 477
제17장 • 재심 (특허법 제178조 내지 제185조) ········· 481

PART 14 • 심결취소소송

제01장 • 심결취소소송 일반 ········· 488
제02장 • 소의 이익 ········· 494
제03장 • 당사자 ········· 495
제04장 • 심리 ········· 498

PART 15 • 특허협력조약 (PCT)

제01장 • 국제출원 ········· 506
제02장 • 국제단계-국제조사 및 국제예비심사 등 (제198조의2) ········· 512
제03장 • 국내단계 및 기준일 (제199조 이하) ········· 516
제04장 • 국제특허출원의 특례 ········· 522

PART 01

특허법 일반

CHAPTER 01 특허법 개정 이력

■ 2017. 3. 1. 시행 개정법

- 추후보완 기간 연장 (제17조)
- 정당권리자출원에 대한 제척기간 삭제 (제35조)
- 복수의 오역 정정서 취급 (제42조의3 제7항 신설)
- 전문기관 지정 취소 근거 마련 (제58조의2)
- 심사청구기간 단축 (제59조 제2항)
- 조약우선권 주장의 기초출원에 대한 타국 심사 결과 제출 근거 규정 (제63조의3 신설)
- 직권보정제도 정비 (제66조의2)
- 직권재심사제도 도입 (제66조의3)
- 특허권 이전청구제도 도입 (제99조의2)
- 특허권 이전청구에 따른 통상실시권 도입 (제103조의2)
- 특허취소신청 제도 도입 (제132조의2 내지 15)
- 무효심판의 청구적격의 한정 (제133조 제1항 단서 삭제)
- 정정청구의 취하시기 명문으로 명확화 (제133조의2 제5항)
- 소송절차 중지 규정 정비 (제164조 제2항)
- 국제특허출원에 대한 복수의 오역 정정서 취급 (제201조 제7항)

■ 2017. 6. 3. 시행 개정법

- 전문기관 관련 조문 정비 (제58조)

■ 2017. 9. 22. 시행 개정법

- 특허표시 등에 관한 규정 정비 (제223조)
- 특허법상 벌칙에 따른 벌금 규정 정비 (제227조, 제228조, 제229조)

■ 2018. 5. 29. 시행 개정법

- 전문기관이 수행하는 선행기술조사 업무에 대한 관리 및 평가 규정 도입 (제58조 제3항)

■ 2018. 10. 18. 시행 개정법

- 전자화기관에 대한 시정조치 관련 규정 정비 (제217조의2 제7항)

■ 2019. 7. 9. 시행 개정법
- 실시료 배상규정의 개정 (제65조 제2항 등)
- 구체적 행위태양 제시의무 신설 (제126조의2)
- 징벌적 손해배상 제도 도입 (제 128조 제8항 및 제8항)
- 국선대리인 선임 근거 마련 (제139조의2)

■ 2020. 3. 11. 시행 개정법
- 방법발명의 실시범위 확대 및 인식요건 신설 (제2조 제3호 나목 개정, 제94조 제2항 신설)

■ 2020. 10. 20. 시행 개정법
- 침해죄 반의사불벌죄 변경 (제225조)

■ 2020. 12. 10. 시행 개정법
- 손해배상액 산정 규정 정비 (제128조 제2항 개정, 제3항 삭제)

■ 2021. 6. 23. 시행 개정법
- 우선 심사 사유 추가 (제61조 제3호 신설)

■ 2021. 10. 21. 시행 개정법
- 특허심판사건에 전문심리위원 참여 규정 신설 (제154조의2 신설 등)

■ 2021. 11. 18. 시행 개정법
- 직권보정 무효 간주 규정 신설(제66조의2 제6항 신설)
- 심사청구료의 반환 요건 완화 (제84조 제 1항 제5호, 같은 항 제5호의2 신설)
- 특허심판 절차에의「민사소송법」상 적시제출주의 도입 (제158조의2 신설)
- 심판사건의 산업재산권분쟁조정위원회 회부 제도 도입 (제164조의2 신설, 제217조 제1항 제1호의2 신설)

■ 2022. 2. 18. 시행 개정법
- 재난사태 또는 특별재난지역에 대한 특허료 등의 감면 사유 추가 (제83조 제2항)
- 부정한 방법의 특허료 감면 등에 대한 처벌 규정 신설 (제83조 제4항 신설)
- 특허심판원 지원 인력 법적 근거 마련 (제 132조의16 제3항 신설)

■ 2022. 4. 20. 시행 개정법

- 무효처분의 취소 등 출원인 권리 회복요건 완화 (제16조 제2항 등)
- 분할출원의 우선권주장 자동인정제도 도입 (제52조 제4,5항 신설)
- 분리출원 제도 도입 (제52조의2 신설)
- 국내우선권주장의 대상 확대 (제55조 제1항, 제56조제1항)
- 재심사청구 대상 확대 및 기간 연장 (제67조의2 제1항)
- 공유물 분할청구로 인한 특허권의 이전에 따른 법정실시권 명문화 (제122조)
- 거절결정 등에 대한 심판청구기간 연장 (제132조의17)

■ 2022. 10. 18. 시행 개정법

- 특허료 및 수수료 반환청구기간 연장 (제84조 제3항)

CHAPTER 02 특허법의 목적 (제1조)

> **제1조(목적)**
> 이 법은 발명을 보호·장려하고 그 이용을 도모함으로써 기술의 발전을 촉진하여 산업발전에 이바지함을 목적으로 한다.

1 서

(1) 특허법의 목적

특허법은 발명의 보호·장려 및 발명의 이용을 도모함으로써 기술발전을 촉진하여 산업발전에 이바지하는 데에 궁극적 목적이 있다. 산업입법의 취지를 규정한 제1조는 특허법 전 조문의 해석기준이 된다.

(2) 특허제도

1) 특허제도는 발명을 공개한 출원인으로 하여금 일정기간 동안 특허권이라는 독점·배타적 권리를 누리게 하고 일반 공중인 제3자는 그 공개된 발명을 이용할 수 있게 함으로써, 발명을 보호·장려하고 그 이용을 도모하여 기술의 발전을 촉진하여 산업발전에 이바지함을 목적으로 하는 제도이다(2017헌바513).

2) 이는 "저작자·발명가·과학기술자와 예술가의 권리는 법률로써 보호한다."고 규정한 헌법 제22조제2항에 근거하고 있다.

2 발명의 보호

(1) 실체적 보호

1) 특허를 받을 수 있는 권리에 의한 보호 (특허법 제33조 제1항)

특허를 받을 수 있는 권리는 발명의 완성에 의해 발명자에게 원시적으로 귀속되는 권리로서, 발명시부터 특허권의 설정등록시까지 인정되는 발명의 1차적 보호수단이며, 발명을 한 자 또는 그 승계인이 특허를 받을 수 있는 권리를 갖는다.

2) 보상금 청구권에 의한 보호 (특허법 제65조 제2항)

가. 특허출원인은 출원공개가 있은 후, 그 특허출원된 발명을 업으로서 실시한 자에게 출원 발명임을 서면으로 경고할 수 있다(특허법 제65조 제1항). 특허출원인은 이러한 경고를 받거나 출원공개된 발명임을 알고 그 특허출원된 발명을 업으로 실시한 자에게 그 경고를 받거나 출원공개된 발명임을 알았을 때부터 특허권의 설정등록을 할 때까지의 기간동안 그 특허발명의 실시에 대하여 합리적으로 받을 수 있는 금액에 상당하는 보상금 지급을 청구할 수 있다(특허법 제65조 제2항). 이는 출원 공개된 발명에 대한 제3자의 모방, 도용으로부터 출원인을 보호하기 위함이다.

나. 보상금 청구권의 행사는 특허권의 행사에는 영향을 미치지 아니하는 특허권과 독립적인 권리이나(특허법 제65조 제4항), 특허권이 설정등록된 후에만 행사할 수 있다는 점에서 해제조건부 채권적 권리이다(특허법 제65조 제3항). 이는 보상금 청구권이 특허요건을 만족하였는지 여부에 대한 심사가 완료되지 않은 특허를 받을 수 있는 권리에 기반한 권리라는 점에 착안한 것으로 부당한 권리행사를 방지하기 위함이다.

3) 특허권에 의한 보호 (특허법 제94조)

가. 특허권자는 업으로서 자신의 발명을 실시한 권리를 독점한다(특허법 제94조). 따라서 정당권원 없는 제3자가 특허발명을 업으로서 실시하면 특허권 침해가 성립되어 특허권자는 민, 형사상 조치를 취할 수 있다. 특허법은 특허권 보호의 실효성을 높이기 위한 방안으로 간접침해 (특허법 제127조), 손해액 추정 등 (특허법 제128조), 생산방법의 추정 (특허법 제129조), 과실 추정 (특허법 제130조), 구체적 행위태양 제시 의무(특허법 제126조의2), 감정사항 설명의무(특허법 제128조의2) 및 자료제출명령(특허법 제132조) 등의 규정을 두고 있다.

4) 선사용권 등에 의한 보호 (특허법 제103조 등)

가. 특허법은 특허출원하지 않고 발명을 노하우로 간직한 발명자에게도 불이익이 없도록 선사용권(특허법 제103조), 특허출원을 한 때부터 국내에 있던 물건(특허법 제96조 제1항 제3호) 등의 규정을 두고 있다.

(2) 절차적 보호

1) 설정등록 전

특허법은 심사주의를 원칙으로 하고 있는 바, 특허권을 부여 받기 위해서는 심사관의 심사 (특허법 제57조)를 거쳐 특허결정을 받아야 한다. 심사과정에 있어 출원인의 이익을 보호하기 위한 방안으로 의견서 제출기회(특허법 제63조 제1항), 공지예외 적용주장(특허법 제30조), 정당권리자 출원(특허법 제34조, 제35조), 명세서 및 도면의 보정(특허법 제47조), 분할출원(특허법 제52조), 분리출원(특허법 제52조의2), 변경출원(특허법 제53조, 실용신안법 제10조), 조약우선권주장 또는 국내우선권주장(특허법 제54조, 제55조), 조약우선권주장 또는 국내우선권주장의 보정 또는 추가(특허법 제54조 제7항, 제55조 제7항), 재심사청구(특허법 제67조의2), 거절결정불복심판청구(특허법 제132조의3) 등을 규정하고 있다.

2) 설정등록 후

특허법은 특허권자와 정당권리자의 이익을 보호하기 위한 방안으로 존속기간연장등록출원(특허법 제89조, 제92조의2내지5), 특허의 정정·정정심판(특허법 제132조의3, 제133조의2, 제136조), 특허권 이전등록청구(특허법 제99조의2) 등을 규정하고 있다.

3 발명의 장려 – 특허료의 감면(특허법 제83조), 발명진흥보조금의 지급(발명진흥법 제4조)

특허법은 발명의 공개에 대한 반대급브로 독점, 배타권인 특허권을 부여함으로써 발명의 창작 의욕을 고취시키고, 비용적인 관점에서 '발명 장려 보조금의 지급 규정(발명진흥법 제4조)' 및 '출원료, 심사청구료, 최초 3년분의 특허료의 감면 규정(특허법 제83조, 특허료 등의 징수규칙 제7조)' 등을 통해 발명을 장려한다.

4 발명의 이용도모

(1) 특허권자의 실시 및 특허권자의 실시의무 존부

특허권자는 업으로서 자신의 특허발명을 실시할 권리를 독점한다(특허법 제94조). 한편, 특허권자의 실시의무에 대한 적극적 규정은 없으나, 특허권은 독점, 배타권이라는 점, 발명이 실제 산업에서 실시되어야 산업발전이라는 특허제도의 목적을 달성할 수 있다는 점에 착안하여 소극적 측면에서 재정에 의한 통상실시권(특허법 제107조) 규정을 두고 있다.

(2) 제3자의 실시

1) 제3자는 특허권자와의 계약을 통해 실시권을 설정 받아 정당하게 실시할 수 있고(특허법 제100조, 제102조), 그렇지 않더라도 특허권의 효력이 제한되는 경우가 있으며(특허법 제94조 제2항, 제95조, 제96조, 법정실시권, 강제실시권, 효력제한기간), 특허권의 존속기간을 제한하여 특허권 소멸 후에는 누구든지 자유롭게 당해 발명을 실시할 수 있도록 하고 있다(특허법 제88조).

2) 특허법은 출원공개(특허법 제64조), 등록공고제도(특허법 제87조 제3항)를 두어 당해 발명이 제3자에게 기술문헌으로서의 역할을 할 수 있도록 한다.

5 특허와 노하우(영업비밀)의 대비

(1) 노하우의 의의 및 취지

노하우라 함은 비밀리에 관리되는 기술적 지식이나 경험을 말한다. 특허출원된 발명도 공개되기 이전에는 노하우로 볼 수 있다.

(2) 특허와 노하우의 비교

1) 공개여부

특허는 공개가 필수적·강제적(특허법 제64조, 제87조 제3항)인 관계로 법률상 독점·배타성을 인정허(특허법 제94조) 권리 침해가 있는 경우 민·형사적 조치에 따른 구제가 가능하나, 노하우는 비밀 유지가 가능한 반면 부정경쟁방지 및 영업비밀보호어 관한 법률에 따른 특별한 경우를 제외하고는 독점·배타성이 인정되지 않을 수 있다.

2) 보호요건
특허는 심사 후 등록의 절차가 필수이며 등록을 위해서는 산업상 이용가능성, 신규성, 진보성 등의 요건을 구비 해야 하나, 노하우는 등록절차가 필수가 아니고 등록할 때도 요건이 특별하지 않다.

3) 보호기간
특허는 발명이 공개되고 존속기간이 유한(특허법 제88조)하여 일정기간 후에는 제3자의 모방이 가능하나, 노하우는 비밀로 유지할 수 있다면 영속적으로 제3자의 모방을 차단할 수 있다.

PART 02

특허에 관한 절차

CHAPTER 01 절차능력 (제3조 내지 제5조)

제3조(미성년자 등의 행위능력)
① 미성년자·피한정후견인 또는 피성년후견인은 법정대리인에 의하지 아니하면 특허에 관한 출원·청구, 그 밖의 절차(이하 "특허에 관한 절차"라 한다)를 밟을 수 없다. 다만, 미성년자와 피한정후견인이 독립하여 법률행위를 할 수 있는 경우에는 그러하지 아니하다.
② 제1항의 법정대리인은 후견감독인의 동의 없이 제132조의2에 따른 특허취소신청(이하 "특허취소신청"이라 한다)이나 상대방이 청구한 심판 또는 재심에 대한 절차를 밟을 수 있다.

제4조(법인이 아닌 사단 등)
법인이 아닌 사단 또는 재단으로서 대표자나 관리인이 정하여져 있는 경우에는 그 사단 또는 재단의 이름으로 출원심사의 청구인, 특허취소신청인, 심판의 청구인·피청구인 또는 재심의 청구인·피청구인이 될 수 있다.

제5조(재외자의 특허관리인)
① 국내에 주소 또는 영업소가 없는 자(이하 "재외자"라 한다)는 재외자(법인의 경우에는 그 대표자)가 국내에 체류하는 경우를 제외하고는 그 재외자의 특허에 관한 대리인으로서 국내에 주소 또는 영업소가 있는 자(이하 "특허관리인"이라 한다)에 의해서만 특허에 관한 절차를 밟거나 이 법 또는 이 법에 따른 명령에 따라 행정청이 한 처분에 대하여 소(訴)를 제기할 수 있다.
② 특허관리인은 위임된 권한의 범위에서 특허에 관한 모든 절차 및 이 법 또는 이 법에 따른 명령에 따라 행정청이 한 처분에 관한 소송에서 본인을 대리한다.

제7조의2(행위능력 등의 흠에 대한 추인)
행위능력 또는 법정대리권이 없거나 특허에 관한 절차를 밟는 데 필요한 권한의 위임에 흠이 있는 자가 밟은 절차는 보정(補正)된 당사자나 법정대리인이 추인하면 행위를 한 때로 소급하여 그 효력이 발생한다.

제206조(재외자의 특허관리인의 특례)
① 재외자인 국제특허출원의 출원인은 기준일까지는 제5조제1항에도 불구하고 특허관리인에 의하지 아니하고 특허에 관한 절차를 밟을 수 있다.
② 제201조제1항에 따라 국어번역문을 제출한 재외자는 산업통상자원부령으로 정하는 기간에 특허관리인을 선임하여 특허청장에게 신고하여야 한다.
③ 제2항에 따른 선임신고가 없으면 그 국제특허출원은 취하된 것으로 본다.

1 의의 및 취지

절차능력이란, 당사자로서 스스로 유효하게 특허에 관한 절차[1]상의 행위를 하거나 그 효과를 받을 수 있는 능력을 말한다. 특허법은 특허청·특허심판원과의 원활한 절차 진행과 행위무능력자의 보호를 위해 절차능력에 관한 규정을 두고 있다.

---

[1] '특허에 관한 절차'란 '특허에 관한 출원·청구 기타의 절차'를 말하며, 특허청이나 특허심판원에서의 절차에 관한 사항을 포함하나 여기에는 '심결에 대한 소'에 관한 절차는 포함되지 아니한다고 할 것이다(2013후1573).

2 미성년자, 피한정후견인 및 피성년후견인 (특허법 제3조)

(1) 법정대리인에 의하지 않으면 특허에 관한 절차를 밟을 수 없다.
(2) 단 독립하여 법률행위를 할 수 있는 경우에는 그러하지 아니하다.
(3) 흠결 시 절차보정 명령(제46조)후 절차 무효(제16조)될 수 있다.

3 비법인 사단, 재단 (특허법 제4조)

(1) 비법인 사단은 권리능력이 없으므로 특허에 관한 권리의 주체 및 특허출원인 등이 될 수 없다. 흠결 시 소명기회 부여 후(시행규칙 제11조 제1항 제1호)후 반려 처분된다.
(2) 하지만 대표자나 관리인이 정해져 있는 경우 그 사단 또는 재단의 이름으로 출원심사의 청구인, 특허취소신청인 등의 권리능력을 전제로 하지 않는 절차는 밟을 수 있다. 흠결 시 절차보정 명령(제46조)후 절차 무효(제16조)될 수 있다.

4 재외자 (제5조)

(1) 원칙

재외자는 특허관리인에 의해서만 특허에 관한 절차를 밟거나 행정청이 한 처분에 대하여 소를 제기할 수 있다. 이는 재외자와의 절차 수행상 어려움 및 번잡함을 피하기 위함이다.

(2) 예외

다만, ⅰ) 재외자가 국내에 체류하는 경우(제5조 제1항) 또는 ⅱ) 국제특허출원의 출원인의 경우 기준일까지는 특허관리인에 의하지 않고 특허에 관한 절차를 밟을 수 있다.[2]

(3) 흠결 시 취급

1) 소명기회 부여 후 반려처분된다. (시행규칙 제11조)

2) 특허관리인에 의하지 않고 진행된 절차의 취급

判例는 특허관리인제도는 국내에 거주하지 않는 자와 절차를 수행함에 따른 번잡과 절차 지연을 피함으로써 원활한 절차수행을 위함에 그 의의가 있다는 점에 비추어, 특허관리인에 의하지 아니한 채 제출된 서류를 반려하지 아니하고 이를 수리하여 특허에 관한 절차를 진행한 경우라면 특허청장은 제출된 서류의 하자를 주장할 수는 없다고 판시하였다(2003후182).

---

2) 국제특허출원인은 기준일로부터 2개월 내에 특허관리인을 선임하여 특허청장에게 신고하여야 하며, 그러하지 아니한 경우 그 국제특허출원은 취하된 것으로 본다(제206조).

CHAPTER 02 대리인 (제3조, 제6조 내지 제10조, 제12조)

제6조(대리권의 범위)
국내에 주소 또는 영업소가 있는 자로부터 특허에 관한 절차를 밟을 것을 위임받은 대리인은 특별히 권한을 위임받아야만 다음 각 호의 어느 하나에 해당하는 행위를 할 수 있다. 특허관리인의 경우에도 또한 같다.
1. 특허출원의 변경·포기·취하
2. 특허권의 포기
3. 특허권 존속기간의 연장등록출원의 취하
4. 신청의 취하
5. 청구의 취하
6. 제55조제1항에 따른 우선권 주장 또는 그 취하
7. 제132조의17에 따른 심판청구
8. 복대리인의 선임

제7조(대리권의 증명)
특허에 관한 절차를 밟는 자의 대리인(특허관리인을 포함한다. 이하 같다)의 대리권은 서면으로써 증명하여야 한다.

제7조의2(행위능력 등의 흠에 대한 추인)
행위능력 또는 법정대리권이 없거나 특허에 관한 절차를 밟는 데 필요한 권한의 위임에 흠이 있는 자가 밟은 절차는 보정(補正)된 당사자나 법정대리인이 추인하면 행위를 한 때로 소급하여 그 효력이 발생한다.

제8조(대리권의 불소멸)
특허에 관한 절차를 밟는 자의 위임을 받은 대리인의 대리권은 다음 각 호의 어느 하나에 해당하는 사유가 있어도 소멸하지 아니한다.
1. 본인의 사망이나 행위능력의 상실
2. 본인인 법인의 합병에 의한 소멸
3. 본인인 수탁자(受託者)의 신탁임무 종료
4. 법정대리인의 사망이나 행위능력의 상실
5. 법정대리인의 대리권 소멸이나 변경

제9조(개별대리)
특허에 관한 절차를 밟는 자의 대리인이 2인 이상이면 특허청장 또는 특허심판원장에 대하여 각각의 대리인이 본인을 대리한다.

제10조(대리인의 선임 또는 교체 명령 등)
① 특허청장 또는 제145조제1항에 따라 지정된 심판장(이하 "심판장"이라 한다)은 특허에 관한 절차를 밟는 자가 그 절차를 원활히 수행할 수 없거나 구술심리(口述審理)에서 진술할 능력이 없다고 인정되는 등 그 절차를 밟는 데 적당하지 아니하다고 인정되면 대리인을 선임하여 그 절차를 밟을 것을 명할 수 있다.

② 특허청장 또는 심판장은 특허에 관한 절차를 밟는 자의 대리인이 그 절차를 원활히 수행할 수 없거나 구술심리에서 진술할 능력이 없다고 인정되는 등 그 절차를 밟는 데 적당하지 아니하다고 인정되면 그 대리인을 바꿀 것을 명할 수 있다. 〈개정 2019. 12. 10.〉
③ 특허청장 또는 심판장은 제1항 및 제2항의 경우에 변리사로 하여금 대리하게 할 것을 명할 수 있다.
④ 특허청장 또는 심판장은 제1항 또는 제2항에 따라 대리인의 선임 또는 교체 명령을 한 경우에는 제1항에 따른 특허에 관한 절차를 밟는 자 또는 제2항에 따른 대리인이 그 전에 특허청장 또는 특허심판원장에 대하여 한 특허에 관한 절차의 전부 또는 일부를 무효로 할 수 있다.

제12조(「민사소송법」의 준용)
대리인에 관하여는 이 법에 특별한 규정이 있는 경우를 제외하고는 「민사소송법」 제1편 제2장 제4절을 준용한다.

1 법정대리인 (제3조)

(1) 의의

법정대리인은 당사자의 의사와 무관하게 법률의 규정이나 법원의 선임에 의하여 대리인이 된 자이다(제3조). 이는 당사자 보호를 위함이다.

(2) 대리권 범위

1) 법정대리인 중 친권자는 대리 행위에 있어 제한이 없다.
2) 법정대리인 중 후견인은 ⅰ)후견감독인의 동의가 있어야 대리 행위를 할 수 있으나, ⅱ) 특허취소신청이나 상대방이 청구한 심판 등의 절차에서는 그렇지 아니하다.

2 임의대리인

(1) 의의

임의대리인은 당사자의 의사에 따라 대리인이 된 자이다. 포괄위임을 받은 대리인은 포괄위임 범위 내에서 출원인을 위해 서류의 제출 및 수령을 대신할 수 있다. 이는 당사자의 절차 진행의 편의성을 위함이다.

(2) 대리권의 범위 (제6조)

1) 임의대리인은 본인으로부터 위임받은 절차를 대리할 수 있으며[3], 대리인이 행한 법률
   행위의 효력은 본인에게 귀속한다.

---

[3] 判例는 심결취소소송에서 심결을 취소하는 판결이 확정됨에 따라 특허심판원이 심판사건을 다시 심리하게 되는 경우 아직 심결이없는 상태이므로 종전 심판절차에서의 대리인의 다리권은 다시 부활하고, 당사자가 심결취소소송에서 다른 소송대리인을 선임하였다고 하여 달라지는 것은 아니 라고 판시한다(2006허978).

2) 본인에게 중대한 영향을 초래할 수 있는 절차나 본인의 의사를 재확인하는 것이 타당한 절차에 대하여는 제6조 각호를 통해 특별수권사항으로 규정한다.

(3) 쌍방대리 금지 원칙

1) 민법 제124조에 의해 법률상 쌍방대리는 허용되지 않으며, 변리사법 제7조에서는 변리사는 상대방의 대리인으로서 취급한 사건에 대하여는 업무를 수행할 수 없음을 규정한다.

2) 判例는 어떤 특허에 대한 출원, 심판 및 소송절차에서 당사자 일방의 대리인으로 사건을 취급한 적 있는 경우에, 그 절차의 종결 후 동일한 특허에 관한 별개의 절차에서 상대방을 대리하는 것은 쌍방대리에 해당하지 않는다고 판시한 바 있다(2007허4816).

3 기타

그 외 대리인 관련 규정으로서 대리권의 서면 증명 (제7조), 행위능력 등의 흠에 대한 추인의 소급효 (제7조의2), 본인의 사망·능력 상실 등의 경우 임의대리권 불소멸 (제8조), 개별대리의 원칙 (제9조), 민사소송법의 준용 (제12조) 및 절차 진행이 원활하지 않은 경우 대리인의 선임 또는 교체 명령 등이 있다(제10조).

복수당사자의 대표 (특허법 제11조)

> **제11조(복수당사자의 대표)**
> ① 2인 이상이 특허에 관한 절차를 밟을 때에는 다음 각 호의 어느 하나에 해당하는 사항을 제외하고는 각자가 모두를 대표한다. 다만, 대표자를 선정하여 특허청장 또는 특허심판원장에게 신고하면 그 대표자만이 모두를 대표할 수 있다.
> 1. 특허출원의 변경·포기·취하
> 2. 특허권 존속기간의 연장등록출원의 취하
> 3. 신청의 취하
> 4. 청구의 취하
> 5. 제55조제1항에 따른 우선권 주장 또는 그 취하
> 6. 제132조의17에 따른 심판청구
> ② 제1항 단서에 따라 대표자를 선정하여 신고하는 경우에는 대표자로 선임된 사실을 서면으로 증명하여야 한다.

1 각자 대표의 원칙

2인 이상이 특허에 관한 절차를 밟을 때에는 i) 특허출원 변경·포기·취하, ii) 존속기간연장등록출원 취하, iii) 신청 취하, iv) 청구 취하, v) 국내우선권 주장 또는 그 취하, vi) 거절결정불복심판청구에 해당하는 사항을 제외하고는 각자가 모두를 대표한다.

2 대표자의 선임·신고된 경우

(1) 대표자를 선정·신고한 경우 대표자가 전원을 대표한다.[4]
(2) 다만, 제11조 제1항 각호의 행위 시 대표자는 절차를 수행할 수 있으나 나머지 당사자들의 동의를 요한다.

3 공동출원인에 대한 송달 관련 判例

1) 1인에 대한 송달 관련

判例는 i) 공동출원인이 대표자를 선정하지 아니한 이상 거절결정등본의 송달도 공동출원인중 1인에 대하여만 하면 전원에 대하여도 동일한 효과가 발생하며, ii) 나아가 공동출원인 중 가장 위쪽에 기재되었다는 사유만으로 원고가 자동으로 대표자가 된다고 볼 수 없다고 판시한다(2008허1647).

---

[4] 다만 대표자가 있더라도 특허출원(제44조), 존속기간연장등록출원(제90조, 제92조의3), 심판청구(제139조) 등과 같은 특별한 규정이 있는 경우 전원이 절차를 밟아야 한다.

2) 공시송달 요건 관련

判例는 공동출원인에 대하여 공시송달(제219조 제 1항)을 하기 위해서는 '공동출원인 전원의 주소 또는 영업소가 불분명하여 송달받을 수 없는 때'에 해당하여야 하고, 이러한 공시송달 요건이 구비되지 않은 상태에서 공동출원인 중 1인에 대한 공시송달은 부적법하여 그 효력이 발생하지 않는다고 판시하였다(2003후182).

CHAPTER 04. 방식 위반 절차의 처분 (제16조 내지 제17조)

> **제16조(절차의 무효)**
> ① 특허청장 또는 특허심판원장은 제46조에 따른 보정명령을 받은 자가 지정된 기간에 그 보정을 하지 아니하면 특허에 관한 절차를 무효로 할 수 있다. 다만, 제82조제2항에 따른 심사청구료를 내지 아니하여 보정명령을 받은 자가 지정된 기간에 그 심사청구료를 내지 아니하면 특허출원서에 첨부한 명세서에 관한 보정을 무효로 할 수 있다.
> ② 특허청장 또는 특허심판원장은 제1항에 따라 특허에 관한 절차가 무효로 된 경우로서 지정된 기간을 지키지 못한 것이 정당한 사유에 의한 것으로 인정될 때에는 그 사유가 소멸한 날부터 2개월 이내에 보정명령을 받은 자의 청구에 따라 그 무효처분을 취소할 수 있다. 다만, 지정된 기간의 만료일부터 1년이 지났을 때에는 그러하지 아니하다.
> ③ 특허청장 또는 특허심판원장은 제1항 본문·단서에 따른 무효처분 또는 제2항 본문에 따른 무효처분의 취소처분을 할 때에는 그 보정명령을 받은 자에게 처분통지서를 송달하여야 한다.
>
> **제46조(절차의 보정)**
> 특허청장 또는 특허심판원장은 특허에 관한 절차가 다음 각 호의 어느 하나에 해당하는 경우에는 기간을 정하여 보정을 명하여야 한다. 이 경우 보정명령을 받은 자는 그 기간에 그 보정명령에 대한 의견서를 특허청장 또는 특허심판원장에게 제출할 수 있다.
> 1. 제3조제1항 또는 제6조를 위반한 경우
> 2. 이 법 또는 이 법에 따른 명령으로 정하는 방식을 위반한 경우
> 3. 제82조에 따라 내야 할 수수료를 내지 아니한 경우

1 반려(시행규칙 제11조 제1항 각호)

(1) 의의

특허청장 또는 특허심판원장은 제출된 서류에 중대한 방식적 하자가 있는 경우 수리하지 않고 반려한다(특허법 시행규칙 제11조). 이는 절차의 효율성과 이해관계인의 불이익 방지를 담보하기 위함이다.

(2) 주요 반려사유 (특허법 시행규칙 제11조 제1항 각호)

1) 당사자의 성명·명칭 또는 특허고객번호(특허고객번호가 없는 경우에는 주소·소재지)가 기재되지 아니한 경우
2) 국어로 적지 아니한 경우(외국어출원의 경우는 제외)
3) 출원서에 명세서(명세서에 발명의 설명이 기재되어 있지 아니한 경우 포함)를 첨부하지 아니한 경우
4) 청구범위를 기재하지 아니한 정당한 권리자의 출원으로서 그 특허출원 당시에 이미 법 제42조의2 제2항에 따른 명세서 보정기간이 경과된 경우
5) 외국어 또는 임시명세서로 분리출원하는 경우, 분리출원을 기초로 재심사청구·재분할출원·재분리출원·재변경출원하는 경우

6) 재외자가 특허관리인에 의하지 아니하고 제출한 서류인 경우
7) 이 법 또는 이 법에 의한 명령이 정하는 기간 이내에 제출되지 아니한 서류인 경우
8) 당해 특허에 관한 절차를 밟을 권리가 없는 자가 그 절차와 관련하여 제출한 서류인 경우
9) 임시 명세서를 첨부한 출원의 보정 전에 명세서, 요약서 또는 도면을 보정한 경우; 출원인이 청구범위가 기재되지 아니한 특허출원에 대하여 심사청구서를 제출한 경우; 청구범위가 기재되지 아니한 특허출원에 대하여 조기공개신청서를 제출한 경우
10) 명세서 또는 도면의 보정 없이 재심사를 청구하거나 법 제67조의2 제1항 단서에 해당하여 재심사를 청구할 수 없는 경우
11) 법 제47조 제5항 또는 법 제52조 제1항 단서에 따라 국어번역문이 제출되지 아니하거나 법 제53조 제1항 제2호, 법 제59조 제2항 제2호 또는 법 제64조 제2항 제2호에 해당하는 경우
12) 이미 제출한 서류와 중복되는 서류를 제출한 경우

(3) 반려의 절차

1) 특허청장 또는 특허심판원장은 부적법한 서류를 반려하려는 경우에는 서류를 제출한 당사자에 대하여 서류를 반려하겠다는 취지, 반려이유 및 소명기간을 적은 서면을 송부하여야 한다. 이는 기속행위에 해당하는 것으로 당사자의 절차권 보장을 위함이다. 다만, 제1항 제14호의 경우에는 반려이유를 고지하고 즉시 출원서류 등을 반려하여야 한다(특허법 시행규칙 제11조 제2항).
2) 당사자가 소명하고자 하는 경우에는 소명서를, 서류를 반려받고자 하는 경우에는 반려요청서를 소명기간 내 특허청장 또는 특허심판원장에게 제출하면 된다(특허법 시행규칙 제11조 제3항). 반려이유가 통지된 경우는 보정을 통해 하자를 치유할 수 있는 기회가 주어지지 않는다. 이유는 반려사유 중에는 보정을 하기가 곤란한 경우도 있고, 보정기회를 부여하는 절차 진행 자체에 근원적으로 장애가 있는 경우도 있으며, 또한 서류를 수리한다는 것은 서류의 접수일자를 인정한다는 것인데 사후 보정을 통해 앞선 접수일자가 인정됨이 제3자에게 불이익으로 다가오는 경우도 있기 때문이다.
3) 특허청장 또는 특허심판원장은 반려요청을 받은 때에는 즉시 출원서류 등을 반려하여야 한다(특허법 시행규칙 제11조 제3항). 당사자가 소명기간 내에 소명서 또는 반려요청서를 제출하지 아니하거나 제출한 소명이 이유 없다고 인정되는 때에는 소명기간이 종료된 후 서류를 반려한다(특허법 시행규칙 제11조 제4항).
4) 특허청장 또는 특허심판원장은 이미 제출되었으나 수리되기 전인 서류 중 특허청장이 정하여 고시하는 서류의 경우에는 해당 서류를 제출한 자의 신청이 있으면 그 서류를 반환할 수 있다. 서류의 반환을 신청하려는 자는 반환신청서를 특허청장 또는 특허심판원장에게 제출하면 된다(특허법 시행규칙 제11조의2).

(4) 반려의 효과 및 불복

1) 서류가 반려되면 해당 절차가 진행되지 않은 것으로 된다.
2) 반려처분에 대해서는 행정심판, 행정소송을 통해 불복할 수 있다.

(5) 관련문제

1) 심판제도에 있어 심결각하 (특허법 제142조)

① 심판관 합의체는 부적법한 심판청구로서 심판청구이익이 없는 경우 보정명령하고, 하자가 해소되지 않으면 심결로써 그 청구를 각하한다.

② 당사자계 심판에서는 피청구인에게 답변서제출기회를 부여한 후에만 심결을 할 수 있으나, 부적법한 심판청구로서 그 흠을 보정할 수 없는 경우에는 답변서제출기회를 주지 아니하고 각하심결할 수 있다.

2) 국제출원의 경우 보완명령 (특허법 제194조)

① ⅰ) 특허청장은 국제출원이 특허청에 도달한 날을 국제출원일로 인정하여야 한다(특허법 제194조 제1항). 다만, ⅱ) 출원인이 제192조 각 호의 어느 하나에 해당하지 아니하는 경우, ⅲ) 제193조제1항에 따른 언어로 작성되지 아니한 경우, ⅳ) 제193조 제1항에 따른 발명의 설명 또는 청구범위가 제출되지 아니한 경우, ⅴ) 제193조 제2항 제1호·제2호에 따른 사항 및 출원인의 성명이나 명칭을 적지 아니한 경우에는 기간을 정하여 서면으로 절차를 보완할 것을 명하여야 한다(제194조 제2항). 특허청장은 보완명령을 받은 자가 지정된 기간에 보완을 한 경우에는 그 보완에 관계되는 서면의 도달일을 국제출원일로 인정한다(제194조 제4항). 위 보완사유는 일종의 서류반려사유와 목적이 유사하다.

② 국제출원의 명세서·도면 등이 누락된 경우(특허법 제194조 제1항 제3호와 다른 상황임)뿐 아니라 잘못 제출된 경우에도 특허청장은 출원인에게 잘못 제출된 부분의 보완을 명할 수 있다(특허법 시행규칙 제99조의2). 이 경우 보완에 관계되는 서면이 제출되면 그 서면의 도달일이 국제출원일이 된다.

2 절차의 무효 (제16조 제1항)

(1) 의의 및 취지

특허청장 또는 특허심판원장은 제출된 서류에 사후 치유 가능한 방식적 하자가 있는 경우 보정을 명한다. 이는 절차의 효율성과 당사자의 이익 보호를 위함이다.

(2) 절차무효사유 (특허법 제46조)

1) 제3조제1항 위반한 경우
2) 제6조를 위반한 경우
3) 이 법 또는 이 법에 따른 명령으로 정하는 방식을 위반한 경우,
4) 제82조에 따라 내야 할 수수료를 내지 아니한 경우

(3) 절차무효의 절차 (특허법 제16조)

1) 특허청장 또는 특허심판원장은 부적법한 서류를 제출한 당사자에 대하여 절차가 무효로 될 수 있다는 취지, 절차무효사유 및 지정기간을 적은 서면을 송부하여야 한다. 이는 기속행위에 해당하는 것으로 당사자의 절차권 보장을 위함이다.

2) 당사자가 반박하고자 하는 경우에는 의견서를, 하자를 보정하고자 하는 경우에는 보정서를 지정기간 내 특허청장 또는 특허심판원장에게 제출하면 된다.

3) 당사자가 지정기간 내에 의견서 또는 보정서를 제출하지 아니하거나 제출한 의견이 이유 없다고 인정되는 때에는 지정기간이 종료된 후 절차가 무효로 될 수 있다.

(4) 절차무효의 효과 및 구제

1) 절차무효의 효과

① 절차가 무효로 된 경우 보정명령이 있었던 절차는 없었던 것으로 취급된다.

② 특허법 제82조 제2항에 따른 심사청구료를 내지 아니하여 보정명령을 받은 자가 지정된 기간에 그 심사청구료를 내지 아니한 경우는 심사청구절차가 아닌 명세서에 관한 보정절차가 무효로 된다(특허법 제16조 제1항 단서).

2) 구제

① 불복

절차의 무효처분에 대해서는 행정심판, 행정소송을 통해 불복할 수 있다.

② 무효처분의 취소 (특허법 제16조 제2항)

특허청장 또는 특허심판원장은 제1항에 따라 특허에 관한 절차가 무효로 된 경우로서 지정된 기간을 지키지 못한 것이 보정명령을 받은 자가 정당한 사유에 의한 것으로 인정될 때에는 그 사유가 소멸한 날부터 2개월 이내에 보정명령을 받은 자의 청구에 따라 그 무효처분을 취소할 수 있다. 다만, 지정된 기간의 만료일부터 1년이 지났을 때에는 그러하지 아니하다. 이는 당사자 의도와 다르게 절차무효라는 치명적인 불이익을 받게 되는 것은 가혹하기 때문이다.

(5) 관련문제

1) 심판제도에 있어 결정각하 (제141조)

심판장은 ⅰ) 심판청구서가 방식을 위반한 경우(제140조 제1항 및 제3항 내지 제5항, 제140조의2 제1항), ⅱ) 심판에 관한 절차가 행위능력, 대리권 규정을 위반한 경우, ⅲ) 제82조에 따라 내야 할 수수료를 내지 아니한 경우, ⅳ) 심판에 관한 절차가 방식을 위반한 경우에는 기간을 정하여 그 보정을 명하여야 한다(제141조 제1항). 심판장은 보정명령을 받은 자가 지정된 기간에 보정을 하지 아니하거나 보정한 사항이 심판청구서의 요지를 변경한 경우에는 서면으로 이유를 붙여 심판청구서 또는 해당 절차와 관련된 청구나 신청 등을 결정으로 각하하여야 한다(제141조 제2항). 이는 특허법 제46조의 사유와 흡사하다.

2) 국제출원의 경우 보정명령 (특허법 제195조)

특허청장은 국제출원이 ⅰ) 발명의 명칭이 적혀 있지 아니한 경우, ⅱ) 요약서가 제출되지 아니한 경우, ⅲ) 행위능력, 대리권에 흠결이 있는 경우, ⅳ) 산업통상자원부령으로 정하는 방식을 위반한 경우에는 기간을 정하여 보정을 명하여야 한다. ⅴ) 수수료 미납의 경우도 마찬가지다(특허법 제196조 제1항 제2호). 이는 특허법 제46조와 목적 및 사유가 유사하다.

CHAPTER 05 기간 (제14조 내지 제15조)

제14조(기간의 계산)
이 법 또는 이 법에 따른 명령에서 정한 기간의 계산은 다음 각 호에 따른다.
1. 기간의 첫날은 계산에 넣지 아니한다. 다만, 그 기간이 오전 0시부터 시작하는 경우에는 계산에 넣는다.
2. 기간을 월 또는 연(年)으로 정한 경우에는 역(曆)에 따라 계산한다.
3. 월 또는 연의 처음부터 기간을 기산(起算)하지 아니하는 경우에는 마지막의 월 또는 연에서 그 기산일에 해당하는 날의 전날로 기간이 만료한다. 다만, 월 또는 연으로 정한 경우에 마지막 월에 해당하는 날이 없으면 그 월의 마지막 날로 기간이 만료한다.
4. 특허에 관한 절차에서 기간의 마지막 날이 공휴일(「근로자의날제정에관한법률」에 따른 근로자의 날 및 토요일을 포함한다)에 해당하면 기간은 그 다음 날로 만료한다.

제15조(기간의 연장 등)
① 특허청장은 청구에 따라 또는 직권으로 제132조의17에 따른 심판의 청구기간을 30일 이내에서 한 차례만 연장할 수 있다. 다만, 도서·벽지 등 교통이 불편한 지역에 있는 자의 경우에는 산업통상자원부령으로 정하는 바에 따라 그 횟수 및 기간을 추가로 연장할 수 있다.
② 특허청장·특허심판원장·심판장 또는 제57조제1항에 따른 심사관(이하 "심사관"이라 한다)은 이 법에 따라 특허에 관한 절차를 밟을 기간을 정한 경우에는 청구에 따라 그 기간을 단축 또는 연장하거나 직권으로 그 기간을 연장할 수 있다. 이 경우 특허청장 등은 그 절차의 이해관계인의 이익이 부당하게 침해되지 아니하도록 단축 또는 연장 여부를 결정하여야 한다.
③ 심판장은 이 법에 따라 특허에 관한 절차를 밟을 기일을 정한 경우에는 청구에 따라 또는 직권으로 그 기일을 변경할 수 있다.

제17조(절차의 추후보완)
특허에 관한 절차를 밟은 자가 책임질 수 없는 사유로 다음 각 호의 어느 하나에 해당하는 기간을 지키지 못한 경우에는 그 사유가 소멸한 날부터 2개월 이내에 지키지 못한 절차를 추후 보완할 수 있다. 다만, 그 기간의 만료일부터 1년이 지났을 때에는 그러하지 아니하다.
1. 제132조의17에 따른 심판의 청구기간
2. 제180조제1항에 따른 재심의 청구기간

1 기간의 계산(제14조)

(1) 특허에 관한 절차에서 기간의 마지막 날이 공휴일(「근로자의 날 제정에 관한 법률」에 따른 근로자의 날 및 토요일을 포함한다)에 해당하면 기간은 그 다음 날로 만료한다.

(2) 다만 판례는 심결취소소송은 특허에 관한 절차가 아니므로 심결에 대한 소 제소기간 계산에는 특허법 제14조 제4호가 적용되지 않고 민법이 적용되어, 기간의 마지막 날이 근로자의 날이더라도 이는 공휴일에 해당하지 않아 그 날로 만료한다고 한다.

2 기간·기일의 변경 (제15조)

(1) 법정기간 및 지정기간의 연장 등

1) 특허법상 기간

특허법상 기간에는 특허법 등에 규정된 기간인 '법정기간'과 출원, 청구, 기타의 절차를 밟는 자에 대하여 특허청장, 특허심판원장, 심판장 또는 심사관이 특허법 등에 근거하여 정한 기간인 '지정기간'이 있다.

2) 법정기간의 연장 (특허법 제15조 제1항)

특허청장은 청구에 따라 또는 직권으로 제132조의17에 따른 심판의 청구기간을 30일 이내에서 한 차례만 연장할 수 있다. 다만, 도서·벽지 등 교통이 불편한 지역에 있는 자의 경우에는 산업통상자원부령으로 정하는 바에 따라 그 횟수 및 기간을 추가로 연장할 수 있다. 추가로 연장할 수 있는 횟수는 1회로 하고, 그 기간은 30일 이내로 한다(특허법 시행규칙 제16조 제4항).

3) 지정기간의 연장, 단축 (특허법 제15조 제2항)

특허청장·특허심판원장·심판장 또는 심사관은 이 법에 따라 특허에 관한 절차를 밟을 기간을 정한 경우에는 청구에 따라 그 기간을 단축 또는 연장하거나 직권으로 그 기간을 연장할 수 있다. 이 경우 특허청장 등은 그 절차의 이해관계인의 이익이 부당하게 침해되지 아니하도록 단축 또는 연장 여부를 결정하여야 한다.

(2) 기일의 변경 (특허법 제15조 제3항)

심판장 또는 심사관은 이 법에 따라 특허에 관한 절차를 밟을 기일을 정한 경우에는 청구에 따라 또는 직권으로 그 기일을 변경할 수 있다.

3 기간의 경과 (제17조 등)

(1) 절차의 추후보완

1) 의의 및 취지

특허에 관한 절차를 밟은 자가 정당한 사유 또는 책임질 수 없는 사유로 인하여 법정기간 또는 지정기간을 준수하지 못한 경우 당사자 구제를 위해 그 사유가 소멸한 날로부터 2개월 이내 절차의 추후보완을 허용한다. 다만 해당 절차의 결과에 대한 제3자의 예측가능성을 고려해 추후보완은 기간의 만료일로부터 1년 내에만 가능하다.

2) 가능한 절차 (특허법 제17조, 제67조의3, 제81조의3 제1항, 제16조 제2항)

가. 법정기간

거절결정불복심판 청구기간, 재심청구기간, 심사청구기간, 재심사청구기간, 특허료납부 또는 보전기간

나. 지정기간

특허법 제16조 제1항에 따른 보정기간을 준수하지 못한 경우

(2) 책임질 수 없는 사유

1) 내용

'당사자가 책임질 수 없는 사유'라 함은 당사자가 그 행위를 하기 위하여 일반적으로 하여야 할 주의를 다하였음에도 불구하고 그 기간을 준수할 수 없었던 경우를 가리키는 것이다.[5)6)] 구체적으로 일반인이 보통의 주의를 다하여도 피할 수 없는 사유로서 천재·지변 기타 불가피한 사유가 해당됨은 물론이며, 심사 실무에서는 관련 서류를 당사자가 아닌 엉뚱한 자에게 잘못 송달하여 당사자가 절차 진행 사실을 몰랐던 경우를 포함한다. 이때, 공시송달 사실을 몰랐다는 이유는 특별한 사유가 없는 한 책임질 수 없는 사유에 포함되지 않는다(심사기준).

2) 대리인

대리인이 있었던 경우는 당사자뿐 아니라 그 대리인 및 대리인의 보조인 모두에게 책임질 수 없는 사유가 있어야 추후보완이 가능하다. 판례는 "대리인이 실수로 당사자에게 전달하거나 알려주지 아니하여 절차의 기간이 도과된 사안에서 추후보완이 허용되지 않는다."고 판시하였다.[7)]

3) 정당한 사유로 완화

당사자의 권리구제를 확대하기 위하여 일부 절차의 추후보완 요건을 '책임질 수 없는 사유'에서 '정당한 사유(지병으로 인한 입원, 수수료 자동이체 오류 등)'로 개정하여 합리적 기준으로 완화하였다.

---

5) 2005다14465
6) 등록상표의 등록을 취소하는 심결에 대한 심판청구서부본 등을 송달받지 못하여 심판청구가 계속된 사실을 처음부터 알지 못한 채 당해 심결이 있었고, 심결의 정본을 재외자(在外者)인 원고에게 상표법 제92조에 의하여 준용되는 특허법 제220조 제2항에 의하여 항공등기우편으로 발송한 후 반송되었으나 같은 조 제3항에 의하여 발송한 날에 송달된 것으로 간주되어 30일이 경과한 날에 위 심결이 확정되어 이후 비로소 원고가 그러한 사실을 알게 되었다면, 특별한 사정이 없는 한 원고가 심결취소소송의 제소기간인 불변기간을 지키지 못한 것은 원고가 책임질 수 없는 사유로 말미암은 것이므로 원고의 위 심결취소의 소는 추완요건을 갖춘 것으로서 적법하다(2008허3257).
7) 2006허978

CHAPTER 06 서류의 제출 및 송달 (제28조 등)

> **제28조(서류제출의 효력발생시기)**
> ① 이 법 또는 이 법에 따른 명령에 따라 특허청장 또는 특허심판원장에게 제출하는 출원서, 청구서, 그 밖의 서류(물건을 포함한다. 이하 이 조에서 같다)는 특허청장 또는 특허심판원장에게 도달한 날부터 제출의 효력이 발생한다.
> ② 제1항의 출원서, 청구서, 그 밖의 서류를 우편으로 특허청장 또는 특허심판원장에게 제출하는 경우에는 다음 각 호의 구분에 따른 날에 특허청장 또는 특허심판원장에게 도달한 것으로 본다. 다만, 특허권 및 특허에 관한 권리의 등록신청서류와 「특허협력조약」 제2조(vii)에 따른 국제출원(이하 "국제출원"이라 한다)에 관한 서류를 우편으로 제출하는 경우에는 그 서류가 특허청장 또는 특허심판원장에게 도달한 날부터 효력이 발생한다.
>   1. 우편물의 통신일부인(通信日附印)에 표시된 날이 분명한 경우 : 표시된 날
>   2. 우편물의 통신일부인에 표시된 날이 분명하지 아니한 경우 : 우체국에 제출한 날을 우편물 수령증에 의하여 증명한 날
> ③ 삭제
> ④ 제1항 및 제2항에서 규정한 사항 외에 우편물의 지연, 우편물의 망실(亡失) 및 우편업무의 중단으로 인한 서류제출에 필요한 사항은 산업통상자원부령으로 정한다.
>
> **제219조(공시송달)**
> ① 서류를 송달받을 자의 주소나 영업소가 분명하지 아니하여 송달할 수 없는 경우에는 공시송달(公示送達)을 하여야 한다.
> ② 공시송달은 서류를 송달받을 자에게 어느 때라도 발급한다는 뜻을 특허공보에 게재하는 것으로 한다.
> ③ 최초의 공시송달은 특허공보에 게재한 날부터 2주일이 지나면 그 효력이 발생한다. 다만, 같은 당사자에 대한 이후의 공시송달은 특허공보에 게재한 날의 다음 날부터 효력이 발생한다.
>
> **제220조(재외자에 대한 송달)**
> ① 재외자로서 특허관리인이 있으면 그 재외자에게 송달할 서류는 특허관리인에게 송달하여야 한다.
> ② 재외자로서 특허관리인이 없으면 그 재외자에게 송달할 서류는 항공등기우편으로 발송할 수 있다.
> ③ 제2항에 따라 서류를 항공등기우편으로 발송한 경우에는 그 발송일에 송달된 것으로 본다.

1 서류의 제출

(1) 직접 또는 우편제출

1) 도달주의 원칙 (특허법 제28조 제1항)

특허청장 또는 특허심판원장에게 제출하는 출원서, 청구서, 그 밖의 서류는 특허청장 또는 특허심판원장에게 도달한 날부터 제출의 효력이 발생한다.

2) 우편제출의 예외 (특허법 제28조 제2항 본문)

우편제출시 우편업무의 지연, 제출인과 특허청의 지리적 거리의 차이 등으로 인해 특허청에 늦게 도달하는 경우가 있을 수 있음을 고려해, 우체국에 제출한 날에 특허청장 또는 특허심판원장에게 도달한 것으로 본다.

3) 우편제출의 예외의 예외 (특허법 제28조 제2항 단서)

① 특허권 및 특허에 관한 권리의 등록신청서류와 국제출원에 관한 서류를 우편으로 제출하는 경우에는 그 서류가 특허청장 또는 특허심판원장에게 도달한 날부터 효력이 발생한다.

② 특허권 및 특허에 관한 권리의 등록신청서류는 특허권 등의 등록령 제5조에서 특허청에 도달한 날 접수된 것으로 보고 있기 때문이며, 국제출원은 국내 특허법에 따라 별도의 예외를 부여하여 운영할 수 없고, 특허협력조약에 의거해 다른 동맹국에서와 마찬가지로 처리해야 하기 때문이다.

(2) 온라인제출

1) 전자문서 효력 및 제출 효력 발생 시기 (특허법 제28조의3)

① 전자문서화한 서류는 정보통신망을 이용하여 제출하거나 이동식 저장장치 등 전자적 기록매체에 수록하여 제출할 수 있다(특허법 제28조의3 제1항).

② 전자문서는 일반서류와 같은 효력을 가진다(특허법 제28조의3 제2항).

③ 전자문서를 전자적 기록매체에 수록하여 제출한 경우는 직접 또는 우편제출했을 때의 법리에 따라 제출의 효력 발생 시기가 결정된다. 전자문서를 정보통신망을 이용하여 제출한 경우는 그 문서의 제출인이 정보통신망을 통하여 접수번호를 확인할 수 있는 때 특허청 또는 특허심판원에서 사용하는 접수용 전산정보처리조직의 파일에 기록된 내용으로 접수된 것으로 본다(특허법 제28조의3 제3항).

④ 전자문서를 기한 전에 정보통신망을 이용하여 발송하였으나 정보통신망의 장애로 인하여 기한 내에 제출할 수 없었던 경우는 제출인에게 기간의 해태 또는 귀책사유가 있었던 것은 아닌 바, 그 장애가 제거된 날의 다음 날에 그 기한이 도래한 것으로 봐준다. 단 정보통신망의 유지·보수를 위하여 그 사용을 일시 중단한 경우로서 특허청장이 사전에 공지한 경우는 이를 장애로 보지 아니하고 있다(특허법 시행규칙 제9조의4 제3항).

2) 전자문서 이용신고 및 전자서명 (특허법 제28조의4)

전자문서로 특허에 관한 절차를 밟으려는 자는 미리 특허청장 또는 특허심판원장에게 전자문서 이용신고를 하여야 하며, 특허청장 또는 특허심판원장에게 제출하는 전자문서에 제출인을 알아볼 수 있도록 전자서명을 하여야 한다.

2 서류의 송달

(1) 교부송달

1) 효력발생시기

당사자 또는 그 대리인이 직접 수령하거나 등기우편으로 수령하거나 정보통신망을 통해 수령하는 경우를 교부송달이라 한다. 교부송달의 경우는 당사자 또는 그 대리인이 수령한 때 송달된 것으로 본다[8].

2) 직접 또는 우편송달

① 특허청에서 당사자 또는 그 대리인이 직접 수령하거나 정보통신망을 이용하여 수령하는 경우를 제외하고는 일반적으로 등기우편으로 발송한다(특허법 시행령 제18조 제1항).

② 우편송달에 의할 경우 송달 받을 자에게 도달한 날에 송달된 것으로 보나, 송달을 받을 자가 정당한 사유 없이 송달 받기를 거부함으로써 송달을 할 수 없게 된 때에는 발송을 한 날에 송달된 것으로 간주한다(특허법 시행령 제18조 제11항).

3) 온라인송달 (특허법 제28조의5)

① 전자문서 이용신고 한 자에게는 온라인으로 서류를 송달할 수 있다.

② 당사자 또는 그 대리인이 자신의 전산정보처리조직을 통하여 그 서류를 확인한 때 특허청 또는 특허심판원에서 사용하는 발송용 전산정보처리조직의 파일에 기록된 내용으로 송달된 것으로 본다.

(2) 공시송달

1) 의의

서류를 송달 받을 자의 주소 또는 영업소가 불분명하여 직접, 등기우편 혹은 정보통신망을 통해 송달할 수 없는 때 하는 송달을 공시송달이라 한다.

판례는 특허법 제219조 제1항에서 공시송달 사유로 들고 있는 '주소나 영업소가 불분명하여 송달할 수 없는 때'라 함은 송달을 할 자가 선량한 관리자의 주의를 다하여 송달을 받아야 할 자의 주소나 영업소를 조사하였으나 그 주소나 영업소를 알 수 없는 경우라고 판시한다(2004후3508).

2) 효력발생시기

최초의 공시송달은 특허공보에 게재한 날부터 2주일이 지나면 효력이 발생하고, 같은 당사자에 대한 이후 공시송달은 게재한 날의 다음날 효력이 발생한다(특허법 제219조).

3) 공동당사자에 대한 공시송달 요건

판례는 공동당사자 전원의 주소가 불명인 경우에 한해 공시송달이 가능하다고 한다(2003후182).

---

[8] 법원은 출원인에 대한 거절결정 등본 송달의 효력은 출원인과 대리인 중 누구에게라도 최초로 거절결정 등본이 송달되었을 때 발생한다고 보았다(2017허4853).

4) 흠결시 취급

대법원은 이러한 공시송달 요건이 구비되지 않은 상태에서 이루어진 공시송달은 부적법하여 그 효력이 발생하지 않는다고 판시한다(2004후3508, 2003후182).

(3) 관련문제 – 재외자 송달

재외자가 특허관리인이 있으면 특허관리인에게 송달하고, 특허관리인이 없으면 항공등기우편으로 당사자에게 직접 발송하며 발송일에 송달된 것으로 간주한다(특허법 제220조).

CHAPTER 07 수수료 (제82조 내지 제84조)

제82조(수수료)
① 특허에 관한 절차를 밟는 자는 수수료를 내야 한다.
② 특허출원인이 아닌 자가 출원심사의 청구를 한 후 그 특허출원서에 첨부한 명세서를 보정하여 청구범위에 적은 청구항의 수가 증가한 경우에는 그 증가한 청구항에 관하여 내야 할 심사청구료는 특허출원인이 내야 한다.
③ 제1항에 따른 수수료, 그 납부방법 및 납부기간, 그 밖에 필요한 사항은 산업통상자원부령으로 정한다.

제83조(특허료 또는 수수료의 감면)
① 특허청장은 다음 각 호의 어느 하나에 해당하는 특허료 및 수수료는 제79조 및 제82조에도 불구하고 면제한다.
　1. 국가에 속하는 특허출원 또는 특허권에 관한 수수료 또는 특허료
　2. 제133조제1항, 제134조제1항·제2항 또는 제137조1항에 따른 심사관의 무효심판청구에 대한 수수료
② 특허청장은 다음 각 호의 어느 하나에 해당하는 자가 한 특허출원 또는 그 특허출원하여 받은 특허권에 대해서는 제79조 및 제82조에도 불구하고 산업통상자원부령으로 정하는 특허료 및 수수료를 감면할 수 있다.
　1. 「국민기초생활 보장법」에 따른 의료급여 수급자
　2. 「재난 및 안전관리 기본법」 제36조에 따른 재난사태 또는 같은 법 제60조에 따른 특별재난지역으로 선포된 지역에 거주하거나 주된 사무소를 두고 있는 자 중 산업통상자원부령으로 정하는 요건을 갖춘 자
　3. 그 밖에 산업통상자원부령으로 정하는 자
③ 제2항에 따라 특허료 및 수수료를 감면받으려는 자는 산업통상자원부령으로 정하는 서류를 특허청장에게 제출하여야 한다.
④ 특허청장은 제2항에 따른 특허료 및 수수료 감면을 거짓이나 그 밖의 부정한 방법으로 받은 자에 대하여는 산업통상자원부령으로 정하는 바에 따라 감면받은 특허료 및 수수료의 2배액을 징수할 수 있다. 이 경우 그 출원인 또는 특허권자가 하는 특허출원 또는 그 특허출원하여 받은 특허권에 대해서는 산업통상자원부령으로 정하는 기간 동안 제2항을 적용하지 아니한다.

제84조(특허료 등의 반환)
① 납부된 특허료 및 수수료는 다음 각 호의 어느 하나에 해당하는 경우에만 납부한 자의 청구에 의하여 반환한다.
　1. 잘못 납부된 특허료 및 수수료
　2. 제132조의13제1항에 따른 특허취소결정이나 특허를 무효로 한다는 심결이 확정된 해의 다음 해부터의 특허료 해당분
　3. 특허권의 존속기간의 연장등록을 무효로 한다는 심결이 확정된 해의 다음 해부터의 특허료 해당분
　4. 특허출원(분할출원, 분리출원, 변경출원 및 제61조에 따른 우선심사의 신청을 한 특허출원은 제외한다) 후 1개월 이내에 그 특허출원을 취하하거나 포기한 경우에 이미 낸 수수료 중 특허출원료 및 특허출원의 우선권 주장 신청료

5. 출원심사의 청구를 한 이후 다음 각 목 중 어느 하나가 있기 전까지 특허출원을 취하(제53조제4항 또는 제56조제1항 본문에 따라 취하된 것으로 보는 경우를 포함한다. 이하 이 조에서 같다)하거나 포기한 경우 이미 낸 심사청구료
   가. 제36조제6항에 따른 협의 결과 신고 명령(동일인에 의한 특허출원에 한정한다)
   나. 삭제
   다. 제63조에 따른 거절이유통지
   라. 제67조제2항에 따른 특허결정의 등본 송달
5의2. 출원심사의 청구를 한 이후 다음 각 목의 어느 하나에 해당하는 기간 내에 특허출원을 취하하거나 포기한 경우 이미 낸 심사청구료의 3분의 1에 해당하는 금액
   가. 제5호가목에 따른 신고 명령 후 신고기간 만료 전까지
   나. 제5호다목에 따른 거절이유통지(제47조제1항제_호에 해당하는 경우로 한정한다) 후 의견서 제출기간 만료 전까지
6. 특허권을 포기한 해의 다음 해부터의 특허료 해당분
7. 제176조제1항에 따라 특허거절결정 또는 특허권의 존속기간의 연장등록거절결정이 취소된 경우(제184조에 따라 재심의 절차에서 준용되는 경우를 포함하되, 심판 또는 재심 중 제170조제1항에 따라 준용되는 제47조제1항제1호 또는 제2호에 따른 보정이 있는 경우는 제외한다)에 이미 낸 수수료 중 심판청구료(재심의 경우에는 계심청구료를 말한다. 이하 이 조에서 같다)
8. 심판청구가 제141조제2항에 따라 결정으로 각하되고 그 결정이 확정된 경우(제184조에 따라 재심의 절차에서 준용되는 경우를 포함한다)에 이미 낸 심판청구료의 2분의 1에 해당하는 금액
9. 심리의 종결을 통지받기 전까지 제155조제1항에 따른 참가신청을 취하한 경우(제184조에 따라 재심의 절차에서 준용되는 경우를 포함한다)에 이미 낸 수수료 중 참가신청료의 2분의 1에 해당하는 금액
10. 제155조제1항에 따른 참가신청이 결정으로 거부된 경우(제184조에 따라 재심의 절차에서 준용되는 경우를 포함한다)에 이미 낸 수수료 중 참가신청료의 2분의 1에 해당하는 금액
11. 심리의 종결을 통지받기 전까지 심판청구를 취하한 경우(제184조에 따라 재심의 절차에서 준용되는 경우를 포함한다)에 이미 낸 수수료 중 심판청구료의 2분의 1에 해당하는 금액

② 특허청장 또는 특허심판원장은 납부된 특허료 및 수수료가 제1항 각 호의 어느 하나에 해당하는 경우에는 그 사실을 납부한 자에게 통지하여야 한다.
③ 제1항에 따른 특허료 및 수수료의 반환청구는 제2항에 따른 통지를 받은 날부터 5년이 지나면 할 수 없다.

1 수수료 납부 (특허법 제82조 제1항)

(1) 의의

수수료란 특허에 관한 절차를 밟는 자에게 국가가 제공한 역무에 대한 반대급부 또는 보수의 성격으로 징수하는 요금을 의미한다. 특허법상 수수료에는 출원료, 심사청구료, 심판청구료, 보정료 등이 있다.

(2) 흠결시 취급

특허에 관한 절차를 밟으면서 수수료의 납부가 필요함에도 불구하고 그 절차를 밟는 자가 수수료를 납부하지 않으면, 특허청장 또는 특허심판원장은 해당 절차에 대해 보정을 명하며, 보정명령에도 불구하고 계속 납부하지 않을 경우 해당 절차는 무효로 될 수 있다(특허법 제46조 및 제16조).

(3) 관련문제 – 제3자 심사청구 후 청구항이 증가한 경우

특허에 관한 절차의 수수료는 그 절차를 밟는 자가 납부하여야 한다(특허법 제82조 제1항). 다만 제3자의 심사청구 후에 출원인이 명세서의 보정을 통해 청구항을 신설하여 심사청구료가 증가된 경우 그 증가된 심사청구료는 출원인이 납부하여야 한다(특허법 제82조 제2항). 이때 출원인이 증가된 심사청구료에 대해 납부하지 않으면, 청구항을 신설한 보정 절차가 무효로 될 수 있다(특허법 제16조 제1항 단서).

2 감면 또는 면제 (특허법 제83조)

(1) 면제 (특허법 제83조 제1항)

국가에 속하는 특허출원 및 국가가 특허권자로 등록되어 있는 특허권에 대한 수수료는 전액 면제되며, 특허청 심사관에 의한 각종 무효심판 청구시에도 심판청구료가 전액 면제된다.

(2) 감면

1) 내용 (특허법 제83조 제2항)

'의료급여 수급자, 산자부령으로 정하는 자'에서 '의료급여 수급자, 재난사태 또는 특별재난지역으로 선포된 지역에 거주하거나 주된 사무소를 두고 있는 자, 산업통상자원부령으로 정하는 자'로 개정하여, 코로나 19 등으로 인한 재난사태 또는 특별재난지역이 선포된 지역에 거주하거나 주된 사무소를 두고 있어 어려움을 겪고 있는 자를 위한 감면 규정을 마련하였다.

2) 부당감면자 제재 신설 (특허법 제83조 제4항)

실제 발명에 기여하지 않은 미성년자를 발명자에 포함시켜 수수료를 부당하게 감면받는 사례 등을 예방하기 위해 부당감면이 발생할 경우 부당감면액의 2배를 징수하고, 일정기간 동안 다른 특허료, 수수료에 대해서도 감면받지 못하도록 제재하였다.

3 납부한 수수료의 반환 (특허법 제84조)

(1) 의의

수수료 부담을 완화해주고자 특허법은 잘못 납부된 수수료, 출원료 및 우선권 주장 신청료, 심사청구료, 심판청구료에 해당하는 금액 등을 반환대상으로 규정한다(특허법 제84조 제1항).

(2) **반환대상 - 특허법 제84조 제1항 각호**

1) **심사청구료 반환 관련 구법상 내용**

   구법에서는 선행기술조사가 되지 않은 상태에서 심사관이 거절이유를 통지하기 전에 출원이 취하·포기된 경우에만 심사청구료가 반환되었다.

2) **심사청구료 반환 관련 22. 2. 18. 시행 개정법 (특허법 제84조 제1항 제5호 및 제5의2호)**

   개정법에서는 '심사결과 또는 선행기술조사결과 통지 전 취하·포기시 심사청구료 전액 반환'에서 '심사결과 통지 전 취하·포기시 심사청구료 전액 환환, 의견제출기간 내 취하·포기시 심사청구료 1/3 반환'으로 개정하여, ⅰ) 심사 전(선행기술조사와 무관)에 출원을 취하·포기하면 심사청구료 전액을, ⅱ) 심사 후라도 의견제출기간 내 출원을 취하·포기하면 심사청구료 1/3 을 반환한다.

(3) **절차**

   ⅰ) 특허청장 또는 특허심판원장은 반환대상에 해당하는 수수료가 있으면 납부한 자에게 통지하며(특허법 제84조 제2항), ⅱ) 반환사유가 발생하더라도 반환사유 발생 사실을 통지 받은 날부터 5년 이내에 납부자의 반환청구가 있을 때에만 반환한다(특허법 제84조 제3항).

CHAPTER 08 절차의 취하 · 포기

1 의의

절차의 취하 · 포기는 계속 중인 절차를 종료시키는 것을 말한다. 취하는 소급적 소멸효과가 있고, 포기는 장래를 향한 소멸효과가 있다.

2 취하 · 포기 절차

(1) 절차는 당사자의 의사에 따라 종결되기 전에 언제든지 취하서 또는 포기서를 제출하여 취하 또는 포기할 수 있다(특허법 시행규칙 제19조).
(2) 일부절차는 취하시기가 제한[9]되거나 취하가 불가[10]하다.
(3) 임의대리인이 절차를 취하하거나 포기할 때는 특별수권이 요구된다(특허법 제6조).

3 법률에 따른 취하 · 포기

특허법은 당사자 보호 및 제3자 불이익 방지를 위해 취하 · 포기 절차를 밟지 않았어도 법률에 따라 절차를 취하[11] 또는 포기[12] 간주시키는 규정을 두고 있다.

4 관련문제 – 청구항별 출원절차 취하 · 포기

(1) 출원절차에 대해 특허료 납부시 청구항별로 포기할 수 있다(특허법 제215조의2).
(2) 출원절차에 대해 청구항별 취하(대법원 2003. 3. 25. 선고 2001후1044 판결)는 인정되지 않는다[13].

---

9) 단 시기에 관해 특별히 제한하는 절차도 있기는 하다. 바로 국내우선권주장 절차(특허법 제56조 제2항), 정정청구절차(특허법 제132조의3 제4항, 제133조의2 제5항, 제137조 제4항), 특허취소신청절차(특허법 제132조의12)이다.
10) 심사청구절차(특허법 제59조 제4항), 재심사청구절차(특허법 제67조의2 제4항)는 취하가 불가하다.
11) 특허법 제42조의2 제3항, 제42조의3 제4항, 제53조 제4항, 제56조, 제59조 제5항, 제201조 제4항, 제206조 제3항, 제47조 제4항, 제132조의3 제2항, 제133조의2 제2항, 제196조, 제202조 제3항 제3호 등
12) 특허법 제81조 제3항
13) 청구항별 취하 또는 포기는 청구항 삭제 보정과 유사한 효과가 있는데, 명세서 등의 보정절차는 수속가능기간이 엄격히 제한되어 있으나(특허법 제47조 제1항), 취하나 포기는 절차 종결 전이면 언제든지 가능하여, 청구항별 취하 또는 포기를 허용하면 명세서 등의 보정절차의 수속가능기간을 제한한 의미가 퇴색되기 때문이다.

CHAPTER 09. 절차의 효력 승계 및 속행 (제18조 내지 제19조)

> **제18조(절차의 효력 승계)**
> 특허권 또는 특허에 관한 권리에 관하여 밟은 절차의 효력은 그 특허권 또는 특허에 관한 권리의 승계인에게 미친다.
>
> **제19조(절차의 속행)**
> 특허청장 또는 심판장은 특허에 관한 절차가 특허청 또는 특허심판원에 계속(係屬) 중일 때 특허권 또는 특허에 관한 권리가 이전되면 그 특허권 또는 특허에 관한 권리의 승계인에 대하여 그 절차를 속행(續行)하게 할 수 있다.

1 절차의 효력 승계 (특허법 제18조)

(1) 의의

특허권 또는 특허에 관한 권리에 관하여 승계가 있는 경우, 전 권리자가 이미 밟은 특허에 관한 절차의 효력은 상실되는 것이 아니라 권리의 승계인에게 미친다(특허법 제18조). 따라서 특허권 또는 특허에 관한 권리의 승계 후, 절차도 승계한 경우, 이미 밟은 절차는 다시 밟을 필요가 없다. 이는 권리관계에 변동이 있을 때마다 동일한 절차를 새로운 권리자와도 반복함으로써 절차가 지연되고 이에 따라 특허청 업무처리가 불편해지는 것을 제어하기 위함이다.

(2) 예시사례

심사관이 의견제출통지서를 발송한 후에 지정된 기간 내에 특허를 받을 수 있는 권리의 승계가 있어(특허법 제37조, 제38조) 출원인변경신고(특허법 시행규칙 제26조)가 있었다면, 심사관은 승계인에게 다시 의견제출통지서를 발송할 필요가 없고, 의견서 제출기간도 당초 의견제출통지서에서 지정한 기간이다(심사기준).

2 절차의 속행 (특허법 제19조)

(1) 의의

특허청장 또는 심판장은 특허에 관한 절차가 특허청 또는 특허심판원에 계속 중일 때 특허권 또는 특허에 관한 권리가 이전되면 새로운 권리자가 특허법 제18조에 따라 그 절차의 효력을 받는바, 새로운 권리자가 절차를 승계하여 절차에 개입하지 않더라도 새로운 권리자에게 그 절차를 속행하게 할 수 있다(특허법 제19조). 이는 특허법 제13조와 마찬가지로 행정상의 편의 등을 도모하기 위함이다.

(2) 절차

승계인에 대해 특허에 관한 절차를 속행하게 하고자 할 때는 특허청장 또는 심판장은 그 취지를 당사자에게 서면으로 통지한다(특허법 시행규칙 제8조).

(3) 관련문제

1) 문제의 요지

심판계속 중 권리가 이전되었으나 승계인에게 절차속행하지 않고 구 권리자 명의로 심결한 경우 승계인이 심결취소소송을 제기할 수 있는지를 살핀다.

2) 학설의 태도

가) 제1설은 권리승계인에 대한 속행명령을 심판장의 자유재량으로 보고, 심판장이 권리승계인에 대하여 절차를 속행하지 않은 한, 권리승계인은 심판의 당사자가 아니므로, 소를 제기할 수 있는 자는 심결의 당사자인 구 권리자라고 본다.

나) 제2설은 권리승계인에게 속행명령하는 것을 심판장의 의무로 보고, 가사 심판장이 속행명령을 하지 않았어도 권리승계인은 속행명령을 받을 지위에 있었다고 보아, 심결취소소송의 원고적격을 인정한다.

3) 판례의 태도

판례는 심판 계속 중 권리가 이전되었음에도 불구하고 종전 권리자에게 심결한 사건에서 권리의 승계인도 심결의 당사자로서 심결에 대한 취소소송을 제기할 수 있다고 본 바 있다(2015후321).

4) 검토

권리의 특별승계가 있는 경우 승계인으로 하여금 당사자의 지위를 당연히 승계케 하는 규정이 없다. 다만 권리를 승계한 구 권리자로서는 절차 진행에 소극적일 수밖에 없어, 판례의 태도와 같이 권리승계인에게 자신의 권리를 보호하기 위해 절차를 진행할 수 있게 허용함이 타당하다.

CHAPTER 10  절차의 정지 (제20조 내지 제24조)

제20조(절차의 중단)
특허에 관한 절차가 다음 각 호의 어느 하나에 해당하는 경우에는 특허청 또는 특허심판원에 계속 중인 절차는 중단된다. 다만, 절차를 밟을 것을 위임받은 대리인이 있는 경우에는 그러하지 아니하다.
1. 당사자가 사망한 경우
2. 당사자인 법인이 합병에 따라 소멸한 경우
3. 당사자가 절차를 밟을 능력을 상실한 경우
4. 당사자의 법정대리인이 사망하거나 그 대리권을 상실한 경우
5. 당사자의 신탁에 의한 수탁자의 임무가 끝난 경우
6. 제11조제1항 각 호 외의 부분 단서에 따른 대표자가 사망하거나 그 자격을 상실한 경우
7. 파산관재인 등 일정한 자격에 따라 자기 이름으로 남을 위하여 당사자가 된 자 그 자격을 잃거나 사망한 경우

제21조(중단된 절차의 수계)
제20조에 따라 특허청 또는 특허심판원에 계속 중인 절차가 중단된 경우에는 다음 각 호의 구분에 따른 자가 그 절차를 수계(受繼)하여야 한다.
1. 제20조제1호의 경우 : 사망한 당사자의 상속인·상속재산관리인 또는 법률에 따라 절차를 속행할 자. 다만, 상속인은 상속을 포기할 수 있을 때까지 그 절차를 수계하지 못한다.
2. 제20조제2호의 경우 : 합병에 따라 설립되거나 합병 후 존속하는 법인
3. 제20조제3호 및 제4호의 경우 : 절차를 밟을 능력을 회복한 당사자 또는 법정대리인이 된 자
4. 제20조제5호의 경우 : 새로운 수탁자
5. 제20조제6호의 경우 : 새로운 대표자 또는 각 당사자
6. 제20조제7호의 경우 : 같은 자격을 가진 자

제22조(수계신청)
① 제20조에 따라 중단된 절차에 관한 수계신청은 제21조 각 호의 어느 하나에 해당하는 자가 할 수 있다. 이 경우 그 상대방은 특허청장 또는 제143조에 따른 심판관(이하 "심판관"이라 한다)에게 제21조 각 호의 어느 하나에 해당하는 자에 대하여 수계신청할 것을 명하도록 요청할 수 있다.
② 특허청장 또는 심판장은 제20조에 따라 중단된 절차에 관한 수계신청이 있으면 그 사실을 상대방에게 알려야 한다.
③ 특허청장 또는 심판관은 제20조에 따라 중단된 절차에 관한 수계신청에 대하여 직권으로 조사하여 이유 없다고 인정하면 결정으로 기각하여야 한다.
④ 특허청장 또는 심판관은 결정 또는 심결의 등본을 송달한 후에 중단된 절차에 관한 수계신청에 대해서는 수계하게 할 것인지를 결정하여야 한다.
⑤ 특허청장 또는 심판관은 제21조 각 호의 어느 하나에 해당하는 자가 중단된 절차를 수계하지 아니하면 직권으로 기간을 정하여 수계를 명하여야 한다.
⑥ 제5항에 따른 기간에 수계가 없는 경우에는 그 기간이 끝나는 날의 다음 날에 수계가 있는 것으로 본다.
⑦ 특허청장 또는 심판장은 제6항에 따라 수계가 있는 것으로 본 경우에는 그 사실을 당사자에게 알려야 한다.

> **제23조(절차의 중지)**
> ① 특허청장 또는 심판관이 천재지변이나 그 밖의 불가피한 사유로 그 직무를 수행할 수 없을 때에는 특허청 또는 특허심판원에 계속 중인 절차는 그 사유가 없어질 때까지 중지된다.
> ② 당사자에게 일정하지 아니한 기간 동안 특허청 또는 특허심판원에 계속 중인 절차를 속행할 수 없는 장애사유가 생긴 경우에는 특허청장 또는 심판관은 결정으로 장애사유가 해소될 때까지 그 절차의 중지를 명할 수 있다.
> ③ 특허청장 또는 심판관은 제2항에 따른 결정을 취소할 수 있다.
> ④ 제1항 또는 제2항에 따른 중지나 제3항에 따른 취소를 하였을 때에는 특허청장 또는 심판장은 그 사실을 각각 당사자에게 알려야 한다.
>
> **제24조(중단 또는 중지의 효과)**
> 특허에 관한 절차가 중단되거나 중지된 경우에는 그 기간의 진행은 정지되고, 그 절차의 수계통지를 하거나 그 절차를 속행하였을 때부터 다시 모든 기간이 진행된다.

1 절차의 정지

절차의 정지는 당사자의 절차권 보장을 위해 당사자 또는 특허청·특허심판원에서 절차 진행이 곤란한 상황이 발생했을 때 특허에 관한 절차가 종료되기 전에 법률상 진행되지 않는 상태를 말한다. 당사자의 교체가 있는 절차의 중단과 당사자의 교체가 없는 절차의 중지가 있다.

2 절차의 중단

(1) 절차의 중단 (특허법 제20조)

1) 절차의 중단은 당사자의 입장에서 절차를 수행할 수 없는 사유가 발생했을 때 새로운 절차의 수행자가 나타나 절차를 수행할 수 있을 때까지 법률상 당연히 절차의 진행이 정지되는 것을 말한다.
2) i) 당사자가 사망한 경우, ii) 당사자인 법인이 합병에 따라 소멸한 경우, iii) 당사자가 절차를 밟을 능력을 상실한 경우, iv) 당사자의 법정대리인이 사망하거나 그 대리권을 상실한 경우, v) 당사자의 신탁에 의한 수탁자의 임무가 끝난 경우, vi) 제11조제1항 각 호 외의 부분 단서에 따른 대표자가 사망하거나 그 자격을 상실한 경우, vii) 파산관재인 등 일정한 자격에 따라 자기 이름으로 남을 위하여 당사자가 된 자가 그 자격을 잃거나 사망한 경우 절차를 밟는 당사자의 공백으로 인해 절차상 불이익이 초래되지 않도록 특허청 또는 특허심판원에 계속 중인 절차는 중단된다.
3) 다만, 절차의 지연 방지 및 제3자의 이해관계를 고려해, 절차를 밟을 것을 위임받은 임의대리인이 있는 경우에는 대리인이 절차의 효력을 이어받을 자의 이익을 위해 충실히 절차를 수행할 것으로 보아 절차를 중단하지 않는다.

(2) 중단된 절차의 수계 (특허법 제21조)

1) 특허청 또는 특허심판원에 계속 중인 절차가 중단된 경우에는 절차의 효력을 받게 되는 자가 수계할 수 있다.

2) ⅰ) 제20조 제1호의 경우에는 사망한 당사자의 상속인·상속재산관리인 또는 법률에 따라 절차를 속행할 자(다만, 상속인은 상속을 포기할 수 있을 때까지 그 절차를 수계하지 못한다.), ⅱ) 제20조제2호의 경우에는 합병에 따라 설립되거나 합병 후 존속하는 법인, ⅲ) 제20조제3호 및 제4호의 경우에는 절차를 밟을 능력을 회복한 당사자 또는 법정대리인이 된 자, ⅳ) 제20조제5호의 경우에는 새로운 수탁자, ⅴ) 제20조제6호의 경우에는 새로운 대표자 또는 각 당사자, ⅵ) 제20조 제7호의 경우에는 같은 자격을 가진 자가 그 절차를 수계(受繼)하여야 한다.

3) 수계가 있는 경우 절차의 중단 사유가 해소되어 절차가 속행된다.

(3) 수계신청 (특허법 제22조)

1) 중단된 절차의 수계는 제21조 각 호의 어느 하나에 해당하는 자가 그 뜻을 기재한 서면을 제출(시행규칙 제18조의2)함으로써 수계신청을 하고, 이에 대한 특허청장 또는 심판관의 결정에 따라 진행된다.

2) 특허청장 또는 심판관은 중단된 절차에 관한 수계신청에 대하여 직권으로 조사하여 수계가 이유 있으면 수계결정을 하고, 이유가 없으면 기각결정한다(특허법 제22조 제3항). 이러한 수계 여부 결정은 결정 또는 심결의 등본을 송달한 후에 중단된 절차에 관한 수계신청에 대해서도 하여야 한다(특허법 제22조 제4항).

3) 특허청장 또는 심판장은 중단된 절차에 관한 수계신청이 있으면 그 사실을 상대방에게 알려야 한다(특허법 제22조 제2항).

(4) 수계명령, 수계명령 요청

1) 특허청장 또는 심판관은 오랜 기간 수계신청이 없을 경우 직권으로 기간을 정하여 제21조 각호의 수계할 수 있는 자에 대해 수계를 명한다(특허법 제22조 제5항). 중단된 절차가 상대방이 존재하는 절차였다면 그 상대방이 수계명령을 요청할 수도 있다(특허법 제22조 제1항). 이는 수계신청이 없어 절차의 중단이 지속됨으로써 절차가 지연되는 것을 제어하기 위함이다.

2) 수계명령 기간 내에 수계가 없는 경우는 그 기간이 끝나는 날의 다음 날에 수계가 있는 것으로 본다(특허법 제22조 제6항).

3) 특허청장 또는 심판장은 수계가 있는 것으로 본 경우에는 그 사실을 당사자에게 알린다(특허법 제22조 제7항).

3 절차의 중지 (특허법 제23조)

(1) 특허청·특허심판원 직무수행 불가 (특허법 제23조 제1항)

1) 특허청장 또는 심판관이 천재지변이나 그 밖의 불가피한 사유로 그 직무를 수행할 수 없을 때에는 특허청 또는 특허심판원에 계속 중인 절차는 그 사유가 없어질 때까지 중지된다(특허법 제23조 제1항).

2) 특허법 제23조 제1항에 따라 중지된 절차는 천재·지변 등 특허청의 직무집행 불능의 상태가 소멸되면 속행된다.

(2) 당사자 부정기간 장애 (특허법 제23조 제2항)

1) 당사자에게 일정하지 아니한 기간 동안 특허청 또는 특허심판원에 계속 중인 절차를 속행할 수 없는 장애사유가 생긴 경우에는 특허청장 또는 심판관은 결정으로 장애사유가 해소될 때까지 그 절차의 중지를 명할 수 있다(특허법 제23조 제2항). 여기서 일정하지 아니한 기간 동안 절차를 속행할 수 없는 장애사유란, 특허청은 직무를 수행할 수 있으나, 당사자가 특허에 관한 절차를 밟을 수 없는 장애 사유가 발행한 경우를 말한다고 한다(심사기준).

2) 특허법 제23조 제2항에 따라 중지된 절차는 그 중지사유가 소멸되거나 기타 절차의 속행이 가능하다고 인정되는 때 중지결정을 취소할 수 있으며(특허법 제23조 제3항), 중지결정이 취소되면 절차가 속행된다.

(3) 통지

특허법 제23조 제1항 또는 제2항에 의하여 절차가 중지되거나 또는 특허법 제23조 제3항에 따라 중지결정을 취소한 때는, 즉 절차를 중지하거나 중지된 절차를 속행하는 때는 특허청장 또는 심판장이 이를 당사자에게 통지한다(특허법 제23조 제4항).

4 정지의 효과 (제24조)

1) 정지 후 속행시

특허에 관한 절차가 중단되거나 중지된 경우에는 그 기간의 진행은 정지되고, 그 절차의 수계통지를 하거나 그 절차를 속행하였을 때부터 다시 처음부터 모든 기간이 진행된다.

2) 정지 범위

2인 이상이 함께 진행하는 절차에서 그 중 1인에게 중단 또는 중지의 원인이 있으면 그 효력은 모두에게 발생하여(특허법 제139조 제4항, 제155조 제5항), 절차가 모두 중단 또는 중지된다.

3) 위반시 취급

절차가 중단 또는 중지되는 동안에는 특허청·특허심판원은 물론 당사자도 원칙적으로 절차를 진행할 수 없다(심사기준). 예컨대 특허청에서 절차의 중단 사유가 있음에도 이를 간과하고, 심사의 절차를 계속하여 각종 처분을 한 경우는 그 절차가 취소되고 다시 절차를 밟게 해준다(심사기준).

5 관련문제

(1) 공동심판 청구 (제139조)

동일한 특허권에 관하여 무효심판이나(제133조, 제134조, 제137조) 권리범위 확인심판(제135조)을 청구하는 자가 2인 이상이면 모두가 공동으로 심판을 청구할 수 있고(제139조 제1항), 공유인 특허권의 특허권자에 대하여 심판을 청구할 때에는 공유자 모두를 피청구인으로 하여야 한다(제139조 제2항). 특허권 또는 특허를 받을 수 있는 권리의 공유자가 그 공유인 권리에 관하여 심판을 청구할 때에는 공유자 모두가 공동으로 청구하여야 한다(제139조 제3항). 공동의 심판청구인이나 피청구인 중 1인에게 심판절차의 중단 또는 중지의 원인이 있으면 모두에게 그 효력이 발생한다(제139조 제4항).

(2) 참가 (제155조)

제139조제1항에 따라 심판을 청구할 수 있는 자는 심리가 종결될 때까지 그 심판에 참가할 수 있고 (제155조 제1항), 심판의 결과에 대하여 이해관계를 가진 자는 심리가 종결될 때까지 당사자의 어느 한쪽을 보조하기 위하여 그 심판에 참가하여 심판절차를 밟을 수 있다(제155조 제3항, 제4항). 참가인에게 심판절차의 중단 또는 중지의 원인이 있으면 그 중단 또는 중지는 피참가인에 대해서도 그 효력이 발생한다.

(3) 제척 또는 기피 신청 (제153조)

제척 또는 기피 신청이 있으면 그 신청에 대한 결정이 있을 때까지 심판절차를 중지하여야 한다. 다만, 긴급한 경우에는 그러하지 아니하다.

(4) 심사, 심판, 소송절차의 중지

1) 심사 / 취소신청, 심판, 소송 절차 (제78조)

특허출원의 심사에 필요한 경우에는 특허취소신청에 대한 결정이나 심결이 확정될 때까지 또는 소송절차가 완결될 때까지 그 심사절차를 중지할 수 있다. 또한 법원도 소송에 필요한 경우에는 특허출원에 대한 특허여부결정이 확정될 때까지 그 소송절차를 중지할 수 있다.

2) 심판 / 취소신청, 심판, 소송 절차 (제164조)

심판장은 심판에서 필요하면 직권 또는 당사자의 신청에 따라 그 심판사건과 관련되는 특허취소신청에 대한 결정 또는 다른 심판의 심결이 확정되거나 소송절차가 완결될 때까지 그 절차를 중지할 수 있다. 또한 법원도 소송절차에서 필요하면 직권 또는 당사자의 신청에 따라 특허취소신청에 대한 결정이나 특허에 관한 심결이 확정될 때까지 그 소송절차를 중지할 수 있다.

3) 취지 및 성질

판단의 모순을 방지하고 심리의 경제성을 확보하기 위한 제도로, 강행규정이 아닌 재량사항이므로 중지하지 아니하였다고 하여 위법은 아니며, 중지에 대해 불복할 수 없다(제78조 3항).[14]

4) 참고규정

법원은 특허권 또는 전용실시권의 침해에 관한 소가 제기거나 소송절차가 끝난 경우 그 취지를 특허심판원장에게 통보하여야 하고(제164조 제3항), 특허심판원장도 특허권 또는 전용실시권의 침해에 관한 소에 대응하여 그 특허권에 관한 무효심판 등이 청구, 취하되거나 각하결정, 심결이 있는 경우에는 그 취지를 법원에 통보하여야 한다(제164조 제4항). 상호 통보를 통해 판단의 모순을 방지하고 있다.

---

[14] 특허법 제164조 제2항에 의한 소송절차중지의 결정을 할 것인지 여부는 법원이 합리적인 재량에 의하여 직권으로 정하는 것으로서 그 소송절차를 중지한다는 결정에 대하여는 당사자가 항고(재항고)에 의하여 불복할 수 없다(91다612).

제1부

PART 03

특허출원에 관한 절차

CHAPTER 01 정당권리자의 보호

제34조(무권리자의 특허출원과 정당한 권리자의 보호)
발명자가 아닌 자로서 특허를 받을 수 있는 권리의 승계인이 아닌 자(이하 "무권리자"라 한다)가 한 특허출원이 제33조제1항 본문에 따른 특허를 받을 수 있는 권리를 가지지 아니한 사유로 제62조제2호에 해당하여 특허를 받지 못하게 된 경우에는 그 무권리자의 특허출원 후에 한 정당한 권리자의 특허출원은 무권리자가 특허출원한 때에 특허출원한 것으로 본다. 다만, 무권리자가 특허를 받지 못하게 된 날부터 30일이 지난 후에 정당한 권리자가 특허출원을 한 경우에는 그러하지 아니하다.

제35조(무권리자의 특허와 정당한 권리자의 보호)
제33조제1항 본문에 따른 특허를 받을 수 있는 권리를 가지지 아니한 사유로 제133조제1항제2호에 해당하여 특허를 무효로 한다는 심결이 확정된 경우에는 그 무권리자의 특허출원 후에 한 정당한 권리자의 특허출원은 무효로 된 그 특허의 출원 시에 특허출원한 것으로 본다. 다만, 심결이 확정된 날부터 30일이 지난 후에 정당한 권리자가 특허출원을 한 경우에는 그러하지 아니하다.

제99조의2(특허권의 이전청구)
① 특허가 제133조제1항제2호 본문에 해당하는 경우에 특허를 받을 수 있는 권리를 가진 자는 법원에 해당 특허권의 이전(특허를 받을 수 있는 권리가 공유인 경우에는 그 지분의 이전을 말한다)을 청구할 수 있다.
② 제1항의 청구에 기초하여 특허권이 이전등록된 경우에는 다음 각 호의 권리는 그 특허권이 설정등록된 날부터 이전등록을 받은 자에게 있는 것으로 본다.
    1. 해당 특허권
    2. 제65조제2항에 따른 보상금 지급 청구권
    3. 제207조제4항에 따른 보상금 지급 청구권
③ 제1항의 청구에 따라 공유인 특허권의 지분을 이전하는 경우에는 제99조제2항에도 불구하고 다른 공유자의 동의를 받지 아니하더라도 그 지분을 이전할 수 있다.

제103조의2(특허권의 이전청구에 따른 이전등록 전의 실시에 의한 통상실시권)
① 다음 각 호의 어느 하나에 해당하는 자가 제99조의2제2항에 따른 특허권의 이전등록이 있기 전에 해당 특허가 제133조제1항제2호 본문에 해당하는 것을 알지 못하고 국내에서 해당 발명의 실시사업을 하거나 이를 준비하고 있는 경우에는 그 실시하거나 준비를 하고 있는 발명 및 사업목적의 범위에서 그 특허권에 대하여 통상실시권을 가진다.
    1. 이전등록된 특허의 원(原)특허권자
    2. 이전등록된 특허권에 대하여 이전등록 당시에 이미 전용실시권이나 통상실시권 또는 그 전용실시권에 대한 통상실시권을 취득하고 등록을 받은 자. 다만, 제118조제2항에 따른 통상실시권을 취득한 자는 등록을 필요로 하지 아니한다.
② 제1항에 따라 통상실시권을 가진 자는 이전등록된 특허권자에게 상당한 대가를 지급하여야 한다.

1 정당권리자

(1) 특허를 받을 수 있는 권리 (특허법 제33조 제1항 본문)

1) 내용

특허를 받을 수 있는 권리는 발명자 또는 승계인이 갖는다. 발명자 또는 승계인을 정당권리자라고 하며, 그렇지 않은 자를 무권리자라고 한다.

2) 발명자

가) 발명이란 기술적 사상의 창작을 말하므로(특허법 제2조 제1호), 발명자란 창작적 행위로써 발명의 완성에 기여한 자를 말한다.

나) 발명자가 아닌 사람으로서 특허를 받을 수 있는 권리의 승계인이 아닌 사람이 발명자가 한 발명의 구성을 일부 변경함으로써 그 기술적 구성이 발명자의 발명과 상이하게 되었더라도, 그 변경이 기술분야에서 통상의 지식을 가진 사람이 보통으로 채용하는 정도의 기술적 구성의 부가·삭제·변경에 지나지 않고 그로 인하여 발명의 작용효과에 특별한 차이를 일으키지 않는 등 기술적 사상의 창작에 실질적으로 기여하지 않은 경우라면 그자는 무권리자에 해당하며, 그자가 출원한 특허발명은 무권리자의 특허출원에 해당하여 등록이 무효로 된다(2009후2463).

다) 공동발명자가 되기 위해서는 구체적인 착상을 새롭게 제시·부가·보완한 자, 실험을 통하여 새로운 착상을 구체화한 자, 구체적인 수단·방법의 제공·조언·지도를 통해 발명을 가능하게 한 자와 같이 기술적 사상의 창작행위에 실질적으로 기여했어야 한다(2011다57548)[15].

3) 승계인

가) 특허를 받을 수 있는 권리는 발명의 완성과 동시에 발명자에게 원시적으로 귀속되지만 재산권으로서 양도성을 지니므로 계약 또는 상속을 통해 전부 또는 일부 지분을 이전할 수 있다(특허법 제37조 제1항).

나) 특허를 받을 수 있는 권리의 이전 계약은 명시적으로는 물론 묵시적으로도 이루어질 수 있다 (2013다77591, 77607).

다) 특허를 받을 수 있는 권리를 이전한 양도인은 더 이상 그 권리의 귀속주체가 아니므로 무권리자가 된다(2020후10087).

(2) 법적취급

1) 거절이유 등

무권리자 출원은 제33조 제1항 본문 위반으로 거절이유, 정보제공사유, 직권재심사사유, 무효사유에 해당한다.

---

[15] 특히 실험의 과학이라고 하는 화학발명의 경우는 예측가능성 내지 실현가능성이 부족하여 실험데이터가 중요하므로, 실제 실험을 통해 발명을 구체화하고 완성하는데 실질적으로 기여했는지 여부로 공동발명자를 결정한다(2011다57548).

2) 선원지위

제36조 제5항에 의해 무권리자 출원은 선원의 지위가 인정되지 않는다.

3) 확대된 선원지위

무권리자 출원이 공개된 경우 제3자 출원에 대해서는 확대된 선원의 지위가 인정되나, 정당권리자 출원에 대해서는 발명자가 동일하므로 제29조 제3항 단서에 의해 확대된 선원의 지위가 인정되지 않는다.

2 무권리자 출원·특허에 대한 특허청·특허심판원에서의 정당권리자 조치

(1) 무권리자 출원·특허에 대한 조치

정당권리자는 제33조 제1항 본문을 근거로 무권리자 출원이 계속 중인 경우 정보제공하여 등록을 저지할 수 있다. 무권리자 출원이 등록된 경우는 무효심판을 청구할 수 있다.

(2) 정당권리자 출원

1) 일반출원

① 정당권리자 출원에 대해서는, ⅰ) 무권리자가 출원의 선출원주의 및 확대된 선출원주의의 적용이 배제되므로(제36조 제5항 및 제29조 제3항 단서) 신규출원의 조치가 가능할 수 있다. ⅱ) 신규출원하는 경우 정당권리자 출원과 비교하여 존속기간이 연장되는 실익이 있다.
② 무권리자 출원이 공개된 경우에는 그 날로부터 1년 이내의 출원인 경우 의사에 반한 공지예외주장(제30조)을 할 수 있다.

2) 제34조, 제35조에 따른 정당권리자 출원

가) 의의

무권리자 출원이 공개되었고 그 날로부터 1년이 경과한 경우는 공지예외주장이 불가한 바 신규성 극복을 위해 일반출원이 아닌 제34조, 제35조에 따른 정당권리자 출원을 하여야 한다.

나) 절차

(주체) 정당권리자가 (기간) 무권리자 출원·특허의 거절결정·기각심결·무효심결 확정일로부터 30일이 경과하기 전에 (서면) 출원서에 정당권리자 출원의 취지를 표시하면 된다.

다) 효과

출원일 소급효가 있으며, 정당권리자 출원이 특허된 경우 존속기간은 무권리자 출원일의 다음 날부터 기산한다(특허법 제88조 제2항).

라) 한계

① 제99조의2 는 제33조 제1항 본문 위반뿐 아니라 제44조 위반인 경우에도 할 수 있는 반면, 제34조·제35조는 제33조 제1항 본문 위반인 경우에만 가능하다.
② 제99조의2 는 기간의 제한이 없음에 반해, 제34조·제35조는 30일의 기간 제한이 있다.

3 무권리자 출원·특허에 대한 법원에서의 정당권리자 조치 – 특허권 이전등록청구(특허법 제99조의2)

(1) 구법상 부당이득반환에 기한 특허권 이전등록청구 가부

1) 판례는 양도인이 특허를 등록출원한 후 출원중인 특허 등을 받을 수 있는 권리를 양수인에게 양도하고, 그에 따라 양수인 명의로 출원인명의변경이 이루어져 양수인이 특허권의 설정등록을 받은 경우에 있어서 그 양도계약이 무효나 취소 등의 사유로 효력을 상실하게 되는 때에 양도인은 양수인에 대하여 특허권 등에 관하여 이전등록을 청구할 수 있다고 판시하였다(2003다47218). 이는 채무자인 양도인이 강제집행면탈 목적으로 허위로 양수인에게 특허를 받을 수 있는 권리와 특허권을 양도한 사안에서 특허법 제35조로는 채권자를 구제하기가 곤란했기 때문에 부득이하게 부당이득반환법리를 적용하여 특허권 이전등록청구를 허용한 사례다.

2) 판례는 무권리자의 특허출원에 따라 특허권의 설정등록이 이루어졌더라도, 정당한 권리자로서는 특허법상의 구제절차에 따르지 아니하고 무권리자에 대하여 직접 특허권의 이전등록을 구할 수는 없다고 판시한 바 있다(2012다11310). 이는 2003다47218 사례와 달리 특허법 제35조로 구제가 가능한 상황이므로 특허권 이전등록청구를 인정하지 않은 사례다.

(2) 특허법 제99조의2의 특허권 이전등록청구

1) 의의

특허가 제133조 제1항 제2호 본문에 해당하는 경우 정당권리자는 법원에 해당 특허권의 이전(권리가 공유인 경우에는 그 지분의 이전을 말한다)을 청구할 수 있다. 이는 과거 특허권 이전등록청구를 허용하던 판례의 태도가 다소 명료하지 않아 혼란이 있을 수 있다는 지적이 있어 도입한 법률이다. 이제는 특허법 제35조로 구제가 가능한 사안인지 아닌지를 나누지 않고, 특허법 제35조 또는 제99조의2 중 당사자가 원하는 절차로 선택하여 구제받을 수 있다.

2) 절차

(주체) 정당권리자가 (기간) 특별히 제한된 기간은 없으며 (서면) 법원에 특허권이전청구의 소장을 제출하여 승소판결 받은 후, (이전등록) 특허청에서 특허권이전등록 절차를 밟으면 된다.

3) 효과

제99조의2 에 따라 특허권이 이전등록된 경우 특허권, 보상금지급청구권(제65조 제2항, 제207조 제4항)은 그 특허권이 설정등록된 날부터 이전등록을 받은 정당권리자에게 있는 것으로 본다.

4) 한계

제34조는 무권리자 출원이 출원 중인 경우에도 절차를 밟을 수 있음에 반해, 제99조의2 는 무권리자 출원이 특허등록된 경우에만 밟을 수 있다.

5) 특별규정

가) 공유인 특허권의 지분을 이전하는 경우에는 제99조제2항에도 불구하고 다른 공유자의 동의를 받지 아니하더라도 그 지분을 이전할 수 있다.

나) 특허법 제99조의2에 따라 특허권 이전등록을 받은 자가 발명자를 정정하려는 경우에는 특허권자 및 신청 전·후 발명자 전원의 서명 또는 날인한 확인서류를 첨부하지 않아도 된다(특허법 시행규칙 제28조 제4항).

6) 관련문제 - 선의의 무권리자

선의의 무권리자가 특허법 제99조의2에 따라 특허권을 정당권리자에게 이전한 경우에는 법정실시권이 인정될 수 있다(특허법 제103조의2).

(3) 출원인명의변경 청구 - 특허를 받을 수 있는 권리 이전 가부

1) 문제점

특허법 제99조의2가 특허권 이전등록청구만을 규정하고 있는바, 무권리자의 특허출원에 대한 특허를 받을 수 있는 권리의 이전청구 허용여부가 문제된다.

2) 학설 및 종래 判例

① i) 법 규정이 없어 특허를 받을 수 있는 권리의 이전등록청구를 허용할 수 없다는 견해와, ii) 부당이득반환 법리에 따라 특허를 받을 수 있는 권리의 이전등록청구도 허용할 수 있다는 견해가 있다.

② 구법상 判例는 출원 중 특허를 받을 수 있는 권리를 양도한 후 양도계약이 무효나 취소등의 사유로 효력을 잃은 경우에 양수인은 법률상 원인 없이 특허권을 얻게 되는 이익을 얻었다고 할 수 있어 양도인은 양수인에게 민법상 부당이득 법리를 적용할 수 있으므로 출원인 명의변경 절차의 이행을 청구할 수 있다고 판시한 바 있다(2016나1417).

3) 검토

정당권리자를 더욱 두텁게 보호하기 위하여 제99조의2를 도입한 개정법의 취지에 비추면 무권리자의 특허출원에 대하여도 이전청구를 유추적용할 수 있다고 봄이 타당하다.

4 무권리자 출원에 대한 거짓행위의 죄 적용여부

(1) 거짓행위의 죄 (제229조)

1) 거짓 기타 부정한 행위로 특허, 특허권자의 존속기간의 연장등록 또는 심결을 받은 자는 3년 이하의 징역 또는 3천만원 이하의 벌금에 처한다.

2) 判例는 거짓 기타 부정한 행위로써 특허를 받은 자라 함은 정상적인 절차에 의하여서는 특허를 받을 수 없는 경우임에도 불구하고 위계 기타 사회통념상 부정이라고 인정되는 행위로써 그 특허를 받은 자를 가리킨다고 판시한다(2003도6283).

(2) 모인출원의 경우

1) 判例

① 判例는 타인의 출원을 위임받은 자가 위임의 취지를 위배하여 자신의 명의로 특허출원을 하였다는 사실만으로는 거짓 기타 부정행위가 있다고 볼 수 없다고 판시한 바 있다(2010도2985).

② 다만, 타인 명의 시험성적서를 자신의 것인 양 특허청에 제출하는 등 모인하여 특허를 받은 경우에 거짓행위의 죄를 인정한 바 있다(82도3238).

2) 검토

특허법은 출원 시에 정당권리자임을 미리 특허청에 알리도록 강제하는 규정이없으며, 허위 자료를 제출하여 심사관을 부정한 행위로 착오에 빠트렸다는 사정이 없는 이상, 모인출원만으로 위계 기타 사회통념상 부정이라고 인정되는 행위라 보지 않음이 타당하다.

CHAPTER 02 출원 시 제출서류

> **제42조(특허출원)**
> ① 특허를 받으려는 자는 다음 각 호의 사항을 적은 특허출원서를 특허청장에게 제출하여야 한다.
>   1. 특허출원인의 성명 및 주소(법인인 경우에는 그 명칭 및 영업소의 소재지)
>   2. 특허출원인의 대리인이 있는 경우에는 그 대리인의 성명 및 주소나 영업소의 소재지[대리인이 특허법인·특허법인(유한)인 경우에는 그 명칭, 사무소의 소재지 및 지정된 변리사의 성명]
>   3. 발명의 명칭
>   4. 발명자의 성명 및 주소
> ② 제1항에 따른 특허출원서에는 발명의 설명·청구범위를 적은 명세서와 필요한 도면 및 요약서를 첨부하여야 한다.

1 출원서

(1) 의의

출원서란 발명에 대한 서지적 정보를 기재하는 서류를 말한다. 출원서에는 ⅰ) 특허출원인의 성명 및 주소, ⅱ) 대리인이 있는 경우에는 그 대리인의 성명 및 주소나 영업소의 소재지, ⅲ) 발명의 명칭, ⅳ) 발명자의 성명 및 주소를 적어야 한다(특허법 제42조 제1항).

(2) 첨부서류

출원서에는 명세서, 필요한 도면, 요약서와 함께 필요한 증명서류를 첨부하여야 한다(특허법 제42조 제2항). 단 빠른 출원일자 확보를 위해 청구범위 제출은 유예할 수 있으며(특허법 제42조의2), 명세서는 임시명세서로 제출할 수 있다(특허법 시행규칙 제21조 제5항).

(3) 발명자 정정

1) 설정등록 전

출원서에 일부 발명자의 기재를 누락하거나 잘못 적은 경우 (주체) 출원인은 (기간) 설정등록 전까지 (서면) 보정서를 제출하여 발명자를 정정할 수 있다.

2) 설정등록 후

가) 출원서에 적은 발명자가 누락되었거나 잘못 적은 것임이 명백한 경우 (주체) 특허권자는 (기간) 설정등록 후 (서면) 정정발급신청서를 제출하여 발명자를 정정할 수 있다.

나) 출원서에 적은 발명자가 누락되었거나 잘못 적은 것임이 명백한 경우를 제외하고는 특허권자 및 신청 전·후 발명자 전원이 서명 또는 날인한 확인서류를 추가로 첨부하여야 한다. 다만 특허법 제99조의2 에 따라 특허권이 이전등록된 경우는 확인서류 없이도 발명자 정정이 가능하다(특허법 시행규칙 제28조).

2 명세서

(1) 의의

명세서는 특허권자 입장에서는 권리서로서, 일반공중 입장에서는 공개된 발명의 기술문헌으로서, 특허청의 입장에서는 심사·심판 대상을 특정 하는 역할을 하는 서류를 말한다.

(2) 명세서 기재사항

1) 발명의 설명

가) 제42조 제3항 제1호

발명의 설명은 일반공중에게 발명이 충분히 공개될 수 있도록 통상의 기술자가 그 발명을 쉽게 이해하기 위하여 필요한 사항을 적어야 한다. 위반시 거절이유(특허법 제62조), 정보제공사유(특허법 제63조의2), 직권재심사사유(제66조의3), 무효사유(특허법 제133조)에 해당한다.

나) 제42조 제3항 제2호

발명의 설명은 특허청에서의 심사 편의성을 위해 선행기술문헌명과 함께 배경기술을 적어야 한다. 위반시 거절이유(특허법 제32조)에 해당한다.

다) 시행규칙 제21조 제3항

① 발명의 설명은 읽기 편하도록 발명의 명칭, 기술분야, 배경기술, 발명의 내용, 도면의 간단한 설명 등 정해진 형식에 따라 작성해야 한다. 위반시 보정명령(특허법 제46조) 대상이 된다.

② 임시명세서 절차를 밟은 경우는 임의 형식으르 발명의 설명 작성이 가능하나, 우선일부터 1년 2개월 또는 제3자 심사청구취지 통지 받은 날부터 3개월 중 빠른 날까지 정해진 형식으로 보정해야 한다.

2) 청구범위

가) 제42조 제4항 제1호

청구범위는 공개한 발명에 한하여 작성하여야 하므로 발명의 설명에 의해 뒷받침되도록 적어야 한다. 위반시 거절이유(특허법 제62조), 정보제공사유(특허법 제63조의2), 직권재심사사유(제66조의3), 무효사유(특허법 제133조)에 해당한다.

나) 제42조 제4항 제2호

청구범위는 특허청 및 일반공중이 직관적으로 보호받고자 하는 사항이 무엇인지를 정확하게 이해할 수 있도록 명확하고 간결하게 적어야 한다. 위반시 거절이유(특허법 제62조), 정보제공사유(특허법 제63조의2), 직권재심사사유(제66조의3), 무효사유(특허법 제133조)에 해당한다.

다) 제42조 제6항

구법에서는 청구범위에 물질, 기능 등의 작성을 금지했으나, 현행법에서는 물질, 기능 등이 작성되어 있어도 문제되지 않는다.

라) 제42조 제8항(시행령 제5조), 제45조

청구범위에 둘 이상의 청구항을 작성하는 경우에는 심사 편의를 위해 정해진 형식에 따라 작성해야 하며, 각 발명이 1 군의 범위를 만족해야 한다. 위반시 거절이유(특허법 제62조)에 해당한다.

마) 제출유예

청구범위에는 하나 이상의 청구항이 있어야 하나, 청구항 기재는 유예가 가능하다. 단 우선일부터 1년 2개월 또는 제3자 심사청구취지 통지 받은 날부터 3개월 중 **빠른** 날까지 하나 이상의 청구항을 작성해야 한다(특허법 제42조의2).

3 필요한 도면

(1) 도면과 기탁은 발명의 설명의 보완책이다.
(2) 실용신안등록출원의 경우 반드시 도면을 첨부해야 하나, 특허출원은 제42조 제3항 제1호 요건을 위해 필요한 경우에만 첨부하면 된다.

4 요약서

(1) 요약서는 발명의 개요를 나타내는 기술정보를 적는 서류를 말한다(특허법 시행규칙 제21조의4 제1항).
(2) 요약서를 제출하지 않은 경우 보정명령 대상이 된다(특허법 제46조).
(3) 요약서 기재 사항은 제29조 제3항에 규정된 타출원의 지위를 가질 수 없으며, 보정에 의해 명세서에 추가할 수 없다(특허법 제47조 제2항 전단). 또한 청구범위 해석시 참고대상도 되지 않는다.

5 기타 증명서류

출원과 관련하여 대리인 선임 또는 공동출원의 대표자 선임에 따른 증명서류 (특허법 제7조, 제11조), 공지예외적용 주장 출원에 따른 증명서류 (특허법 제30조), 조약우선권 주장에 따른 증명서류 (특허법 제54조), 미생물 기탁에 따른 증명서류 (특허법 시행령 제2조) 등을 제출할 필요가 있을 수 있다.

CHAPTER 03 청구범위제출유예제도 (특허법 제42조의2)

> **제42조의2(특허출원일 등)**
> ① 특허출원일은 명세서 및 필요한 도면을 첨부한 특허출원서가 특허청장에게 도달한 날로 한다. 이 경우 명세서에 청구범위는 적지 아니할 수 있으나, 발명의 설명은 적어야 한다.
> ② 특허출원인은 제1항 후단에 따라 특허출원서에 최초로 첨부한 명세서에 청구범위를 적지 아니한 경우에는 제64조제1항 각 호의 구분에 따른 날부터 1년 2개월이 되는 날까지 명세서에 청구범위를 적는 보정을 하여야 한다. 다만, 본문에 다른 기한 이전에 제60조제3항에 따른 출원심사 청구의 취지를 통지받은 경우에는 그 통지를 받은 날부터 3개월이 되는 날 또는 제64조제1항 각 호의 구분에 따른 날부터 1년 2개월이 되는 날 중 빠른 날까지 보정을 하여야 한다.
> ③ 특허출원인이 제2항에 따른 보정을 하지 아니한 경우에는 제2항에 따른 기한이 되는 날의 다음 날에 해당 특허출원을 취하한 것으로 본다.

1 의의 및 취지

청구범위 제출 유예제도는 출원 절차의 방식을 완화한 제도이다. 이는 선출원주의 하에서 출원인을 보호하기 위함이다.

2 개정법

(1) 구법상 문제점

종래 청구범위를 기재하지 않은 명세서를 제출한 경우에는 소명기회를 준 후 반려하여, 선출원주의 하에서 출원을 서두르는 결과 출원인이 발명의 적절한 보호범위를 정하지 못하는 문제점이 있었다.

(2) 07.7.1 시행 개정법

07.7.1 시행 개정법을 통해 청구범위 제출을 유예할 수 있는 제도를 마련하였으나, 청구범위가 없는 명세서를 제출하더라도 출원일을 인정받을 수 있는지 규정이 명확하지 않다는 문제가 있었다.

(3) 15.1.1 시행 개정법

이에 15.1.1 시행 개정법을 통해 출원일 선점을 위한 명세서 기재요건을 명확히 하여 ① 청구범위를 유예하더라도 출원일을 인정받을 수 있음을 명확히 하였고, ② 또한 청구범위 제출 유예 기간을 최선일로부터 1년 2개월로 의무화하였다.

3 내용 - 청구범위의 제출 관련

(1) 청구범위의 제출 시기

1) 우선일부터 1년 2월 또는 제3자 심사청구 취지 통지받은 날부터 3월 中 빠른 날까지 청구범위를 작성하는 보정을 하여야 한다. 이를 보정에 의하도록 한 것은 신규사항이 추가되는 것을 방지하기 위함이다(제42조의2 제2항).
2) 분할 또는 변경출원의 경우, 상기 기한이 지나더라도 분할 또는 변경출원을 한 날로부터 30일이 되는 날까지 청구범위를 작성하는 보정을 할 수 있다(제52조 제6항 및 제53조 제8항).
3) 분리출원의 경우 청구범위 제출 유예 자체가 불가하며, 정당권리자 출원의 경우 추가 기간을 인정하지 않는다.

(2) 법적 취급

1) **취하간주**

출원인이 위와 같은 보정을 하지 않는 경우 위 기한이 되는 날의 다음 날에 해당 특허출원을 취하한 것으로 본다(제42조의2 제3항).

2) **보정, 심사청구 및 출원공개의 제한**

명세서에 청구범위가 기재되어 있지 않은 경우 심사할 수 없으므로 심사청구가 불가하며(제59조 제2항 제1호), 출원공개의 대상이 되지 않고(제64조 제2항 제1호), 조기공개신청을 할 수 없다. 또한 명세서, 요약서 또는 도면을 보정할 수 없다(특허법 시행규칙 제11조 제1항 제5호의3).

임시명세서 특허출원 (특허법 시행규칙 제21조)

> **시행규칙 제21조(특허출원서 등)**
> ① 법 제42조제1항에 따라 특허출원을 하려는 자는 별지 제14호서식의 특허출원서에 다음 각 호의 서류를 첨부하여 특허청장에게 제출하여야 한다.
>   1. 명세서·요약서 및 도면 각 1통
>   2. 대리인에 의하여 절차를 밟는 경우에는 그 대리권을 증명하는 서류 1통
>   3. 기타 법령의 규정에 의한 증명서류 1통
> ② 제1항의 명세서는 별지 제15호서식, 요약서는 별지 제16호서식, 도면은 별지 제17호서식에 따른다.
> ③ 제1항제1호에 따른 명세서의 발명의 설명에는 다음 각 호의 사항이 포함되어야 한다.
>   1. 발명의 명칭
>   2. 기술분야
>   3. 발명의 배경이 되는 기술
>   4. 다음 각 목의 사항이 포함된 발명의 내용
>   가. 해결하려는 과제
>   나. 과제의 해결 수단
>   다. 발명의 효과
>   5. 도면의 간단한 설명
>   6. 발명을 실시하기 위한 구체적인 내용
>   7. 그 밖에 그 발명이 속하는 기술분야에서 통상의 지식을 가진 자가 그 발명의 내용을 쉽게 이해하기 위하여 필요한 사항
> ④ 제3항제2호·제4호·제5호 및 제7호의 사항은 해당하는 사항이 없는 경우에는 그 사항을 생략할 수 있다.
> ⑤ 제2항부터 제4항까지의 규정에도 불구하고 법 제42조의2제1항 후단에 따라 명세서에 청구범위를 적지 않고 출원할 때에는 특허출원서에 제2항부터 제4항까지의 기재방법을 따르지 않고 발명의 설명을 적은 명세서(이하 "임시 명세서"라 한다)를 첨부하여 제출할 수 있다. 이 경우 임시 명세서를 전자문서로 제출하기 위해서는 특허청장이 정하여 고시하는 파일 형식을 따라야 한다.
> ⑥ 제5항에 따라 임시 명세서를 제출하는 경우에는 특허출원서에 그 취지를 기재해야 하며, 법 제47조에 따라 임시 명세서를 보정할 때에는 별지 제9호서식의 보정서에 제2항부터 제4항까지의 규정에 따른 명세서, 요약서 및 필요한 도면을 첨부하여 특허청장에게 제출해야 한다.

1 의의 및 취지

임시명세서란 특허법 시행규칙에서 정한 형식에 따르지 않고 임의 형식으로 작성한 명세서를 말한다. 이는 논문 등을 정해진 명세서의 서식에 맞추어 재작성할 필요 없이 그대로 출원할 수 있도록 지원하고자 도입되었다.

2 절차

(1) 임시명세서 제출
(주체) 출원인이 (기간) 출원시 (서면) 청구범위 제출을 유예하면서 출원서에 취지 표시하면, 임시명세서를 제출할 수 있다(특허법 시행규칙 제21조 제5항).

(2) 정식명세서 제출 (전문보정)
1) (주체) 출원인은 (기간) 우선일부터 1년 2개월 또는 제3자 심사청구취지 통지받은 날부터 3개월 중 빠른 날까지 (서면) 보정서로, 청구범위와 함께 정식명세서를 제출하여야 한다.
2) 법정기간 내 정식명세서 제출하지 않으면 출원은 취하된 것으로 본다. 특허법은 공개주의와 심사주의를 채택하고 있으며, 공개와 심사를 위해서는 청구범위가 필요한데, 공개와 심사에 협조하지 않은 경우 특허를 인정하지 않고자 출원을 취하 간주하는 것이다.

3 효과
(1) 임의형식으로 발명의 설명을 작성할 수 있다.
(2) 전자문서로 제출하는 경우 특허청에서 제공하는 소프트웨어뿐 아니라, PDF 등 상용 소프트웨어도 이용할 수 있다.

4 관련문제

(1) 우선권주장
임시명세서를 첨부하여 제출된 출원도 명세서의 형식에서 차이가 있을 뿐 정규출원으로 인정되므로 이를 기초로 하여 조약우선권주장출원 또는 국내우선권주장출원을 할 수 있다.

(2) 분할·변경출원
임시명세서를 첨부하여 제출된 출원을 분할 또는 변경하는 경우에는 분할출원 또는 변경출원의 명세서를 임시명세서로 제출할 수 있다. 그러나 청구범위 제출기한이 되는 날까지 전문 보정된 명세서를 제출하지 않으면 그 다음날로 취하 간주된다. 다만 분할출원, 변경출원의 경우에는 청구범위 제출기한이 되는 날이 지난 후에도 분할출원, 변경출원을 한 날로부터 30일이 되는 날까지 전문 보정된 명세서를 제출할 수 있다.

(3) 분리출원
분리출원은 임시명세서로 할 수 없다(특허법 제52조의2 제3항).

(4) 보정, 심사청구 및 출원공개 제한
1) 임시명세서를 첨부한 출원의 전문 보정 전에는 명세서, 요약서 또는 도면을 보정할 수 없다.
2) 임시명세서를 첨부하여 출원하는 경우 출원인은 청구범위를 포함하는 전문 보정된 명세서를 제출하여야 해당 출원에 대하여 심사청구를 할 수 있다.

3) 전문 보정된 명세서를 제출한 출원에 한하여 출원공개 되며, 이때 출원공개공보에는 전문 보정된 명세서에 최초명세서로서의 지위를 가지는 임시명세서가 첨부되어 공개된다.

(5) 확대된 선출원 지위

임시명세서를 첨부하여 출원하고 전문 보정한 후 출원공개된 출원을 타출원으로 하는 경우 타출원의 최초명세서는 임시명세서이므로 임시명세서에는 기재되어 있지 않으나 전문 보정 등에 의하여 새롭게 추가된 발명에 대해서는 특허법 제29조제3·4항이 적용되지 않는다.

CHAPTER 05 외국어특허출원 (특허법 제42조의3)

제42조의3(외국어특허출원 등)
① 특허출원인이 명세서 및 도면(도면 중 설명부분에 한정한다. 이하 제2항 및 제5항에서 같다)을 국어가 아닌 산업통상자원부령으로 정하는 언어로 적겠다는 취지를 특허출원을 할 때 특허출원서에 적은 경우에는 그 언어로 적을 수 있다.
② 특허출원인이 특허출원서에 최초로 첨부한 명세서 및 도면을 제1항에 따른 언어로 적은 특허출원(이하 "외국어특허출원"이라 한다)을 한 경우에는 제64조제1항 각 호의 구분에 따른 날부터 1년 2개월이 되는 날까지 그 명세서 및 도면의 국어번역문을 산업통상자원부령으로 정하는 방법에 따라 제출하여야 한다. 다만, 본문에 따른 기한 이전에 제60조제3항에 따른 출원심사 청구의 취지를 통지받은 경우에는 그 통지를 받은 날부터 3개월이 되는 날 또는 제64조제1항 각 호의 구분에 따른 날부터 1년 2개월이 되는 날 중 빠른 날까지 제출하여야 한다.
③ 제2항에 따라 국어번역문을 제출한 특허출원인은 제2항에 따른 기한 이전에 그 국어번역문을 갈음하여 새로운 국어번역문을 제출할 수 있다. 다만, 다음 각 호의 어느 하나에 해당하는 경우에는 그러하지 아니하다.
  1. 명세서 또는 도면을 보정(제5항에 따라 보정한 것으로 보는 경우는 제외한다)한 경우
  2. 특허출원인이 출원심사의 청구를 한 경우
④ 특허출원인이 제2항에 따른 명세서의 국어번역문을 제출하지 아니한 경우에는 제2항에 따른 기한이 되는 날의 다음 날에 해당 특허출원을 취하한 것으로 본다.
⑤ 특허출원인이 제2항에 따른 국어번역문 또는 제3항 본문에 따른 새로운 국어번역문을 제출한 경우에는 외국어특허출원의 특허출원서에 최초로 첨부한 명세서 및 도면을 그 국어번역문에 따라 보정한 것으로 본다. 다만, 제3항 본문에 따라 새로운 국어번역문을 제출한 경우에는 마지막 국어번역문(이하 이 조 및 제47조제2항 후단에서 "최종 국어번역문"이라 한다) 전에 제출한 국어번역문에 따라 보정한 것으로 보는 모든 보정은 처음부터 없었던 것으로 본다.
⑥ 특허출원인은 제47조제1항에 따라 보정을 할 수 있는 기간에 최종 국어번역문의 잘못된 번역을 산업통상자원부령으로 정하는 방법에 따라 정정할 수 있다. 이 경우 정정된 국어번역문에 관하여는 제5항을 적용하지 아니한다.
⑦ 제6항 전단에 따라 제47조제1항제1호 또는 제2호에 따른 기간에 정정을 하는 경우에는 마지막 정정 전에 한 모든 정정은 처음부터 없었던 것으로 본다.

제47조(특허출원의 보정)
② 제1항에 따른 명세서 또는 도면의 보정은 특허출원서에 최초로 첨부한 명세서 또는 도면에 기재된 사항의 범위에서 하여야 한다. 이 경우, 외국어특허출원에 대한 보정은 최종 국어번역문(제42조의3제6항 전단에 따른 정정이 있는 경우에는 정정된 국어 번역문을 말한다) 또는 특허출원서에 최초로 첨부한 도면(도면 중 설명부분은 제외한다)에 기재된 사항의 범위에서도 하여야 한다.

1 의의 및 취지

선출원인에게 특허를 부여하는 선원주의 하에서는 빠른 출원일의 선점이 중요하다. 특허법은 2015년 개정법에서 빠른 출원일 선점은 가능하되 명세서 및 도면의 설명부분을 외국어로 작성하

여 출원할 수 있도록 개정하여, 국제적 추세 및 국내 영어 논문 증가 추세를 반영하고 출원인의 편의를 도모하고자 하였다.

2 언어요건의 완화

종래는 국어로 기재한 명세서 및 도면만을 인정하였다. 개정법은 (주체) 출원인이 (기간) 출원시 (서면) 출원서에 취지 표시하면, 명세서 및 도면(도면 중 설명부분에 한정한다)을 국어가 아닌 산업통상자원부령으로 정하는 언어(영어)로 적을 수 있도록 규정하고 있다(특허법 제42조의3 제1항).

3 국어번역문

(1) 제출 및 기한 (특허법 제42조의3 제2항)

의국어로 적은 특허출원의 경우 출원공개와 심사가 되기 전인 우선일부터 1년 2개월이 되는 날 또는 제3자 심사청구의 취지를 통지 받은 날부터 3개월이 되는 날 중 빠른 날까지 그 명세서 및 도면의 국어번역문을 산업통상자원부령으로 정하는 방법에 따라 제출하여야 한다.

(2) 국어번역문의 교체 (특허법 제42조의3 제3항)

1) 국어번역문에 오역이 있는 경우 국어번역문 제출 기한 전에 그 국어번역문을 갈음하여 새로운 국어번역문을 제출할 수 있다. 다만, 명세서 또는 도면을 보정(제5항에 따라 보정한 것으로 보는 경우는 제외한다)한 경우, 출원인이 심사청구한 경우에는 그러하지 아니하다.
2) 국어번역문에 오역이 있으나 국어번역문 교체 가능 기간이 경과했을 때는 명세서 또는 도면 보정 및 오역정정절차를 밟으면 된다.

(3) 국어번역문 제출의 효과 (특허법 제42조의3 제5항) 및 번역문 지위

1) 국어번역문을 제출한 경우는 번역문 제출 효과와, 외국어특허출원의 특허출원서에 최초로 첨부한 명세서 및 도면을 그 국어번역문에 따라 보정한 효과가 부여된다.
2) 제3항 본문에 따라 새로운 국어번역문을 제출한 경우는 최종 국어번역문 전에 제출한 국어번역문에 따라 보정한 것으로 보는 모든 보정은 처음부터 없었던 것으로 본다.
3) 구법에서는 국어번역문에 최초 명세서 등의 지위가 인정되었다. 그러나 구법에 따르면 국어번역문에 오역이 있는 경우 이의 정정이 신규사항추가로 해석되어 정정의 기회가 인정되지 않아 출원인에게 가혹했다. 개정법에서는 외국어 명세서에 최초 명세서 등의 지위를 부여하고 국어번역문에는 명세서 보정 지위를 부여한다.

(4) 국어번역문 부제출의 효과

1) 국어번역문 제출 전에는 명세서의 보정, 분할출원, 변경출원, 심사청구(출원인)할 수 없고, 출원공개되지 않는다.
2) 제출기한 내 국어번역문을 제출하지 아니한 경우에는 제출기한이 되는 날의 다음 날에 해당 출원을 취하한 것으로 본다(특허법 제42조의3 제4항).

(5) 오역의 정정

1) 요건 (특허법 제42조의3 제6항)

제47조 제1항에 따라 보정할 수 있는 기간에 최종 국어번역문의 잘못된 번역을 정정할 수 있다. 오역정정서에는 심사 부담 완화를 위해 정정 사항에 대한 설명을 적은 설명서를 첨부하고, 특허료 등의 징수규칙에 따른 수수료를 납부해야한다(특허법 시행규칙 제21조의3 제3항).

2) 취급

오역정정에 관한 설명서의 내용이 불충분하여 오역정정의 타당성을 확인하기 어려운 경우에는 설명서에 대해 보정명령을 할 수 있다. 다만, 오역정정의 적합성 여부는 거절이유 또는 보정명령의 대상이 되지 않는다.[16]

3) 효과

정정된 국어번역문에 관하여는 보정효과를 부여하지 아니하므로 (특허법 제42조의3 제6항 후단), 오역정정과 별도로 명세서 등을 보정해야 한다. 정정된 국어번역문은 보정시 신규사항의 판단 기준이 된다(특허법 제47조 제2항 후단).

4 보정

(1) 시기

외국어특허출원인 경우에는 제47조 1항 본문에 해당하더라도 국어번역문을 제출한 경우에만 명세서 또는 도면을 보정할 수 있고(특허법 제47조 제5항), 보정 후에는 국어번역문을 교체할 수 없다 (특허법 제42조의3 제3항 제1호).

(2) 범위

1) 신규사항 추가 금지 및 오역관련(특허법 제47조 제2항)

명세서 또는 도면의 보정은 특허출원서에 최초로 첨부한 명세서 또는 도면에 기재된 사항의 범위에서 하여야 한다(동항 전단). 이 경우, 외국어특허출원에 대한 보정은 최종 국어번역문(제42조의3제6항 전단에 따른 정정이 있는 경우에는 정정된 국어번역문을 말한다) 또는 특허출원서에 최초로 첨부한 도면(도면 중 설명부분은 제외한다)에 기재된 사항의 범위에서도 하여야 한다(동항 후단).

2) 위반시 법적 취급

가. 제47조 제2항 전단 위반시 거절이유, 정보제공사유, 직권재심사사유, 특허무효사유에 해당한다.
나. 제47조 제2항 후단 위반시 거절이유, 정보제공사유, 직권재심사사유에는 해당하나, 등록 후에는 특허무효사유에 해당하지 않는다.

---

16) 특허청, 특허 실용신안 심사기준

PART 04

특허명세서

발명의 설명 기재방법 (제42조 제3항 제1호)

> **제42조(특허출원)**
> ③ 제2항에 따른 발명의 설명은 다음 각 호의 요건을 모두 충족하여야 한다.
> 1. 그 발명이 속하는 기술분야에서 통상의 지식을 가진 사람이 그 발명을 쉽게 실시할 수 있도록 명확하고 상세하게 적을 것

1 의의 및 취지

발명의 설명은 통상의 기술자가 그 발명을 쉽게 실시할 수 있도록 기재하여야 한다(특허법 제42조 제3항 제1호). 이는 특허법의 목적인 공개된 발명에 대한 제3자의 이용도모를 가능하게 하기 위함이다(특허법 제1조).

2 내용 – 쉽게 실시 요건

(1) 실시의 주체

判例는, '그 발명이 속하는 기술분야에서 통상의 지식을 가진 자'라 함은 그 출원발명이 속하는 기술 분야에서 보통 정도의 이해력을 가진 자, 즉 평균적 기술자를 뜻한다고 판시하였다(95후95).[17]

(2) '쉽게 실시 기재' 판단방법

1) '쉽게 실시'의 의미

통상의 기술자가 명세서 기재에 의하여 출원 시의 기술수준으로 보아 과도한 실험이나 특수한 지식을 부가하지 않고도 그 발명을 정확하게 이해하고 재현하는 것을 말한다(2004후3362).

2) 물건발명의 경우

判例는 물건발명의 경우에 '물건발명의 실시'는 그 물건을 생산, 사용하는 등의 행위를 말하 므로, 통상의 기술자가 i) 출원시 기술수준으로 보아 과도한 실험이나 특수한 지식을 부가하 지 않고서도 발명의 설명에 기재된 사항에 의해 물건 자체를 생산·사용할 수 있고, ii) 구체적 인 실험 등으로 증명이 되어 있지 않더라도 발명의 효과를 충분히 예측할 수 있다면 명세서 기재요건을 충족한 것이라고 판시하였다(2014후2061).

3) 범용성 있는 구성의 경우

判例는 발명이 이용하고 있는 기술수단이 특허출원 당시 범용성이 있는 것으로서 그 구성을 명시하지 아니하더라도 이해할 수 있는 것일 때에는 그 기술수단의 내용을 기재하지 않아도 쉽게 실시 요건을 만족한다고 판시하였다(92후49).

---

17) 제29조 제2항에서의 통상의 기술자와 동일하다.

3) 실시예 필수적 기재요부
　① 일반론
　　判例는 당해 발명의 성격이나 기술내용 등에 따라서 명세서에 실시예가 기재되어 있지 않다 고 하더라도 통상의 기술자가 그 발명을 정확하게 이해하고 재현하는 것이 용이한 경우도 있으므로 제42조 제3항의 기재요건을 충족하기 위해 항상 실시예가 기재되어야 하는 것은 아니라고 판시한다(2010후2582).

　② 화학발명의 경우
　　判例는 일반적으로 기계장치 등에 관한 발명에 있어서는 실시예가 기재되지 않더라도 통상의 기술자가 발명의 구성으로부터 그 작용과 효과를 명확하게 이해하고 용이하게 재현할 수 있는 경우가 많으나, 이른바 실험의 과학이라고 하는 화학발명의 경우에는 당해 발명의 내용과 기술수준에 따라 차이가 있을 수는 있지만 예측가능성 내지 실현가능성이 현저히 부족하여 실험데이터가 제시된 실험예가 기재되지 않으면 통상의 기술자가 그 발명의 효과를 명확하게 이해하고 용이하게 재현할 수 있다고 보기 어렵다고 판시한다(2001후65).

　③ 의약용도발명의 경우
　　判例는 약리효과의 기재가 요구되는 의약의 용도발명에서는 그 출원 전에 명세서 기재의 약리효과를 나타내는 약리기전이 명확히 밝혀진 경우와 같은 특별한 사정이 없다면 특정 물질에 그와 같은 약리효과가 있다는 것을 약리데이터 등이 나타난 시험례로 기재하거나 또는 이에 대신할 수 있을 정도로 구체적으로 기재하여야만 명세서의 기재요건을 충족하였다고 볼 수 있다고 판시한다(2017후1854).

(3) 쉽게 실시의 대상
　判例는 실시의 대상이 되는 발명은 청구항에 기재된 발명을 가리키는 것으로 발명의 설명의 기재에 오류가 있다고 하더라도 그러한 오류가 청구항에 기재되어 있지 아니한 발명에 관한 것이거나 청구항에 기재된 발명의 실시를 위하여 필요한 사항 이외의 부분에 관한 것이라면 제42조 제3항 제1호에 위반된다고 할 수 없다고 판시하였다(2012후2586).

(4) 관련 判例18)19)20)

---

18) 判例는 명세서에서 첨부된 도면을 들어 당해 발명의 특정한 기술구성 등을 설명하고 있는 경우에 그 명세서에서 지적한 도면에 당해 기술구성이 전혀 표시되어 있지 않아 그 기술구성이나 결합관계를 알 수 없다면, 비록 그러한 오류가 출원서에 첨부된 여러 도면의 번호를 잘못 기재함으로 인한 것이고, 당해 기술분야에서 통상의 지식을 가진 자가 명세서 전체를 면밀히 검토하면 출원서에 첨부된 다른 도면을 통하여 그 기술구성 등을 알 수 있다 하더라도 이를 가리켜 명세서의 기재불비가 아니라고 할 수 없다고 판시 하였다(97후2675).
19) 判例는 명세서 기재의 오류는 당해 분야에서 통상의 기술자가 극히 용이하게 알 수 있는 것이어서 그 오기에도 불구하고 평균적 기술자라면 누구나 이 사건 발명을 정정된 내용으로 명확하게 이해하고 재현할 수 있는 정도에 불과한 것이라도 이를 가리켜 명세서의 기재불비가 아니라고 할 수는 없다고 판시하였다(95후1159).
20) 判例는 발명의 설명 부분에서 논문에 기재된 기술을 인용하고 설명하는 경우, 그 논문이 대학교 도서관에 입고되어 공지된 사실이 인정되는 이상, 위 박사학위 논문의 내용을 통상의 기술자가 과도한 실험이나 특별한 지식을 부가하지 아니하고는 이해할 수 없다 는 특별한 사정이 보이지 아니하는 이 사건에서 단지 명세서가 박사학위 논문을 인용하여 청구범위의 내용을 설명하고 있다는 사정만으로 명세서의 기재불비라고 할 수 없다고 판시한다 (2003후2072).

3 위반 시 법적 취급

흠결 시 거절이유(제62조), 정보제공사유(제63조의2), 직권재심사사유(제66조의3) 및 무효사유(제133조)에 해당한다.

4 발명의 설명에만 기재된 발명의 지위 및 권리화 도모

(1) 발명의 설명에만 기재된 발명의 지위

1) 특허권 보호범위 해당여부

특허권 보호범위는 청구범위에 기재된 사항에 의해 판단하므로(제97조) 발명의 설명에만 기재된 발명은 원칙적으로 특허권 보호범위에 속하지 않는다.

2) 확대된 선출원의 지위

출원공개 되면, ⅰ) 출원공개 전까지 확대된 선출원의 지위(제29조 제3항)가 인정되어 동일발명에 대한 제3자 출원을 거절시킬 수 있고, ⅱ) 출원공개 후 제29조 제1항 제2호의 반포된 간행물에 게재된 발명이 되므로 제3자 출원에 대한 인용참증 지위를 갖는다.

(2) 권리화 도모 방안

1) 출원의 보정 (제47조)

발명의 설명에만 기재된 발명을 청구범위에 포함시키는 보정을 행하여 권리화 가능하다. 다만, 보정가능기간이 아닌 경우 또는 보정범위가 제한되는 기간의 경우(최후거절이유통지에 따른 의견제출기간, 재심사 청구시)는 보정으로써 청구범위에 추가하는 것이 제한되므로 분할출원이 필요하다.

2) 분할출원 (제52조)

원출원의 최초 명세서 또는 도면에 기재되어 있는 발명은 분할출원하여 별도의 권리화가 가능하다. 다만, 보정과 달리 별도 출원 후 심사청구까지 해야 하는 절차적 번거로움의 단점이 있다.

3) 그 외 별도출원, 변경출원, 국내우선권주장출원은 실익이 없으며, 실무에서도 이와 같이 운영하지는 않는다.

CHAPTER 02. 배경기술 기재요건 (제42조 제3항 제2호)

> **제42조(특허출원)**
> ③ 제2항에 따른 발명의 설명은 다음 각 호의 요건을 모두 충족하여야 한다.
>   2. 그 발명의 배경이 되는 기술을 적을 것

1 의의 및 취지

발명의 기술상의 의의를 이해하는 데에 도움이 되고 선행기술 조사 및 심사에 유용하다고 생각되는 종래의 기술을 의미한다. 구법에서는 배경기술의 기재가 임의였으나, 개정법은 발명의 배경기술을 기재하면 발명의 기술적 특징을 파악하는 데에 도움이 되어 공개문헌으로서의 역할을 강화할 수 있고, 심사에도 유용하며 특허협력조약에서도 배경기술 기재를 필수적으로 요구하는 점을 반영하여 배경기술 기재 의무를 명문으로 규정하였다.

2 요건

(1) 특허를 받고자 하는 발명에 관한 것

발명이 속하는 기술분야, 발명의 해결하고자 하는 과제, 과제의 해결수단을 중점적으로 고려하여 판단한다.

(2) 배경기술의 구체적 설명 및 문헌정보 기재

배경기술의 구체적 설명을 기재해야 하고, 가급적 그러한 배경기술이 개시된 선행기술문헌 정보도 기재해야 한다. 선행기술문헌 정보는 특허문헌의 경우 발행국, 공보명, 공개번호, 공개일 등을 기재하고, 비특허문헌의 경우 저자, 간행물명(논문명), 발행처, 발행연월일 등을 기재한다.

다만 배경기술의 구체적 설명을 적지 않고 선행기술문헌 정보만을 기재하였더라도 그 선행기술문헌이 발명에 관한 적절한 배경기술을 개시하고 있는 것이라면 발명의 배경기술을 적은 것으로 본다.

(3) 배경기술을 알 수 없는 경우

기존의 기술과 전혀 다른 신규한 발상에 의해 개발된 발명이어서 배경 기술을 특별히 알 수 없는 경우에는, 인접한 기술분야의 종래기술을 기재하거나 적절한 배경기술을 알 수 없다는 취지를 기재함으로써 해당 발명의 배경기술 기재를 대신할 수 있다.

3 위반시 취급

(1) 배경기술을 전혀 적지 않은 경우, 특허를 받고자 하는 발명에 관한 배경기술이 아닌 경우, 기초적인 기술에 불과하여 배경기술을 적은 것으로 볼 수 없는 경우 제42조 제3항 제2호 위반으로 거절이유 통지의 대상이 된다.

(2) 거절이유를 통지 받은 경우는 배경기술에 관한 선행기술문헌 정보를 추가하거나, 신규 분야로서 배경기술이 존재하지 않는다는 의견서를 제출하여 극복할 수 있다. 선행기술문헌 정보를 추가하는 것은 신규사항추가로 보지 않는다(심사기준).

4 명세서에 배경기술로 기재된 발명의 공지성

(1) 문제점 – 공지성에 대한 증명원칙

공지기술의 증명책임은 출원발명의 신규성 또는 진보성을 부정하는 자에게 있으며, 특별한 사정이 없는 한 증거에 의해 명확히 하여야 함이 원칙이다(2013후37). 다만, 명세서에 기재된 배경기술만으로 신규성 또는 진보성의 인용발명으로서 공지기술 적격을 인정할 수 있을지 문제된다.

(2) 명세서에 기재된 종래기술의 공지성 인정여부

1) 判例의 태도

判例는 출원인이 명세서에 기재하는 배경기술 또는 종래기술은 출원발명의 기술적 의의를 이해하는 데 도움이 되고 선행기술 조사 및 심사에 유용한 기존의 기술이기는 하나 출원 전 공지되었음을 요건으로 하는 개념은 아니며, 공지되지 아니한 노하우를 기재하는 경우도 있으므로, 명세서에 배경기술 또는 종래기술로 기재되어 있다고 하여 그 내용을 곧바로 공지기술로 볼 수는 없고, 출원인이 공지기술임을 자인한 경우에만 공지기술로 사실상 추정할 수 있다고 판시하였다(2013후37).

2) 검토

공지여부는 역사적 사실관계이므로 명세서에 종래기술로 기재되었다는 사정만으로 인정될 수 없다. 다만 심사의 효율성을 위해 출원인이 공지기술로 종래기술을 기재했다고 자인하는 경우는 공지성을 사실상 추정함이 타당하다.

(3) 사실상 추정 및 복멸 허용여부

1) 종래 判例의 태도

종래 判例는 출원서에 종래기술을 기재한 경우에는, 종래기술은 특별한 사정이 없는 한 출원된 고안의 신규성 또는 진보성이 부정되는지 여부를 판단함에 있어서 구 실용신안법 제5조 제1항 각호에 열거한 고안들 중 하나로 보아야 할 것이라고 판시하였다. 즉 공지성을 간주하였다.

2) 전원합의체 判例의 태도

최근 전원합의체는 명세서의 전체적인 기재와 출원경과를 고려하여 출원인이 단순히 종래기술인 정도를 넘어서 공지기술이라는 취지로 기재하였음을 인정할 수 있는 경우에만 별도의 증거 없이도 출원 전 공지된 것으로 사실상 추정함이 타당하나, 착오로 잘못 기재하였음이 밝혀지는 경우와 같이 특별한 사정이 있는 때에는 그 추정은 번복될 수 있다고 판시함으로써, 공지성을 간주에서 추정으로 변경하였다(2013후37).

3) 검토

공지여부는 역사적 사실관계이므로 출원인이 공지되었음을 자인했다는 사정만으로 간주될 수 없다. 출원인이 착오로 공지성을 자인한 경우는 공지여부에 대한 객관적 진실을 다시 탐구함이 타당하다.

(4) 출원인의 공지성 자인 번복에 대한 금반언 원칙 적용여부

전원합의체 보충의견은 출원인이 공지성 자인을 했다가 추후 착오에 의한 것임을 주장하며 번복하는 것은 금반언 원칙과 무관하다고 보았다.[21](2013후37)

---

21) 출원경과금반언의 원칙은 출원경과 중 일정한 요건 아래 의식적 제외를 인정하고 특허 보호범위에서 배제된 것으로 보는 법리인데, 일단 의식적 제외로 인정된 이상 그 효과를 번복시킬 수 있는 구조가 아니다. 만일 이러한 강력한 효과를 공지 자인에 대해서도 확장하여 적용하면 객관적 진실에 부합하는지와 무관하게 공지기술로 확정하여야 하므로 매우 부당한 결과를 초래할 수 있다(2013후37).

CHAPTER 03 청구범위 기재방법 (제42조 제4항 및 제6항)

> **제42조(특허출원)**
> ④ 제2항에 따른 청구범위에는 보호받으려는 사항을 적은 항(이하 "청구항"이라 한다)이 하나 이상 있어야 하며, 그 청구항은 다음 각 호의 요건을 모두 충족하여야 한다.
> 1. 발명의 설명에 의하여 뒷받침될 것
> 2. 발명이 명확하고 간결하게 적혀 있을 것
> ⑥ 제2항에 따른 청구범위에는 보호받으려는 사항을 명확히 할 수 있도록 발명을 특정하는 데 필요하다고 인정되는 구조·방법·기능·물질 또는 이들의 결합관계 등을 적어야 한다.

1 청구범위 의의

청구범위는 발명의 설명에 개시한 발명 중 출원인이 스스로의 의사에 따라 보호받고자 하는 사항을 선택하여 기재하는 항목이다.

2 발명의 설명에 의해 뒷받침되도록 기재 (제1호)

(1) 의의 및 취지

1) 청구범위에 기재된 청구항은 발명의 설명에 의하여 뒷받침되어야 한다.
2) 이는 발명의 설명에 기재되지 아니한 사항이 청구항에 기재됨으로써 출원자가 공개하지 아니한 발명에 대하여 특허권이 부여되는 부당한 결과를 막기 위함이다(2014후2061).

(2) 판단방법

1) '뒷받침'판단방법
  ① 判例는 청구범위가 발명의 설명에 의해 뒷받침되고 있는지 여부는 ⅰ) 청구범위에 기재된 발명과 대응되는 사항이 발명의 설명에 기재되어 있는지에 의해 판단하여야 하며, ⅱ) 출원시 기술수준에 비추어 발명의 설명에 개시된 내용을 청구범위에 확장 또는 일반화할 수 있다면 발명의 설명에 의해 뒷받침된다고 판단한다(2004후1120, 2014후2061).
  ② 또한, 도면만으로 발명의 설명을 대체할 수는 없지만, 도면이 첨부되어 있는 경우에는 도면 및 도면의 간단한 설명을 종합적으로 참작하여 발명의 설명이 청구범위를 뒷받침하고 있는지 여부를 판단할 수 있다고 판시한다(2004후776).

2) 제42조 제3항 제1호와의 구별
  判例는 제42조 제4항 제1호의 명세서 기재요건을 충족하는지 여부는 통상의 기술자의 입장에서 청구범위에 기재된 사항과 대응되는 사항이 발명의 설명에 기재되어 있는지 여부에 의하여 판단하여야 하고, 규정 취지를 달리하는 제42조 제3항 제1호가 정한 것처럼 판단하여서는 안 된다고 판시한다(2012후832).

3) 심사기준상 위반 유형

i) 청구항에 기재된 사항과 대응되는 사항이 발명의 설명에 직접적으로 기재되어 있지 않고 암시도 되어 있지 않은 경우, ii) 발명의 설명과 청구항에 기재된 발명 상호간에 용어가 통일되어 있지 않아 양자의 대응관계가 불명료한 경우, iii) 청구항에 기재된 사항이 특정 기능을 수행하기 위한 '수단(means)' 또는 '공정(step)'으로 기재되어 있으나 이들 수단 또는 공정에 대응하는 구체적인 구성이 발명의 설명에 기재되어 있지 않은 경우, iv) 출원 시 해당 기술분야의 기술상식에 비추어 보아 발명의 설명에 기재된 내용을 청구된 발명의 범위까지 확장하거나 일반화할 수 없는 경우, v) 발명의 설명에는 발명의 과제를 해결하기 위하여 반드시 필요한 구성으로 설명되어 있는 사항이 청구항에는 기재되어 있지 않아서 해당 기술분야의 통상의 지식을 가진 자가 발명의 설명으로부터 인식할 수 있는 범위를 벗어난 발명을 청구하는 것으로 인정되는 경우 이에 해당한다.

(3) 위반 시 법적 취급

흠결 시 거절이유(제62조), 정보제공사유(제63조의2), 직권재심사사유(제66조의3) 및 무효사유(제133조)에 해당한다.

3 명확하고 간결하게 기재 (특허법 제42조 제4항 제2호)

(1) 의의 및 취지

1) 청구범위에 기재된 청구항은 명확하고 간결하게 기재되어야 한다.
2) 이는 청구항의 기재가 불명확하거나 간결하지 않은 경우에는 심사대상을 특정하기 곤란하고 이에 특허권이 부여될 경우 발명의 보호범위 해석이 어려워 명세서가 권리서로서 역할을 할 수 없기 때문이다.

(2) 판단방법

1) '명확성' 판단

① 청구항에는 명확한 기재만이 허용되고 발명의 구성을 불명료하게 표현하는 용어는 원칙적으로 허용되지 않는다(2003후2072, 2014후1563).
② 判例는 발명이 명확하게 적혀있는지 여부는 i) 통상의 기술자가 발명의 설명이나 도면 등의 기재와 출원당시의 기술상식을 고려할 때 청구범위에 기재된 사항으로부터 특허를 받고자 하는 발명을 명확하게 파악할 수 있는 지에 따라 개별적으로 판단하여야 하고, ii) 단순히 청구범위에 사용된 용어만을 기준으로 하여 일률적으로 판단하여서는 안 된다고 판시하였다(2014후1563).
③ 判例는 특허발명의 내용은 통상의 기술자에 의하여 쉽게 이해되고 재현될 수 있다면 부분적으로 불명확한 부분이 있다고 하더라도 이를 실시불가능하다거나 특허법 제42조 제4항 제2호의 기재불비라고 할 수 없다(2008허8303).

2) 심사기준상 위반유형

- 청구항의 기재내용이 불명확한 경우(단 불명확한 부분이 경미한 기재상 하자로서, 그 하자에 의해서는 그 발명이 속하는 기술분야에서 통상의 지식을 가진 자가 발명이 불명확하다고 이해하지 않거나, 발명의 설명이나 도면 또는 출원 시의 기술상식 등에 의하여 발명이 명확하게 파악될 수 있는 경우에는 발명이 불명확한 것으로 취급하지 않음, 이하 유형에서도 동일하게 적용 가능함).
- 발명을 이루는 각 구성요소가 단순히 나열되어 있을 뿐, 구성요소들 간의 결합관계가 기재되어 있지 않아 불명확한 경우.
- 청구항에 기재된 발명의 카테고리(특허법 제2조 제3호 각 목 중 어느 것인지)가 불명확한 경우.
- 동일한 내용이 중복으로 기재되어 있는 등 청구항의 기재가 너무 장황하여 보호를 받고자 하는 사항이 불명확하거나 간결하지 않은 경우.
- 청구항에 발명의 구성을 불명확하게 하는 표현이 포함되어 있는 경우(단 이러한 표현을 사용하더라도 그 의미가 발명의 설명에 의해 명확히 뒷받침되며, 발명의 특정에 문제가 없다고 인정되는 경우에는 불명확한 것으로 취급하지 않는다)로서, 예를 들면 i) 소망에 따라, 필요에 따라, 특히, 예를 들어, 및/또는 등의 자구와 함께 임의 부가적 사항 또는 선택적 사항이 기재된 경우, ii) 주로, 주성분으로, 주공정으로, 적합한, 적량의, 많은, 높은, 대부분의, 거의, 대략, 약 등 비교의 기준이나 정도가 불명확한 표현이 사용된 경우, iii) …을 제외하고, … 이 아닌과 같은 부정적 표현이 사용되어 불명확해진 경우 또는 iv) 수치한정발명에서 … 이상, … 이하, 0 ~ 10 과 같이 상한이나 하한의 기재가 없는 수치한정이나 0 을 포함하는 수치한정(단 0을 포함하는 성분이 필수성분이 아니라 임의성분인 경우에는 제외한다)을 한 경우 또는 120-200℃, 바람직하게는[22)]150-180℃ 와 같이 하나의 청구항 내에서 이중으로 수치한정을 한 경우.
- 지시의 대상이 불명확하여 발명의 구성이 불명확한 경우.
- 청구항에 서로 다른 기능을 수행하는 복수의 동일한 표현의 기술용어가 있을 경우에 각각의 기능을 한정하여 기재하거나 또는 도면에 사용된 부호에 의하여 명확하게 구별되도록 기재되어 있지 않아서 보호를 받고자 하는 발명의 구성이 불명확한 경우.
- 청구항에 상업상의 이점이나 판매지역, 판매처 등 발명의 기술적 구성과 관계가 없는 사항을 기재하여 발명이 명확하고 간결하지 않은 경우.
- 발명의 구성을 기재하지 않고 발명의 설명 또는 도면의 기재를 대용하고 있는 경우(단 발명의 설명 또는 도면의 기재를 대용하지 않으면 적절하게 기재할 수 없는 경우에는 이들의 대용에 의한 기재를 인정함).
- 조성비가 %로 기재된 조성물 발명의 경우, 아래의 ㉠ 내지 ㉣ 의 경우와 같이 조성비의 기술적인 결함이나 모순이 있는 경우(그러나 청구범위가 "~ 를 포함하는" 과 같이 특정 성분들로만 구성되어 있지 않고 다른 성분도 포함될 수 있는 개방형 청구항에서는 ㉠ 의 경우 명시된 최대성분량의 합이 100% 에 미달하더라도 다른 성분을 포함하면 100%가 될 수 있으므로 명확한 기재이고, ㉣ 의 경우 명시된 하나의 최소성

---

22) 이 부분은 '1 내지 20개의 탄소 원자를 갖는 기'와 '분지 또는 비분지 알킬 또는 알콕시기'가 이중한정을 나타내는 용어인 '바람직하게는'으로 서로 연결되어 있다. 이러한 기재는 이 사건 제12항 발명에 기재된 'X'가 '1 내지 20개의 탄소 원자를 갖는 기' 전체를 의미하는지, 아니면 그중에서 '분지 또는 비분지 알킬 또는 알콕시기'를 의미하는지가 반드시 명확하지는 않아 특허청구범위를 둘러싸고 분쟁이 발생할 소지가 있다. 이처럼 특허청구범위의 기재 내용이 관점에 따라 다양한 방식으로 해석될 수 있는 경우에는 특허청구범위로서 요구되는 명확성과 간결성 요건을 충족하지 못하였다고 보아야 한다(2014후1563).

분량과 나머지 최대성분량의 합이 100%에 미달하더라도 다른 성분을 포함하면 100%가 될 수 있으므로 명확한 기재에 해당한다)

㉠ 모든 성분의 최대성분량의 합이 100%에 미달하는 경우
㉡ 모든 성분의 최소성분량의 합이 100%를 초과하는 경우
㉢ 하나의 최대성분량과 나머지 최소성분량의 합이 100%를 초과하는 경우
㉣ 하나의 최소성분량과 나머지 최대성분량의 합이 100%에 미달하는 경우

(3) 위반 시 법적 취급

흠결 시 거절이유(제62조), 정보제공사유(제63조의2), 직권재심사사유(제66조의3) 및 무효사유(제133조)에 해당한다.

4 발명을 특정하는데 필요하다고 인정되는 사항 기재(특허법 제42조 제6항)

(1) 07.7.1. 시행 개정법 – 청구범위 기재방법의 다양화

1) 종래 구법상 제42조 제4항 제3호는 청구범위는 발명의 구성에 없어서는 아니되는 사항만으로 기재할 것을 규정하여 출원인의 자유로운 발명의 특정을 제한하였다.
2) 개정법은 청구범위를 기재할 때에는 보호받고자 하는 사항을 명확히 할 수 있도록 발명을 특정하는 데 필요하다고 인정되는 구조·방법·기능·물질 또는 이들의 결합관계 등을 기재하여야 한다고 규정하여 청구범위 기재방법의 다양화를 도모하였다.

(2) 위반 시 법적 취급

흠결 시 거절이유(제62조) 등에 해당하지 않는바, 본 규정은 청구범위 작성에 바람직한 지침 정도로 이해될 수 있을 것이다.

CHAPTER 04 다항제 기재방법 (제42조 제8항)

> **제42조(특허출원)**
> ⑧ 제2항에 따른 청구범위의 기재방법에 관하여 필요한 사항은 대통령령으로 정한다.
>
> **시행령 제5조(청구범위의 기재방법)**
> ① 법 제42조제8항에 따른 청구범위의 청구항(이하 "청구항"이라 한다)을 기재할 때에는 독립청구항(이하 "독립항"이라 한다)을 기재하여야 하며, 그 독립항을 한정하거나 부가하여 구체화하는 종속청구항(이하 "종속항"이라 한다)을 기재할 수 있다. 이 경우 필요한 때에는 그 종속항을 한정하거나 부가하여 구체화하는 다른 종속항을 기재할 수 있다.
> ② 청구항은 발명의 성질에 따라 적정한 수로 기재하여야 한다.
> ③ 삭제
> ④ 다른 청구항을 인용하는 청구항은 인용되는 항의 번호를 적어야 한다.
> ⑤ 2이상의 항을 인용하는 청구항은 인용되는 항의 번호를 택일적으로 기재하여야 한다.
> ⑥ 2이상의 항을 인용한 청구항에서 그 청구항의 인용된 항은 다시 2 이상의 항을 인용하는 방식을 사용하여서는 아니 된다. 2 이상의 항을 인용한 청구항에서 그 청구항의 인용된 항이 다시 하나의 항을 인용한 후에 그 하나의 항이 결과적으로 2 이상의 항을 인용하는 방식에 대하여도 또한 같다.
> ⑦ 인용되는 청구항은 인용하는 청구항보다 먼저 기재하여야 한다.
> ⑧ 각 청구항은 항마다 행을 바꾸어 기재하고, 그 기재하는 순서에 따라 아라비아숫자로 일련번호를 붙여야 한다.

1 의의 및 취지

청구항을 2 이상 기재할 때는 정해진 형식에 따라야 한다. 임의의 기재형식을 허용하면 심사관의 심사불편을 야기할 수 있기 때문이다.[23]

2 내용 (특허법 시행령 제5조)

(1) 다항제의 정의 (시행령 제5조 제1항)

청구범위의 청구항을 기재할 때에는 독립항을 기재하여야 하며, 그 독립항을 한정하거나 부가하여 구체화하는 종속항을 기재할 수 있다.[24]

(2) 다항제 기재방법 (시행령 제5조 제2항 내지 제8항)

1) 청구항은 발명의 성질에 따라 적정한 수로 기재[25]

---

23) 다항제를 채택한 취지는 발명을 여러 각도에서 다면적으로 기재하여 발명을 충실히 보호할 수 있도록 하고, 발명자의 권리범위와 일반인의 자유실시기술영역과의 한계를 명확하게 구별하여 특허분쟁의 경우 특허침해 여부를 명확하고 신속하게 판단할 수 있도록 하기 위한 것이다(98후515).
24) 심사실무는 시행령 제5조 제 1항은 임의사항(~할 수 있다)으로 규정하고 있어, 이 항을 이유로 거절이유를 통지하지 않는다.
25) ⅰ) 판례는 동일한 발명사상의 내용이 청구항을 달리하여 중복기재되어 있다고 하더라도 청구범위가 명확하고 간

2) 다른 청구항을 인용하는 청구항은 인용되는 항의 번호를 기재[26]
3) 2 이상의 항을 인용하는 청구항은 인용되는 항의 번호를 택일적으로 기재
4) 2 이상의 항을 인용한 청구항에서 그 청구항의 인용된 항은 다시 2 이상의 항을 인용할 수 없다.
5) 인용되는 청구항은 인용하는 청구항보다 먼저 기재[27]
6) 각 청구항은 항마다 행을 바꾸어 기재하고 그 기재하는 순서에 따라 아라비아 숫자로 일련번호 기재

3 위반시 법적 취급

흠결 시 거절이유(제62조)에만 해당한다.

4 독립항과 종속항의 관계

(1) 독립항과 종속항의 구별

종속항은 형식적으로는 인용하는 형식을 취하고, 실질적으로는 인용되는 항을 한정, 부가하여 구체화한 청구항을 말한다. 따라서 인용하는 형식을 취하더라도 인용되는 항의 구성 요소를 생략하거나 치환하는 형식으로 기재하는 경우 독립항에 해당한다(2004후3546).

(2) 종속항 기재의 목적

1) 심사단계

광범위한 독립항에 이어 협소한 범위의 종속항을 추가할 경우, 심사는 청구항별로 진행되는바, 어느 범위까지 특허가 가능한지를 단계적으로 확인 받을 수 있다는 실익이 있다.

2) 권리단계

광범위한 독립항은 상대적으로 발명의 보호범위에 대한 문언해석과 관련하여 분쟁의 소지가 발발될 가능성이 높음에 반해, 협소한 범위의 종속항은 그 해석과 관련된 분쟁의 소지가 적어 침해여부를 명확하게 판단 받을 수 있다는 실익이 있다.

결하게 기재되어 있어 통상의 기술자가 그 내용을 명확하게 이해하고 인식하여 재현할 수 있다면 그 명세서의 기재는 제42조 제4항 제2호 위반이 아닌 적법한 것으로 본다(94후1558). ⅱ) 심사기준도 실질적으로 동일할 뿐 표현을 달리하는 복수의 청구항의 경우에는 시행령 제5조 제2항 위반이 아니라고 규정한다.

[26] 그 시행령 제5조 제4항에서는 '종속항을 기재할 때에는 독립항 또는 다른 종속항 중에서 1 또는 2 이상의 항을 이용하여야 하며, 인용되는 항의 번호를 기재하여야 한다'고 규정 하였지만, 독립항도 다른 항을 인용할 수 있고 이 때 종속항의 기재요건과 달리 그 항 번호를 기재하여야 한다는 규정이 없어 문제되었는바, 13.7.1. 시행 개정 시 시행령을 통해 변경되어 13.7.1. 이후 심사하는 모든 출원에 적용한다.

[27] 자신의 청구항과 같은 번호의 청구항을 인용하는 경우 심사실무는 ⅰ) 인용되는 청구항을 먼저 기재하지 않은 것으로 제42조 제8항 및 시행령 제5조 제7항 위반의 거절이유를 통지하거나 ⅱ) 그 청구범위를 확정할 수 없으므로 제42조 제4항 제2호 위반의 거절이유를 통지한다.

전반장

PART 05

청구항 기재형식에 따른 쟁점

제법한정청구항 (PBP 청구항)

1 의의 및 취지

PBP청구항은 물건 발명을 구성이 아닌 방법에 의해 특정한 청구항을 말하는 것으로, 기술개발의 고도화에 따른 다양한 표현수단 중 하나에 해당한다.

2 청구범위 기재요건 만족 여부

(1) 개정법의 태도 - 청구범위 기재방법의 다양화

구법에서는 PBP청구항을 금지하기도 했었으나[28], 개정법에서는 제42조 제6항을 규정하여 다양한 청구범위 기재방법을 허용하고 있다. 즉 물건발명을 방법으로 특정했어도 보호받고자 하는 사항만 명확하다면 문제되지 않는다.

(2) 위반시 법적 취급

제42조 제6항에 의해 PBP청구항으로 작성했다는 이유만으로 거절이유 등에 해당하지는 않으나, 다른 청구항 기재형식과 마찬가지로 만약 발명의 특정에 문제가 있다면 제42조 제4항 제2호에 의해 거절이유, 정보제공사유, 직권재심사사유, 특허무효사유에 해당한다.

3 등록요건 판단대상

(1) 문제점

출원발명이 PBP청구항으로 기재된 경우 신규성, 진보성 등 등록요건을 판단할 때, 제조방법을 고려해야하는지 문제된다.

(2) 학설

物동일성설은 제조방법을 물건을 특정하는 수단 중 하나로 본다. 이 견해에 따르면 출원발명과 공지발명의 제조방법이 서로 다르더라도 물건으로서 동일성이 있다면 신규성에 위반될 수 있다.

제법한정설은 청구범위의 기술적 구성은 청구항에 기재된 사항으로 해석해야 하므로 기재된 제조방법에 의해 제조된 물건으로 출원발명의 범위가 한정된다고 본다. 이 견해에 따르면 출원발명과 공지발명이 물건으로서 동일성이 있어도 제조방법이 서로 다르면 신규성이 인정될 수 있다.

(3) 판례

1) 종래 판례의 태도 (2007후4328)

물건의 발명의 특허청구범위에 그 물건을 제조하는 방법이 기재되어 있다고 하더라도 그 제조방법에 의해서만 물건을 특정할 수밖에 없는 등의 특별한 사정이 없는 이상 당해 특허발명의 진보성 유

---

[28] 제42조 제4항 제2호 위반으로 취급

무를 판단함에 있어서는 그 제조방법 자체는 이를 고려할 필요 없이 그 특허청구범위의 기재에 의하여 물건으로 특정되는 발명만을 그 출원 전에 공지된 발명 등과 비교하면 된다.

2) 변경된 판례의 태도 (2011후927)

전원합의체에서 "제조방법이 기재된 물건발명이라고 하더라도 그 본질이 '물건의 발명'이라는 점과 특허청구범위에 기재된 제조방법이 물건의 구조나 성질 등을 특정하는 수단에 불과하다는 점은 마찬가지이므로, 이러한 발명과 그와 같은 사정은 없지만 제조방법이 기재된 물건발명을 구분하여 그 기재된 제조방법의 의미를 달리 해석할 것은 아니다."고 판시하며, "이와 달리 제조방법이 기재된 물건발명을 그 제조방법에 의해서만 물건을 특정할 수밖에 없는 등의 특별한 사정이 있는지 여부로 나누어, 이러한 특별한 사정이 없는 경우에만 그 제조방법 자체를 고려할 필요가 없이 특허청구범위의 기재에 의하여 물건으로 특정되는 발명만을 선행기술과 대비하는 방법으로 진보성 유무를 판단해야 한다는 취지로 판시"한 판례를 변경하고, "제조방법의 기재를 포함하여 청구항의 모든 기재에 의해 특정되는 구조나 성질 등을 가지는 물건을 파악한 후, 그 물건의 효과가 인용발명으로부터 예측가능한지를 따져야 한다"고 판시했다[29][30].

(4) 검토

특허법 제2조 제3호는 발명을 '물건의 발명', '방법의 발명', '물건을 생산하는 방법의 발명'으로 구분하고 있는바, 제조방법이 기재된 물건발명의 경우 제조방법이 기재되어 있다고 하더라도 발명의 대상은 그 제조방법이 아니라 최종적으로 얻어지는 물건 자체이므로 위와 같은 발명의 유형 중 '물건의 발명'에 해당한다. 물건의 발명에 관한 특허청구범위는 발명의 대상인 물건의 구성을 특정하는 방식으로 기재되어야 하는 것이므로, 물건의 발명의 특허청구범위에 기재된 제조방법은 최종 생산물인 물건의 구조나 성질 등을 특정하는 하나의 수단으로서 그 의미를 가질 뿐이다. 따라서 제조방법을 포함하여 청구범위의 기재에 의해 특정되는 물건으로 파악하여 특허요건을 판단해야한다는 최근 판례의 태도가 타당하다.

4 등록 후 권리범위 해석

(1) 문제점

출원발명이 PBP청구항으로 기재되어 등록된 경우 권리범위 해석시 제조방법을 고려해야하는지 문제된다.

---

[29] 判例는 특허법 제2조 제3호는 발명을 '물건의 발명', '방법의 발명', '물건을 생산하는 방법의 발명'으로 구분하고 있는바, 청구범위가 전체적으로 물건으로 기재되어 있으면서 그 제조방법의 기재를 포함하고 있는 발명의 경우 제조방법이 기재되어 있다고 하더라도 발명의 대상은 그 제조방법이 아니라 최종적으로 얻어지는 물건 자체이므로 '물건의 발명'에 해당하며, 물건의 발명에 관한 청구범위는 발명의 대상인 물건의 구성을 특정하는 방식으로 기재되어야 하는 것이므로, 물건의 발명의 특허청구범위에 기재된 제조 방법은 최종 생산물인 물건의 구조나 성질 등을 특정하는 하나의 수단으로서 그 의미를 가질 뿐이라고 한다(2011후927).
[30] 또한, 생명공학 분야나 고분자, 혼합물, 금속 등의 화학 분야 등에서의 물건의 발명 중에는 어떠한 제조방법에 의하여 얻어진 물건을 구조나 성질 등으로 직접적으로 특정하는 것이 불가능하거나 곤란하여 제조방법에 의해서만 물건을 특정할 수밖에 없는 사정이 있을 수 있지만, 이러한 사정에 의하여 제조방법이 기재된 물건발명이라고 하더라도 그 본질이 '물건의 발명'이라는 점과 청구범위에 기재된 제조방법이 물건의 구조나 성질 등을 특정하는 수단에 불과하다는 점은 마찬가지이므로, 이러한 발명과 그와 같은 사정은 없지만 제조방법이 기재된 물건발명을 구분하여 그 기재된 제조방법의 의미를 달리 해석할 것은 아니라고 한다(2011후927).

(2) 학설

物동일성설은 본질은 물건발명이고, 등록요건 판단시 물건으로 판단하여 등록된 이상 등록 후에도 물건에 권리범위를 인정하는 것이 타당하다고 본다. 이 견해에 따르면 제3자 발명이 특허발명과 제조방법이 다르더라도 물건으로서 동일성이 있다면 권리범위에 속할 수 있다.

제법한정설은 물건을 제조방법으로 특정한 것은 출원인의 의사이고, 심사단계에서 제조방법을 삭제할 보정기회가 있었으며, 특허발명의 보호범위는 청구범위에 적혀있는 사항에 의해 정해진다는 제97조에 따라 그 제조방법으로 권리범위가 한정된다고 본다. 이 견해에 따르면 제3자 발명이 특허발명과 물건으로서 동일성이 있어도 제조방법이 다르면 균등범위가 문제되지 않는 한 권리범위에 속하지 않을 수 있다.

(3) 판례

1) 종래 특허법원 판례의 태도

"물건을 생산하는 방법을 포함하고 있는 청구항으로서 이른바 생산방법을 한정한 물건에 관한 청구항(product by process claim)도 그 권리범위를 확정함에 있어서는 물건의 생산방법에 관한 기재를 구성요소로 포함하여 청구항을 해석하여야 할 것이지만, 그 진보성 유무를 판단함에 있어서는 물건 그 자체로 해석되어야 할 것"이라고 판시하였다(2004허11).

2) 최근 대법원 판례의 태도

가) "제조방법이 기재된 물건발명에 대한 특허청구범위의 해석방법은 특허침해소송이나 권리범위확인심판 등 특허침해 단계에서 특허발명의 권리범위에 속하는지 판단할 때도 등록요건 판단할 때와 마찬가지로 적용되어야 할 것" 이라고 판시하여 제조방법의 기재를 포함하여 청구항의 모든 기재에 의해 특정되는 구조나 성질 등을 가지는 물건으로 청구범위를 해석했다.

나) 다만 이러한 해석방법에 의하여 도출되는 특허발명의 권리범위가 명세서의 전체적인 기재에 의하여 파악되는 발명의 실체에 비추어 지나치게 넓다는 등의 명백히 불합리한 사정이 있는 경우에는 권리범위를 특허청구범위에 기재된 제조방법의 범위 내로 한정할 수 있다고도 판시했다(2013후1726).

(4) 검토

PBP청구항의 본질은 물건발명이고, 제조방법은 물건을 특정하기 위한 수단에 지나지 않으며, 등록요건 판단과 권리범위 해석을 다르게 하는 것은 불합리한 바, 등록요건 판단대상과 마찬가지로 권리범위 해석할 때에도 제조방법의 기재를 포함한 물건으로 파악해야 한다. 다만 등록요건 판단시와 마찬가지로 권리범위를 해석하게 될 경우 명백히 불합리한 사정이 있다면 제3자의 신속한 권리구제를 위해 위 판례와 같이 청구범위에 기재된 제조방법으로 제조된 물건만으로 권리범위를 제한해석할 수 있다고 봄이 타당하다.

CHAPTER 02 젭슨 청구항

1 의의 및 취지

젭슨 청구항이란 전제부에서 공지기술을 인용한 후, 그 기술에서 개량되거나 추가된 구성요소를 특징부에 기재함으로써 발명을 특정하는 청구항 기재방식이다. 이는 청구항 작성에 출원인의 편의를 도모하기 위해 다양한 표현방식으로서 인정된다.

2 전제부 기재 발명을 공지된 것으로 볼 수 있는지 여부

(1) 판례 (2013후37)

1) 공지성

가) 청구범위의 전제부 기재는 목적이나 내용이 다양하므로, 어떠한 구성요소가 전제부에 기재되었다는 사정만으로 공지성을 인정할 근거는 되지 못한다.

나) 다만, 특허심사는 특허청 심사관에 의한 거절이유통지와 출원인의 대응에 의하여 서로 의견을 교환하는 과정을 통해 이루어지는 절차인 바, 명세서의 전체적인 기재와 출원경과를 종합적으로 고려하여 출원인이 일정한 구성요소는 단순히 배경기술 또는 종래기술인 정도를 넘어서 공지기술이라는 취지로 청구범위의 전제부에 기재하였음을 인정할 수 있는 경우에는 별도의 증거 없이도 전제부 기재 구성요소를 출원 전 공지된 것으로 활용할 수 있다.

2) 공지성 법적성격

가) 종래 판례에서는 출원인이 공지기술로 전제부를 작성하였음을 자인한 경우 전제부의 내용을 공지된 것으로 간주했다.

나) 최신 판례에서는 이를 사실상 추정으로 변경함으로써 출원인이 실제로는 출원 당시 아직 공개되지 아니한 선출원발명이나 출원인의 회사 내부에만 알려져 있었던 기술을 착오로 공지된 것으로 잘못 자인하였음이 밝혀지는 경우와 같이 특별한 사정이 있는 때에는 추정이 번복될 수 있다고 본다.

(2) 검토

1) 공지성

청구범위의 전제부 기재는 청구항의 문맥을 매끄럽게 하는 의미에서 발명을 요약하거나 기술분야를 기재하거나 발명이 적용되는 대상물품을 한정하는 등 다양한 목적으로 활용할 수 있다는 점에서, 전제부로 기재했다는 사정만으로 이를 공지기술로 보아서는 안 된다는 판례의 태도가 타당하다.

2) 공지성 법적성격

신규성 또는 진보성 판단과 관련하여 어떤 내용이 출원 전에 공지된 것인지는 사실인정의 문제이므로 출원인이 공지기술로 전제부를 기재하였다고 자인한 사정만으로 공지성을 간주하면 객관적 진실에 반할 우려가 있는 점에서, 공지성을 사실상 추정으로 본 판례의 태도가 타당하다.

(3) 출원인의 공지성 자인 번복에 대한 금반언 원칙 적용여부

전원합의체 보충의견은 출원인이 공지성 자인을 했다가 추후 착오에 의한 것임을 주장하며 번복하는 것은 금반언 원칙과 무관하다고 보았다.[31](2013후37)

3 등록요건 판단대상

전제부 및 특징부가 유기적으로 결합한 청구한 전체로서 발명을 특정하여 등록요건 판단대상으로 삼아야 한다. 판례도 "청구항 발명은 전제부를 포함하는 유기적인 일체로서의 기술사상 전체가 특허성 판단의 대상이 되는 것이므로, 전제부의 구성요소를 포함하지 않는 인용발명을 이유로 신규성을 부정해서는 안 된다"고 판시하였다(2001허3019).

4 등록 후 권리범위 해석

(1) 판례

판례는 "특허발명의 청구항이 복수의 구성요소로 되어 있는 경우에는 그 각 구성요소가 유기적으로 결합된 전체로서의 기술사상이 보호되는 것이지, 각 구성요소가 독립하여 보호되는 것은 아니므로, 특허발명과 대비되는 제3자 발명이 특허발명의 청구항에 기재된 필수적 구성요소들 중의 일부만을 갖추고 있고 나머지 구성요소가 결여된 경우에는 원칙적으로 그 제3자 발명은 특허발명의 권리범위에 속하지 아니한다."고 판시하여 특허발명의 권리범위에 속하는지 판단할 때 공지된 부분을 제외하여서는 안된다고 본다(2000후617).

(2) 검토

복수의 구성요소로 이루어진 특허발명에 있어서 그 중 일부구성이 공지된 경우, 각 구성요소가 독립하여 별개의 발명이 되는 것이 아니라 그 구성요소들이 결합된 전체로서 하나의 발명이 되는 것이고, 또한 여기에서 이들 구성요소를 분리하게 되면 그 발명의 목적달성은 불가능하게 되고, 이러한 공지의 구성요소가 나머지 신규의 구성요소들과 유기적 결합관계를 이루고 있다고 하지 않을 수 없으므로 판례가 타당하다.

---

[31] 출원경과금반언의 원칙은 출원경과 중 일정한 요건 아래 의식적 제외를 인정하고 특허 보호범위에서 배제된 것으로 보는 법리인데, 일단 의식적 제외로 인정한 이상 그 효과를 번복시킬 수 있는 구조가 아니다. 만일 이러한 강력한 효과를 공지 자인에 대해서도 확장하여 적용하면 객관적 진실에 부합하는지와 무관하게 공지기술로 확정하여야 하므로 매우 부당한 결과를 초래할 수 있다(2013후37).

CHAPTER 03 기능식 청구항

1 의의 및 취지

기능식 청구항이란 청구항에 기능적 표현을 포함한 경우를 말하는 것으로, 기술개발의 고도화에 따른 다양한 표현수단 중 하나에 해당한다.

2 청구범위 기재요건 (허용여부)

(1) 구법의 태도 – 제42조 제4항 제3호

ⅰ) 구법 제42조 제4항 제3호에 의해 발명을 구성이 아닌 기능으로 표현하였다는 이유만으로 거절될 여지가 있었으며, ⅱ) 구법 하에서 判例는 청구범위에 이른바 기능적 표현을 포함한 경우에 그러한 기재에 의하더라도 발명의 구성이 전체로서 명료하다고 보이는 경우가 아니면 허용될 수 없다고 판시하였다(97후1337).

(2) 개정법상 제42조 제6항

1) 청구범위 기재방법의 다양화 – 제42조 제4항 제3호 삭제 / 제6항 신설

07.7.1. 시행 개정법은 제42조 제4항 제3호를 삭제하고, 제42조 제6항을 신설하면서 청구범위 기재방법의 다양화를 도모하였다. 따라서 물건발명을 기능으로 특정한 청구범위의 기재형식 자체는 발명의 특정 등에 문제가 없는 한 청구범위 기재요건을 만족한 것으로 본다.

2) 위반 시 취급

제42조 제6항 위반의 흠결이 있는 경우, 거절이유 등에 해당하지 않는 바, 청구범위 작성에 바람직한 지침 정도로 이해할 수 있을 것이다.

(3) 청구범위 기재요건 (제42조 제4항 각호)

判例는 청구범위가 기능, 효과, 성질 등에 의한 특정을 포함하는 경우 그 기술분야의 통상의 지식을 가진 자가 발명의 설명이나 도면 등의 기재와 출원 당시의 기술상식을 고려하여 청구범위에 기재된 사항으로부터 특허를 받고자 하는 발명을 명확하게 파악할 수 있다면 그 청구범위 기재는 적법하다고 판시한다(2005후1486).

3 등록요건 판단대상

(1) 判例

1) 청구범위 문언해석 원칙

대법원은 발명의 내용의 확정은 특별한 사정이 없는한 청구범위에 기재된 사항에 의하여야 하고, 발명의 설명 등의 다른 기재에 의해 청구범위를 제한하거나 확장해석하는 것은 허용되지 않으며, 이러한 법리는 발명의 청구범위가 구조, 방법, 물질 등이 아니라 기능, 효과, 성질 등의 이른바 기

능적 표현으로 기재된 경우에도 마찬가지이다. 따라서 그 기능을 가지는 모든 발명을 의 미하는 것으로 해석함이 원칙이라고 판시한다(2007후4977).

2) **발명의 설명 참작**

다만, 청구범위에 기재된 용어가 가지는 특별한 의미가 명세서의 발명의 설명이나 도면에 정의 또는 설명되어 있는 등의 다른 사정이 있는 경우에는 그 용어의 일반적 의미를 기초로 그 용어에 의해 표현하고자 하는 기술적 의의를 고찰한 다음 용어의 의미를 객관적, 합리적으로 해석하여 발명의 내용을 확정하여야 한다고 판시한다(2007후4977).

3) **약리기전의 경우**

약리기전도 기능식 청구항의 일종인데, 특정 물질의 의약용도가 약리기전만으로 기재되어 있다 하더라도 발명의 설명 등 명세서의 다른 기재나 기술상식에 의하여 의약으로서의 구체적인 용도를 명확하게 파악할 수 있는 경우는 그에 따라 발명의 내용을 확정한다(2007후5215).

(2) **검토**

다른 발명과 마찬가지로 기능식 청구항도 특허법 제42조 제4항 제2호 위반 사정이 없는 한 청구범위에서 기능적 표현으로 기재된 구성요소는 발명의 설명 등을 참작하여 파악할 수 있는 기술적 의미 그대로 문언해석하고, 문언해석된 range 가 넓다는 이유만으로 제한해석하는 것은 지양함이 타당하다.

4 등록 후 권리범위 해석

(1) **판례**

1) 권리범위는 청구범위에 기재된 사항에 의하여 정하여지고, 청구범위의 기재만으로 기술적 범위가 명백한 경우에는 원칙적으로 명세서의 다른 기재에 의하여 청구범위의 기재를 제한 해석할 수 없으므로, 청구범위에 기재된 사항에 의하여 그러한 기능, 효과, 성질 등을 가지는 모든 발명을 의미하는 것으로 해석한다.
2) 다만 청구범위에 포함되는 것으로 문언적으로 해석되는 것 중 일부가 발명의 설명의 기재에 의하여 뒷받침되고 있지 않거나, 심사단계에서 의식적으로 제외된 이력이 있는 경우 등과 같이 청구범위를 문언 그대로 해석하는 것이 명백히 불합리할 때에는, 출원된 기술사상의 내용과 명세서의 다른 기재 및 출원인의 의사와 제3자에 대한 법적 안정성을 두루 참작하여 권리범위를 제한 해석하는 것이 가능하다(2009후92).

(2) **검토**

다른 발명과 마찬가지로 기능식 청구항도 청구범위 기재만으로 특허의 기술적 구성을 알 수 없거나, 알 수 있더라도 기술적 범위를 확정할 수 없는 경우 명세서의 다른 기재에 의해 보충하여 해석할 것이나 확장 또는 제한해석은 지양함이 타당하다. 다만, 다른 발명과 마찬가지로 기능식 청구항을 문언 그대로 해석했을 때 명백히 불합리한 사정이 존재한다면, 제3자의 신속한 권리구제를 위해 판례의 태도처럼 일정 부분 제한해석함이 타당하다.

CHAPTER 04. 마쿠쉬 청구항

1 의의 및 취지

마쿠쉬 청구항이란 특허를 받고자 하는 사항으로 상호 유사한 성질 또는 기능을 가지는 2이상의 구성요소를 택일적으로 표현하여 하나의 청구항에 기재한 것이다. 이는 청구항 작성에 출원인의 편의를 도모하기 위해 다양한 표현방식으로서 인정된다.

2 등록요건 판단

(1) 신규성 및 진보성 (특허법 제29조 제1항 각호 및 제2항)

택일적 구성요소 중 어느 하나를 선택하여 인용발명과 대비한 결과 신규성 또는 진보성이 인정되지 않으면 신규성 또는 진보성 요건을 만족하지 못한다.

(2) 하나의 특허출원의 범위 (특허법 제45조)

택일적 구성요소들이 유사한 성질 또는 기능을 갖는 경우 단일성 요건이 만족된다.

3 등록 후 권리범위 해석

복수의 구성요소로 이루어진 특허발명의 경우 각 구성요소가 유기적으로 결합된 전체로서 권리범위를 해석해야 하나(2000후617), 마쿠쉬 청구항의 경우 택일적 구성요소들이 유기적으로 결합한 것으로 볼 수 없으므로 제3자 발명이 택일적 구성요소 중 어느 하나에 해당하면 이는 권리범위에 속하는 것으로 보아야 한다.

4 관련문제

(1) 청구항 일체의 원칙

1) 판례

특허청구의 범위에 관하여 다항제를 채택하고 있는 우리 나라에 있어서 특허청구의 범위의 항이 2 이상인 경우 그 특허청구의 범위의 항마다 무효로 할 수 있으나, 이와는 달리 1개의 특허청구범위의 항의 일부가 공지기술의 범위에 속하는 등 특허무효의 사유가 있는 경우에는 그 공지기술 등이 다른 진보성이 인정되는 부분과 유기적으로 결합된 것이라고 인정되지 아니하는 한 그 항 전부에 관하여 무효로 하여야 하고, 그 특허청구범위의 항 중 일부에 관하여만 무효라 할 수는 없다(90후1567).

2) 극복방법

택일적 구성요소 중 어느 하나를 선택하여 인용발명과 대비한 결과 등록요건을 만족하지 못한 경우, 출원계속 중이라면 삭제 보정을 통해 거절이유를 극복할 수 있고, 등록 후라면 삭제하는 정정을 통해 무효사유를 극복할 수 있다.

(2) **우선권 주장의 경우**
마쿠쉬 청구항을 포함하는 출원이 복수의 우선권을 주장하는 출원인 경우 마쿠쉬 청구항의 택일적 구성 요소별로 판단시점이 달라질 수 있을 것이다.

PART 06

PATENT LAW

발명의 주체와 관련된 쟁점

CHAPTER 01 특허를 받을 수 있는 권리를 가지는 자

(1) 의의

특허를 받을 수 있는 권리는 발명을 함과 동시에 아무런 조치 없이 원시적으로 발명자에게 귀속되며, 재산권이어서 이전이 가능하다. 발명을 한 자 또는 그 승계인을 정당한 권리자라 하며, 발명자 또는 승계인이 아닌 자는 무권리자에 해당한다.

(2) 발명자

1) 의의

발명이란 기술적 사상의 창작을 말하므로(특허법 제2조 제1호), 발명자란 창작적 행위로써 발명의 완성에 기여한 자를 말한다.

2) 발명자[32] 판단

가. 판례의 태도

법원은 i) 기술적 사상의 창작행위에 실질적으로 기여했는지 여부로 발명자를 판단한다. ii) 특히 폐암 치료제와 같은 화학발명의 경우는 실제 실험을 통해 발명을 완성하는데 실질적으로 기여했는지의 관점[33]에서 발명자를 결정한다[34]. iii) 자금, 설비 등을 제공하여 발명의 완성을 후원하였을 뿐인 정도는 발명자로 보지 않는다. iv) 발명자에 해당하는지는 특허출원서의 발명자란의 기재와 관계없이 실질적·객관적으로 판단하여야 하고, 그 입증책임은 이를 주장하는 사람에게 있다(2016나1615).

나. 검토

발명이란 창작을 말하는바(특허법 제2조 제1호), '발명을 했다'란 '창작적 행위를 했다'로 해석하여야 할 것이다. 따라서 발명자는 판례와 같이 신규 발명의 완성에 있어서 창작적 행위로써 기여했는지의 여부로 판단함이 타당하다.

3) 공동발명자 판단

공동발명자가 되기 위해서는 i) 발명의 완성을 위하여 실질적으로 상호 협력하는 관계가 있어야 하므로, ii) 단순히 발명에 대한 기본적인 과제와 아이디어만을 제공하였거나, 연구자를 일반적으로 관리하였거나, 연구자의 지시로 데이터의 정리와 실험만을 하였거나, 자금·설비 등을 제공하여 발명의 완성을 후원·위탁하였을 뿐인 정도 등에 그치지 않고, iii) 발명의 기술적 과제를 해

---

[32] i) 判例는 발명을 한 자는 창작행위에 현실로 가담한 자연인만을 가리킨다고 판시한다(2002허4811). ii) 한편, 발명자가 자연인으로만 한정되면 안되고 인공지능과 같은 기계도 발명자가 될 수 있어야 한다는 주장이 있다.
[33] 判例는 어떤 문제를 해결하기 위한 기술적 수단을 새로 착상하여 표현한 사람 또는 실현 가능한 기술적 수단을 새로 착상한 사람을 의미한다고 판시한다(2016나1615).
[34] 이른바 실험의 과학이라고 하는 화학발명의 경우에는 예측가능성 내지 실현가능성이 현저히 부족하여 실험데이터가 제시된 실험예가 없으면 완성된 발명으로 보기 어려운 경우가 많으므로 그와 같은 경우 실제 실험을 통하여 발명을 구체화하고 완성하는 데 실질적으로 기여하였는지의 관점에서 발명자인지 여부를 결정해야 한다고 판시한다(2011다67705).

결하기 위한 구체적인 착상을 새롭게 제시·부가·보완하거나, 실험 등을 통하여 새로운 착상을 구체화하거나, 발명의 목적 및 효과를 달성하기 위한 구체적인 수단과 방법의 제공 또는 구체적인 조언·지도를 통하여 발명을 가능하게 한 경우 등과 같이 기술적 사상의 창작행위에 실질적으로 기여하기에 이르러야 공동발명자에 해당한다(2009다75178).

4) 발명의 구성을 변경한 경우

법원은 발명자가 아닌 사람으로서 특허를 받을 수 있는 권리의 승계인이 아닌 사람이 발명자가 한 발명의 구성을 일부 변경함으로써 그 기술적 구성이 발명자의 발명과 상이하게 되었더라도, 그 변경이 i) 기술분야에서 통상의 지식을 가진 사람이 보통으로 채용하는 정도의 기술적 구성의 부가·삭제·변경에 지나지 않고 ii) 그로 인하여 발명의 작용효과에 특별한 차이를 일으키지 않는 등 기술적 사상의 창작에 실질적으로 기여하지 않은 경우라면 그자는 무권리자에 해당하며, 그자가 출원한 특허발명은 무권리자의 특허출원에 해당하여 등록이 무효로 된다고 판시하였다(2009후2463).

(3) 승계인

1) 특허를 받을 수 있는 권리는 발명의 완성과 동시에 발명자에게 원시적으로 귀속되지만 재산권으로서 양도성을 지니므로 계약 또는 상속을 통해 전부 또는 일부 지분을 이전할 수 있다(특허법 제37조 제1항).
2) 특허를 받을 수 있는 권리의 이전 계약은 명시적으로는 물론 묵시적으로도 이루어질 수 있다 (2013다77591,77607).
3) 특허를 받을 수 있는 권리를 이전한 양도인은 더 이상 그 권리의 귀속주체가 아니므로 무권리자가 된다(2020후10087).

CHAPTER 02 특허법상 권리의 이전

1 특허를 받을 수 있는 권리의 이전

(1) 의의 및 취지

특허를 받을 수 있는 권리는 특허출원 전·후를 불문하고 이전할 수 있다(특허법 제37조 제1항). 특허를 받을 수 있는 권리는 (특허법 제33조 제1항 본문) 독점, 배타권인 특허권의 요건이 되므로 재산적 가치를 인정한 것이다. 다만, 질권의 목적으로 할 수 없고 (특허법 제37조 제2항), 공유인 경우에는 각 공유자는 다른 공유자 모두의 동의를 받아야만 그 지분을 양도할 수 있다(특허법 제37조 제3항).

(2) 출원 전 승계

1) 대항요건

특허를 받을 수 있는 권리를 출원 전에 승계하는 경우 승계효력발생에 있어 특별한 절차가 요구되지 않고, 그 승계인이 특허출원을 하여야 제3자에게 대항할 수 있다(특허법 제38조 제1항). 이는 특허를 받을 수 있는 권리의 이전에 대한 공시를 할 수 없다는 점을 고려한 것이다.

2) 협의제 및 협의명령

가. 동일한 자로부터 동일한 특허를 받을 수 있는 권리를 승계한 자가 둘 이상인 경우 실제 승계의 선후와 관계없이 먼저 출원한 자만이 특허를 받을 수 있다(특허법 제36조 제1항).

나. 다만 그 승계한 권리에 대하여 같은 날에 둘 이상의 특허출원이 있으면 특허출원인 간에 협의하여 정한 자에게만 승계의 효력이 발생한다(특허법 제38조 제2항). 이는 실용신안을 받을 수 있는 권리에 대하여도 같다(특허법 제38조 제3항). 이 경우 특허청장은 기간을 정하여 협의의 결과를 신고할 것을 명하고, 그 기간에 신고가 없으면 협의는 성립되지 아니한 것으로 보며 (특허법 제38조 제7항), 협의가 성립하지 않은 경우 특허를 받을 수 있는 권리의 승계는 효력이 발생하지 않아 승계인은 무권리자에 해당하여 출원시 제33조 제1항 위반의 거절이유가 존재한다.

(3) 출원 후 승계

1) 효력발생 요건

특허출원 후에는 특허를 받을 수 있는 권리의 승계는 상속, 그 밖의 일반승계의 경우를 제외하고는 특허출원인 변경신고를 하여야만 그 효력이 발생한다(특허법 제38조 제4항). 일방승계를 제외한 것은 특허를 받을 수 있는 권리의 효력이 단절되는 것을 방지하기 위함이다. 특허를 받을 수 있는 권리의 상속, 그 밖의 일반승계가 있는 경우에는 승계인은 지체 없이 그 취지를 특허청장에게 신고하여야 한다(특허법 제38조 제5항).

2) 협의제 및 협의명령

가. 동일한 자로부터 동일한 특허를 받을 수 있는 권리를 승계한 자가 둘 이상인 경우 먼저 특허출원인 변경신고를 한 자만이 특허를 받을 수 있다.

나. 다만 그 승계한 권리에 대하여 같은 날에 둘 이상의 특허출원인변경신고가 있으면 신고를 한 자

간에 협의하여 정한 자에게만 신고의 효력이 발생한다(특허법 제38조 제6항). 이 경우 특허청장은 기간을 정하여 협의의 결과를 신고할 것을 명하고, 그 기간에 신고가 없으면 협의는 성립되지 아니한 것으로 보며 (특허법 제38조 제7항), 협의가 성립하지 않은 경우 출원인변경신고는 효력이 발생하지 않아 출원인변경신고가 없었던 것으로 보고 심사한다.

(4) 관련 쟁점

1) 양도인의 출원

가) 판례는 "등록발명의 특허를 받을 권리는 그 발명의 완성과 동시에 그 발명자인 피고 소속 연구원들로부터 피고를 거쳐 원고에게 순차 승계되어 등록발명의 출원 당시 피고는 그 승계인 지위를 이미 상실한 상태였다고 할 것이므로, 승계인의 지위를 상실한 피고에 의하여 출원된 등록발명은 '발명자가 아닌 사람으로서 특허를 받을 수 있는 권리의 승계인'이 아닌 사람에 의한 특허출원에 기한 것으로 그 등록이 무효로 되어야 한다"고 판시하였다(2006허6143).

나) 판례는 특허를 받을 수 있는 권리를 양도한 양도인이 출원하여 특허등록을 받은 후 그 특허권을 제3자에게 양도한 사안에서, "출원 전에 특허를 받을 수 있는 권리를 계약에 따라 이전한 양도인은 더 이상 그 권리의 귀속주체가 아니므로 그러한 양도인이 한 특허출원에 대하여 설정등록이 이루어진 특허권은 특허무효사유에 해당하는 두권리자의 특허이고, 무권리자의 특허로서 특허무효사유가 있는 특허권을 이전받은 양수인은 특허법 제38조 제1항에서 말하는 제3자에 해당하지 않는다"고 판시하였다(2020후10087).

2) 이중양도행위에 적극 가담한 제2양수인의 출원

판례는 "제2양수인이 '특허를 받을 권리'가 이미 제1양수인에게 양도된 사실을 잘 알면서도 양도인과 위 권리의 이중양도계약을 체결하여 그 이중양도행위에 적극적으로 가담한 경우, 그 이중양도계약에 기한 '특허를 받을 권리'의 양도행위는 반사회적 법률행위로서 무효이고, 제2양수인이 위 이중양도계약에 근거하여 출원한 특허발명은 발명자가 아닌 자로서 특허를 받을 수 있는 권리의 승계인이 아닌 자가 출원한 것이므로 그 등록은 무효이다."라고 판시하였다(2005허9282).

3) 특허를 받을 수 있는 권리의 양도계약상 해제조건이 성취된 경우

판례는 "원고와 발명자들 사이에 체결된 이 사건 출원발명에 대한 출원권 양도계약은 상당한 기간 내에 그 양도의 대가나 조건 등에 관한 구체적인 약정이 체결되지 아니함으로써 그 양도계약에서 정한 해제조건의 성취로 인하여 이 사건 출원발명에 대한 거절결정 전에 이미 그 효력이 소멸되었고, 달리 원고가 이 사건 출원발명에 대한 특허를 받을 수 있는 권리의 적법한 승계인이 되었다고 볼 만한 자료도 없으므로, 원고에 의한 이 사건 출원발명의 출원이 특허를 받을 수 있는 권리를 가지지 아니한 자에 의한 출원이라고 본 심결을 유지한 원심의 조치는 정당한 것"이라고 판시하였다(2003후1932).

4) 특허를 받을 수 있는 권리의 양도계약이 무효 또는 취소된 경우

판례는 특허법 제99조의2 가 신설되기 이전에, "양도인이 출원한 후 출원중인 특허를 받을 수 있는 권리를 양수인에게 양도하고, 그에 따라 양수인 명의로 출원인명의변경이 이루어져 양수인이 특허권의 설정등록을 받은 경우에 있어서 그 양도계약이 무효나 취소 등의 사유로 효력을 상실하게 되는 때에 그 특허를 받을 수 있는 권리와 설정등록이 이루어진 특허권이 동일한 발명에 관한 것이라면 그 양도계약에 의하여 양도인은 재산적 이익인 특허 등을 받을 수 있는 권리를 잃게 됨에 대하여 양수인은 법률상 원인 없이 특허권 등을 얻게 되는 이익을 얻었다고 할 수 있으므로, 양도인은 양수인에 대하여 특허권에 관하여 이전등록을 청구할 수 있다."고 판시하였다(2003다47218).

2 특허권의 이전

(1) 의의 및 취지

특허권은 양도할 수 있다(특허법 제99조 제1항). 특허권은 재산권이라는 점을 반영한 것이다.

(2) 유형

특허권의 이전 유형은 매매 등에 의한 특정승계와 상속 등에 의한 일반승계로 구분할 수 있다. 이들은 특허원부의 등록이 효력발생요건인지 여부에 있어서 차이가 있다.

(3) 절차

1) 이전등록 신청서의 제출

특허권을 이전하고자 하는 자는 이전등록신청서를 특허청장에게 제출하여야 한다.

2) 공동신청의 원칙 및 예외

이전등록 신청은 등록권리자와 등록의무자가 공동으로 신청하는 것이 원칙이나, 등록의무자의 승낙서를 첨부한 경우 또는 일방승계에 의한 경우에는 등록권리자 단독으로 신청할 수 있다.

(4) 효력발생

1) 특정승계의 경우

특허권의 이전은 등록하여야만 효력이 발생한다(특허법 제101조 제1항 제1호). 이는 배타적 권리의 변동은 등록 등 타인이 인식할 수 있는 표상을 갖추지 않으면 완전한 효력이 발생하지 않는다는 공시의 원칙을 반영한 것이다.

2) 일반승계의 경우

상속이나 그 밖의 일반승계에 의한 이전은 등록하지 않아도 효력이 발생한다(특허법 제101조 제1항 제1호 괄호). 이는 특허권의 효력이 단절되는 것을 방지하기 위함이다. 다만 일반승계의 경우라도 지체 없이 그 취지를 특허청장에게 신고하여야 한다(특허법 제101조 제2항).

(5) 특허권의 이전에 따른 기타 효과

1) 절차의 효력 승계 (특허법 제18조)

특허권 또는 특허에 관한 권리에 관하여 밟은 절차의 효력은 그 특허권 또는 특허에 관한 권리의 승계인에게 미친다.

2) 절차의 속행 (특허법 제19조)

특허청장 또는 심판장은 특허에 관한 절차가 특허청 또는 특허심판원에 계속(係屬) 중일 때 특허권 또는 특허에 관한 권리가 이전되면 그 특허권 또는 특허에 관한 권리의 승계인에 대하여 그 절차를 속행(續行)하게 할 수 있다.

3) 질권 행사 또는 공유물 분할청구로 인한 특허권의 이전에 따른 통상실시권 (특허법 제122조)

특허권자는 특허권을 목적으로 하는 질권설정 또는 공유물 분할청구 이전에 그 특허발명을 실시하고 있는 경우에는 그 특허권이 경매 등에 의하여 이전되더라도 그 특허발명에 대하여 통상실시권을 가진다. 이 경우 특허권자는 경매 등에 의하여 특허권을 이전받은 자에게 상당한 대가를 지급하여야 한다.

(6) 관련쟁점

1) 실시권 등의 소멸 여부

특허권의 부수적 권리인 실시권 또는 질권은 특허권의 이전으로 소멸되지 않는다. 실시권 또는 질권은 권리의 주체가 아닌 특허권에 설정된 권리인데 특허권 이전은 권리주체의 변경에 불과하기 때문이다. 오히려 실시권 또는 질권을 등록한 경우에는 그 등록 후에 특허권을 양수한 자에 대해서도 그 효력이 발생하며 (특허법 제118조 제1항, 제3항), 법정실시권의 경우 등록이 없더라도 효력을 주장할 수 있다(특허법 제118조 제2항).

2) 청구항별 특허권의 이전이 가능한지 여부

청구항마다 특허권이 있는 것으로 본다고 규정하고 있는 제215조에서 특허권의 이전에 관한 제99조 제1항을 제외하고 있는 점, 특허권은 청구항 전부를 포함하는 특허출원에 부여되는 것이라는 점, 청구항에 기재된 발명 간에는 총괄적 개념을 형성하고 있어 (특허법 제45조) 청구항별 이전을 허용하면 분쟁이 발생할 수 있다는 점에서 불가능하다고 봄이 타당하다.

CHAPTER 03 특허법상 공유

1 공유의 성립

(1) 공동발명

2명 이상이 공동으로 발명한 경우에는 특허를 받을 수 있는 권리를 공유한다(특허법 제33조 제2항). 공동발명자가 되기 위해서는 발명이 완성되기까지의 과정 중 적어도 일부에 공동발명자 각각이 기술적인 상호 보완을 통하여 발명의 완성에 유익한 공헌을 하여야 하며, 발명의 완성을 위하여 실질적으로 상호 협력하는 관계에 있어야 한다. 따라서 단순한 보조자, 관리자, 자본주 등은 공동발명자에 해당하지 않는다.35)

(2) 지분승계계약

판례에 따르면, 특허를 받을 수 있는 권리는 발명의 완성과 동시에 발명자에게 원시적으로 귀속되지만, 이는 재산권으로 양도성을 가지므로 계약 또는 상속 등을 통하여 전부 또는 일부 지분을 이전할 수 있고(특허법 제37조 제1항), 그 권리를 이전하기로 하는 계약은 명시적으로는 물론 묵시적으로도 이루어질 수 있으므로, 그러한 계약에 따라 공동출원한 경우에는 출원인이 발명자가 아니라도 공유지분을 가진다(2011다67705).

2 특허법상 공유의 법적 성질

(1) 문제점

발명은 무형의 것으로서 점유가 불가능한바, 자본력·기술력·신용력 등의 차이에 따라 타 공유자에게 미치는 영향이 높아 특허권 또는 특허를 받을 수 있는 권리의 공동소유관계에 대한 법적 성질이 논의된다.

(2) 학설

ⅰ) 합유설은 특허권 등이 공유인 경우 제한규정인 제37조 제3항, 제99조 제2항 및 제4항 등을 고려하여 합유 또는 합유에 준하는 성질을 갖는다고 보는 입장이며, ⅱ) 공유설은 위와 같은 제한규정들은 무체재산권의 특수성에서 유래하는 것에 불과할 뿐 공유로 보는 입장이다.

---

35) 공동발명자가 되기 위해서는 발명의 완성을 위하여 실질적으로 상호 협력하는 관계가 있어야 하므로, 단순히 발명에 대한 기본적인 과제와 아이디어만을 제공하였거나, 연구자를 일반적으로 관리하였거나, 연구자의 지시로 데이터의 정리와 실험만을 하였거나, 자금·설비 등을 제공하여 발명의 완성을 후원·위탁하였을 뿐인 정도 등에 그치지 않고, 발명의 기술적 과제를 해결하기 위한 구체적인 착상을 새롭게 제시·부가·보완하거나, 실험 등을 통하여 새로운 착상을 구체화하거나, 발명의 목적 및 효과를 달성하기 위한 구체적인 수단과 방법의 제공 또는 구체적인 조언·지도를 통하여 발명을 가능하게 한 경우 등과 같이 기술적 사상의 창작행위에 실질적으로 기여하기에 이르러야 공동발명자에 해당한다. 한편 이른바 실험의 과학이라고 하는 화학발명의 경우에는 당해 발명 내용과 기술수준에 따라 차이가 있을 수는 있지만 예측가능성 내지 실현가능성이 현저히 부족하여 실험데이터가 제시된 실험예가 없으면 완성된 발명으로 보기 어려운 경우가 많이 있는데, 그와 같은 경우에는 실제 실험을 통하여 발명을 구체화하고 완성하는 데 실질적으로 기여하였는지의 관점에서 공동발명자인지를 결정해야 한다(2009다75178).

(3) 判例

① 대법원은 특허권이 공유인 경우에 특허법이 그 권리의 행사에 일정한 제약을 규정하는 범위에서는 합유와 유사한 성질을 가지나, 특허법에 합유관계로 본다는 등의 명문의 규정도 없는 이상, 특허법의 다른 규정이나 특허의 본질에 반하는 등의 특별한 사정이 없는 한 공유에 관한 민법의 일 반규정이 특허권의 공유에도 적용된다고 판시한다(2013다41578)[36].

② 권리의 공유자 사이에 지분에 대한 별도의 약정이 없는 경우에는 민법 제262조 제2항에 의해 그 지분의 비율은 균등한 것으로 추정된다고 판시한다(2011다77313, 77320).

(4) 검토

특허권 등의 공유자들이 반드시 공동목적이나 동업관계를 기초로 조합체를 형성하여 특허권 등을 소유한다고 볼 수 없는 이상 이를 합유가 아닌 공유관계로 보아, 특허법의 다른 규정이나 특허의 본질에 반하는 등의 특별한 사정이 없는 이상은 判例와 같이 공유에 관한 민법 일반 규정이 적용된다고 봄이 타당하다.

3 심사단계에서의 법적 취급

(1) 공동출원 (제44조)

1) 특허를 받을 수 있는 권리가 공유인 경우 공유자 전원이 공동으로 특허출원 하지 않으면 특허를 받을 수 없다. 발명은 무형의 기술적 사상이므로 점유가 곤란한바 어느 한 공유자의 배신적 행위로부터 타 공유자를 보호하기 위함이다. 위반 시 거절이유, 정보제공사유, 직권재심사사유 및 무효사유이다

2) 관련 判例 - 공유자 1인의 단독출원 이후, 타 공유자 지분을 이전받은 경우의 취급
특허법원은 공동발명자 중 1 인이 나머지 공동발명자로부터 특허를 받을 수 있는 권리의 지분 모두를 이전받아 단독권리자가 되는 경우에 제44조의 적용을 받지 않거나 공동출원규정에 위반하여 출원된 경우라도 그 하자는 치유된다고 판시한다(2007허9040).

(2) 지분양도의 제한 (제37조 제3항)

각 공유자는 다른 공유자 모두의 동의를 받아야만 그 지분을 양도할 수 있다. 다른 공유자의 이익에 실질적 변동을 초래하기 때문이다. 따라서 타 공유자 동의 없이 한 지분양도는 무효이다.

(3) 각자대표의 원칙 (제11조)

2인 이상이 특허에 관한 절차를 밟을 때에는 각자가 전원을 대표한다. 다만, 제11조 제1항 각호의 경우에는 전원이 공동으로 절차를 밟아야 한다. 다만 대표자를 신고한 경우 대표자만 할 수 있다.

---

[36] 또한, 대법원은 특허를 받을 수 있는 권리 역시 재산권이므로 성질에 반하지 아니하는 범위에서는 민법의 공유에 관한 규정을 준용할 수 있다고 판시한다(2011다77313, 77320).

(4) 거절결정불복 심판의 청구 (제132조의17)

1) 거절결정불복심판은 전원이 공동으로 청구하여야 하며(제139조 제3항) 위반 시 심결각하가 된다(제142조).

2) 공동출원인 중 일부만이 심판을 청구한 경우, 누락된 공유자를 심판청구인으로 추가하는 보정이 가능하다(제140조의2 제2항 제1호).

3) 관련 判例 – 공유자 1인의 심판청구 이후, 타 공유자가 지분을 포기한 경우의 취급
특허법원은 포기의 효력은 ⅰ) 장래를 향해 발생하므로 심판청구 시로 소급하여 단독 권리자로 되는 것은 아니고, ⅱ) 심판청구인은 다른 공유자의 지위를 승계 받은 것이므로 그 승계 받은 공유자의 지위에서는 거절결정에 대한 불복심판청구기간 내에 심판청구하지 아니한 하자를 그대로 가지고 있다고 할 것이므로, 공유자 전원의 심판청구가 이루어지지 않은 하자는 치유되었다고 볼 수 없다고 판시하였다(2007허852).

4 등록 이후의 법적 취급

(1) 자유실시 (제99조 제3항)

1) 내용

각 공유자는 특별한 약정이 없는 한 다른 공유자의 동의를 얻지 아니하고 그 특허발명을 자신이 자유롭게 실시할 수 있다.

2) 공유자의 이용발명

공유자 중 1인이 공유발명에 대한 이용발명을 한 경우 특별한 약정이 없는 한 다른 공유자 등의 동의를 얻지 아니하고 이용발명을 실시할 수 있다고 봄이 일반적이다. 공유자는 제98조의 타인에 해당한다고 볼 수 없고 공유자는 특허발명을 자유롭게 실시할 수 있기 때문이다.

(2) 공유자 1인의 민사소송 제기

1) 침해금지청구는 보존행위에 해당하여 각 공유자는 자신의 지분에 기하여 단독으로 특허권 전체에 대해 침해금지청구권 (특허법 제126조)을 행사할 수 있다(2018나1701).

2) 보상금청구권 또는 손해배상청구권은 지분 범위 내에서 행사할 수 있으며, 지분 비율은 특별한 약정이 없는 한 균등한 것으로 추정된다(2018나1701).

(3) 공유자 1인 심결취소소송 제기

공유자 중 1인이라도 자신의 권리를 방해하는 심결이 있는 경우 심결의 취소를 구할 수 있다.

(4) 지분 양도·질권 설정의 제한 (특허법 제99조 제2항)

① 제한 내용

특허권이 공유인 경우 공유자는 공유자 외 제3자의 개입을 초래하는 지분양도, 질권 설정행위를 할 때에는 타 공유자 모두의 동의를 받아야 한다(특허법 제99조 제2항).

② 제한 이유

특허발명은 유체물과 달리 지분별 고정된 경제적 가치가 없다는 무체재산권의 특수성이 있어 공유자의 인적 구성이 제3자로 변경될 경우 그 제3자로 인해 기존 공유자에게 불이익이 발생할 수 있다. 이에 기존 공유자의 피해를 최소화하고자 동의권을 규정한 것이다[37].

(5) 실시권 설정의 제한 (특허법 제99조 제2항 및 제4항)

특허권이 공유인 경우는 다른 공유자 모두의 동의를 받아야만 그 특허권에 대하여 통상실시권을 허락할 수 있다(특허법 제99조 제4항). 이는 통상실시권자의 개입으로 공유특허권의 경제적 가치에 변동이 발생할 수 있기 때문이다.

(6) 특허권 및 지분의 포기

ⅰ) 특허권의 포기는 공유자 전원이 하여야 하나, ⅱ) 지분권의 포기는 다른 공유자에게 불이익을 주지 않으므로 공유자 각자가 가능하다. 포기된 지분은 특별한 약정이 없는 한 나머지 공유자에게 지분별로 귀속된다.

(7) 공유 특허권에 대한 분할청구 및 법정실시권 (제122조)

특허권자는 공유인 특허권의 분할청구 이전에 그 특허발명을 실시하고 있었던 경우 그 특허권이 경매 등에 의하여 이전되더라도 유상의 통상실시권을 가진다. 단 공유물 분할청구 사안의 경우 분할청구를 한 공유자를 제외한 나머지 공유자만 유상의 통상실시권을 가진다.

(4) 존속기간 연장등록출원의 제한 (특허법 제90조 제3항 및 제92조의3 제3항)

1) 제한 내용

특허청 및 특허심판원에서 특허권의 변경을 야기할 수 있는 절차를 밟을 때에는 공유자 모두가 함께 하여야 한다(특허법 제90조 제3항, 제92조의3 제3항).

2) 제한 이유

특허청 및 특허심판원에서는 지분별로 결정 또는 심결을 하지 않으므로 특허권 공유자 중 일부라도 예상하지 못한 채 불리한 처분을 받는 것을 배제하고자 모두 절차에 참여할 것을 강제한 것이다.

(5) 심판청구의 제한 (특허법 제139조)[38]

1) 특허를 받을 수 있는 권리 또는 특허권의 공유자가 그 공유인 권리에 관하여 심판을 청구할 때에는 공유자 모두가 공동으로 청구하여야 한다(제139조 제3항).

---

37) 判例는 제99조 제2항 및 제4항의 규정 취지는, 공유자 외의 제3자가 특허권 지분을 양도받거나 실시권을 설정받을 경우 제3자가 투입하는 자본의 규모·기술 및 능력 등에 따라 경제적 효과가 현저하게 달라지게 되어 다른 공유자 지분의 경제적 가치에도 상당한 변동을 가져올 수 있는 특허권의 공유관계의 특수성을 고려하여, 다른 공유자의 동의 없는 지분의 양도 및 실시권 설정 등을 금지한다는 데에 있다고 판시한다(2013다41578).
38) 특허권의 공유자는 정정을 청구하는 때에는 공유자 전원이 공동으로 청구해야 한다(특허법 제133조의2 제4항).

2) 피청구인 적격

  가. 법령의 태도

   특허법 제139조 제2항은 공유인 특허권의 특허권자에 대하여 심판을 청구할 때는 공유자 모두를 피청구인으로 하여야 한다고 규정한다.

  나. 검토

   위 규정은 심판은 지분 별로 심결하지 않으므로 특허권 공유자 중 일부라도 예상하지 못한 채 불리한 심결을 받는 것을 배제하고자 모두 절차에 참여할 것을 강제한 것이다.

3) 청구인의 보정

   심판청구하면서 공유자 중 일부를 누락한 경우 청구인의 기재를 바로잡기 위하여 보정(청구인을 추가하는 것을 포함하되, 그 청구인의 동의가 있는 경우로 한정한다)하는 것을 요지변경으로 보지 않고 허용한다(특허법 제140조의2 제2항 제1호).

5 관련 쟁점

(1) 공유자 1인 심결취소소송 제기 가부

1) 문제점

   민법은 일반법이므로 특허법에 별도 규정이 없고 특허법의 성질에 반하지 않는 범위에서 민법을 준용할 수 있다. 특허법상 권리 공동소유의 법적 성격은 공유로 본다. 민법상 공유 권리에 대해서는 1인의 소 제기가 가능하다. 다만 특허법에는 제139조 제3항의 특별규정이 있어 1인의 소 제기를 허용함이 특허법의 성질에 반하는지가 문제된다.

2) 특허법 제139조 제3항 규정의 취지

   본 규정은 심판은 지분 별로 심결하지 않으므로 특허권 공유자 중 일부라도 예상하지 못한 채 불리한 심결을 받는 것을 배제하고자 모두 절차에 참여할 것을 강제한 것이 취지다.

3) 공유자 1인의 원고적격

   ① 判例

   ⅰ) 과거 특허법원은 공동소유의 법적성격을 합유로 보고 심결취소소송을 고유필수적 공동소송으로 보아야 한다고 판시한 바 있으나(2001허5237), ⅱ) 현재 대법원은 공동소유의 법적성격을 공유로 보며 공유자가 제기할 심결취소소송은 고유필수적 공동소송으로 볼 수 없고 공유자 1인이라도 당해 권리의 소멸을 방지하거나 그 권리행사 방해배제를 위하여 단독으로 그 심결의 취소를 구할 수 있다는 입장이다(2002후567).

   ② 검토

   공유자 1인에 의한 심결취소소송의 제기를 인정하더라도 공유자 중 일부가 예상하지 못한 불리한 심결을 받는 경우는 도출되지 않는 바 특허법 제139조 제3항의 취지에 반하지 아니하여 공유 권리에 대해 1인의 소 제기를 허용하는 민법을 준용할 수 있고, 반드시 공유자 전원이 심결취소소송을 제기하여야 한다면 他 공유자의 비협조로 인하여 재산권이 침해되는 부당한 결과에 이를 수 있다는 점에서 判例와 같이 1인의 원고적격을 긍정함이 타당하다.

(2) 공유 특허권에 대한 분할청구 허용 여부

1) 문제점

민법은 일반법이므로 특허법에 별도 규정이 없고 특허법의 성질에 반하지 않는 범위에서 민법을 준용할 수 있다. 특허법상 권리 공동소유의 법적 성격은 공유로 본다. 민법상 공유 권리에 대해서는 분할청구가 허용된다. 다만 특허법에는 제99조 제2항 등의 특별규정이 있어 공유물 분할청구를 허용함이 특허법의 성질에 반하는지가 문제된다.

2) 특허법 제99조 제2항, 제4항 규정의 취지

① 판례의 태도

법원은 특허법 제99조 제2항, 제4항은 지분의 이전 등에 의한 제3자의 개입이 기존 공유자의 이해관계에 불이익을 초래할 수 있음을 우려해 둔 특별규정으로 본다.

② 검토

특허발명은 유체물과 달리 지분별 고정된 경제적 가치가 없다는 무체재산권의 특수성이 있어 판례의 태도와 같이 공유자의 인적 구성이 제3자로 변경될 경우 그 제3자로 인해 기존 공유자에게 불이익이 발생할 수 있다. 이에 기존 공유자의 피해를 최소화하고자 특허법 제99조 제2항, 제4항은 동의권을 규정한 것이다.

3) 민법 규정 적용 가부

① 판례의 태도

법원은 민법상의 공유물 분할 규정을 적용할 수 있다고 본다(2011다77313, 77320).

② 검토

공유물을 분할하는 것은 제3자가 개입하는 경우가 아니므로 민법상의 공유물 분할청구권을 인정하더라도 특허법 제99조 제2항, 제4항의 취지에 반하지 않는바 판례의 태도가 타당하다.

4) 공유특허권에 대한 민법상 공유물 분할청구권 행사

① 판례의 태도

법원은 공유특허권의 분할청구권을 인정한다(2013다41578).

② 검토

특허권 공유자 상호간에 이해관계가 대립되는 경우 그 이해관계를 해소할 수 있는 수단을 마련해줄 필요가 있는 바, 판례의 태도와 같이 각 공유자에게 공유물분할청구권을 인정함이 타당하다.

5) 특허권 현물분할 허부 및 경매에 의한 대금분할 명할 수 있는지 여부

① 민법의 태도

공유물의 분할방법은 일반적으로 현물분할이나, 현물분할이 불가능한 경우는 경매에 의한 대금분할이 허용된다(민법 제269조 제2항).

② 판례의 태도

법원은 특허권의 성질상 현물분할은 허용되지 않고 경매에 의한 대금분할만 가능하다고 본다.

③ 검토

특허권은 그 객체의 무체성으로 인해 현물분할이 불가능하여 민법상 현물분할이 불가능한 경우에 해당하는 바, 판례의 태도와 같이 경매에 의한 대금분할을 하는 것이 타당하다.

6) 공유특허권 분할로 인한 이전에 따른 법정실시권 (제122조)

① 의의 및 취지

ⅰ) 공유특허권이 공유물분할 청구로 경매에 의해 타인에게 이전되는 경우에 실시자에게 인정되는 법정실시권으로 기존의 산업설비 보호를 취지로 한다.

ⅱ) 22.4.20. 시행 개정법은 타 공유특허권자의 실시사업을 보호하기 위한 제도적 장치로서 공유특허권에 분할청구의 경우에도 법정실시권의 성립을 명확히 하였다.[39]

② 인정요건

ⅰ) 분할청구를 한 공유자를 제외한 나머지 공유자가 ⅱ) 공유특허권에 대한 분할청구가 있기 전에 ⅲ) 그 특허발명을 실시하고 있는 경우에 인정된다.

③ 내용

ⅰ) 법정 요건을 충족할 때 발생하며, ⅱ) 등록하지 아니하여도 대항이 가능하다. ⅲ) 권리를 경매로 이전받은 특허권자에게 대가지급을 요하며(유상의 법정실시권) ⅳ) 그 특허발명의 범위에서 인정되지만, ⅴ) 통상실시권으로서 배타적 효력은 인정되지 않는다.

---

[39] 이는 경과규정상 22.4.20. 이후 공유인 특허권의 분할을 청구한 경우부터 적용된다.

CHAPTER 04 직무발명

1 의의 및 취지

직무발명제도의 목적은 종업원 등과 사용자 등의 권리관계를 조정하여 직무발명을 활성화하여 산업발전에 이바지함에 있다.

2 직무발명의 성립요건 및 판단시점

(1) 성립요건 (발명진흥법 제2조 제2호)

종업원등이 그 직무에 관하여 발명한 것이 성질상 사용자등의 업무 범위에 속하고 그 발명을 하게 된 행위가 종업원등의 현재 또는 과거의 직무에 속하는 경우 성립한다.

(2) 사용자 등의 업무범위 및 종업원 등의 직무범위

1) 사용자 등의 업무범위는 일률적으로 정할 것이 아니라 기술적인 관련성을 고려하여 구체적, 개별적으로 판단해야 할 것이다.
2) 판례에 따르면 종업원 등의 직무범위는 발명을 꾀하고 수행하는 것이 당연히 예정되거나 기대되는 경우를 포함한다고 본다.[40]

(3) 판단시점

발명의 완성시점을 기준으로 직무발명 성립요건을 만족시키는지 여부를 판단한다.

3 법적취급

(1) 사용자 등의 권리, 의무

1) 법정실시권 (발명진흥법 제10조 제1항)

직무발명에 대하여 종업원등이 특허등을 받았거나 특허등을 받을 수 있는 권리를 승계한 자가 특허등을 받으면 사용자등은 그 특허권등에 대하여 통상실시권을 가진다. 다만, 사용자등이 「중소기업기본법」 제2조에 따른 중소기업이 아닌 기업인 경우 종업원등과의 협의를 거쳐 미리 ⅰ) 종업원등의 직무발명에 대하여 사용자등에게 특허등을 받을 수 있는 권리나 특허권등을 승계시키는 계약 또는 근무규정 또는 ⅱ) 종업원등의 직무발명에 대하여 사용자등을 위하여 전용실시권을 설정하도록 하는 계약 또는 근무규정을 체결 또는 작성하지 아니한 경우에는 그러하지 아니하다.

2) 예약승계 (발명진흥법 제10조 제3항)

가. 내용

직무발명 외의 종업원등의 발명에 대하여 미리 사용자등에게 특허등을 받을 수 있는 권리나 특허권등을 승계시키거나 사용자등을 위하여 전용실시권을 설정하도록 하는 계약이나 근무규정

---

[40] 91후1113

의 조항은 무효로 한다. 일부무효법리에 따라 직무발명에 한하여는 유효한 것으로 해석되며, 직무발명 완성 후 승계는 무효로 보지 않는다.

나. 종업원 등이 예약승계에 반하여 특허를 받을 수 있는 권리를 제3자에게 양도한 경우

직무발명에 대한 특허를 받을 수 있는 권리 등을 사용자·법인 또는 국가나 지방자치단체(이하 '사용자 등'이라 한다)에 승계시킨다는 취지를 정한 약정 또는 근무규정의 적용을 받는 종업원, 법인의 임원 또는 공무원(이하 '종업원 등'이라 한다)은 사용자 등이 이를 승계하지 아니하기로 확정되기 전까지 임의로 위 약정 등의 구속에서 벗어날 수 없는 상태에 있는 것이고, 위 종업원 등은 사용자 등이 승계하지 아니하는 것으로 확정되기까지는 발명의 내용에 관한 비밀을 유지한 채 사용자 등의 특허권 등 권리의 취득에 협력하여야 할 신임관계에 있다고 봄이 타당하다. 따라서 종업원 등이 이러한 신임관계에 의한 협력의무에 위배하여 직무발명을 완성하고도 그 사실을 사용자 등에게 알리지 아니한 채 발명에 대한 특허를 받을 수 있는 권리를 제3자에게 이중으로 양도하여 제3자가 특허권 등록까지 마치도록 하였다면, 이는 사용자 등에 대한 배임행위로서 불법행위가 된다(2011다77313).

3) 동의권

종업원 등이 특허권을 포기하거나, 정정청구(제133조의2)나 정정심판(제136조)을 청구할 경우 사용자 등의 동의를 얻어야 한다.

4) 공동발명 (발명진흥법 제14조)

가. 내용

종업원등의 직무발명이 제삼자와 공동으로 행하여진 경우 계약이나 근무규정에 따라 사용자등이 그 발명에 대한 권리를 승계하면 사용자등은 그 발명에 대하여 종업원등이 가지는 권리의 지분을 갖는다.

나. 제37조 제3항과의 관계

특허법상 공동발명자 상호 간에는 특허를 받을 권리를 공유하는 관계가 성립하고(특허법 제33조 제2항), 그 지분을 타에 양도하려면 다른 공유자의 동의가 필요하지만(특허법 제37조 제3항), 발명진흥법 제14조가 "종업원 등의 직무발명이 제3자와 공동으로 행하여진 경우 계약이나 근무규정에 따라 사용자 등이 그 발명에 대한 권리를 승계하면 사용자 등은 그 발명에 대하여 종업원 등이 가지는 권리의 지분을 갖는다."고 규정하고 있으므로, 직무발명이 제3자와 공동으로 행하여진 경우에는 사용자 등은 그 발명에 대한 종업원 등의 권리를 승계하기만 하면 공유자인 제3자의 동의 없이도 그 발명에 대하여 종업원 등이 가지는 권리의 지분을 갖는다고 보아야 한다(2012도6676).

5) 승계여부 통지의무 (발명진흥법 제13조)

가. 유효한 예약승계가 존재하는 경우 종업원 등으로부터 직무발명 완성사실의 통지를 받은 사용자등은 통지받은 날부터 4개월 내에 그 발명에 대한 권리의 승계 여부를 종업원등에게 문서로 알려야 한다(동조 제1항).

나. 위 기간에 사용자등이 그 발명에 대한 권리의 승계 의사를 알린 때에는 그때부터 그 발명에 대한 권리는 사용자등에게 승계된 것으로 보며(동조 제2항), 승계 여부를 알리지 아니한 경우에는 사용자등은 그 발명에 대한 권리의 승계를 포기한 것으로 본다. 이 경우 사용자등은 제10조 제1항에도 불구하고 그 발명을 한 종업원등의 동의를 받지 아니하고는 통상실시권을 가질 수 없다(동조 제3항).

6) 보상금 지급의무 (발명진흥법 제15조)

종업원등은 직무발명에 대하여 특허등을 받을 수 있는 권리나 특허권등을 계약이나 근무규정에 따라 사용자등에게 승계하게 하거나 전용실시권을 설정한 경우에는 정당한 보상을 받을 권리를 가진다(동조 제1항). 이 경우 사용자등은 보상형태와 보상액을 결정하기 위한 기준, 지급방법 등이 명시된 보상규정을 작성하고 종업원등에게 문서로 알려야 하고(동조 제2항), 보상규정의 작성 또는 변경에 관하여 종업원과 협의하여야 한다. 다만, 보상규정을 종업원등에게 불리하게 변경하는 경우에는 해당 계약 또는 규정의 적용을 받는 종업원등의 과반수의 동의를 받아야 한다(동조 제3항). 또한 사용자등은 보상을 받을 종업원등에게 보상규정에 따라 결정된 보상액 등 보상의 구체적 사항을 문서로 알려야 한다(동조 제4항). 이는 추후 보상으로 인한 분쟁을 방지하기 위함이다.

7) 출원유보 시 보상의무 (발명진흥법 제16조)

사용자등은 직무발명에 대한 권리를 승계한 후 출원(出願)하지 아니하거나 출원을 포기 또는 취하하는 경우에도 제15조에 따라 정당한 보상을 하여야 한다. 이 경우 그 발명에 대한 보상액을 결정할 때에는 그 발명이 산업재산권으로 보호되었더라면 종업원등이 받을 수 있었던 경제적 이익을 고려하여야 한다.

(2) 종업원 등의 권리, 의무

1) 특허를 받을 수 있는 권리의 원시취득 (제33조 제1항 본문)

제33조 제1항, 발명진흥법상 승계규정에 비추어볼 때, 특허를 받을 수 있는 권리는 발명자인 종업원 등에게 원시적으로 귀속되고 사용자 등에게 승계되는 것으로 해석된다. 판례 또한 "실용신안법은 발명자주의를 취하기 때문에 직무발명에 의한 고안의 실용신안을 받을 권리는 당연히 그 고안자인 피용자라 하겠으므로 그 사용자가 그 고안의 출원을 하기 위하여는 미리 그 고안자로부터 실용신안을 받을 권리를 양도받아야 할 것"이라고 판시하였다(91후1113).

2) 보상을 받을 권리 (발명진흥법 제15조 제1항)

종업원등은 직무발명에 대하여 특허등을 받을 수 있는 권리나 특허권등을 계약이나 근무규정에 따라 사용자등에게 승계하게 하거나 전용실시권을 설정한 경우에는 정당한 보상을 받을 권리를 가진다.

3) 발명자 게재권 (파리협약 제4조의3)

파리협약에서는 특허에 있어 발명자의 명시를 규정하고 있는 바, 발명자인 종업원 등은 출원서 등에 발명자로 명시될 권리가 있다.

4) 비밀유지의무 (발명진흥법 제19조)

종업원등은 사용자등이 직무발명을 출원할 때까지 그 발명의 내용에 관한 비밀을 유지하여야 한다. 다만, 사용자등이 승계하지 아니하기로 확정된 경우에는 그러하지 아니하다(동조 제1항). 또한 자문위원으로 심의위원회에 참여하거나 참여하였던 사람은 직무상 알게 된 직무발명에 관한 내용을 다른 사람에게 누설하여서는 아니 된다(동조 제2항). 이를 위반하여 부정한 이익을 얻거나 사용자등에 손해를 가할 목적으로 직무발명의 내용을 공개한 자에 대하여는 3년 이하의 징역 또는 3천만원 이하의 벌금에 처한다(발명진흥법 제58조).

5) 발명 완성사실의 통지의무 (발명진흥법 제12조)

종업원등이 직무발명을 완성한 경우에는 지체 없이 그 사실을 사용자등에게 문서로 알려야 한다. 2명 이상의 종업원등이 공동으로 직무발명을 완성한 경우에는 공동으로 알려야 한다.

4 공무원의 직무발명

(1) 공무원의 직무발명의 승계 (발명진흥법 제10조 제2항)

1) 공무원의 직무발명에 대한 권리는 국가나 지방자치단체가 승계하며, 국가나 지방자치단체가 승계한 공무원의 직무발명에 대한 특허권등은 국유나 공유로 한다.
2) 다만, 국·공립학교 교직원의 직무발명에 대한 권리는 전담조직이 승계하며, 전담조직이 승계한 국·공립학교 교직원의 직무발명에 대한 특허권등은 그 전담조직의 소유로 한다.

(2) 국유특허권의 처분 및 관리 (발명진흥법 제10조 제4항)

국유로 된 특허권등의 처분과 관리(특허권등의 포기를 포함한다)는 「국유재산법」 제8조에도 불구하고 특허청장이 이를 관장하며, 그 처분과 관리에 필요한 사항은 '공무원 직무발명의 처분·관리 및 보상 등에 관한 규정'으로 정한다.

(3) 공무원의 직무발명에 대한 보상 (발명진흥법 제15조 제7항)

공무원의 직무발명에 대하여 제10조제2항에 따라 국가나 지방자치단체가 그 권리를 승계한 경우에는 정당한 보상을 하여야 한다. 이 경우 보상금의 지급에 필요한 사항은 대통령령이나 조례로 정한다.

5 대학교수의 발명

(1) 문제점

대학교수의 발명을 대학과의 관계에서 직무발명으로 볼 수 있는지 문제된다. 대학교수의 경우 통상적으로 학생의 지도와 학술연구에 있어 일반 기업의 종업원과 다르게 볼 수 있기 때문이다.

(2) 일반적 견해

대학교수의 본래 직무는 학생의 지도와 학술연구이며 대학에서 이루어지는 연구의 목적은 수익을 얻는 것이 아니므로 대학교수의 발명은 원칙적으로 자유발명으로 보아야 한다. 다만, 대학으로부터 특별 연구비를 지급받아 특별 연구목적으로 대학 설비를 이용한 경우 대학과의 관계에서 직무발명이 성립되고, 외부기업체에서 연구비를 지급받아 연구를 한 경우에는 기업체와의 관계에서 직무발명이 성립된다.

(3) 비판적 견해

최근 연구위주의 대학교수들이 증가하고 있고, 많은 기업체가 대학교수와 함께 산학활동을 하고 있어 현제 대학의 현실과 부합하지 않는 점, 대학교수의 발명을 직무발명으로 보지 않을 경우 대학이 연구투자에 소홀해져 산업발전을 저해할 수 있는 점을 근거로 대학교수의 전공분야 연구에 따른 발명을 대학과의 관계에서 직무발명으로 보아야한다는 비판이 있다.

(4) 입법례

독일의 경우 종업원 발명에 관한 법률에서 대학교수의 발명을 대부분 직무발명으로 인정하고 있다.
일본의 경우 대학의 설비를 사용하거나 대학으로부터 특별 연구비를 지급받은 경우에 직무발명이 성립한다고 본다.
미국의 경우 특별한 규정이 없고 당사자 간 계약에 맡긴다.

(5) 검토

일률적으로 판단할 것이 아니며, 교수의 연구에 따른 발명으로 대학이 일정한 이익을 향유하는 것이 정당한지를 기준으로 구체적, 개별적으로 판단해야 할 것이다.

6 종업원 등의 보상을 받을 권리

(1) 발명진흥법 제15조 제1항

종업원등은 직무발명에 대하여 특허등을 받을 수 있는 권리나 특허권등을 계약이나 근무규정에 따라 사용자등에게 승계하게 하거나 전용실시권을 설정한 경우에는 정당한 보상을 받을 권리를 가진다.

(2) 보상금의 지급

사용자 등이 보상금청구권을 부인하거나 지급을 거절 또는 유보시키는 계약은 무효이고[41], 일반적인 임금, 성과급 등의 지급으로써 특정한 직무발명에 대한 보상금의 지급에 갈음할 수 없다[42].

(3) 소멸시효 및 동시이행관계

1) 판례는 "직무발명보상금청구권은 일반채권과 마찬가지로 10년간 행사하지 않으면 소멸시효가 완성하고, 기산점은 일반적으로 사용자가 직두발명에 대한 특허를 받을 권리를 종업원한테서 승계한 시점으로 보아야 하나, 회사의 근무규칙 등에 직무발명보상금 지급시기를 정하고 있는 경

---

[41] 2002가합3727
[42] 2009나26840

우에는 그 시기가 도래할 때까지 보상금청구권 행사에 법률상 장애가 있으므로 근무규칙 등에 정하여진 지급시기가 소멸시효의 기산점이 된다."고 판시하였다(2009다75189).
2) 판례는 "직무발명에 대한 특허 등을 받을 수 있는 권리나 특허권 등의 승계 또는 전용실시권 설정과 위 정당한 보상금의 지급이 동시이행의 관계에 있는 것은 아니다."고 판시하였다(2012도6676).

7 정당한 보상 (발명진흥법 제15조 제6항)

(1) 내용

사용자등이 발명진흥법 제15조 제2항부터 제4항까지의 규정에 따라 종업원등에게 보상한 경우에는 정당한 보상을 한 것으로 본다. 다만, 그 보상액이 직무발명에 의하여 사용자등이 얻을 이익과 그 발명의 완성에 사용자등과 종업원등이 공헌한 정도를 고려하지 아니한 경우에는 그러하지 아니하다.

(2) 사용자 등이 얻을 이익

판례는 "사용자는 직무발명을 승계하지 않더라도 그 특허권에 대하여 무상의 통상실시권을 가지므로, 위의 '사용자가 얻을 이익'이란 통상실시권을 넘어 직무발명을 배타적·독점적으로 실시할 수 있는 지위를 취득함으로써 얻을 이익을 의미한다."고 판시하였다(2009다91507).

(3) 사용자 등과 종업원 등이 공헌한 정도

사용자 등이 부담한 연구개발비, 연구설비비, 자료제공, 급여 등을 고려해야한다는 견해, 종업원에 대한 급여나 일상적인 직무수행에 필요한 정도의 지원은 포함되지 않는다는 견해 등이 있으나, 일률적으로 판단할 것이 아니라 형평의 관점에서 구체적, 개별적으로 판단하여야 할 것이다.

8 정당한 보상에 대한 분쟁해결

(1) 직무발명심의위원회의 설치 및 운영

사용자등은 종업원등의 직무발명에 관한 ⅰ) 직무발명에 관한 규정의 작성·변경 및 운용에 관한 사항, ⅱ) 직무발명에 대한 권리 및 보상 등에 관한 종업원등과 사용자등의 이견 조정에 관한 사항, ⅲ) 그 밖에 직무발명과 관련하여 필요한 사항을 심의하기 위하여 직무발명심의위원회를 설치·운영할 수 있다(발명진흥법 제17조).

(2) 직무발명심의위원회의 심의 요구

종업원등은 다음의 어느 하나에 해당하는 경우 사용자등에게 심의위원회를 구성하여 심의하도록 요구할 수 있다.
1. 직무발명인지 여부에 관하여 사용자등과 이견이 있는 경우
2. 사용자등이 제10조제3항을 위반하여 종업원등의 의사와 다르게 직무발명 외의 발명에 대한 권리의 승계 또는 전용실시권의 설정을 주장하는 경우

3. 사용자등이 제13조제1항을 위반하여 종업원등의 의사와 다르게 직무발명에 대한 권리의 승계 또는 전용실시권의 설정을 주장하는 경우
4. 사용자등이 제10조제1항 단서 또는 제13조제3항을 위반하여 통상실시권을 주장하는 경우
5. 사용자등이 제시한 보상규정에 이견이 있는 경우
6. 사용자등과의 협의 또는 동의 절차에 이견이 있는 경우
7. 사용자등이 제15조제4항에 따라 통지한 보상액 등 보상의 구체적 사항에 이견이 있는 경우
8. 사용자등이 제15조제2항부터 제4항까지의 규정에 다라 종업원등에게 보상하지 아니하는 경우
9. 그 밖에 직무발명에 대한 권리 및 보상 등에 관하여 사용자등과 종업원등 간에 이견이 있는 경우

장편집

PART 07

특허요건

CHAPTER 01 발명의 성립성 (제2조 제1호)

> **제2조(정의)**
> 이 법에서 사용하는 용어의 뜻은 다음과 같다.
> 1. "발명"이란 자연법칙을 이용한 기술적 사상의 창작으로서 고도(高度)한 것을 말한다.
> 2. "특허발명"이란 특허를 받은 발명을 말한다.
> 3. "실시"란 다음 각 목의 구분에 따른 행위를 말한다.
>   가. 물건의 발명인 경우 : 그 물건을 생산·사용·양도·대여 또는 수입하거나 그 물건의 양도 또는 대여의 청약(양도 또는 대여를 위한 전시를 포함한다. 이하 같다)을 하는 행위
>   나. 방법의 발명인 경우 : 그 방법을 사용하는 행위 또는 그 방법의 사용을 청약하는 행위
>   다. 물건을 생산하는 방법의 발명인 경우 : 나목의 행위 외에 그 방법에 의하여 생산한 물건을 사용·양도·대여 또는 수입하거나 그 물건의 양도 또는 대여의 청약을 하는 행위

1 의의

발명이란 자연법칙을 이용한 기술적 사상의 창작으로서 고도한 것을 말한다(특허법 제2조 제1호). 특허법은 보호대상을 명확히 하고자 발명의 정의규정을 두고 있다.

2 판단[43]

(1) 자연법칙

자연법칙 이외의 법칙(경제법칙, 수학공식, 논리 학적 법칙, 작도법 등), 인위적인 약속(게임의 규칙 그 자체 등), 또는 인간의 정신활동(영업계획 그 자체, 교수방법 그 자체, 금융보험제도 그 자체, 과세제도 그 자체 등), 자연법칙에 위배되는 것(영구기관 등) 등을 이용하고 있는 경우에는 발명에 해당하지 않는다.

(2) 이용

1) 청구항 전체로서 판단

발명은 자연계에 존재하는 법칙 즉, 자연법칙을 이용하여 주어진 과제를 해결하기 위한 기술적 사상의 창작이므로 자연법칙 자체는 발명에 해당되지 않으며, 이는 청구항 전체로 판단해야 한다.

2) BM 발명 판례

법원은 자연법칙의 이용 여부는 청구항 전체로서 판단하여야 하고, 청구항 중 일부 구성이 자연법칙을 이용하지 않은 것이라 하더라도, 발명이 전체적으로 하드웨어를 통해 구체적으로 실현됨으로써 유용한 효과를 발휘하는 것이라면, 자연법칙을 이용한 것으로 보아 특허가 가능하다는 태도를 취했다(2001후3149).

---

[43] 특허청, 특허 실용신안 심사기준

(3) 기술적 사상의 창작

1) 기술적 사상

가. 기능과의 대비

기술은 지식으로 제3자에게 전달될 수 있는 객관성이 있다는 점에서 개인의 숙련에 의해서 달성되고 객관성이 결여된 기능과 구분되는데, 정의 규정에서 '기술'로 규정한 것은 발명의 이용도모를 위함이다.

나. 반복재현성

발명의 목적을 달성하기 위한 수단이 형식적으로 제시되어 있으나 그 제시한 수단에 의하여 발명자가 얻은 성과와 객관적으로 동일한 결과를 얻을 수 없는 경우, 즉 반복하여 실시할 수 없는 것은 기술적 사상이라고 보지 않는다.

2) 창작

단순한 발견에는 창작적 요소가 결여되어 발명으로 인정되지 않는다.

(4) 고도한 것

1) '고도한 것'은 실용신안법의 보호대상인 고안과 구분하기 위한 상대적인 개념으로 실무상 성립요건 판단시 '고도한 것'인지 여부는 고려하지 않는다.

2) 판례 또한 '고도한 것'의 의미는 실용신안과 구분하기 위한 것에 불과하고, 그 자체가 발명의 본질적 특징은 아니라는 취지로 판시한 바 있다(2001허4937).

3 위반시 법적취급

(1) 성립성에 흠이 있는 경우, 산업상 이용가능성이 없는 발명으로 거절이유, 정보제공사유, 직권재심사사유, 특허무효사유에 해당한다.

(2) 판례는 "특허법 제2조 제1호가 훈시적인 규정에 해당한다고 볼 아무런 근거가 없으므로, 자연법칙을 이용하지 않은 것을 특허출원하였을 때에는 특허법 제29조 제1항 본문의 "산업상 이용할 수 있는 발명"의 요건을 충족하지 못함을 이유로 특허법 제62조에 의하여 그 특허출원이 거절된다." 고 판시하였다(2001후3149).

4 발명의 완성

(1) 완성된 발명과 미완성 발명의 개념

1) 특허를 받을 수 있는 발명은 완성된 것이어야 하고 완성된 발명이란 그 발명이 속하는 분야에서 통상의 지식을 가진 자가 반복 실시하여 목적하는 기술적 효과의 달성 가능성을 예상할 수 있을 정도로 구체적, 객관적으로 구성되어 있는 발명을 달한다(2017후523)[44].

---

[44] 대법원은 완성된 발명의 정의와 관련하여 종래 기술적 효과를 얻을 수 있을 정도(92후1806)에서 기술적 효과의 달성 가능성을 예상할 수 있을 정도로 표현을 다듬었다.

2) 미완성 발명은 발명의 과제를 해결하기 위한 구체적인 수단이 결여되어 있거나, 또는 제시된 과제해결수단만에 의하여는 과제의 해결이 명백하게 불가능한 것으로서, ① 발명이 복수의 구성요건을 필요로 할 경우에는 어느 구성요건을 결여한 경우, ② 해결하고자 하는 문제에 대한 인식은 있으나 그 해결수단을 제시하지 못한 경우, ③ 해결과제·해결수단이 제시되어 있어도 그 수단으로 실행하였을 때 효과가 없는 경우, ④ 발명의 기술적 사상이 실현가능하도록 완성된 것이지만 그 실시의 결과가 사회적으로 용납되지 않는 위험한 상태로 방치되는 경우 등에 해당하면 일반적으로 그 발명은 미완성 발명으로 볼 것이다(2000허7038).

(2) 발명의 완성 여부의 판단

1) **판단방법**

   가. 특허출원의 명세서에 기재된 발명의 목적, 구성 및 작용효과 등을 전체적으로 고려하여 출원 당시의 기술수준에 입각하여 판단한다.

   나. 발명이 완성되었는지는 발명의 설명 중 구체적 실시례에 한정하여 판단해서는 안 된다(2017후523).

2) **기재불비와의 구별**

   미완성 발명과 명세서 기재불비는 법적 근거가 상이한 거절이유일 뿐 아니라, 미완성 발명에 해당되는 경우에는 보정에 의해서도 그 하자를 치유할 수 없고, 그와 같은 이유로 거절된 경우에는 선원·확대된 선원으로서의 지위도 인정되지 않는 것(91후1656)임에 반하여, 명세서 기재불비에 해당되는 경우에는 보정에 의하여 그 하자를 치유할 수 있는 경우도 있고, 그 출원에 선원·확대된 선원으로서의 지위도 인정되는 것이어서 법률적 효과가 상이하므로, 양자의 거절이유를 혼용해서는 아니된다(2000허7038).

(3) 미완성 발명의 법적 취급

1) **당해출원에 대한 심사시**

   ① 미완성 발명은 반복재현성이 없어 발명의 요건인 기술적 사상에 해당하지 않으므로 제29조 제1항 본문에 위반되며, 동시에 통상의 기술자가 발명의 내용을 쉽게 실시할 수 없어 제42조 제3항 제1호에도 위반된다.

   ② 보정에 의해 하자 치유하는 것은 신규사항추가가 되므로 보정으로써 치유될 수 없다.

2) **타출원에 대한 지위**

   ① 선출원 및 확대된 선출원의 지위

   판례에 의할 때, 미완성 발명의 경우 i) 선출원의 지위가 인정될 수 없으며, ii) 제29조 제3항의 타 특허출원서에 첨부한 명세서 등에 기재된 발명이라 함은 통상의 기술자가 반복적으로 실시하여 목적하는 기술적 효과를 얻을 수 있도록 기재된 완성된 발명을 말한다고 하여 확대된 선출원의 지위도 인정될 수 없다(2000후2248).

② 공지기술 지위 (신규성·진보성 인용발명의 지위 인용발명의 지위)

판례에 의할 때, 미완성 발명 또는 자료부족으로 표현이 불충분한 것이라도 통상의 기술자가 경험칙에 의해 극히 용이하게 기술내용파악이 가능하다면 신규성 또는 진보성 판단의 인용참증이 될 수 있다(96후1514).

3) 착오 등록된 경우 권리범위 - 무효사유항변

미완성 발명이 착오로 등록된 경우 특허무효심결의 확정 전이라도 그 권리범위를 인정할 수 없는 법리이므로, 확인대상발명은 특허발명과 대비할 것도 없이 특허발명의 권리범위에 속하지 않는다 (2003후2003).

5 관련문제 - 발명의 정의 규정의 장, 단점

(1) 장단점

발명의 정의 규정을 두면, 특허법상 보호 대상이 명확해져 법적 안정성이 보장되는 장점이 있으나, 새로운 발명을 폭넓게 수용할 수 없다는 단점이 있다.

(2) 문제점

현행법은 자연법칙을 이용한 것만 발명으로 인정하여, 인위법칙 그 자체인 프로그램은 발명의 정의 규정을 만족하지 못한다. 그러나 프로그램의 산업발전 기여 비중이 높아지면서 프로그램 자체에 대한 보호 필요성이 대두되었고, 이와 연관되어 발명의 정의규정 개정 또는 삭제 필요성이 논의되고 있다.

(3) 정의규정에 대한 개정논의

현행법은 제조업이 강조되던 과거 시대의 산물로서, 현시대의 흐름을 반영하지 못해 정의규정의 개정 또는 삭제가 필요하다는 견해가 있다.

(4) 입법례

일본의 경우 우리나라와 유사한 정의규정을 두고 있고, 미국의 경우 폭넓게 정의하고 있으며, 유럽의 경우 발명에 대해 소극적 정의 규정만을 두고 있다.

(5) 검토

기술발전에 따라 정의 규정에 맞지 않는 기술이 증가하고 있다. 하지만 이러한 기술 또한 특허법 목적에 비추어 볼 때 산업발전을 위해 보호할 필요가 있다. 이에 판례는 정의 규정을 확대해석하고 있다. 예를 들어 판례는 프로그램을 구성 중 일부로 하는 컴퓨터 관련 발명에 대해 자연법칙 이용 여부는 청구항 전체로 판단하면 된다는 확대해석을 통해 소정의 요건을 만족하는 경우 발명의 성립성을 인정하고 있다. 그러나 이러한 확대해석은 위법의 소지가 있으므로 정의규정을 개정하는 등의 입법적 조치가 필요하다.

CHAPTER 02 특허법과 실용신안법의 대비

	특허법	실용신안법
대상	발명 (물건, 방법, 제조방법 카테고리 포함) (특허법제2조3호)	물품의 형상, 구조, 조합에 관한 고안 (물품성 수반하는 협의의 물건 카테고리만 해당) (실용신안법제4조1항)
성립 요건	고도성 要 (특허법제2조1호→특허법제29조제2항에서 평가)	고도성 不要 (실용신안법제2조1호→실용신안법제4조제2항의 문구가 특허법제29조제2항과 상이)
진보성	쉽게 (특허법제29조2항)	극히 쉽게 (실용신안법제4조2항)
부등록사유	공서양속 문란, 공중의 위생 해할 염려 있는 발명 (특허법제32조)	공서양속 문란, 공중의 위생 해할 염려 있는 발명 + 국기, 훈장과 동일, 유사 고안 (실용신안법제6조)
도면첨부要不	필요한 경우만 (특허법제42조2항)	필수 / 미제출시 반려 (실용신안법제8조2항 / 실용신안법시행규칙제17조제1항)
우선 심사대상의 상이	1. 녹색기술과 직접 관련된 특허출원 2. 인공지능 또는 사물인터넷 등 4차 산업혁명과 관련된 기술을 활용한 특허출원 3. 특허청이 특허협력조약에 따른 국제조사기관으로서 국제조사를 수행한 국제특허출원 4. 특허청장이 외국특허청장과 우선심사하기로 합의한 특허출원 (특허법시행령제9조) 5. 타법에 따른 우선심사 대상 특허출원 (특허법시행규칙제39조)	1. 공해방지에 유용한 실용신안등록출원 (실용신안법시행령제5조)
존속기간	설정등록이 있는 날부터 특허출원일 후 20년 (특허법제88조1항)	설정등록이 있는 날부터 실용신안등록출원일 후10년 (실용신안법제22조1항)
존속기간 연장제도	허가 등(특허법제89조) & 등록지연(특허법제92조의2)	등록지연(실용신안법제22조의2)

효력제한	1. 연구, 시험 2. 국내통과 3. 특허출원시 물건 4. 약사법상 조제 (특허법제96조)	1. 연구, 시험 2. 국내통과 3. 특허출원시 물건 (실용신안법제24조)
간접침해	물건, 방법 모두 규정 有 (특허법제127조)	방법/물질에 관한 규정은 無 (실용신안법제29조)
생산방법 추정규정	有 (특허법제129조)	無
PCT (도면제출)	–	실용신안법 제36조(도면 제출) ① 국제출원일에 제출한 국제출원이 도면을 포함하지 아니한 경우 기준일까지 도면(도면에 관한 간단한 설명을 포함한다)을 특허청장에게 제출 ② 도면 미제출시 또는 도면의 국어번역문의 미제출시 특허청장은 제출명령 可 ③ 특허청장은 제2항의 규정에도 불구하고 미제출시 그 국제실용신안등록출원을 무효 可 ④ 제1항 또는 제2항의 규정에 의하여 제출된 도면 및 도면의 국어 번역문은 특허법 47조의 보정으로 취급. 단, 「특허법」 제47조제1항의 보정기간은 도면의 제출에 미적용.
침해죄	반의사불벌죄, 피해자의 명시적인 의사에 반하여 공소를 제기할 수 없다(특허법 제225조 제2항).	반의사불벌죄, 피해자의 명시적인 의사에 반하여 공소를 제기할 수 없다(실용신안법 제45조 제2항).
몰수	침해행위를 조성한 물건 또는 그 침해행위로부터 생긴 물건은 몰수하거나 피해자의 청구에 따라 그 물건을 피해자에게 교부할 것을 선고<u>하여야 한다</u>(특허법 제231조).	침해행위를 조성한 물건 또는 그 침해행위로부터 생긴 물건은 몰수하거나 피해자의 청구에 따라 그 물건을 피해자에게 교부할 것을 선고<u>할 수 있다</u>(실용신안법 제51조).

CHAPTER 03 외국인의 권리능력 (특허법 제25조)

> 제25조(외국인의 권리능력)
> 재외자 중 외국인은 다음 각 호의 어느 하나에 해당하는 경우를 제외하고는 특허권 또는 특허에 관한 권리를 누릴 수 없다.
> 1. 그 외국인이 속하는 국가에서 대한민국 국민에 대하여 그 국가의 국민과 같은 조건으로 특허권 또는 특허에 관한 권리를 인정하는 경우
> 2. 대한민국이 그 외국인에 대하여 특허권 또는 특허에 관한 권리를 인정하는 경우에는 그 외국인이 속하는 국가에서 대한민국 국민에 대하여 그 국가의 국민과 같은 조건으로 특허권 또는 특허에 관한 권리를 인정하는 경우
> 3. 조약 또는 이에 준하는 것(이하 "조약"이라 한다)에 따라 특허권 또는 특허에 관한 권리가 인정되는 경우

1 의의 및 취지

권리능력은 대한민국에서 산업재산권에 관한 권리를 향유할 수 있는 법률상의 지위 또는 자격을 말한다. 특허법에서는 제25조에서 재외자 중 외국인의 권리능력에 대해서만 규정하고 있는 바, 그 외의 경우는 민법 등을 준용한다.

2 외국인의 권리능력

(1) 특허법 제25조

1) 재외자 중 외국인은 ⅰ) 그 외국인이 속하는 국가에서 대한민국 국민에 대하여 그 국가의 국민과 같은 조건으로 특허권 또는 특허에 관한 권리를 인정하는 경우, ⅱ) 대한민국이 그 외국인에 대하여 특허권 또는 특허에 관한 권리를 인정하는 경우에는 그 외국인이 속하는 국가에서 대한민국 국민에 대하여 그 국가의 국민과 같은 조건으로 특허권 또는 특허에 관한 권리를 인정하는 경우, ⅲ) 조약에 따라 특허권 또는 특허에 관한 권리가 인정되는 경우를 제외하고는 특허권 또는 특허에 관한 권리를 누릴 수 없다.

2) 다만, 외국인이더라도 대한민국에 주소 또는 영업소를 가진 재내자인 경우 상호주의 원칙과 관계없이 우리나라에서 특허에 관한 권리를 누릴 수 있다.

(2) 위반시 법적 취급

제25조를 위반한 경우 거절이유, 정보제공사유, 직권재심사사유, 무효사유에 해당한다. 특허법 제25조의 권리능력이 인정되지 않는 외국인이 출원한 경우는 방식에서는 문제가 되지 않는다.

3 민법상 권리능력의 경우

(1) 위반시 조치

1) 거절이유 해당여부

특허법은 예측가능성을 위해 거절이유를 제한적으로 규정하고 있다. 거절이유 중 권리능력과 관련하여서는 외국인의 권리능력(특허법 제25조)만 존재한다. 따라서 민법상 권리능력 위반은 거절이유에 해당하지 않는다. 예를 들어 비법인사단의 출원은 거절이유에 해당하지 않는다.

2) 심사실무

민법상 권리능력이 없는 자가 권리능력이 있어야 밟을 수 있는 특허에 관한 절차를 밟는 경우에는 방식심사 단계에서 판단한다.

(2) 구체적 내용

1) 자연인, 법인의 권리능력

민법상 자연인, 법인은 권리능력이 인정된다.

2) 비법인 사단, 재단의 권리능력

비법인 사단, 재단은 민법상 권리능력이 부정된다. 다만 특허법에는 권리능력이 없어도 밟을 수 있는 절차가 있다(특허법 제4조).

3) 국가 및 지방자치단체의 권리능력

① 국가는 명문의 규정은 없으나 법인으로 의제되어 권리능력이 인정된다. 다만, 행정각부, 그 산하기관 및 소속기관, 국립연구기관 등은 법인격이 없으므로 특허에 관한 권리능력이 인정되지 않는다.

② 대학은 법인격이 없으므로 특허에 관한 권리능력이 인정되지 않는다. 과거 判例는 경북대학교는 국립대학으로서 민사법상의 권리능력이나 당사자능력이 없음이 명백하므로 특허출원인이나 심판청구인이 될 수 없다고 판시하였다(96후825). 다만 최근 서울대학교 등이 국립대학법인을 설립한 바 있다. 대학과 달리 국립대학법인은 법인으로서 권리능력이 인정된다. 참고로 실무에서 각 대학교는 산학협력단이라는 별도의 법인을 설립해 산학협력단 명의로 특허에 관한 절차를 밟고 있다.

③ 지방자치법 제2조에서 "지방자치단체는 법인으로 한다"고 규정한 바, 지방자치단체는 법인으로 의제되어 권리능력이 인정된다. 지방자치단체에는 특별시, 광역시, 도, 시, 군 및 특별시와 광역시의 관할구역 안에 있는 구가 있다.

CHAPTER 04. 특허를 받을 수 있는 권리 (특허법 제33조 제1항 본문)

> **제33조(특허를 받을 수 있는 자)**
> ① 발명을 한 사람 또는 그 승계인은 이 법에서 정하는 바에 따라 특허를 받을 수 있는 권리를 가진다. 다만, 특허청 직원 및 특허심판원 직원은 상속이나 유증(遺贈)의 경우를 제외하고는 재직 중 특허를 받을 수 없다.
> ② 2명 이상이 공동으로 발명한 경우에는 특허를 받을 수 있는 권리를 공유한다.

1 의의, 취지 및 법적성질

1) 특허를 받을 수 있는 권리는 발명이 완성에 의해 발명자에게 원시적으로 귀속되는 권리로서, 발명시부터 특허권의 설정등록 전까지 인정되는 발명의 1차적 보호수단이다.

2) 특허법 제33조 제1항 본문 위반은 그 법적성격이 후발적 무효사유가 아닌 원시적 무효사유로 규정되어 있어(특허법 제133조 제3항), 특허등록 자체를 무권리자가 받은 경우만을 상정하고 있다.

2 내용

(1) 발생

1) 발생시점

발명의 완성과 동시에 발생한다. ① ⅰ) 특허요건을 구비한 경우에야 비로소 권리가 발생한다는 개관설과, ⅱ) 출원 전 승계규정(제38조 제1항)을 고려할 때 발명의 정의 규정에 해당되면 발생한다는 주관설이 있으며, ② 판례는 원심이 발명자가 되기 위하여 그 발명이 신규성이나 진보성 등의 특허요건까지 구비하여야 한다고 판단한 것은 위법하다고 판시하여, 주관설의 입장으로 해석된다(2009후2463).

2) 귀속

가) 특허를 받을 수 있는 권리는 발명자 또는 승계인이 가지며(제33조 제1항), 2명 이상이 공동으로 발명한 경우에는 특허를 받을 수 있는 권리를 공유한다(제33조 제2항).

나) 판례는 ⅰ) 제2조 제1호는 '발명'이란 자연법칙을 이용한 기술적 사상의 창작으로서 고도한 것을 말한다고 규정하고 있으므로, 특허법 제33조 제1항에서 정하고 있는 '발명을 한 자'는 바로 이러한 발명행위를 한 사람을 가리키므로, ⅱ) 발명자에 해당한다고 하기 위해서는 기술적 사상의 창작행위에 실질적으로 기여하기에 이르러야 한다고 판시한다(2011다67705).

다) 판례는 "발명을 한 자"는 창작행위에 현실로 가담한 자연인만을 가리킨다고 할 것이므로 법인은 발명자가 될 수 없다고 하며(2002허4811), 발명자는 어떤 문제를 해결하기 위한 기술적 수단을 새로 착상하여 표현한 사람 또는 실현가능한 기술적 수단을 새로 착상한 사람을 의미한다(2016나1615)고 한다.

(2) 효력 – 배타적 효력 불인정

특허를 받을 수 있는 권리는 배타적인 효력이 없기 때문에 특허권이 발생하기 이전에는 타인의 실시를 금지시킬 수 없다. 다만, 출원공개 이후에는 보상금청구권이 발생할 수 있어 이를 위한 서면경고가 가능하다(제65조).

(3) 이전

특허를 받을 수 있는 권리는 양도성이 인정되는 재산권으로 특허출원 후 뿐만 아니라 전에도 이전할 수 있다(특허법 제37조). 특허출원 전에 이루어진 특허를 받을 수 있는 권리의 승계는 그 승계인이 특허출원을 하여야 제3자에게 대항할 수 있고 (특허법 제38조 제1항), 특허출원 후에는 상속, 그 밖의 일반승계의 경우를 제외하고는 특허출원인 변경신고를 하여야만 그 효력이 발생한다(특허법 제38조 제4항).

(4) 소멸

권리를 포기한 경우에 소멸한다. 법률에 따라 권리가 포기 간주되는 경우도 있다(특허법 제41조 제5항).

(5) 제한

특허를 받을 수 있는 권리는 질권의 목적으로 할 수 없고 (특허법 제37조 제2항), 특허를 받을 수 있는 권리가 공유인 경우에는 각 공유자는 다른 공유자 모두의 동의를 받아야만 그 지분을 양도할 수 있으며 (특허법 제37조 제3항), 특허를 받을 수 있는 권리가 공유인 경우에는 공유자 모두가 공동으로 특허출원을 하여야 한다(특허법 제44조). 또한 정부는 전시·사변 또는 이에 준하는 비상시에 국방상 필요한 경우에는 특허를 받을 수 있는 권리를 수용할 수 있다(특허법 제41조 제2항).

3 위반시 법적 취급

특허를 받을 수 있는 권리가 없는 무권리자가 출원한 경우 거절이유, 정보제공사유, 직권재심사사유, 특허무효사유에 해당한다.

4 관련문제

(1) 특허청 직원 등(특허법 제33조 제2항)

특허청 직원 및 특허심판원 직원은 특허를 받을 수 있는 권리를 가진 자라 하더라도 직분상 공정하게 절차를 밟지 않고 특허권을 받았을 수 있다는 가능성이 외부에서 제기될 우려가 있어, 상속이나 유증의 경우를 제외하고는 재직 중에 특허를 받을 수 없도록 제한하고 있다(특허법 제33조 제2항). 이의 위반시 거절이유, 정보제공사유, 직권재심사사유, 무효사유에 해당한다.

(2) 특허를 받을 수 있는 권리의 공유(특허법 제44조)

특허를 받을 수 있는 권리를 가진 자라 하더라도 특허를 받을 수 있는 권리가 공유인 경우는 공유자 모두가 공동으로 출원해야 한다는 제한이 있다(특허법 제44조). 이는 공유자의 재산권을 보호하기 위함이다. 이의 위반시 거절이유, 정보제공사유, 직권재심사사유, 무효사유에 해당한다.

CHAPTER 05 공동출원 (특허법 제44조)

> **제44조(공동출원)**
> 특허를 받을 수 있는 권리가 공유인 경우에는 공유자 모두가 공동으로 특허출원을 하여야 한다.

1 의의 및 취지

특허를 받을 수 있는 권리가 공유인 경우 공유자 모두가 공동으로 특허출원을 하여야 한다. 발명은 무형의 것으로 점유가 곤란한 바, 공유자 일부의 배신적 행위로부터 다른 공유자를 보호하기 위함이다.

2 내용

(1) 공동발명

1) 공동발명자의 지위

특허를 받을 수 있는 권리는 발명을 한 자 또는 그 승계인이 가지며, 2인 이상이 공동으로 발명한 경우 특허를 받을 수 있는 권리를 공유로 한다(특허법 제33조 제1항, 제2항).

2) 공동발명의 성립요건

① 判例에 의할 때, ⅰ) 공동발명자가 되기 위해서는 발명의 완성을 위하여 실질적 상호협력하는 관계에 있어야 하므로 기술적 사상의 창작 행위에 실질적으로 기여하여야 한다. ⅱ) 따라서 단순한 보조자, 관리자, 자본주 등은 공동발명자가 될 수 없다고 할 것이다.[45)46)](2009다75178)

② 한편 이른바 실험의 과학이라고 하는 화학발명의 경우에는 예측가능성 내지 실현가능성이 현저히 부족하여 실험데이터가 제시된 실험예가 없으면 완성된 발명으로 보기 어려운 경우가 많으므로 그와 같은 경우 실제 실험을 통하여 발명을 구체화하고 완성하는 데 실질적으로 기여하였는지의 관점에서 공동발명자인지를 결정해야 한다(2009다75178).

---

45) 判例는 ⅰ) 단순히 발명에 대한 기본적인 과제와 아이디어만을 제공하였거나, 연구자를 일반적으로 관리하였거나, 연구자의 지시로 데이터의 정리와 실험만을 하였거나, 자금·설비 등을 제공하여 발명의 완성을 후원·위탁하였을 뿐인 정도 등에 그치지 않고, ⅱ) 발명의 기술적 과제를 해결하기 위한 구체적인 착상을 새롭게 제시·부가·보완하거나, 실험 등을 통하여 새로운 착상을 구체화하거나, 발명의 목적 및 효과를 달성하기 위한 구체적인 수단과 방법의 제공 또는 구체적인 조언씨도를 통하여 발명을 가능하게 한 경우 등과 같이 기술적 사상의 창작행위에 실질적으로 기여하기에 이르러야 공동발명자에 해당한다고 판시하였다(2009다75178).

46) 서울중앙지법은 신약물질 발명에서 공동발명자가 되려면 기술적 사상의 창작행위에 실질적으로 기여하여야 하지만, 그와 같은 기여자가 단지 매니저나 팀장의 역할을 하는 사람에게 한정되는 것은 아니고, 제약회사 매니저나 팀장의 지시를 받고 중간물질을 합성하는 역할을 담당하는 연구원이라도 그와 같은 창작적인 기여를 한 사실이 인정된다면 신약물질발명에서 공동발명자가 될 수 있다고 판시하였다(2015가합559013).

(2) 단독발명 이후 지분양도[47]

1) 특허를 받을 수 있는 권리의 일부 지분 양도 (제37조 제1항)

判例는 i) 특허를 받을 수 있는 권리는 재산권으로 양도성을 가지므로 계약 또는 상속 등을 통하여 전부 또는 일부 지분을 이전할 수 있고, ii) 그 권리의 이전계약은 명시적으로는 물론 묵시적으로도 이루어질 수 있다고 한다(2011다67705).

2) 관련 쟁점

① 특허공유 계약 이후 단독출원

判例는 특허를 공유하는 방식에는 공동출원에 의한 등록 외에도 특허 등록 후 지분 양도 등 권리의 일부 이전에 의한 공유 방식도 포함되는 것이어서 특허 공유 계약이 반드시 공동출원에 의한 공유로 제한하여 해석하여야 하는 것은 아니므로, 단독으로 출원한 이후 공유의 의사를 전달한 이 사건 출원인이 제44조의 공동출원 의무를 위반하였음을 단정하기 어렵다고 판시하였다(2020허1847).

② 공동출원 계약 이후 단독출원

i) 과거 判例는 공동출원 약정을 위반한 자가 그에 따른 채무불이행의 책임을 지는 것은 별론으로 하고 출원인에서 누락된 자가 공동발명자에 해당되지 아니하다면 제44조 위반 하지 아니한다고 하였다(98허2405).

ii) 이는 구법상 제44조를 협소하게 해석한 것으로, 현행법상 제44조 위반으로 볼 여지가 있을 것이다.

3 위반 시 법적 취급

위반시 거절이유, 정보제공사유, 직권재심사사유, 무효사유에 해당한다. 한편 법과 判例는 명확히 제33조 제1항 본문 위반과 제44조 위반 사안을 구분하고 있으며, 공유자 1인의 단독출원은 제44조 위반일 뿐, 제33조 제1항 본문 위반에는 해당하지 않는다.

4 공유자 일방이 단독으로 출원한 경우 조치

(1) 지분 전부 승계

判例는 공동발명자 중 1인이 나머지 공동발명자로부터 특허를 받을 수 있는 권리의 지분 모두를 이전받아 단독권리자가 되는 경우는 제44조의 적용을 받지 않거나 공동출원규정에 위반하여 출원된 경우라도 그 하자는 치유된다고 판시한다(2004허5894).

---

47) i) 구법상 제44조는 '공동발명으로 인해 특허를 받을 수 있는 권리가 공유인 경우'로 한정하여 공동출원을 강제하였다. ii) 이에 13.7.1 시행 개정법은 '특허를 받을 수 있는 권리가 공유인 경우'로 변경하여 지분 양도 등에 의한 승계인도 공동으로 특허출원하여야 함을 명확히 하였다.

(2) 출원인 명의변경 청구 허용 가부

1) 특허법 한계

특허출원이 특허법 제33조 제1항 본문 위반인 경우는 특허법 제34조의 정당권리자 출원을 이용할 수 있으나, 특허법 제44조 위반인 경우는 불가하다. 특허법 제99조의2는 특허법 제44조인 상황에서도 이용해볼 수 있으나, 이는 특허권에 대한 규정이어서, 특허출원에 대해서는 누락된 공유자가 특별히 취할 수 있는 절차가 특허법상 없다.

2) 특허권 이전등록허용 가부에 관한 판례의 태도

법원은 부당이득반환 법리를 적용하여 법률상 원인 없이 얻게 된 이익에 관해 이전등록을 청구할 수 있다고 판시한 바 있다. 또한 양도계약 해제를 원인으로 출원 중 일부 지분에 대한 출원인명의변경절차를 이행할 것을 선고한 바도 있다(2016나1417).

3) 특허권 이전등록에 관한 특허법 제99조의2 신설

직접 이전등록을 허용하는 것이 권리자 보호의 측면에서 필요하다고 보아 위 판례의 태도를 뒷받침하는 특허법 제99조의2 도 신설되었다.

4) 검토

특허권 이전등록을 허용한 판례의 태도인 부당이득반환 법리에 비추면, 특허법 제44조 위반 출원도 법률상 원인 없이 얻게 된 이익이 있다고 볼 수 있으므로 출원인 명의변경을 직접 청구할 수 있게 허용함이 타당하다. 이 점이 누락된 공유자의 권리 구제라는 특허법 제99조의2 의 신설 취지에도 부합한다.

(3) 특허등록된 경우

특허법 제35조는 특허법 제33조 제1항 본문 위반의 경우만 가능하며, 특허법 제44조 위반의 경우는 특허법 제99조의2 에 따른 특허권이전등록을 이용해볼 수 있다.

CHAPTER 06 산업상 이용가능성 (제29조)

> **제29조(특허요건)**
> ① 산업상 이용할 수 있는 발명으로서 다음 각 호의 어느 하나에 해당하는 것을 제외하고는 그 발명에 대하여 특허를 받을 수 있다.

1 의의 및 취지

특허법은 산업발전에 이바지를 목적으로 하는 바, 산업상 이용할 수 없는 발명은 특허를 받을 수 없다. WTO/TRIPs에서도 산업상 이용가능성을 특허요건으로 규정하고 있다.

2 판단

(1) 산업

특허법상 명문의 규정은 없으나 파리조약의 취지상 산업은 최광의로 해석된다(파리조약 제1조(3), 심사기준).

다만 우리나라의 경우 의료행위에 대해서는 인간의 존엄성이 지나치게 자본주의에 의해 침식됨을 억제하고자 산업상 이용가능성을 인정하지 않음으로써 특허를 허여하지 않는다[48].

(2) 이용가능성

1) 현실적으로 명백하게 실시할 수 없는 발명

이론적으로는 그 발명을 실시할 수 있더라도 그 실시가 현실적으로 전혀 불가능하다는 사실이 명백한 발명은 산업상 이용할 수 있는 발명에 해당하지 않는 것으로 취급한다.

2) 판단시점

특허출원 된 발명이 출원일 당시가 아니라 장래에 산업적으로 이용될 가능성이 있다하더라도 특허법이 요구하는 산업상 이용가능성의 요건을 충족한다. 이와 관련한 판례는 위 법리는 "해당 발명의 산업적 실시화가 장래에 있어도 좋다는 의미일 뿐 장래 관련 기술의 발전에 따라 기술적으로 보완되어 장래에 비로소 산업상 이용가능성이 생겨 나는 경우까지 포함하는 것은 아니라"고 판시하였다(2001후2801)[49].

---

[48] 의료행위는 인간의 존엄 및 생존에 깊이 관계되어 있는 점, 모든 사람은 의사의 도움을 통하여 질병의 진단, 치료, 경감 또는 예방할 수 있는 의료방법을 선택하고 접근할 수 있는 권리가 보호되어야 한다는 점, 의료행위에 관한 발명을 특허의 대상으로 하게 되면 의사가 의료행위를 수행함에 있어 특허의 침해 여부를 신경쓰게 되어 의료행위에 대한 자유로운 접근이 어렵게 되는 점 등에서 인간 질병의 치료, 수술 등과 같이 의학적 지식을 기초로 하여 사람을 수술, 치료 또는 진단하는 의료행위는 산업으로 보지 않아, 특허를 허여하지 않는다(특허법원 2004. 7. 15. 선고 2003허6104 판결).

[49] 判例는 출원발명의 출원일 당시 수지상 세포는 혈액 단핵세포의 0.5% 미만으로 존재하고 분리된 후에 수일 내로 사멸하기 때문에 연구하기가 쉽지 아니하여 혈액으로부터 충분한 양의 수지상 세포를 분리해 내는 것은 기술적으로 쉽지 않고, 출원일 이후 기술의 발전에 따라 사람의 혈액으로부터 수지상 세포를 추출하고 이를 이용하여 면역

3) 경제성 유무 또는 기술적 불이익을 수반하는 경우

　가. 경제성 유무에 따라 산업상 이용가능성 판단이 좌우되지 않으며, 기술적 불이익이 경제적 이익을 훨씬 상회하거나 실시가 기술적으로 전혀 불가능하지 않는 한 산업상 이용가능성은 부정되지 않는다.

　나. 판례는 "산업상 이용가능성이 있기 위해서는 그 발명의 성질에 따라 기술적 의미에서 생산 또는 사용할 수 있는 것이어야 하고 만일 그 실시가 기술적으로 전혀 불가능한 것은 산업상 이용가능성이 없다고 할 것이나, 여기서 말하는 실시 가능성은 그 발명의 성질에 따라 당해 특허발명이 속하는 기술분야에서 통상의 지식을 가진 자가 특허출원의 명세서에 기재된 발명의 목적, 구성 및 작용 효과 등을 전체적으로 고려하여 기술적 의미에서 생산 또는 사용할 수 있다는 것을 의미하는 것일 뿐 그 발명을 통해서 경제적으로 이익을 얻을 수 있어야 한다든지 어떠한 기술적 문제점도 수반하여서는 안 된다는 것까지 요구하는 것은 아니라 할 것이다."고 판시하였다(2003허6524).

3 위반시 법적 취급

산업상 이용가능성에 흠이 있는 경우 거절이유, 정보제공사유, 직권재심사사유, 특허무효사유에 해당한다.

4 의료행위의 산업상 이용가능성

(1) 원칙

인간을 대상으로 하는 수술, 치료, 진단방법 등의 의료방법은 인도적, 윤리적 측면에서 산업상 이용가능성이 인정되지 않는다. WTO/TRIPs 도 동일한 규정을 두고 있으며, 판례는 그 근거로 "의료행위는 인간의 존엄 및 생존에 깊이 관계되어 있는 점, 모든 사람은 의사의 도움을 통하여 질병의 진단, 치료, 경감 또는 예방할 수 있는 의료방법을 선택하고 접근할 수 있는 권리가 보호되어야 한다는 점, 의료행위에 관한 발명을 특허의 대상으로 하게 되면 의사가 의료행위를 수행함에 있어 특허의 침해 여부를 신경쓰게 되어 의료행위에 대한 자유로운 접근이 어렵게 되는 점"을 든다(2003허6104).

(2) 예외

1) 적용 대상을 인간을 제외한 동물로 한정한 발명

"동물용 의약이나 치료방법 등의 발명은 산업상 이용할 수 있는 발명으로서 특허의 대상이 될 수 있는바, 출원발명이 동물의 질병만이 아니라 사람의 질병에도 사용할 수 있는 의약이나 의료행위에 관한 발명에 해당하는 경우에도 그 특허청구범위의 기재에서 동물에만 한정하여 특허청구함을 명시하고 있"는 경우(90후250) 산업상 이용가능성이 인정된다.

반응을 유발시키는 기술이 임상적으로 실시되고 있다는 것이므로, 결국 출원발명의 출원일 당시를 기준으로 수지상 세포를 사람의 혈액으로부터 분리하여 출원발명에 사용하는 기술이 장래에 산업상 이용가능성이 있다고 보기 어렵다고 판시하였다(2001후2801).

2) 비치료적 용도로만 한정한 발명

"'모발의 웨이브방법'과 같이 인체를 필수 구성요건으로 하고는 있지만, 의료행위가 아니라 미용행위에 해당"하는 경우(2003허6104) 에는 산업상 이용가능성이 인정된다.

한편 치료 효과와 비치료 효과를 구별 및 분리할 수 없는 방법은 치료방법으로 간주되어 산업상 이용 가능한 것으로 인정하지 않는다.

다만, 그 청구항이 비치료적 용도(예 : 미용 용도)로만 한정되어 있고, 명세서에 기재되어 있는 발명의 목적, 구성 및 효과를 종합적으로 고려할 때 비치료적 용도로 그 방법의 사용을 분리할 수 있으며, 어느 정도의 건강증진 효과가 수반된다고 하더라도 그것이 비치료적인 목적과 효과를 달성하기 위한 과정에서 나타나는 부수적 효과인 경우에는, 치료방법에 해당한다고 볼 수 없다(2017허4501).

3) 의료기구, 장치, 의약 등 물건발명 (심사기준)

인간을 수술하거나 치료하거나 또는 진단에 사용하기 위한 의료 기기 그 자체, 의약품 그 자체 등은 산업상 이용할 수 있는 발명에 해당한다. 신규한 의료기기의 발명에 병행하는 의료기기의 작동방법 또는 의료기기를 이용한 측정방법 발명이 그 구성에 인체와 의료기기 간의 상호작용 또는 실질적인 의료행위를 포함하는 경우를 제외하고는 산업상 이용 가능성이 인정된다.

(3) 위반시 조치

신규사항 추가가 문제되지 않는 범위에서 산업상 이용가능성이 인정되는 의료기구, 장치, 의약 등으로 청구항을 보정하거나, 발명의 특성을 고려하여 적용 대상을 동물에만 한정하는 보정을 통해 등록을 도모할 수 있다. 또는 주된 목적이 미용효과이고 단지 치료효과가 부수될 수 있는 발명에 불과하다면 미용행위에 해당함을 주장할 수 있다.

(4) 입법례

미국의 경우 의료방법을 특허의 대상으로 인정하되, 의료인의 의료행위에는 특허권 효력이 제한되도록 규정하고 있다.

유럽의 경우 의료방법을 불특허사유로 규정하고 있다.

(5) 관련문제 – 의약의 투여용법과 투여용량 [50]

1) 문제점

용법·용량은 의사의 임상적 판단에 따라 결정되는 경우도 있어 의료행위로 해석될 여지가 있다. 하지만 제약회사의 막대한 투자 결과물인 경우도 있어 특허로의 보호를 부정하는 것이 타당한지에 논의가 있다.

---

50) 2014후768

2) 판례

가. 종래 판례

종래판례는 용법·용량을 의료행위로 보아 방법발명으로 청구할 경우 산업상 이용가능성을 부정했고, 물건발명의 일 구성으로 청구할 경우 구성요소로 인정하지 않았다.

나. 최근 판례

최근 전원합의체는 이러한 태도를 변경하여 "의약이라는 물건의 발명에서 대상 질병 또는 약효와 함께 투여용법과 투여용량을 부가하는 경우에 이러한 투여용법과 투여용량은 의료행위 그 자체가 아니라 의약이라는 물건이 효능을 온전하게 발휘하도록 하는 속성을 표현함으로써 의약이라는 물건에 새로운 의미를 부여하는 구성요소가 될 수 있다고 보아야 하고, 이와 같은 투여용법과 투여용량이라는 새로운 의약용도가 부가되어 신규성과 진보성 등의 특허요건을 갖춘 의약에 대해서는 새롭게 특허권이 부여될 수 있다."고 판시하였다(2014후768). 즉, 용법·용량을 의료행위로 보지 않고, 의약이라는 물건발명의 일 구성으로 청구할 경우 구성요소가 될 수 있음을 인정하였다.

3) 최근 판례에 대한 비판론

가. (의료행위인지 여부) 의약물질의 투여용법과 투여용량을 정하는 것은 의약물질 자체에 새로운 기술적 사상을 더하는 것이 아니라 그저 용법을 달리하는 것에 불과한 것으로 의료행위에 해당하며, 의사의 의료행위에 대하여는 누구든지 간섭하지 못하는 것이 원칙임(의료법 제12조 제1항 참조)을 강조할 필요도 없이 의사는 그의 전문지식에 따라 자유롭게 의약물질의 투여용법이나 투여용량을 결정할 수 있어야 할 것이므로, 의약물질의 투여용법이나 투여용량은 특허대상으로 인정해서는 안 된다는 비판론이 있다.

나. (물건발명의 구성요소가 될 수 있는지 여부) 또한 물건의 발명은 구성상 '시간의 경과'라는 요소를 가지고 있지 아니하다는 점에서 방법의 발명이나 물건을 생산하는 방법의 발명과 구별되는데, 투여용법과 투여용량은 '특정 용량의 의약을 일정한 주기로 투여하는 방법'과 같은 '시간의 경과'라는 요소를 포함하고 있어 이를 물건발명의 구성요소로 보는 것은 모순의 여지가 있다는 비판론이 있다.

4) 검토

가. 의약의 부작용을 최소화하면서 효능을 온전하게 발휘하기 위해서는 투여용법과 용량을 적절하게 설정할 필요가 있는데, 이러한 용법·용량은 특정의 약리효과라는 미지의 속성의 발견에 기초하여 새로운 쓰임새를 제공한다는 점에서 대상 질병 또는 약효에 관한 의약용도와 본질이 같으며, 의약용도는 의료행위로 보지 않고, 의약이라는 물건발명의 일 구성요소로 인정하고 있다.

나. 동일한 의약이라도 투여용법과 투여용량의 변경에 따라 약효의 향상이나 부작용의 감소 등 예상하지 못한 효과를 발휘할 수 있는데, 이와 같은 특정한 투여용법과 투여용량을 개발하는 데에는 상당한 비용이 소요되어 보호필요성이 있다.

다. 따라서 용법·용량은 의료행위가 아니며 물건발명의 구성요소가 될 수 있다고 본 변경된 판례의 태도는 타당하다.

CHAPTER 07 신규성 (제29조 제1항 각호)

> **제29조(특허요건)**
> ① 산업상 이용할 수 있는 발명으로서 다음 각 호의 어느 하나에 해당하는 것을 제외하고는 그 발명에 대하여 특허를 받을 수 있다.
> 1. 특허출원 전에 국내 또는 국외에서 공지(公知)되었거나 공연(公然)히 실시된 발명
> 2. 특허출원 전에 국내 또는 국외에서 반포된 간행물에 게재되었거나 전기통신회선을 통하여 공중(公衆)이 이용할 수 있는 발명

제01절 신규성 일반

1 의의 및 취지

특허법은 신규한 기술의 공개에 대한 대가로서 독점, 배타권을 부여하는 제도로, 신규하지 않은 발명에 특허권을 부여하면 일반공중의 기술이용을 제한하고 산업발전을 저해하게 되는 바, 객관적으로 새로운 기술이 아니면 특허를 받을 수 없다.

2 특허법 제29조 제1항 각호 지위

(1) 공지

1) 공지란 불특정인이 널리 인식할 수 있는 상태를 말한다. 불특정인은 인원수 불문 비밀유지의무 없는 자를 의미하고, 불특정인에게 인식되었을 필요없이 그와 같은 상태에 놓인 것으로 족하며[51] 국제주의를 취한다.

2) 설정등록된 경우는 특별한 사정이 없는 한 제3자가 신청에 의하여 열람·복사를 할 수 있으므로 출원공개 전이라도 설정등록일 이후에는 출원발명이 공지된 것으로 보아야 한다(2009다72056). 여기서 설정등록일은 등록료 납부일이 아니고 등록원부가 생성되어 설정등록이 이루어진 시점을 말한다(2019허4833).

(2) 공연실시

1) 공연실시의 의의

국내나 국외에서 그 발명이 통상의 기술자가 발명의 내용을 용이하게 알 수 있는 상태에서 실시되고 있는 것을 의미한다. '공연'은 '전면적으로 비밀상태가 아닌 것'을 의미하므로 그 발명의 실시에 있어서 발명의 주요부에 대하여 일부라도 비밀부 분이 있을 때에는 그 실시는 '공연'한 것이라고 할 수 없다. 법원은 의약품의 경우 통상의 기술자가 출원 전에 사용할 수 있었던 분석방법을 통해

---

51) 2009허9693

과도한 노력을 기울이지 않고 특허청구범위의 구성요소의 내용을 확인할 수 있었어야 공연실시된 것으로 본다.

2) 관련 판례

가. 불특정인이게 공장을 견학시킨 경우, 방문한 불특정 다수인이 그 발명의 기계적 구성과 작동과정을 볼 수 있거나 공장 측 설명을 들을 수 있는 경우에는 그 발명은 공연히 실시된 것으로 본다(98허4999).

나. 출원 전 그 발명이 판매된 사실이 인정되고, 그 기술 분야에서 통상의 지식을 가진 자가 드라이버 등 간단한 공구로 쉽게 분해하여 내부부품과 부품 간 결합관계를 육안으로 확인할 수 있는 물건인 경우, 그 발명은 공연히 실시된 것으로 본다(2007허13810).

다. 특허발명을 출원 전에 수출하였다면 그 발명에 관하여 비밀을 유지했다는 입증이 없는 한 그 발명은 출원 전에 국내에서 공지, 공연 실시된 발명으로 본다(2000허747).

라. 화학물질이나 의약품의 경우 공연히 판매되었더라도, 통상의 기술자가 출원일 전에 사용할 수 있었던 분석방법을 통하여 과도한 노력을 기울이지 않고 그 조성 등을 알 수 없으면 불특정다수인이 인식할 수 있는 상태였다고 볼 수 없다(2016허7954).

(3) 반포된 간행물에 게재

1) 「반포」란 간행물이 불특정인이 볼 수 있는 상태에 놓여지는 것을 말하고, 「간행물」이란 "일반 공중에게 공개할 목적으로 인쇄 기타의 기계적, 화학적 방법에 의하여 복제된 문서, 도면, 기타 이와 유사한 정보전달 매체"를 말한다. 간행물에 게재된 발명에는 그 문헌에 직접적으로 명확하게 기재되어 있는 사항 뿐만 아니라 통상의 기술자가 기술상식을 참작하여 출원시에 간행물에 기재된 사항에 의하여 파악해 낼 수 있는 사항이 포함된다.

2) 관련 판례

가. 카탈로그는 제작되었으면 반포되는 것이 사회통념이므로 배부범위, 비치장소 등에 대한 구체적 증거가 없더라도 반포를 부인할 수는 없다(86후47).

나. 박사논문의 반포시기를 그 내용이 논문 심사 전후에 공개되었다는 특별한 사정이 없는 한 대학 도서관의 등록 시 등이 아닌 입고 시로 본다(2000후1689).

다. 고문서라 하더라도 출원발명과 동일한 내용의 기술이 공개된 것으로 인정되면 이를 인용참증으로 하여 출원발명의 신규성을 부정할 수 있다(67후13).

라. 간행물에 게재된 고안이라 함은 그 기재된 내용에 따라 당해 기술분야에서 통상의 지식을 가진 자가 쉽게 실시할 수 있을 정도로 기재외어 있는 고안을 말하므로, 내부에 특징이 있는 고안의 외형사진만을 게재한 경우에는 이에 해당하지 않는다(97후433).

(4) 전기통신회선을 통하여 공중이 이용할 수 있는 발명

1) 최근 정보전달수단의 발달로 인터넷을 통하여 발표되는 기술의 양이 급격히 증가하고 있고, 이러한 기술은 공중의 이용가능성, 전파 속도 및 기술 수준 등의 측면에서 선행기술의 지위에 있어서 전혀 손색이 없는바, 이러한 시대적 변화를 특허 제도에 반영한 것이다.

2) 본 호의 이용가능성은 공중이 자료에 접근하여 그 내용을 보고 이용할 수 있는 것을 의미하므로 ⅰ) 통상의 기술자가 검색엔진으로 검색이 불가능한 경우나 ⅱ) 암호를 부여하여 일반인이 접근할 수 없게 한 경우, ⅲ) 접근을 위하여 과다한 요금을 요구하는 경우 등에는 본 호가 적용될 수 없다.

(5) 미완성발명 또는 자료부족으로 표현이 불충분한 것

판례는 "미완성발명 또는 자료부족으로 표현이 불충분한 것이라도 통상의 기술자가 경험칙에 의하여 용이하게 기술내용파악이 가능하다면" 신규성 또는 진보성 판단의 인용참증이 될 수 있다고 하였다(2009후1972).

(6) '특허출원 전'의 의미 – 특허출원 후 작성문헌들에 기초한 공지 등의 인정 가부

판례는 제29조 제1항 제1호의 '특허출원 전'의 의미는 발명의 공지 또는 공연 실시된 시점이 특허출원 전이라는 의미이지 그 공지 또는 공연 실시된 사실을 인정하기 위한 증거가 특허출원 전에 작성된 것을 의미하는 것은 아니므로, 법원은 특허출원 후에 작성된 문건들에 기초하여 어떤 발명 또는 기술이 특허 출원 전에 공지 또는 공연실시된 것인지 여부를 확인할 수 있다고 한다(2006후2660).

(7) 인용문헌 제시의무

판례는 신규성 부인의 사유로 규정되어 있는 발명의 공지 등의 사실은 거절이유를 통지함에 있어 이를 뒷받침할 수 있는 선행기술을 제시하여야 함이 원칙이나, 공지 등의 사실이 소송상 공지 또는 현저한 사실이라고 볼 수 있을 만큼 일반적으로 알려져 있는 경우에는 거절이유를 통지함에 있어 선행기술을 제시하지 아니하였다고 하여 위법하다고 볼 수 없다고 판시하였다(85후26).

(8) 출원 전 공지성에 대한 증명책임

판례는 신규성 또는 진보성 판단과 관련하여 특허발명의 구성요소가 출원 전에 공지된 것인지는 사실인정의 문제이고, ⅰ) 공지사실에 관한 증명책임은 신규성 또는 진보성이 부정된다고 주장하는 당사자에게 있으므로 ⅱ) 권리자가 자백하거나, 법원에 현저한 사실로서 증명을 필요로 하지 않는 경우가 아니라면 공지사실은 증거에 의하여 증명되어야 하는 것이 원칙이라고 판시하였다(2013후37).

3 명세서에 기재된 종래기술이 인용발명이 될 수 있는지 여부

(1) 문제점

신규성 또는 진보성 위반의 거절이유를 통지하는 경우 심사관은 출원인의 절차권 확보를 위해 인용발명을 명확히 제시하여야 하는바, 명세서에 기재된 종래기술을 인용발명으로 삼을 수 있는지 문제된다.

(2) 판례의 태도

1) 종래판례

"실용신안등록 출원서에 첨부한 명세서에 종래기술을 기재하는 경우에는 출원된 고안의 출원 이전에 그 기술분야에서 알려진 기술에 비하여 출원된 고안이 신규성과 진보성이 있음을 나타내기 위한 것이라고 할 것이어서, 그 종래기술은 특별한 사정이 없는 한 출원된 고안의 신규성 또는 진보성이 부정되는지 여부를 판단함에 있어서 같은 법 제5조 제1항 각 호에 열거한 고안들 중 하나로 보아야 할 것이다." 고 판시하여 (2004후2031) 명세서에 기재된 종래기술을 공지된 것으로 간주하는 태도가 있었다.

2) 최근 전원합의체 판례

"출원인이 명세서에 기재하는 배경기술 또는 종래기술은 출원발명의 기술적 의의를 이해하는 데 도움이 되고 선행기술 조사 및 심사에 유용한 기존의 기술이기는 하나 출원 전 공지되었음을 요건으로 하는 개념은 아니다. 따라서 명세서에 배경기술 또는 종래기술로 기재되어 있다고 하여 그 자체로 공지기술로 볼 수도 없다. 다만 특허심사는 특허청 심사관에 의한 거절이유통지와 출원인의 대응에 의하여 서로 의견을 교환하는 과정을 통해 이루어지는 절차인 점에 비추어 보면, 출원 과정에서 명세서나 보정서 또는 의견서 등에 의하여 출원된 발명의 일부 구성요소가 출원 전에 공지된 것이라는 취지가 드러나는 경우에는 이를 토대로 하여 이후의 심사절차가 진행될 수 있도록 할 필요가 있다.

즉 명세서의 전체적인 기재와 출원경과를 종합적으로 고려하여 출원인이 일정한 구성요소는 단순히 배경기술 또는 종래기술인 정도를 넘어서 공지기술이라는 취지로 기재하였음을 인정할 수 있는 경우에만 별도의 증거 없이도 그것을 출원 전 공지된 것이라고 사실상 추정함이 타당하다. 그러나 이러한 추정이 절대적인 것은 아니므로 출원인이 실제로는 출원 당시 아직 공개되지 아니한 선출원발명이나 출원인의 회사 내부에만 알려져 있었던 기술을 착오로 공지된 것으로 잘못 기재하였음이 밝혀지는 경우와 같이 특별한 사정이 있는 때에는 추정이 번복될 수 있다." (2013후37) 고 판시하여 출원인이 공지된 기술임을 인정한 경우 공지된 것으로 추정하겠다고 보며 간주의 태도를 취했던 종전의 판례를 변경했다.

(3) 검토

특허발명의 신규성 또는 진보성 판단과 관련하여 특허발명의 구성요소가 출원 전에 공지된 것인지는 사실인정의 문제이고, 공지사실에 관한 증명책임은 신규성 또는 진보성이 부정된다고 주장하는 당사자에게 있다. 따라서 권리자가 자백하거나 법원에 현저한 사실로서 증명을 필요로 하지 않는 경우가 아니라면, 공지사실은 증거에 의하여 증명되어야 하는 것이 원칙인 바, 명세서에 종래기술로 기재되었다는 사실만으로 인용발명으로 간주할 수 없다는 전원합의체 판례의 태도가 타당하다. 다만 전원합의체 판례의 태도처럼 심사는 출원인과의 의견교환을 통해 이루어지는바 출원인이 명세서에 기재한 종래기술에 대해 공지기술이라고 인정한 경우라면 그 의견을 존중해 공지기술이라고 추정함이 심사절차의 효율적 운영의 관점에서 타당하다.

4 판단

동일성 판단방법에 따라 판단한다.

5 위반시 법적 취급

신규성에 흠이 있는 경우 거절이유, 정보제공사유, 직권재심사사유, 특허취소사유, 특허무효사유에 해당한다.

제02절 동일성 판단방법

1 의의

(1) 청구항에 기재된 발명을 특정하고, 인용발명을 특정한 후, 양 발명을 대비하여, 동일한지를 판단한다. 이때 특허법상 '동일성'은 물리적으로 동일한 것이 아니라 기술적 사상이 실질적으로 동일한 것을 의미한다.

(2) 동일성 판단은 신규성, 확대된 선원주의, 선원주의 등 판단시 적용된다.

2 판례

(1) 판례는 "특허법 제29조 제1항의 발명의 동일성 여부의 판단은 특허청구범위에 기재된 양 발명의 기술적 구성이 동일한가 여부에 의하여 판단하되 그 효과도 참작하여야 할 것인바, 기술적 구성에 차이가 있더라도 그 차이가 과제 해결을 위한 구체적 수단에서 주지 관용기술의 부가, 삭제, 변경 등으로 새로운 효과의 발생이 없는 정도의 미세한 차이에 불과하다면 양 발명은 서로 동일하다"라고 판시한다(2003후472).

(2) 발명의 동일성은 발명의 진보성과 달리 선행발명과 1대1로 비교하여야 하고, 2개 이상의 공지기술을 조합하여 대비해서는 안된다[52].

(3) 발명의 동일성은 발명의 진보성과는 구별되는 것으로서 두 발명의 기술적 구성의 차이가 실질적 동일의 정도를 벗어난다면 설사 그 차이가 해당 발명이 속하는 기술분야에서 통상의 지식을 가진 사람이 쉽게 도출할 수 있는 범위 내라고 하더라도 두 발명을 동일하다고 할 수 없다(2010후2179).

---

[52] 특허발명이 신규성을 상실하였다고 하기 위해서는 그 특허발명과 선행발명을 1대 1로 비교하여 선행발명에 그 특허발명의 모든 구성이 나와 있어야 하고, 그 특허발명의 구성이 2개 이상의 선행발명에 일부씩이 나와 있어서는 아니 된다(2004허5160).

3 구체적인 경우

(1) 카테고리가 다른 경우 (2005후3017)

두 발명이 서로 동일한 발명인지 여부는 대비되는 두 발명의 실체를 파악 하여 따져보아야 할 것이지 표현양식에 따른 차이에 따라 판단할 것은 아니므로, 대비되는 두 발명이 각각 물건의 발명과 방법의 발명으로 서로 발명의 범주가 다르 다고 하여 곧바로 동일한 발명이 아니라고 단정할 수 없다.

(2) 일반발명과 수치한정 발명 (2008허12180)

발명의 신규성 여부를 판단함에 있어서 그 출원발명이 공지된 발명과 과제가 공통되고 공지된 발명의 기술구성을 수치 한정한 것에만 차이가 있는 경우에는 그 한정된 수치범위에 특별한 기술적 의의, 즉 적어 도 그 수치범위 전체에서 현저한 작용효과가 있을 뿐만 아니라, 그 수치범위를 경계로 하여 그 전과 후의 범위에 있어서 이질적이거나 현저한 효과의 차이가 생기지 않는다면, 두 발명은 기술구성이 실질적으로 동일하여 그 특허출원된 발명은 신규성이 없다고 할 것이다.

(3) 방법발명 (2008허12180)

방법에 관한 발명은 시간경과적 요소가 중요하고 공정 사이의 유기적 관련성이 크므로, 위 규정에 의한 동일성 여부 의 판단에 있어서는 원칙적으로 양 발명의 전체 공정을 확정한 후 대응하는 공정을 시계열적으로 구분 . 추출한 다음 비교하여 기술적 이동(異同)을 판별함과 아울러, 추가, 삭제 또는 변경된 공정이 있는 경우에는 그로 인하여 양 발명의 기술사상이 실질적으로 달라질 만큼 기술적 의의가 있는지 여부도 함께 검토하여야 한다.

(4) 부분적으로 일치하는 경우 (93후1940)

발명의 신규성 판단시의 동일성 판단을 위하여 출원된 발명의 특허청구범위에 기 재된 사항과 특허출원 전에 반포된 간행물에 기재된 사항을 대비함에 있어서는 그 기재상의 표현 또는 기재형식의 이동만을 기준으로 하여서는 아니되고 특허청구범 위에 내재하는 기술적 사상의 실체에 착안하여 판단하여야 하고, 양 발명이 동일하다 함은 그 기술적 사상이 전면적으로 일치하는 경우는 물론이고 그 범위에 차이가 있을 뿐 부분적으로 일치하는 경우라도 그 일치하는 부분을 제외한 나머지 부분만 으로 별개의 발명을 이루지 않는 한 양 발명은 동일한 발명이라 할 것이다.

(5) 상하위 개념[53]

1) 청구항에 기재된 발명이 상위개념으로 표현되어 있고 인용발명이 하위 개념으로 표현되어 있는 경우에는 청구항에 기재된 발명은 신규성이 없는 발명이다.
2) 청구항에 기재된 발명이 하위개념으로 표현되어 있고 인용발명이 상위 개념으로 표현되어 있는 경우에는 통상 청구항에 기재된 발명은 신규성이 있다. 다만, 출원시의 기술상식을 참작하여 판단한 결과 상위개념으로 표현된 인용발명으로부터 하위개념으로 표현된 발명을 자명하게

---

[53] 특허청, 특허 실용신안 심사기준

도출할 수 있는 경우에는 하위개념으로 표현된 발명을 인용발명으로 특정하여 청구항에 기재된 발명의 신규성을 부정할 수 있다.

⑹ 내재된 구성 또는 속성

물건의 발명에서 이와 동일한 발명이 그 출원 전에 공지되었거나 공연히 실시되었음이 인정되면 그 발명의 신규성은 부정된다. 특허발명에서 구성요소로 특정된 물건의 구성이나 속성이 선행발명에 명시적으로 개시되어 있지 않은 경우라도 선행발명에 개시된 물건이 특허발명과 동일한 구성이나 속성을 갖는다는 점이 인정된다면, 이는 선행발명에 내재된 구성 또는 속성으로 볼 수 있다. 이와 같은 경우 특허발명이 해당 구성 또는 속성으로 인한 물질의 새로운 용도를 특허의 대상으로 한다는 등의 특별한 사정이 없는 한 공지된 물건에 원래부터 존재하였던 내재된 구성 또는 속성을 발견한 것에 불과하므로 신규성이 부정된다(2017후1304).

CHAPTER 08 진보성 (제29조 제2항)

> **제29조(특허요건)**
> ② 특허출원 전에 그 발명이 속하는 기술분야에서 통상의 지식을 가진 사람이 제1항 각 호의 어느 하나에 해당하는 발명에 의하여 쉽게 발명할 수 있으면 그 발명에 대해서는 제1항에도 불구하고 특허를 받을 수 없다.

제01절 진보성 일반

1 의의 및 취지

진보성이란 통상의 기술자가 쉽게 발명할 수 없는 창작수준의 난이도를 말한다. 이는 신규성이 있어도 진보성이 없는 발명에 특허를 인정하면 특허권이 난립하여 산업발전을 저해할 수 있음을 우려해 태동되었다.[54]

2 신규성과의 관계

판례는 "특허발명의 진보성은 신규성이 있음을 전제로 하는 것으로서, 어느 발명이 공지기술에 비추어 새로운 것인가의 신규성의 문제와 그것이 공지기술로부터 용이하게 생각해 낼 수 있는 것인가의 진보성의 문제는 구별되어야 하고, 따라서 발명의 진보성을 판단하기 위해서는 먼저 그 발명의 신규성의 판단이 선행되는 것이 순서라고 할 것이다"라고 판시하였다(91마540).

반면, 실무상으로는 신규성 위반과 진보성 위반의 거절이유를 동시에 통지할 수 있다고 본다.

3 판단

출원시 기준 통상의 기술자의 입장에서 구성의 곤란성과 효과의 현저성을 참고하여 판단한다.

진보성이 부정되는지 여부는 통상의 기술자의 입장에서 ⅰ) 인용발명의 내용에 청구항에 기재된 발명에 이를 수 있는 동기가 있는지 또는 ⅱ) 인용발명과 청구항에 기재된 발명의 차이가 통상의 기술자가 가지는 통상의 창작능력 발휘에 해당하는지 여부를 주요 관점으로 하여 ⅲ) 인용발명에 비해 더 나은 효과가 있는지를 참작하여 판단한다.

---

[54] 특허법은 제1조에서 산업발전에 기여함을 입법목적으로 하고 있는 한편, 제29조 제2항을 규정함으로써 사회의 기술발전에 기여하지 못하는 진보성 없는 발명은 누구나 자유롭게 이용할 수 있는 이른바 공공영역에 두고 있다 (2010다95390).

4 관련 쟁점

(1) 통상의 기술자

1) 의의

통상의 기술자란 출원전의 해당 기술분야의 기술상식을 보유하고 있고, 출원발명의 과제와 관련되는 출원전의 기술수준에 있는 모든 것을 입수하여 자신의 지식으로 할 수 있는 자로서, 실험, 분석, 제조 등을 포함하는 연구 또는 개발을 위하여 통상의 수단을 이용할 수 있으며, 공지의 재료 중에서 적합한 재료를 선택하거나 수치범위를 최적화(最適化)하거나 균등물(均等物)로 치환하는 등 통상의 창작능력을 발휘할 수 있는 특허법상의 상상의 인물이다. 법원은 통상의 기술자의 기술수준은 증거 등 기록에 나타난 자료에 기초하여 파악해야 사후적 고찰을 방지할 수 있다고 강조한다 (2016후1840).

2) 지역적 기준

특허를 받을 수 있는지 여부를 판단함에 있어서는 법제와 실정을 달리하는 외국의 심사예에 구애될 필요는 없으나, "발명의 진보성 판단은 국내의 기술 수준을 고려하여 국내에 있는 당해 기술분야의 전문가의 입장에 판단하여야 한다는 상고이유의 주장은 독자적 견해에 불과하여 받아들일 수 없다."고 판시하여(2003후1512) 기술수준의 지역적 기준은 국내에 한정되는 것이 아니라고 본다.

(2) 사후적 고찰의 금지

발명의 진보성 유무를 판단함에 있어서는, 적어도 선행기술의 범위와 내용, 진보성 판단의 대상이 된 발명과 선행기술의 차이 및 통상의 기술자의 기술수준에 대하여 증거 등 기록에 나타난 자료에 기하여 파악한 다음, 이를 기초로 하여 통상의 기술자가 특허출원 당시의 기술수준에 비추어 진보성 판단의 대상이 된 발명이 선행기술과 차이가 있음에도 그러한 차이를 극복하고 선행기술로부터 그 발명을 용이하게 발명할 수 있는지를 살펴보아야 한다. 이 경우 진보성 판단의 대상이 된 발명의 명세서에 개시되어 있는 기술을 알고 있음을 전제로 하여 사후적으로 통상의 기술자가 그 발명을 용이하게 발명할 수 있는지를 판단해서는 안 된다(2007후3660).

5 위반시 법적취급

진보성에 흠이 있는 경우 거절이유, 정보제공사유, 직권재심사사유, 특허취소사유, 무효사유에 해당한다.

제02절 곤란성 판단방법

1 일반적 판단방법

청구항에 기재된 발명을 특정하고, 인용발명을 특정한 후, 인용발명 중 주선행발명과 대비하여, 곤란성을 판단한다.

진보성의 판단은 특허출원 전에 그 발명이 속하는 기술분야에서 통상의 지식을 가진 사람이 공지 등이 된 발명에 의하여 쉽게 발명할 수 있는지에 대한 판단으로, 구성의 곤란성을 중심으로 효과의 현저성을 종합하여 판단한다. 곤란성 판단시에는 동일성 판단과 달리 2개 이상의 발명을 조합하여 판단할 수 있다.

2 구체적 판단방법

(1) 곤란성 판단

가. 출원 발명과 인용발명의 구성의 차이를 명확히 하고, 통상의 기술자가 특허출원 당시의 기술수준에 비추어 그러한 차이를 극복하고 선행기술로부터 그 발명을 쉽게 발명할 수 있는지를 살펴보아야 한다.

나. 출원발명의 진보성을 판단함에 있어서, 먼저 출원발명의 청구범위와 기술사상, 선행발명의 범위와 기술내용을 확정하고, 출원발명과 가장 가까운 선행발명(주선행발명)을 선택한 다음, 출원발명을 주선행발명과 대비하여 공통점과 차이점을 확인하고, 그 발명이 속 하는 기술분야에서 통상의 지식을 가진 사람(이하 '통상의 기술자'라고 한다)이 특허출원 당시의 기술수준에 비추어 이와 같은 차이점을 극복하고 출원발명을 쉽게 발명할 수 있는지를 심리한다(2015후2341). 심리결과 구성의 곤란성이 있거나, 구성의 곤란성이 없어도 효과의 현저성이 있을 시 진보성 인정된다.

(2) 판단의 근거

1) **발명에 이를 수 있는 동기가 있는 것**

   인용발명의 내용 중에 청구항에 기재된 발명에 대한 시사(示唆)가 있는 경우, 인용발명과 청구항에 기재된 발명의 과제가 공통되는 경우, 기능.작용 이 공통되는 경우, 기술분야의 관련성이 있는 경우 등은 통상의 기술자가 인용발명에 의하여 청구항에 기재된 발명을 쉽게 발명할 수 있다는 유력한 근거가 된다.

2) **통상의 기술자의 통상의 창작능력의 발휘**

   일정한 목적 달성을 위한 공지 의 재료 중에서 가장 적합한 재료의 선택, 수치범위의 최적화(最適化) 또는 호적화(好適化), 균등물(均等物)에 의한 치환, 기술의 구체적 적용에 따른 단순한 설계변경, 일부 구성요소의 생략, 단순한 용도의 변경 등의 경우 진보성이 부정된다.

3) 더 나은 효과

이질적이거나, 동질의 양적으로 현저한 효과 등 예측되는 효과 이상의 새로운 효과가 있는 경우 진보성 인정에 긍정적으로 참작된다.

3 참고적 판단방법

(1) 상업적 성공 (2004허11)

상업적 성공은 진보성 판단의 참고 사항 중 하나에 불과하고, 어떤 제품의 상업적 성공에는 그 제품 자체의 우수성 외에 여러 요인이 작용하는 것이 일반적임이 경험칙상 인정되므로, 설령 특허발명의 실시에 의하여 상업적으로 성공을 거두었다고 하더라도 그 점만으로 특허발명의 진보성을 인정할 수는 없다.

(2) 출원전 장기간 미해결 과제의 해결 (2006후3052)

출원발명이 다른 사람이 해결하려고 하다가 실패한 기술적 곤란을 극복하는 방안을 제시한 것이라면 발명의 진보성을 인정하는 유리한 증거가 될 수 있다. 다만 이러한 사정만으로 진보성이 인정된다고 할 수는 없다.

(3) 외국에서의 심사결과

판례는 특허발명과 동일한 발명이 다른 나라에서 특허되었다고 하더라도, 법제와 실정을 달리하는 우리나라에 있어서는 특허성이 있는지 여부를 판단하는데 참고자료가 될 뿐, 그와 동일한 결론을 내려야 할 아무런 근거가 되지 못한다고 판시하였다(2006허1223).

(4) 정부기관 등으로부터의 지정 또는 인증

판례는 각 기관들에 의한 지정 또는 인증 등은 각각의 법에 따른 것으로, 특허발명에 관하여 정부기관으로부터 지정 또는 인증 받았다는 사실만으로 신규성 및 진보성의 요건을 충족하는 것이라고 할 수 없다고 판시하였다(2006허6189).

(5) 사후적 고찰 금지

1) 판례는 특허출원 당시의 기술수준에 비추어 발명이 선행기술과 차이를 극복하고 용이하게 발명할 수 있는지를 살펴보아야 하며, 이 경우 진보성 판단의 대상이 되는 발명의 명세서에 기재되어 있는 기술을 알고 있음을 전제로 하여 사후적으로 통상의 기술자가 그 발명을 용이하게 발명할 수 있는지를 판단하여서는 안 된다고 판시한다(2008후3551).

2) 판례는 사후적 고찰 금지 위해 철저한 증거주의에 입각하고 있다. 구체적으로 통상의 기술자의 기술수준에 대하여 증거 등 기록에 나타난 자료에 기초해 파악하여야 한다고 판시한다(2008후3551).

(6) 명세서에 기재되어 있지 않은 효과 참작 가부

진보성 판단시 효과는 원칙적으로 명세서에 기재된 것에 한해 참작할 수 있다. 다만 판례는 발명의 설명에 특허발명의 유리한 효과가 기재되어 있지 아니하더라도 통상의 지식을 가진 자가 발명의 설명 기재로부터 유리한 효과를 추론할 수 있을 때에는 진보성 판단을 함에 있어 그 효과도 참작 가능하다고 판시하였다(2000후3234).

4 결합발명의 진보성 판단

(1) 개념

결합발명은 발명의 기술적 과제를 달성하기 위하여 선행기술들에 기재된 기술적 특징을 종합하여 새로운 해결수단으로 구성한 발명을 말한다.

(2) 판단 대상

청구항이 복수의 구성요소로 되어 있는 경우에는 각 구성요소가 유기적으로 결합한 전체로서의 기술사상이 진보성 판단의 대상이 되는 것이지 각 구성요소가 독립하여 진보성 판단의 대상이 되는 것은 아니므로, 그 결합 발명의 진보성 여부를 판단함에 있어서 청구항에 기재된 복수의 구성을 분해한 후 분해된 개별 구성요소들이 공지된 것인지 여부만을 따져서는 안 되고, 특유의 과제 해결원리에 기초하여 유기적으로 결합된 전체로서의 구성의 곤란성을 따져 보아야 할 것이며, 이 때 결합된 전체 구성으로서의 발명이 갖는 특유한 효과도 함께 고려하여야 한다(2005후3277).

(3) 2이상의 선행기술 결합시켜 판단하는 경우

1) 실무상 2이상의 선행기술 결합시켜 진보성을 판단할 수 있으나 그 결합은 당해 발명의 출원시에 통상의 기술자가 용이하게 할 수 있다고 인정되는 경우에 한하며 결합할 수 있는 선행기술의 개수에 특별한 제한은 없다고 본다. 판례는 단순히 진보성의 판단에 이용된 선행발명의 개수만을 따져 다수의 선행발명을 결합한 경우에는 무조건 진보성을 부정하여서는 아니된다고 판시한 바 있다(2021허5228).

2) 판례는 "여러 선행기술문헌을 인용하여 결합 발명의 진보성을 판단함에 있어서는 그 인용되는 기술을 결합하면 당해 출 원발명에 이를 수 있다는 암시, 동기 등이 선행기술문헌에 제시되어 있는지 여부를 주로 참작하여 판단한다. 다만, 그렇지 않더라도 당해 출원발명의 출 원 당시의 기술수준, 기술상식, 해당 기술분야의 기본적 과제, 발전 경향, 해 당 업계의 요구 등에 비추어 보아 그 기술분야에 통상의 지식을 가진 자가 용이하게 그와 같은 결합에 이를 수 있다고 인정할 수 있는 경우에는 당해 결합발명의 진보성은 부정"된다고 판시하였다(2005후3284).

5 기타 쟁점

(1) 방법발명의 진보성 판단방법

특허법원은 특정한 목적을 달성하기 위한 시간상의 일련의 연속적인 단계들로 구성되는 방법발명에서는, 개별 구성요소의 배치순서가 작용효과 등에 중대한 차이를 가져올 수 있으므로, 개별 구성요소의 시계열적 배치순서 역시 발명의 중요요소로 보아야 함을 판시하였다(2018허4874).

(2) 저해요인

가. 저해요인이라 함은 선행기술이 대상 발명에 도달하지 못하게 하는 표현을 포함하고 있는 경우를 말한다.

나. 특허법원은 선행문헌이 그 선행기술을 참작하지 않게 가르친다면, 즉 통상의 기술자로 하여금 그 발명에 이르도록 하는 것을 단념케 한다면 그 선행문헌이 특허발명과 가깝게 닮았어도 당해 특허발명의 진보성이 부정되진 않는다고 한다(2007허6034).

(3) 실용신안법상 고안의 진보성 판단방법

특허법원은 ⅰ) 진보성 판단에 대한 법리는 특허와 마찬가지로 실용신안에서 고안의 진보성 판단에도 동일하게 적용되나, ⅱ) 실용신안 제도의 취지[55]를 고려하면, 고안의 진보성을 판단함에 있어서 특허와 동등한 정도의 잣대를 적용하여서는 안 될 것이고, 그러한 기술적 사상을 창작해 내는 것이 통상의 기술자에게 매우 쉬운 정도를 넘어선다면 그에 대한 진보성을 부정하여서는 안 된다고 판시하였다(2018허6771).

6 인용문헌 관련 쟁점

(1) 출원발명과 상이한 기술분야의 선행기술의 인용요건

판례는 원칙적으로 기술분야가 다른 경우에는 선행기술로 사용되기 어려울 것이나, ⅰ) 다만 비교대상발명의 기술구성이 특정 산업분야에서만 적용될 수 있는 구성이 아니며, ⅱ) 통상의 기술자가 당면한 기술적 문제의 해결을 위해 어려움 없이 이용할 수 있는 구성이라면 상이한 기술분야라도 선행기술이 될 수 있다고 한다(2006후2059).

(2) 제시된 선행문헌을 근거로 진보성 판단방법

판례는 제시된 선행문헌을 근거로 발명의 진보성이 부정되는지를 판단하기 위해서는 ⅰ) 진보성 부정의 근거가 될 수 있는 일부 기재만이 아니라 선행문헌 전체에 의하여 통상의 기술자가 합리적으로 인식할 수 있는 사항을 기초로 대비판단 하여야 하며, ⅱ) 일부 기재 부분과 배치되거나 이를 불확실하게 하는 다른 선행문헌이 제시된 경우에는 그 내용까지도 종합적으로 고려하여 통상의 기술자가 용이하게 도출할 수 있는지 판단하여야 한다고 판시하였다(2013후2873, 2013후2880).

---

[55] 실용신안 제도는 혁신의 정도면에서 특허의 대상이 되는 발명에는 미치지 못하지만 종래기술에 비해 개선된 기술사상의 창작을 법적으로 보호함으로써 이른바 '소발명'을 장려하기 위한 제도이다(2018허6771).

CHAPTER 09 확대된 선출원주의 (제29조 제3항)

> **제29조(특허요건)**
> ③ 특허출원한 발명이 다음 각 호의 요건을 모두 갖춘 다른 특허출원의 출원서에 최초로 첨부된 명세서 또는 도면에 기재된 발명과 동일한 경우에 그 발명은 제1항에도 불구하고 특허를 받을 수 없다. 다만, 그 특허출원의 발명자와 다른 특허출원의 발명자가 같거나 그 특허출원을 출원한 때의 출원인과 다른 특허출원의 출원인이 같은 경우에는 그러하지 아니하다.
>   1. 그 특허출원일 전에 출원된 특허출원일 것
>   2. 그 특허출원 후 제64조에 따라 출원공개되거나 제87조제3항에 따라 등록공고된 특허출원일 것
> ④ 특허출원한 발명이 다음 각 호의 요건을 모두 갖춘 실용신안등록출원의 출원서에 최초로 첨부된 명세서 또는 도면에 기재된 고안(考案)과 동일한 경우에 그 발명은 제1항에도 불구하고 특허를 받을 수 없다. 다만, 그 특허출원의 발명자와 실용신안등록출원의 고안자가 같거나 그 특허출원을 출원한 때의 출원인과 실용신안등록출원의 출원인이 같은 경우에는 그러하지 아니하다.
>   1. 그 특허출원일 전에 출원된 실용신안등록출원일 것
>   2. 그 특허출원 후 「실용신안법」 제15조에 따라 준용되는 이 법 제64조에 따라 출원공개되거나 「실용신안법」 제21조제3항에 따라 등록공고된 실용신안등록출원일 것
> ⑤ 제3항을 적용할 때 다른 특허출원이 제199조제2항에 따른 국제특허출원(제214조제4항에 따라 특허출원으로 보는 국제출원을 포함한다)인 경우 제3항 본문 중 "출원서에 최초로 첨부된 명세서 또는 도면"은 "국제출원일까지 제출한 발명의 설명, 청구범위 또는 도면"으로, 같은 항 제2호 중 "출원공개"는 "출원공개 또는 「특허협력조약」 제21조에 따라 국제공개"로 본다.
> ⑥ 제4항을 적용할 때 실용신안등록출원이 「실용신안법」 제34조제2항에 따른 국제실용신안등록출원(같은 법 제40조제4항에 따라 실용신안등록출원으로 보는 국제출원을 포함한다)인 경우 제4항 본문 중 "출원서에 최초로 첨부된 명세서 또는 도면"은 "국제출원일까지 제출한 고안의 설명, 청구범위 또는 도면"으로, 같은 항 제2호 중 "출원공개"는 "출원공개 또는 「특허협력조약」 제21조에 따라 국제공개"로 본다.
> ⑦ 제3항 또는 제4항을 적용할 때 제201조제4항에 따라 취하한 것으로 보는 국제특허출원 또는 「실용신안법」 제35조제4항에 따라 취하한 것으로 보는 국제실용신안등록출원은 다른 특허출원 또는 실용신안등록출원으로 보지 아니한다.

1 의의 및 취지

확대된 선출원주의는 공개될 선출원의 명세서 등에 기재된 발명을 제3자가 출원한 것은 새로운 창작을 공중에게 공개한 것이라고 볼 수 없어 특허를 허여하지 않는 규정이다. 이는 명세서 보정에 의해 변동 가능한 선출원지위의 한계를 보완하고자 도입되었다.[56)57)58)]

---

56) 명세서 등에 기재되어 있는 발명은 출원공개 등으로 공개되므로 청구범위에 포함되어 있지 않아도 그 발명은 출원인의 입장에서 보면 대가 없이 사회에 공여한 발명에 해당한다(98허7110). 이러한 발명을 아무런 발명적 기여도가 없는 후출원한 제3자의 전유물로 하는 것은 불합리할 뿐만 아니라, 새로운 발명에 대한 공개의 대가로 독점배타권을 부여하는 특허제도의 취지에도 부합하지 않으므로 특허를 허여하지 않겠다는 취지이다.

57) 선출원의 보정 여하에 따라, 후출원의 심사를 선출원의 심사종결시까지 미뤄야 하는 문제가 생기므로 이를 방지하기 위함이다.

2 적용의 예외

(1) 발명자나 출원인이 동일한 경우 (특허법 제29조 제3항 단서)

선출원주의와 달리 다른 출원과 당해출원의 발명자가 동일하거나, 당해 출원시 기준 출원인이 동일한 경우는 확대된 선원주의가 적용되지 않는다. 이는 발명자 및 출원인을 보호하고 실질적으로 신규한 발명을 보호하기 위함이다.

(2) 출원일이 동일한 경우 (특허법 제29조 제3항 단서)

선출원주의와 달리 동일자 출원은 확대된 선원주의가 적용되지 않는다.

(3) 무권리자 출원의 경우

무권리자 출원이 공개된 경우 제3자에 대해서는 확대된 선원주의가 적용되나 발명자에 대해서는 적용되지 않는다(특허법 제29조 제3항 단서).

3 확대된 선원의 지위

(1) 다른 출원이 무효 등이 된 경우

다른 출원이 출원공개되었다면 이후 다른 출원이 무효, 취하, 포기되거나 거절결정 또는 거절한다는 취지의 심결이 확정되더라도 확대된 선원의 지위가 인정된다. 다른 출원이 등록에 이르지 못한 경우 선원의 지위가 인정되지 않는 것과 구분된다.

(2) 미완성 발명의 경우

판례는 "타 특허출원서에 첨부한 명세서 또는 도면에 기재 된 발명이란 그 기술내용이 타 특허출원서에 첨부한 명세서 또는 도면에 기재되어 있는 것으로서 그 기재정도는 당해 기술분야에 있어서 통상의 지식을 가진 자가 반복실시하여 목적하는 기술적 효과를 얻을 수 있을 정도까지 구체적, 객관적으로 개시되어 있는 완성된 발명을 말한다"그 판시하여, 미완성발명의 경우 확대된 선원의 지위가 인정되지 않음을 분명히 하였다(2000후2248).

4 구체적인 경우

(1) 분할출원, 분리출원 또는 변경출원

출원시는 소급효의 적용없이 분할출원일, 분리출원일 또는 변경출원일을 기준으로 판단한다. 분할출원, 분리출원의 경우 원출원에 확대된 선원의 지위가 인정될 수 있기 때문에 소급효의 적용없어도 문제 없으나, 변경출원의 경우 원출원이 취하간주 되는 바 주의해야 한다.

---

58) 확대된 선출원의 지위란 강학상 용어로서 출원공개 또는 등록공고를 요건으로 특허출원일과 출원공개 또는 등록공고 사이에서, 선출원으로서 후출원을 배제할 수 있는 범위가 청구범위에서 명세서 또는 도면 전체에 기재된 발명으로 확대된 것을 의미한다.

(2) 조약우선권주장 출원

소급효가 적용되어 조약우선권 주장출원의 최초 명세서 또는 도면에 기재된 발명 중 제1국 출원의 최초 명세서 또는 도면에 기재된 발명에 대해서는 제1국 출원일을 기준으로 출원시를 판단한다.

(3) 국내우선권주장 출원

소급효가 적용되어 우선권 주장출원된 발명 중 해당 우선권 주장의 기초가 된 선출원의 출원서에 최초로 첨부된 명세서 또는 도면에 기재된 발명과 같은 발명에 관하여는 선출원일을 기준으로 출원시를 판단한다(특허법 제55조 제3항). 우선권 주장출원의 출원서에 최초로 첨부된 명세서 또는 도면에 기재된 발명 중 해당 우선권 주장의 기초가 된 선출원의 출원서에 최초로 첨부된 명세서 또는 도면에 기재된 발명과 같은 발명은 그 특허출원이 출원공개되거나 특허가 등록공고되었을 때에 해당 우선권 주장의 기초가 된 선출원에 관하여 출원공개가 된 것으로 보고 확대된 선출원주의를 적용한다(특허법 제55조 제4항). 다만, 선출원이 다른 우선권주장을 수반한 출원인 경우 우선기간의 실질적 연장을 방지하기 위한 중복 불소급 원칙에 따라 판단시점이 선출원일로 소급 적용되지 않는다.

(4) 국제특허출원 등

다른 출원이 국제특허출원인 경우 국내에서 출원공개된 경우뿐만 아니라 국제사무국에 의해 국제공개가 된 경우 확대된 선원의 지위가 인정되고, 그 범위는 국제출원일까지 제출한 발명의 설명, 청구범위 또는 도면이다(특허법 제29조 제5항). 다만, 국어 국제특허출원과 달리 외국어 국제특허출원의 경우는 국내서면제출기간에 국어번역문을 제출하지 아니하여 취하되면 확대된 선원의 지위가 인정되지 않는다(특허법 제29조 제7항).

5 판단기준

(1) 객체적 기준

동일성 판단방법에 따라 판단한다.

(2) 시기적 기준

1) 다른 출원은 당해 출원일 전에 출원된 것이어야 하는 바, 동일한 날 출원된 경우 확대된 선원이 적용되지 않고 청구범위가 동일한 경우에 한해 협의제(특허법 제36조 제2항)가 문제된다.
2) 다른 출원은 당해 출원 후 출원공개된 것이어야 하는 바, 당해 출원일과 다른 출원의 공개일이 같은 경우 시간의 선후에 따라 신규성 또는 확대된 선원이 문제된다. 당해 출원의 출원시가 앞선 경우 확대된 선원주의가, 다른 출원의 공개시가 앞선 경우 신규성이 적용된다.

6 위반시 법적취급

확대된 선원주의 위반인 경우 거절이유, 정보제공사유, 직권재심사사유, 특허취소사유, 특허무효사유에 해당한다.

7 관련문제 - 확대된 선원주의의 특허법상 의의

(1) 선원주의의 보완

선원주의는 청구범위에 기재된 발명에만 적용되는 한계가 있는 바, 발명의 설명에만 기재된 발명에 대해서는 타인이 특허 받을 여지가 있어 신규한 기술에만 특허권을 부여하는 특허제도의 취지에 반한다. 또한 선원의 지위가 인정되는 객체인 청구범위는 심사 중 보정될 수 있어 그 대상이 유동적인바, 후출원의 심사를 선출원의 청구범위가 확정될 때까지 미뤄야하는 문제가 발생할 수 있다. 따라서 출원서에 최초로 첨부한 명세서 또는 도면에 기재된 고정된 발명에 대해 확대된 선원지위를 부여하여 선원주의의 미비점을 보완할 수 있다.

(2) 공중영역의 사유화 방지

발명의 설명에만 기재된 발명은 출원인이 권리화하지 않고 공중의 영역에 두려는 의사가 있다고 볼 수 있는 바, 이를 제3자가 권리화하는 것을 방지할 수 있다.

CHAPTER 10 선출원주의 (제36조)

> **제36조(선출원)**
> ① 동일한 발명에 대하여 다른 날에 둘 이상의 특허출원이 있는 경우에는 먼저 특허출원한 자만이 그 발명에 대하여 특허를 받을 수 있다.
> ② 동일한 발명에 대하여 같은 날에 둘 이상의 특허출원이 있는 경우에는 특허출원인 간에 협의하여 정한 하나의 특허출원인만이 그 발명에 대하여 특허를 받을 수 있다. 다만, 협의가 성립하지 아니하거나 협의를 할 수 없는 경우에는 어느 특허출원인도 그 발명에 대하여 특허를 받을 수 없다.
> ③ 특허출원된 발명과 실용신안등록출원된 고안이 동일한 경우 그 특허출원과 실용신안등록출원이 다른 날에 출원된 것이면 제1항을 준용하고, 그 특허출원과 실용신안등록출원이 같은 날에 출원된 것이면 제2항을 준용한다.
> ④ 특허출원 또는 실용신안등록출원이 다음 각 호의 어느 하나에 해당하는 경우 그 특허출원 또는 실용신안등록출원은 제1항부터 제3항까지의 규정을 적용할 때에는 처음부터 없었던 것으로 본다. 다만, 제2항 단서(제3항에 따라 준용되는 경우를 포함한다)에 해당하여 그 특허출원 또는 실용신안등록출원에 대하여 거절결정이나 거절한다는 취지의 심결이 확정된 경우에는 그러하지 아니하다.
>   1. 포기, 무효 또는 취하된 경우
>   2. 거절결정이나 거절한다는 취지의 심결이 확정된 경우
> ⑤ 발명자 또는 고안자가 아닌 자로서 특허를 받을 수 있는 권리 또는 실용신안등록을 받을 수 있는 권리의 승계인이 아닌 자가 한 특허출원 또는 실용신안등록출원은 제1항부터 제3항까지의 규정을 적용할 때에는 처음부터 없었던 것으로 본다.
> ⑥ 특허청장은 제2항의 경우에 특허출원인에게 기간을 정하여 협의의 결과를 신고할 것을 명하고, 그 기간에 신고가 없으면 제2항에 따른 협의는 성립되지 아니한 것으로 본다.

제01절 선원주의 일반

1 의의 및 취지

선출원주의는 하나의 발명에 하나의 특허권을 부여하는 규정이다. 이중으로 독점권을 부여하는 것은 특허제도에 반하기 때문이다.

2 선원주의와 선발명주의의 비교

선발명주의는 진정한 최초의 발명을 보호할 수 있다는 장점이 있으나, 최초의 발명에 대한 판단이 곤란하다는 단점이 있다. 우리 특허법은 대부분의 국가와 마찬가지로 선원주의를 취하되 선원주의의 한계점을 추가 제도를 통해 보완하고 있다.

3 내용

이일 출원의 경우 먼저 출원한 자만이 특허를 받을 수 있고, 동일 출원의 경우 협의제가 적용된다. 이는 실용신안등록출원과 경합하는 경우에도 준용된다(특허법 제36조 제1항 내지 제3항 및 제6항).

4 선원의 지위

(1) 내용

선원의 지위는 출원일부터 인정되는 후출원을 배제할 수 있는 지위로, 출원이 설정등록에 이르러야 인정된다.

(2) 출원이 설정등록에 이르지 못한 경우 (특허법 제36조 제4항)

1) 특허출원 또는 실용신안등록출원이 무효, 포기 또는 취하된 경우, 거절결정이나 거절한다는 취지의 심결이 확정된 경우 그 특허출원 또는 실용신안등록출원은 선원의 지위를 갖지 못한다(동항 본문). 이는 등록에 이르지 못한 선출원에 의해 후출원이 연쇄적으로 거절되는 것을 방지하기 위함이다.
2) 다만, 협의가 성립하지 않거나 협의를 할 수 없는 경우에 해당하여 거절결정이나 거절한다는 취지의 심결이 확정된 경우에는 선원지위를 인정하여(동항 단서), 제3자가 후출원으로 권리화하게 되는 불합리를 방지하였다.

(3) 무권리자의 출원

정당권리자의 불측의 피해를 방지하기 위해 무권리자가 한 특허출원 또는 실용신안등록출원은 선원의 지위가 인정되지 않는다(특허법 제36조 제5항).

(4) 미완성 발명

판례는 미완성 발명의 확대된 선원의 지위에 대해서만 언급하였으나, "어떠한 발명이 특허법 제29조 제3항에 해당하는지를 판단하기 위해서는 그 전제로서 선원의 존재와 그 선원이 출원공개 또는 출원공고될 것이 요구"된다는 태도에 의할 때 (98허7119), 선원의 지위 또한 인정되지 않을 것이다.

5 판단

동일성 판단방법에 따라 판단한다.

6 위반시 법적취급

선원주의 위반인 경우 거절이유, 정보제공사유, 직권재심사사유, 특허취소사유, 특허무효사유에 해당한다.

7 선원주의의 예외 및 보완

(1) 예외

ⅰ) 출원일이 소급되는 분할출원 (특허법 제52조), 분리출원 (특허법 제52조의2), 변경출원 (특허법 제53조), 정당권리자 출원 (특허법 제34조, 제35조), ⅱ) 판단시점이 소급되는 조약우선권주장 출원 (특허법 제54조), 국내우선권 주장 출원 (특허법 제55조)의 경우 소급효가 적용된다. ⅲ) 공지예외적용 주장 출원 (특허법 제30조)의 경우 출원일이나 판단시점이 소급되는 것이 아닌 바, 선원주의의 예외에 해당하지 않는다.

(2) 보완

특허법은 선원주의의 한계점을 보완하기 위해 추가 규정을 가미하고 있는데, 그러한 예로 확대된 선원주의 (특허법 제29조 제3항), 명세서 및 도면의 보정(특허법 제47조), 청구범위제출 유예제도 (특허법 제42조의2), 외국어 특허출원 제도(특허법 제42조의3), 특허권의 효력 제한 (특허법 제96조), 선사용권 (특허법 제103조) 등이 있다.

제02절 | 협의제 (제36조 제2항 등)

1 의의 및 취지

동일한 발명에 대하여 같은 날에 둘 이상의 특허출원이 있는 경우에는 특허출원인 간에 협의하여 정한 하나의 특허출원인만이 그 발명에 대하여 특허를 받을 수 있다(특허법 제36조 제2항). 이는 실용신안등록 출원된 고안과 경합하는 경우에도 준용된다(특허법 제36조 제3항). 이는 협의를 유도하여 경합하는 출원인이 공유 등의 방법으로 발명을 모두 실시할 수 있도록 도모하기 위함이다.

2 심사방법[59]

(1) 출원인이 다른 경우

1) 경합출원이 공개되고 심사청구된 경우

심사관은 경합출원과 해당 출원 모두에 대하여 협의요구와 함께 특허법 제36조제2항 또는 제3항의 거절 이유(다른 거절이유가 있는 경우에는 그 거절이유를 포함할 수 있다)를 통지한다. 협의요구를 받은 후 출원인이 지정기간에 거 절이유를 해소한 경우 특허결정하고, 이미 통지한 거절이유가 있는 경우에는 거절 결정한다.

---

[59] 특허청, 특허 실용신안 심사기준

2) 경합출원이 공개되지 않거나 심사청구되지 않은 경우

경합출원이 공개·심사청구되거나 또는 취하 혹은 포기될 때까지 심사를 보류한다는 취지를 해당 출원의 출원인에게 통지한다.

(2) 출원인이 같은 경우

1) 경합출원이 특허결정되거나 제36조제2항 또는 제3항의 거절이유로 거절결정된 경우

심사관은 제36조제2항 또는 제3항의 거절이유(다른 거절이유가 있는 경우에는 그 거절이유를 포함한다)를 통지한다.

2) 경합출원이 특허결정 전인 경우

심사관은 제36조제2항 또는 제3항의 거절이유를 제외한 다른 거절이유를 통지한다. 보정 후 통지된 거절이유가 해소되지 않았다면 거절결정한다. 기통지된 거절이유가 모두 해소된 경우, 심사관이 다시 심사하는 때에 경합출원의 특허여부가 결정되지 않았고, 제36조제2항 또는 제3항의 거절이유를 제외한 거절이유를 발견할 수 없는 때에는 등록결정한다. 그러나 심사관이 다시 심사하는 때에 경합출원이 특허결정된 경우 제36조제2항 또는 제3항의 거절이유를 통지한다. 이 때, 경합출원의 청구범위가 마지막 보정된 날보다 늦게 해당 출원의 청구범위가 보정된 경우라면 최후거절이유를, 그외에는 최초거절이유를 통지한다.

3 협의 불성립 또는 협의 불능인 경우[60]

(1) 협의 불성립의 경우

특허청장이 특허출원인에게 기간을 정하여 협의의 결과를 신고할 것을 명하고, 그 기간에 신고가 없으면 협의는 성립되지 아니한 것으로 본다(특허법 제36조 제6항).

(2) 협의 불능의 경우

협의를 할 수 없을 때란 i) 상대방이 협의에 응하지 않는 등의 이유로 협의를 할 수 없는 경우, ii) 동일한 발명에 대한 2이상의 출원 중 어느 한 출원이 특허(실용신안등록)되었거나, 특허법 제36조제2항 후단(제3항의 규정에 의하여 준용되는 경우를 포함한다)의 규정에 해당하여 이를 이유로 거절결정이나 거절한다는 취지의 심결이 확정된 경우를 말한다.

(3) 특허등록가부

협의가 성립하지 아니하거나 협의를 할 수 없는 경우에는 어느 특허출원인도 그 발명에 대하여 특허를 받을 수 없다(특허법 제36조 제2항 단서).

---

[60] 특허청, 특허 실용신안 심사기준

4 관련문제

(1) 협의불성립 또는 불능시 선원의 지위

경합출원 간에 협의 불성립 또는 협의 불능으로 그 특허출원 또는 실용신안등록출원에 대하여 거절결정이나 거절한다는 취지의 심결이 확정된 경우에는 선원의 지위를 유지한다(특허법 제36조 제4항 단서). 이는 제3자 또는 경합한 출원인 중 한명이 재출원하여 특허를 부여받는 불합리를 방지하기 위함이다.

(2) 협의절차 없이 한 거절결정의 적법 여부

1) 판례는 "동일한 고안에 대하여 같은 날에 2 이상의 실용신안등록출원이 있는 때에도 그 고안이 신규성이나 진보성의 결여로 어차피 (생략) 등록거절되어야 하는 것인 이상 (생략) 출원인간의 협의절차 등을 거치지 않았다 하여 그 출원에 대한 신규성이나 진보성 결여를 원인으로 한 거절 사정이 부적법하다고 할 수 없다."고 판시하였다.
2) 생각건대, 특허법에서 모든 거절이유를 들어 거절하도록 강제하고 있지 않다는 점에서 판례의 태도는 타당하다.

(3) 동일인, 동일자, 동일 출원이 간과 등록된 경우

1) **어느 하나의 특허에 대해 무효심결 확정된 경우**
   가. 판례는 "동일인이 동일고안에 대하여 같은 날에 경합출원을 하여 모두 등록이 된 경우에 그 후 어느 한쪽의 등록이 무효로 확정되었다면 나머지 등록을 유지, 존속시켜 주는 것이 타당하고 당초에 경합출원이었다는 사실만으로 나머지 등록까지 모두 무효로 볼 것이 아니다."고 판시하였다(89후1103).
   나. 생각건대, 발명을 보호하고자 하는 특허법의 취지, 협의제의 취지 및 무효심결의 소급효를 고려할 때 판례는 타당하다.

2) **어느 하나의 특허권을 포기한 경우**
   가. 판례는 "출원이 경합된 상태에서 등록된 특허권이나 실용신안권 중 어느 하나에 대하여 사후 권리자가 그 권리를 포기하였다고 하더라도 경합출원으로 인한 하자가 치유된다고 보기는 어렵다."고 판시하였다(2005후3107).
   나. 생각건대, 제36조 제3항 등의 적용에 있어 특허권이나 실용신안권의 포기에 의하여 경합출원의 하자가 치유되어 제3자에 대한 관계에서 특허권의 효력을 주장할 수 있다고 보는 것은 명문의 근거가 없을 뿐만 아니라 권리자가 포기의 대상과 시기를 임의로 선택할 수 있어 권리관계가 불확정한 상태에 놓이게 되는 등 법적 안정성을 해칠 우려가 있는 점, 특허권이나 실용신안권의 포기는 그 출원의 포기와는 달리 소급효가 없음에도 결과적으로 그 포기에 소급효를 인정하는 셈이 되어 부당하며, 나아가 특허권 등의 포기는 등록만으로 이루어져 대외적인 공시방법으로는 충분하지 아니한 점 등을 종합하여 보면 판례는 타당하다.

CHAPTER 11. 특허를 받을 수 없는 발명 (제32조)

> **제32조(특허를 받을 수 없는 발명)**
> 공공의 질서 또는 선량한 풍속에 어긋나거나 공중의 위생을 해칠 우려가 있는 발명에 대해서는 제29조 제1항에도 불구하고 특허를 받을 수 없다.

1 의의 및 취지

(1) 공서양속에 어긋나거나, 공중의 위생을 해칠 우려가 있는 발명은 특허를 받을 수 없다.

(2) 이는 공익적 측면에서 WTO/TRIPS 제27조 제2항을 반영한 소극적 특허요건으로 제29조의 특허요건을 구비한 발명이라도 특허를 받을 수 없는 발명을 열거한 규정이다.

2 내용61)

(1) 공공의 질서 및 선량한 풍속에 어긋날 우려가 있는 발명

1) 내용

i) 공공의 질서라 함은 국가 사회의 일반적 이익을 말하며, 선량한 풍속이라 함은 사회의 일반적·도덕적 관념을 의미한다. ii) 당해 발명의 공개 또는 사용이 공서양속에 반하는 경우도 포함 하나, 당해 발명의 본래 목적 이외에 부당하게 사용한 결과가 공서양속에 어긋나는 경우까지 말하는 것은 아니다(2008허7850).

2) 성(보조)기구

判例는 특허발명의 대상인 물건이 노골적으로 사람의 특정 성적 부위를 적나라하게 표현 또는 묘사하는 음란한 물건에 해당하거나, 발명의 실시가 공연한 음란행위를 필연적으로 수반할 것이 예상되거나, 이에 준할 정도로 성적 도의 관념에 반하는 발명의 경우에는 제32조에 의해 특허받을 수 없다고 본다(2014허4555).62)

3) 인체를 구성요소로 하는 발명

判例는 인체를 사용하는 발명으로서 그 발명을 실행할 때 반드시 신체를 손상하거나 신체의 자유를 비인도적으로 구속하나 인간의 존엄성을 손상시키는 결과를 초래할 수 있는 발명에 대해서는 공서양속을 문란하게 할 우려가 있는 발명으로 본다(2003허6104).

---

61) 특허법 제32조는 발명의 출원 당시의 기술 수준과 사회적 환경에 따라 신축적으로 적용되는 일반조항이자 특허요건에 대한 예외규정이므로 엄격하게 해석하여야 할 것이다(2008허7850).
62) 다만 이 사건 출원발명이 성(보조)기구라 하더라도 i) 신체적 장애 등으로 이를 필요로 하는 사람이 있을 수 있고, ii) 매우 사적인 공간에서 이용되므로 일반적인 성적인 표현물보다는 엄격하게 판단되어야 하며 iii) 그 실시가 공연한 음란행위를 필연적으로 수반 할 것이라 예상된다고 보기 어렵다는 점에서 제32조에 위반되지 않는다고 보았다(2014허4555).

(2) 공중의 위생을 해칠 우려가 있는 발명

1) 내용

ⅰ) 공중의 위생을 해할 우려가 있는 발명도 공서양속에 어긋날 우려가 있는 발명의 경우와 동일하게 취급된다. ⅱ) 제조방법의 경우 그 방법 자체뿐 아니라 그 제조방법의 목적생성물이 공중의 위생을 해칠 우려가 있는지에 대하여도 고려하여야 한다.

2) 안전성에 의문(의심)이 있는 식품 발명

判例는 원료 성분(또는 물질)이 ⅰ) 인체에 유해할 수 있다는 점, ⅱ) 식품의약품안전처에서 식품에 사용할 수 없는 원료로 지정되어 있는 점 등과 같이 안전성에 의심이 될 수 있는 경우엔 공중의 위생을 해할 염려가 있다고 판단하며,(91후110[63]), 2016허229[64], 2020허1618[65]) ⅲ) 특정인 한 사람이 출원발명의 제품을 복용한 결과 위해가 없었다는 사실만으로 일반 공중의 위생을 해할 우려가 없다고 단정할 수 없다고 한다(91후110).

(3) 관련문제

1) 공서양속에 위반되는지 및 공중의 위생을 해치는지 여부는 특허출원에 대한 심사절차께서 판단하여야 하며, 타법의 인·허가 등에 구속되지 아니한다(91후110).

2) 특허법 제32조, 제62조에 비추어 특허출원이 공중의 위생을 해칠 우려가 있는 때에는 거절결정 하여야 하는 것이므로 발명이 공중의 위생을 해칠 우려가 있는지 여부는 특허절차에서 심리되어야 할 것이고 이것이 단순히 발명의 실시단계에 있어 제품에 대한 식품위생법 등 관련제품 허가법규에서만 다룰 문제가 아니다(2020허1618).

3 위반 시 법적 취급

흠결 시 ⅰ) 거절이유, 정보제공사유, 직권재심사사유 및 무효사유(제133조)에 해당하며, ⅱ) 출원 계속 중이라 하더라도 공개되지 않는다(시행령 제19조 제3항).

---

[63] 철분 혼합비율이 너무 과다하여 인체에 유해한 결과를 초래하리라는 것을 일반적인 상식을 가진 자라면 예측할 수 있어서 안전성 시험성적표를 제시하여야 함께도 이를 제출하지 아니한 발명은 공중의 위생을 해할 염려가 있는 발명이라고 판시하였다(91후110).

[64] ① 은(Ag)은 장기간 다량 섭취할 경우 은피증(argyria)과 같은 질병의 원인이 되는 물질로서 현재 은피증에 대한 효과적인 치료법은 없는 점, ② 식품의약품안전처에서 은(Ag)이 식품에 사용할 수 없는 원료로 지정되어 있는 점, ③ 주요 식품인 김치의 안전성에 대한 의문을 해소할 만한 자료가 제출되지 않은 점 등에 비추어 출원발명은 공중의 위생을 해할 염려가 있는 발명이라 판시하였다(2016허229).

[65] ① 마음가리의 뿌리는 마음가리의 잎과 달리 식품의약품안전처장의 고시에서 건강기능식품에 사용할 수 없는 원료로 지정되어 있는 점, ② 위령선은 국내 관련 데이터베이스에서 유해성을 인정하여 식품에 사용할 수 없는 것으로 되어 있고, 국내외 학술지 등에 서 인체에 유해하다고 보고하고 있는 점, ③ 이 사건 발명에는 마음가리 추출물의 함량에 대한 아무런 한정이 없는 점까지 보태어 보면, 마음가리(으아리)의 부리(위령선)를 포함하는 마음가리 추출물을 함유하고 있는 식품조성물은 공중의 위생을 해할 우려가 있다고 판시하였다(2020허1618).

CHAPTER 12 하나의 특허출원의 범위 (제45조)

> **제45조(하나의 특허출원의 범위)**
> ① 특허출원은 하나의 발명마다 하나의 특허출원으로 한다. 다만, 하나의 총괄적 발명의 개념을 형성하는 일 군(群)의 발명에 대하여 하나의 특허출원으로 할 수 있다.
> ② 제1항 단서에 따라 일 군의 발명에 대하여 하나의 특허출원으로 할 수 있는 요건은 대통령령으로 정한다.
>
> **시행령 제6조(1군의 발명에 대한 1특허출원의 요건)**
> 법 제45조제1항 단서의 규정에 의한 1군의 발명에 대하여 1특허출원을 하기 위하여는 다음 각호의 요건을 갖추어야 한다.
>   1. 청구된 발명간에 기술적 상호관련성이 있을 것
>   2. 청구된 발명들이 동일하거나 상응하는 기술적 특징을 가지고 있을 것. 이 경우 기술적 특징은 발명 전체로 보아 선행기술에 비하여 개선된 것이어야 한다.

1 의의 및 취지

1군의 발명이란 하나의 출원으로 출원할 수 있는 발명으로서, 상호 기술적으로 밀접한 관계를 가지는 발명을 말한다. 이는 다수의 발명을 하나로 출원하고 싶은 출원인 입장과 심사 부담 가중의 심사관 입장을 조화한 결과물이다[66)67)].

2 판단 방법

(1) 특허법 시행령 제6조

1군의 발명에 대하여 1특허출원을 하기 위하여는 ⅰ) 청구된 발명간에 동일하거나 상응하는 기술적 특징을 가져 기술적 상호관련성이 있어야 하고, ⅱ) 그 기술적 특징은 발명 전체로 보아 선행기술에 비하여 개선된 특별한 기술적 특징이어야 한다.

(2) 상호관련성(특허법 시행령 제6조 제1호)

1) 독립항과 종속항은 독립항이 기술적 상호관련성으로 인정된다.

2) 상호관련성은 동일하지 않더라도 상응하기만 하면 된다. 예를 들어 어떤 청구항에서 탄성을 주기 위한 기술적 특징이 스프링이었다면 다른 청구항에서는 탄성을 주는 기술적 특징이 고무블록일 수 있고, 이들은 "탄성"으로 상호관련성이 인정된다(심사기준).

---

66) 이는 PCT 내지 EPC에서의 발명의 단일성과 같은 개념이다.
67) 출원인의 입장에서는 가능한 한 다수의 발명을 하나의 출원서에 포함시켜서 출원하는 것이 출원료나 특허 관리 측면에 있어서 유리하나, 제3자의 입장에서는 출원 절차의 형평성, 권리에 대한 감시와 선행기술 자료로서의 이용 등의 측면에서 가능한 한 1출원 의 범위를 좁히는 것이 유리하다. 한편, 특허청의 입장에서는 출원의 특허분류부여, 검색 등 심사부담 측면에서 1출원의 범위는 좁은 것이 바람직하다

3) 서로 다른 발명에 대해서도 상호관련성이 인정될 수 있다. 예를 들어 X 물건과 X 물건을 생산하는 방법은 "X 물건"으로 상호관련성이 인정되고, Y 물건과 Y 물건을 취급하는 물건은 "Y 물건"으로 상호관련성이 인정된다.

(3) 특별한 기술적인 특징(특허법 시행령 제6조 제2호)

1) 특별한 기술적인 특징은 발명의 단일성을 판단하기 위하여 특별히 제시된 개념으로, 해당 출원 전 공지 등이 된 선행기술에 비해 신규성과 진보성을 구비하게 되는 기술적 특징을 말하며, 발명을 전체로서 고려한 후에 결정된다.68)
2) 상호관련성 있는 기술적 특징이 특별한 기술적 특징이어야 제45조를 만족한다.

3 위반시 법적 취급

제45조 위반은 형식적 하자에 불과하여 거절이유에만 해당한다. 제45조 위반 거절이유를 통지받은 경우 1군에 해당하지 않는 다른 군의 발명을 삭제보정하여 극복할 수 있다. 삭제한 다른 군의 발명은 필요시 분할출원으로 등록을 도모할 수 있다.

■ 거절이유 요약정리

	거절이유	정보제공사유 (직권재심사 사유)	특허취소사유	특허무효사유
주체	제25조	○	제외	○
	제33조 제1항 본문	○	제외	○
	제33조 제1항 단서	○	제외	○
	제44조	○	제외	○
기재요건	제42조 제3항 제1호	○	제외	○
	제42조 제3항 제2호	제외	제외	제외
	제42조 제4항 제1호	○	제외	○
	제42조 제4항 제2호	○	제외	○
	제42조 제8항	제외	제외	제외
	제45조			

---

68) 특허청, 특허 실용신안 심사기준
69) 단, 신규성·진보성 결여는 간행물 등에 근거한 사유(제29조 제1항 제2호)에 의한 것만 취소사유에 해당한다(제132조의2 제1항 제1호 괄호).
참고로 특허청에서 특허취소신청제도를 입법할 때는 신규성, 진보성, 선원, 확대된 선원 위반을 취소사유로 하고자 의도한 듯 하나, 입법된 제132조의2 제1항 제1호를 보면, 신규성, 진보성 위반 여부뿐 아니라 제29조에 위반된 경우라 하여 산업상 이용가능성과 발명의 성립성의 위반 여부도 포함하고 있어, 다소 의문이 있다.
70) 특허된 후의 사안이므로 특허되기 전인 출원절차에서 문제가 되는 거절이유, 정보제공사유, 직권재심사사유에는 해당할 여지가 없다.

구분	조문			
발명의 성립성	제2조 제1호/제29조 제1항 본문	○	여기만 취소사유[69]	○
산업상 이용가능성	제29조 제1항 본문	○		○
신규성·진보성·선원주의·확대된 선원주의	제29조 제1항 각 호 제29조 제2항 제36조 제1항 내지 제3항 제29조 제3항 내지 제7항	○		○
불특허발명	제32조	○	제외	○
신규사항추가금지	제47조 제2항 전단 제52조 제1항 제52조의2 제1항 전단 제53조 제1항	○	제외	○
분리출원 범위 추가제한	제52조의2 제1항 각호	○	제외	제외
국어번역문 오역	제47조 제2항 후단	○	제외	제외
조약위반	–	○	제외	○
특허된 후 특허권자가 제25조에 해당하거나 조약에 위반된 경우	해당사항 없음[70]	해당사항 없음	제외	후발적 무효사유

저녁

PART 08

특허 출원인을 위한 제도

CHAPTER 01 공지예외적용주장 (제30조)

> **제30조(공지 등이 되지 아니한 발명으로 보는 경우)**
> ① 특허를 받을 수 있는 권리를 가진 자의 발명이 다음 각 호의 어느 하나에 해당하게 된 경우 그 날부터 12개월 이내에 특허출원을 하면 그 특허출원된 발명에 대하여 제29조제1항 또는 제2항을 적용할 때에는 그 발명은 같은 조 제1항 각 호의 어느 하나에 해당하지 아니한 것으로 본다.
> 　1. 특허를 받을 수 있는 권리를 가진 자에 의하여 그 발명이 제29조제1항 각 호의 어느 하나에 해당하게 된 경우. 다만, 조약 또는 법률에 따라 국내 또는 국외에서 출원공개되거나 등록공고된 경우는 제외한다.
> 　2. 특허를 받을 수 있는 권리를 가진 자의 의사에 반하여 그 발명이 제29조제1항 각 호의 어느 하나에 해당하게 된 경우
> ② 제1항제1호를 적용받으려는 자는 특허출원서에 그 취지를 적어 출원하여야 하고, 이를 증명할 수 있는 서류를 산업통상자원부령으로 정하는 방법에 따라 특허출원일부터 30일 이내에 특허청장에게 제출하여야 한다.
> ③ 제2항에도 불구하고 산업통상자원부령으로 정하는 보완수수료를 납부한 경우에는 다음 각 호의 어느 하나에 해당하는 기간에 제1항 제1호를 적용받으려는 취지를 적은 서류 또는 이를 증명할 수 있는 서류를 제출할 수 있다.
> 　1. 제47조제1항에 따라 보정할 수 있는 기간
> 　2. 제66조에 따른 특허결정 또는 제176조제1항에 따른 특허거절결정 취소심결(특허등록을 결정한 심결에 한정하되, 재심심결을 포함한다)의 등본을 송달받은 날부터 3개월 이내의 기간. 다만, 제79조에 따른 설정등록을 받으려는 날이 3개월보다 짧은 경우에는 그 날까지의 기간

1 의의 및 취지

공지예외란 출원 전에 공지된 자신의 발명을 신규·진보성 판단 시 공지되지 않은 것으로 보는 절차이다. 특허법은 발명을 공개하여 산업발전을 이끄는 것이 목적이므로(특허법 제1조), 자신의 발명의 공개에 의한 불이익이 없도록 예외를 두고 있다.

2 절차

(1) 의사에 의한 공지 (특허법 제30조 제1항 제1호)

1) (주체) 출원인이 (기간) 공지일로부터 1년 내에 출원하면서 (서면) 출원서에 취지를 기재하고 출원일로부터 30일 내에 증명서류를 제출하거나, 보완수수료를 납부하고 제30조 제3항 각호의 기간에 취지를 적은 서류 또는 증명서류를 제출하면 된다.

2) 조약 또는 법률에 따라 국내 또는 국외에서 출원공개되거나 등록공고된 경우는 의사에 의한 공지에 해당하지 않는다.

3) 특허법 제30조 제3항 신설
　가) 구법상 취급

구법상 판례는 "특허법 제30조 제2항 규정의 내용 및 취지, 특허법 제30조에서 정하는 공지 예외 적용의 주장은 출원과는 별개의 절차이므로 특허출원서에 그 취지의 기재가 없으면 그 주장이 없는 통상의 출원에 해당하고 따라서 그 주장에 관한 절차 자체가 존재하지 아니하여서 출원 후 그에 관한 보정은 허용될 수 없는 점 등에 비추어 보면, 특허법 제30조 제1항 제1호의 자기공지 예외 규정에 해당한다는 취지가 특허출원서에 기재되어 있지 아니한 채 출원된 경우에는 자기공지 예외 규정의 효과를 받을 수 없는 것이고, 같은 조 제2항 전단에 규정된 절차를 아예 이행하지 아니하였음에도 불구하고 그 절차의 보정에 의하여 위 제1호의 적용을 받게 될 수는 없다고 할 것이다."고 하여 형식적 문제로 특허로 보호 받을 기회를 박탈당하는 문제가 있었다(2010후2353).

　나) 개정법

2015. 7. 29 시행 개정법은 제3항을 신설하여 보완수수료를 납부한 경우에는 1) 제47조제1항에 따라 보정할 수 있는 기간, 2) 제66조에 따른 특허결정 또는 제176조제1항에 따른 특허거절결정 취소심결(특허등록을 결정한 심결에 한정하되, 재심심결을 포함한다)의 등본을 송달받은 날부터 3개월 이내의 기간. 다만, 제79조에 따른 설정등록을 받으려는 날이 3개월보다 짧은 경우에는 그 날까지의 기간에 취지를 적은 서류 또는 이를 증명할 수 있는 서류를 제출할 수 있도록 하였다. 이는 절차적인 문제로 공지예외적용을 받지 못하는 문제를 해결하여 출원인을 보호하기 위함으로, 2015. 7. 29 이후 출원부터 적용된다.

　다) 검토

형식적 문제를 이유로 발명이 보호받을 수 있는 기회를 전면적으로 박탈하게 됨은 불합리하다는 점 및 이와 같은 보완을 허용하더라도 제3자에게 부당한 영향을 미치지 않는 점을 고려할 때, 출원인 보호를 위한 취지에서 개정법 제30조 제3항 규정은 자기공지예외 취지 기재의 보완을 허용한 것이다.

(2) 의사에 반한 공지 (특허법 제30조 제1항 제2호)

1) (주체) 출원인이 (기간) 공지일로부터 1년 내에 출원할 것을 만족해야 하며, 신규성 또는 진보성 위반의 거절이유통지가 있을 때 의견서 제출을 통해 의사에 반한 공지임을 주장, 증명하면 족하다.

2) 의사에 반한 공지 여부는 공지시점의 권리자의 진정한 의사를 참작하여 판단해야 하고, 법률상 무지나 대리인이 이미 출원한 것으로 믿고 공지한 경우 등은 의사에 반한 공지로 보지 않는다. 判例는 본인 의사에 반한 공지라 함은 출원인의 발명 내용이 사용인 또는 대리인의 고의 또는 과실로 누설되거나, 타인이 이를 도용함으로써 일반에게 공표하는 경우를 가리킨다고 판시한 바 있다(85후14).

(3) 구체적인 경우

1) 분할, 분리 또는 변경출원

공지일로부터 1년 내 출원은 원출원을 기준으로, 취지 기재 및 증명서류 제출은 분할 또는 변경출원을 기준으로 판단한다. 참고로 판례는 원출원에서 공지예외주장을 하지 않았더라도 분할출원에서 적법한 절차를 준수하여 공지예외주장을 하였다면, 공지예외의 효과를 인정받을 수 있다고 본다(2020후11479).

2) 조약우선권 주장 출원

조약우선권주장 출원을 기준으로 공지일로부터 1년 내 출원, 취지 기재 및 증명서류 제출 여부를 판단한다.

3) 국내우선권 주장 출원

공지일로부터 1년 내 출원은 선출원을 기준으로, 취지 기재 및 증명서류 제출은 국내우선권주장출원을 기준으로 판단한다. 심사기준은 15.7.29 이후 출원된 국내우선권주장출원은 선출원이 공지예외주장을 하지 않았다고 하더라도, 공지예외주장을 할 수 있다고 본다.

4) 국제특허출원

가. 국제특허출원의 경우 기준일로부터 30일 이내에 공지예외의 취지를 기재한 서면과 증명서류를 제출할 수 있다(제200조).

나. 국제출원의 경우 출원인은 국제출원서에서 신규성 상실의 예외에 관한 선언을 할 수 있다(PCT 규칙 4.17). 상기 국제 출원서가 제200조의2에 따라 국내 특허출원서로 간주되므로 공지예외주장의 취지가 올바르게 기재된 것으로 취급한다.

3 효과

(1) 적법한 경우

당해 출원의 신규성 또는 진보성 판단시 당해 공지를 인용발명으로 보지 않는다. 타출원과의 관계에서 당해 공지는 인용발명이 될 수 있다.

(2) 출원일 소급

출원일이 소급되는 것은 아닌 바, 당해 출원 전 동일한 발명에 대해 제3자의 출원이 있는 경우 선원주의 및 확대된 선원주의 위반이 될 수 있다.

4 관련문제

(1) 복수의 공지행위가 있는 경우

1) 원칙

특허를 받을 수 있는 권리를 가진 자가 특허출원 전에 해당 발명을 복수회에 걸쳐 공개한 경우 모든 공개행위에 대해서 공지예외의 적용을 받기 위해서는 원칙적으로 각각의 공개행위에 대하여 특허법 제30조 규정의 적용을 받기 위한 절차를 밟아야 한다.

2) 예외

가. 특정한 하나의 공개행위와 밀접 불가분의 관계에 있는 복수 회에 걸친 공개일 경우에는 2번째 이후의 공개에 대해서는 증명서류의 제출을 생략할 수 있으며 이 경우 특허법 제30조제1항의 기간 12개월(출원일이 2012. 3. 14. 이전인 경우는 6개월)의 기산일은 최선(最先)공개일이다.

나. 판례 또한 "특허를 받을 수 있는 권리를 가진 자가 공지 등의 예외를 적용받고자 출원서에 기재한 공개 발명의 범위는 출원서에 기재된 취지와 증명서류, 거래실정 등을 참작하여 객관적 합리적으로 정해야 하며, 또한 출원서에 기재된 발명 공개 행위의 후속 절차로서 통상적으로 이루어지는 반복 공개 행위는 출원서에 기재된 발명의 공개 행위의 연장선에 있다고 볼 수 있으므로, 비록 출원서에 기재되어 있지 않거나 증명서류가 첨부되어 있지 않더라도 당연히 특허법 제30조의 공지 등의 예외 적용을 적용받을 수 있다."고 판시하였다(2015허7308).

(2) 발명자가 직접 공개해야만 의사에 의한 공지인지

출원공개나 등록공고된 경우를 제외하고 특허를 받을 수 있는 권리를 가진 자의 의사에 기한 모든 형태의 발명의 공개에 대하여 공지 등의 예외 적용을 허용함으로써 자유로운 연구결과의 공개를 촉진하고 연구활동 활성화 및 기술축적을 지원하고자 하기 위한 것이다. 따라서 특허법 제30조에 의한 발명의 공개는 그 규정대로 특허를 받을 수 있는 권리를 가진 자에 의사에 의한 것이면 충분하고, 특허를 받을 수 있는 권리를 가진 자가 직접 발명을 공개하거나 자신의 발명임을 밝혀야만 하는 것은 아니다(2015허7308).

CHAPTER 02 명세서 또는 도면의 보정

제47조(특허출원의 보정)
① 특허출원인은 제66조에 따른 특허결정의 등본을 송달하기 전까지 특허출원서에 첨부한 명세서 또는 도면을 보정할 수 있다. 다만, 제63조제1항에 따른 거절이유통지(이하 "거절이유통지"라 한다)를 받은 후에는 다음 각 호의 구분에 따른 기간(제3호의 경우에는 그 때)에만 보정할 수 있다.
  1. 거절이유통지(거절이유통지에 대한 보정에 따라 발생한 거절이유에 대한 거절이유통지는 제외한다)를 최초로 받거나 제2호의 거절이유통지가 아닌 거절이유통지를 받은 경우 : 해당 거절이유통지에 따른 의견서 제출기간
  2. 거절이유통지(제66조의3제2항에 따른 통지를 한 경우에는 그 통지 전의 거절이유통지는 제외한다)에 대한 보정에 따라 발생한 거절이유에 대하여 거절이유통지를 받은 경우 : 해당 거절이유통지에 따른 의견서 제출기간
  3. 제67조의2에 따른 재심사를 청구하는 경우 : 청구할 때
② 제1항에 따른 명세서 또는 도면의 보정은 특허출원서에 최초로 첨부한 명세서 또는 도면에 기재된 사항의 범위에서 하여야 한다. 이 경우, 외국어특허출원에 대한 보정은 최종 국어번역문(제42조의3제6항 전단에 따른 정정이 있는 경우에는 정정된 국어번역문을 말한다) 또는 특허출원서에 최초로 첨부한 도면(도면 중 설명부분은 제외한다)에 기재된 사항의 범위에서도 하여야 한다.
③ 제1항제2호 및 제3호에 따른 보정 중 청구범위에 대한 보정은 다음 각 호의 어느 하나에 해당하는 경우에만 할 수 있다.
  1. 청구항을 한정 또는 삭제하거나 청구항에 부가하여 청구범위를 감축하는 경우
  2. 잘못 기재된 사항을 정정하는 경우
  3. 분명하지 아니하게 기재된 사항을 명확하게 하는 경우
  4. 제2항에 따른 범위를 벗어난 보정에 대하여 그 보정 전 청구범위로 되돌아가거나 되돌아가면서 청구범위를 제1호부터 제3호까지의 규정에 따라 보정하는 경우
④ 제1항제1호 또는 제2호에 따른 기간에 보정을 하는 경우에는 각각의 보정절차에서 마지막 보정 전에 한 모든 보정은 취하된 것으로 본다.
⑤ 외국어특허출원인 경우에는 제1항 본문에도 불구하고 제42조의3제2항에 따라 국어번역문을 제출한 경우에만 명세서 또는 도면을 보정할 수 있다.

제51조(보정각하)
① 심사관은 제47조제1항제2호 및 제3호에 따른 보정이 같은 조 제2항 또는 제3항을 위반하거나 그 보정(같은 조 제3항제1호 및 제4호에 따른 보정 중 청구항을 삭제하는 보정은 제외한다)에 따라 새로운 거절이유가 발생한 것으로 인정하면 결정으로 그 보정을 각하하여야 한다. 다만, 다음 각 호의 어느 하나에 해당하는 보정인 경우에는 그러하지 아니하다.
  1. 제66조의2에 따른 직권보정을 하는 경우 : 그 직권보정 전에 한 보정
  2. 제66조의3에 따른 직권 재심사를 하는 경우 : 취소된 특허결정 전에 한 보정
  3. 제67조의2에 따른 재심사의 청구가 있는 경우 : 그 청구 전에 한 보정
② 제1항에 따른 각하결정은 서면으로 하여야 하며, 그 이유를 붙여야 한다.
③ 제1항에 따른 각하결정에 대해서는 불복할 수 없다. 다만, 제132조의17에 따른 특허거절결정에 대한 심판에서 그 각하결정(제66조의3에 따른 직권 재심사를 하는 경우 취소된 특허결정 전에 한 각하결정과 제67조의2에 따른 재심사의 청구가 있는 경우 그 청구 전에 한 각하결정은 제외한다)에 대하여 다투는 경우에는 그러하지 아니하다.

제01절 보정

1 의의 및 취지

명세서등의 보정이란 최초 명세서등과 동일성을 유지하는 범위 내에서 내용을 정정하는 것으로서, 선출원주의 때문에 출원을 서두르다 최초 명세서등에 미흡이 있는 경우 출원인을 보호하고자 도입한 제도다. 다만, 심사지연 및 제3자의 예상치 못한 불이익을 방지하기 위해 보정의 시기 및 범위에 제한을 두었다.

2 절차

(주체) 출원인이 (기간) 자진보정기간, 최초거절이유통지에 따른 의견서제출기간, 최후거절이유통지에 따른 의견서제출기간, 재심사청구시 (서면) 보정서를 제출하면 된다.

3 보정범위 개괄

(1) 심사결과에 따른 보정범위에 차이가 있는 취지

1) 심사결과에는 거절이유통지와 거절결정·특허결정이 있다.
2) 거절이유통지는 최초거절이유통지와 최후거절이유통지가 있다. 최초거절이유통지는 거절이유통지를 최초로 받은 경우 또는 최후거절이유통지가 아닌 거절이유통지를 말하고, 최후거절이유통지는 거절이유통지에 대한 보정에 따라 새롭게 발생한 거절이유에 대한 통지를 말한다.
3) 거절이유통지와 보정의 반복에 따른 절차 지연을 방지하고 심사를 촉진하기 위해 최후거절이유통지에 대한 보정의 범위는 거절이유통지 전 자진보정 및 최초거절이유통지에 대한 보정에 비해 제한을 두고 있다.
4) 거절결정·특허결정 후 재심사 청구시에도 결정과 보정의 반복에 따른 절차 지연을 방지하고 심사를 촉진하기 위해 보정의 범위를 거절이유통지 전 자진보정 및 최초거절이유통지에 대한 보정에 비해 제한을 두고 있다.

(2) 심사결과에 따른 보정범위

1) 자진보정

거절이유통지 전 또는 특허결정등본 송달 전까지 제47조 제2항의 범위 내에서 보정해야 한다. 위반시 보정은 승인되나 심사결과 거절이유가 통지된다.

2) 최초거절이유통지에 대한 보정

의견서 제출기간 내에 제47조 제2항의 범위 내에서 보정해야 한다. 위반시 보정은 승인되나 심사결과 최후거절이유가 통지된다.

3) 최후거절이유통지에 대한 보정

의견서 제출기간 내에 제47조 제2항, 제3항 및 제51조 제1항의 범위 내에서 보정해야 한다. 위반시 심사결과 결정으로 보정이 각하된다.

4) 재심사청구시의 보정

재심사 청구를 할 때 제47조 제2항, 제3항 및 제51조 제1항의 범위 내에서 보정해야 한다. 위반시 심사결과가 결정으로 보정이 각하된다.

4 보정범위 구체적 내용

(1) 특허법 제47조 제2항

1) 명세서 또는 도면의 보정은 특허출원서에 최초로 첨부한 명세서 또는 도면에 기재된 사항의 범위에서 하여야 한다. 판례에 따르면 '최초 명세서 등에 기재된 사항'이란 "최초 명세서 등에 명시적으로 기재된 사항이거나 또는 명시적인 기재가 없더라도 통상의 기술자라면 출원시의 기술상식에 비추어 보아 보정된 사항이 최초 명세서 등에 기재되어 있었다고 인정할 수 있을 정도로 자명한 사항"을 의미한다(2006후2455).

2) 외국어특허출원에 대한 보정은 최종 국어번역문(제42조의3제6항 전단에 따른 정정이 있는 경우에는 정정된 국어번역문을 말한다) 또는 특허출원서에 최초로 첨부한 도면(도면 중 설명부분은 제외한다)에 기재된 사항의 범위에서도 하여야 한다.

(2) 특허법 제47조 제3항

1) 최후거절이유통지에 대한 보정, 재심사청구시의 보정의 가중적 제한으로, 청구범위에 대한 보정은 i) 청구항을 한정 또는 삭제하거나 청구항에 부가하여 청구범위를 감축하는 경우, ii) 잘못 기재된 사항을 정정하는 경우, iii) 분명하지 아니하게 기재된 사항을 명확하게 하는 경우, iv) 신규사항을 추가한 보정에 대하여 그 보정 전 청구범위로 되돌아가거나 되돌아가면서 청구범위를 i) 내지 iii) 까지의 규정에 따라 보정하는 경우에만 할 수 있다.

2) 청구범위의 감축

   가. 청구항을 한정하는 경우는 청구항에 기재된 발명의 범위를 내적으로 제한하는 것으로서 수치범위의 축소, 상위개념에서 하위개념 기재로의 변경, 택일적으로 기재된 요소의 삭제, 다수항을 인용하는 청구항에서 인용항의 수를 감소하는 것 등이 있다.

   나. 청구항을 삭제하는 것은 청구범위의 감축에 해당되므로 적법한 보정으로 인정한다.

   다. 발명의 설명 또는 청구범위에 기재되어 있던 새로운 기술적 사항을 직렬적으로 부가함으로써 발명의 범위가 축소되는 경우 적법한 보정으로 인정한다.

3) 잘못된 기재의 정정

명세서나 도면의 기재가 잘못된 것임이 명세서의 기재 전체, 주지의 사항 또는 경험칙 등에 비추어 명백한 경우에 그 잘못된 기재를 본래의 바른 기재로 정정하는 것을 말한다(2004허2536).

4) 분명하지 아니한 기재의 명확화

문리(文理)상 의미가 명확하지 않은 기재 또는 발명의 신규성·진보성을 판단하기에 불충분한 기재를 바로잡아 그 의미와 내용을 명확하게 하는 정정을 말한다.

5 보정효과

명문의 규정은 없으나 소급효가 있다고 본다.

6 복수의 보정을 한 경우

(1) 자진보정기간에 복수의 보정을 한 경우 각각의 보정 내용을 고려한다.
(2) 최초 또는 최후 거절이유통지에 따른 의견서제출기간에 복수의 보정을 한 경우 심사편의상 마지막 보정 전에 한 모든 보정은 취하된 것으로 보며(제47조 제4항), 최후의 보정 내용만 고려한다.
(3) 거절결정에 따른 재심사청구시 복수의 보정을 한 경우 최초 보정 내용만 고려하고, 후속 보정부터는 보정기간 위반을 이유로 보정서를 반려한다.

7 관련문제

(1) 출원의 일부 취하

1) 허용여부

판례는 "특허법은 1개의 특허출원에 대하여 전부 취하를 예정하여 이에 관한 여러 규정을 두고 있을 뿐, 특허출원의 일부취하에 대하여는 아무런 규정을 두지 않고 있는바, 출원의 일부취하를 인정하는 경우에는 아무런 시기적 제한 없이 청구항의 일부를 삭제하는 보정을 별도로 허용하는 것이 되어 보정에 대하여 엄격한 시기적 제한을 가함으로써 특허심사 절차의 신속을 도모하려는 같은 법 제47조의 취지에 반하여 심사를 부당하게 지연하고 절차의 안정성을 해치게 되므로, 특허법 제47조 제1항 각호의 기간 내에 같은 조 제3항 제1호에 따라 특허청구범위를 감축하는 방법에 의하여 일부 청구항을 삭제하는 것은 별론으로 하고 출원의 일부취하는 특허법상 허용될 수 없는 것이다."고 판시하였다(2001허89).

2) 삭제보정과 동일한 취지로 볼 수 있는지

판례는 "출원인이 출원의 일부취하라는 이름의 서류를 제출하였다고 하더라도 보정과 같은 목적을 달성하고자 하는 것이라면 특허법상 보정과 마찬가지로 보아야 한다." 고 판시하였다(2001후1044).

3) 일부취하에 대한 조치

보정기간 내라면 보정서의 제출로 선해해야할 것이고, 보정기간 경과 후에 제출된 경우 반려해야 할 것이다.

제02절 보정각하 (특허법 제51조 제1항)

1 의의 및 취지

보정각하결정은 보정을 승인하지 않고 보정 전 명세서로 심사하는 처분을 말한다. 심사지연을 방지하고자 최후거절이유에 대한 보정 또는 재심사청구시의 보정이 제47조 제2항 또는 제3항을 위반하거나 그 보정(같은 조 제3항제1호 및 제4호에 따른 보정 중 청구항을 삭제하는 보정은 제외한다)에 따라 새로운 거절이유가 발생한 경우 보정을 각하한다.

2 요건 및 절차

(1) 요건

ⅰ) 제47조 제1항 제2호 및 제3호 기간의 보정이 ⅱ) 제47조 제2항 및 제3항의 요건을 만족하지 못하거나, 보정에 의해 새로운 거절이유가 발생된 경우에 보정각하의 대상이 된다.

(2) 예외

ⅰ) 청구항을 삭제하는 보정에 의해 새로운 거절이유가 발생한 경우 (제51조 제1항 중단 괄호), ⅱ) 부적법한 보정을 간과하고 보정을 승인한 채 직권보정, 직권재심사, 재심사, 거절결정불복심판의 후속 절차를 진행한 경우는 각 후속 절차 전에 한 보정을 각하할 수 없다. 이는 절차 혼란을 방지하기 위함이다.

(3) 절차

보정각하결정은 서면으로 하며, 그 이유를 붙여야 한다(제51조 제2항).

3 보정에 따라 발생한 새로운 거절이유 여부 관련 쟁점 – 기재불비 극복을 위한 보정 이후 신규성/진보성 흠결이 발견된 경우

判例는 제42조 제4항 제2호의 명세서 기재요건을 구비하지 못한 기재불비가 있다는 거절이유 통지에 따라 이를 해소하기 위한 보정이 이루어졌는데, 보정 이후 심사결과 신규성이나 진보성 부정의거절이유가 발생되더라도 그러한 거절이유가 보정으로 청구항이 신설되거나 실질적으로 신설에 준하는 정도로 변경됨에 따라 비로소 발생한 경우와 같은 특별한 사정이 없는 한 보정으로 인해 새롭게 발생한 것으로 볼 수 없다고 판시하였다(2012후3121).

4 청구항 삭제 보정 관련 쟁점 (2014후533)

(1) 청구항을 삭제하면서 새로운 거절이유가 발생한 경우 보정각하결정을 하지 않는 취지

특허법 제51조 제1항이 보정에 따라 새로운 거절이유가 발생한 것으로 인정되면 보정을 각하하도록 하면서도 '청구항을 삭제하는 보정'의 경우를 대상에서 제외하고 있는 취지는, 보정에 따라 새로운 거절이유가 발생한 경우에는 보정을 각하함으로서 새로운 거절이유에 대한 거절이유통지와 또 다른 보정이 반복되는 것을 배제하여 심사절차의 신속한 진행을 도모하되, '청구항을 삭제하는 보정'의 경우에는 청구항을 한정·부가하는 보정 등 다른 경우와 달리 그로 인하여 새로운 거절이유가 발생하더라도 위와 같은 보정의 반복에 의하여 심사관의 새로운 심사에 따른 업무량 가중 및 심사절차의 지연의 문제가 생기지 아니하므로 그에 대하여 거절이유를 통지하여 보정의 기회를 다시 부여함으로써 출원인을 보호하려는 데 있다.

(2) 보정각하결정을 하지 않는 사안

1) 청구항을 삭제하는 보정을 하면서 삭제된 청구항을 인용하던 종속항에서 인용번호를 그대로 둠으로써 특허법 제42조 제3항, 제4항에서 정한 명세서 기재요건을 충족하지 않은 기재불비가 발생한 경우
2) 청구항을 삭제하는 보정을 하면서 그 삭제된 청구항을 직·간접적으로 인용하던 종속항을 보정하는 과정에서 그 인용번호를 잘못 변경하여 기재불비가 발생한 경우
3) 청구항을 삭제하는 보정을 하면서 그 삭제된 청구항을 직·간접적으로 인용하던 종속항을 보정하는 과정에서 종속항이 2 이상의 항을 인용하는 경우에 인용되는 항의 번호 사이의 택일적 관계에 대한 기재를 누락함으로써 기재 불비가 발생한 경우

(3) 보정각하결정을 하지 않는 경우 심사결과

특허법 제51조 제1항 괄호에 해당하는 경우 새롭게 발생한 기재불비의 거절이유에 대해 최후거절이유통지를 하거나, 또는 재량에 따라 직권보정 후 특허결정할 수 있다(심사기준).

(4) 보정각하결정을 한 사안 – 청구항 삭제와 무관한 보정으로 기재불비 발생했을 때 (2015후2259)

법원은 청구항을 삭제하는 보정을 하였더라도 삭제된 청구항과 관련이 없는 부분에서 새롭게 발생한 거절이유라면 특허법 제51조 제1항 괄호의 청구항을 삭제하는 보정에 따라 발생한 새로운 거절이유에 포함되지 않는다고 보았다.

5 효과 및 불복

(1) 보정의 불인정

보정각하가 있는 경우, 당해 보정은 없던 것으로 보며, 보정 전 명세서를 기준으로 심사를 한다.

(2) 보정각하에 대한 불복 (제51조 제3항)

1) 보정각하 결정은 단독으로 불복할 수 없고, 거절결정을 받은 이후 거절결정불복심판에서 거절결정과 함께만 불복할 수 있다.
2) 다만 부적법한 보정각하결정에 대해 다투지 않은 채 직권재심사, 재심사의 후속 절차를 진행한 경우는 각 후속 절차 전에 한 보정각하결정에 대해 불복할 수 없다. 이는 절차 혼란을 방지하기 위함이다.

제03절 거절이유 또는 보정각하사유가 간과된 경우

1 특허법 제47조 제2항 사유가 간과되어 착오로 등록된 경우

제47조 제2항 전단 위반의 경우 무효사유에 해당하나, 제47조 제2항 후단 위반의 경우는 무효사유에 해당하지 않는다. 이는 형식적 하자에 불과하여 무효사유에서 제외한 것이다.

2 보정각하사유가 있는 보정이 나중에 재심사단계 또는 심판단계에서 인정된 경우

심사관의 처분을 신뢰한 출원인을 보호하기 위해 보정각하를 하지 않는다(제51조 제1항 단서, 제170조 제1항 괄호).

CHAPTER 03 분할출원 (특허법 제52조)

제52조(분할출원)

① 특허출원인은 둘 이상의 발명을 하나의 특허출원으로 한 경우에는 그 특허출원의 출원서에 최초로 첨부된 명세서 또는 도면에 기재된 사항의 범위에서 다음 각 호의 어느 하나에 해당하는 기간에 그 일부를 하나 이상의 특허출원으로 분할할 수 있다. 다만, 그 특허출원이 외국어특허출원인 경우에는 그 특허출원에 대한 제42조의3 제2항에 따른 국어번역문이 제출된 경우에만 분할할 수 있다.
  1. 제47조제1항에 따라 보정을 할 수 있는 기간
  2. 특허거절결정등본을 송달받은 날부터 3개월(제15조 제1항에 따라 제132조의17에 따른 기간이 연장된 경우 그 연장된 기간을 말한다) 이내의 기간
  3. 제66조에 따른 특허결정 또는 제176조제1항에 따른 특허거절결정 취소심결(특허등록을 결정한 심결에 한정하되, 재심심결을 포함한다)의 등본을 송달받은 날부터 3개월 이내의 기간. 다만, 제79조에 따른 설정등록을 받으려는 날이 3개월보다 짧은 경우에는 그 날까지의 기간

② 제1항에 따라 분할된 특허출원(이하 "분할출원"이라 한다)이 있는 경우 그 분할출원은 특허출원한 때에 출원한 것으로 본다. 다만, 그 분할출원에 대하여 다음 각 호의 규정을 적용할 경우에는 해당 분할출원을 한 때에 출원한 것으로 본다.
  1. 분할출원이 제29조제3항에 따른 다른 특허출원 또는 「실용신안법」 제4조제4항에 따른 특허출원에 해당하여 이 법 제29조제3항 또는 「실용신안법」 제4조제4항을 적용하는 경우
  2. 제30조제2항을 적용하는 경우
  3. 제54조제3항을 적용하는 경우
  4. 제55조제2항을 적용하는 경우

③ 제1항에 따라 분할출원을 하려는 자는 분할출원을 할 때에 특허출원서에 그 취지 및 분할의 기초가 된 특허출원의 표시를 하여야 한다.

④ 분할의 기초가 된 특허출원이 제54조 또는 제55조에 따라 우선권을 주장한 특허출원인 경우에는 제1항에 따라 분할출원을 한 때에 그 분할출원에 대해서도 우선권 주장을 한 것으로 보며, 분할의 기초가 된 특허출원에 대하여 제54조 제4항에 따라 제출된 서류 또는 서면이 있는 경우에는 분할출원에 대해서도 해당 서류 또는 서면이 제출된 것으로 본다.

⑤ 제4항에 따라 우선권을 주장한 것으로 보는 분할출원에 관하여는 제54조 제7항 또는 제55조 제7항에 따른 기한이 지난 후에도 분할출원을 한 날부터 30일 이내에 그 우선권 주장의 전부 또는 일부를 취하할 수 있다.

⑥ 분할출원의 경우에 제54조에 따른 우선권을 주장하는 자는 같은 조 제4항에 따른 서류를 같은 조 제5항에 따른 기간이 지난 후에도 분할출원을 한 날부터 3개월 이내에 특허청장에게 제출할 수 있다.

⑦ 분할출원이 외국어특허출원인 경우에는 특허출원인은 제42조의3 제2항에 따른 국어번역문 또는 같은 조 제3항 본문에 따른 새로운 국어번역문을 같은 조 제2항에 따른 기한이 지난 후에도 분할출원을 한 날부터 30일이 되는 날까지는 제출할 수 있다. 다만, 제42조의3 제3항각 호의 어느 하나에 해당하는 경우에는 새로운 국어번역문을 제출할 수 없다.

⑧ 특허출원서에 최초로 첨부한 명세서에 청구범위를 적지 아니한 분할출원에 관하여는 제42조의2 제2항에 따른 기한이 지난 후에도 분할출원을 한 날부터 30일이 되는 날까지는 명세서에 청구범위를 적는 보정을 할 수 있다.

1 의의 및 취지

분할출원은 2이상의 발명을 하나로 출원했을 때 발명별로 출원을 나눌 수 있는 제도이다. 이는 원출원과 엄연히 구분되는 별개의 출원이다.

2 요건

(1) 주체적 요건

원출원을 한 자 또는 그 승계인이 분할출원할 수 있는 권리를 가진다. 공동출원의 경우 원출원과 분할출원의 출원인 전원이 일치하여야 한다.

(2) 객체적 요건

1) 원출원의 최초 명세서 또는 도면의 범위 내에서 해야한다. 判例는 '최초로 첨부한 명세서 또는 도면에 기재된 사항'이라 함은 ⅰ) 최초로 첨부한 명세서 또는 도면에 명시적으로 기재된 사항이거나 ⅱ) 그러한 명시적인 기재가 없더라도 그 발명이 속하는 기술분야에서 통상의 지식을 가진 자라면 출원시의 기술상식에 비추어 보아 최초 명세서 등에 기재되어 있는 것과 마찬가지라고 이해할 수 있는 사항을 의미한다고 한다.
2) 흠결시 거절이유, 정보제공사유, 직권재심사사유 및 무효사유에 해당한다.

(3) 시기적 요건

ⅰ) 제47조제1항에 따라 보정을 할 수 있는 기간, ⅱ) 특허거절결정등본을 송달받은 날부터 3개월 (제15조제1항에 따라 제132조의17에 따른 기간이 연장된 경우 그 연장된 기간을 말한다) 이내의 기간[71])[72]), ⅲ) 제66조에 따른 특허결정 또는 제176조제1항에 따른 특허거절결정 취소심결(특허등록을 결정한 심결에 한정하되, 재심심결을 포함한다)의 등본을 송달받은 날부터 3개월 이내의 기간 (다만, 제79조에 따른 설정등록을 받으려는 날이 3개월보다 짧은 경우에는 그 날까지의 기간) 에 분할출원할 수 있다.

3 절차

(1) (주체) 원출원인이 (기간) 법정기간 내 (서면) 출원서에 취지 및 원출원을 표시한 출원서를 제출하면 된다.

(2) 원출원의 청구범위에 기재된 발명을 분할출원한 경우

제36조 제2항 위반을 회피하기 위하여 원출원의 청구범위에서 분할출원한 발명을 삭제하는 보정을 해야할 필요가 있다. 그렇지 않으면 특허법 제36조 제2항의 거절이유통지와 제36조 제6항의 협의요구서가 나온다.

---

71) 22.4.20 시행 개정법은 거절결정불복심판의 청구기간을 현행 30일에서 3개월로 늘려 심판에 대한 충분한 준비기간을 제공하고 불필요한 기간 연장을 최소화하도록 하였다. 경과규정상 22.4.20 이후 거절결정등본을 송달받은 특허출원을 기초로 한 분할출원부터 적용한다.
72) 단, 재심사가 청구된 경우 거절결정은 취소된 것으로 보므로 거절결정에 대한 불복심판 및 분할출원은 할 수 없다.

(3) 원출원의 발명의 설명에만 기재된 발명을 분할출원한 경우

원출원 청구범위의 보정을 필요로 하지 않는다. 판례도 이러한 경우 원출원을 정정함이 없이 신규출원만 하여도 적법하다고 보았다(83후26).

4 효과

(1) 적법한 경우

출원일이 소급된다. 예외적으로 확대된 선원주의 (특허법 제29조 제3항), 공지예외적용주장의 취지 기재 및 증명서류 제출 (특허법 제30조 제2항), 조약우선권주장의 취지 등 기재 (특허법 제54조 제3항), 국내우선권주장의 취지 등 기재 (특허법 제55조 제2항)의 경우 분할출원을 한 때에 출원한 것으로 본다.

(2) 부적법한 경우

심사기준에 따르면 방식요건을 갖추지 못한 경우 소명기회를 부여한 후 반려한다. 한편 방식요건을 갖추었다 하더라도 특허법 제52조 제1항 위반의 경우, 즉 분할출원이 원출원의 최초 명세서 또는 도면에 기재된 사항의 범위를 벗어난 경우는 거절이유, 정보제공사유, 직권재심사사유, 특허무효사유에 해당한다.

5 관련문제

(1) 외국어특허출원

1) 원출원이 외국어특허출원인 경우(특허법 제52조 제1항 단서)

특허출원에 대한 제42조의3제2항에 따른 국어번역문이 제출된 경우에만 분할할 수 있다.

2) 분할출원이 외국어특허출원인 경우 (특허법 제52조 제7항)

특허출원인은 제42조의3제2항에 따른 국어번역문 또는 같은 조 제3항 본문에 따른 새로운 국어번역문을 같은 조 제2항에 따른 기한 (제3자의 심사청구 취지를 통지받은 날부터 3개월 또는 제64조 제1항 각호에 따른 날부터 1년 2개월 중 빠른 날)이 지난 후에도 분할출원을 한 날부터 30일이 되는 날까지는 제출할 수 있다. 다만, 명세서 또는 도면을 보정한 경우 (국어번역문 제출에 따라 보정된 것으로 보는 경우는 제외) 또는 출원인이 심사청구를한 경우에는 새로운 국어번역문을 제출할 수 없다.

(2) 청구범위유예 (특허법 제52조 제8항) 및 임시명세서

특허출원서에 최초로 첨부한 명세서에 청구범위를 적지 아니하거나 임시명세서로 첨부한 분할출원에 관하여는 제42조의2제2항에 따른 기한이 지난 후에도 분할출원을 한 날부터 30일이 되는 날까지는 명세서에 청구범위를 적거나 정식명세서로 전문 보정을 할 수 있다.

(3) 심사청구

원출원일로부터 3년이 지난 후에도 분할출원을 한 날부터 30일 이내에 출원심사의 청구를 할 수 있다(특허법 제59조 제3항). 심사의 효율성 확보를 위해 분할출원의 심사순서는 원출원의 심사청구 순에 의한다(특허법 시행규칙 제38조 제1항).

(4) 국내우선권주장의 선출원 지위 불인정

심사 부담의 경감을 위해 분할출원은 국내우선권주장의 선출원이 될 수 없다(특허법 제55조 제1항). 한편 국내우선권주장출원을 분할출원하는 것은 가능하다.

(5) 재분할출원의 가부

이를 금지하는 명문의 규정이 없는 바, 분할출원을 다시 분할출원하는 것도 가능하다(심사기준).

(6) 분할출원의 보정

분할출원은 원출원과 별개인 통상의 출원으로 보고 보정의 적법성을 판단하는 바, 제47조 2항 전단의 신규사항 추가금지는 분할출원의 최초 명세서 또는 도면을 기준으로 판단한다.

(7) 공지예외적용주장 및 우선권 주장

1) 분할출원시 취지 기재 및 증명서류 제출, 원용

분할출원에 대하여 공지예외적용주장 또는 우선권주장을 할 때에는 분할출원서에 그 취지를 기재하고, 증명서류를 분할출원일부터 규정된 날까지 제출해야 한다. 다만, 원출원에 대해 이미 제출한 서류를 원용하고자 할 때에는 그 취지를 기재하여 증명서류 제출에 갈음할 수 있다.

2) 원출원시 주장

가. 원출원시 우선권주장을 하지 않은 경우에는 분할출원시 우선권주장을 할 수 없다. 다만, 원출원에서 우선권주장의 취지만을 기재하고 그 증명서류를 법정기간 내 제출하지 않은 경우라도 분할출원서에 우선권주장의 취지를 기재하고 분할출원일부터 규정된 날까지 해당 증명서류를 제출한 경우에는 그 우선권주장은 적법한 것으로 본다(다만, 분할출원 전에 절차가 무효로 된 경우는 제외한다, 심사기준). 이는 우선권주장 절차를 밟을 수 있는 기간을 해태한 것을 분할출원을 통해 극복할 수 있게 방치하면, 우선권주장 절차를 밟을 수 있는 기간을 출원시로 특정한 법률이 형해화될 수 있음을 우려한 심사실무의 태도다.

나. 과거 공지예외주장의 경우도 마찬가지로 원출원에서 밟지 않았다면 분할출원에서 밟을 수 없도록 한 적도 있었으나, 2015. 7. 29 시행 개정법에서 보완수수료 제출하에 공지예외적용주장 기간을 확대하면서(특허법 제30조 제3항), 원출원에서 공지예외적용주장을 하지 않았어도 분할출원에서 공지예외적용주장을 할 수 있다고 본다[73].

---

[73] 원출원에서 공지예외주장을 하지 않았더라도 분할출원에서 적법한 절차를 준수하여 공지예외주장을 하였다면, 원출원이 자기공지일로부터 12개월 이내에 이루어진 이상 공지예외의 효과를 인정받을 수 있다고 봄이 타당하다. 위 법리와 기록에 비추어 살펴보면, 원고는 이 사건 출원발명과 동일한 발명인 선행발명 3 의 공개 이후 12개월 내인 2014. 12. 23. 이 사건 원출원을 하였고, 당시 공지예외주장을 하지는 않았지만, 분할출원 가능기간 내인 2016. 8. 30. 분할출원을 하며 절차를 준수하여 공지예외주장을 하였다. 따라서 원고가 자기공지한 선행발명 3 은 이 사건 출원발명의 신규성 및 진보성 부정의 근거가 되지 못한다고 볼 수 있다. 그럼에도 원심은 원고가 분할출원시에 공지예외주장을 하였다 하더라도 원출원시 공지예외주장을 하지 않았으므로 이 사건 출원발명은 선행발명 3 에 의하여 신규성 및 진보성이 부정된다고 보아 이와 같이 판단한 심결을 유지하였다. 이러한 원심판결에는 분할출원 및 공지예외주장에 관한 법리를 오해하여 판결에 영향을 미친 잘못이 있고, 이를 지적하는 상고이유 주장은 이유 있다(2020후11479).

3) 분할출원 시 우선권 주장

가. 특허법 제54조 제3항 및 제55조 제2항은 우선권을 주장하려는 자는 특허출원을 할 때 특허출원서에 그 취지 등을 표시하여야 한다고 하고, 특허법 제52조 제2항 제3호 및 제4호는 분할출원이 있는 경우 분할출원시에 특허출원서에 우선권 주장의 취지 등을 표시할 것을 명문으로 규정하고 있다.

나. 이에 과거 법원은 원출원에서 우선권 주장했어도 분할출원에서 우선권 주장의 효력을 인정받기 위해서는 분할출원시의 특허출원서에 우선권 주장의 취지 등을 별도로 표시하여야 하고, 우선권 주장의 취지 등의 표시가 특허출원서에 기재되지 아니한 분할출원은 우선권 주장의 효력을 인정받을 수 없다고 보았다(2017후2819).

다. 그러나 위 과거 법원의 태도가 출원인에게 지나치게 가혹하다는 비판이 있자, 최근 법 개정을 통해 분할출원시 특허출원서에 우선권 주장 취지 등의 표시를 누락했어도 원출원의 우선권 주장 효력을 자동승계하는 규정을 도입했다(특허법 제52조 제4항). 만약 자동승계된 우선권 주장 효력을 거부하고자 하는 경우는 특허법 제54조 제7항 또는 제55조 제7항에 따른 기한이 지난 후에도 분할출원을 한 날부터 30일 이내에 그 우선권 주장의 전부 또는 일부를 취하할 수 있다(특허법 제52조 제5항).

CHAPTER 04 분리출원 (특허법 제52조의2)

> **제52조의2(분리출원)**
> ① 특허거절결정을 받은 자는 제132조의17에 따른 심판청구가 기각된 경우 그 심결의 등본을 송달받은 날부터 30일(제186조 제5항에 따라 심판장이 부가기간을 정한 경우에는 그 기간을 말한다) 이내에 그 특허출원의 출원서에 최초로 첨부된 명세서 또는 도면에 기재된 사항의 범위에서 그 특허출원의 일부를 새로운 특허출원으로 분리할 수 있다. 이 경우 새로운 특허출원의 청구범위에는 다음 각 호의 어느 하나에 해당하는 청구항만을 적을 수 있다.
> 1. 그 심판청구의 대상이 되는 특허거절결정에서 거절되지 아니한 청구항
> 2. 거절된 청구항에서 그 특허거절결정의 기초가 된 선택적 기재사항을 삭제한 청구항
> 3. 제1호 또는 제2호에 따른 청구항을 제47조 제3항 각 호(같은 항 제4호는 제외한다)의 어느 하나에 해당하도록 적은 청구항
> 4. 제1호부터 제3호까지 중 어느 하나의 청구항에서 그 특허출원의 출원서에 최초로 첨부된 명세서 또는 도면에 기재된 사항의 범위를 벗어난 부분을 삭제한 청구항
>
> ② 제1항에 따라 분리된 특허출원(이하 "분리출원"이라 한다)에 관하여는 제52조 제2항부터 제5항까지의 규정을 준용한다. 이 경우 "분할"은 "분리"로, "분할출원"은 "분리출원"으로 본다.
> ③ 분리출원을 하는 경우에는 제42조의2 제1항후단 또는 제42조의3 제1항에도 불구하고 특허출원서에 최초로 첨부한 명세서에 청구범위를 적지 아니하거나 명세서 및 도면(도면 중 설명부분에 한정한다)을 국어가 아닌 언어로 적을 수 없다.
> ④ 분리출원은 새로운 분리출원, 분할출원 또는「실용신안법」제10조에 따른 변경출원의 기초가 될 수 없다.

1 의의 및 취지

분리출원이란 2이상의 발명을 포함하는 특허출원의 일부에 거절이유가 있어 거절결정 및 거절결정불복심판 기각심결까지 받았을 때 거절되지 아니한 일부를 새로운 특허출원으로 분리하는 제도이다. 거절결정 후 분할출원 및 이의 취하의 남발에 따른 불필요한 행정낭비를 줄이고자 도입되었다[74].

2 요건

(1) 주체적 요건

원출원을 한 자 또는 그 승계인이 분리출원할 수 있는 권리를 가진다. 공동출원의 경우 원출원과 분리출원의 출원인 전원이 일치하여야 한다.

---

[74] 종래에는 거절결정불복심판의 청구가 기각되는 경우에는 청구범위에 기재된 발명 중 등록가능한 발명이 있어도 구제가 불가하여 출원인의 특허획득 기회가 제한되어, 출원인은 이에 대비하고자 거절결정불복심판을 청구함과 동시에 별도의 분할출원을 하다보니, 분할출원이 남용되었다. 22.4.20. 시행 개정법은 분할출원이 남용되는 것을 방지하고, 거절결정불복심판 기각심결 이후에도 출원인에게 권리를 획득할 수 있는 기회를 부여하기 위해 분리출원 제도를 도입하였으며, 이는 22.4.20. 이후 거절결정불복심판이 청구된 특허출원의 일부를 분리출원하는 것부터 적용된다.

(2) 객체적 요건

1) 원출원의 최초 명세서 또는 도면의 범위 내에서 해야 한다. 흠결시 거절이유, 정보제공사유, 직권재심사사유 및 무효사유에 해당한다.
2) 원출원의 거절결정된 청구범위 내에서 해야 한다. 흠결시 거절이유, 정보제공사유 및 직권재심사사유에 해당하며, 무효사유에서는 제외된다.

(3) 시기적 요건

거절결정불복심판 기각심결등본을 송달받은 날부터 30일(심판장이 부가기간을 정한 경우에는 그 기간을 말한다) 내에 분리출원할 수 있다.

3 절차

(주체) 원출원인이 (기간) 법정기간 내 (서면) 출원서에 취지 및 원출원을 표시한 출원서를 제출하면 된다.

4 효과

(1) 적법한 경우

출원일이 소급된다. 예외적으로 확대된 선원주의 (특허법 제29조 제3항), 공지예외적용주장의 취지 기재 및 증명서류 제출 (특허법 제30조 제2항), 조약우선권주장의 취지 등 기재 (특허법 제54조 제3항), 국내우선권주장의 취지 등 기재 (특허법 제55조 제2항)의 경우 분리출원을 한 때에 출원한 것으로 본다.

(2) 부적법한 경우

심사기준에 따르면 방식요건을 갖추지 못한 경우 소명기회를 부여한 후 반려한다. 한편 방식요건을 갖추었다 하더라도 특허법 제52조의2 제1항 전단 위반의 경우, 즉 분리출원이 원출원의 최초 명세서 또는 도면에 기재된 사항의 범위를 벗어난 경우는 거절이유, 정보제공사유, 직권재심사사유, 특허무효사유에 해당하고, 제52조의2 제1항 각호 위반의 경우, 즉 분리출원이 원출원의 거절결정된 청구범위를 벗어난 경우는 거절이유, 정보제공사유, 직권재심사사유에 해당한다.

5 관련문제 - 분할출원과의 차이

(1) 절차제한

분리출원은 새로운 분리출원, 분할출원 또는 변경출원의 기초가 될 수 없다(특허법 제52조의2 제4항). 분리출원은 재심사청구할 수 없다(특허법 제67조의2 제1항 제3호). 분리출원은 외국어 출원 및 임시명세서 출원할 수 없다(특허법 제52조의2 제3항).

(2) 기간

원출원에 대해 거절결정불복심판청구 후에는 분할출원은 할 수 없고, 분리출원만 가능하다.

(3) 범위

분할출원과 분리출원 모두 신규사항추가가 금지되며, 분리출원은 추가로 원출원 거절결정된 청구범위 내에서 해야 하는 제한이 더 있다.

(4) 나머지 규정은 분할출원과 동일하다.

변경출원 (특허법 제53조)

> **제53조(변경출원)**
> ① 실용신안등록출원인은 그 실용신안등록출원의 출원서에 최초로 첨부된 명세서 또는 도면에 기재된 사항의 범위에서 그 실용신안등록출원을 특허출원으로 변경할 수 있다. 다만, 다음 각 호의 어느 하나에 해당하는 경우에는 그러하지 아니하다.
> 1. 그 실용신안등록출원에 관하여 최초의 거절결정등본을 송달받은 날부터 3개월(「실용신안법」 제3조에 따라 준용되는 이 법 제15조 제1항에 따라 제132조의17에 따른 기간이 연장된 경우에는 그 연장된 기간을 말한다)이 지난 경우
> 2. 그 실용신안등록출원이「실용신안법」제8조의3제2항에 따른 외국어실용신안등록출원인 경우로서 변경하여 출원할 때 같은 항에 따른 국어번역문이 제출되지 아니한 경우
> ② 제1항에 따라 변경된 특허출원(이하 "변경출원"이라 한다)이 있는 경우에 그 변경출원은 실용신안등록출원을 한 때에 특허출원한 것으로 본다. 다만, 그 변경출원이 다음 각 호의 어느 하나에 해당하는 경우에는 그러하지 아니하다.
> 1. 제29조제3항에 따른 다른 특허출원 또는 「실용신안법」제4조제4항에 따른 특허출원에 해당하여 이 법 제29조제3항 또는「실용신안법」제4조제4항을 적용하는 경우
> 2. 제30조제2항을 적용하는 경우
> 3. 제54조제3항을 적용하는 경우
> 4. 제55조제2항을 적용하는 경우
> ③ 제1항에 따라 변경출원을 하려는 자는 변경출원을 할 때 특허출원서에 그 취지 및 변경출원의 기초가 된 실용신안등록출원의 표시를 하여야 한다.
> ④ 변경출원이 있는 경우에는 그 실용신안등록출원은 취하된 것으로 본다.
> ⑤ 삭제
> ⑥ 변경출원의 경우에 제54조에 따른 우선권을 주장하는 자는 같은 조 제4항에 따른 서류를 같은 조 제5항에 따른 기간이 지난 후에도 변경출원을 한 날부터 3개월 이내에 특허청장에게 제출할 수 있다.
> ⑦ 특허출원인은 변경출원이 외국어특허출원인 경우에는 제42조의3제2항에 따른 국어번역문 또는 같은 조 제3항 본문에 따른 새로운 국어번역문을 같은 조 제2항에 따른 기한이 지난 후에도 변경출원을 한 날부터 30일이 되는 날까지는 제출할 수 있다. 다만, 제42조의3제3항 각 호의 어느 하나에 해당하는 경우에는 새로운 국어번역문을 제출할 수 없다.
> ⑧ 특허출원인은 특허출원서에 최초로 첨부한 명세서에 청구범위를 적지 아니한 변경출원의 경우 제42조의2제2항에 따른 기한이 지난 후에도 변경출원을 한 날부터 30일이 되는 날까지 명세서에 청구범위를 적는 보정을 할 수 있다.

1 의의 및 취지

변경출원은 출원인이 선출원주의 하에서 출원을 서두르거나 제도에 대한 오해, 대상물에 대한 판단의 곤란성 등으로 출원 형식(특허, 실용신안등록)을 잘못 선택한 경우에 출원 후에 출원일을 그대로 유지한 채 원출원의 형식을 보다 유리한 다른 형식으로 변경하는 제도이다.

2 요건

(1) 주체적 요건

변경출원 당시 원출원의 출원인과 동일해야하며, 공동출원의 경우 전원이 출원해야하고 (특허법 제11조), 대리인이 절차를 밟는 경우 특별수권사항이다(특허법 제6조).

(2) 객체적 요건

1) 원출원의 최초 명세서 또는 도면에 기재된 사항의 범위 내에서 해야한다.
2) 흠결시 거절이유, 정보제공사유, 직권재심사사유 및 무효사유에 해당한다.

(3) 시기적 요건

최초의 거절결정등본을 송달받은 날부터 3개월 내(제15조제1항에 따라 제132조의17에 따른 기간이 연장된 경우 그 연장된 기간을 말한다)에 변경출원할 수 있고, 외국어 출원인 경우 국어번역문이 제출되어야 가능하다.

3 절차

(주체) 원출원인이 (기간) 법정기간 내 (서면) 출원서에 취지 및 원출원을 표시한 출원서를 제출하면 된다.

4 효과

(1) 적법한 경우

출원일이 소급된다. 예외적으로 확대된 선원주의 (특허법 제29조 제3항), 공지예외적용주장의 취지 기재 및 증명서류 제출 (특허법 제30조 제2항), 조약우선권주장의 취지 등 기재 (특허법 제54조 제3항), 국내우선권주장의 취지 등 기재 (특허법 제55조 제2항)의 경우 변경출원을 한 때에 출원한 것으로 본다.

(2) 부적법한 경우

심사기준에 따르면 방식요건을 갖추지 못한 경우 소명기회를 부여한 후 반려한다. 한편 방식요건을 갖추었다 하더라도 특허법 제53조 제1항 위반의 경우, 즉 변경출원이 원출원의 최초 명세서 또는 도면에 기재된 사항의 범위를 벗어난 경우는 거절이유, 정보제공사유, 직권재심사사유, 특허무효사유에 해당한다.

(3) 원출원의 취하간주

변경출원이 있는 경우 그 실용신안등록출원은 취하된 것으로 본다(특허법 제53조 제4항). 이는 특허출원과 실용신안등록출원 간 협의제를 회피하기 위함이다.

5 관련문제

(1) 외국어특허출원

1) 원출원이 외국어특허출원인 경우 (특허법 제53조 제1항 제2호)

특허출원에 대한 제42조의3제2항에 따른 국어번역문이 제출된 경우에만 변경할 수 있다.

2) 변경출원이 외국어특허출원인 경우 (특허법 제53조 제7항)

특허출원인은 제42조의3제2항에 따른 국어번역문 또는 같은 조 제3항 본문에 따른 새로운 국어번역문을 같은 조 제2항에 따른 기한 (제3자의 심사청구 취지를 통지받은 날부터 3개월 또는 제64조 제1항 각호에 따른 날부터 1년 2개월 중 빠른 날)이 지난 후에도 변경출원을 한 날부터 30일이 되는 날까지는 제출할 수 있다. 다만, 명세서 또는 도면을 보정한 경우 (국어번역문 제출에 따라 보정된 것으로 보는 경우는 제외) 또는 출원인이 심사청구를 한 경우에는 새로운 국어번역문을 제출할 수 없다.

(2) 청구범위유예 (특허법 제53조 제8항) 및 임시명세서

특허출원서에 최초로 첨부한 명세서에 청구범위를 적지 아니하거나 임시명세서로 첨부한 변경출원에 관하여는 제42조의2제2항에 따른 기한이 지난 후에도 변경출원을 한 날부터 30일이 되는 날까지는 명세서에 청구범위를 적거나 정식명세서로 전문 보정을 할 수 있다.

(3) 심사청구

원출원일로부터 3년이 지난 후에도 변경출원을 한 날부터 30일 이내에 출원심사의 청구를 할 수 있다(특허법 제59조 제3항). 심사의 효율성 확보를 위해 변경출원의 심사순서는 원출원의 심사청구 순에 의한다(특허법 시행규칙 제38조 제1항).

(4) 국내우선권주장의 선출원 지위 불인정

심사 부담의 경감을 위해 변경출원은 국내우선권주장의 선출원이 될 수 없다(특허법 제55조 제1항). 한편 국내우선권주장출원을 변경출원하는 것은 가능하다.

(5) 분할출원을 원출원으로 하여 변경출원할 수 있는지

이를 금지하는 명문의 규정이 없는 바, 분할출원을 변경출원하는 것도 가능하다. 다만, 분할출원과 변경출원을 하나의 절차로 하는 것은 부적법하며, 분할출원 후 다시 변경출원을 해야한다.

(6) 복수의 원출원을 기초로 하나의 변경출원을 할 수 있는지

복수의 원출원을 기초로 하나의 변경출원을 할 수 없다. 다만, 2이상의 선출원을 하나의 국내우선권주장 출원으로 한 후에 변경출원할 수 있다(심사기준).

(7) 변경출원의 보정

변경출원은 원출원과 별개인 통상의 출원으로 보고 보정의 적법성을 판단하는 바, 제47조 2항 전단의 신규사항 추가금지는 변경출원의 최초 명세서 또는 도면을 기준으로 판단한다.

(8) 공지예외적용주장 및 우선권 주장

1) 변경출원시 취지 기재 및 증명서류 제출, 원용

변경출원에 대하여 공지예외적용주장 또는 우선권주장을 할 때에는 변경출원서에 그 취지를 기재하고, 증명서류를 변경출원일부터 규정된 날까지 제출해야 한다. 다만, 원출원에 대해 이미 제출한 서류를 원용하고자 할 때에는 그 취지를 기재하여 증명서류 제출에 갈음할 수 있다.

2) 원출원시 주장

가. 원출원시 우선권주장을 하지 않은 경우에는 변경출원시 우선권주장을 할 수 없다. 다만, 원출원에서 우선권주장의 취지만을 기재하고 그 증명서류를 법정기간 내 제출하지 않은 경우라도 변경출원서에 우선권주장의 취지를 기재하고 변경출원일부터 규정된 날까지 해당 증명서류를 제출한 경우에는 그 우선권주장은 적법한 것으로 본다(다만, 변경출원 전에 절차가 무효로 된 경우는 제외한다, 심사기준). 이는 우선권주장 절차를 밟을 수 있는 기간을 해태한 것을 변경출원을 통해 극복할 수 있게 방치하면, 우선권주장 절차를 밟을 수 있는 기간을 출원시로 특정한 법률이 형해화될 수 있음을 우려한 심사실무의 태도다.

나. 과거 공지예외주장의 경우도 마찬가지로 원출원에서 밟지 않았다면 변경출원에서 밟을 수 없도록 한 적도 있었으나, 2015. 7. 29 시행 개정법은 보완수수료 제출 하에 공지예외적용주장 기간을 확대하였는바(특허법 제30조 제3항), 원출원에서 공지예외적용주장을 하지 않았어도 변경출원에서 공지예외적용주장을 할 수 있다.

(9) 분할출원과의 차이

1) 시기

변경출원은 실용신안등록출원일 또는 특허출원일부터 설정등록되기 전까지의 기간 중 최초의 거절결정등본을 송달 받은 날부터 3개월 이내에 가능하다(특허법 제53조 제1항 제1호).

2) 취하간주

변경출원이 있는 경우는 특허법 제36조 제3항의 관계를 고려해 원출원을 법률에 따라 취하 간주한다(특허법 제53조 제4항). 분할출원의 경우는 필요하다면 원출원과 청구범위를 다르게 하는 보정을 할 것을 권고하나[75], 변경출원은 동일한 발명을 절차만 변경할 수 있도록 도입한 것이 취지라 이 절차를 밟는 경우는 원출원과 발명이 동일할 것으로 보아, 중복특허염려를 원천적으로 봉쇄하고자 변경출원과 동시에 법률에 따라 원출원을 취하 간주한다[76].

3) 원출원 우선권주장 자동승계

변경출원은 원출원 우선권주장 자동승계 규정이 없다.

4) 나머지 규정은 분할출원과 동일하다.

---

[75] 원출원과 분할출원의 청구범위에 기재된 발명이 같을 경우 동일자에 동일한 발명을 출원한 것으로 보아 특허법 제36조 제2항 위반의 거절이유가 통지된다.
[76] 같은 취지의 규정으로 특허법 제36조 제2항(원출원 vs 분할출원), 특허법 제53조 제4항(원출원 vs 변경출원), 제56조 제1항(선출원 vs 국내우선권주장출원)이 있다.

CHAPTER 06 조약우선권주장 출원 (특허법 제54조)

> **제54조(조약에 의한 우선권 주장)**
> ① 조약에 따라 다음 각 호의 어느 하나에 해당하는 경우에는 제29조 및 제36조를 적용할 때에 그 당사국에 출원한 날을 대한민국에 특허출원한 날로 본다.
>   1. 대한민국 국민에게 특허출원에 대한 우선권을 인정하는 당사국의 국민이 그 당사국 또는 다른 당사국에 특허출원한 후 동일한 발명을 대한민국에 특허출원하여 우선권을 주장하는 경우
>   2. 대한민국 국민에게 특허출원에 대한 우선권을 인정하는 당사국에 대한민국 국민이 특허출원한 후 동일한 발명을 대한민국에 특허출원하여 우선권을 주장하는 경우
> ② 제1항에 따라 우선권을 주장하려는 자는 우선권 주장의 기초가 되는 최초의 출원일부터 1년 이내에 특허출원을 하지 아니하면 우선권을 주장할 수 없다.
> ③ 제1항에 따라 우선권을 주장하려는 자는 특허출원을 할 때 특허출원서에 그 취지, 최초로 출원한 국가명 및 출원의 연월일을 적어야 한다.
> ④ 제3항에 따라 우선권을 주장한 자는 제1호의 서류 또는 제2호의 서면을 특허청장에게 제출하여야 한다. 다만, 제2호의 서면은 산업통상자원부령으로 정하는 국가의 경우만 해당한다.
>   1. 최초로 출원한 국가의 정부가 인증하는 서류로서 특허출원의 연월일을 적은 서면, 발명의 명세서 및 도면의 등본
>   2. 최초로 출원한 국가의 특허출원의 출원번호 및 그 밖에 출원을 확인할 수 있는 정보 등 산업통상자원부령으로 정하는 사항을 적은 서면
> ⑤ 제4항에 따른 서류 또는 서면은 다음 각 호에 해당하는 날 중 최우선일(最優先日)부터 1년 4개월 이내에 제출하여야 한다.
>   1. 조약 당사국에 최초로 출원한 출원일
>   2. 그 특허출원이 제55조제1항에 따른 우선권 주장을 수반하는 경우에는 그 우선권 주장의 기초가 되는 출원의 출원일
>   3. 그 특허출원이 제3항에 따른 다른 우선권 주장을 수반하는 경우에는 그 우선권 주장의 기초가 되는 출원의 출원일
> ⑥ 제3항에 따라 우선권을 주장한 자가 제5항의 기간에 제4항에 따른 서류를 제출하지 아니한 경우에는 그 우선권 주장은 효력을 상실한다.
> ⑦ 제1항에 따라 우선권 주장을 한 자 중 제2항의 요건을 갖춘 자는 제5항에 따른 최우선일부터 1년 4개월 이내에 해당 우선권 주장을 보정하거나 추가할 수 있다.

1 의의 및 취지

조약에 의하여 대한민국 국민에게 우선권을 인정하는 당사국 국민이 그 당사국 또는 다른 당사국에 특허출원을 한 후 동일 발명에 대하여 우리나라에 출원하여 우선권을 주장하는 때에는 판단시점을 소급하여 주는 제도이다. 이는 선출원지위의 국제적 보호를 도모하기 위한 취지이다.

2 우선권의 성질 및 태양

(1) 성질

1) 우선권은 제1국에서의 정규출원으로 발생되는 '정규성', 제1국 출원으로부터 분리되어 우선권만의 양도가 가능한 '독립성', 조약당사국 각각에서 주장될 수 있는 '복수성'의 성질을 갖는다.
2) 또한 우선권은 제2국에서 행사되지 않으면 기간 만료로 소멸될 수 있는 '잠재성', 우선권이 행사되면 제2국 출원과 운명을 같이하는 '부속성'이 있다.

(2) 태양

발명의 단일성이 만족되면 복합우선 또는 부분우선을 주장할 수 있다(파리협약 4F). 복합우선이란 2이상의 제1국 출원을 기초로 우선권 주장을 말하며, 부분우선이란 우선권주장 출원에 제1국 출원에 포함되지 않은 발명이 포함된 경우를 말한다.

3 요건

(1) 주체적 요건

1) 조약우선권주장을 할 수 있는 자는 조약 당사국 국민(대한민국 국민, 동맹국 국민 또는 준동맹국 국민), 조약당사국에 거소나 영업소 등이 있는 비당사국 국민 (무국적자 포함)이다.
2) 제2국에 조약우선권주장을 할 수 있는 권리는 각기 다른 승계인에게 이전할 수 있는바(파리조약 4(A)(1)), 적법 승계인도 포함된다.

(2) 객체적 요건

1) 제1국출원은 특허출원, 실용신안등록출원 또는 디자인등록출원, 발명자 증 중 하나여야 한다. 제1국출원은 제1국에서 출원일을 인정받은 정규의 출원이어야 하고 (정규성, 파리조약 4A), 최초출원이거나 최초출원으로 인정될 수 있는 출원이어야 한다(최선성, 파리조약4C).
2) 제1국출원발명과 동일한 발명에 한해 조약우선권주장할 수 있다. 이는 국내우선권주장에서의 발명의 동일성 판단방법과 동일하다.

(3) 시기적 요건

우선권 주장의 기초가 되는 최초의 출원일부터 1년 이내에 특허출원을 하지 아니하면 우선권을 주장할 수 없다(특허법 제54조 제2항).

(4) 절차

출원시 출원서에 취지, 최초로 출원한 국가명, 최초 출원의 연월일을 기재해야 하며, 증명서류의 경우 최우선일로부터 1년 4월 내에 제출해야한다.

4 효과

(1) 적법한 경우

1) 파리협약4B

제1국 출원일과 제2국 출원일 사이에 행하여진 타출원 또는 제3자의 실시 등으로 인해 무효가 되지 아니하며, 이러한 행위는 제3자에게 어떠한 권리도 발생시키지 않는다.

2) 판단시점 소급

제1국 출원에 기재된 발명과 동일한 발명은 제29조 및 제36조를 적용함에 있어 판단시점이 제1국 출원일로 소급된다(특허법 제54조 제1항). 판단시점이 소급되는 것일 뿐 출원일이 소급되는 것은 아니다.

(2) 부적법한 경우

1) 조약우선권주장 절차의 무효

조약우선권주장이 방식요건을 만족하지 않아 부적법한 경우 특허청장은 보정을 명하여야 하며(제46조), 기간 내에 흠을 해소하지 못한 경우 우선권주장 절차가 무효로 될 수 있다(제16조 제1항)[77].

2) 판단시점 소급효의 불인정

파리조약4D에 의할 때 조약우선권주장이 부적법한 경우 그 효과는 우선권 상실을 초과할 수 없는 바, 조약우선권주장 절차가 무효로 되더라도 통상의 출원으로 유효하다. 따라서 판단시점이 소급되지 않고 조약우선권주장 출원일을 기준으로 특허요건을 판단한다.

(3) 이중우선권주장의 금지

기초출원이 우선권주장을 이미 수반한 출원인 경우 중복하여 우선권이 주장된 발명의 범위 내에서는 판단시점이 소급되지 않는다(2004허8749). 이는 우선기간이 실질적으로 연장되는 것을 방지하기 위함이다.

5 관련문제

(1) 우선권주장의 실체적 효력 범위

1) 제54조 제1항에 따라 특허요건 적용의 기준일이 우선권 주장일로 소급하는 발명은 제55조 제1항의 국내우선권 규정의 경우와 같이 우선권 주장의 기초가 된 선출원의 최초 명세서 등에 기재된 사항의 범위 안에 한정된다(2019후10265).

2) 대법원은 '우선권주장의 기초가 된 선출원의 최초 명세서 등에 기재된 사항'이란, ① 선출원의 최초 명세서 등에 명시적으로 기재되어 있는 사항이거나 또는 ② 명시적인 기재가 없더라도 통상의 기술자라면 우선권 주장일 당시에 기술상식에 비추어 보아 우선권 주장을 수반하는 특

---

[77] 참고로 심사기준은 방식요건을 구비하지 않은 경우 분할출원과 변경출원에서는 반려사유로 취급함에 반해, 우선권주장에서는 보정명령사유로 취급하고 있다.

허 출원된 발명이 선출원의 최초 명세서 등에 기재되어 있는 것과 마찬가지로 이해할 수 있는 사항이어야 한다고 판시한다(2019후10265).

(2) 외국의 심사결과 제출명령(제63조의3)

1) 동일 기술에 대한 복수 국가 출원이 증가하여 국가간 심사결과를 공유할 필요성이 증가됨에 따라, 17.3.1 시행 개정법은 제1국 출원을 기초 출원으로 하는 조약우선권주장출원의 특허 심사 시, 출원인에게 심사결과 자료 제출을 명할 수 있도록 규정하였다.
2) 심사관은 제출된 심사결과자료를 조약우선권주장출원의 심사에 활용할 수 있다.
3) 심사기준에 따르면 심사관은 출원인이 제출 요구를 받은 서류를 제출하지 않거나 제출한 서류가 미비한 경우 다시 제출을 명할 수 있다.

CHAPTER 07 국내우선권주장 출원 (특허법 제55조 및 제56조)

제55조(특허출원 등을 기초로 한 우선권 주장)
① 특허를 받으려는 자는 자신이 특허나 실용신안등록을 받을 수 있는 권리를 가진 특허출원 또는 실용신안등록출원으로 먼저 한 출원(이하 "선출원"이라 한다)의 출원서에 최초로 첨부된 명세서 또는 도면에 기재된 발명을 기초로 그 특허출원한 발명에 관하여 우선권을 주장할 수 있다. 다만, 다음 각 호의 어느 하나에 해당하는 경우에는 그러하지 아니하다.
  1. 그 특허출원이 선출원의 출원일부터 1년이 지난 후에 출원된 경우
  2. 선출원이 제52조 제2항(「실용신안법」 제11조에 따라 준용되는 경우를 포함한다)에 따른 분할출원 또는 제52조의2 제2항(「실용신안법」 제11조에 따라 준용되는 경우를 포함한다)에 따른 분리출원이거나 제53조 제2항 또는 「실용신안법」 제10조 제2항에 따른 변경출원인 경우
  3. 그 특허출원을 할 때에 선출원이 포기·무효 또는 취하된 경우
  4. 그 특허출원을 할 때에 선출원이 설정등록되었거나 특허거절결정, 실용신안등록거절결정 또는 거절한다는 취지의 심결이 확정된 경우
② 제1항에 따른 우선권을 주장하려는 자는 특허출원을 할 때 특허출원서에 그 취지와 선출원의 표시를 하여야 한다.
③ 제1항에 따른 우선권 주장을 수반하는 특허출원된 발명 중 해당 우선권 주장의 기초가 된 선출원의 출원서에 최초로 첨부된 명세서 또는 도면에 기재된 발명과 같은 발명에 관하여 제29조제1항·제2항, 같은 조 제3항 본문, 같은 조 제4항 본문, 제30조제1항, 제36조제1항부터 제3항까지, 제96조제1항제3호, 제98조, 제103조, 제105조제1항·제2항, 제129조 및 제136조제5항(제132조의3제3항 또는 제133조의2제4항에 따라 준용되는 경우를 포함한다), 「실용신안법」 제7조제3항·제4항 및 제25조, 「디자인보호법」 제95조 및 제103조제3항을 적용할 때에는 그 특허출원은 그 선출원을 한 때에 특허출원한 것으로 본다.
④ 제1항에 따른 우선권 주장을 수반하는 특허출원의 출원서에 최초로 첨부된 명세서 또는 도면에 기재된 발명 중 해당 우선권 주장의 기초가 된 선출원의 출원서에 최초로 첨부된 명세서 또는 도면에 기재된 발명과 같은 발명은 그 특허출원이 출원공개되거나 특허가 등록공고되었을 때에 해당 우선권 주장의 기초가 된 선출원에 관하여 출원공개가 된 것으로 보고 제29조제3항 본문, 같은 조 제4항 본문 또는 「실용신안법」 제4조제3항 본문·제4항 본문을 적용한다.
⑤ 선출원이 다음 각 호의 어느 하나에 해당하면 그 선출원의 출원서에 최초로 첨부된 명세서 또는 도면이 기재된 발명 중 그 선출원에 관하여 우선권 주장의 기초가 된 출원의 출원서에 최초로 첨부된 명세서 또는 도면에 기재된 발명에 대해서는 제3항과 제4항을 적용하지 아니한다.
  1. 선출원이 제1항에 따른 우선권 주장을 수반하는 출원인 경우
  2. 선출원이 「공업소유권의 보호를 위한 파리 협약」 제4조D(1)에 따른 우선권 주장을 수반하는 출원인 경우
⑥ 제4항을 적용할 때 선출원이 다음 각 호의 어느 하나에 해당하더라도 제29조제7항을 적용하지 아니한다.
  1. 선출원이 제201조제4항에 따라 취하한 것으로 보는 국제특허출원인 경우
  2. 선출원이 「실용신안법」 제35조제4항에 따라 취하한 것으로 보는 국제실용신안등록출원인 경우
⑦ 제1항에 따른 요건을 갖추어 우선권 주장을 한 자는 선출원일(선출원이 둘 이상인 경우에는 최선출원일을 말한다)부터 1년 4개월 이내에 그 우선권 주장을 보정하거나 추가할 수 있다.

> ⑧ 제1항에 따른 우선권 주장의 기초가 된 선출원은 제79조에 따른 설정등록을 받을 수 없다. 다만, 해당 선출원을 기초로 한 우선권 주장이 취하된 경우에는 그러하지 아니하다.
>
> **제56조(선출원의 취하 등)**
> ① 제55조 제1항에 따른 우선권 주장의 기초가 된 선출원은 그 출원일부터 1년 3개월이 지난 때에 취하된 것으로 본다. 다만, 그 선출원이 다음 각 호의 어느 하나에 해당하는 경우에는 그러하지 아니하다.
> 1. 포기, 무효 또는 취하된 경우
> 2. 설정등록되었거나 특허거절결정, 실용신안등록거절결정 또는 거절한다는 취지의 심결이 확정된 경우
> 3. 해당 선출원을 기초로 한 우선권 주장이 취하된 경우
>
> ② 제55조 제1항에 따른 우선권 주장을 수반하는 특허출원의 출원인은 선출원의 출원일부터 1년 3개월이 지난 후에는 그 우선권 주장을 취하할 수 없다.
> ③ 제55조 제1항에 따른 우선권 주장을 수반하는 특허출원이 선출원의 출원일부터 1년 3개월 이내에 취하된 때에는 그 우선권 주장도 동시에 취하된 것으로 본다.

1 의의 및 취지

국내우선권주장은 먼저 출원한 발명과 동일한 발명을 후출원 했을 때 심사시 출원일을 선출원일로 인정하는 절차이다. 이미 출원한 발명을 구체화하거나 개량하는 발명을 했을 때 이들을 하나의 특허로 보호받을 수 있도록 마련한 제도이다.

2 요건

(1) 주체적 요건

1) 국내우선권을 주장할 수 있는 자는 선출원의 출원인, 적법한 승계인이다. 과거 심사실무에서는 선출원인과 후출원인의 명의가 후출원의 출원시점에서 동일하여야 했고 그렇지 않을 경우 방식 위반으로 보아 우선권주장의 효과를 인정하지 않았으나, 최신 판례는 후출원의 출원인이 후출원 시에 특허를 받을 수 있는 권리를 실질적으로 승계했다면 선출원에 대해 출원인변경신고를 하지 않아 선출원인과 후출원인의 명의가 다르더라도 국내우선권주장이 가능하다고 보았다.[78]

2) 공동출원의 경우 전원이 출원해야 하고 (특허법 제11조), 대리인이 절차를 밟는 경우 특별수권사항이다(특허법 제6조).

---

[78] 발명을 한 자 또는 그 승계인은 특허법에서 정하는 바에 의하여 특허를 받을 수 있는 권리를 갖고(특허법 제33조 제1항 본문), 특허를 받을 수 있는 권리는 이전할 수 있으므로(특허법 제37조 제1항), 후출원의 출원인이 후출원 시에 '특허를 받을 수 있는 권리'를 승계하였다면 우선권 주장을 할 수 있고, 후출원 시에 선출원에 대하여 특허출원인변경신고를 마쳐야만 하는 것은 아니다. 특허출원 후 특허를 받을 수 있는 권리의 승계는 상속 기타 일반승계의 경우를 제외하고는 특허 출원인변경신고를 하지 아니하면 그 효력이 발생하지 아니한다고 규정한 특허법 제38조 제4항은 특허에 관한 절차에서 참여자와 특허를 등록받을 자를 쉽게 확정함으로써 출원심사의 편의성 및 신속성을 추구하고자 하는 규정으로 우선권주장에 관한 절차에 적용된다고 볼 수 없다. 따라서 후출원의 출원인이 선출원의 출원인과 다르더라도 특허를 받을 수 있는 권리를 승계받았다면 우선권 주장을 할 수 있다고 보아야 한다 (2016두58543, 2017후1274).

(2) 객체적 요건

1) 선출원의 경우 국내우선권주장 출원시 특허청에 계속 중이어야 하며, 분할출원, 분리출원 또는 변경출원이 아니어야 한다.

2) 국내우선권주장은 선출원의 출원서에 최초로 첨부된 명세서 또는 도면에 기재된 발명을 기초로 할 수 있다. 판례에 따르면 '우선권 주장의 기초가 된 선출원의 최초 명세서 등에 기재된 사항'이란, 우선권 주장의 기초가 된 선출원의 최초 명세서 등에 명시적으로 기재되어 있는 사항이거나 또는 명시적인 기재가 없더라도 그 발명이 속하는 기술분야에서 통상의 지식을 가진 사람이라면 우선권 주장일(선출원일) 당시의 기술상식에 비추어 보아 우선권 주장을 수반하는 특허출원된 발명이 선출원의 최초 명세서 등에 기재되어 있는 것과 마찬가지라고 이해할 수 있는 사항을 말한다(2012후2999). 즉 법원은 제47조 제2항 전단의 신규사항추가 여부의 판단기준과 동일한 기준을 우선권주장에 적용했다.

(3) 시기적 요건

선출원일로부터 1년 내에 출원되어야 한다(특허법 제55조 제1항 제1호).

(4) 절차

출원시 출원서에 취지 및 선출원을 표시해야 한다(제55조 제2항). 한편, 선출원이 국내 출원이기 때문에 우선권 주장 증명서류를 제출할 필요는 없다.

3 효과

(1) 적법한 경우

1) 판단시점 소급

선출원의 최초 명세서 또는 도면에 기재된 발명과 동일한 발명은 심사 시에는 제29조 및 제36조, 등록 후에는 제96조 제1항 제3호, 제98조, 제103조, 제105조, 제129조, 제136조 제5항 등을 적용함에 있어 판단시점이 선출원일로 소급된다(특허법 제55조 제3항). 판단시점이 소급되는 것일 뿐 출원일이 소급되는 것은 아니다.

2) 조약우선권주장과의 효과 차이

국내우선권주장의 경우는 제30조 제1항의 의사에 의한 공지예외적용에 있어서도 판단시점이 소급되는데 반해, 조약우선권주장은 그렇지 아니하다(심사기준).

(2) 부적법한 경우

1) 국내우선권주장 절차의 무효

조약우선권주장이 부적법한 경우 특허청장은 보정을 명하여야 하며 (특허법 제46조), 기간 내에 흠을 해소하지 못한 경우 우선권주장 절차가 무효로 될 수 있다(특허법 제16조 제1항).

2) 판단시점 소급효의 불인정

국내우선권주장 절차가 무효로 되더라도 통상의 출원으로 유효하다. 따라서 판단시점이 소급되지 않고 국내우선권주장 출원일을 기준으로 특허요건을 판단한다.

(3) 이중우선권주장의 금지 (특허법 제55조 제5항)

선출원이 조약 또는 국내우선권주장을 수반한 출원인 경우 중복하여 우선권이 주장된 발명의 범위 내에서 판단시점이 소급되지 않는다. 이는 우선기간이 실질적으로 연장되는 것을 방지하기 위함이다.

(4) 선출원의 취하 등 (특허법 제56조)

1) 선출원의 취하간주(특허법 제56조 제1항 본문)

선출원은 그 출원일부터 1년 3개월이 지난 때에 취하된 것으로 본다.

2) 선출원의 취하간주의 예외(특허법 제56조 제1항 단서)

다만 선출원이 1) 포기, 무효 또는 취하된 경우, 2) 설정등록 또는 거절결정, 거절한다는 취지의 심결이 확정된 경우, 3) 해당 선출원을 기초로 한 우선권 주장이 취하된 경우에는 예외이다.

3) 우선권주장의 취하 금지 (특허법 제56조 제2항)

출원인은 선출원의 출원일부터 1년 3개월이 지난 후에는 그 우선권 주장을 취하할 수 없다. 이는 국내우선권주장의 취하의 실익이 없기 때문이다.

4) 우선권주장의 취하 간주(제56조 제3항)

국내우선권주장 출원이 선출원의 출원일부터 1년 3개월 이내에 취하된 때에는 그 우선권 주장도 동시에 취하된 것으로 본다. 이는 중복권리문제를 회피할 필요가 없기 때문이다.

4 관련문제

(1) 설정등록의 예외 (제55조 제8항)

우선권주장의 기초가 된 선출원은 특허결정의 등본을 송달받았더라도 설정등록을 받을 수 없다. 이는 동일한 발명에 대한 중복특허를 배제하기 위함이다. 다만, 해당 선출원을 기초로 한 우선권 주장이 취하된 경우에는 그렇지 않다.

(2) 선출원의 공개의제 (제55조 제4항) - 확대된 선출원주의

우선권 주장출원의 출원서에 최초로 첨부된 명세서 또는 도면에 기재된 발명 중 선출원의 출원서에 최초로 첨부된 명세서 또는 도면에 기재된 발명과 같은 발명은 그 특허출원이 출원공개 등이 된 때에 해당 우선권 주장의 기초가 된 선출원에 관하여 출원공개가 된 것으로 보고 제29조 제3항을 적용한다.

(3) 우선권주장의 실체적 효력 범위

1) 제55조 제3항에 따라 특허요건 적용의 기준일이 우선권 주장일로 소급하는 발명은 제47조 제2항과 마찬가지로 우선권 주장의 기초가 된 선출원의 최초 명세서 등에 기재된 사항의 범위 안에 한정된다(2012후2999).

2) 대법원은 '우선권주장의 기초가 된 선출원의 최초 명세서 등에 기재된 사항'이란, ① 선출원의 최초 명세서 등에 명시적으로 기재되어 있는 사항이거나 또는 ② 명시적인 기재가 없더라도 통상의 기술자라면 우선권 주장일 당시에 기술상식에 비추어 보아 우선권 주장을 수반하는 특허출원된 발명이 선출원의 최초 명세서 등에 기재되어 있는 것과 마찬가지로 이해할 수 있는 사항이어야 한다고 판시한다(2012후2999)[79].

(4) 우선권주장의 불인정 및 거절이유통지

1) 判例는 출원발명에 대해서 우선권주장의 불인정으로 거절이유가 생긴 경우에는 우선권 주장의 불인정은 거절이유의 일부를 구성하는 것이므로. 우선권주장이 인정되지 않는다는 취지 및 그 이유를 통지하지 않은 채 우선권 주장의 불인정으로 인하여 생긴 거절이유를 들어 특허거절결정을 하는 것은 위법하다고 판시하였다(2009후2371).

2) 또한 거절이유통지에 위와 같은 우선권주장 불인정에 관한 이유가 포함되어 있었는지는 출원인에게 실질적으로 의견서 제출 및 보정의 기회를 부여하였다고 볼 수 있을 정도로 그 취지와 이유가 명시되어 있었는지 여부의 관점에서 판단한다고 판시하였다(2009후2371).

---

[79] 判例는 이러한 법리는 국내우선권 주장뿐만 아니라 조약우선권 주장에도 그대로 적용된다고 판시한다(2017허3492).

CHAPTER 08 우선권 주장의 보정·추가 (특허법 제54조 제7항, 제55조 제7항)

1 의의 및 취지

조약우선권제도는 특허법 조약을 반영하여 최우선일로부터 1년 4월 이내에 우선권주장을 보정하거나 추가할 수 있도록 규정하고 있다(제54조 제7항). 이와 형평성을 유지하기 위해 국내우선권주장 제도 또한 마찬가지로 규정하고 있다(제55조 제7항).

2 절차 및 효과

(1) 절차

1) 조약우선권 주장 보정·추가

(주체) 적법하게 조약우선권 주장을 수반하여 출원한 자가 (기간) 최우선일로부터 1년 4개월 내에 (서면) 보정서를 제출하면 된다.

2) 국내우선권 주장 보정·추가

(주체) 적법하게 국내우선권 주장을 수반하여 출원한 자가 (기간) 최선출원일부터 1년 4개월 내에 (서면) 보정서를 제출하면 된다.

(2) 효과

출원 당시 적법하게 우선권주장을 한 것으로 보아, 우선권주장 효과를 인정 받을 수 있다.

2 관련문제

(1) 명백한 오기 정정

우선권주장 보정·추가 기간인 1년 4월은 법정기간으로 제15조 제1항에 의해 연장될 수 없다. 다만, 심사기준은 1년 4월 이후라도 우선권주장에 관한 기재사항에 명백한 오기가 있는 경우 이와 같은 오기를 바로잡는 보정은 허용한다.

(2) 우선권주장 취하

1) 조약우선권주장 취하는 출원 계속 중 언제든지 취하서를 제출하면 가능하다.
2) 국내우선권주장 취하는 해당 선출원의 출원일부터 1년 3개월이 지난 후에는 불가하다(특허법 제56조 제2항).

(3) 국제출원의 경우

우선일로부터 1년 4월과 국제출원일로부터 4월 중 늦게 만료되는 날 이내에 우선권주장을 보정, 추가할 수 있다(특허법 시행규칙 제102조 제1항). 다만 출원인이 조기국제공개를 신청한 후에는 보정, 추가할 수 없으나, 조기국제공개를 위한 기술적 준비가 완료되기 전 조기국제공개신청을 취하한 경우에는 가능하다(특허법 시행규칙 제102조 제2항).

절차 요약

출원절차와 관련된 각 절차 요약	
출원절차	주체 : 특허를 받으려는 자(특허법 제42조 제1항) 서면 : 출원서[80], 명세서[81], 필요한 도면, 요약서(특허법 제42조 제1항, 제2항) 기간 : 특별히 정해진 기간 없음[82] 효과 : 출원일자를 인정 받고 이후 심사청구를 하면 심사를 받아 특허결정서를 받을 수 있음
임시명세서절차 (청구범위 유예)	주체 : 출원인 서면 : 청구범위제출유예제도 이용할 때 출원서에 취지 기재(특허법 시행규칙 제21조 제6항) 기간 : 출원시 효과 : 정해진 기재방법을 따르지 않고 발명의 설명을 적은 명세서 제출 가능 / 전자문서로 제출할 때는 pdf, jpg 등 다양한 파일 형식으로 제출 가능 (특허법 시행규칙 제21조 제5항)
외국어출원절차	주체 : 출원인(특허법 제42조의3 제1항) 서면 : 출원서에 취지 기재(특허법 제42조의3 제1항) 기간 : 출원시(특허법 제42조의3 제1항) 효과 : 외국어로 명세서, 도면 작성 가능(특허법 제42조의3 제1항)[83]
국어번역문제출절차	주체 : 출원인(특허법 제42조의3 제2항) 서면 : 서류제출서, 명세서/도면 번역문(특허법 시행규칙 제21조의3 제1항) 기간 : 우선일부터 1년 2개월 또는 제3자 심사청구취지 통지 받은 날부터 3개월 중 빠른 날까지 / 단 명세서·도면 보정, 심사청구절차를 밟은 후에는 불가(특허법 제42조의3 제2항, 제3항) 효과 : 번역문제출 / 명세서·도면 보정(특허법 제42조의3 제5항)
오역정정절차	주체 : 출원인(특허법 제42조의3 제6항) 서면 : 오역정정서, 정정사항 설명서(특허법 시행규칙 제21조의3 제3항) 기간 : 명세서·도면 보정 가능 기간 내(특허법 제42조의3 제6항) 효과 : 번역문 정정(특허법 제42조의3 제6항)
기탁절차	주체 : 출원인(특허법 시행령 제2조 제1항) 서면 : 출원 전에 기탁하고, 출원서에 취지 기재, 명세서에 수탁번호 기재(특허법 시행령 제2조 제2항, 제3조), 증명서류 첨부(단 국내에 소재지가 있는 기탁기관에 기탁한 경우 제외) 기간 : 출원시 효과 : 기탁참작하여 특허법 제42조 제3항 제1호 판단

공지예외적용절차 (특받권자에 의한 공지의 경우)	주체 : 출원인 서면 : 출원서에 취지 기재, 증명서류 첨부84)(특허법 제30조 제2항)85) 기간 : 공지 등86)이 된 날부터 1년 이내 출원(특허법 제30조 제1항) 효과 : 공지 등이 되지 아니한 것으로 봄(특허법 제30조 제1항)
공지예외적용절차 (특받권자 의사에 반한 공지의 경우)	주체 : 출원인 서면 : ×(문제가 된 경우 의사에 반한 공지 증명) 기간 : 공지 등이 된 날부터 1년 이내 출원(특허법 제30조 제1항) 효과 : 공지 등이 되지 아니한 것으로 봄(특허법 제30조 제1항)
정당권리자출원절차	주체 : 정당권리자 서면 : 출원서에 취지 기재, 증명서류 첨부87)(특허법 시행규칙 제31조 제1항) 기간 : 무권리자 출원 후 거절결정확정, 거절결정불복심판 기각심결확정, 특허무효심결확정된 날부터 30일 이내 출원(특허법 제34조, 제35조) 효과 : 출원일 소급효
분할출원절차	주체 : 원출원인(특허법 제52조 제1항) 서면 : 출원서에 취지, 원출원 표시(특허법 제52조 제3항) 기간88) : 원출원의 보정기간, 거절결정서 받은 날부터 3개월 이내89), 특허결정서 받은 날부터 3개월 또는 설정등록일 중 빠른 날까지 출원 (특허법 제52조 제1항) 효과 : 출원일 소급효(예외 있음)(특허법 제52조 제2항)
분리출원절차	주체 : 원출원인(특허법 제52조의2 제1항) 서면 : 출원서에 취지, 원출원 표시(특허법 제52조의2 제2항) 기간 : 원출원의 거절결정불복심판 기각심결 받은 날부터 30일 이내90)(특허법 제52조의2 제1항) 효과 : 출원일 소급효(예외 있음)(특허법 제52조의2 제2항)
변경출원절차	주체 : 원출원인(특허법 제53조 제1항) 서면 : 출원서에 취지, 원출원 표시(특허법 제53조 제3항) 기간91) : 원출원 후 최초 거절결정서 받은 날부터 3개월 전까지 출원92)(특허법 제53조 제1항 제1호) 효과 : 출원일 소급효(예외 있음)(특허법 제53조 제2항)
조약우선권주장절차	주체93) : 조약 당사국 출원인(특허법 제54조 제1항), 승계인(파리조약 제4조) 서면 : 출원서에 취지, 기초출원 국가명, 기초출원 연월일 기재, 증명서류 첨부94)(특허법 제54조 제3항, 제4항) 기간 : 기초출원95)일부터 1년 이내 출원(특허법 제54조 제2항) 효과96) : 기초출원의 최초 명세서 또는 도면에 기재된 발명은 기초출원일에 출원한 것으로 보고 심사 등을 진행(특허법 제54조 제1항)

국내우선권주장절차	주체 : 특허를 받고자 하는 자(특허법 제55조 제1항) 서면 : 출원서에 취지, 선출원 표시(특허법 제55조 제2항) 기간 : 선출원[97]일부터 1년 이내 출원(특허법 제55조 제1항 제1호) 효과[98] : 선출원의 최초 명세서 드는 도면에 기재된 발명은 선출원일에 출원한 것으로 보고 심사 등을 진행(특허법 제55조 제3항, 제4항)
조약우선권주장 보정, 추가절차	주체 : 조약우선권주장을 한 자[99](특허법 제54조 제7항) 서면 : 보정서(특허법 시행규칙 제13조) 기간 : 우선일[100]부터 1년 4개월 이내 보정서 제출(특허법 제54조 제7항) 효과 : 조약우선권주장 보정, 추가[101](특허법 제54조 제7항)
국내우선권주장 보정, 추가절차	주체 : 국내우선권주장을 한 자[102](특허법 제55조 제7항) 서면 : 보정서(특허법 시행규칙 제13조) 기간 : 선출원일[103]부터 1년 4개월 이내 보정서 제출(특허법 제55조 제7항) 효과 : 국내우선권주장 보정, 추가[104](특허법 제55조 제7항)
명세서, 도면 보정절차	주체 : 출원인(특허법 제47조 제1항) 서면 : 보정서(특허법 시행규칙 제13조) 기간[105] : 자진보정기간, 최초거절이유통지에 따른 의견서제출기간, 최후거절이유통지에 따른 의견서제출기간, 거절결정·특허결정 후 재심사 청구시(특허법 제47조 제1항) 효과 : 명세서, 도면 보정[106]
발명자 정정절차	주체 : 출원인[107] 또는 특허권자[108](특허법 시행규칙 제28조) 서면 : 보정서[109] 또는 정정발급신청서[110](특허법 시행규칙 제28조) 기간 : 제한 없음 효과 : 발명자 정정
심사청구절차	주체 : 누구든지(특허법 제59조 제2항) 서면 : 심사청구서(특허법 제60조 제1항) 기간[111] : 출원일부터 3년(특허법 제59조 제2항, 제3항) 효과 : 심사청구순서에 따라 심사착수(특허법 시행규칙 제38조)
우선심사신청절차	주체 : 누구든지(고시) 서면 : 우선심사신청서, 우선심사신청설명서(특허법 시행규칙 제39조) 기간 : 심사청구 후 효과 : 우선심사

---

80) 출원인 성명·주소(또는 고유번호), 대리인 성명·주소(또는 고유번호), 발명의 명칭, 발명자 성명·주소
81) 발명의 설명 / 청구범위는 제출 유예 가능
82) 다만 출원일자가 빠를수록 신규성·진보성·선원·확대된선원 판단시 유리함
83) 명세서 및 도면을 외국어로 작성하더라도 반려되지 않고 출원일자 인정됨
84) 단 증명서류는 출원일부터 30일 이내 제출 가능

특허여부결정 보류신청절차	주체 : 출원인(특허법 시행규칙 제40조의2)
	서면 : 결정보류신청서(특허법 시행규칙 제40조의2)
	기간 : 심사청구 후 출원일부터 6개월(특허법 시행규칙 제40조의2)
	효과 : 출원일부터 1년 경과 전까지 특허여부결정 보류(특허법 시행규칙 제40조의2)
심사유예신청절차	주체 : 출원인(특허법 시행규칙 제40조의3)
	서면 : 심사유예신청서(특허법 시행규칙 제40조의3)
	기간 : 심사청구 후 심사청구일부터 9개월(특허법 시행규칙 제40조의3)
	효과 : 유예희망시점까지 심사유예(특허법 시행규칙 제40조의3)
조기공개신청절차	주체 : 출원인(특허법 제64조 제1항)
	서면 : 조기공개신청서(특허법 시행규칙 제44조)
	기간[112] : 우선일부터 1년 6개월 경과 전(출원공개 전)
	효과 : 조기공개
재심사청구절차	주체 : 출원인(특허법 제67조의2 제1항)
	서면 : 보정서, 재심사청구취지 표시(특허법 시행규칙 제37조의2)
	기간 : 거절·특허결정서 받은 날부터 3개월(특허법 제67조의2 제1항)
	효과 : 거절·특허결정취소, 재심사(특허법 제67조의2 제3항)

---

85) 보완수수료 납부 시 보완 가능(특허법 제30조 제3항)
86) 출원공개 또는 등록공고는 특받권자의 의사에 의한 공지로 보지 아니함
87) 특별히 특허법 제30조 제2항과 같은 증명서류 제출 추가 기간이 법령에 규정되어 있지 않음
88) 원출원이 외국어출원인 경우는 국어번역문 제출 후에만 가능(특허법 제52조 제1항 단서)
89) 특허법 제15조 제1항에 따라 기간 연장한 경우는 연장된 기간까지
90) 특허법 제186조 제5항에 따라 심판장이 부가기간을 정한 경우는 그 기간까지
91) 원출원이 외국어출원인 경우는 국어번역문 제출 후에만 가능(특허법 제53조 제1항 제2호)
92) 특허법 제15조 제1항에 따라 기간 연장한 경우는 연장된 기간까지
93) 조약당사국 국민(특허법 제54조 제1항) 또는 조약당사국에 주소 또는 영업소가 있는 자(파리조약 제3조) 중 가능
94) 단 증명서류는 우선일부터 1년 4개월 이내 제출 가능(특허법 제54조 제5항)
95) 출원일자를 인정받은 정규출원일 것
96) 이중우선한 발명은 효과 인정되지 않음(특허법원 2006. 2. 9., 선고, 2004허8749 판결)
97) 선출원이 분할·변경출원이 아닐 것, 선출원이 무효, 취하, 포기, 특허여부결정(심결)확정되지 않고 절차 계속 중일 것
98) 이중우선한 발명은 효과 인정되지 않음(특허법 제55조 제5항)
99) 조약 당사국 출원으로 우선권주장을 한 경우
100) 2 이상의 우선권주장을 할 경우는 우선권 주장의 기초가 된 조약 당사국 출원, 국내 출원 모두 포함하여 이중 가장 빠른 우선일
101) 우선권 주장 중에 조약당사국 출원을 추가하는 경우
102) 국내 선출원으로 우선권주장을 한 경우
103) 2 이상의 우선권 주장을 한 경우 우선권 주장의 기초가 된 국내 선출원 중에서 가장 빠른 출원일
104) 우선권 주장 중에 국내 선출원을 추가하는 경우
105) 외국어출원인 경우는 국어번역문 제출 후 가능
106) 보정각하에 의해 효력 상실될 수 있음(특허법 제51조)
107) 설정등록 전에 정정하는 경우
108) 설정등록 후에 정정하는 경우
109) 설정등록 전에 정정하는 경우

110) 설정등록 후에 정정하는 경우
111) 외국어출원인 경우 출원인은 국어번역문 제출 후에만 가능 / 청구범위제출유예·임시명세서 출원인 경우 출원인은 정식명세서 보정 후에만 가능
112) 외국어출원인 경우 출원인은 국어번역문 제출 후에만 가능 / 청구범위제출유예·임시명세서 출원인 경우 출원인은 정식명세서 보정 후에만 가능

저항장

PART 09

심사

CHAPTER 01 심사제도

제59조(특허 출원 심사의 청구)
① 특허출원에 대하여 심사청구가 있을 때에만 이를 심사한다.
② 누구든지 특허출원에 대하여 특허출원일부터 3년 이내에 특허청장에게 출원심사의 청구를 할 수 있다. 다만, 특허출원인은 다음 각 호의 어느 하나에 해당하는 경우에는 출원심사의 청구를 할 수 없다.
  1. 명세서에 청구범위를 적지 아니한 경우
  2. 제42조의3제2항에 따른 국어번역문을 제출하지 아니한 경우(외국어특허출원의 경우로 한정한다)
③ 제34조 및 제35조에 따른 정당한 권리자의 특허출원, 분할출원, 분리출원 또는 변경출원에 관하여는 제2항에 따른 기간이 지난 후에도 정당한 권리자가 특허출원을 한 날, 분할출원을 한 날, 분리출원을 한 날 또는 변경출원을 한 날부터 각각 30일 이내에 출원심사의 청구를 할 수 있다.
④ 출원심사의 청구는 취하할 수 없다.
⑤ 제2항 또는 제3항에 따라 출원심사의 청구를 할 수 있는 기간에 출원심사의 청구가 없으면 그 특허출원은 취하한 것으로 본다.

제61조(우선심사)
특허청장은 다음 각 호의 어느 하나에 해당하는 특허출원에 대해서는 심사관에게 다른 특허출원에 우선하여 심사하게 할 수 있다.
  1. 제64조에 따른 출원공개 후 특허출원인이 아닌 자가 업(業)으로서 특허출원된 발명을 실시하고 있다고 인정되는 경우
  2. 대통령령으로 정하는 특허출원으로서 긴급하게 처리할 필요가 있다고 인정되는 경우
  3. 대통령령으로 정하는 특허출원으로서 재난의 예방·대응·복구 등에 필요하다고 인정되는 경우

제62조(특허거절결정)
심사관은 특허출원이 다음 각 호의 어느 하나의 거절이유(이하 "거절이유"라 한다)에 해당하는 경우에는 특허거절결정을 하여야 한다.
  1. 제25조·제29조·제32조·제36조 제1항부터 제3항까지 또는 제44조에 따라 특허를 받을 수 없는 경우
  2. 제33조 제1항본문에 따른 특허를 받을 수 있는 권리를 가지지 아니하거나 같은 항 단서에 따라 특허를 받을 수 없는 경우
  3. 조약을 위반한 경우
  4. 제42조 제3항·제4항·제8항 또는 제45조에 따른 요건을 갖추지 아니한 경우
  5. 제47조 제2항에 따른 범위를 벗어난 보정인 경우
  6. 제52조 제1항에 따른 범위를 벗어난 분할출원 또는 제52조의2 제1항에 따른 범위를 벗어나는 분리출원인 경우
  7. 제53조 제1항에 따른 범위를 벗어난 변경출원인 경우

> **제63조(거절이유통지)**
> ① 심사관은 다음 각 호의 어느 하나에 해당하는 경우 특허출원인에게 거절이유를 통지하고, 기간을 정하여 의견서를 제출할 수 있는 기회를 주어야 한다. 다만, 제51조제1항에 따라 각하결정을 하려는 경우에는 그러하지 아니하다.
>   1. 제62조에 따라 특허거절결정을 하려는 경우
>   2. 제66조의3제1항에 따른 직권 재심사를 하여 취소된 특허결정 전에 이미 통지한 거절이유로 특허거절결정을 하려는 경우
> ② 심사관은 청구범위에 둘 이상의 청구항이 있는 특허출원에 대하여 제1항 본문에 따라 거절이유를 통지할 때에는 그 통지서에 거절되는 청구항을 명확히 밝히고, 그 청구항에 관한 거절이유를 구체적으로 적어야 한다.
>
> **제66조(특허결정)**
> 심사관은 특허출원에 대하여 거절이유를 발견할 수 없으면 특허결정을 하여야 한다.

제01절 심사주의

1 의의 및 취지

특허법은 심사주의와 공개주의를 채택하고 있다. 심사주의란 특허법에서 요구하고 있는 방식 및 실체적 요건을 심사하여 특허를 허여하는 것이고, 무심사주의란 방식 등의 적법 여부만을 심사하여 특허를 허여하는 것이다.

2 장단점

무심사주의는 조기권리화 가능, 출원인의 비용 절감의 장점이 있고, 부실특허를 양산할 수 있다는 단점이 있다.
심사주의는 권리화 지연, 중복 연구의 가능성이 있다는 단점이 있고, 특허성에 관한 분쟁을 사전에 예방할 수 있다는 장점이 있다.

3 심사주의의 보완

심사주의의 단점을 보완하기 위해 심사기간과 관련하여 맞춤형 심사제도(우선심사, 심사유예신청)를 운영하고 있다.

제02절 일반적인 심사 (제59조 제1항)

1 의의 및 취지

특허법은 심사청구가 있는 출원에 대해서만 심사를 진행한다(특허법 제59조 제1항). 출원인이 심사받을 준비가 된 시점을 스스로 선택할 수 있는 이익을 부여하고, 특허권을 취득하고자 하는 출원만을 선택적으로 심사하여 심사촉진을 도모하기 위함이다.

2 심사청구 요건

(1) 심사청구인

1) 출원의 특허여부를 확인하여 실시사업을 계속할지 여부를 타진할 수 있도록 누구든지 심사청구할 수 있다(특허법 제59조 제2항). 제3자 입장에서 비법인 사단 또는 재단이라 하더라도 대표자 또는 관리인이 정해져있는 경우 그 사단 또는 재단의 이름으로 심사청구할 수 있다(특허법 제4조).
2) 출원인 입장에서 공동출원의 경우 각자가 심사청구할 수 있고 (특허법 제11조), 대리인이 있는 경우 대리인의 특별수권사항이 아니다(특허법 제6조).

(2) 심사청구대상

1) 출원계속 중인 특허출원에 대해 심사청구할 수 있다.
2) 제3자는 제한이 없으나, 출원인은 청구범위제출유예·임시명세서 절차를 밟은 경우 청구범위가 기재된 정식명세서가 있어야 심사청구할 수 있고, 외국어 특허출원의 경우 국어번역문의 제출이 있어야 심사청구 가능하다.
3) 분할·분리·변경 출원, 정당권리자 출원, 국내우선권 주장 출원도 원출원, 무권리자 출원 또는 선출원의 절차를 승계하지 않기 때문에 별도로 심사청구를 해야 한다.

(3) 심사청구기간

1) 출원인에게 충분한 고려기간을 부여하고, 권리화 여부의 불확실함에 따라 산업계가 불안정한 기간이 길어지지 않도록 출원일로부터 3년 이내에 심사청구할 수 있도록 규정하고 있다.
2) 정당한 권리자의 특허출원, 분할출원, 분리출원 또는 변경출원에 관하여는 무권리자 출원일 또는 원출원일로부터 3년의 기간이 지난 후에도 정당한 권리자가 특허출원을 한 날, 분할출원을 한 날, 분리출원을 한 날 또는 변경출원을 한 날부터 각각 30일 이내에 출원심사의 청구를 할 수 있다.
3) 우선권주장출원의 경우 출원일이 소급되지 않는 바 우선권주장 출원일을 기준으로 한다.

3 절차

(주체) 출원심사의 청구를 하려는 자는 (기간) 법정기간 내에 (서면) i) 청구인의 성명 및 주소, ii) 출원심사의 청구대상이 되는 특허출원의 표시를 적은 출원심사청구서를 제출하면 된다(특허법 제60조 제1항). 출원과 동시에 심사청구를 하는 경우 출원서에 그 취지를 기재함으로써 그 심사청구서에 갈음할 수 있다(특허법 시행규칙 제 37조 제1항).

4 효과

(1) 기간 내에 심사청구가 있는 경우

1) 실체심사의 개시

심사청구의 순서에 따라 실체심사가 이루어진다. 분할, 분리, 변경 출원의 경우 원출원의 심사청구 순위에 따라 심사하고, 특허청장이 특허출원에 대하여 전문기관에 선행기술 조사를 의뢰한 경우에는 특허청장에 정하는 순위에 따라 심사한다(특허법 시행규칙 제38조).

2) 심사청구의 취하 가부

심사절차의 번잡 방지를 위해 심사청구는 취하할 수 없다(특허법 제59조 제4항).

(2) 기간 내에 심사청구가 없는 경우

1) 취하간주

출원심사의 청구를 할 수 있는 기간에 출원심사의 청구가 없으면 그 특허출원은 취하한 것으로 본다(특허법 제59조 제5항). 이는 출원인에게 더 이상 특허를 받으려는 의사가 없다고 보고 절차를 명확히 하기 위함이다. 취하간주되는 경우 선원의 지위는 소멸하지만, 출원공개에 따라 인용발명의 지위, 확대된 선출원의 지위는 인정된다.

2) 취하간주된 특허출원의 회복 (특허법 제67조의3)

특허출원인이 책임질 수 없는 사유로 출원심사의 청구를 할 수 있는 기간을 지키지 못하여 특허출원이 취하된 경우 그 사유가 소멸한 날부터 2개월 이내에 출원심사의 청구를 할 수 있다. 다만, 그 기간의 만료일부터 1년이 지난 때에는 그러하지 아니하다. 심사청구가 있는 경우 특허출원은 취하되지 아니한 것으로 본다.

제03절 우선심사 (제61조)

1 의의 및 취지

우선심사제도란 심사청구순서에 관계없이 심사청구된 다른 출원에 우선하여 심사하는 제도를 말한다. 이는 기술의 수명주기가 짧아지고 있는 현실을 반영하고 분쟁의 조기해결을 도모하기 위한 제도이다.

2 우선심사 대상

(1) 타인의 무단실시 (특허법 제61조 제1호)

출원공개 후 제3자가 업으로서 출원된 발명을 실시하고 있다고 인정되는 경우 우선심사 대상이 된다. 제3자는 출원인으로부터 출원발명에 관한 실시허락을 얻지 아니한 자를 말하며, 업으로 실시란 개인적·가정적 실시를 제외한 특허법 제2조 제3호의 실시를 말한다. 이는 출원인과 제3자의 이익을 조정하기 위함으로, 출원인 입장에서는 조기권리화의 실익이 있고, 실시자 입장에서는 계속 실시 여부를 타진할 수 있는 실익이 있다.

(2) 긴급처리를 요하는 출원[113] (특허법 제61조 제2호)

1) 내용

국가산업정책상 대통령령으로 정하는 특허출원으로서 긴급하게 처리할 필요가 있다고 인정되는 경우 우선심사 대상이 된다.

2) 시행령 제9조

1. 방위산업분야의 특허출원
2. 기후위기 대응을 위한 탄소중립·녹색성장기본법에 따른 녹색기술과 직접 관련된 특허출원
2의2. 인공지능 또는 사물인터넷 등 4차 산업혁명과 관련된 기술을 활용한 특허출원
2의3. 반도체 등 국민경제 및 국가경쟁력 강화에 중요한 첨단기술과 관련된 특허출원(특허청장이 우선심사의 구체적인 대상과 신청 기간을 정하여 공고하는 특허출원으로 한정한다)
3. 수출촉진에 직접 관련된 특허출원
4. 국가 또는 지방자치단체의 직무에 관한 특허출원(「고등교육법」에 따른 국·공립학교의 직무에 관한 특허출원으로서 「기술의 이전 및 사업화 촉진에 관한 법률」 제11조제1항에 따라 국·공립학교 안에 설치된 기술이전·사업화 전담조직에 의한 특허출원을 포함한다)
5. 「벤처기업육성에 관한 특별조치법」 제25조에 따른 벤처기업의 확인을 받은 기업의 특허출원
5의2. 「중소기업기술혁신 촉진법」 제15조에 따라 기술혁신형 중소기업으로 선정된 기업의 특허출원

---

[113] 국가정책적으로 필요한 경우 인센티브 개념으로 우선심사를 허여한다. 대부분의 우선심사사유는 국가정책과 연관되어 있다.

5의3. 「발명진흥법」 제11조의2에 따라 직무발명보상 우수기업으로 선정된 기업의 특허출원

5의4. 「발명진흥법」 제24조의2에 따라 지식재산 경영인증을 받은 중소기업의 특허출원

6. 「국가연구개발혁신법」 제2조제1호에 따른 국가연구개발사업의 결과물에 관한 특허출원

7. 조약에 의한 우선권주장의 기초가 되는 특허출원(당해 특허출원을 기초로 하는 우선권주장에 의하여 외국특허청에서 특허에 관한 절차가 진행중인 것에 한정한다)

7의2. 특허청이 「특허협력조약」에 따른 국제조사기관으로서 국제조사를 수행한 국제특허출원

8. 특허출원인이 특허출원된 발명을 실시하고 있거나 실시준비중인 특허출원

9. 삭제

10. 특허청장이 외국특허청장과 우선심사하기로 합의한 특허출원[114]

11. 우선심사의 신청을 하려는 자가 특허출원된 발명에 관하여 조사·분류 전문기관 중 특허청장이 정하여 고시한 전문기관에 선행기술의 조사를 의뢰한 경우로서 그 조사 결과를 특허청장에게 통지하도록 해당 전문기관에 요청한 특허출원

12. 다음 각 목의 어느 하나에 해당하는 사람이 한 특허출원

　가. 65세 이상인 사람

　나. 건강에 중대한 이상이 있어 우선심사를 받지 아니하면 특허결정 또는 특허거절결정까지 특허에 관한 절차를 밟을 수 없을 것으로 예상되는 사람

(3) 재난의 대응 등에 필요하다고 인정되는 경우 (특허법 제61조 제3호)

코로나바이러스 감염증 등 국가적 재난의 극복과 관련된 발명의 의욕을 장려하고자, 대통령령으로 정하는 특허출원으로서 재난의 예방·대응·복구 등에 필요하다고 인정되는 경우 우선심사가 가능하다.

(4) 타법에 의한 우선심사대상 (특허법 시행규칙 제39조)

1) 규제자유특구 및 지역특화발전특구에 대한 규제특례법 제55조에 따라 규제특례가 적용된 특화사업과 직접 관련된 출원

2) 첨단의료복합단지 육성에 관한 특별법 제26조에 따라 규제특례가 적용된 입주의료연구개발기관이 제출한 첨단의료복합단지 안 의료연구개발과 관련된 출원

3 우선심사 신청 요건

(1) 주체적, 시기적 요건

출원이 있는 때에는 누구든지 특허청장에게 그 출원에 관하여 우선심사의 신청을 할 수 있다.

---

114) PPH란 제1청(PPH 가능한 상대국 중 일국의 특허청)이 특허가능하다고 판단한 제1청 출원의 청구항과 실질적으로 동일한 청구항을 갖고 있는 제2청(PPH 가능한 상대국 중 일국의 특허청) 출원이 조기에 심사를 받을 수 있도록 함과 동시에 제2청이 제1청의 선행기술조사결과와 심사결과를 활용할 수 있도록 하는 제도다(고시 제4조 제3호).

(2) **객체적 요건**

우선심사 대상에 해당하는 발명은 반드시 청구범위에 기재되어야 하며, 우선심사결정시까지 보정된 청구항을 기준으로 판단한다.

4 우선심사 신청 절차

(주체) 누구든지 (기간) 심사청구 후 또는 심사청구와 동시에 (서면) 우선심사신청서를 제출하면 된다. 우선심사신청서에는 시행규칙 제39조에 따라 특허청장이 정하는 사항을 기재한 우선심사신청설명서를 첨부한다.

5 우선심사 신청 효과

우선심사결정을 받은 출원에 대한 심사는 심사청구의 순위에 관계없이 우선적으로 심사가 진행되고, 우선심사결정의 통지가 있은 후에는 우선심사 신청을 취하할 수 없다.

6 특허심사 하이웨이

특허심사하이웨이란 양국에 특허출원이 이루어진 후 어느 일국에서 특허등록을 받은 경우, 다른 일국에서 이를 참고하여 우선적으로 당해 출원에 대해 심사를 수행하는 제도이다. 해외출원의 조기 권리화를 도모하고, 국가 간 심사협력을 통해 심사부담을 해소하기 위한 제도이다. 다만, 어느 일국의 심사결과를 참고할 뿐 다른 일국의 심사에 영향을 미치지는 것은 아니다.

특허청장이 외국 특허청장과 우선심사하기로 합의한 특허심사하이웨이 요건은 다음과 같다.

이유	요건
일본	1. 일본에 최초로 특허출원을 한 후 동일발명을 대한민국에 특허출원한 경우 2. 일본 특허출원과 관련되어 외국특허청 또는 정부간 기구로부터 입수한 선행기술조사보고서가 있는 경우
기타 합의한 국가	1. 대상국가 등의 특허출원(대응출원)에 가장 최근의 심사 통지서에서 특허가능하다고 판단한 청구항이 있는 경우 2. 대한민국에 출원한 특허출원의 모든 청구항이 대응출원에서 특허가능하다는 판단을 받은 청구항과 동일하거나, 특허가능하다는 판단을 받은 청구항을 한정 또는 그 청구항에 부가하여 청구범위를 감축한 경우
기타 합의한 국가에서 국제조사 또는 국제예비심사가 수행된 국제출원	1. 대상국가 등에서 국제조사나 국제예비심사가 수행된 국제출원(대응국제출원)에 국제단계의 심사에서 신규성, 진보성 및 산업상 이용가능성이 모두 있다고 판단을 받은 청구항(특허요건 인정 청구항)이 있는 경우 2. 해당 특허출원의 모든 청구항이 대응국제출원의 특허요건 인정 청구항과 동일하거나, 특허요건 인정 청구항을 한정 또는 그 청구항에 부가하여 청구범위를 감축한 경우

7 예비심사

(1) 의의 및 취지

예비심사란 심사착수 전에 출원인과 심사관이 대면 면담을 통해 심사의견을 교환하여 조속한 권리화를 도모하기 위한 제도이다.

(2) 대상

예비심사는 심사부담도가 고난도인 기술분야 출원 등으로서, 우선심사결정서 발송일부터 14일 이내 출원인이 신청한 경우 가능하다.

(3) 효과

우선심사신청한 출원보다 심사가 더 빠르게 진행되어 조속한 권리화에 이점이 있다.

제04절 심사유예 등 (시행규칙 제40조의 2 및 제40조의 3)

1 의의 및 취지

특허여부결정보류 신청 (특허법 시행규칙 제40조의2) 및 심사유예신청 (특허법 시행규칙 제40조의3) 을 규정하여 심사기간 단축에 따른 문제점에 대한 대응 방안을 마련하였다.

2 특허여부결정보류 신청 (특허법 시행규칙 제40조의2)

(1) 심사관은 특허출원심사의 청구 후 출원인이 특허출원일부터 6개월 이내에 결정 보류신청서를 특허청장에게 제출하는 경우에는 특허출원일부터 12개월이 경과하기 전까지 특허여부결정을 보류할 수 있다.

(2) 다만, ⅰ) 특허출원이 분할출원 또는 변경출원인 경우, ⅱ) 특허출원에 대하여 우선심사결정을 한 경우, ⅲ) 특허여부결정의 보류신청이 있기 전에 이미 특허거절결정서 또는 특허결정서를 통지한 경우에는 그러하지 아니하다.

3 심사유예신청 (특허법 시행규칙 제40조의3)

(1) 심사유예신청서 제출

특허출원인이 출원심사의 청구를 한 경우로서 출원심사의 청구일부터 24개월이 지난 후에 특허 출원에 대한 심사를 받으려면 출원심사의 청구일부터 9개월 이내에 심사를 받으려는 시점(출원일 부터 5년 이내에 한정)을 적은 심사유예신청서를 특허청장에게 제출할 수 있다.

(2) 심사유예신청의 취하 및 변경

특허출원인이 제1항에 따른 심사유예신청을 취하하거나 유예희망시점을 변경하려면 심사유예신청서를 제출한 날부터 2개월 이내에 보정서를 제출하여야 한다.

(3) 심사유예신청의 효과

1) 심사관은 심사유예신청이 있으면 유예희망시점까지 특허출원에 대한 심사를 유예할 수 있다.
2) 다만, ⅰ) 특허출원이 분할출원, 변경출원 또는 정당한 권리자의 출원인 경우, ⅱ) 특허출원에 대하여 우선심사결정을 한 경우, ⅲ) 특허출원심사의 유예신청이 있기 전에 이미 거절이유를 통지하거나 특허결정서를 통지한 경우에는 그러하지 아니하다.

제05절 전문기관 등 (제58조)

1 의의 및 취지

특허청은 적절한 인력으로 업무의 효율성을 재고하기 위해 출원인이 특허출원할 때 필요하거나 특허출원을 심사(PCT 출원에 대한 국제조사 및 국제예비심사 포함)할 때 필요한 업무에 관해 외부 전문기관 등록제도를 마련하여 전문기관의 도움을 받고 있다(특허법 제58조 제1항). 또한 경험이 풍부한 사람에게 협조를 요청하거나 의견을 들을 수도 있다(특허법 제58조 제4항).

2 전문기관 등록 및 취소

특허청장은 미생물의 기탁분양, 선행기술의 조사, 특허분류의 부여, 그 밖에 대통령령으로 정하는 업무를 전문기관에 의뢰할 수 있는데, 이때 전문기관은 일정한 요건을 갖추어 사전에 특허청장에게 등록을 하여야 한다(특허법 제58조 제2항).

한편 거짓이나 그 밖의 부정한 방법으로 등록을 한 경우, 등록기준에 맞지 않는 경우, 전문기관의 임직원이 직무상 알게 된 비밀을 누설하거나 도용한 경우는 전문기관의 등록이 취소되거나 지정기간 동안 업무의 전부 또는 일부가 정지될 수 있다(특허법 제58조의2).

3 관련문제

특허청장이 외부 기관에 의뢰하는 업무로 전자화업무도 있다(특허법 제217조의2). 특허청장은 요건을 갖춘 곳에 위탁하여 해당 업무를 수행하게 할 수 있으며, 해당 기관이 정해진 시설 및 인력기준을 충족하지 못하거나, 임직원이 직무상 알게 된 비밀을 누설하거나 도용한 경우는 시정조치를 요구한 후 위탁을 취소할 수 있다(특허법 제217조의2 제7항).

제06절 정보제공 (제63조의 2)

1 의의 및 취지

특허출원에 관하여 누구든지 그 특허출원이 거절이유에 해당하여 특허될 수 없다는 취지의 정보를 증거와 함께 특허청장에게 제공할 수 있다. 이는 공중의 심사협력을 구해 심사의 완전성 및 신속성을 도모하기 위한 제도이다.

2 요건

(1) 주체적 요건

공중의 심사협력이라는 취지 상 이해관계를 요하지 않고 누구든지 정보제공할 수 있다.

(2) 객체적 요건

거절이유 중 절차상 하자에 불과하여 제3자에게 불측의 피해를 줄 여지 없는 배경기술 기재의무 (특허법 제42조 제3항 제2호), 다항제 기재방법 (특허법 제42조 제8항) 및 하나의 특허출원의 범위 (특허법 제45조) 는 제외된다.

(3) 시기적 및 절차적 요건

특허출원 계속 중에 가능하며, 정보제출서에 증거서류를 첨부하여 제출하면 된다(특허법 시행규칙 제45조).

3 효과

심사관의 심사에 참고자료가 된다. 다만 심사시 반드시 활용해야 하는 의무나 정보제공자에게 정보제공에 대해 응답할 의무는 없으며, 심사시 활용하지 않더라도 이에 대해 정보제공자가 불복할 수도 없다.

4 관련문제

출원공개 전이라도 정보제공이 가능하고, 제170조에서 제63조의2를 준용하는 바 거절결정불복심판 중에도 정보제공이 허용된다.

제07절 외국 심사결과 제출 명령제도 (제63조의 3)

1 의의 및 취지

동일 기술의 복수 국가 교차출원이 급증하고 있어, 주요국 특허청은 서로간 심사결과를 적극적으로 활용하고자 한다. 다만 미공개 출원과 IP5 외의 국가의 심사결과는 대한민국 특허청에서 확인이 어려워 심사관에게 외국의 심사결과 자료의 제출을 출원인에게 명할 수 있는 규정인 특허법 제63조의3 을 도입했다.

2 내용

심사관은 제54조에 따른 우선권 주장을 수반한 출원의 심사에 필요한 경우 기간을 정하여 그 우선권 주장의 기초가 되는 출원을 한 국가의 심사결과가 있으면 이를 제출할 것을 출원인에게 명할 수 있고(특허법 제63조의3), 필요한 경우 위 서류의 국어번역문을 제출할 것을 명할 수도 있다(특허법 시행규칙 제46조 제2항).

제08절 거절이유통지와 거절결정 (제63조)

1 심사방법

(1) 심사란 출원발명(청구범위에 기재된 발명)에 거절이유가 존재하는지를 살피는 것으로서, 심사대상확정(보정여부/보정각하여부), 기 통지 거절이유 극복 여부, 새로운 거절이유의 존재 여부의 순서로 진행하며, 거절결정 또는 특허결정을 함으로써 종료한다.
(2) 청구항이 2 이상인 경우는 청구항별로 개별적으로 심사한다.

2 심사대상확정

(1) 보정이 없는 경우 최초 명세서 등으로 심사에 착수한다. 보정이 있는 경우 보정을 승인하면 보정된 내용으로 심사에 착수하고, 보정을 각하하면 보정 전 내용으로 심사에 착수한다.
(2) 자진보정 또는 최초거절이유통지에 따른 보정이 있는 경우 보정을 승인하고 보정된 내용으로 심사에 착수한다. 자진보정이 2회 이상 있으면 각각 보정을 유효하게 승인하여 보정된 내용을 살피고, 최초거절이유통지에 따른 보정이 2회 이상 있으면 마지막 보정으로 보정된 내용을 살핀다.
(3) 최후거절이유통지에 따른 보정 또는 재심사청구시 보정은 특허법 제47조 제2항, 제47조 제3항, 제51조 제1항 위반 여부를 살펴, 위반이 없는 경우 보정을 승인하고 보정된 내용으로 심사

에 착수하고, 위반이 있는 경우 보정을 각하한 후 보정 전 내용으로 심사에 착수한다. 최후거절 이유통지에 따른 보정이 2회 이상 있으면 마지막 보정으로 보정 승인 여부 및 보정된 내용을 살핀다. 재심사청구시 보정이 2회 이상 있으면 처음 보정으로 보정 승인 여부 및 보정된 내용을 살핀다.

(4) 보정일체원칙에 따라 보정 내용 중 일부라도 보정각하사유가 있으면 보정 전체를 각하한다.

3 거절이유통지

(1) 의의 및 취지

1) 심사관은 출원을 심사한 결과 그 출원이 특허법 제62조 각호의 어느 하나에 해당되어 특허를 허여할 수 없어 거절결정을 하고자 할 때는 출원인에게 거절이유를 통지하고 기간을 정하여 의견서를 제출할 수 있는 기회를 주어야 한다(특허법 제63조). 이는 출원발명에 대해 등록을 허용할 것인가의 판단은 고도의 전문지식을 요하고, 심사관이라 하여 그와 같은 지식을 두루 갖출 수는 없으므로, 이로 인한 과오를 예방하기 위함이며, 또한 선출원주의 제도에서 야기되기 쉬운 과오를 보정할 기회도 주지 않고 곧바로 거절결정함은 출원인에게 지나치게 가혹하기 때문이다(96후1217).

2) 거절결정을 하기 전에 거절이유를 통지하여 의견서제출기회를 주는 것은 강행규정이며, 의견서제출기회를 주지 않고 된 거절결정에 대해서는 출원인이 거절결정에 대한 불복심판을 청구하여 그 절차적 위법을 주장할 수 있다(98후300, 96후177).

(2) 거절이유통지의 종류

1) 특허법은 심사지연 방지를 위해 거절이유통지를 최초와 최후로 구분하며, 최후거절이유 통지 후에는 보정범위를 제한한다.

2) 최초 거절이유는 최초 심사시 통지할 수 있었던 거절이유를 말하며, 최후 거절이유는 최초 심사 후 보정에 의해 새롭게 발생한 거절이유로서 최초 심사시 통지할 수 없었던 거절이유를 말한다.

3) 최초 거절이유 예시 (심사기준)

가) 심사가 착수된 이후 첫 번째의 거절이유통지는 자진 보정이 있었는지 여부에 관계없이 최초거절이유통지한다.

나) 보정되지 않은 보정식별항목에 거절이유가 있는 경우에는 최초거절이유통지한다.

다) 거절이유통지 후 보정된 발명의 설명 또는 청구범위에 존재하는 거절이유라 하더라도 그 거절이유가 보정에 의해 발생된 것이 아니라 최초거절이유통지시에도 발명의 설명 또는 청구범위에 존재하던 거절이유라면 최초거절이유로 통지하여야 한다.

라) 보정 외적인 요인에 의해 거절이유가 발생하는 특허법 제25조 위반은 최초거절이유로 통지하여야 한다.

4) 최후 거절이유 예시 (심사기준)

가) 신규성·진보성 위반으로 최초거절이유를 통지했으나, 새로운 구성요소 부가 보정으로써 종전의 신규성·진보성 거절이유를 해소한 경우, 부가된 새로운 구성요소에 대해 선행기

술을 추가로 인용하여 진보성 거절이유를 통지할 때는 최후거절이유를 통지한다. 이는 보정에 의해 선행기술을 다시 찾아 심사해야 했기 때문에, 최초 심사시 통지할 수 없었던 거절이유로 본다.

나) 기재불비 위반으로 최초거절이유를 통지했고 보정으로써 종전의 기재불비 거절이유를 해소했으나, 다시 심사한 결과 신규성·진보성 위반의 거절이유가 발견되어 통지할 때, ① 그 보정이 신설 또는 실질적 신설에 준하는 정도로 발명의 내용을 바꾼 것이라면 최후거절이유로 통지하고, ② 그렇지 않다면 최초거절이유로 통지한다.

(3) 관련문제

1) 청구항이 2 이상인 경우 (특허법 제63조 제2항)

청구항이 2 이상인 경우 거절이유를 통지할 때는 그 통지서에 거절되는 청구항을 명확히 밝히고, 그 청구항에 관한 거절이유를 구체적으로 적어야 한다.

2) 직권재심사 (특허법 제66조의3)

직권 재심사 과정에서는 기 통지한 거절이유가 극복되지 아니하였다 하더라도 거절결정하지 않고 다시 거절이유를 통지하는 경우가 있고, 거절이유통지에 대응한 보정에 따라 발생한 거절이유라 할지라도 최후로 거절이유를 통지하지 않고 일반으로 거절이유를 통지하는 경우가 있다(특허법 제63조 제1항 제2호, 제47조 제1항 제2호 괄호).

4 거절결정 및 특허결정

(1) 출원일체원칙

특허청구범위가 여러 개의 항으로 되어 있는 경우에는 그 하나의 항에라도 거절이유가 있다면 그 출원은 전부가 거절된다(96후603).

(2) 거절이유통지와 거절결정의 구분

1) 거절이유를 통지한 후 보정 등을 반영하여 출원을 다시 심사한 결과 거절이유가 있고 그 거절이유가 이미 통지한 거절이유인 경우는 다른 거절이유가 있더라도 다시 거절이유를 통지하지 않고 거절결정한다. 여기서 그 거절이유가 이미 통지한 거절이유인 경우란 해당 거절이유가 앞서 통지된 거절이유통지에서 지적한 거절이유와 주지에 있어서 부합되는 경우를 말하는 것으로서, 주지가 부합되는지 여부는 일부의 문구나 표현에 구애되는 것은 아니고, 출원인에게 의견을 제출할 기회가 실질적으로 부여되었는지 여부의 관점에서 평가한다(2006후1766).

2) 진보성을 판단함에 있어서 주선행발명을 다른 선행발명으로 변경하는 경우는 특별한 사정이 없는 한 이미 통지된 거절이유와 주요한 취지가 부합하지 아니하는 새로운 거절이유에 해당하므로, 새롭게 거절이유를 통지해야 한다(2015후2341).

3) 우선권주장의 불인정으로 인하여 거절이유가 생긴 경우에는 우선권주장이 인정되지 아니한다는 취지 및 그 이유가 포함된 거절이유를 통지하지 않은 채 거절결정할 수 없다(2009후2371).

4) 거절결정 이유 중 통지하지 아니한 거절이유가 일부 포함되어 있다 하더라도 통지하지 아니한 거절이유를 들어 거절결정하는 것이 아니라면 위법하다고 볼 수 없다(2007후3820).
5) 신규성·진보성 위반의 경우 일반적으로 인용발명이 다르면 다른 거절이유에 해당하나, 초록(abstract)을 근거로 진보성 위반의 거절이유를 통지한 후, 전문을 근거로 진보성 위반의 거절결정을 하였더라도, 실질적으로 동일한 사유로 거절결정했다면 위법하다고 볼 수 없다(2001후2702).
6) 인용발명에 의하여 진보성이 부정된다는 거절이유를 통지한 경우, 그 인용발명을 보충하여 기술적 의의를 밝히는 출원 당시의 기술상식이나 주지관용기술의 존재를 증명하기 위한 자료를 추가로 더 채택하여 거절결정하더라도 위법하다고 볼 수 없다(2014허1563).

(3) 재심사

1) 통지한 거절이유가 극복되지 않은 경우 거절결정함으로써 심사가 종료된다. 다만 특허법은 출원인 구제를 위해 재심사제도를 두고 있으며, 출원인은 재심사청구로써 심사를 다시 받을 수 있다.
2) 거절이유가 없는 경우 특허결정함으로써 심사가 종료된다. 다만 특허법은 미흡한 심사결과를 보완하기 위해 재심사제도를 두고 있으며, 심사관은 직권재심사 또는 직권보정이 취하 간주된 경우 심사를 다시 할 수 있다.

5 예제문제

(1) 보정이 없거나 자진보정이 있는 경우

최초 명세서 등 또는 자진보정 후 내용으로 심사가 진행되어 거절이유가 있으면 최초거절이유통지가 나오고, 거절이유가 없으면 특허결정된다.

(2) 최초거절이유통지에 대한 보정이 있는 경우

1) 보정 후의 내용으로 심사한다.
2) 심사결과 기 통지한 거절이유가 극복되지 못한 경우 거절결정된다. 기 통지한 거절이유가 극복되었고 다른 거절이유가 없다면 특허결정된다. 기 통지한 거절이유가 극복되었으나 보정에 의해 발생한 것이 아닌 거절이유가 존재하면 최초거절이유통지, 기 통지한 거절이유가 극복되었으나 보정에 의해 발생한 거절이유가 존재하면 최후거절이유통지가 나온다.

(3) 최후거절이유통지 또는 재심사청구에 대한 보정이 있는 경우

1) 보정각하되는 경우 (특허법 제51조)
   가) 보정이 제47조 제2항, 제3항 및 제51조 제1항을 위반한 경우 보정각하되고, 보정 전의 내용으로 심사가 진행된다.
   나) 보정각하결정은 독립하여 불복할 수 없고 거절결정불복심판에서 함께 다툴 수 있다.
   다) 보정각하되면 거절이유가 통지되었던 보정 전 내용으로 다시 심사가 진행되는바, 일반적으로 기 통지한 거절이유가 극복되지 않았다는 이유로 거절결정된다.

2) 보정각하되지 않는 경우

보정 후의 내용으로 심사가 진행된다. 심사결과 기 통지한 거절이유가 극복되지 못한 경우 거절결정된다. 기 통지한 거절이유가 극복되었고 다른 거절이유가 없다면 특허결정된다. 기 통지한 거절이유가 극복되었으나 보정에 의해 발생한 것이 아닌 거절이유가 존재하면 최초거절이유통지, 최초거절이유통지에 따른 보정에 의해 발생한 거절이유가 존재하면 최후거절이유통지가 나온다.

제09절 포지티브 심사제도 (심사기준)

1 의의 및 취지

특허청은 출원인의 신속한 권리 확보 및 특허법에 대한 지식이 부족한 출원인도 충분한 권리를 확보할 수 있도록, 출원인에게 도움을 주는 심사제도를 운영하고 있다. 그 예로 ① 거절이유 통지 시 보정방향 제시, ② 직권보정, ③ 통지한 거절이유의 재통지, ④ 예비심사, ⑤ 보정안 리뷰, ⑥ 일괄심사, ⑦ 재심사 면담이 있다.

2 거절이유 통지 시 보정방향 제시 (심사기준)

심사관은 거절이유 통지 시 보정방향을 제시할 수 있다.

3 직권보정 (특허법 제66조의2)

심사관은 특허결정 시 출원인이 직권보정에 동의하지 않으면 특허결정을 취소한다는 조건으로(요약서에 대한 직권보정 제외), 거절이유에 해당하는 기재불비 사항도 명백히 잘못 기재된 경우 직권보정할 수 있다.

4 통지한 거절이유의 재통지 (심사기준)

거절이유 통지 후 다시 심사한 결과 거절이유가 있고 그 거절이유가 이미 통지한 거절이유인 경우에는 다시 거절이유를 통지하지 않고 거절결정하는 것이 원칙이나, 심사관은 출원인이 거절이유를 해소하기 위한 보정 의사 등을 명확히 표시하였는데 단지 그러한 보정이 보정서에서 누락된 것으로 보이는 경우에는 일정 요건 하에서 동일한 거절이유를 다시 통지할 수 있다.

5 예비심사 (심사기준)

우선심사결정한 출원 중 출원인이 예비심사를 신청한 경우 심사관은 심사착수 전에 출원인과 거절이유 및 보정방향에 대해 협의하고, 출원인으로부터 기술내용에 대한 설명을 직접 들을 수 있다.

6 보정안 리뷰 (심사기준)

심사관은 거절이유를 통지한 출원 중 출원인이 의견서 제출기간에 보정안을 기재한 의견서를 제출하면, 출원인과 면담하여 최종 보정서 방향에 대해 의견을 줄 수 있다.

7 일괄심사 (심사기준)

심사관은 출원인이 한 제품에 관련된 복수의 특허·실용신안·상표·디자인을 출원한 후 일괄심사를 신청하면 출원인이 원하는 시기에 일괄적으로 심사해줄 수 있다.

8 재심사 면담 (심사기준)

심사관은 거절결정한 출원 중 재심사 청구 전에 출원인이 재심사 면담을 신청하면, 재심사청구 보정안에 대해 의견을 줄 수 있다.

CHAPTER 02 직권보정 제도 (특허법 제66조의2)

> **제66조의2(직권보정 등)**
> ① 심사관은 제66조에 따른 특허결정을 할 때에 특허출원서에 첨부된 명세서, 도면 또는 요약서에 적힌 사항이 명백히 잘못된 경우에는 직권으로 보정(이하 "직권보정"이라 한다)할 수 있다. 이 경우 직권보정은 제47조 제2항에 따른 범위에서 하여야 한다.
> ② 제1항에 따라 심사관이 직권보정을 하려면 제67조 제2항에 따른 특허결정의 등본 송달과 함께 그 직권보정 사항을 특허출원인에게 알려야 한다.
> ③ 특허출원인은 직권보정 사항의 전부 또는 일부를 받아들일 수 없으면 제79조 제1항에 따라 특허료를 낼 때까지 그 직권보정 사항에 대한 의견서를 특허청장에게 제출하여야 한다.
> ④ 특허출원인이 제3항에 따라 의견서를 제출한 경우 해당 직권보정 사항의 전부 또는 일부는 처음부터 없었던 것으로 본다. 이 경우 그 특허결정도 함께 취소된 것으로 본다. 다만, 특허출원서에 첨부된 요약서에 관한 직권보정 사항의 전부 또는 일부만 처음부터 없었던 것으로 보는 경우에는 그러하지 아니하다.
> ⑤ 삭제
> ⑥ 직권보정이 제47조 제2항에 따른 범위를 벗어나거나 명백히 잘못되지 아니한 사항을 직권보정한 경우 그 직권보정은 처음부터 없었던 것으로 본다.

1 의의 및 취지

심사관은 제66조에 따른 특허결정을 할 때에 특허출원서에 첨부된 명세서, 도면 또는 요약서에 적힌 사항이 명백히 잘못된 경우에는 직권으로 보정할 수 있다. 이는 심사지연을 방지하기 위한 규정으로, 출원인에 의한 보정의 예외로 제한된 범위에서 보충적으로 운용한다.

2 직권보정 범위의 확대 (17. 3. 1 시행 개정법)

1) 종전에는 특허결정이 가능하나 명백한 오탈자 등 명백히 잘못 기재된 내용만 존재하는 경우 직권보정할 수 있어, 아무리 사소한 거절이유라도 존재하면 직권보정이 불가능하여 활용도 및 실효성이 저하되는 문제가 존재하였다.
2) 이러한 문제점을 해결하기 위해, 출원인이 직권보정에 동의하지 않으면 특허결정을 취소한다는 조건으로, 거절이유에 해당하는 기재불비 사항도 명백히 잘못 기재된 경우 심사관이 직권보정할 수 있도록 직권보정범위를 확대하였다.

3 직권보정이 가능한 사항

1) 「명백히 잘못된 경우」란 통상의 기술자가 그 기재가 잘못되었다는 사실을 쉽게 인식할 수 있고, 명세서 등의 기재, 의견서 및 출원 당시의 기술상식을 참작하여 출원인의 당초 의도를 명확히 알 수 있어서 해당 보정이 어떻게 이루어질 것인지 쉽게 예측할 수 있는 사항을 의미한다.

2) 「명백히 잘못된 경우」가 아닌 사항을 직권보정하거나, 직권보정이 신규사항을 추가한 때는 출원인 이익을 위해 출원인이 의견서 제출로 항변하지 않더라도 그 직권보정은 처음부터 없었던 것으로 본다(특허법 제66조의2 제6항).

4 절차

1) 심사관이 직권보정을 하려면 특허결정의 등본 송달과 함께 그 직권보정 사항을 특허출원인에게 알려야 한다.
2) 출원인은 직권보정 사항의 전부 또는 일부를 받아들일 수 없으면 특허료를 낼 때까지 그 직권보정 사항에 대한 의견서를 제출하면 된다.
3) 출원인이 직권보정 거부 취지의 의견서를 제출한 경우 해당 직권보정 사항의 전부 또는 일부는 처음부터 없었던 것으로 본다. 이 경우 그 특허결정도 함께 취소된 것으로 되어 심사관에 의한 재심사가 진행된다. 다만, 출원서에 첨부된 요약서에 관한 직권보정 사항의 전부 또는 일부만 처음부터 없었던 것으로 보는 경우에는 그러하지 아니하다.

5 재심사 절차

심사관이 다시 심사하며 거절이유를 발견할 수 없으면 특허결정하나, 거절이유를 발견하면 출원인에게 거절이유를 통지하여 의견서를 제출할 수 있는 기회를 부여한다.

CHAPTER 03 직권재심사 제도 (특허법 제66조의3)

> **제66조의3(특허결정 이후 직권 재심사)**
> ① 심사관은 특허결정된 특허출원에 관하여 명백한 거절이유를 발견한 경우에는 직권으로 특허결정을 취소하고, 그 특허출원을 다시 심사(이하 "직권 재심사"라 한다)할 수 있다. 다만, 다음 각 호의 어느 하나에 해당하는 경우에는 그러하지 아니하다.
>   1. 거절이유가 제42조제3항제2호, 같은 조 제8항 및 제45조에 따른 요건에 관한 것인 경우
>   2. 그 특허결정에 따라 특허권이 설정등록된 경우
>   3. 그 특허출원이 취하되거나 포기된 경우
> ② 제1항에 따라 심사관이 직권 재심사를 하려면 특허결정을 취소한다는 사실을 특허출원인에게 통지하여야 한다.
> ③ 특허출원인이 제2항에 따른 통지를 받기 전에 그 특허출원이 제1항제2호 또는 제3호에 해당하게 된 경우에는 특허결정의 취소는 처음부터 없었던 것으로 본다.

1 의의 및 취지

심사관은 특허결정을 했어도 특허권이 발생하기 전까지 명백한 거절이유를 발견하면 특허결정을 취소하고 직권으로 재심사를 할 수 있다(특허법 제66조의3 제1항). 이는 특허무효율이 지나치게 높다는 지적이 있은 후 설정등록 전 검증 절차 강화를 통해 하자 있는 특허의 등록을 방지하고자 도입한 제도다.

2 요건

(1) 시기

심사의 재개는 권리의 안정성을 위해 설정등록 전까지만 가능하다. 예컨대 심사관이 직권재심사를 하고자 출원인에게 특허결정을 취소한다는 사실을 통지했어도 출원인이 그 통지를 받기 전에 출원을 취하·포기하거나, 특허료를 납부하여 설정등록하면 직권재심사가 불가하다(특허법 제66조의3 제3항).

(2) 사유

심사재개는 이미 한 특허결정을 취소하는 경우이므로 출원인에게 지나친 불이익이 없도록 하고자 명백한 거절이유에 한해서만 가능하며, 특허법 제42조 제3항 제2호, 제42조 제8항, 제45조의 절차적 요건은 직권재심사 사유가 되지 않는다(특허법 제66조의3 제1항 제1호). 여기서 "명백한"이란 특허결정된 출원이 무효될 가능성이 있다는 정도로는 부족하고, 그 거절이유로 인하여 특허결정된 출원이 무효될 것임이 명백한 경우를 말한다(심사기준).

3 절차

(1) 심사관은 직권재심사를 위해 특허결정 취소를 통지하면, 취소를 통지한 날부터 가급적 신속하게 직권 재심사를 하게 된 명백한 거절이유를 통지해야 한다.

(2) 명백한 거절이유가 이미 통지한 거절이유라 할지라도 거절결정을 할 것이 아니라 다시 통지해야 한다(특허법 제63조 제1항 제2호). 이는 특허결정을 신뢰한 출원인에게 그나마 보정범위라도 제한을 두지 않음으로써 예상하지 못한 타격을 경감해주고자 한 것이다.

(3) 명백한 거절이유가 최초거절이유통지에 대응하는 보정에 따라 새롭게 발생된 거절이유인 경우에도 최후거절이유통지의 예외로 보아 최초거절이유를 통지한다(제47조 제1항 제2호 괄호).

CHAPTER 04 재심사청구 제도 (특허법 제67조의2)

> **제67조의2(재심사의 청구)**
> ① 특허출원인은 그 특허출원에 관하여 특허결정의 등본을 송달받은 날부터 제79조에 따른 설정등록을 받기 전까지의 기간 또는 특허거절결정등본을 송달받은 날부터 3개월(제15조 제1항에 따라 제132조의17에 따른 기간이 연장된 경우 그 연장된 기간을 말한다) 이내에 그 특허출원의 명세서 또는 도면을 보정하여 해당 특허출원에 관한 재심사(이하 "재심사"라 한다)를 청구할 수 있다. 다만, 다음 각 호의 어느 하나에 해당하는 경우에는 그러하지 아니하다.
> 1. 재심사를 청구할 때에 이미 재심사에 따른 특허여부의 결정이 있는 경우
> 2. 제132조의17에 따른 심판청구가 있는 경우(제176조 제1항에 따라 특허거절결정이 취소된 경우는 제외한다)
> 3. 그 특허출원이 분리출원인 경우
> ② 특허출원인은 제1항에 따른 재심사의 청구와 함께 의견서를 제출할 수 있다.
> ③ 제1항에 따라 재심사가 청구된 경우 그 특허출원에 대하여 종전에 이루어진 특허결정 또는 특허거절결정은 취소된 것으로 본다. 다만, 재심사의 청구절차가 제16조 제1항에 따라 무효로 된 경우에는 그러하지 아니하다.
> ④ 제1항에 따른 재심사의 청구는 취하할 수 없다.

1 의의 및 취지

특허결정 또는 거절결정을 받은 출원인이 보정과 함께 심사관의 재심사를 청구하는 제도이다. 종전 거절결정 후 심사전치제도를 이용하던 출원인의 수수료 부담을 경감하고 심사절차의 복잡성을 해소하기 위해 도입되었으며, 최근에는 특허결정 후에도 출원인에게 보정 가능 기회를 부여하고자 재심사 청구 기간을 확대했다.

2 요건 및 절차

(1) 특허출원인은 그 특허출원에 관하여 특허거절결정등본을 송달받은 날부터 3개월(제15조 제1항에 따라 제132조의17에 따른 기간이 연장된 경우 그 연장된 기간을 말한다) 또는 특허결정등본을 송달받은 날부터 3개월과 설정등록일 중 빠른 날 이내에 그 특허출원의 명세서 또는 도면을 보정하여 해당 특허출원에 관한 재심사를 청구할 수 있다. 다만, 재심사를 청구할 때에 이미 재심사에 따른 특허여부결정이 있거나 제132조의17에 따른 심판청구가 있는 경우와, 출원이 분리출원인 경우에는 그러하지 아니하다(특허법 제67조의2 제1항).

(2) 특허출원인은 재심사의 청구와 함께 의견서를 제출할 수 있으며 (특허법 제67조의2 제2항), 재심사 청구는 취하할 수 없다(특허법 제67조의2 제4항).

3 재심사 및 종료

(1) 방식심사 및 보정의 적법성 심사

1) 재심사청구는 보정서의 제출에 의해서만 가능하므로 재심사청구의 방식 심사는 보정절차의 방식심사에 준하여 진행한다.
2) 방식심사 후 심사관은 재심사에 앞서 보정각하 여부를 먼저 판단하여 심사대상 명세서를 확정한다. 보정을 승인하는 경우 보정된 명세서를 기준으로 재심사하고, 보정을 각하하는 경우 보정 전 명세서를 기준으로 재심사한다.

(2) 종전 거절결정의 타당성의 재심사

1) 재심사가 청구된 경우 그 특허출원에 대하여 종전에 이루어진 특허여부결정은 취소된 것으로 본다. 다만, 재심사의 청구절차가 제16조제1항에 따라 무효로 된 경우에는 그러하지 아니하다 (특허법 제67조의2 제3항).
2) 거절결정의 이유가 타당한 경우 다시 거절결정등본을 송부한다.
3) 거절결정의 이유가 부당한 경우, 다른 거절이유가 없다면 특허결정을, 다른 거절이유가 있다면 거절이유통지를 하고 보정기회를 부여한다.

4 거절결정이 확정된 특허출원의 회복 (특허법 제67조의3)

특허출원인이 정당한 사유로 제67조의 제1항에 따라 재심사의 청구를 할 수 있는 기간을 지키지 못하여 특허출원이 특허거절결정이 확정된 것으로 인정되는 경우에는 그 사유가 소멸한 날부터 2개월 이내에 재심사의 청구를 할 수 있다. 다만, 그 기간의 만료일부터 1년이 지난 때에는 그러하지 아니하다. 위 규정에 따라 재심사의 청구가 있는 경우에는 특허거절결정이 확정되지 아니한 것으로 본다. 이는 불가피하게 기한을 지키지 못하여 소멸된 특허출원에 대해 회복의 기회를 부여하여 출원인을 보호하기 위함이다.

5 거절결정불복심판청구와 재심사청구[115]

(1) 차이점

판단주체에 있어서 재심사 청구는 특별한 사정이 없는 한 거절결정을 한 기존의 심사관임에 반해, 거절결정불복심판은 새로운 심판부다.

또한 명세서의 보정 여부에 있어서 재심사 청구는 보정이 필수임에 반해(특허법 제67조의2 제1항), 거절결정불복심판은 보정 없이 진행한다.

---

[115] 특허청, 특허 실용신안 심사기준

(2) 재심사 청구의 장점

재심사 청구는 특별한 사정이 없는 한 이미 심사를 진행한 심사관이 다시 심사하기 때문에 거절결정불복심판에 비해 그 결과를 신속하게 받을 수 있다.

또한 거절결정불복심판은 만약 기각심결이 나오면 특허법원에 불복하는 방법 이외에 추가로 진행할 수 있는 절차가 없지만, 재심사 청구에서는 가사 부정적인 결과인 거절결정이 나온다 하더라도, 추가로 거절결정불복심판을 밟을 수 있다는 점에서 장점이 있다.

6 관련문제

(1) 심판청구서를 제출한 후 보정서(재심사청구서)를 제출한 경우

1) 원칙

① 거절결정불복심판이 청구된 경우에는 재심사를 청구할 수 없는바, 소명 기회를 부여하고 보정서를 반려한다. ② 이때, 보정서를 반려 받은 출원인은 재심사청구기간이 경과하지 않았다면 심판청구를 취하하고 재심사를 다시 청구할 수 있다.

2) 거절결정불복심판의 심결로 거절결정이 취소된 경우 (제67조의2 제1항 제2호 괄호)

22.4.20 시행 개정법은 심결로 거절결정이 취소된 경우에도 재심사의 청구가 가능함을 명확히 규정하였다.

(2) 보정서와 심판청구서를 동일자로 제출한 경우

1) 보정서에 재심사청구 취지를 기재한 경우

ⅰ) 출원인의 선택을 유도하기 위해 보정서가 늦게 제출된 것으로 보고 보정서에 대한 반려이유를 즉시 통지하며, 반려이유통지서에서는 출원인이 거절결정불복심판과 재심사 중 어느 하나를 선택할 수 있음을 상세히 설명하여야 한다. ⅱ) 출원인이 심판청구를 취하하는 경우에는 재심사 청구가 유효한 것으로 재심사절차를 진행하고, 반려 요청하는 경우에는 보정서를 즉시 반려한다.

2) 보정서에 재심사 청구 취지를 기재하지 않은 경우

당해 보정서는 보정이 가능한 기간 내에 제출된 것으로 볼 수 없으므로 소명 기회를 부여한 후 반려하고, 심판청구가 진행된다.

(3) 보정서(재심사청구 취지 기재)를 제출한 후 심판청구서를 제출한 경우

1) 원칙 - 재심사청구가 적법한 경우

① 종전에 이루어진 거절결정이 취소된 것으로 보고(제67조의2 제3항 본문), 재심사 절차가 진행된다.

② 심판청구는 거절결정이 취소된 이상 불복의 대상이 없는 셈이므로 심결 각하된다(제142조).

2) 선행된 재심사청구 절차가 무효가 된 경우

① 다만, 수술 미납 등에 의해 재심사의 청구절차가 무효로 된 경우에는 종전에 이루어진 특허거절결정이 취소된 것으로 볼 수 없다(제67조의2 제3항 단서).

② 이때, 判例는 ⅰ) 그 이후의 절차는 종전에 이루어진 특허거절결정을 기준으로 진행되어야 하며, ⅱ) 거절결정불복심판의 청구기간 역시 종전 거절결정등본이 송달된 날을 기준으로 선정하여야 한다고 판시한다(2020허127).

CHAPTER 05 출원공개 (특허법 제64조)

> **제64조(출원공개)**
> ① 특허청장은 다음 각 호의 구분에 따른 날부터 1년 6개월이 지난 후 또는 그 전이라도 특허출원인이 신청한 경우에는 산업통상자원부령으로 정하는 바에 따라 그 특허출원에 관하여 특허공보에 게재하여 출원공개를 하여야 한다.
>   1. 제54조제1항에 따른 우선권 주장을 수반하는 특허출원의 경우 : 그 우선권 주장의 기초가 된 출원일
>   2. 제55조제1항에 따른 우선권 주장을 수반하는 특허출원의 경우 : 선출원의 출원일
>   3. 제54조제1항 또는 제55조제1항에 따른 둘 이상의 우선권 주장을 수반하는 특허출원의 경우 : 해당 우선권 주장의 기초가 된 출원일 중 최우선일
>   4. 제1호부터 제3호까지의 어느 하나에 해당하지 아니하는 특허출원의 경우 : 그 특허출원일
> ② 제1항에도 불구하고 다음 각 호의 어느 하나에 해당하는 경우에는 출원공개를 하지 아니한다.
>   1. 명세서에 청구범위를 적지 아니한 경우
>   2. 제42조의3제2항에 따른 국어번역문을 제출하지 아니한 경우(외국어특허출원의 경우로 한정한다)
>   3. 제87조제3항에 따라 등록공고를 한 특허의 경우
> ③ 제41조제1항에 따라 비밀취급된 특허출원의 발명에 대해서는 그 발명의 비밀취급이 해제될 때까지 그 특허출원의 출원공개를 보류하여야 하며, 그 발명의 비밀취급이 해제된 경우에는 지체 없이 제1항에 따라 출원공개를 하여야 한다. 다만, 그 특허출원이 설정등록된 경우에는 출원공개를 하지 아니한다.
> ④ 제1항의 출원공개에 관하여 출원인의 성명·주소 및 출원번호 등 특허공보에 게재할 사항은 대통령령으로 정한다.

1 의의 및 취지

출원공개제도 (특허법 제64조)란 일정기간 경과 후 특허출원에 관하여 특허공보에 게재하여 공개하는 제도이다. 이는 발명을 공개하여 기술발전을 촉진 및 산업발전을 도모하고, 중복연구를 방지하며, 심사청구제도를 효율적으로 운영하기 위함이다.

2 구별개념

등록공고제도 (특허법 제87조) 란 심사를 거쳐 등록된 특허발명의 내용을 공표함으로써 당해 특허권을 둘러싼 침해 관련 분쟁을 미연에 방지하기 위한 절차로서 출원공개제도와 취지를 달리한다. 다만, 출원공개 이전에 등록공고가 선행될 경우 등록공고는 출원공개의 기능을 대행하기 때문에 출원공개가 별도로 이루어지지 않는다.

3 출원공개 대상

(1) 출원계속 중인 모든 출원은 출원공개의 대상이 된다.
(2) 다만, i) 명세서에 청구범위를 적지 아니하거나 임시명세서를 제출한 경우 ii) 국어번역문을 제출하지 아니한 경우(외국어특허출원의 경우로 한정한다), iii) 제87조 제3항에 따라 등록공고를 한 특허의 경우에는 출원공개를 하지 아니한다(특허법 제64조 제2항).
(3) 제41조 제1항에 따라 비밀취급된 특허출원의 발명에 대해서는 그 발명의 비밀취급이 해제될 때까지 그 특허출원의 출원공개를 보류하여야 한다(특허법 제64조 제3항).
(4) 공공의 질서 또는 선량한 풍속을 문란하게 하거나 공중의 위생을 해할 염려가 있다고 인정되는 사항은 공개특허공보에 게재하지 아니한다(특허법 시행령 제19조 제3항).

4 출원공개 시기

기산일로부터 1년 6개월이 지난 후, 또는 그 전이라도 출원인이 조기공개신청(특허법 시행규칙 제44조)한 경우 출원공개된다.

기산일은 i) 조약우선권 주장 (제54조) 또는 국내우선권 주장 (제55조)을 수반하는 특허출원의 경우 해당 우선권 주장의 기초가 된 출원일 중 최우선일, ii) 정당권리자 출원 (제34, 35조) 의 경우 무권리자 출원일, iii) 분할출원 (제52조), 분리출원 (제52조의2) 또는 변경출원 (제53조)의 경우 원출원일, iv) 그 외에는 그 특허출원일을 기산일로 한다.

5 출원공개 효과

(1) 서면경고 (특허법 제65조 제1항)

특허출원인은 출원공개가 있은 후 그 특허출원된 발명을 업으로서 실시한 자에게 특허출원된 발명임을 서면으로 경고할 수 있다.

(2) 보상금청구권의 발생 (특허법 제65조 제2항)

특허출원인은 서면경고를 받거나 출원공개된 발명임을 알고 그 특허출원된 발명을 업으로 실시한 자에게 그 경고를 받거나 출원공개된 발명임을 알았을 때부터 특허권의 설정등록을 할 때까지의 기간 동안 그 특허발명의 실시에 대하여 합리적으로 받을 수 있는 금액에 상당하는 보상금의 지급을 청구할 수 있다.

(3) 확대된 선원의 지위 (특허법 제29조 제3항)

특허출원한 발명이 그 특허출원일 전에 출원되어, 그 특허출원 후 출원공개된 다른 특허출원의 최초 명세서 또는 도면에 기재된 발명과 동일한 경우 특허를 받을 수 없다.

(4) 우선심사 신청 (특허법 제61조 제1호)

출원공개 후 특허출원인이 아닌 자가 업(業)으로서 특허출원된 발명을 실시하고 있다고 인정되는 경우 우선심사할 수 있다.

(5) **신규성 상실사유 (특허법 제29조 제1항 제2호 전문)**

출원공개된 경우 특허출원 전 국내 또는 국외에서 반포된 간행물에 게재된 경우에 해당하여 신규성이 상실된다.

(6) **기탁된 미생물의 시료분양 (특허법 시행령 제4조 제1항 제1호)**

기탁된 미생물에 관계되는 발명을 시험 또는 연구를 위하여 실시하려는 자는 그 미생물에 관계되는 발명에 대한 특허출원이 공개된 경우 국내기탁기관, 국제기탁기관 또는 지정기탁기관으로부터 그 미생물을 분양받을 수 있다.

(7) **서류의 열람신청 (특허법 제216조)**

1) 특허출원, 특허취소신청, 심판 등에 관한 증명, 서류의 등본 또는 초본의 발급, 특허원부 및 서류의 열람 또는 복사가 필요한 자는 특허청장 또는 특허심판원장에게 서류의 열람 등의 허가를 신청할 수 있다.

2) 특허청장 또는 특허심판원장은 신청이 있더라도 ⅰ) 출원공개 또는 설정등록되지 아니한 특허출원 (제55조 제1항에 따른 우선권 주장을 수반하는 특허출원이 출원공개 또는 설정등록된 경우에는 그 선출원은 제외한다)에 관한 서류, ⅱ) 출원공개 또는 설정등록되지 아니한 특허출원의 제132조의17에 따른 특허거절결정에 대한 심판에 관한 서류 ⅲ) 공공의 질서 또는 선량한 풍속에 어긋나거나 공중의 위생을 해칠 우려가 있는 서류를 비밀로 유지할 필요가 있다고 인정하는 경우에는 그 서류의 열람 또는 복사를 허가하지 아니할 수 있다.

6 관련문제

(1) **조기공개신청 (특허법 시행규칙 제44조)**

출원인은 신청을 통해 자신의 출원발명을 조기공개 신청할 수 있는데, 조기공개는 보상금청구권을 조기에 발생시킬 수 있다는 장점이 있으나, 조기에 거절확정되어 국내우선권 이용이 제한될 수 있고, 자신의 발명이 공지되어 개량발명을 후출원할 경우 신규성, 진보성 등이 부정될 수 있다는 단점이 있다.

(2) **정보제공 (특허법 제63조의2)**

2006. 10. 1 개정법은 제63조의2를 신설하여 출원공개 전이라도 정보제공할 수 있도록 개정하여, 심사처리기간 단축에 따른 문제점 해결을 도모하였다.

CHAPTER 06 보상금청구권 (특허법 제65조)

> **제65조(출원공개의 효과)**
> ① 특허출원인은 출원공개가 있은 후 그 특허출원된 발명을 업으로서 실시한 자에게 특허출원된 발명임을 서면으로 경고할 수 있다.
> ② 특허출원인은 제1항에 따른 경고를 받거나 제64조에 따라 출원공개된 발명임을 알고 그 특허출원된 발명을 업으로 실시한 자에게 그 경고를 받거나 출원공개된 발명임을 알았을 때부터 특허권의 설정등록을 할 때까지의 기간 동안 그 특허발명의 실시에 대하여 합리적으로 받을 수 있는 금액에 상당하는 보상금의 지급을 청구할 수 있다.
> ③ 제2항에 따른 청구권은 그 특허출원된 발명에 대한 특허권이 설정등록된 후에만 행사할 수 있다.
> ④ 제2항에 따른 청구권의 행사는 특허권의 행사에 영향을 미치지 아니한다.
> ⑤ 제2항에 따른 청구권을 행사하는 경우에는 제127조·제129조·제132조 및 「민법」 제760조·제766조를 준용한다. 이 경우 「민법」 제766조제1항 중 "피해자나 그 법정대리인이 그 손해 및 가해자를 안 날"은 "해당 특허권의 설정등록일"로 본다.
> ⑥ 제64조에 따른 출원공개 후 다음 각 호의 어느 하나에 해당하는 경우에는 제2항에 따른 청구권은 처음부터 발생하지 아니한 것으로 본다.
>   1. 특허출원이 포기·무효 또는 취하된 경우
>   2. 특허출원에 대하여 제62조에 따른 특허거절결정이 확정된 경우
>   3. 제132조의13제1항에 따른 특허취소결정이 확정된 경우
>   4. 제133조에 따른 특허를 무효로 한다는 심결(같은 조 제1항제4호에 따른 경우는 제외한다)이 확정된 경우

1 의의 및 취지

특허출원인은 서면경고를 받거나 출원공개된 발명임을 알고 그 특허출원된 발명을 업으로 실시한 자에게 그 경고를 받거나 출원공개된 발명임을 알았을 때부터 특허권의 설정등록을 할 때까지의 기간 동안 그 특허발명의 실시에 대하여 합리적으로 받을 수 있는 금액에 상당하는 보상금의 지급을 청구할 수 있다. 이는 공개된 발명에 대한 제3자의 고방, 도용으로부터 출원인을 보호하기 위함이다.

2 행사 (동조 제3, 4항)

보상금청구권은 특허권 행사에 영향을 미치지 않고, 특허권이 설정등록된 후에만 행사할 수 있다는 점에서 해제조건부 채권적 권리이다. 설정등록 후 행사할 수 있도록 규정한 것은 보상금청구권이 심사가 완료되지 않은 특허를 받을 수 있는 권리에 기반한 것인 바, 부당한 권리행사를 방지하기 위함이다.

3 준용 (동조 제5항)

(1) 보상금청구권을 행사하는 경우에는 제127조 간접침해, 제129조 생산방법의 추정, 제132조 자료의 제출, 민법 제760조 공동불법행위책임, 민법 제766조 소멸시효 규정을 준용한다. 이 경우 민법 제766조 제1항 중 "피해자나 그 법정대리인이 그 손해 및 가해자를 안 날"은 "해당 특허권의 설정등록일"로 본다.

(2) 침해금지청구 등(특허법 제126조), 구체적 행위태양 제시 의무(특허법 제126조의2), 손해액 추정(제128조), 감정사항 설명의무(특허법 제128조의2), 과실의 추정(제130조), 신용회복청구(특허법 제131조) 규정은 준용하지 않는다.

4 소멸 (동조 제6항)

(1) 출원공개 후 ⅰ) 특허출원이 포기·무효 또는 취하된 경우, ⅱ) 특허출원에 대하여 제62조에 따른 특허거절결정이 확정되거나 거절결정불복심판 기각심결이 확정된 경우, ⅲ) 제132조의13 제1항에 따른 특허취소결정이 확정된 경우, ⅳ) 제133조에 따른 특허를 무효로 한다는 심결(같은 조 제1항 제4호에 따른 경우는 제외한다)이 확정된 경우에는 보상금청구권은 처음부터 발생하지 아니한 것으로 본다.

(2) 소멸시효에 의해 특허권 설정등록일로부터 3년이 경과한 경우 보상금청구권을 행사할 수 없다.

CHAPTER 07 국방상 필요한 발명

> **제41조(국방상 필요한 발명 등)**
> ① 정부는 국방상 필요한 경우 외국에 특허출원하는 것을 금지하거나 발명자·출원인 및 대리인에게 그 특허출원의 발명을 비밀로 취급하도록 명할 수 있다. 다만, 정부의 허가를 받은 경우에는 외국에 특허출원을 할 수 있다.
> ② 정부는 특허출원된 발명이 국방상 필요한 경우에는 특허를 하지 아니할 수 있으며, 전시·사변 또는 이에 준하는 비상시에 국방상 필요한 경우에는 특허를 받을 수 있는 권리를 수용할 수 있다.
> ③ 제1항에 따른 외국에의 특허출원 금지 또는 비밀취급에 따른 손실에 대해서는 정부는 정당한 보상금을 지급하여야 한다.
> ④ 제2항에 따라 특허하지 아니하거나 수용한 경우에는 정부는 정당한 보상금을 지급하여야 한다.
> ⑤ 제1항에 따른 외국에의 특허출원 금지 또는 비밀취급명령을 위반한 경우에는 그 발명에 대하여 특허를 받을 수 있는 권리를 포기한 것으로 본다.
> ⑥ 제1항에 따른 외국에의 특허출원 금지 또는 비밀취급명령을 위반한 경우에는 외국에의 특허출원 금지 또는 비밀취급에 따른 손실보상금의 청구권을 포기한 것으로 본다.
> ⑦ 제1항에 따른 외국에의 특허출원 금지 및 비밀취급의 절차, 제2항부터 제4항까지의 규정에 따른 수용, 보상금 지급의 절차, 그 밖에 필요한 사항은 대통령령으로 정한다.
>
> **제106조(특허권의 수용)**
> ① 정부는 특허발명이 전시, 사변 또는 이에 준하는 비상시에 국방상 필요한 경우에는 특허권을 수용할 수 있다.
> ② 특허권이 수용되는 경우에는 그 특허발명에 관한 특허권 외의 권리는 소멸된다.
> ③ 정부는 제1항에 따라 특허권을 수용하는 경우에는 특허권자, 전용실시권자 또는 통상실시권자에 대하여 정당한 보상금을 지급하여야 한다.
> ④ 특허권의 수용 및 보상금의 지급에 필요한 사항은 대통령령으로 정한다.

1 의의 및 취지

국방상 필요한 발명이란 국가안보와 관련된 방위산업분야의 발명을 말하는 것으로 공익을 위한 규정이다. 제41조 제2항에서 "정부는 특허출원된 발명이 국방상 필요한 경우에는 특허를 하지 아니할 수 있"다고 규정하고 있으나, 제62조의 제한적 거절이유에 포함되어 있지 않아 특허요건에 해당하지는 않는다.

2 헌법적 근거

헌법 제23조 제3항에서 재산권이 공공복리를 위하여 필요한 경우에는 법률에 의하여 수용, 사용 또는 제한될 수 있다고 규정한 바, 본 규정의 근거가 된다.

3 법적 취급

(1) 외국에의 출원 금지 등

1) 정부는 국방상 필요한 경우 외국에 특허출원하는 것을 금지하거나 발명자·출원인 및 대리인에게 그 특허출원의 발명을 비밀로 취급하도록 명할 수 있으며 (특허법 제41조 제1항) 특허를 하지 아니할 수 있다(특허법 제41조 제2항).
2) 외국에의 특허출원 금지 또는 비밀취급명령을 위반한 경우에는 그 발명에 대하여 특허를 받을 수 있는 권리 및 손실보상금 청구권을 포기한 것으로 본다(특허법 제41조 제5항, 제6항).

(2) 특허를 받을 수 있는 권리, 특허권의 수용

정부는 전시·사변 또는 이에 준하는 비상시에 국방상 필요한 경우 특허를 받을 수 있는 권리 또는 특허권을 수용할 수 있다(특허법 제41조 제2항, 제106조 제1항). 특허권이 수용되는 경우에는 그 특허발명에 관한 특허권 외의 권리는 소멸되도록 하여 (특허법 제106조 제2항) 본 규정의 실효성을 확보하였다.

(3) 보상금 지급

정부는 외국에의 출원 금지, 비밀취급에 따른 손실에 대하여 정당한 보상금을 지급하여야 하고 (특허법 제41조 제3항), 특허하지 아니하거나 수용한 경우에도 보상금을 지급해야 한다(특허법 제41조 제4항). 특허권을 수용한 경우 특허권자 뿐만 아니라 전용실시권자 또는 통상실시권자에 대하여도 정당한 보상금을 지급하여야 한다(특허법 제106조 제3항).

4 관련문제 – 국가 비상사태 등에 의한 통상실시권 (특허법 제106조의2)

정부는 특허발명이 국가 비상사태, 극도의 긴급상황 또는 공공의 이익을 위하여 비상업적(非商業的)으로 실시할 필요가 있다고 인정하는 경우에는 그 특허발명을 실시하거나 정부 외의 자에게 실시하게 할 수 있고 (동조 제1항), 이 경우 특허권자, 전용실시권자 또는 통상실시권자에게 정당한 보상금을 지급하여야 한다(동조 제3항).

특허권의 수용과 강제실시권 설정은 특허권자 등의 이익형량의 측면에서 달리 취급될 필요가 있는 바, 정부에 의한 특허권의 수용과 정부의 실시에 대한 사항을 분리하여 규정하였다.

출원의 취하 또는 포기

1 출원인 의사에 의한 경우

(1) 출원계속 중

1) 주체적 요건

출원인에게 불리한 사항이므로, 대리인을 선임한 경우 특별수권사항에 해당하고 (특허법 제6조), 공동출원의 경우 전원이 해야 한다(특허법 제11조).

2) 객체적 요건

청구항별 일부취하는 허용되지 않으며, 다만 보정기간 내라면 보정서의 제출로 청구항별 삭제만 가능할 것이다.

3) 시기적 요건 및 절차적 요건

출원계속 중에만 가능하며, 취하서 또는 포기서를 제출하면 된다(특허법 시행규칙 제19조 제12항).

(2) 설정등록시 청구항별 포기 (특허법 제215조의2 제1항)

청구항별 출원절차 취하는 불가능하나, 출원인이 특허비용을 효율적으로 관리할 수 있도록 둘 이상의 청구항이 있는 특허출원에 대한 특허결정을 받은 자가 특허료를 낼 때에는 청구항별로 이를 포기할 수 있다.

2 법률의 규정에 의한 경우

(1) 취하간주

1) 심사청구가 없는 경우

누구든지 출원일로부터 3년 이내에 심사청구할 수 있으며, 이 기간에 심사청구가 없는 경우 당해 출원은 취하한 것으로 본다(특허법 제59조 제5항). 심사주의 하 심사청구가 없는 출원을 방치할 수 없기 때문이다.

2) 변경출원

중복권리를 회피하기 위해 실용신안출원을 특허로 변경출원하는 경우 그 실용신안등록출원은 취하된 것으로 본다(특허법 제53조 제4항). 같은 취지에서 특허출원을 실용신안으로 변경출원하는 경우 그 특허출원은 취하된 것으로 본다(실용신안법 제10조 제4항).

3) 국내우선권주장 출원

가. 중복권리를 회피하기 위해 국내우선권 주장의 기초가 된 선출원은 출원일로부터 1년 3개월 후 취하된 것으로 본다. 다만, 선출원이 i) 포기, 무효 또는 취하된 경우, ii) 특허 여부의 결정, 실용신안등록 여부의 결정 또는 거절한다는 취지의 심결이 확정된 경우, iii) 해당 선출원을 기초로 한 우선권 주장이 취하된 경우는 예외이다(특허법 제56조).

나. 자기지정의 경우, ⅰ) 선출원이 PCT출원인 경우에는 기준일 또는 국제출원일로부터 1년 3월을 경과한 때 중 늦은 때 취하간주되고 (특허법 제202조 제3항 제3호), ⅱ) 선출원이 국내출원인 경우에는 선출원일로부터 1년 3월을 경과한 때 취하간주된다(특허법 제56조 제1항).

4) 청구범위를 적지 아니하거나 임시명세서를 제출한 경우

출원시 청구범위를 적지 아니하거나 임시명세서를 제출한 경우 제64조제1항 각 호의 구분에 따른 날부터 1년 2월 내에 청구범위를 적거나 정식명세서를 제출하는 보정을 하지 아니한 경우 취하간주된다(특허법 제42조의2 제3항)

5) 국어번역문을 제출하지 아니한 경우

외국어로 특허출원한 경우 제64조제1항 각 호의 구분에 따른 날부터 1년 2월 내에 국어번역문을 제출하지 아니한 경우 취하간주된다(특허법 제42조의3 제4항).

6) 국제특허출원 출원하는 경우

국제출원이 ⅰ) 제195조에 따른 보정명령을 받은 자가 지정된 기간에 보정을 하지 아니한 경우, ⅱ) 국제출원에 관한 수수료를 산업통상자원부령으로 정하는 기간에 내지 아니한 경우, ⅲ) 제194조에 따라 국제출원일이 인정된 국제출원에 관하여 산업통상자원부령으로 정하는 기간에 그 국제출원이 제194조 제1항 각 호의 어느 하나에 해당하는 것이 발견된 경우 취하간주된다(특허법 제196조).

7) 국제특허출원 국내단계진입하는 경우

국내서면제출기간에 발명의 설명 및 청구범위의 국어번역문을 제출하지 아니한 경우 (특허법 제201조 제4항), 국어번역문을 제출한 재외자가 기준일로부터 2월 내에 특허관리인을 선임하여 특허청장에게 신고하지 않은 경우 (특허법 제206조 제3항) 그 국제특허출원은 취하된 것으로 본다.

(2) **포기간주**

1) **특허료를 납부하지 않은 경우 (특허법 제81조 제3항)**

추가납부기간에 특허료를 내지 아니한 경우(추가납부기간이 끝나더라도 제81조의2제2항에 따른 보전기간이 끝나지 아니한 경우에는 그 보전기간에 보전하지 아니한 경우를 말한다)에는 특허권의 설정등록을 받으려는 자의 특허출원은 포기한 것으로 보며, 특허권자의 특허권은 특허료에 해당되는 기간이 끝나는 날의 다음 날로 소급하여 소멸된 것으로 본다.

2) **국방상 필요한 명령 등 (특허법 제41조 제5항)**

외국에의 특허출원 금지 또는 비밀취급명령을 위반한 경우에는 그 발명에 대하여 특허를 받을 수 있는 권리를 포기한 것으로 본다.

PART 10

특허권 및 실시권

CHAPTER 01 특허권 일반

1 특허권의 의의

특허란 설정등록에 의해 발생(특허법 제87조 제1항)하며, 공개의 대가로 청구범위에 적혀 있는 특허발명(특허법 제97조)을 출원일부터 20년간(특허법 제88조 제1항) 독점적으로 실시할 수 있는 권리다 (특허법 제94조).

2 특허권의 성질

(1) 독점배타성

특허권자는 업으로서 특허발명을 실시할 권리를 독점하고 (특허법 제94조 본문), 특허권 침해한 자 또는 침해할 우려가 있는 자에 대하여 그 침해의 금지 또는 예방을 청구할 수 있다(특허법 제126조).

(2) 무체성

특허발명의 보호범위는 청구범위에 기재된 무형의 기술적 사상으로 무체성을 갖는다. 무체성의 특성상 점유가 곤란하여 침해가 용이한 반면, 침해행위가 발생하면 회복할 수 없는 손해가 발생될 수 있음을 고려해 침해로 보는 행위(특허법 제127조)를 규정하여 보호한다.

또한 침해사실의 발견이나 증명이 곤란하다는 점에서 구체적 행위태양 제시 의무(특허법 제126조의2), 손해액의 추정 등 (제128조), 감정사항 설명의무(특허법 제128조의2), 생산방법의 추정 (제129조), 과실의 추정 (제130조), 자료제출명령(특허법 제132조) 등을 규정하고 있다.

나아가 공유자 간 자본력 차이가 다른 공유자의 권리에 큰 영향을 미친다는 점에서 특허를 받을 수 있는 권리 또는 특허권 지분양도의 제한 (특허법 제37조 제3항, 제99조 2항) 규정을 두고 있다.

(3) 전면적 지배성

특허권은 특허발명의 내용에 따라 특허권이 지니는 모든 이익을 향유할 수 있다는 점에서 전면적 지배성을 갖는다. 다만, 그 특허권에 관하여 전용실시권을 설정하였을 때에는 제100조 제2항에 따라 전용실시권자가 그 특허발명을 실시할 권리를 독점하는 범위에서는 그러하지 아니하다(특허법 제94조 단서).

(4) 탄력성

특허권자는 전용실시권 또는 통상실시권을 설정한 경우 제한을 받지만, 실시권이 소멸하면 본래의 특허권의 효력이 회복된다는 점에서 탄력성을 갖는다.

(5) 재산성 및 제한성

1) 특허권은 재산권적 성질을 갖는 사권이므로 특허권자는 특허권을 이전할 수 있고 (특허법 제99조), 실시권이나 질권을 설정하여 수익을 얻을 수 있다(특허법 제100조, 제102조).

2) 특허권의 특성 및 산업발전 기여의 공익적 측면에서 특허권의 효력이 미치지 아니하는 범위에 따른 제한 (특허법 제96조), 이용 저촉관계에 의한 제한 (특허법 제98조), 실시권 설정에 따른 제한 등을 규정한다.

(6) 유한성

특허권의 존속기간은 허가등 또는 등록지연 사유로 연장되지 않는 한 특허권의 설정등록이 있는 날부터 특허출원일 후 20년이 되는 날까지로 (특허법 제88조), 비영구적이다. 이는 산업정책적으로 공개의 대가로 주어지는 독점배타권을 일정기간 후 공중영역에 두기 위한 규정으로 외국의 경우도 동일한 규정을 두고 있다.

CHAPTER 02 특허권자의 의무

1 서

특허권은 특허발명을 독점·배타적으로 실시할 수 있는 권리임과 동시에 산업발전 이바지(특허법 제1조)라는 사회적·공공적인 성격을 가지고 있는 권리이기도 하다. 따라서 특허법은 산업정책적인 이유로 특허권자에게 독점 배타적 권리와 더불어 실시의무, 실시보고의무, 특허료의 납부 의무 등을 부여하고 있다. 이 중 실시의무와 실시보고의무는 산업발전 이바지라는 특허법 목적을 위한 것으로 타 재산권에 존재하지 않는 의무이다.

2 실시의무

(1) 특허권자의 실시의무 존부

특허법은 적극적으로 실시의무를 규정하고 있지 않으나, 특허권은 독점 배타권이며, 발명이 실시되어야만 특허제도의 목적을 달성할 수 있다는 점에서 소극적으로 실시의무를 부과하고 있다.

(2) 재정에 의한 통상실시권 (특허법 제107조)

특허발명을 불실시하거나 불충분하게 실시하는 경우 재정에 의한 통상실시권을 허여할 수 있다.

(3) 구법의 불실시에 따른 특허권의 취소 (구 특허법 제116조)

구 특허법상 불실시에 따른 특허권 취소 제도가 있었으나 (구 특허법 제116조), 한미 자유무역협정에 따라 폐지하였다. 따라서 더 이상 특허발명의 불실시를 이유로 특허권을 취소할 수 없다.

3 실시보고 의무

(1) 내용

특허청장은 특허권자·전용실시권자 또는 통상실시권자에게 특허발명의 실시 여부 및 그 규모 등에 관하여 보고하게 할 수 있다(특허법 제125조). 이는 특허청장이 산업 동향을 파악하여 국가의 산업정책 수립에 도움을 주기 위함이다.

(2) 과태료 규정의 폐지

구법상 특허발명의 실시보고 명령에 정당한 이유 없이 응하지 아니한 자는 50만원 이하의 과태료에 처해졌으나, 이는 행정 편의를 위한 과도한 규제라는 점에서 2006. 3. 3. 시행 개정법에서 폐지되었다.

4 특허료의 납부 의무

(1) 내용

특허권의 설정등록을 받으려는 자는 설정등록일부터 3년분의 특허료를 내야하고, 특허권자는 그 다음 해부터의 특허료를 해당 권리의 설정등록일에 해당하는 날을 기준으로 매년 1년분씩 내야 한다(특허법 제79조).

(2) 위반시 법적취급

추가납부기간에 특허료를 내지 아니한 경우(추가납부기간이 끝나더라도 제81조의2 제2항에 따른 보전기간이 끝나지 아니한 경우에는 그 보전기간에 보전하지 아니한 경우를 말한다)에는 특허권의 설정등록을 받으려는 자의 특허출원은 포기한 것으로 보며, 특허권자의 특허권은 제79조제1항 또는 제2항에 따라 낸 특허료에 해당되는 기간이 끝나는 날의 다음 날로 소급하여 소멸된 것으로 본다(제81조 제3항).

5 자료제출 의무

특허청장 또는 심사관은 당사자에 대하여(특허권자 포함) 심판 또는 재심에 관한 절차 외의 절차를 처리하기 위하여 필요한 서류나 기타물건의 제출을 명할 수 있다(특허법 제222조). 이에 불응하는 경우 특별한 제재 규정은 두고 있지 않다.

6 특허표시

이는 의무는 아니고, 재량사항이다. 특허권자·전용실시권자·통상실시권자는 물건의 특허발명에 있어서는 그 물건에, 물건을 생산하는 방법의 특허발명에 있어서는 그 방법에 의하여 생산된 물건에 특허표시를 할 수 있으며, 물건에 특허표시를 할 수 없을 때에는 용기나 포장에 특허표시를 할 수 있다(특허법 제223조 제1항). 참고로 출원인의 경우는 출원 중(심사 중)임을 표시할 수 있다(특허법 제223조 제2항).

CHAPTER 03 청구범위의 해석

1 청구범위의 역할[116]

청구범위는 특허요건의 판단 기준이 되고, 등록 이후 보호범위의 해석기준이 되며 각 심판의 대상이 된다.

2 특허성 판단과 보호범위 판단 구별[117]

특허성의 판단(등록가능성)과 보호범위의 판단(침해성립여부)은 각각 심사단계 및 권리단계에서 문제되는 것으로 논리적으로 필연의 관계가 아니다. 이는 보호범위의 판단에는 특허성의 판단과 달리 법률적 가치 판단요소가 가미되어야 하기 때문이라고 볼 수 있다.

3 특허요건 판단 시 청구범위 해석

(1) 청구범위 문언해석 원칙 (제42조 제4항, 제6항)

청구범위는 특허출원인이 특허발명으로 보호받고자 하는 사항을 기재한 것이므로, 특허성 판단의 대상이 되는 발명의 확정은 청구범위에 기재된 사항에 의하여야 한다(2006후3625, 2011후3230).

(2) 발명의 설명 참작해석 (判例)

1) 발명의 설명 보충·참작

① 대법원은 청구범위에 기재된 사항은 발명의 설명이나 도면 등을 참작하여야 그 기술적 의미를 정확하게 이해할 수 있으므로, 청구범위에 기재된 사항은 그 문언의 일반적 의미를 기초로 하면서도 발명의 설명 및 도면을 참작하여 그 문언에 의해 표현하고자 하는 기술적 의의를 고찰한 다음 객관적·합리적으로 해석한다고 판시한다(2006후3625, 2011후3230).

② 또한, 청구범위 기재만으로 특허를 받고자 하는 발명의 기술적 구성을 알 수 없거나 알 수 있더라도 기술적 범위를 확정할 수 없는 경우에는 발명의 설명이나 도면 등 명세서의 다른 기재 부분을 보충하여 명세서 전체로서 특허발명의 기술내용을 실질적으로 확정하여야 한다고 판시한다(2004후2260).

2) 제한·확장 해석 불가 (判例)

대법원은 발명의 내용의 확정은 특별한 사정이 없는 한 청구범위에 적혀 있는 사항에 의하여야 하고 발명의 설명이나 도면 등 명세서의 다른 기재에 따라 청구범위를 제한하거나 확장하여 해석하는 것은 허용되지 않는다고 판시한다(2008후26, 2007후4977, 2004후776).

---

[116] 청구범위는 언어로 표현된 만큼 필연적으로 해석의 여지를 가지게 되며, 청구범위 해석이란 청구범위에 기재된 출원발명 또는 특허발명을 특정하는 것으로 특허제도를 운영하는데 있어 가장 중요한 작업이라 할 수 있다.

[117] 일차원적으로 생각한다면 출원인으로서는 청구범위를 넓게 설정할수록 권리범위가 넓어지기 때문에 강력한 독점권을 가지게 되나, 권리범위가 넓게 설계될수록 특허는 출원과정에서의 심사는 물론 등록된 이후에도 언제든지 그 유효성이 도전받을 가능성이 높아진다는 점에서 청구범위는 이율배반성을 갖는다.

4 보호범위 판단시 청구범위 해석

(1) 청구범위 문언해석 원칙 (제97조)

특허권의 보호범위는 특허권의 효력이 미치는 객관적 범위를 명확히 하기 위해 명세서의 청구범위 에 기재된 사항에 의하여 정하여지는 것이 원칙이다(91후1908).

(2) 발명의 설명 참작해석 (判例)

1) 발명의 설명 보충·참작

① 대법원은 특허 보호범위는 청구범위에 기재된 사항에 의하여 정하되, 문언의 의미내용은 문언의 일반적인 의미를 기초로 하면서도 발명의 설명 및 도면 등을 참작하여 객관적·합리적으로 해석하여야 한다고 판시한다(2006후2240).

② 또한, 청구범위에 기재된 문언만으로 기술적 구성의 구체적 내용을 알 수 없는 경우에는 M 세서의 다른 기재에 의해 보충하여 그 문언이 표현하고자 하는 기술적 구성을 확정하여 권리 범위 내지 보호범위를 정하여야 한다고 판시한다(2006후2240).

2) 제한·확장 해석 불가

대법원은 특허의 권리범위 내지 보호범위는 청구범위에 기재된 사항에 의하여 정하여지고, 청구범위의 기재만으로 기술적 범위가 명백한 경우에는 원칙적으로 명세서의 다른 기재에 의하여 청구범위의 기재를 제한 해석할 수 없다고 판시한다(2007후2186).

3) 명백히 불합리한 경우 – 제한해석

다만, 청구범위를 문언 그대로 해석하는 것이 명세서의 다른 기재에 비추어 보아 명백히 불합리한 팬에는 출원된 기술사상의 내용, 명세서의 다른 기재, 출원인의 의사 및 제3자에 대한 법적 안정성을 두루 참작하여 특허권의 권리범위를 제한해석할 수 있다고 판시한다(2007후2186).

5 청구범위 해석에 대한 이원론적 기준 적용 여부

(1) 문제점

이율배반성을 갖는 청구범위를 해석함에 있어 특허요건 판단 단계에서와 권리범위 판단 단계에 있 어 양자가 서로 다른 해석기준이 적용되어야 하는지 문제된다.

(2) 학설

ⅰ) 일원론은 법적 안정성 및 예측가능성을 위해 일괄적인 해석원리가 적용해야 한다는 입장이며,

ⅱ) 이원론은 특허요건 판단과 권리범의 판단의 가치 판단이 다르므로 서로 다른 양태로 해석되어야 한다는 입장이다.[118]

---

[118] 구체적으로는 특허요건 판단시에는 청구범위에 기재된 문언을 포함할 수 있는 모든 구성 또는 비교적 넓은 범위로 확정하여 합당한 권리를 획득하도록 유도하고, 침해요건 판단시에는 청구범위에 기재된 문언을 필요시에 실시예나 발명의 상세한 설명에 기재된 구성과 같이 비교적 좁은 범위로 확정하는 해석방법이 있다.

(3) **判例**

判例는 권리범위 판단시는 제3자 신속한 권리구제 위해 제한해석하는 경우도 있으나, 일원론의 입장이며 문언해석을 원칙적인 입장으로 하고 있다고 봄이 일반적 평가다.

(4) **검토**

특허요건 판단시와 권리범위 판단시 청구범위를 달리 해석할 이유가 없는바, 일원론의 입장이 타당하다.

특허료의 납부 등 (특허법 제79조)

제79조(특허료)
① 제87조제1항에 따른 특허권의 설정등록을 받으려는 자는 설정등록을 받으려는 날(이하 "설정등록일"이라 한다)부터 3년분의 특허료를 내야 하고, 특허권자는 그 다음 해부터의 특허료를 해당 권리의 설정등록일에 해당하는 날을 기준으로 매년 1년분씩 내야 한다.
② 제1항에도 불구하고 특허권자는 그 다음 해부터의 특허료는 그 납부연도 순서에 따라 수년분 또는 모든 연도분을 함께 낼 수 있다.
③ 제1항 및 제2항에 따른 특허료, 그 납부방법 및 납부기간, 그 밖에 필요한 사항은 산업통상자원부령으로 정한다.

제80조(이해관계인에 의한 특허료의 납부)
① 이해관계인은 특허료를 내야 할 자의 의사와 관계없이 특허료를 낼 수 있다.
② 이해관계인은 제1항에 따라 특허료를 낸 경우에는 내야 할 자가 현재 이익을 얻는 한도에서 그 비용의 상환을 청구할 수 있다.

제81조(특허료의 추가납부 등)
① 특허권의 설정등록을 받으려는 자 또는 특허권자는 제79조제3항에 따른 납부기간이 지난 후에도 6개월 이내(이하 "추가납부기간"이라 한다)에 특허료를 추가로 낼 수 있다.
② 제1항에 따라 특허료를 추가로 낼 때에는 내야 할 특허료의 2배의 범위에서 산업통상자원부령으로 정하는 금액을 납부하여야 한다.
③ 추가납부기간에 특허료를 내지 아니한 경우(추가납부기간이 끝나더라도 제81조의2제2항에 따른 보전기간이 끝나지 아니한 경우에는 그 보전기간에 보전하지 아니한 경우를 말한다)에는 특허권의 설정등록을 받으려는 자의 특허출원은 포기한 것으로 보며, 특허권자의 특허권은 제79조제1항 또는 제2항에 따라 낸 특허료에 해당되는 기간이 끝나는 날의 다음 날로 소급하여 소멸된 것으로 본다.

제81조의2(특허료의 보전)
① 특허청장은 특허권의 설정등록을 받으려는 자 또는 특허권자가 제79조제3항 또는 제81조제1항에 따른 기간에 특허료의 일부를 내지 아니한 경우에는 특허료의 보전(補塡)을 명하여야 한다.
② 제1항에 따라 보전명령을 받은 자는 그 보전명령을 받은 날부터 1개월 이내(이하 "보전기간"이라 한다)에 특허료를 보전할 수 있다.
③ 제2항에 따라 특허료를 보전하는 자는 내지 아니한 금액의 2배의 범위에서 산업통상자원부령으로 정한 금액을 내야 한다.

제81조의3(특허료의 추가납부 또는 보전에 의한 특허출원과 특허권의 회복 등)
① 특허권의 설정등록을 받으려는 자 또는 특허권자가 정당한 사유로 추가납부기간에 특허료를 내지 아니하였거나 보전기간에 보전하지 아니한 경우에는 그 사유가 소멸한 날부터 2개월 이내에 그 특허료를 내거나 보전할 수 있다. 다만, 추가납부기간의 만료일 또는 보전기간의 만료일 중 늦은 날부터 1년이 지난 때에는 그러하지 아니하다.
② 제1항에 따라 특허료를 내거나 보전한 자는 제81조제3항에도 불구하고 그 특허출원을 포기하지 아니한 것으로 보며, 그 특허권은 계속하여 존속하고 있던 것으로 본다.
③ 추가납부기간에 특허료를 내지 아니하였거나 보전기간에 보전하지 아니하여 특허발명의 특허권이

소멸한 경우 그 특허권자는 추가납부기간 또는 보전기간 만료일부터 3개월 이내에 제79조에 따른 특허료의 2배를 내고, 그 소멸한 권리의 회복을 신청할 수 있다. 이 경우 그 특허권은 계속하여 존속하고 있던 것으로 본다.

④ 제2항 또는 제3항에 따른 특허출원 또는 특허권의 효력은 추가납부기간 또는 보전기간이 지난 날부터 특허료를 내거나 보전한 날까지의 기간(이하 이 조에서 "효력제한기간"이라 한다) 중에 타인이 특허출원된 발명 또는 특허발명을 실시한 행위에 대해서는 그 효력이 미치지 아니한다.

⑤ 효력제한기간 중 국내에서 선의로 제2항 또는 제3항에 따른 특허출원된 발명 또는 특허발명을 업으로 실시하거나 이를 준비하고 있는 자는 그 실시하거나 준비하고 있는 발명 및 사업목적의 범위에서 그 특허출원된 발명 또는 특허발명에 대한 특허권에 대하여 통상실시권을 가진다.

⑥ 제5항에 따라 통상실시권을 가진 자는 특허권자 또는 전용실시권자에게 상당한 대가를 지급하여야 한다.

⑦ 제1항 본문에 따른 납부나 보전 또는 제3항 전단에 따른 신청에 필요한 사항은 산업통상자원부령으로 정한다.

제83조(특허료 또는 수수료의 감면)

① 특허청장은 다음 각 호의 어느 하나에 해당하는 특허료 및 수수료는 제79조 및 제82조에도 불구하고 면제한다.
  1. 국가에 속하는 특허출원 또는 특허권에 관한 수수료 또는 특허료
  2. 제133조 제1항, 제134조 제1항·제2항 또는 제137조 제1항에 따른 심사관의 무효심판청구에 대한 수수료

② 특허청장은 다음 각 호의 어느 하나에 해당하는 자가 한 특허출원 또는 그 특허출원하여 받은 특허권에 대해서는 제79조 및 제82조에도 불구하고 산업통상자원부령으로 정하는 특허료 및 수수료를 감면할 수 있다.
  1. 「국민기초생활 보장법」에 따른 의료급여 수급자
  2. 「재난 및 안전관리 기본법」제36조에 따른 재난사태 또는 같은 법 제60조에 따른 특별재난지역으로 선포된 지역에 거주하거나 주된 사무소를 두고 있는 자 중 산업통상자원부령으로 정하는 요건을 갖춘 자
  3. 그 밖에 산업통상자원부령으로 정하는 자

③ 제2항에 따라 특허료 및 수수료를 감면받으려는 자는 산업통상자원부령으로 정하는 서류를 특허청장에게 제출하여야 한다.

④ 특허청장은 제2항에 따른 특허료 및 수수료 감면을 거짓이나 그 밖의 부정한 방법으로 받은 자에 대하여는 산업통상자원부령으로 정하는 바에 따라 감면받은 특허료 및 수수료의 2배액을 징수할 수 있다. 이 경우 그 출원인 또는 특허권자가 하는 특허출원 또는 그 특허출원하여 받은 특허권에 대해서는 산업통상자원부령으로 정하는 기간 동안 제2항을 적용하지 아니한다.

제84조(특허료 등의 반환)

① 납부된 특허료 및 수수료는 다음 각 호의 어느 하나에 해당하는 경우에만 납부한 자의 청구에 의하여 반환한다.
  1. 잘못 납부된 특허료 및 수수료
  2. 제132조의13 제1항에 따른 특허취소결정이나 특허를 무효로 한다는 심결이 확정된 해의 다음 해부터의 특허료 해당분
  3. 특허권의 존속기간의 연장등록을 무효로 한다는 심결이 확정된 해의 다음 해부터의 특허료 해당분

4. 특허출원(분할출원, 분리출원, 변경출원 및 제61조에 따른 우선심사의 신청을 한 특허출원은 제외한다) 후 1개월 이내에 그 특허출원을 취하하거나 포기한 경우에 이미 낸 수수료 중 특허출원료 및 특허출원의 우선권 주장 신청료
5. 출원심사의 청구를 한 이후 다음 각 목 중 어느 하나가 있기 전까지 특허출원을 취하(제53조 제4항 또는 제56조 제1항 본문에 따라 취하된 것으로 보는 경우를 포함한다. 이하 이 조에서 같다)하거나 포기한 경우 이미 낸 심사청구료
   가. 제36조 제6항에 따른 협의 결과 신고 명령(동일인에 의한 특허출원에 한정한다)
   나. 삭제
   다. 제63조에 따른 거절이유통지
   라. 제67조 제2항에 따른 특허결정의 등본 송달
5의2. 출원심사의 청구를 한 이후 다음 각 목의 어느 하나에 해당하는 기간 내에 특허출원을 취하하거나 포기한 경우 이미 낸 심사청구료의 3분의 1에 해당하는 금액
   가. 제5호가목에 따른 신고 명령 후 신고기간 만료 전까지
   나. 제5호다목에 따른 거절이유통지(제47조 제1항 제1호에 해당하는 경우로 한정한다) 후 의견서 제출기간 만료 전까지
6. 특허권을 포기한 해의 다음 해부터의 특허료 해당분
7. 제176조 제1항에 따라 특허거절결정 또는 특허권의 존속기간의 연장등록거절결정이 취소된 경우(제184조에 따라 재심의 절차에서 준용되는 경우를 포함하되, 심판 또는 재심 중 제170조 제1항에 따라 준용되는 제47조 제1항 제1호 또는 제2호에 따른 보정이 있는 경우는 제외한다)에 이미 낸 수수료 중 심판청구료(재심의 경우에는 재심청구료를 말한다. 이하 이 조에서 같다)
8. 심판청구가 제141조 제2항에 따라 결정으로 각하되고 그 결정이 확정된 경우(제184조에 따라 재심의 절차에서 준용되는 경우를 포함한다)에 이미 낸 심판청구료의 2분의 1에 해당하는 금액
9. 심리의 종결을 통지받기 전까지 제155조 제1항에 따른 참가신청을 취하한 경우(제184조에 따라 재심의 절차에서 준용되는 경우를 포함한다)에 이미 낸 수수료 중 참가신청료의 2분의 1에 해당하는 금액
10. 제155조 제1항에 따른 참가신청이 결정으로 거부된 경우(제184조에 따라 재심의 절차에서 준용되는 경우를 포함한다)에 이미 낸 수수료 중 참가신청료의 2분의 1에 해당하는 금액
11. 심리의 종결을 통지받기 전까지 심판청구를 취하한 경우(제184조에 따라 재심의 절차에서 준용되는 경우를 포함한다)에 이미 낸 수수료 중 심판청구료의 2분의 1에 해당하는 금액

② 특허청장 또는 특허심판원장은 납부된 특허료 및 수수료가 제1항 각 호의 어느 하나에 해당하는 경우에는 그 사실을 납부한 자에게 통지하여야 한다. 〈개정 2016. 3. 29.〉
③ 제1항에 따른 특허료 및 수수료의 반환청구는 제2항에 따른 통지를 받은 날부터 5년이 지나면 할 수 없다.

1 특허료의 납부

(1) 특허료의 의의 및 성질

1) 특허료는 특허권의 설정등록을 받으려는 자 또는 특허권자가 국가에 납부해야하는 금액을 말하는 것이다. 특허료는 출원인이 설정등록을 받기 위해 납부하는 비용인 등록료와 특허권자가 특허를 존속시키기 위해 납부하는 비용인 유지료로 나눌 수 있다. 비용은 청구항 수에 따라 등록료는 3년, 유지료는 1년 단위로 책정된다.
2) 특허권은 재산에 대한 징수라는 조제설, 특허권에 대한 대가라는 독점대가설, 특허료를 납부하지 않은 경우 독점권을 허용하지 않고 공유재산으로 보는 공공이익설의 성질을 갖는다.

(2) 특허료 납부의 주체 및 방법

1) 납부의무자의 특허료 납부 (특허법 제79조)

특허권의 설정등록을 받으려는 자는 설정등록일부터 3년분의 특허료를 내야 하고, 특허권자는 그 다음 해부터의 특허료를 해당 권리의 설정등록일에 해당하는 날을 기준으로 매년 1년분씩 그 전년도에 내야하며, 수년분 또는 모든 연차분을 일괄적으로 납부할 수도 있다(특허료 등의 징수규칙 제8조).

2) 납부시기

가. 등록료는 특허결정서를 받은 날부터 3개월 이내 납부[119]해야 한다(특허료 등의 징수규칙 제8조 제5항). 다만 위 기간을 경과한 후에도 파리조약 제5조의2 에 따라 6개월의 추가납부기간이 있고(특허법 제81조 제1항), 위 기간을 준수하지 못함에 있어 정당한 사유가 있었다면 추후보완이 가능하다(특허법 제81조의3 제1항).

나. 유지료는 등록료를 납부한 날인 설정등록일까지 1년분을 선납한다. 유지료의 납부기간 및 6개월의 추가납부기간을 준수하지 못함에 있어 정당한 사유가 있었거나 권리회복신청을 하면 특허가 계속하여 존속하고 있었던 것으로 인정될 수 있다(특허법 제81조의3 제1항, 제3항).

3) 청구항별 포기 (특허법 제215조의2)

둘 이상의 청구항이 있는 특허출원에 대한 특허결정을 받은 자가 특허료를 낼 때에는 청구항별로 이를 포기할 수 있다. 이는 납부의무자의 경제적 부담 및 청구항별 권리화의 필요성을 고려할 수 있도록 한 것이다.

4) 이해관계인에 의한 특허료의 대납 (특허법 제80조 제1항)

이해관계인은 특허료를 내야 할 자의 의사와 관계없이 특허료를 낼 수 있다. 이해관계인은 특허권의 설정등록 또는 등록유지에 법률상 이해관계를 가진 자를 말하며, 여기에는 당해 특허의 실시권자, 질권자 등이 해당되며 공유자는 해당하지 않는다. 이는 특허권이 설정등록 또는 등록유지되지 못하여 발생하는 이해관계인의 손해를 방지하기 위함이다. 다만 판례는 위 규정이 이해관계인에

---

[119] 등록료는 3년분을 납부해야 하며, 3년분 중 일부만 납부하면 보전명령이 나온다. 유지료는 최소한 1년분을 납부해야하며, 1년분 중 일부만 납부하면 마찬가지로 보전명령이 나온다. 보전명령을 받은 자는 보전명령을 받은 날부터 1개월 이내에 미납분을 보전할 수 있다(특허법 제81조의2).

거 등록료 등을 납부할 의무를 부과하는 규정으로 볼수 없다고 하여, 이해관계인의 대납은 의무가 아닌 권리임을 명확히 하였다(90나3166).

5) **이해관계인의 비용상환청구 (특허법 제80조 제2항)**

이해관계인은 특허료를 낸 경우에는 내야 할 자가 현재 이익을 얻는 한도에서 그 비용의 상환을 청구할 수 있다. 이는 특허권자가 원하지 않는 특허권의 설정 또는 유지를 강요당하는 결과가 될 수 있어 이해관계인과의 형평성을 위함이다.

(3) 특허료 불납에 따른 권리의 소멸 (특허법 제81조 제3항)

추가납부기간에 특허료를 내지 아니한 경우(추가납부기간이 끝나더라도 제81조의2제2항에 따른 보전기간이 끝나지 아니한 경우에는 그 보전기간에 보전하지 아니한 경우를 말한다)에는 특허권의 설정등록을 받으려는 자의 특허출원은 포기한 것으로 보며, 특허권자의 특허권은 제79조제1항 또는 제2항에 따라 낸 특허료에 해당되는 기간이 끝나는 날의 다음 날로 소급하여 소멸된 것으로 본다. 즉, 특허료의 납부는 특허권의 발생요건 및 존속요건이다.

2 특허료의 추가납부, 보전 및 회복

(1) 특허료의 추가납부 (특허법 제81조 제1항, 제2항)

특허권의 설정등록을 받으려는 자 또는 특허권자는 제79조제3항에 따른 납부기간이 지난 후에도 6개월 이내에 특허료를 추가로 낼 수 있고, 이 때에는 내야 할 특허료의 2배의 범위에서 산업통상자원부령으로 정하는 금액을 납부하여야 한다. 이는 파리협약 제5조의(1)의 할증요금 납부를 조건으로 한 산업재산권의 유지를 위한 요금납부의 유예기간 규정을 반영한 것이다.

(2) 특허료의 보전 (특허법 제81조의2)

1) 특허청장은 특허권의 설정등록을 받으려는 자 또는 특허권자가 제79조제3항 또는 제81조제1항에 따른 기간에 특허료의 일부를 내지 아니한 경우에는 특허료의 보전(補塡)을 명하여야 한다(동조 제1항).
2) 보전명령을 받은 자는 그 보전명령을 받은 날부터 1개월 이내에 특허료를 보전할 수 있고, 이 때에는 내지 아니한 금액의 2배의 범위에서 산업통상자원부령으로 정한 금액을 내야 한다(동조 제2항, 3항).

(3) 특허출원 또는 특허권의 회복 (특허법 제81조의3)[120]

1) **귀책사유가 아닌 경우 (동조 제1항, 2항)**

가. 특허권의 설정등록을 받으려는 자 또는 특허권자가 정당한 사유로 추가납부기간에 특허료를 내지 아니하였거나 보전기간에 보전하지 아니한 경우에는 그 사유가 소멸한 날부터 2개월 이

---

[120] 파리협약 제5조의2(2)의 요금의 불납으로 인하여 효력이 상실된 특허의 회복 규정을 반영한 것으로 유지료의 개념에서만 존재하고 등록료의 개념에는 존재하지 않는다. 참고로 추후보완은 등록료와 유지료 모두에서 가능하다.

내 및 추가납부기간의 만료일 또는 보전기간의 만료일 중 늦은 날부터 1년 이내에 특허료를 내거나 보전할 수 있다.

나. 위 규정에 따라 특허료를 내거나 보전한 자는 제81조 제3항에도 불구하고 그 특허출원을 포기하지 아니한 것으로 보며, 그 특허권은 계속하여 존속하고 있던 것으로 본다.

2) 단순 실수에 의한 경우 (동조 제3항)

특허권자는 추가납부기간 또는 보전기간 만료일부터 3개월 이내에 제79조에 따른 특허료의 2배를 내고, 그 소멸한 권리의 회복을 신청할 수 있다. 이 경우 그 특허권은 계속하여 존속하고 있던 것으로 본다. 이는 특허권자의 실수에 따른 권리 소멸을 방지하고, 사업의 연속성을 보호하여 산업발전을 도모하기 위함이다.

3) 효력의 제한 (동조 제4항)

특허출원 또는 특허권의 효력은 추가납부기간 또는 보전기간이 지난 날부터 특허료를 내거나 보전한 날까지의 기간 중에 타인이 특허출원된 발명 또는 특허발명을 실시한 행위에 대해서는 그 효력이 미치지 아니하는 바, 이 기간 중 실시에 대해 보상금청구권 또는 특허권의 행사를 할 수 없다. 이는 권리가 소멸된 것으로 인식한 제3자를 보호하기 위한 것으로 선의를 요건으로 하지 않는다.

4) 법정실시권의 발생 (동조 제5항, 6항)

효력제한기간 중 국내에서 선의로 동조 제2항 또는 제3항에 따른 특허출원된 발명 또는 특허발명을 업으로 실시하거나 이를 준비하고 있는 자는 그 실시하거나 준비하고 있는 발명 및 사업목적의 범위에서 그 특허출원된 발명 또는 특허발명에 대한 특허권에 대하여 유상의 통상실시권을 갖는다.

3 특허료의 면제 및 감면

(1) 면제

국가에 속하는 특허권 (특허법 제83조 제1항) 또는 특허료 등의 징수규칙 제7조 1항에 해당하는 경우 특허료가 면제된다.

(2) 감면

의료급여 수급자, 재난사태·특별재난지역 선포 지역 거주자 또는 그 밖에 개인·소기업·중기업 등 경제적 약자의 특허권은 특허료 등의 징수규칙 제7조 제2항에 따라 특허료 일정부분이 감면된다.

(3) 부당감면 제재

22.2.18. 시행 개정법은 특허료와 수수료를 거짓이나 부정한 방법으로 감면받은 사람에 대해서는 감면액의 2배액을 징수할 수 있도록 하고, 해당 출원인의 감면혜택을 일정기간 제한할 수 있도록 하였다(제83조제4항 신설).

4 특허료의 반환 (특허법 제84조)

(1) 대상 (동조 제1항)
행정의 편의상 납부된 특허료는 반환하지 않는 것이 원칙이나, 동항 각호의 사유의 경우 납부한 자의 청구에 의하여 반환된다.

(2) 통지 및 반환청구 (동조 제2항, 3항)
특허청장 또는 특허심판원장은 납부된 특허료가 반환대상에 해당하는 경우에는 그 사실을 납부한 자에게 통지하여야 하며, 통지를 받은 자는 통지를 받은 날부터 5년 이내에 반환청구를 할 수 있다.

(3) 반환사유 (동조 제1항)
1) 잘못 납부된 특허료
2) 특허취소결정, 특허무효심결, 존속기간연장등록무효심결이 확정된 해의 다음 해부터의 특허료 해당분
3) 특허권 포기한 해의 다음 해부터의 특허료 해당분[121]

---

121) 특허취소결정 확정, 특허무효심결 확정, 특허권 포기가 일부 청구항에 대해서만 이루어진 경우는 그 일부 청구항에 해당하는 특허료를 반환받을 수 있다(특허법 제215조).

CHAPTER 05 특허권의 발생 및 효력 등

제01절 특허권의 발생

1 특허권의 발생 (특허법 제87조)

(1) 설정등록 (동조 제1항)

특허권은 설정등록에 의하여 발생하는 바, 특허청장은 특허료가 납부된 경우 직권으로 특허에 관한 권리의 제반사항을 등재한 특허원부를 신설하여 특허권을 설정하기 위한 등록을 하여야 한다. 이는 특허권을 둘러싼 분쟁을 미연에 방지하여 특허권의 안정성을 담보하고, 신속한 분쟁해결을 도모하기 위함이다.

(2) 등록공고 (동조 제3항)

1) 특허청장은 설정등록한 경우 특허권자의 성명 등 동항 각호 사항을 특허공보에 게재하여 등록공고를 하여야 한다. 이는 특허권의 내용을 공표하여 침해 등 분쟁을 미연에 방지하기 위함이다.
2) 비밀취급이 필요한 특허발명에 대해서는 그 발명의 비밀취급이 해제될 때까지 그 특허의 등록공고를 보류하여야 하며, 그 발명의 비밀취급이 해제된 경우에는 지체 없이 등록공고를 하여야 한다.

2 등록의 효력

(1) 특허권 및 전용실시권 등록의 효력 (특허법 제101조 제1항)

1) 효력발생요건

가. 특허권의 설정, 이전(상속이나 그 밖의 일반승계에 의한 경우는 제외한다), 포기에 의한 소멸 또는 처분의 제한은 등록하여야만 효력이 발생한다.
나. 전용실시권의 설정・이전(상속이나 그 밖의 일반승계에 의한 경우는 제외한다)・변경・소멸(혼동에 의한 경우는 제외한다) 또는 처분의 제한은 등록하여야만 효력이 발생한다.
다. 특허권 또는 전용실시권을 목적으로 하는 질권의 설정・이전(상속이나 그 밖의 일반승계에 의한 경우는 제외한다)・변경・소멸(혼동에 의한 경우는 제외한다) 또는 처분의 제한은 등록하여야만 효력이 발생한다.

2) 취지 및 예외

가. 특허권 등이 독점배타적인 권리로서 준물권적인 성질을 갖고 있다는 점에서 권리변동의 효력 발생요건으로 규정하고 있다.
나. 다만, 특허권・전용실시권 및 질권의 상속이나 그 밖의 일반승계의 경우에는 권리가 포괄적으로 승계되어 등록이 없어도 제3자에게 영향을 미치지 않고 권리귀속의 공백을 방지할 필요성

이 있어 예외로 두고 있으며, 이 경우 지체 없이 그 취지를 특허청장에게 신고하여야 한다(제101조 제2항).

다. 전용실시권 또는 질권이 혼동에 의해 소멸한 경우 특허청장이 직권으로 소멸등록을 하도록 규정하고 있어 예외에 해당한다.

(2) 통상실시권 등록의 효력 (특허법 제118조)

1) 대항요건

통상실시권을 등록한 경우에는 그 등록 후에 특허권 또는 전용실시권을 취득한 자에 대해서도 그 효력이 발생하며 (동조 제1항), 통상실시권의 설정·이전·변경·소멸 또는 처분의 제한, 통상실시권을 목적으로 하는 질권의 설정·이전·변경·소멸 또는 처분의 제한은 이를 등록하여야만 제3자에게 대항할 수 있다(동조 제3항).

2) 취지 및 예외

가. 통상실시권은 특허권 등과 달리 독점배타적인 권리가 아니라는 점에서 등록을 대항요건으로 규정하고 있다.

나. 다만, 법정실시권은 등록이 없더라도 제3자에게 대항할 수 있고 (동조 제2항), 강제실시권은 등록이 대항요건이나 특허청장이 직권으로 등록해야 한다.

제02절 특허권의 효력 및 제한

1 특허권의 효력범위

(1) 내용적 범위

특허발명의 보호범위는 청구범위에 기재된 사항에 의하여 정해진다(특허법 제97조). 청구범위를 해석할 때는 거기에 기재된 문언의 일반적인 의미내용을 기초로 하면서도 발명의 설명 및 도면 등을 참작하여 객관적·합리적으로 한다. 다만 청구범위를 문언 그대로 해석하는 것이 명세서의 다른 기재에 비추어 보아 명백히 불합리할 때에는 명세서의 다른 기재를 두루 참작하여 특허권의 권리범위를 제한 해석할 수 있다(2009후92).

(2) 시간적 범위

특허권의 존속기간은 허가등 또는 등록지연에 따른 사유로 연장되지 않는 한 설정등록이 있는 날부터 특허출원일 후 20년이 되는 날까지이다(특허법 제88조 제1항). 한편, 분할 또는 변경출원의 경우 원출원일을 기준으로 기산하고, 정당권리자주장 출원일의 경우 무권리자의 특허출원일의 다음날부터 기산한다(특허법 제88조 제2항).

(3) 지역적 범위

속지주의 원칙상 우리나라 영토에 미치는 것이 원칙이고, 북한에도 미치는지 여부에 대해 논란이 있다.

2 효력범위의 확장

내용적 범위의 확장으로 균등론[122]과 간접침해 (특허법 제127조) 규정이 있고, 시간적 범위의 확장으로 허가 등에 따른 존속기간 연장제도 (특허법 제89조) 및 등록지연에 따른 존속기간 연장제도 (특허법 제92조의2)가 있다.

3 적극적 효력 및 제한

(1) 특허권자는 업으로서 그 특허발명을 실시할 권리를 독점한다(특허법 제94조 본문).
(2) 이러한 적극적 효력의 제한으로 전용실시권 설정이 있는 경우 (특허법 제94조 단서, 제100조), 이용관계 또는 저촉관계가 성립하는 경우 (특허법 제98조) 등이 있다.

4 소극적 효력 및 제한

(1) 정당권원 없는 제3자가 특허발명을 업으로 실시하는 경우 특허권자 또는 전용실시권자는 민사상 또는 형사상 조치를 취할 수 있다.
(2) 이러한 소극적 효력의 제한으로 방법의 사용을 청약하는 행위의 경우 (특허법 제94조 제2항), 허가등에 따라 존속기간이 연장된 경우 (특허법 제95조), 특허권의 효력이 미치지 아니하는 범위에 해당하는 경우 (특허법 제96조), 권리가 소진된 경우, 법정 또는 강제실시권이 인정되는 경우, 판례가 설시한 항변사유가 인정되는 경우(무효사유항변, 자유실시기술항변 등), 재심이나 추가납부에 의해 특허권이 회복된 경우 (제181조, 제81조의3) 등이 있다.

---

[122] 특허발명과 대비되는 확인대상발명이 특허발명의 권리범위에 속한다고 할 수 있기 위하여는 특허발명의 청구범위에 기재된 구성요소들과 구성요소들 사이의 유기적 결합관계가 확인대상발명에 그대로 포함되어 있어야 한다. 그리고 확인대상발명에서 특허발명의 청구범위에 기재된 구성 중 변경된 부분이 있는 경우에도, 양 발명에서 과제의 해결원리가 동일하고, 그러한 변경에 의하더라도 특허발명에서와 실질적으로 동일한 작용효과를 나타내며, 그와 같은 변경이 그 발명이 속하는 기술분야에서 통상의 지식을 가진 사람이라면 누구나 쉽게 생각해 낼 수 있는 정도인 경우에는, 특별한 사정이 없는 한 확인대상발명은 특허발명의 청구범위에 기재된 구성과 균등한 것으로서 여전히 특허발명의 권리범위에 속한다(2014후2788).

제03절 특허권의 효력이 미치지 아니하는 범위 (제96조)

1 의의 및 취지

정당권원 없는 제3자가 특허발명을 업으로서 실시하는 경우 특허권자 또는 전용실시권자는 민사상 또는 형사상 조치를 취할 수 있다. 특허법은 공익상, 산업정책상 측면에서 제96조 제한규정을 두어 특허권의 소극적 효력을 제한하고 있다.

2 내용

(1) 연구 또는 시험을 위한 특허발명의 실시

1) 기술적 진보 및 실질적 존속기간 연장방지를 위한 연구 또는 시험

연구 또는 시험(약사법에 따른 의약품의 품목허가·품목신고 및 농약관리법에 따른 농약의 등록을 위한 연구 또는 시험을 포함)을 하기 위한 특허발명의 실시에는 특허권의 효력이 미치지 아니한다. 특허발명의 기술적 진보를 도모하여 산업발전에 이바지하기 위한 규정으로, 특허권자의 이익을 해하지 않는 범위에서 적용되며, 기술적 진보를 목적으로 한 것이 아니라면 특허권 효력이 제한되지 않는다.

2) 시험생산물의 취급

특허발명이 물건을 생산하는 방법에 관한 발명인 경우 연구 또는 시험을 위해 특허발명을 사용하는 것은 제96조 제1항 제1호에 의해 침해가 되지 아니하나, 이로써 얻어진 물건을 제3자에게 판매하는 것은 실시행위 독립의 원칙상 침해가 된다. 다만, 특허발명이 물건을 생산하는 장치에 관한 발명인 경우 특허발명을 사용하여 얻어진 물건을 제3자에게 판매하는 것은 특허발명의 실시행위에 포함되지 않으므로 침해가 아니다.

(2) 국내를 통과하는데 불과한 교통기관 등

국내를 통과하는데 불과한 선박·항공기·차량 또는 이에 사용되는 기계·기구·장치, 그 밖의 물건에는 특허권의 효력이 미치지 아니한다. 이는 파리협약을 반영한 것으로 국제교통의 원활화를 도모하기 위함이다.

(3) 특허출원시부터 국내에 있는 물건

선원주의의 보완 규정으로 특허출원시 존재하는 물건을 보호한다는 점에서 특허출원시 존재하는 산업설비를 보호하는 규정인 선사용권(특허법 제103조)과 구분된다. 선사용권이 인정되는 경우 위 규정은 실익이 없다.

(4) 약사법에 의한 조제행위와 그 조제에 의한 의약

둘 이상의 의약이 혼합되어 제조되는 의약의 발명 또는 둘 이상의 의약을 혼합하여 의약을 제조하는 방법의 발명에 관한 특허권의 효력은 약사법에 따른 조제행위와 그 조제에 의한 의약에는 미치지 아니한다. 이는 인도적 차원에서 국민의 건강을 우선시하기 위함이다.

제04절 특허권의 사용, 수익, 처분행위

1 이전

(1) 양도

1) 특허권은 재산권인바 이전이 가능하다. 단 양도에 의한 이전은 등록하여야만 효력이 발생하다 (특허법 제101조 제1항 제1호).
2) 특허권의 양도는 전부 양도나 일부 지분 양도 모두가 가능하다. 단 2 이상의 특허권이 있는 특허권에 관한 특칙을 규정한 특허법 제215조에서 특허권의 소멸에 대하여만 청구항별로 분리하여 취급할 수 있도록 하고 있어서, 복수의 청구항 중 일부만을 양도할 수는 없다.
3) 특허권이 공유인 경우 자신의 지분을 양도할 때는 다른 공유자의 지분 가치에 영향을 줄 수 있으므로 다른 공유자의 동의를 받도록 하고 있다.

(2) 상속 기타 일반승계

1) 상속 기타 일반승계의 경우는 이전등록하지 않더라도 효력이 발생한다.
2) 또한 지분에 대해서도 다른 공유자의 동의 없이 일반승계가 가능하며, 지분을 일반승계한 자는 그 지분에 대해 분할청구를 할 수도 있다(2013다41578).[123]

2 실시권 설정

(1) 특허권은 배타권이나 개인의 재산권이므로 특허권자의 의사에 따라 전용실시권 또는 통상실시권을 설정할 수 있다. 실시권은 당사자 간의 설정계약의 범위에 따라 정해진다.
(2) 단 특허권이 공유인 경우는 다른 공유자의 지분 가치에 영향을 줄 수 있으므로 다른 공유자의 동의가 있어야 특허권 전체에 대하여 실시권의 설정이 가능하다. 참고로 특허권의 일부 지분에 대한 실시권 설정은 불가하다.

---

123) 제99조 제2항 및 제4항의 규정 취지는, 공유자 외의 제3자가 특허권 지분을 양도받거나 그에 관한 실시권을 설정받을 경우 제3자가 투입하는 자본의 규모·기술 및 능력 등에 따라 경제적 효과가 현저하게 달라지게 되어 다른 공유자 지분의 경제적 가치에도 상당한 변동을 가져올 수 있는 특허권의 공유관계의 특수성을 고려하여, 다른 공유자의 동의 없는 지분의 양도 및 실시권 설정 등을 금지한다는 데에 있다.
그렇다면 특허권의 공유자 상호 간에 이해관계가 대립되는 경우 등에 공유관계를 해소하기 위한 수단으로서 각 공유자에게 민법상의 공유물분할청구권을 인정하더라도 공유자 이외의 제3자에 의하여 다른 공유자 지분의 경제적 가치에 위와 같은 변동이 발생한다고 보기 어려워서 특허법 제99조 제2항 및 제4항에 반하지 아니하고, 달리 분할청구를 금지하는 특허법 규정도 없으므로, 특허권의 공유관계에 민법상 공유물분할청구에 관한 규정이 적용될 수 있다. 다만 특허권은 발명실시에 대한 독점권으로서 그 대상은 형체가 없을 뿐만 아니라 각 공유자에게 특허권을 부여하는 방식의 현물분할을 인정하면 하나의 특허권이 사실상 내용이 동일한 복수의 특허권으로 증가하는 부당한 결과를 초래하게 되므로, 특허권의 성질상 그러한 현물분할은 허용되지 아니한다. 그리고 위와 같은 법리는 디자인권의 경우에도 마찬가지로 적용된다.

3 질권설정

(1) 민법상 양도성을 가지는 재산권은 질권설정이 가능하며, 특허권, 전용실시권 또는 통상실시권도 양도성이 있는 재산권으로서 환가성이 인정되어 질권 설정이 가능하다(특허법 제121조).
(2) 단 특허권이 공유인 경우 자신의 지분에 대해 질권을 설정하고자 할 때는 다른 공유자의 지분 가치에 영향을 줄 수 있으므로 다른 공유자의 동의를 받도록 하고 있다.

4 포기 등

(1) 특허권은 포기가 가능하며 등록하여야 효력이 발생한다(특허법 제101조 제1항). 단 특허권이 타인의 권리의 목적인 경우 특허권을 포기하기 위해서는 그 타인인 질권자, 전용실시권자, 직무발명에 있어 통상실시권자인 사용자, 전용실시권자의 허락에 의한 통상실시권자, 특허권자의 허락에 의한 통상실시권자의 동의를 얻어야 한다.
(2) 특허권이 공유인 경우 자신의 지분의 포기도 가능하며, 이때 지분을 포기하면 그 지분은 다른 공유자에게 지분 비율로 귀속되므로, 다른 공유자의 동의는 필요하지 않다.
(3) 2 이상의 청구항이 있는 특허권에 대해서는 청구항별로 특허권을 포기할 수 있다(특허법 제215조).

제05절 특허권의 소멸

1 장래를 향하여 소멸

(1) 존속기간 만료 (특허법 제88조)

1) 내용

특허권의 존속기간은 설정등록한 날부터 특허출원일 후 20년이 되는 날까지로 한다. 특허권자에게 일정기간 독점배타권을 부여한 후 특허권을 소멸시켜 그 발명을 공중의 영역에 두어 산업발전에 이바지하기 위함이다.

2) 디자인보호법상 법정실시권 (디자인보호법 제103조)

가. 등록디자인 또는 이와 유사한 디자인이 그 디자인등록출원일 전 또는 디자인등록출원일과 같은 날에 출원되어 등록된 특허권과 저촉되고 그 특허권의 존속기간이 만료되는 경우에 원특허권자는 원특허권의 범위에서 그 디자인권에 대하여 무상의 통상실시권을 가지거나 원특허권의 존속기간 만료 당시 존재하는 그 디자인권의 전용실시권에 대하여 무상의 통상실시권을 가진다(동조 제1항, 3항).

나. 동조 제1항의 경우 원특허권의 만료 당시 존재하는 원특허권에 대한 전용실시권자 또는 등록된 통상실시권자는 원권리의 범위에서 그 디자인권에 대하여 통상실시권을 가지거나 원디자

인권의 존속기간 만료 당시 존재하는 그 디자인권의 전용실시권에 대하여 유상의 통상실시권을 가진다(동조 제2항, 3항).

3) 상표법상 법정사용권 (상표법 제98조)

가. 상표등록출원일 전 또는 상표등록출원일과 동일한 날에 출원되어 등록된 특허권이 그 상표권과 저촉되는 경우 그 특허권의 존속기간이 만료되는 때에는 그 원특허권자는 원특허권의 범위에서 그 등록상표의 지정상품과 동일·유사한 상품에 대하여 그 등록상표와 동일·유사한 상표를 무상으로 사용할 권리를 가진다. 다만, 부정경쟁의 목적으로 그 상표를 사용하는 경우에는 그러하지 아니하다(동조 제1항).

나. 상표등록출원일 전 또는 상표등록출원일과 동일한 날에 출원되어 등록된 특허권이 그 상표권과 저촉되는 경우 그 특허권의 존속기간이 만료되는 때에는 그 만료되는 당시에 존재하는 특허권에 대한 전용실시권 또는 그 특허권이나 전용실시권에 대한 「특허법」제118조제1항의 효력을 가지는 통상실시권을 가진 자는 원권리의 범위에서 그 등록상표의 지정상품과 동일·유사한 상품에 대하여 그 등록상표와 동일·유사한 상표를 유상으로 사용할 권리를 가진다. 다만, 부정경쟁의 목적으로 그 상표를 사용하는 경우에는 그러하지 아니하다(동조 제2항).

(2) 특허료의 불납 (특허법 제81조 제3항)

추가납부기간에 특허료를 내지 아니한 경우(추가납부기간이 끝나더라도 제81조의2 제2항에 따른 보전기간이 끝나지 아니한 경우에는 그 보전기간에 보전하지 아니한 경우를 말한다)에는 특허권의 설정등록을 받으려는 자의 특허출원은 포기한 것으로 보며, 특허권자의 특허권은 제79조 제1항 또는 제2항에 따라 낸 특허료에 해당되는 기간이 끝나는 날의 다음 날로 소급하여 소멸된 것으로 본다.

(3) 상속인의 부존재 등 (특허법 제124조)

1) 특허권자가 개인인 경우 특허권의 상속이 개시된 때 상속인이 없으면 그 특허권은 소멸된다. 이는 특허권을 소멸시켜 그 발명을 공중의 영역에 두어 산업발전에 이바지하기 위함이다.
2) 특허권자가 법인인 경우 법인의 청산종결등기일(청산종결등기가 되었더라도 청산사무가 사실상 끝나지 아니한 경우에는 청산사무가 사실상 끝난 날과 청산종결등기일부터 6개월이 지난 날 중 빠른 날)까지 다른 자에게 특허권의 이전등록을 하지 않으면 청산종결등기일(청산종결등기가 되었더라도 청산사무가 사실상 끝나지 아니한 경우에는 청산사무가 사실상 끝난 날과 청산종결등기일부터 6개월이 지난 날 중 빠른 날)의 다음 날에 그 특허권은 소멸된다. 이는 특허권을 소멸시켜 그 발명을 공중의 영역에 두어 산업발전에 이바지하기 위함이다.
3) 특허권이 공유인 경우에는 특허권이 소멸하지 않고, 나머지 공유자에게 지분별로 귀속된다.

(4) 특허권의 포기 (특허법 제101조)

1) 특허권자는 i) 전용실시권자, ii) 질권자, iii) 제100조 제4항에 따른 통상실시권자, iv) 제102조 제1항에 따른 통상실시권자, v) 「발명진흥법」제10조 제1항에 따른 통상실시권자 모두의 동의를 받아 특허권을 포기할 수 있다(특허법 제119조 제1항).

2) 청구항이 2 이상인 경우 청구항별로 포기할 수도 있다(특허법 제215조).
3) 공유인 경우 특허권의 포기는 전원이 하여야 하나, 지분권의 포기는 다른 공유자의 불이익을 초래하지 않는 바 각자할 수 있다. 포기된 지분은 나머지 공유자에게 지분별로 귀속된다.

2 소급하여 소멸

(1) 특허무효심결 확정 (특허법 제133조)

1) 내용
특허를 무효로 한다는 심결이 확정된 경우에는 그 특허권은 처음부터 없었던 것으로 본다. 다만, 제133조 제1항 제4호에 따라 특허를 무효로 한다는 심결이 확정된 경우에는 특허권은 그 특허가 같은 호에 해당하게 된 때부터 없었던 것으로 본다(동조 제3항).

2) 재심사유
제178조 제2항에서 준용하는 민사소송법 제451조 제1항 제8호에 따라 유효한 특허를 전제로 심결 또는 판결이 확정된 후 그 특허의 무효심결이 확정된 경우 그 심결 또는 판결에 재심사유가 발생한다.

3) 손해배상금의 반환 및 추가의 손해배상 요부
본래 특허될 수 없는 특허권에 기한 민사상 청구로 받은 손해배상금은 권원 없이 이익을 얻고, 타인에게 손해를 가한 것이므로 부당이득으로 반환해야 한다. 그러나 특허권자의 권리행사는 행정처분을 신뢰한 것에 따른 것임으로 특별한 사정이 없는 한 특허권자의 고의, 과실은 인정되지 않아 추가의 손해배상을 할 필요는 없다고 봄이 일반적이다.

4) 실시료의 반환 요부

가. 문제점

실시권이 설정된 특허권에 대한 무효심결이 확정된 경우 특허권자가 기 지급받은 실시료를 실시권자에게 부당이득으로 반환해야하는지 문제된다.

나. 학설

실시료를 지불한 자가 발명을 실시하여 이익을 얻은 경우 손해를 입은 것이 아니므로 부당이득이 아니라는 견해와, 실시자가 발명의 실시로 인해 얻은 이익은 공중영역에 속하는 발명을 실시하여 얻은 이익이므로 부당이득반환청구를 할 수 있다는 견해가 있다.

다. 판례

특허발명 실시계약 체결 이후에 특허가 무효로 확정되었더라도 특허발명 실시계약이 원시적으로 이행불능 상태에 있었다거나 그 밖에 특허발명 실시계약 자체에 별도의 무효사유가 없는 한 특허권자가 특허발명 실시계약에 따라 실시권자로부터 이미 지급받은 특허실시료 중 특허발명 실시계약이 유효하게 존재하는 기간에 상응하는 부분을 실시권자에게 부당이득으로 반환할 의무가 있다고 할 수 없다(2012다42666, 2018다287362).

라. 검토

특허발명 실시계약에 의하여 특허권자는 실시권자의 특허발명 실시에 대하여 특허권 침해로 인한 손해배상이나 금지 등을 청구할 수 없게 될 뿐만 아니라 특허가 무효로 확정되기 이전에 존재하는 특허권의 독점적·배타적 효력에 의하여 제3자의 특허발명 실시가 금지되는 점에 비추어 보면, 특허발명 실시계약의 목적이 된 특허발명의 실시가 불가능한 경우가 아닌 한 특허무효의 소급효에도 불구하고 그와 같은 특허를 대상으로 하여 체결된 특허발명 실시계약이 계약 체결 당시부터 원시적으로 이행불능 상태에 있었다고 볼 수는 없고, 다만 특허무효가 확정되면 그때부터 특허발명 실시계약은 이행불능 상태에 빠지게 된다고 보아야 하므로 판례가 타당하다.

5) 기타

가. 무효심결이 확정되면 특허권에 부수하는 실시권, 질권 등의 권리도 소멸하며, 후발적 무효사유가 아닌 한 보상금청구권도 행사할 수 없다. 무효심결 확정된 특허에 대한 특허 표시는 허위표시에 해당한다(특허법 제224조).

나. 무효심결의 확정은 중용권의 발생요건 (특허법 제104조), 정당권리자 출원의 소급요건 (특허법 제35조)에 해당하며, 무효심결 확정된 연도의 다음 연도부터의 특허료 해당분은 반환받을 수 있다.

다. 무효심결 확정은 일사부재리 적용 대상이 되고, 무효로 된 특허권이 재심에 의해 회복된 경우 특허권의 효력제한 (특허법 제181조), 후용권 (특허법 제182조) 규정이 적용된다.

(2) 특허취소결정 확정

특허취소결정이 확정된 경우도 그 특허권은 처음부터 없었던 것으로 본다.

(3) 청구항의 삭제 (특허법 제133조의2, 제136조)

특허의 정정 또는 정정심판을 통해 청구항을 삭제하는 정정을 한다는 심결이 확정되었을 때에는 그 정정 후의 명세서 또는 도면에 따라 특허출원, 출원공개, 특허결정 또는 심결 및 특허권의 설정등록이 된 것으로 본다(특허법 제133조의2 제4항, 제136조 제10항). 특허권 자체가 소멸하는 것은 아니지만 삭제에 소급효가 인정되므로 침해경고를 받은 자에게 실익이 있다.

3 관련문제 – 연장등록 무효심결의 확정 (특허법 제134조)

(1) 연장등록을 무효로 한다는 심결이 확정된 경우에는 그 연장등록에 따른 존속기간의 연장은 처음부터 없었던 것으로 본다(동조 제4항). 다만, 연장신청기간이 인정되는 연장의 기간을 초과하여 무효로 된 경우에는 해당 기간에 대해서만 연장이 없었던 것으로 본다.

(2) 연장된 기간을 무효로 보는 것으로서 특허권 자체의 무효와 차이가 있다.

CHAPTER 06 존속기간 연장제도

제88조(특허권의 존속기간)
① 특허권의 존속기간은 제87조제1항에 따라 특허권을 설정등록한 날부터 특허출원일 후 20년이 되는 날까지로 한다.
② 정당한 권리자의 특허출원이 제34조 또는 제35조에 따라 특허된 경우에는 제1항의 특허권의 존속기간은 무권리자의 특허출원일의 다음 날부터 기산한다.

제89조(허가등에 따른 특허권의 존속기간의 연장)
① 특허발명을 실시하기 위하여 다른 법령에 따라 허가를 받거나 등록 등을 하여야 하고, 그 허가 또는 등록 등(이하 "허가등"이라 한다)을 위하여 필요한 유효성·안전성 등의 시험으로 인하여 장기간이 소요되는 대통령령으로 정하는 발명인 경우에는 제88조제1항에도 불구하고 그 실시할 수 없었던 기간에 대하여 5년의 기간까지 그 특허권의 존속기간을 한 차례만 연장할 수 있다.
② 제1항을 적용할 때 허가등을 받은 자에게 책임있는 사유로 소요된 기간은 제1항의 "실시할 수 없었던 기간"에 포함되지 아니한다.

제90조(허가등에 따른 특허권의 존속기간의 연장등록출원)
① 제89조제1항에 따라 특허권의 존속기간의 연장등록출원을 하려는 자(이하 이 조 및 제91조에서 "연장등록출원인"이라 한다)는 다음 각 호의 사항을 적은 특허권의 존속기간의 연장등록출원서를 특허청장에게 제출하여야 한다.
  1. 연장등록출원인의 성명 및 주소(법인인 경우에는 그 명칭 및 영업소의 소재지)
  2. 연장등록출원인의 대리인이 있는 경우에는 그 대리인의 성명 및 주소나 영업소의 소재지[대리인이 특허법인·특허법인(유한)인 경우에는 그 명칭, 사무소의 소재지 및 지정된 변리사의 성명]
  3. 연장대상특허권의 특허번호 및 연장대상청구범위의 표시
  4. 연장신청의 기간
  5. 제89조제1항에 따른 허가등의 내용
  6. 산업통상자원부령으로 정하는 연장이유(이를 증명할 수 있는 자료를 첨부하여야 한다)

② 제1항에 따른 특허권의 존속기간의 연장등록출원은 제39조제1항에 따른 허가등을 받은 날부터 3개월 이내에 출원하여야 한다. 다만, 제88조에 따른 특허권의 존속기간의 만료 전 6개월 이후에는 그 특허권의 존속기간의 연장등록출원을 할 수 없다.
③ 특허권이 공유인 경우에는 공유자 모두가 공동으로 특허권의 존속기간의 연장등록출원을 하여야 한다.
④ 제1항에 따른 특허권의 존속기간의 연장등록출원이 있으면 그 존속기간은 연장된 것으로 본다. 다만, 그 출원에 관하여 제91조의 연장등록거절결정이 확정된 경우에는 그러하지 아니하다.
⑤ 특허청장은 제1항에 따른 특허권의 존속기간의 연장등록출원이 있으면 제1항 각 호의 사항을 특허공보에 게재하여야 한다.
⑥ 연장등록출원인은 특허청장이 연장등록여부결정등본을 송달하기 전까지 연장등록출원서에 적혀있는 사항 중 제1항제3호부터 제6호까지의 사항(제3호 중 연장대상특허권의 특허번호는 제외한다)에 대하여 보정할 수 있다. 다만, 제93조에 따라 준용되는 거절이유통지를 받은 후에는 해당 거절이유통지에 다른 의견서 제출기간에만 보정할 수 있다.

제91조(허가등에 따른 특허권의 존속기간의 연장등록거절결정)
심사관은 제90조에 따른 특허권의 존속기간의 연장등록출원이 다음 각 호의 어느 하나에 해당하는 경우에는 그 출원에 대하여 연장등록거절결정을 하여야 한다.
1. 그 특허발명의 실시가 제89조제1항에 따른 허가등을 받을 필요가 있는 것으로 인정되지 아니하는 경우
2. 그 특허권자 또는 그 특허권의 전용실시권이나 등록된 통상실시권을 가진 자가 제89조제1항에 따른 허가등을 받지 아니한 경우
3. 연장신청의 기간이 제89조에 따라 인정되는 그 특허발명을 실시할 수 없었던 기간을 초과하는 경우
4. 연장등록출원인이 해당 특허권자가 아닌 경우
5. 제90조제3항을 위반하여 연장등록출원을 한 경우

제92조(허가등에 따른 특허권의 존속기간의 연장등록결정 등)
① 심사관은 제90조에 따른 특허권의 존속기간의 연장등록출원에 대하여 제91조 각 호의 어느 하나에 해당하는 사유를 발견할 수 없을 때에는 연장등록결정을 하여야 한다.
② 특허청장은 제1항에 따른 연장등록결정을 한 경우에는 특허권의 존속기간의 연장을 특허원부에 등록하여야 한다.
③ 특허청장은 제2항에 따른 등록을 한 경우에는 다음 각 호의 사항을 특허공보에 게재하여야 한다.
1. 특허권자의 성명 및 주소(법인인 경우에는 그 명칭 및 영업소의 소재지)
2. 특허번호
3. 연장등록의 연월일
4. 연장기간
5. 제89조제1항에 따른 허가등의 내용

제92조의2(등록지연에 따른 특허권의 존속기간의 연장)
① 특허출원에 대하여 특허출원일부터 4년과 출원심사 청구일부터 3년 중 늦은 날보다 지연되어 특허권의 설정등록이 이루어지는 경우에는 제88조제1항에도 불구하고 그 지연된 기간만큼 해당 특허권의 존속기간을 연장할 수 있다.
② 제1항의 규정을 적용함에 있어서 출원인으로 인하여 지연된 기간은 제1항에 따른 특허권의 존속기간의 연장에서 제외된다. 다만, 출원인으로 인하여 지연된 기간이 겹치는 경우에는 특허권의 존속기간의 연장에서 제외되는 기간은 출원인으로 인하여 실제 지연된 기간을 초과하여서는 아니된다.
③ 제2항에서 "출원인으로 인하여 지연된 기간"에 관한 사항은 대통령령으로 정한다.
④ 제1항에 따라 특허출원일부터 4년을 기산할 때에는 제34조, 제35조, 제52조 제2항, 제52조의2 제2항, 제53조 제2항, 제199조 제1항 및 제214조 제4항에도 불구하고 다음 각 호에 해당하는 날을 특허출원일로 본다.
1. 제34조 또는 제35조에 따른 정당한 권리자의 특허출원의 경우에는 정당한 권리자가 출원을 한 날
2. 제52조에 따른 분할출원의 경우에는 분할출원을 한 날
    2의2. 제52조의2에 따른 분리출원의 경우에는 분리출원을 한 날
3. 제53조에 따른 변경출원의 경우에는 변경출원을 한 날
4. 제199조제1항에 따라 특허출원으로 보는 국제출원의 경우에는 제203조제1항 각 호의 사항을 기재한 서면을 제출한 날
5. 제214조에 따라 특허출원으로 보는 국제출원의 경우에는 국제출원의 출원인이 제214조제1항에 따라 결정을 신청한 날

6. 제1호부터 제5호까지의 규정 중 어느 하나에 해당되지 아니하는 특허출원에 대하여는 그 특허출원일

제92조의3(등록지연에 따른 특허권의 존속기간의 연장등록출원)
① 제92조의2에 따라 특허권의 존속기간의 연장등록출원을 하려는 자(이하 이 조 및 제92조의4에서 "연장등록출원인"이라 한다)는 다음 각 호의 사항을 적은 특허권의 존속기간의 연장등록출원서를 특허청장에게 제출하여야 한다.
   1. 연장등록출원인의 성명 및 주소(법인인 경우에는 그 명칭 및 영업소의 소재지)
   2. 연장등록출원인의 대리인이 있는 경우에는 그 대리인의 성명 및 주소나 영업소의 소재지(대리인이 특허법인·특허법인(유한)인 경우에는 그 명칭, 사무소의 소재지 및 지정된 변리사의 성명)
   3. 연장 대상 특허권의 특허번호
   4. 연장신청의 기간
   5. 산업통상자원부령이 정하는 연장이유(이를 증명할 수 있는 자료를 첨부하여야 한다)
② 제1항에 따른 특허권의 존속기간의 연장등록출원은 특허권의 설정등록일부터 3개월 이내에 출원하여야 한다.
③ 특허권이 공유인 경우에는 공유자 전원이 공동으로 특허권의 존속기간의 연장등록출원을 하여야 한다.
④ 연장등록출원인은 심사관이 특허권의 존속기간의 연장등록 여부결정 전까지 연장등록출원서에 기재된 사항 중 제1항제4호 및 제5호의 사항에 대하여 보정할 수 있다. 다만, 제93조에 따라 준용되는 거절이유통지를 받은 후에는 해당 거절이유통지에 따른 의견서 제출기간에만 보정할 수 있다.

제92조의4(등록지연에 따른 특허권의 존속기간의 연장등록거절결정)
심사관은 제92조의3에 따른 특허권의 존속기간의 연장등록출원이 다음 각 호의 어느 하나에 해당하는 경우에는 그 출원에 대하여 연장등록거절결정을 하여야 한다.
   1. 연장신청의 기간이 제92조의2에 따라 인정되는 연장의 기간을 초과한 경우
   2. 연장등록출원인이 해당 특허권자가 아닌 경우
   3. 제92조의3제3항을 위반하여 연장등록출원을 한 경우

제92조의5(등록지연에 따른 특허권의 존속기간의 연장등록결정 등)
① 심사관은 제92조의3에 따른 특허권의 존속기간의 연장등록출원에 대하여 제92조의4 각 호의 어느 하나에 해당하는 사유를 발견할 수 없는 경우에는 연장등록결정을 하여야 한다.
② 특허청장은 제1항의 연장등록결정이 있으면 특허권의 존속기간의 연장을 특허원부에 등록하여야 한다.
③ 제2항에 따른 등록이 있으면 다음 각 호의 사항을 특허공보에 게재하여야 한다.
   1. 특허권자의 성명 및 주소(법인인 경우에는 그 명칭 및 영업소의 소재지)
   2. 특허번호
   3. 연장등록 연월일
   4. 연장 기간

제93조(준용규정)
특허권의 존속기간의 연장등록출원의 심사에 관하여는 제57조제1항, 제63조, 제67조, 제148조제1호부터 제5호까지 및 같은 조 제7호를 준용한다.

제95조(허가등에 따른 존속기간이 연장된 경우의 특허권의 효력)
제90조제4항에 따라 특허권의 존속기간이 연장된 특허권의 효력은 그 연장등록의 이유가 된 허가등의 대상물건(그 허가등에 있어 물건에 대하여 특정의 용도가 정하여져 있는 경우에는 그 용도에 사용되는 물건)에 관한 그 특허발명의 실시 행위에만 미친다.

제134조(특허권 존속기간의 연장등록의 무효심판)
① 이해관계인 또는 심사관은 제92조에 따른 특허권의 존속기간의 연장등록이 다음 각 호의 어느 하나에 해당하는 경우에는 무효심판을 청구할 수 있다.
  1. 특허발명을 실시하기 위하여 제89조에 따른 허가등을 받을 필요가 없는 출원에 대하여 연장등록이 된 경우
  2. 특허권자 또는 그 특허권의 전용실시권 또는 등록된 통상실시권을 가진 자가 제89조에 따른 허가등을 받지 아니한 출원에 대하여 연장등록이 된 경우
  3. 연장등록에 따라 연장된 기간이 그 특허발명을 실시할 수 없었던 기간을 초과하는 경우
  4. 해당 특허권자가 아닌 자의 출원에 대하여 연장등록이 된 경우
  5. 제90조제3항을 위반한 출원에 대하여 연장등록이 된 경우
② 이해관계인 또는 심사관은 제92조의5에 따른 특허권의 존속기간의 연장등록이 다음 각 호의 어느 하나에 해당하면 무효심판을 청구할 수 있다.
  1. 연장등록에 따라 연장된 기간이 제92조의2에 따라 인정되는 연장의 기간을 초과한 경우
  2. 해당 특허권자가 아닌 자의 출원에 대하여 연장등록이 된 경우
  3. 제92조의3제3항을 위반한 출원에 대하여 연장등록이 된 경우
③ 제1항 및 제2항에 따른 심판의 청구에 관하여는 제133조제2항 및 제4항을 준용한다.
④ 연장등록을 무효로 한다는 심결이 확정된 경우에는 그 연장등록에 따른 존속기간의 연장은 처음부터 없었던 것으로 본다. 다만, 연장등록이 다음 각 호의 어느 하나에 해당하는 경우에는 해당 기간에 대해서만 연장이 없었던 것으로 본다.
  1. 연장등록이 제1항제3호에 해당하여 무효로 된 경우 : 그 특허발명을 실시할 수 없었던 기간을 초과하여 연장된 기간
  2. 연장등록이 제2항제1호에 해당하여 무효로 된 경우 : 제92조의2에 따라 인정되는 연장의 기간을 초과하여 연장된 기간

1 존속기간

(1) 특허권의 존속기간 (특허법 제88조 제1항)

특허권의 존속기간은 특허권의 설정등록이 있는 날부터 특허출원일 후 20년이 되는 날까지로 규정하고 있는 바, 특허권은 비영구적 권리에 해당한다. 이는 산업정책적 측면에서 발명의 공개에 대한 대가로 독점, 배타권을 부여하는 대신 반대급부로서 소정의 기간이 경과하면 공중영역에 두기 위함이다.

(2) 입법례

일본, 중국, 유럽의 경우도 우리나라와 같이 원칙적으로 존속기간을 20년으로 정하고 있으며, WTO/TRIPs에서도 보호기간은 출원일로부터 20년이 경과하기 전에는 종료하지 않는다고 규정한다.

2 허가 등에 따른 존속기간 연장

(1) 의의 및 취지

특허발명을 실시하기 위하여 다른 법령에 따라 허가를 받거나 등록 등을 하여야 하고, 그 허가 등을 위하여 필요한 유효성·안전성 등의 시험으로 인하여 장기간이 소요되는 대통령령으로 정하는 발명인 경우에는 제88조제1항에도 불구하고 그 실시할 수 없었던 기간에 대하여 5년의 기간까지 그 특허권의 존속기간을 한 차례만 연장할 수 있다(특허법 제89조). 이는 허가 등으로 인해 실질적으로 발명을 실시할 수 없는 기간에 대해 다른 발명과의 형평성을 도모하기 위함이다. 다만, 존속기간 연장제도는 예외적으로 혜택을 주는 제도인 바, 미국 및 유럽과 마찬가지로 연장횟수를 1회로 제한하고 있다.

(2) 도입배경

미국의 신약 제조사는 "특허존속기간 – FDA 승인 이후 잔존 특허존속기간"에 대해 특허존속기간의 침식이라 칭하며, 이 기간에 대한 보상 조치가 없을 경우 신약의 연구개발의욕이 상당히 저해된다고 주장하였고, 특허존속기간의 회복을 위한 활발한 입법 활동을 추진하였다. 위 신약 제조사들의 요구에 대해서 미국 시민단체는 제네릭 의약품(도방품)의 시장진입이 늦어지면, 동일한 유효성분의 저렴한 약들을 다채롭게 선택할 수 있는 기회가 줄어들 것을 염려하여 신약 제조사의 위 입법 활동에 대해 거센 반발을 하였다. 이에 신약 제조사에 대한 신약 개발 보상을 위해 존속기간 연장제도가 도입되었고, 대신 제네릭 의약품 출시의 부당한 지연 방지를 위해 연장되는 존속기간의 효력은 허가 등의 대상으로 한정하게 되었다. 이 제도는 레이건 정부의 외교 통상으로 미국 이후 세계에서 2번째로 미국의 존속기간연장제도를 우리나라가 도입하게 되었다.

(3) 요건 (특허법 제91조)

1) 허가 등을 받을 필요가 있을 것 (특허법 제89조)

가. 대상

특허발명을 실시하기 위하여 약사법에 따라 품목허가를 받은 의약품의 발명, 마약류 관리에 관한 법률에 따라 품목허가를 받은 마약·향정신성의약품의 발명, 농약관리법에 따라 등록한 농약·원제의 발명 중 최초로 허가 또는 등록된 발명이 대상이 된다(특허법 시행령 제7조).

나. 복수의 유효성분, 허가 및 특허

하나의 특허에 포함된 복수의 유효성분에 대해 복수의 허가가 있는 경우 복수의 허가 중 하나를 선택하여 1회에 한해 연장 가능하다. 하나의 특허에 포함된 동일 유효성분에 대하여 복수의 허가가 있는 경우 최초의 허가에 한해 연장 가능하다. 하나의 허가에 대해 복수의 특허가 관련된 경우 각각의 특허에 대하여 연장 가능하다(허가 등에 따른 특허권 존속기간의 연장제도 운영에 관한 규정 제3조).

2) **특허권자, 전용실시권자, 등록된 통상실시권자가 허가 등을 받을 것**

   판례는 "허가 등을 신청한 통상실시권자가 그 신청 당시부터 통상실시권의 등록을 마치고 있어야만 한다는 취지를 규정한 것이라고 볼 수는 없다." 고 판시하여, (2017후844) 존속기간연장등록여부 결정 전까지만 허가 등을 받은 자가 특허원부에 등록되면 본 요건은 충족했다고 본다.

3) **연장신청기간이 실시할 수 없었던 기간을 초과하지 않을 것**

   가. 특허발명 설정 등록일 이후의 기간으로서 시험기간과 허가 또는 등록신청 관련서류의 검토기간을 합산한 기간에 대해 연장 가능하다(허가 등에 따른 특허권 존속기간의 연장제도 운영에 관한 규정 제4조). 단 허가 등을 받은 자에게 책임 있는 사유로 소요된 기간은 포함되지 아니한다(특허법 제89조 제2항).

   나. 특허법 제89조의 '실시 할 수 없었던 기간'의 시기(始期)는 특허권자 등이 약사법 등에 의한 허가 등을 받는 데 필요한 유효성·안전성 등의 시험을 개시한 날 또는 특허권의 설정등록일 중 늦은 날이 되고, 그 종기는 약사법 등에 의한 허가 등의 처분이 그 신청인에게 도달함으로써 그 처분의 효력이 발생한 날까지라고 할 것이다(2016허4498, 2016허4504).

   다. 특허법 제89조 제2항은 특허권자 등에게 책임 있는 사유로 인하여 소요된 기간을 특허발명을 실시할 수 없었던 기간에서 제외하고 있는데, 여기서 '책임 있는 사유로 인하여 소요된 기간'이란 특허권자 등의 귀책사유로 인하여 약사법 등의 허가 등이 실제로 지연된 기간, 즉 특허권자 등의 귀책사유와 약사법 등에 의한 허가 등의 지연 사이에 상당인과관계가 인정되는 기간을 의미한다(2016허4498, 2016허4504).

   라. 법원은 식품의약품안전처의 의약품 제조판매·수입품목 허가신청에 대하여 식품의약품안전처의 어느 심사부서의 보완요구로 보완자료를 제출할 때까지 보완요구 사항에 대한 심사가 진행되지 못하였더라도, 그동안 다른 심사부서에서 그 의약품의 제조판매·수입품목 허가를 위한 심사 등의 절차가 계속 진행되고 있었던 경우, 의약품 등의 발명을 실시하기 위해 약사법 등에 따라 허가 또는 등록 등을 받은 자의 귀책사유로 허가 등의 절차가 지연된 기간이라고 단정할 수 없고, 특허법 제134조 제1항 제3호에 따른 주장증명책임은 무효심판청구인에게 있으므로, 무효심판청구인이 어느 심사부서의 보완요구로 보완자료를 제출할 때까지 보완요구 사항에 대한 심사가 진행되지 못한 점으로 인해 허가 등의 절차가 지연되었음을 명확히 증명하지 못하면, 이를 귀책사유로 인한 허가 등의 절차가 지연된 기간이라고 볼 수 없다고 판시한 바 있다(2017후844).

4) **연장등록출원인이 특허권자일 것**

   허가 또는 등록은 전용실시권자나 통상실시권자가 받더라도 무방하나, 존속기간연장등록출원은 특허권자만이 가능하다.

5) **특허권이 공유인 경우 공동으로 출원할 것**

   특허출원, 존속기간연장등록출원, 심판청구는 권리가 공유인 경우 공동으로 절차를 밟을 것이 강제된다. 그렇지 않은 경우 특허출원과 존속기간연장등록출원은 거절이유가 성립되고, 심판청구는 심결각하가 될 수 있다.

(4) 절차

1) 출원서의 제출

연장등록출원인은 특허권의 존속기간의 연장등록출원서를 특허청장에게 제출하여야 한다(특허법 제90조 제1항). 존속기간의 연장등록출원은 제89조제1항에 따른 허가등을 받은 날부터 3개월 이내에 출원하여야 하며, 제88조에 따른 특허권의 존속기간의 만료 전 6개월 이후에는 그 특허권의 존속기간의 연장등록출원을 할 수 없다(특허법 제90조 제2항).

2) 존속기간 연장등록출원의 효과 (특허법 제90조 제4항)

존속기간 연장등록출원이 있으면 그 존속기간은 연장된 것으로 본다. 다만, 그 출원에 관하여 제91조의 연장등록거절결정이 확정된 경우에는 그러하지 아니하다. 이는 특허권의 효력이 단절되는 것을 방지하기 위함이다.

3) 존속기간 연장등록출원서의 보정 (특허법 제90조 제6항)

연장등록출원인은 특허청장이 연장등록여부결정등본을 송달하기 전까지 연장등록출원서에 적혀 있는 사항 중 연장대상 청구범위의 표시, 연장신청기간, 허가 등의 내용, 연장이유에 대하여 보정할 수 있다. 다만, 제93조에 따라 준용되는 거절이유통지를 받은 후에는 해당 거절이유통지에 따른 의견서 제출기간에만 보정할 수 있다. 이는 연장등록출원인의 보호를 위해 보정기회를 부여하되, 보정의 범위 및 시기를 제한하여 절차안정을 도모하기 위함이다.

4) 심사 및 불복

가. 존속기간 연장등록출원의 심사에 관하여는 심사관에 의한 심사(특허법 제57조제1항), 거절이유통지(특허법 제63조), 특허여부결정의 방식(특허법 제67조), 심판관이 제척 규정(특허법 제148조 제1호부터 제5호까지 및 같은 조 제7호)를 준용한다(특허법 제93조).

나. 특허권의 존속기간의 연장등록거절결정을 받은 자가 결정에 불복할 때에는 그 결정등본을 송달받은 날부터 3개월 이내에 심판을 청구할 수 있다(특허법 제132조의17).

(5) 효과

1) 존속기간 연장등록 (특허법 제92조)

심사관은 존속기간 연장등록출원에 대하여 거절이유를 발견할 수 없을 때에는 연장등록결정을 하여야 하고, 이 경우 특허청장은 특허권의 존속기간의 연장을 특허원부에 등록 및 특허공보에 게재해야 한다.

2) 효력 (특허법 제95조)

가. 쿠제점

특허권의 존속기간이 연장된 특허권의 효력은 그 연장등록의 이유가 된 허가 등의 대상물건(그 허가 등에 있어 물건에 대하여 특정의 용도가 정하여져 있는 경우에는 그 용도에 사용되는 물건)에 관한 그 특허발명의 실시 행위에만 미친다.

다만 특허발명이 물질발명인 경우 위 허가 등의 대상물건이란 무엇을 의미하는가에 있어서 학설의 대립이 있다.

나. 학설대립

① 유효성분설

특허발명의 내용을 고려하여 허가 등의 대상물건을 해석하자는 입장이다. 만약 특허발명이 물질발명(=유효성분)이라면 허가 등의 대상물건은 허가를 받은 제품과 관련이 있는 물질(=유효성분)을 뜻한다고 본다. 특허권자의 보호를 중시하는 견해로서 미국이나 유럽의 입장과 유사한 태도다.

② 주성분설

특허발명의 내용과 허가의 내용을 동시에 고려하여 허가 등의 대상물건을 해석하자는 입장이다. 만약 특허발명이 물질발명이라 하더라도 허가는 유효성분이 아닌 주성분으로 이루어진 제품에 대해서 받으므로 허가 등의 대상물건은 주성분으로 보아야 한다는 견해다.

③ 제품설

약사법상 허가란 제품(=품목)에 대해서 나오므로 허가 등의 대상물건이란 허가 받은 품목을 뜻함이 특허법 제95조의 문언해석상 명확하다는 입장이다. 본 입장에 따르면 특허발명의 내용은 고려하지 않고, 허가 받은 제품 자체에 대해서만 연장된 존속기간의 효력이 인정되어, 특허권자의 보호가 다소 미흡할 여지는 있다.

다. 판례

① 특허법원은 존속기간이 연장된 특허권의 효력은 제조, 수입품목 허가 사항에 의하여 특정된 의약품과; 제조, 수입품목 허가 사항에 의하여 특정된 의약품과 실질적으로 동일한 품목으로 취급되어 하나의 제조, 수입품목 허가를 받을 수 있도록 규정한 의약품과; 이미 의약품 제조, 수입품목 허가를 받은 의약품과 실질적으로 동일하여 별도로 의약품 제조, 수입품목 허가를 받을 필요가 없는 의약품까지만 미친다고 보아, 소위 제품설에 가까운 태도를 취했다(2016허8636).

② 그러나 대법원은 특허법 제95조를 보면 어디에도 허가 등의 대상물건을 '품목'으로 제한하고 있지 않으므로 제품설은 타당하지 않으며, 존속기간이 연장된 의약품의 효력이 미치는 범위는 특허발명을 실시하기 위하여 약사법에 따라 품목허가를 받은 의약품과 특정질병에 대한 치료효과를 나타낼 것으로 기대되는 특정한 유효성분, 치료효과 및 용도가 동일한지 여부를 중심으로 판단해야 하므로, 특허발명이 물질특허이고, 확인대상발명이 특허권자의 허가 받은 품목과 주성분이 다른 염 변경 사안에서, 특허권자가 약사법에 따라 품목허가를 받은 의약품과 특허침해소송에서 상대방이 생산 등을 한 의약품이 약학적으로 허용 가능한 염 등에서 차이가 있더라도 발명이 속하는 기술분야에서 통상의 지식을 가진 사람이라면 쉽게 이를 선택할 수 있는 정도에 불과하고, 인체에 흡수되는 유효성분의 약리작용에 의해 나타나는 치료효과나 용도가 실질적으로 동일하다면 존속기간이 연장된 특허권의 효력이 침해제품에 미치는 것으로 보아야 한다고 하여 유효성분설에 근접한 태도를 나타냈다(2017다245798).

라. 검토

대법원 태도에 따르면 특허권자의 보호는 충실할 수 있다. 그러나 이로 인해 염 변경 연구 등의 주성분 개량 연구에 대한 업계의 의욕이 저하되게 되었다는 비판론도 존재한다.

3 등록지연에 따른 존속기간 연장

(1) 의의 및 취지

특허출원에 대하여 특허출원일부터 4년과 출원심사 청구일부터 3년 중 늦은 날보다 지연되어 특허권의 설정등록이 이루어지는 경우에는 제88조제1항에도 불구하고 그 지연된 기간만큼 해당 특허권의 존속기간을 연장할 수 있다(특허법 제92조의2 제1항). 이는 한미 자유무역협정에 따른 것으로 심사처리 지연 등으로 특허권의 존속기간이 단축되는 불합리를 해소하기 위함이다.

(2) 요건 (특허법 제92조의4)

1) 연장신청기간이 등록지연된 기간을 초과하지 않을 것

가. 등록지연된 기간

특허출원일부터 4년과 출원심사 청구일부터 3년 중 늦은 날보다 설정등록이 지연된 기간을 말하며, 출원인으로 인하여 지연된 기간은 제외된다. 다만, 출원인으로 인하여 지연된 기간이 겹치는 경우에는 특허권의 존속기간의 연장에서 제외되는 기간은 출원인으로 인하여 실제 지연된 기간을 초과하여서는 아니된다(특허법 제92조의2 제2항).

나. '특허출원일부터 4년'의 기산점

정당권리자 출원의 경우 정당권리자 출원일, 분할출원의 경우 분할출원일, 분리출원의 경우 분리출원일, 변경출원의 경우 변경출원일, 제199조 제1항의 국제출원의 경우 제203조 제1항 각호 사항을 기재한 서면을 제출한날, 제214조의 국제출원의 경우 출원인이 제214조 제1항에 따라 결정을 신청한 날을 기준으로 한다.

2) 연장등록출원인이 당해 특허권자일 것

존속기간연장등록출원은 특허권자만이 가능하다.

3) 특허권이 공유인 경우 공동으로 출원할 것

특허출원, 존속기간연장등록출원, 심판청구는 권리가 공유인 경우 공동으로 절차를 밟을 것이 강제된다. 그렇지 않은 경우 특허출원과 존속기간연장등록출원은 거절이유가 성립되고, 심판청구는 심결각하가 될 수 있다.

(3) 절차

1) 출원서의 제출

연장등록출원인은 특허권의 존속기간의 연장등록출원서를 특허청장에게 제출하여야 한다(특허법 제92조의3 제1항). 존속기간의 연장등록출원은 특허권의 설정등록일부터 3개월 이내에 출원하여야 한다.

2) **존속기간 연장등록출원서의 보정 (특허법 제92조의3 제4항)**

연장등록출원인은 심사관의 연장등록 여부결정 전까지 연장등록출원서에 적혀 있는 사항 중 연장신청기간, 연장이유에 대하여 보정할 수 있다. 다만, 제93조에 따라 준용되는 거절이유통지를 받은 후에는 해당 거절이유통지에 따른 의견서 제출기간에만 보정할 수 있다. 이는 연장등록출원인의 보호를 위해 보정기회를 부여하되, 보정의 범위 및 시기를 제한하여 절차안정을 도모하기 위함이다.

3) **심사 및 불복**

가. 존속기간 연장등록출원의 심사에 관하여는 심사관에 의한 심사(특허법 제57조제1항), 거절이유통지(특허법 제63조), 특허여부결정의 방식(특허법 제67조), 심판관이 제척 규정(특허법 제148조 제1호부터 제5호까지 및 동 조 제7호)를 준용한다(특허법 제93조).

나. 특허권의 존속기간의 연장등록거절결정을 받은 자가 결정에 불복할 때에는 그 결정등본을 송달받은 날부터 3개월 이내에 심판을 청구할 수 있다(특허법 제132조의17).

(4) 효과

1) **존속기간 연장등록 (특허법 제92조의5)**

심사관은 존속기간 연장등록출원에 대하여 거절이유를 발견할 수 없을 때에는 연장등록결정을 하여야 하고, 이 경우 특허청장은 특허권의 존속기간의 연장을 특허원부에 등록 및 특허공보에 게재해야 한다.

2) **효력**

허가 등에 따른 존속기간이 연장된 특허와 달리 효력범위가 제한되지 않는다.

(5) 예시문제 – 심사기준

다음은 상기 절차에 따라 연장등록 신청기간을 계산한 예이다.

예)

일자	내역
2013. 1. 1.	특허출원
2015. 1. 1.	심사청구
2016. 10. 1.	의견제출통지서 발송
2016. 12. 1.	기간연장신청(2개월)
2017. 2. 1.	보정서 및 의견서 제출
2017. 8. 1.	특허거절결정 등본 송달
2017. 9. 1.	법정기간 연장 신청
2017. 10. 1.	재심사 청구

2017. 11. 1.	특허거절결정 등본 송달
2017. 12. 1.	거절결정불복심판청구
2018. 8. 1.	거절결정불복심판청구 인용 심결
2018. 10. 1.	특허결정 등본 송달
2019. 1. 1.	특허료 납부(특허권 설정등록)

특허출원일로부터 4년이 되는 날(2017.1.1.)보다 출원심사를 청구한 날로부터 3년이 되는 날(2018.1.1.)이 더 늦으므로 지연된 기간 계산의 기준일은 2018.1.1.이 되고, 그 기준일로부터 특허료를 납부하여 설정등록이 있는 날(2019.1.1)까지의 기간은 365일이다. 한편, 심사관의 거절이유통지로 인한 의견제출기간(123일, 2016.10.1.~2017.2.1.), 재심사 청구로 인한 지연기간(92일, 2017.8.1.~2017.11.1.) 및 특허결정의 등본을 송달받은 날 후 특허료를 납부하여 설정등록이 있는 날까지의 지연기간(92일, 2018.10.1.~2019.1.1)은 출원인으로 인하여 지연된 기간(123+92+92=307일)이다. 따라서, 연장등록 가능한 기간은 총 지연기간(365일)에서 출원인으로 인하여 지연된 기간(307일)을 제외한 58일이다.

CHAPTER 07 실시권 일반

제100조(전용실시권)
① 특허권자는 그 특허권에 대하여 타인에게 전용실시권을 설정할 수 있다.
② 전용실시권을 설정받은 전용실시권자는 그 설정행위로 정한 범위에서 그 특허발명을 업으로서 실시할 권리를 독점한다.
③ 전용실시권자는 다음 각 호의 경우를 제외하고는 특허권자의 동의를 받아야만 전용실시권을 이전할 수 있다.
    1. 전용실시권을 실시사업(實施事業)과 함께 이전하는 경우
    2. 상속이나 그 밖의 일반승계의 경우
④ 전용실시권자는 특허권자의 동의를 받아야만 그 전용실시권을 목적으로 하는 질권을 설정하거나 통상실시권을 허락할 수 있다.
⑤ 전용실시권에 관하여는 제99조제2항부터 제4항까지의 규정을 준용한다.

제101조(특허권 및 전용실시권의 등록의 효력)
① 다음 각 호의 어느 하나에 해당하는 사항은 등록하여야만 효력이 발생한다.
    1. 특허권의 이전(상속이나 그 밖의 일반승계에 의한 경우는 제외한다), 포기에 의한 소멸 또는 처분의 제한
    2. 전용실시권의 설정·이전(상속이나 그 밖의 일반승계에 의한 경우는 제외한다)·변경·소멸(혼동에 의한 경우는 제외한다) 또는 처분의 제한
    3. 특허권 또는 전용실시권을 목적으로 하는 질권의 설정·이전(상속이나 그 밖의 일반승계에 의한 경우는 제외한다)·변경·소멸(혼동에 의한 경우는 제외한다) 또는 처분의 제한
② 제1항 각 호에 따른 특허권·전용실시권 및 질권의 상속이나 그 밖의 일반승계의 경우에는 지체 없이 그 취지를 특허청장에게 신고하여야 한다.

제102조(통상실시권)
① 특허권자는 그 특허권에 대하여 타인에게 통상실시권을 허락할 수 있다.
② 통상실시권자는 이 법에 따라 또는 설정행위로 정한 범위에서 특허발명을 업으로서 실시할 수 있는 권리를 가진다.
③ 제107조에 따른 통상실시권은 실시사업과 함께 이전하는 경우에만 이전할 수 있다.
④ 제138조, 「실용신안법」 제32조 또는 「디자인보호법」 제123조에 따른 통상실시권은 그 통상실시권자의 해당 특허권·실용신안권 또는 디자인권과 함께 이전되고, 해당 특허권·실용신안권 또는 디자인권이 소멸되면 함께 소멸된다.
⑤ 제3항 및 제4항에 따른 통상실시권 외의 통상실시권은 실시사업과 함께 이전하는 경우 또는 상속이나 그 밖의 일반승계의 경우를 제외하고는 특허권자(전용실시권에 관한 통상실시권의 경우에는 특허권자 및 전용실시권자)의 동의를 받아야만 이전할 수 있다.
⑥ 제3항 및 제4항에 따른 통상실시권 외의 통상실시권은 특허권자(전용실시권에 관한 통상실시권의 경우에는 특허권자 및 전용실시권자)의 동의를 받아야만 그 통상실시권을 목적으로 하는 질권을 설정할 수 있다.
⑦ 통상실시권에 관하여는 제99조제2항 및 제3항을 준용한다.

> **제118조(통상실시권의 등록의 효력)**
> ① 통상실시권을 등록한 경우에는 그 등록 후에 특허권 또는 전용실시권을 취득한 자에 대해서도 그 효력이 발생한다.
> ② 제81조의3제5항, 제103조부터 제105조까지, 제122조, 제182조, 제183조 및 「발명진흥법」 제10조 제1항에 따른 통상실시권은 등록이 없더라도 제1항에 따른 효력이 발생한다.
> ③ 통상실시권의 이전·변경·소멸 또는 처분의 제한, 통상실시권을 목적으로 하는 질권의 설정·이전·변경·소멸 또는 처분의 제한은 이를 등록하여야만 제3자에게 대항할 수 있다.

1 실시권의 의의

실시권은 특허권자 이외의 자가 업으로서 특허발명을 실시할 수 있는 권리로 실시권자의 실시는 특허권의 침해를 구성하지 않는다. 이는 발명의 이용도모 취지이다.

2 전용실시권 및 계약에 의한 통상실시권

(1) 법적성질 및 효력

1) 전용실시권 (Exclusive license)

전용실시권은 특허권과 같이 독점 배타성이 인정되는 준물권적 권리로, 이에 기한 민사상 또는 형사상 청구가 가능하다. 또한 전용실시권자는 설정행위로 정한 범위에서 특허권자의 실시도 배척할 수 있다(특허법 제100조 제2항, 제94조 단서). 전용실시권은 특허권자와의 계약(허락)을 기초로 특허원부에 등록해야만 발생하는 허락실시권이고, 특허의 존속을 전제로 부수된 종속적 권리인바 특허가 소멸하면 함께 소멸한다.

2) 통상실시권 (Non-exclusive license)

통상실시권은 이 법의 규정(법정실시권, 강제실시권)에 의하여 또는 설정행위로 정한 범위(허락실시권) 안에서 업으로서 그 특허발명을 실시할 수 있는 권리를 말한다(특허법 제102조 제2항). 통상실시권은 본질이 부작위청구권에 있는 채권적 권리로 타인의 실시를 배척할 수는 없다. 통상실시권은 복수로 인정될 수 있으며, 발생원인에 따라 허락에 의한 통상실시권, 법정실시권, 강제실시권으로 구분된다.

(2) 발생

1) 전용실시권

계약 및 설정등록에 의해 발생한다(특허법 제101조). 전용실시권이 설정등록되지 않은 경우 특허권자와의 관계에서 독점적 통상실시권과 유사한 지위에 있으나, 독점적 통상실시권에 대한 명문의 규정이 없는 바 통상실시권의 지위를 갖는다고 본다. 설정행위로 정한 범위 내에서 독점·배타적인 권리가 인정되며(제100조 제2항), 전용실시권의 범위에서는 특허권자의 실시도 불가하다(제94조 제1항).

2) 통상실시권

가) 허락에 의한 통상실시권

계약에 의해 발생하며, 등록한 때에는 그 등록 후 특허권, 전용실시권을 취득한 자에 대해서도 그 효력이 발생한다.

나) 법정실시권

법정요건을 충족한 때 발생하며, 등록하지 않아도 발생 후에 특허권, 전용실시권을 취득한 자에 대해서도 그 효력이 발생한다.

다) 강제실시권

특허청 또는 특허심판원의 처분에 의해 발생하며(특허권 수용·실시 등에 관한 규정 제2조, 특허법 제107조, 제138조), 직권등록된다(특허권 등의 등록령 제14조 제1항 제6호).

(3) 이전 – 전용실시권, 허락에 의한 통상실시권, 법정실시권 및 강제실시권

1) 실시사업(實施事業)과 함께 이전하는 경우, 상속이나 그 밖의 일반승계의 경우를 제외하고는 상위 권리자의 동의를 받아야만 실시권을 이전할 수 있다(특허법 제100조 제3항, 제102조 제5항).
2) 단 제107조에 따른 통상실시권은 실시사업과 함께 이전하는 경우에만 이전할 수 있고, 제138조에 따른 통상실시권은 해당 특허권과 함께 이전된다.

(4) 실시권 및 질권 설정

1) 전용실시권자는 특허권자의 동의를 받아야만 그 전용실시권을 목적으로 하는 질권을 설정하거나 통상실시권을 허락할 수 있다(특허법 제100조 제4항). 판례는 전용실시권자가 실용신안권자의 동의 없이 타인에게 사용을 허락하여 제품을 생산한 경우 실용신안권을 침해한 행위로 보아 계약을 해지할 수 있다고 판시하였다(2001가합3821).
2) 통상실시권은 채권적 권리에 불과한 바 통상실시권을 설정할 수 없다. 통상실시권을 목적으로 하는 질권은 상위 권리자의 동의를 받아야만 설정할 수 있다.

(5) 소멸

1) 실시권은 특허권에 부수하는 권리인 바, 특허권의 소멸로 함께 소멸하고, 실시권의 포기, 혼동, 특허권의 수용(특허법 제106조 제2항) 등에 의해 소멸한다.
2) 전용실시권, 허락에 의한 통상실시권은 계약의 무효, 취소, 해제, 해지, 기간만료에 의해 소멸할 수 있다.
3) 직무발명에 의한 통상실시권, 디자인권 존속기간 만료로 인한 통상실시권을 제외한 법정실시권은 실시사업 폐지로 소멸할 수 있다.

3 전용실시권의 실시범위 제한을 등록하지 않은 경우

법원은 설정계약으로 전용실시권의 범위에 관하여 특별한 제한을 두고도 이를 등록하지 않으면 그 효력이 발생하지 않는 것이므로 전용실시권자가 등록되어 있지 않은 제한을 넘어 특허발명을 실시하는 경우 특허권자에 대하여 채무불이행 책임을 지게 됨은 별론, 특허권 침해가 성립하는 것은 아니라고 판시하였다(2011도4645).

4 전용실시권 설정에 따른 특허권자의 소권 상실여부

(1) 문제점

전용실시권을 설정한 경우 특허권자가 전용실시권 침해에 대해 침해금지 또는 손해배상을 청구할 수 있는지 문제된다.

(2) 구법상 판례

상표권이나 서비스표권에 관하여 전용사용권이 설정된 경우 이로 인하여 상표권자나 서비스표권자의 상표 또는 서비스표의 사용권이 제한받게 되지만, 제3자가 그 상표 또는 서비스표를 정당한 법적 권한 없이 사용하는 경우에는 그 상표권자나 서비스표권자가 그 상표권이나 서비스표권에 기하여 제3자의 상표 또는 서비스표의 사용에 대한 금지를 청구할 수 있는 권리까지 상실하는 것은 아니고, 이러한 경우에 그 상표나 서비스표에 대한 전용사용권을 침해하는 상표법 위반죄가 성립함은 물론 상표권자나 서비스표권자의 상표권 또는 서비스표권을 침해하는 상표법 위반죄도 함께 성립한다(2006도1580).

(3) 검토

특허제도는 배타적인 성질이 강조되어야 할 것인 바, 전용실시권이 침해되었을 경우 특허권자도 그 침해에 대한 침해금지 또는 손해배상을 청구할 수 있다고 보는 것이 타당하다. 다만 전용실시권이 설정된 범위에서는 특허권자에게 손해의 발생이 거의 없을 수 있으며 손해의 발생이 없다면 손해배상청구는 실익이 없을 것이다.

5 독점적 통상실시권자의 법적 지위 (2017나2332, 2018다221676)

(1) 특허권자는 제3자에게 특허발명의 실시를 허락할 수 있는데 특허권자가 상대방과의 사이에 실시권 허락계약을 체결하면서 상대방 외의 타인에게 실시할 권리를 부여하지 않겠다는 취지의 약정을 한 경우 실시권자가 갖는 계약상의 권리를 그렇지 않은 경우와 구분하여 통상 독점적 통상실시권이라고 한다.

(2) 독점적 통상실시권을 부여하는 계약이 체결된 경우 특허권자는 계약상 실시권자 외의 제3자에게 실시권을 부여하지 아니할 의무를 부담하고, 실시권자는 시장에서 해당 특허발명을 독점적으로 실시할 권리를 가진다. 그로 인해 독점적 통상실시권자는 비독점적 통상실시권자와 달리 독점적 실시로 향유하는 경제적 이익을 침해하는 제3자에 대하여 그 침해로 인한 손해배상을 청구할 수 있게 된다.

(3) 특허권자와 실시권자 사이에 체결된 계약이 독점적 통상실시권을 부여하는 계약에 해당하기 위해서는 계약의 내용상 특허권자가 실시권자 외의 제3자에게 통상실시권을 부여하지 아니할 의무를 부담하여야 하고, 단지 특허권자가 어느 한 실시권자에게만 실시권을 부여함에 따라 그 실시권자가 사실상 독점적인 지위를 향유하고 있다는 사정만으로 그러한 계약이 있었다고 보기 어렵다. 그러나 등록하여야만 그 효력이 발생하는 전용실시권 설정과 달리 독점적 통상실시권의 허락은 당사자 간 의사의 합치만 있으면 성립되고, 이러한 의사의 합치는 명시적으로는 물론 묵시적으로도 이루어질 수 있다.

(4) 특허권자는 업으로서 특허발명을 실시할 권리를 독점하고(특허법 제94조), 그 특허권에 대하여 타인에게 전용실시권을 설정할 수 있으며, 전용실시권의 설정은 등록하여야만 효력이 발생하고, 전용실시권자는 그 설정행위로 정한 범위에서 그 특허발명을 실시할 권리를 독점한다(특허법 제100조 제1항 및 제2항, 제101조 제1항 제2호). 특허권자로부터 독점적으로 특허발명을 실시할 권리를 부여받은 독점적 통상실시권자는 독점적 권리인 점을 등록할 수 없고 그로 인해 특허권자로부터 실시허락을 받은 제3자에게 대항할 수 없는 점에서 전용실시권자와 차이가 있으나, 계약에서 정한 바에 따라 특허발명을 독점적으로 실시할 권리를 가지고 그로 인한 경제적 이익을 향유하는 점에서는 전용실시권자와 다르지 않다. 독점적 통상실시권자가 특허권자로부터 부여받은 권리에 의해 누리는 이러한 경제적 이익은 결국 특허법에 의해 보호되는 특허권자의 독점적, 배타적 실시권에 기인하는 것으로서 법적으로 보호할 가치가 있는 이익에 해당하고, 제3자가 독점적 통상실시권자를 해한다는 사정을 알면서 법규를 위반하거나 선량한 풍속 또는 사회질서를 위반하는 등 위법한 행위를 함으로써 이러한 이익을 침해하였다면 이로써 불법행위가 성립한다.

CHAPTER 08 법정실시권

제81조의3(특허료의 추가납부 또는 보전에 의한 특허출원과 특허권의 회복 등)
⑤ 효력제한기간 중 국내에서 선의로 제2항 또는 제3항에 따른 특허출원된 발명 또는 특허발명을 업으로 실시하거나 이를 준비하고 있는 자는 그 실시하거나 준비하고 있는 발명 및 사업목적의 범위에서 그 특허출원된 발명 또는 특허발명에 대한 특허권에 대하여 통상실시권을 가진다.
⑥ 제5항에 따라 통상실시권을 가진 자는 특허권자 또는 전용실시권자에게 상당한 대가를 지급하여야 한다.

제103조(선사용에 의한 통상실시권)
특허출원 시에 그 특허출원된 발명의 내용을 알지 못하고 그 발명을 하거나 그 발명을 한 사람으로부터 알게 되어 국내에서 그 발명의 실시사업을 하거나 이를 준비하고 있는 자는 그 실시하거나 준비하고 있는 발명 및 사업목적의 범위에서 그 특허출원된 발명의 특허권에 대하여 통상실시권을 가진다.

제103조의2(특허권의 이전청구에 따른 이전등록 전의 실시에 의한 통상실시권)
① 다음 각 호의 어느 하나에 해당하는 자가 제99조의2제2항에 따른 특허권의 이전등록이 있기 전에 해당 특허가 제133조제1항제2호 본문에 해당하는 것을 알지 못하고 국내에서 해당 발명의 실시사업을 하거나 이를 준비하고 있는 경우에는 그 실시하거나 준비를 하고 있는 발명 및 사업목적의 범위에서 그 특허권에 대하여 통상실시권을 가진다.
  1. 이전등록된 특허의 원(原)특허권자
  2. 이전등록된 특허권에 대하여 이전등록 당시에 이미 전용실시권이나 통상실시권 또는 그 전용실시권에 대한 통상실시권을 취득하고 등록을 받은 자. 다만, 제118조제2항에 따른 통상실시권을 취득한 자는 등록을 필요로 하지 아니한다.
② 제1항에 따라 통상실시권을 가진 자는 이전등록된 특허권자에게 상당한 대가를 지급하여야 한다.

제104조(무효심판청구 등록 전의 실시에 의한 통상실시권)
① 다음 각 호의 어느 하나에 해당하는 자가 특허 또는 실용신안등록에 대한 무효심판청구의 등록 전에 자기의 특허발명 또는 등록실용신안이 무효사유에 해당하는 것을 알지 못하고 국내에서 그 발명 또는 고안의 실시사업을 하거나 이를 준비하고 있는 경우에는 그 실시하거나 준비하고 있는 발명 또는 고안 및 사업목적의 범위에서 그 특허권에 대하여 통상실시권을 가지거나 특허나 실용신안등록이 무효로 된 당시에 존재하는 특허권의 전용실시권에 대하여 통상실시권을 가진다. 〈개정 2016. 2. 29.〉
  1. 동일한 발명에 대한 둘 이상의 특허 중 그 하나의 특허를 무효로 한 경우 그 무효로 된 특허의 원특허권자
  2. 특허발명과 등록실용신안이 동일하여 그 실용신안등록을 무효로 한 경우 그 무효로 된 실용신안등록의 원(原)실용신안권자
  3. 특허를 무효로 하고 동일한 발명에 관하여 정당한 권리자에게 특허를 한 경우 그 무효로 된 특허의 원특허권자
  4. 실용신안등록을 무효로 하고 그 고안과 동일한 발명에 관하여 정당한 권리자에게 특허를 한 경우 그 무효로 된 실용신안의 원실용신안권자
  5. 제1호부터 제4호까지의 경우에 있어서 그 무효로 된 특허권 또는 실용신안권에 대하여 무효심판청구 등록 당시에 이미 전용실시권이나 통상실시권 또는 그 전용실시권에 대한 통상실시권을

취득하고 등록을 받은 자. 다만, 제118조 제2항에 따른 통상실시권을 취득한 자는 등록을 필요로 하지 아니한다.
② 제1항에 따라 통상실시권을 가진 자는 특허권자 또는 전용실시권자에게 상당한 대가를 지급하여야 한다.

제105조(디자인권의 존속기간 만료 후의 통상실시권)
① 특허출원일 전 또는 특허출원일과 같은 날에 출원되어 등록된 디자인권이 그 특허권과 저촉되는 경우 그 디자인권의 존속기간이 만료될 때에는 그 디자인권자는 그 디자인권의 범위에서 그 특허권에 대하여 통상실시권을 가지거나 그 디자인권의 존속기간 만료 당시 존재하는 그 특허권의 전용실시권에 대하여 통상실시권을 가진다.
② 특허출원일 전 또는 특허출원일과 같은 날에 출원되어 등록된 디자인권이 그 특허권과 저촉되는 경우 그 디자인권의 존속기간이 만료될 때에는 다음 각 호의 어느 하나에 해당하는 권리를 가진 자는 원(原)권리의 범위에서 그 특허권에 대하여 통상실시권을 가지거나 그 디자인권의 존속기간 만료 당시 존재하는 그 특허권의 전용실시권에 대하여 통상실시권을 가진다.
   1. 그 디자인권의 존속기간 만료 당시 존재하는 그 디자인권에 대한 전용실시권
   2. 그 디자인권이나 그 디자인권에 대한 전용실시권에 대하여「디자인보호법」제104조 제1항에 따라 효력이 발생한 통상실시권
③ 제2항에 따라 통상실시권을 가진 자는 특허권자 또는 전용실시권자에게 상당한 대가를 지급하여야 한다.

제122조(질권행사 등으로 인한 특허권의 이전에 따른 통상실시권)
특허권자(공유인 특허권을 분할청구한 경우에는 분할청구를 한 공유자를 제외한 나머지 공유자를 말한다)는 특허권을 목적으로 하는 질권설정 또는 공유인 특허권의 분할청구 이전에 그 특허발명을 실시하고 있는 경우에는 그 특허권이 경매 등에 의하여 이전되더라도 그 특허발명에 대하여 통상실시권을 가진다. 이 경우 특허권자는 경매 등에 의하여 특허권을 이전받은 자에게 상당한 대가를 지급하여야 한다.

제182조(재심에 의하여 회복한 특허권에 대한 선사용자의 통상실시권)
제181조 제1항각 호의 어느 하나에 해당하는 경우에 해당 특허취소결정 또는 심결이 확정된 후 재심청구 등록 전에 국내에서 선의로 그 발명의 실시사업을 하고 있는 자 또는 그 사업을 준비하고 있는 자는 실시하고 있거나 준비하고 있는 발명 및 사업목적의 범위에서 그 특허권에 관하여 통상실시권을 가진다.

제183조(재심에 의하여 통상실시권을 상실한 원권리자의 통상실시권)
① 제138조 제1항 또는 제3항에 따라 통상실시권을 허락한다는 심결이 확정된 후 재심에서 그 심결과 상반되는 심결이 확정된 경우에는 재심청구 등록 전에 선의로 국내에서 그 발명의 실시사업을 하고 있는 자 또는 그 사업을 준비하고 있는 자는 원(原)통상실시권의 사업목적 및 발명의 범위에서 그 특허권 또는 재심의 심결이 확정된 당시에 존재하는 전용실시권에 대하여 통상실시권을 가진다.
② 제1항에 따라 통상실시권을 가진 자는 특허권자 또는 전용실시권자에게 상당한 대가를 지급하여야 한다.

1 직무발명에 의한 사용자의 통상실시권(발명진흥법 제10조 제1항)

발명에 대한 원시적인 소유권(특허를 받을 수 있는 권리 등)은 발명자가 갖는다(특허법 제33조 제1항 본문). 그러나 직무발명은 사용자가 사용할 발명의 완성을 위해 발명자에게 월급과 연구기반을 제공하며 발명을 지시한 것인바, 발명에 대한 권리는 발명자가 갖더라도 사용자에게 그 발명에 대한 사용을 보장한다. 때문에 직무발명에 대하여 종업원 등이 특허를 받았거나 특허를 받을 수 있는 권리를 승계한 자가 특허를 받았을 때에는 사용자 등은 그 특허권에 대해 무상의 통상실시권을 가진다.

2 특허료의 추가납부에 의하여 회복한 특허출원, 특허권자에 대한 통상실시권(특허법 제81조의3 제4항)

i) 특허료 추가납부기간이 경과한 날부터 추가납부하거나 보전한 날까지의 기간(이하 '효력제한기간') 중 ii) 선의로 iii) 국내에서 iv) 특허출원 된 발명 또는 특허권에 대하여 실시사업을 하거나 사업의 준비를 하고 있는 자는 v) 그 실시 또는 준비를 하고 있는 발명 또는 사업의 목적의 범위 안에서 vi) 그 출원발명의 특허권에 대하여 통상실시권을 가진다.

3 선사용권(특허법 제103조)

i) 출원시 ii) 특허출원된 발명의 내용을 알지 못하고 그 발명을 하거나 그 발명을 한 자로부터 지득하여(=선의로) iii) 국내에서 iv) 그 발명의 실시사업을 하거나 그 사업준비를 하고 있는 자는 v) 그 실시 또는 준비를 하고 있는 발명 및 사업의 목적범위 안에서 vi) 무상의 통상실시권을 가진다. 아래에서 관련 쟁점을 더 추가한다.

4 중용권(특허법 제104조)

다음에 해당하는 자가 i) 무효심판청구등록 전에 ii) 자기의 특허발명이 무효사유에 해당되는 것을 알지 못하고(=선의로) iii) 국내에서 iv) 그 발명의 실시사업을 하거나 그 사업준비를 하고 있는 자는 v) 그 실시 또는 준비를 하고 있는 발명 및 사업의 목적범위 안에서 vi) 유상의 통상실시권을 가진다. 아래에서 관련 쟁점을 더 추가한다.

1. 동일발명에 대한 2 이상의 특허 중 그 하나를 무효로 한 경우의 원특허권자
2. 특허발명과 등록실용신안이 동일하여 그 실용신안등록을 무효로 한 경우의 원실용신안권자
3. 특허를 무효로 하고 동일한 발명에 관하여 정당한 권리자에게 특허를 한 경우의 원특허권자
4. 실용신안등록을 무효로 하고 그 고안과 동일한 발명에 관하여 정당한 권리자에게 특허를 한 경우의 원실용신안권자
5. 제1호 내지 제4호의 경우에 있어서 그 무효로 된 특허권 또는 실용신안권에 대하여 무효심판청구의 등록 당시에 이미 전용실시권이나 통상실시권 또는 그 전용실시권에 대한 통상실시권을 취득하고 그 등록을 받은 자. 다만, 제118조 제2항의 규정에 해당하는 자(법정통상실시권자)인 경우에는 등록을 요하지 않는다.

5 특허권의 이전청구에 따른 통상실시권(특허법 제103조의2)

다음에 해당하는 자가 ⅰ) 제99조의2 제2항에 따른 특허권의 이전등록이 있기 전에 ⅱ) 자기의 특허발명이 제33조 제1항 본문 또는 제44조의 무효사유에 해당되는 것을 알지 못하고(=선의로) ⅲ) 국내에서 ⅳ) 그 발명의 실시사업을 하거나 그 사업준비를 하고 있는 자는 ⅴ) 그 실시 또는 준비를 하고 있는 발명 및 사업의 목적범위 안에서 ⅵ) 유상의 통상실시권을 가진다.

1. 이전등록된 특허의 원 특허권자
2. 이전등록된 특허권에 대하여 이전등록 당시에 이미 전용실시권이나 통상실시권 또는 그 전용실시권에 대한 통상실시권을 취득하고 그 등록을 받은 자. 다만, 제118조 제2항의 규정에 해당하는 자(법정통상실시권자)인 경우에는 등록을 요하지 않는다.

6 디자인권 존속기간 만료 후의 통상실시권(특허법 제105조)

특허와 디자인은 보호대상이 기술적 효과와 심미성으로 서로 상이하기 때문에, 동일한 형상이 각각의 권리로써 인정될 수 있다(특허법 제98조). 산업재산권법은 디자인권과 특허권의 저촉관계가 있을 때, 선원우위의 원칙에 따라 선원권리의 배타권이 훼손되지 않도록 후원권리의 실시를 제한하며(특허법 제98조), 선원권리는 존속기간만료로 배타권과 실시권이 소멸하더라도 그 실시권만큼은 계속 보장한다(특허법 제105조).

1. 특허출원일전 또는 같은 날에 출원되어 등록된 디자인권이 그 특허권과 저촉되는 경우 그 디자인권의 존속기간이 만료되는 때에는 그 원디자인권자·전용실시권자·등록된 통상실시권자는 원권리의 범위 안에서 통상실시권을 가진다.
2. 원디자인권자는 무상이며, 원디자인권 전체에 대해 실시권을 가진다. 그러나 전용실시권자, 등록한 통상실시권자는 유상이며, 원권리의 범위 내에서 실시권을 가진다.

7 경매로 인한 특허권의 이전에 따른 통상실시권(특허법 제122조)

1. 특허권자는 특허권을 목적으로 하는 질권 설정 이전 또는 공유인 특허권의 분할청구 이전에 그 특허발명을 실시하고 있는 경우에는 그 특허권이 경매 등에 의하여 이전되더라도 유상의 통상실시권을 가진다. 단 공유물 분할청구 사안의 경우 분할청구를 한 공유자를 제외한 나머지 공유자만 유상의 통상실시권을 가진다.
2. 통상실시권의 범위에 대해 ⅰ) 특허권자가 질권 설정 또는 공유물 분할청구 이전에 현실로 실시하고 있던 특허발명의 범위로 한정하여야 한다는 견해(제한설)와 ⅱ) 제한 없이 특허발명 전범위에 대해 실시할 수 있다는 견해(무제한설)가 있다. 이에 대해 원래 특허권자였고 통상실시권에 대해 상당한 대가를 지급한다는 점에 비추어 무제한설이 타당하다고 여겨진다.
3. 경매로 인한 특허권의 이전에 따른 법정실시권을 갖는 자는 오직 당해 특허권자에 한한다. 이는 질권에 의해 특허권이 소멸하는 것이 아닌 단지 새로운 특허권자에게 이전되는 것에 불과한 바, 질권설정 당시의 전용실시권자나 등록된 통상실시권자, 법정실시권자 등은 새로운 특허권자에게 대항이 가능하기 때문이다.

8 후용권(특허법 제182조)

다음에 해당하는 경우에 ⅰ) 당해 심결이 확정된 후 재심청구등록 전에 ⅱ) 선의로 ⅲ) 국내에서 ⅳ) 그 발명의 실시사업을 하거나 그 사업의 준비를 하고 있는 자는 ⅴ) 그 실시 또는 준비를 하고 있는 발명 및 사업의 목적 범위 안에서 통상실시권을 가진다. ⅵ) 재심에 의하여 회복한 특허권에 대한 선사용자의 통상실시권은 청구항별로 가질 수 있다(제215조).

1. 취소된 특허권, 무효된 특허권 또는 존속기간의 연장등록이 무효된 특허권이 재심에 의하여 회복된 경우
2. 특허권의 권리범위에 속하지 아니한다는 심결이 확정된 후 재심에 의하여 이와 상반되는 심결이 확정된 경우
3. 거절한다는 취지의 심결이 있었던 특허출원 또는 특허권의 존속기간의 연장등록출원이 재심에 의하여 특허권의 설정등록 또는 특허권의 존속기간의 연장등록이 된 경우

9 재심에 의하여 통상실시권을 상실한 원권리자의 통상실시권(특허법 제183조)

ⅰ) 통상실시권허여 심결확정 후 재심에 의하여 이와 상반되는 심결의 확정이 있는 경우, 재심청구 등록 전에 ⅱ) 선의로 ⅲ) 국내에서 ⅳ) 그 발명의 실시사업을 하거나 그 사업의 준비를 하고 있는 자는 ⅴ) 그 원통상실시권의 사업의 목적 및 발명의 범위 안에서 통상실시권을 가진다.

	발명진흥법 제10조 제1항	제105조
주체	사용자(특허를 받을 수 있는 권리 또는 특허권 등의 배타권을 이전받지 아니한 경우)	원 디자인권자 원 디자인권의 존속기간만료 당시 등록된 실시권자[법정실시권자는 등록되어 있지 않더라도 가능(사견)]
요건	직무발명일 것, 사용자가 대기업인 경우는 사전에 직무발명에 대한 예약승계계약 또는 규정을 체결했을 것, 사용자가 대기업이건 중소기업이건 예약승계계약 또는 규정을 체결한 경우는 승계여부통지의무를 기간 내 준수했을 것	특허출원(우선일) 전 또는 같은 날 출원(즉 후출원이 아닐 것)한 디자인권이 존속기간 단료로 소멸[124]되었을 것
실시권 범위	특허발명 범위	원 권리(원 디자인권 또는 원 실시권)
대가	무상	원 디자인권자는 무상

위 2개는 공평의 견지에서 인정하는 실시권인바, 대가가 무상[125]이며, 실시권의 범위가 제한 없이 넓다.

---

124) 무효심결, 유지료 불납, 포기 등으로 소멸한 경우는 인정되지 않는다.
125) 원 디자인권의 실시권자는 대가가 유상이다. 이는 실시권자는 원 디자인권자에게 대가를 납부하는 자일 것이기 때문에, 그 대가를 그대로 특허권자에게 납부할 것을 요구하는 것이다.

	제81조의3 제5항, 제6항	제103조	제103조의2	제104조
주체	선의	선의	선의의 특허권자, 등록된 실시권자(법정실시권자는 등록되어 있지 않더라도 가능)	선의의 특허권자, 등록된 실시권자(법정실시권자는 등록되어 있지 않더라도 가능)
요건	특허료 불납에 따른 효력제한기간 중 국내에서 실시 또는 실시준비	출원(우선일)시 국내에서 실시 또는 실시준비	특허법 제99조의2 제2항에 따른 특허권의 이전등록이 있기 전 국내에서 실시 또는 실시준비	특허법 제36조 제1항, 제3항, 제33조 제1항 본문 위반 특허무효심판청구 등록(예고등록) 전 국내에서 실시 또는 실시준비
실시권 범위	사업목적범위	사업목적범위	사업목적범위	사업목적범위
대가	유상	무상	유상	유상

	제122조	제182조	제183조
주체	(선의126))의 전 특허권자	선의	선의의 특허법 제138조 제1항, 제3항의 실시권자
요건	질권설정이전 / 공유물 분할청구이전 (국내에서) 실시 또는 (실시준비)127)	심결확정후 재심청구등록(예고등록)전 국내에서 실시 또는 실시준비	심결확정후 재심청구등록(예고등록)전 국내에서 실시 또는 실시준비
실시권 범위	특허발명128)	사업목적범위	원실시권의 사업목적범위
대가	유상	무상	유상

---

126) 특허법 제122조에는 "선의"가 명시되어 있지는 않다.
127) 특허법 제122조에는 이유를 모르겠으나 다른 국내 선의의 산업설비보호취지의 규정과 달리 "국내에서"와 "실시준비"의 문구가 생략되어 있다.
128) 특허법 제122조는 실시권의 범위도 다른 국내 선의의 산업설비보호취지의 규정과 달리 "실시하던 사업목적범위"가 아니라 "특허발명"이라고, 범위에 제한이 없는 것처럼 해석가능한 단어가 적시되어 있는데, 이에 대해 많은 이견이 있다.

선사용권 (제103조)

> **제103조(선사용에 의한 통상실시권)**
> 특허출원 시에 그 특허출원된 발명의 내용을 알지 못하고 그 발명을 하거나 그 발명을 한 사람으로부터 알게 되어 국내에서 그 발명의 실시사업을 하거나 이를 준비하고 있는 자는 그 실시하거나 준비하고 있는 발명 및 사업목적의 범위에서 그 특허출원된 발명의 특허권에 대하여 통상실시권을 가진다.

1 의의 및 취지

선사용권이란 발명을 출원하지 않고 선의로 실시 등을 했을 때 산업설비를 보호하는 제도이다. 출원 여부는 선택이므로 출원하지 않았다는 이유만으로 실시가 제한되는 것은 부당하여 도입되었다.

2 요건

(1) 특허출원시, 선의로, 국내에서, 사업을 실시 또는 준비를 하고 있어야 한다.

(2) 선의

1) 특허출원된 내용을 알지 못하고 그 발명을 하거나, 그 발명을 한 사람으로부터 알게 된 것을 말한다.
2) 특허출원한 발명자로부터 발명을 지득한 경우에는 선의로 인정되지 않는다. 다만, 모인출원이 착오등록된 경우, 무효심결이 확정되기 전까지는 일응 유효한 권리로 인정되므로 발명자에게 선사용권을 인정해야 할 것이다. 부산고등법원도 동업관계에 있던 자(무권리자)가 정당 권리자의 발명을 일방적으로 특허출원한 경우에, 정당권리자가 사용하는 발명(은수저제작방법)은 특허발명으로부터 유래한 것이라 할 수 없고, 정당권리자는 선사용권을 갖는다고 판시하여 정당권리자의 선의를 인정한 바 있다(93라38).

(3) 사업 실시 또는 준비

판례는 과거에 사업실시를 했으나, 출원시 사업을 폐지하였다면 선사용권이 인정될 수 없다고 본다.

(4) 식물신품종 보호법상 선사용권 판례

대법원은 식물신품종 보호법 제64조와 관련하여 선사용권을 취득할 수 있는 선사용자는 품종보호 출원된 보호품종의 육성자와 기원을 달리하는 별개의 육성자이거나 이러한 별개의 육성자로부터 보호품종을 알게 된 자를 의미한다고 봄이 타당하다고 판시하였다(2014다79488).

3 효과

(1) 내용

선사용권은 법정요건을 충족할 때 발생하며, 등록하지 아니하여도 그 후에 특허권, 전용실시권을 취득한 자에 대하여 효력이 있다(특허법 제118조). 무상의 통상실시권으로 사업 실시 또는 준비 중에 있는 발명 및 사업목적의 범위에서 인정된다. 통상실시권인 바 타인의 실시를 배제할 수 있는 배타적 효력은 없다.

(2) 범위

1) 문제점

사업목적을 유지하며 그 규모를 확장하는 것은 허용되나, 그 실시의 태양을 바꾸는 것이 허용되는지 문제된다.

2) 학설

ⅰ) 실시형식설은 선사용권은 예외적인 것으로 출원당시의 실시형식을 엄격하게 지켜야 한다고 한다.
ⅱ) 발명범위설은 선사용권이 인정되는 범위는 선사용권자의 발명범위로 보아 출원 당시 통상의 기술자가 당연히 생각해낼 수 있을 정도의 범위는 포함된다고 본다.

3) 판례

서울지법은 선사용권의 효력은 특허발명 출원 당시 피고가 실시하고 있던 실시 형태뿐만 아니라 구현된 발명과 동일성의 범위에서 변경 가능한 실시형태에도 미친다고 판시한 바 있다(2007가합77557).

4) 검토

출원 당시 실시형식을 엄격하게 제한하면 제103조의 취지가 몰각될 수 있는 바, 특허권자의 권리를 불합리하게 제한하지 않으면서 선사용권의 실효성을 확보할 수 있는 발명범위설이 타당하다.

4 이전

실시사업과 함께 이전하는 경우 또는 상속, 기타 일반승계의 경우를 제외하고는 특허권자(전용실시권에 관한 통상실시권에 있어서는 특허권자 및 전용실시권자)의 동의를 받아야만 이전할 수 있다.

5 소멸

특허권에 부수하는 권리인 바 특허권의 소멸과 함께 소멸하고, 실시권의 포기, 혼동, 특허권의 수용, 실시사업 폐지 등으로 소멸할 수 있다.

6 관련문제

(1) 기관대행설 (1기관의 범위)

선사용권자와의 계약이 존재하고, 선사용권자의 감독을 받으며, 생산한 물건 전부를 선사용권자에게 양도한다는 요건을 만족하는 자의 실시는 그 선사용권자의 실시로 보아 침해에 해당하지 않는다.

(2) 선사용권이 인정될 예비적 지위

선사용권자에게 특허권을 행사할 수 없다는 점에서 선사용권이 인정될 예비적 지위를 인정하여 보상금청구권의 행사 또한 할 수 없다고 봄이 타당하다.

(3) 특허출원시부터 국내에 있는 물건

특허출원을 한 때부터 국내에 있는 물건에는 특허권의 효력이 미치지 않는데 (특허법 제96조 제1항 제3호), 선사용권이 인정되는 경우 위 규정은 실익이 없다. 제96조 제1항 제3호는 출원시 존재하는 물건을 보호하려는 취지이고, 제103조는 출원시 존재하는 산업설비를 보호하려는 취지라는 점에서 차이가 있다.

(4) 특허법 제103조와 관련된 무효심판청구의 실익

선사용권자의 사업실시 또는 준비로 출원 전 발명이 공지된 경우 당해 특허발명에 대해 신규성 위반으로 무효심판 청구가 가능하다. 무효심결이 확정된 경우, 특허를 소멸시켜 침해주장으로부터 발본적으로 벗어날 수 있다는 장점이 있으나, 누구나 실시할 수 있는 기술이 되어 제3자의 진입장벽이 와해된다는 단점이 존재한다.

CHAPTER 10 중용권 (제104조)

> **제104조(무효심판청구 등록 전의 실시에 의한 통상실시권)**
> ① 다음 각 호의 어느 하나에 해당하는 자가 특허 또는 실용신안등록에 대한 무효심판청구의 등록 전에 자기의 특허발명 또는 등록실용신안이 무효사유에 해당하는 것을 알지 못하고 국내에서 그 발명 또는 고안의 실시사업을 하거나 이를 준비하고 있는 경우에는 그 실시하거나 준비하고 있는 발명 또는 고안 및 사업목적의 범위에서 그 특허권에 대하여 통상실시권을 가지거나 특허나 실용신안등록이 무효로 된 당시에 존재하는 특허권의 전용실시권에 대하여 통상실시권을 가진다.
> 1. 동일한 발명에 대한 둘 이상의 특허 중 그 하나의 특허를 무효로 한 경우 그 무효로 된 특허의 원특허권자
> 2. 특허발명과 등록실용신안이 동일하여 그 실용신안등록을 무효로 한 경우 그 무효로 된 실용신안등록의 원(原)실용신안권자
> 3. 특허를 무효로 하고 동일한 발명에 관하여 정당한 권리자에게 특허를 한 경우 그 무효로 된 특허의 원특허권자
> 4. 실용신안등록을 무효로 하고 그 고안과 동일한 발명에 관하여 정당한 권리자에게 특허를 한 경우 그 무효로 된 실용신안의 원실용신안권자
> 5. 제1호부터 제4호까지의 경우에 있어서 그 무효로 된 특허권 또는 실용신안권에 대하여 무효심판청구 등록 당시에 이미 전용실시권이나 통상실시권 또는 그 전용실시권에 대한 통상실시권을 취득하고 등록을 받은 자. 다만, 제118조제2항에 따른 통상실시권을 취득한 자는 등록을 필요로 하지 아니한다.
> ② 제1항에 따라 통상실시권을 가진 자는 특허권자 또는 전용실시권자에게 상당한 대가를 지급하여야 한다.

1 의의 및 취지

자기의 특허발명이 무효사유에 해당되는 것을 알지 못하고 특허청의 행정처분을 신뢰한 선의의 실시자의 산업설비를 보호하기 위한 규정이다. 중용권은 특허청의 특허결정을 믿고 특허발명을 국내에서 실시 또는 실시 준비한 특허권자, 전용실시권자, 통상실시권자에게 인정된다.

2 요건

(1) 내용

ⅰ) 제104조 제1항 각호의 주체적 요건을 갖춘 자가, ⅱ) 특허에 대한 무효심판청구의 등록 전에, ⅲ) 자기의 특허발명 또는 등록실용신안이 무효사유에 해당하는 것을 알지 못하고, ⅳ) 국내에서 그 발명 또는 고안의 실시사업을 하거나 이를 준비하고 있는 경우에 인정된다.

(2) 주체적 요건 (특허법 제104조 제1항 각호)

ⅰ) 동일한 발명에 대한 둘 이상의 특허 중 그 하나의 특허를 무효로 한 경우 그 무효로 된 특허의 원특허권자, ⅱ) 특허발명과 등록실용신안이 동일하여 그 실용신안등록을 무효로 한 경우 그 무효

로 된 실용신안등록의 원(原)실용신안권자, iii) 특허를 무효로 하고 동일한 발명에 관하여 정당한 권리자에게 특허를 한 경우 그 무효로 된 특허의 원특허권자, iv) 실용신안등록을 무효로 하고 그 고안과 동일한 발명에 관하여 정당한 권리자에게 특허를 한 경우 그 무효로 된 실용신안의 원실용신안권자, v) 제1호부터 제4호까지의 경우에 있어서 그 무효로 된 특허권 또는 실용신안권에 대하여 무효심판청구 등록 당시에 이미 전용실시권이나 통상실시권 또는 그 전용실시권에 대한 통상실시권을 취득하고 등록을 받은 자 (다만, 제118조제2항에 따른 통상실시권을 취득한 자는 등록을 필요로 하지 아니한다.) 에 해당해야 한다.

3 효과

중용권은 법정요건을 충족할 때 발생하며, 등록하지 아니하여도 그 후에 특허권, 전용실시권을 취득한 자에 대하여 효력이 있다(특허법 제118조). 상당한 대가를 지급해야 하고, 사업 실시 또는 준비 중에 있는 발명 및 사업목적의 범위에서 인정된다. 통상실시권인 바 타인의 실시를 배제할 수 있는 배타적 효력은 없다.

4 이전

실시사업과 함께 이전하는 경우 또는 상속, 기타 일반승계의 경우를 제외하고는 특허권자 (전용실시권에 관한 통상실시권에 있어서는 특허권자 및 전용실시권자)의 동의를 받아야만 이전할 수 있다.

5 소멸

특허권에 부수하는 권리인 바 특허권의 소멸과 함께 소멸하고, 실시권의 포기, 혼동, 특허권의 수용, 실시사업 폐지 등으로 소멸할 수 있다

6 관련문제

(1) 무권리자출원의 경우 중용권 인정범위

제104조 제1항 제3, 4호의 법문상 무권리자의 경우에도 중용권을 가지는 것으로 해석될 여지가 있으나, 모인출원한 무권리자의 경우 선의라 볼 수 없어 중용권이 인정되지 않는다.

반면, 모인출원자로부터 그러한 사실을 모르고 권리를 승계하거나, 실시권을 설정받은 자의 경우 기존의 산업설비 보호의 취지상 중용권을 인정하는 것이 타당하다. 이를 위해서는 무효심판청구의 등록 전에 권리의 이전 등록 또는 실시권 설정등록을 하여야 한다.

(2) 무효심결 확정 후의 실시가 침해인지

1) 문제점

조약우선권 주장 출원과 제1국 출원 사이에 제3자가 우선권 주장의 기초가 되는 발명과 동일한 발명을 국내에 출원하여 조약우선권 주장 출원과 제3자의 출원이 모두 등록된 경우, 제3자의 출원은 특허법 제36조 제1항 위반으로 무효될 것인바, 특허법 제104조의 요건만 충족하면 특허법상 중용

권이 인정되어야 하나, 파리조약 4B 에 따르면 제1국 출원과 조약우선권 주장 출원 사이의 기간 동안 제3자의 행위에 대해서는 그 제3자에게 어떠한 권리도 인정하지 않는다고 하여 문제가 된다.

2) 견해대립

ⅰ) 중용권발생설은 제104조의 취지 상 중용권이 인정되어 침해가 아니라고 하고,
ⅱ) 중용권불발생설은 파리협약 4B를 근거로 침해로 본다.

3) 검토

심사주의의 원칙 하에 특허청의 처분인 특허등록결정을 신뢰한 자를 보호할 필요성이 있다는 점, 특허법이 산업입법인 이상 기존의 산업설비를 보호하는 것이 타당하다는 점, 부정설의 유력한 근거규정인 종래 특허법 제26조(조약의 효력)의 특허에 관하여 조약에 이 법에서 규정한 것과 다른 규정이 있는 경우에는 그 규정에 따른다가 삭제되었다는 점에서 제104조의 요건이 충족된 경우 중용권을 인정해야 할 것이다.

(3) 무효심결 확정 전의 실시가 침해인지

1) 견해대립

ⅰ) 방임설은 특허법이 완전 심사주의를 취하고 있는 점에서 유효한 특허권의 행사가 가능하다고 보고, ⅱ) 금지설은 이용발명도 허락을 요한다는 점에서 저촉발명은 침해를 구성한다고 본다.

2) 판례

이에 대한 직접적인 판시는 없으나, 판례는 특허권에 무효사유가 존재하더라도 무효심결확정 전에는 일응 유효한 권리로서, 특허청이 부여한 권리를 심판절차에 의하지 않고 다른 절차에서 임의로 부정할 수 없다고 본다.

3) 검토

특허청의 처분인 특허등록결정을 신뢰한 자를 보호할 필요성은 있으나, 이용발명의 경우에도 선원 권리자의 허락 (특허법 제98조)이나 통상실시권 허여의 심판 (특허법 제138조)에 의하지 않으면 침해로 본다고 규정하고 있는 바, 이용발명과의 형평성의 측면에서 금지설이 타당하다. 다만, 무효로 된 후원 특허권자에게 중용권이 인정된다면, 무효심결 확정 전의 실시에 대해서도 중용권이 인정될 예비적 지위를 인정하는 것이 타당하다.

강제실시권

제106조의2(정부 등에 의한 특허발명의 실시)
① 정부는 특허발명이 국가 비상사태, 극도의 긴급상황 또는 공공의 이익을 위하여 비상업적(非商業的)으로 실시할 필요가 있다고 인정하는 경우에는 그 특허발명을 실시하거나 정부 외의 자에게 실시하게 할 수 있다.
② 정부 또는 제1항에 따른 정부 외의 자는 타인의 특허권이 존재한다는 사실을 알았거나 알 수 있을 때에는 제1항에 따른 실시 사실을 특허권자, 전용실시권자 또는 통상실시권자에게 신속하게 알려야 한다.
③ 정부 또는 제1항에 따른 정부 외의 자는 제1항에 따라 특허발명을 실시하는 경우에는 특허권자, 전용실시권자 또는 통상실시권자에게 정당한 보상금을 지급하여야 한다.
④ 특허발명의 실시 및 보상금의 지급에 필요한 사항은 대통령령으로 정한다.

제107조(통상실시권 설정의 재정)
① 특허발명을 실시하려는 자는 특허발명이 다음 각 호의 어느 하나에 해당하고, 그 특허발명의 특허권자 또는 전용실시권자와 합리적인 조건으로 통상실시권 허락에 관한 협의(이하 이 조에서 "협의"라 한다)를 하였으나 합의가 이루어지지 아니하는 경우 또는 협의를 할 수 없는 경우에는 특허청장에게 통상실시권 설정에 관한 재정(裁定)(이하 "재정"이라 한다)을 청구할 수 있다. 다만, 공공의 이익을 위하여 비상업적으로 실시하려는 경우와 제4호에 해당하는 경우에는 협의 없이도 재정을 청구할 수 있다.
   1. 특허발명이 천재지변이나 그 밖의 불가항력 또는 대통령령으로 정하는 정당한 이유 없이 계속하여 3년 이상 국내에서 실시되고 있지 아니한 경우
   2. 특허발명이 정당한 이유 없이 계속하여 3년 이상 국내에서 상당한 영업적 규모로 실시되고 있지 아니하거나 적당한 정도와 조건으로 국내수요를 충족시키지 못한 경우
   3. 특허발명의 실시가 공공의 이익을 위하여 특히 필요한 경우
   4. 사법적 절차 또는 행정적 절차에 의하여 불공정거래행위로 판정된 사항을 바로잡기 위하여 특허발명을 실시할 필요가 있는 경우
   5. 자국민 다수의 보건을 위협하는 질병을 치료하기 위하여 의약품(의약품 생산에 필요한 유효성분, 의약품 사용에 필요한 진단키트를 포함한다)을 수입하려는 국가(이하 이 조에서 "수입국"이라 한다)에 그 의약품을 수출할 수 있도록 특허발명을 실시할 필요가 있는 경우

제138조(통상실시권 허락의 심판)
① 특허권자, 전용실시권자 또는 통상실시권자는 해당 특허발명이 제98조에 해당하여 실시의 허락을 받으려는 경우에 그 타인이 정당한 이유 없이 허락하지 아니하거나 그 타인의 허락을 받을 수 없을 때에는 자기의 특허발명의 실시에 필요한 범위에서 통상실시권 허락의 심판을 청구할 수 있다.
② 제1항에 따른 청구가 있는 경우에 그 특허발명이 그 특허출원일 전에 출원된 타인의 특허발명 또는 등록실용신안과 비교하여 상당한 경제적 가치가 있는 중요한 기술적 진보를 가져오는 것이 아니면 통상실시권을 허락하여서는 아니 된다.
③ 제1항에 따른 심판에 따라 통상실시권을 허락한 자가 그 통상실시권을 허락받은 자의 특허발명을 실시할 필요가 있는 경우 그 통상실시권을 허락받은 자가 실시를 허락하지 아니하거나 실시의 허락을 받을 수 없을 때에는 통상실시권을 허락받아 실시하려는 특허발명의 범위에서 통상실시권 허락의 심판을 청구할 수 있다.

> ④ 제1항 및 제3항에 따라 통상실시권을 허락받은 자는 특허권자, 실용신안권자, 디자인권자 또는 그 전용실시권자에게 대가를 지급하여야 한다. 다만, 자기가 책임질 수 없는 사유로 지급할 수 없는 경우에는 그 대가를 공탁하여야 한다.
> ⑤ 제4항에 따른 통상실시권자는 그 대가를 지급하지 아니하거나 공탁을 하지 아니하면 그 특허발명, 등록실용신안 또는 등록디자인이나 이와 유사한 디자인을 실시할 수 없다.

1 강제실시권 일반

(1) 발생

특허청장의 결정 또는 특허심판원의 심판에 의해 발생하며, 특허청장은 강제실시권을 직권등록 해야한다.

(2) 이전

1) 재정에 의한 통상실시권 (특허법 제107조)은 실시사업과 함께 이전하는 경우에만 이전할 수 있다 (특허법 제102조 제3항). 재정제도의 취지를 고려할 때 실시사업과 분리하여 이전하는 것은 부당하기 때문이다.

2) 제138조, 실용신안법 제32조 또는 디자인보호법 제123조에 따른 통상실시권은 그 통상실시권자의 해당 특허권·실용신안권 또는 디자인권과 함께 이전된다. 이는 이용, 저촉관계의 조정을 위함이다.

(3) 소멸

국가의 비상사태 등에 의한 통상실시권 (특허법 제106조의2)은 결정의 취소에 의해, 재정에 의한 통상실시권 (특허법 제107조)은 재정의 실효 또는 취소에 의해, 통상실시권 허여 심판에 의한 통상실시권(특허법 제138조)은 원 권리의 소멸에 의해 소멸할 수 있다.

2 정부 등에 의한 특허발명의 실시(특허법 제106조의2)

(1) 의의 및 취지

국가 비상사태, 극도의 긴급상황 또는 공공의 이익을 위하여 비상업적으로 실시할 필요가 있다고 인정되는 때 정부가 직접 실시하거나 정부외의 자로 하여금 실시하게 하는 통상실시권을 말한다. 긴급한 상황에서는 공공의 이익을 위해 개인의 재산권을 제한할 수 있어야 한다는 가치관에서 비롯된 규정이다.

(2) 절차(특허권의 수용실시등에 관한 규정)

1) 주무부장관은 요건에 해당하는 경우 법정사항을 기재한 신청서를 보상금액의 산출 근거를 기재한 서류와 신청의 이유를 증명하는 서류를 첨부하여 특허청장에게 제출하여야 한다(특허권의 수용실시등에 관한 규정 제2조, 제3조).

특허청장은 위 신청서를 받으면 특허권자, 전용실시권자, 통상실시권자, 질권자에게 각각 신청서의 부본을 송달하고 기간을 정하여 의견서제출의 기회를 준 뒤, 보상금액과 함께 강제실시 여부에 대한 처분을 한다(특허권의 수용실시등에 관한 규정 제4조). 또한 특허청장은 위 신청서를 받으면 그 뜻을 특허공보에 게재하여야 한다. 다만 국방상 비밀을 요하는 때에는 공고를 하지 않을 수 있다.

특허청장은 처분의 결정을 하면 그 결정서의 등본을 신청인, 특허권자, 전용실시권자, 통상실시권자, 질권자에게 각각 송달하고, 결정의 요지를 특허공보에 공고한다. 다만 국방상 비밀을 요하는 것인 때에는 공고를 하지 않을 수 있다(특허권의 수용실시 등에 관한 규정 제8조).

2) 한편 특허청장은 신청 당시 극도의 긴급 상황 등 불가피한 사유로 특허권이 존재한다는 사실을 알지 못하거나 알 수 없어 신청서의 기재사항 및 첨부서류 중 일부를 기재할 수 없거나 첨부할 수 없는 것으로 인정하는 경우는 향후 특허권의 존재가 확인되면 지체 없이 서류 등을 보완하는 것을 조건으로 신청을 받을 수 있다. 특허청장은 신청을 받은 경우 서류 등이 보완되기 전에 신청에 대한 처분을 하여야 할 필요가 있다고 인정하는 때는 그 처분을 할 수 있으며, 처분을 한 후 서류 등이 보완되면 지체 없이 그 처분에 대하여 보완하는 조치를 하여야 한다(특허권의 수용실시 등에 관한 규정 제9조).

3) 처분에 대한 특허청장의 결정등본을 송달받은 날부터 30일 이내에 보상금에 관해 불복이 있다면 법원에 불복할 수 있다(특허법 제190조, 제191조).

3 재정에 의한 통상실시권

(1) 의의 및 취지

특허발명이 특허법의 목적에 합치되게 적절하게 실시될 수 있도록 제107조 제1항 각호의 사유에 한하여 특허권자의 의사에 갈음하여 특허청장은 재정에 의하여 통상실시권을 허여할 수 있다(제107조). 파리조약 5A 및 WTO/TRIPs 제31조를 반영한 것으로, 공익적 측면에서 특허권자에게 실시의무를 부여하기 위함이다. 자세한 내용은 이하에서 추가한다.

4 통상실시권 허락의 심판에 의한 통상실시권

(1) 의의 및 취지

당해 특허발명이 이용저촉관계에 해당되어 선출원 권리자의 허락이 없는 한 실시할 수 없는 상황에서, 특허등록을 받을 수 있었던 그 진보한 효과가 사장되는 것을 막고자, 심판관합의체에 의해 당해 특허발명의 가치를 평가하여 강제실시권을 허락하는 제도다.

(2) 종류

이용저촉관계에 있는 후출원 권리자가 선출원 권리자에게 청구하는 심판과(특허법 제138조 제1항, 제2항), 심판에 의해 통상실시권을 허여한 선출원 권리자가 후출원 권리자에게 청구하는 심판이 있다(이를 CROSS-LICENSE 라 한다, 특허법 제138조 제3항).

(3) 요건

1) **특허법 제138조 제1항, 제2항의 경우**

   가. 특허발명이 특허출원일 전에 출원된 타인의 특허발명, 등록실용신안 또는 등록디자인이나 이와 유사한 디자인을 이용하거나 타인의 디자인권 또는 상표권과 저촉관계에 있어야 한다(특허법 제98조에 해당할 것).

   나. 선출원 권리자가 정당한 이유 없이 허락하지 않거나 허락을 받을 수 없었어야 한다. 즉 후출원 권리자는 심판청구 전에 선출원 권리자와 협의를 통해 실시허락을 받기 위한 노력을 했어야 한다. 이는 선출원 권리자의 배타권이 부당하게 제한되지 않도록 하기 위함이다. 여기서 정당한 이유란 제3자가 충분히 납득할 수 있을 정도의 객관적인 사정을 말한다.

   다. 후출원 특허발명은 그 특허발명의 출원일 전에 출원된 타인의 특허발명 또는 등록실용신안에 비하여 상당한 경제적 가치가 있는 중요한 기술적 진보가 있어야 한다. 본 제도는 공공의 이익에 대단히 이바지할 수 있는 기술적 효과를 지닌 발명이 사장되는 것을 막고자 선출원 특허발명의 배타권을 제한하는 것이 취지이므로 아무 특허발명이나 강제실시권이 인정되지는 않는다.

2) **특허법 제138조 제3항의 크로스 라이선스의 경우**

   통상실시권 허락의 심판에 의해 강제로 통상실시권을 허락하게 된 선출원 권리자의 형평을 위해 선출원 권리자에게도 후출원 특허발명을 실시하게 해주어 이익을 조정하고 있다. 즉 선출원 권리자의 배타권이 강제로 제한된 만큼, 후출원 권리자의 배타권도 그에 상응하게 강제로 제한한 것이다. 단 여기서도 후출원 권리자의 배타권이 부당하게 제한되지 않도록 선출원 권리자는 심판청구 전에 후출원 권리자와 협의를 통해 실시허락을 받기 위한 정당한 노력을 했어야 한다.

(4) 절차

1) 제140조 제1항 및 제4항에 따라 심판청구서를 작성하여 특허심판원장에게 제출한다(특허법 제140조).

2) 심판장은 심판청구가 있으면 피청구인에게 청구서 부본을 송달하여 답변서 제출기회를 준다(특허법 제147조 제1항).

3) 심판부는 통상실시권 허락의 요건을 갖추었는지를 심리하여, 심판청구의 이유가 타당한 경우 통상실시권의 범위, 기간 및 대가를 구체적으로 명시하여 통상실시권을 허락한다는 심결을 한다(특허법 제162조 제6항).

4) 당사자는 심결등본을 송달받은 날부터 30일 이내에 특허법원에 불복할 수 있다(특허법 제186조 제1항). 단 대가에 대해서는 독립하여 특허법원에 불복할 수 없으며, 민사법원에 소를 제기하여야 한다(특허법 제190조 제1항).

(5) 이전, 소멸, 대가

통상실시권을 허락하는 심결이 확정되면 심결에 의하여 정해진 범위, 기간, 대가로 통상실시권이 발생한다. 본 실시권은 해당 특허권과 함께 이전이 가능하며, 해당 특허권이 소멸되면 함께 소멸된다(특허법 제102조 제4항). 통상실시권자는 통상실시권을 허락해 준 특허권자, 실용신안권자, 디자인권자 또는 그들의 전용실시권자에게 대가를 지급하거나 공탁하여야 하며, 만약 대가를 지급하거나 공탁하지 않으면 통상실시권을 허락 받은 발명을 실시할 수 없다(특허법 제138조 제5항).

CHAPTER 12 | 재정에 의한 통상실시권

제107조(통상실시권 설정의 재정)

① 특허발명을 실시하려는 자는 특허발명이 다음 각 호의 어느 하나에 해당하고, 그 특허발명의 특허권자 또는 전용실시권자와 합리적인 조건으로 통상실시권 허락에 관한 협의(이하 이 조에서 "협의"라 한다)를 하였으나 합의가 이루어지지 아니하는 경우 또는 협의를 할 수 없는 경우에는 특허청장에게 통상실시권 설정에 관한 재정(裁定)(이하 "재정"이라 한다)을 청구할 수 있다. 다만, 공공의 이익을 위하여 비상업적으로 실시하려는 경우와 제4호에 해당하는 경우에는 협의 없이도 재정을 청구할 수 있다.
  1. 특허발명이 천재지변이나 그 밖의 불가항력 또는 대통령령으로 정하는 정당한 이유 없이 계속하여 3년 이상 국내에서 실시되고 있지 아니한 경우
  2. 특허발명이 정당한 이유 없이 계속하여 3년 이상 국내에서 상당한 영업적 규모로 실시되고 있지 아니하거나 적당한 정도와 조건으로 국내수요를 충족시키지 못한 경우
  3. 특허발명의 실시가 공공의 이익을 위하여 특히 필요한 경우
  4. 사법적 절차 또는 행정적 절차에 의하여 불공정거래행위로 판정된 사항을 바로잡기 위하여 특허발명을 실시할 필요가 있는 경우
  5. 자국민 다수의 보건을 위협하는 질병을 치료하기 위하여 의약품(의약품 생산에 필요한 유효성분, 의약품 사용에 필요한 진단키트를 포함한다)을 수입하려는 국가(이하 이 조에서 "수입국"이라 한다)에 그 의약품을 수출할 수 있도록 특허발명을 실시할 필요가 있는 경우

② 특허출원일부터 4년이 지나지 아니한 특허발명에 관하여는 제1항제1호 및 제2호를 적용하지 아니한다.

③ 특허청장은 재정을 하는 경우 청구별로 통상실시권 설정의 필요성을 검토하여야 한다.

④ 특허청장은 제1항제1호부터 제3호까지 또는 제5호에 따른 재정을 하는 경우 재정을 받는 자에게 다음 각 호의 조건을 붙여야 한다.
  1. 제1항제1호부터 제3호까지의 규정에 따른 재정의 경우에는 통상실시권을 국내수요충족을 위한 공급을 주목적으로 실시할 것
  2. 제1항제5호에 따른 재정의 경우에는 생산된 의약품 전량을 수입국에 수출할 것

⑤ 특허청장은 재정을 하는 경우 상당한 대가가 지급될 수 있도록 하여야 한다. 이 경우 제1항제4호 또는 제5호에 따른 재정을 하는 경우에는 다음 각 호의 사항을 대가 결정에 고려할 수 있다.
  1. 제1항제4호에 따른 재정의 경우에는 불공정거래행위를 바로잡기 위한 취지
  2. 제1항제5호에 따른 재정의 경우에는 그 특허발명을 실시함으로써 발생하는 수입국에서의 경제적 가치

⑥ 반도체 기술에 대해서는 제1항제3호(공공의 이익을 위하여 비상업적으로 실시하는 경우만 해당한다) 또는 제4호의 경우에만 재정을 청구할 수 있다.

⑦ 수입국은 세계무역기구회원국 중 세계무역기구에 다음 각 호의 사항을 통지한 국가 또는 세계무역기구회원국이 아닌 국가 중 대통령령으로 정하는 국가로서 다음 각 호의 사항을 대한민국정부에 통지한 국가의 경우만 해당한다.
  1. 수입국이 필요로 하는 의약품의 명칭과 수량
  2. 국제연합총회의 결의에 따른 최빈개발도상국이 아닌 경우 해당 의약품의 생산을 위한 제조능력이 없거나 부족하다는 수입국의 확인

3. 수입국에서 해당 의약품이 특허된 경우 강제적인 실시를 허락하였거나 허락할 의사가 있다는
　　　　 그 국가의 확인
⑧ 제1항제5호에 따른 의약품은 다음 각 호의 어느 하나에 해당하는 것으로 한다.
　　1. 특허된 의약품
　　2. 특허된 제조방법으로 생산된 의약품
　　3. 의약품 생산에 필요한 특허된 유효성분
　　4. 의약품 사용에 필요한 특허된 진단키트
⑨ 재정을 청구하는 자가 제출하여야 하는 서류, 그 밖에 재정에 관하여 필요한 사항은 대통령령으로 정한다.

제108조(답변서의 제출)
특허청장은 재정의 청구가 있으면 그 청구서의 부본(副本)을 그 청구에 관련된 특허권자·전용실시권자, 그 밖에 그 특허에 관하여 등록을 한 권리를 가지는 자에게 송달하고, 기간을 정하여 답변서를 제출할 수 있는 기회를 주어야 한다.

제109조(산업재산권분쟁조정위원회 및 관계 부처의 장의 의견청취)
특허청장은 재정을 할 때 필요하다고 인정하는 경우에는「발명진흥법」제41조에 따른 산업재산권분쟁조정위원회(이하 "조정위원회"라 한다) 및 관계 부처의 장의 의견을 들을 수 있고, 관계 행정기관이나 관계인에게 협조를 요청할 수 있다.

제110조(재정의 방식 등)
① 재정은 서면으로 하고, 그 이유를 구체적으로 적어야 한다.
② 제1항에 따른 재정에는 다음 각 호의 사항을 구체적으로 적어야 한다.
　　1. 통상실시권의 범위 및 기간
　　2. 대가와 그 지급방법 및 지급시기
　　3. 제107조 제1항 제5호에 따른 재정의 경우에는 그 특허발명의 특허권자·전용실시권자 또는
　　　 통상실시권자(재정에 따른 경우는 제외한다)가 공급하는 의약품과 외관상 구분할 수 있는
　　　 포장·표시 및 재정에서 정한 사항을 공시할 인터넷 주소
　　4. 그 밖에 재정을 받은 자가 그 특허발명을 실시할 경우 법령 또는 조약에 따른 내용을 이행하기
　　　 위하여 필요한 준수사항
③ 특허청장은 정당한 사유가 있는 경우를 제외하고는 재정청구일부터 6개월 이내에 재정에 관한 결정을 하여야 한다.
④ 제107조 제1항 제5호에 따른 재정청구가 같은 조 제7항 및 제8항에 해당하고 같은 조 제9항에 따른 서류가 모두 제출된 경우에는 특허청장은 정당한 사유가 있는 경우를 제외하고는 통상실시권 설정의 재정을 하여야 한다.

제111조(재정서등본의 송달)
① 특허청장은 재정을 한 경우에는 당사자 및 그 특허에 관하여 등록을 한 권리를 가지는 자에게 재정서등본을 송달하여야 한다.
② 제1항에 따라 당사자에게 재정서등본이 송달되었을 때에는 재정서에 적혀 있는 바에 따라 당사자 사이에 협의가 이루어진 것으로 본다.

제111조의2(재정서의 변경)
① 재정을 받은 자는 재정서에 적혀 있는 제110조 제2항 제3호의 사항에 관하여 변경이 필요하면 그 원인을 증명하는 서류를 첨부하여 특허청장에게 변경청구를 할 수 있다.

② 특허청장은 제1항에 따른 청구가 이유있다고 인정되면 재정서에 적혀 있는 사항을 변경할 수 있다. 이 경우 이해관계인의 의견을 들어야 한다.
③ 제2항의 경우에 관하여는 제111조를 준용한다.

제112조(대가의 공탁)
제110조 제2항 제2호에 따른 대가를 지급하여야 하는 자는 다음 각 호의 어느 하나에 해당하는 경우에는 그 대가를 공탁(供託)하여야 한다.
1. 대가를 받을 자가 수령을 거부하거나 수령할 수 없는 경우
2. 대가에 대하여 제190조 제1항에 따른 소송이 제기된 경우
3. 해당 특허권 또는 전용실시권을 목적으로 하는 질권이 설정되어 있는 경우. 다만, 질권자의 동의를 받은 경우에는 그러하지 아니하다.

제113조(재정의 실효)
재정을 받은 자가 제110조 제2항 제2호에 따른 지급시기까지 대가(대가를 정기 또는 분할하여 지급할 경우에는 최초의 지급분)를 지급하지 아니하거나 공탁을 하지 아니한 경우에는 그 재정은 효력을 잃는다.

제114조(재정의 취소)
① 특허청장은 재정을 받은 자가 다음 각 호의 어느 하나에 해당하는 경우에는 이해관계인의 신청에 따라 또는 직권으로 그 재정을 취소할 수 있다. 다만, 제2호의 경우에는 재정을 받은 통상실시권자의 정당한 이익이 보호될 수 있는 경우로 한정한다.
1. 재정을 받은 목적에 적합하도록 그 특허발명을 실시하지 아니한 경우
2. 통상실시권을 재정한 사유가 없어지고 그 사유가 다시 발생하지 아니할 것이라고 인정되는 경우
3. 정당한 사유 없이 재정서에 적혀 있는 제110조 제2항 제3호 또는 제4호의 사항을 위반하였을 경우

② 제1항의 경우에 관하여는 제108조·제109조·제110조 제1항 및 제111조 제1항을 준용한다.
③ 제1항에 따라 재정이 취소되면 통상실시권은 그때부터 소멸된다.

제115조(재정에 대한 불복이유의 제한)
재정에 대하여「행정심판법」에 따라 행정심판을 제기하거나「행정소송법」에 따라 취소소송을 제기하는 경우에는 그 재정으로 정한 대가는 불복이유로 할 수 없다.

1 의의 및 취지

파리협약은 각 동맹국이 특허발명의 불실시와 같은 권리남용을 방지하기 위하여 강제실시권 부여, 특허권 취소 등을 규정할 수 있도록 허용하고 있다. 특허법상 재정제도는 이러한 파리협약과 WTO/TRIPs를 반영한 것으로 공익적 측면에서 특허권자에게 실시의무를 간접적으로 부여하기 위한 제도이다.

2 요건

(1) 재정사유에 해당할 것 (특허법 제107조 제1항 각호)

1) 불실시

특허발명이 천재지변이나 그 밖의 불가항력 또는 대통령령으로 정하는 정당한 이유 없이 계속하여 3년 이상 국내에서 실시되고 있지 아니한 경우를 말한다. 이는 발명의 이용을 도모하여 산업발전에 이바지하기 위한 취지이다. 제107조제1항 제1호에서 "대통령령이 정하는 정당한 이유"라 함은 ⅰ) 특허권자의 심신장애(의료기관의 장의 증명 필요), ⅱ) 허가·인가 등을 받지 못한 경우, ⅲ) 법령에 의한 금지, 제한, ⅳ) 필요한 원료 또는 시설이 없는 경우, ⅴ) 수요가 부족한 경우를 말한다(특허권 수용 실시에 관한 규정 제6조 제1항).

2) 불충분 실시

특허발명이 정당한 이유 없이 계속하여 3년 이상 국내에서 상당한 영업적 규모로 실시되고 있지 아니하거나 적당한 정도와 조건으로 국내수요를 충족시키지 못한 경우를 말한다. 이는 발명의 이용을 도모하여 산업발전에 이바지하기 위한 취지이다.

3) 공익을 위하여 특히 필요한 경우

특허발명의 실시가 공공의 이익을 위하여 특히 필요한 경우를 말한다.

4) 불공정거래행위시정을 위해 필요한 경우

사법적 절차 또는 행정적 절차에 의하여 불공정거래행위로 판정된 사항을 바로잡기 위하여 특허발명을 실시할 필요가 있는 경우를 말한다.

5) 수입국에 의약품 수출을 위해 필요한 경우

가. 내용

자국민 다수의 보건을 위협하는 질병을 치료하기 위하여 의약품(의약품 생산에 필요한 유효성분, 의약품 사용에 필요한 진단키트를 포함한다)을 수입하려는 국가(이하 이 조에서 "수입국"이라 한다)에 그 의약품을 수출할 수 있도록 특허발명을 실시할 필요가 있는 경우를 말한다. 개발도상국 및 최빈국의 공중보건문제를 해결하기 위한 WTO/TRIPs 규정을 반영한 것이다.

나. 수입국 (특허법 제107조 제7항)

수입국은 세계무역기구회원국 중 세계무역기구에 ⅰ) 수입국이 필요로 하는 의약품의 명칭과 수량, ⅱ) 국제연합총회의 결의에 따른 최빈개발도상국이 아닌 경우 해당 의약품의 생산을 위한 제조능력이 없거나 부족하다는 수입국의 확인, ⅲ) 수입국에서 해당 의약품이 특허된 경우 강제적인 실시를 허락하였거나 허락할 의사가 있다는 그 국가의 확인을 통지한 국가 또는 세계무역기구회원국이 아닌 국가 중 대통령령으로 정하는 국가로서 상기 ⅰ) 내지 ⅲ) 의 사항을 대한민국정부에 통지한 국가의 경우만 해당한다.

다. 의약품(특허법 제107조 제8항)

　　의약품은 ⅰ) 특허된 의약품, ⅱ) 특허된 제조방법으로 생산된 의약품, ⅲ) 의약품 생산에 필요한 특허된 유효성분, ⅳ) 의약품 사용에 필요한 특허된 진단키트 중 어느 하나에 해당하는 것으로 한다.

(2) 기타 요건 (특허법 제107조 제1항, 2항, 6항)

1) ⅰ) 실시하려는 자의 청구가 있을 것, ⅱ) 불실시 또는 불충분 실시의 경우 특허출원일로부터 4년이 경과할 것, ⅲ) 특허권자와 협의가 불성립될 것 (다만, 공공의 이익을 위하여 비상업적으로 실시하려는 경우, 불공정거래행위시정을 위해 필요한 경우 제외) 의 요건을 만족해야 한다.

2) ⅰ) 수입국에 의약품을 수출하기 위해 필요한 경우 자국민 다수의 보건을 위협하는 질병을 치료하기 위한 목적일 것, ⅱ) 반도체 기술에 대해서는 공공의 이익을 위하여 비상업적으로 실시하는 경우 또는 불공정거래행위 시정을 위해 필요한 경우일 것의 요건을 만족해야 한다.

3 효과

(1) 통상실시권의 발생

당사자에게 재정서등본이 송달되었을 때에는 재정서에 적혀 있는 바에 따라 당사자 사이에 협의가 이루어진 것으로 보고 (특허법 제111조 제2항) 통상실시권이 발생한다. 통상실시권을 받은 자는 대가를 지급하거나 공탁하여야 한다.

(2) 조건의 부과 (특허법 제107조 제4항)

1) 특허청장은 불실시, 불충분실시, 공익을 위하여 특히 필요한 경우에 따른 재정을 하는 경우 재정 받는 자에게 통상실시권을 국내수요충족을 위한 공급을 주목적으로 실시할 것의 조건을 붙여야 한다.

2) 수입국에 의약품 수출을 위해 필요한 경우에 따른 재정을 하는 경우 재정 받는 자에게 생산된 의약품 전량을 수입국에 수출할 것의 조건을 붙여야 한다.

(3) 대가결정의 참작 (특허법 제107조 제5항)

특허청장은 재정을 하는 경우 상당한 대가가 지급될 수 있도록 하여야 한다. 대가 결정시 ⅰ) 불공정거래행위시정을 위해 필요한 경우에 따른 재정은 불공정거래행위를 바로잡기 위한 취지, ⅱ) 수입국에 의약품을 수출하기 위해 필요한 경우에 따른 재정은 그 특허발명을 실시함으로써 발생하는 수입국에서의 경제적 가치를 고려해야 한다.

(4) 불복

재정여부에 대하여는 행정심판 또는 행정 소송으로 불복할 수 있으나(특허법 제115조), 재정의 대가에 대하여는 일반법원에서 민사소송으로 다투어야 한다(특허법 제190조 제1항).

4 실효 및 취소

(1) 실효 (특허법 제113조)

재정을 받은 자가 제110조제2항 제2호에 따른 지급시기까지 대가(대가를 정기 또는 분할하여 지급할 경우에는 최초의 지급분)를 지급하지 아니하거나 공탁을 하지 아니한 경우에는 그 재정은 효력을 잃는다.

(2) 취소 (특허법 제114조)

특허청장은 재정을 받은 자가 ⅰ) 재정을 받은 목적에 적합하도록 그 특허발명을 실시하지 아니한 경우, ⅱ) 통상실시권을 재정한 사유가 없어지고 그 사유가 다시 발생하지 아니할 것이라고 인정되는 경우, ⅲ) 정당한 사유 없이 재정서에 적혀 있는 제110조 제2항 제3호 또는 제4호의 사항을 위반하였을 경우에는 이해관계인의 신청에 따라 또는 직권으로 그 재정을 취소할 수 있다. 다만, 상기 ⅱ)의 경우에는 재정을 받은 통상실시권자의 정당한 이익이 보호될 수 있는 경우로 한정한다.

5 관련문제

(1) 구법 제116조 삭제 - 불실시에 따른 취소제도

1) 구법상 특허권 취소제도

구법 제116조에서는 ⅰ) 불실시(제107조 제1항 제1호)에 의해 재정에 의한 통상실시권이 설정될 것, ⅱ) 재정이 있는 날로부터 계속하여 2년 이상 국내에서 불실시할 것의 요건을 만족하는 경우, 특허청장은 이해관계인의 신청 또는 직권으로 그 특허권을 취소할 수 있도록 규정하고 있었다.

2) 특허권 취소제도의 폐지 및 취지

이와 같은 불실시에 따른 특허권 취소제도는 한·미 자유무역협정의 특허 관련 합의사항에 따라 폐지되었다. 특허제도가 산업입법이라는 점은 별론, 불실시된 것을 이유로 특허권을 취소할 수 있도록 하는 것은 개인의 재산권을 침해할 소지가 있다는 점(헌법 제23조) 및 국제적 추세를 반영한 것으로 볼 수 있다.

(2) 재정청구 사례

1) 비스티오 벤젠 사례 - 제107조 제1항 제1호 (재정)

'비스티오 벤젠'의 제조방법에 관한 특허가 정당한 이유 없이 3년 이상 국내에서 불실시되었음을 이유로 청구되었으며, 특허청은 특허권자의 3년 이상 불실시가 정당한 이유 없는 특허권의 남용으로 인정되어 통상실시권을 허여하였다.

2) 낙태약 제조방법 사례 - 제107조 제1항 제1호 (기각)

낙태약 제조방법에 관한 특허가 정당한 이유 없이 3년 이상 국내에서 불실시되었음을 이유로 청구되었으나, 특허청은 낙태목적의 의약품은 국내제조 불허가 대상품목으로서 정당한 이유가 있는 불실시로 판단하여 청구를 기각하였다.

3) 글리벡 사례 – 제107조 제1항 제3호 (기각)

백혈병 치료제 '글리벡'에 대한 환자의 경제적 부담완화를 위하여 인도로부터 수입이 가능하도록 청구되었으나, 특허청은 강제실시를 허여할 정도로 공공의 이익이 있는 것으로 보기 어렵다고 판단하여 청구를 기각하였다.

4) 푸제온 사례 – 제107조 제1항 제3호 (기각)

에이즈 치료제 '푸제온'에 대한 공공의 이익을 위하여 특히 필요한 경우로 환자의 의약품 접근권 확보를 위해 청구되었으나, 특허청은 국내 제조 혹은 수입 등을 통한 실질적인 접근권 제공의 필요성 결여, 통상실시권 재정의 긴급성의 결여 등을 이유로 청구를 기각하였다.

PART 11

특허권 침해

CHAPTER 01 침해의 성립요건 및 보호범위 판단방법

> **제94조(특허권의 효력)**
> ① 특허권자는 업으로서 특허발명을 실시할 권리를 독점한다. 다만, 그 특허권에 관하여 전용실시권을 설정하였을 때에는 제100조제2항에 따라 전용실시권자가 그 특허발명을 실시할 권리를 독점하는 범위에서는 그러하지 아니하다.
> ② 특허발명의 실시가 제2조제3호나목에 따른 방법의 사용을 청약하는 행위인 경우 특허권의 효력은 그 방법의 사용이 특허권 또는 전용실시권을 침해한다는 것을 알면서 그 방법의 사용을 청약하는 행위에만 미친다.
>
> **제97조(특허발명의 보호범위)**
> 특허발명의 보호범위는 청구범위에 적혀 있는 사항에 의하여 정하여진다.

1 침해의 성립요건

i) 정당권원이 없을 것[129], ii) 유효한 특허권이 존재할 것, iii) 보호범위 내일 것[130], iv) 업으로서 실시할 것[131]의 요건을 만족해야 한다.

2 보호범위 판단방법

(1) 청구범위 기준 원칙 (특허법 제97조)

특허발명의 보호범위는 청구범위에 적혀 있는 사항에 의하여 정하여진다. 특허권의 보호범위는 청구범위를 기준으로 구성요소완비의 원칙에 따라 발명의 설명을 참작하여 판단한다.

(2) 청구범위 기재 해석 시 발명의 설명 및 도면 참작

1) 판례의 태도

   가. 발명의 확정은 청구범위에 기재된 사항에 의하여야 하고 발명의 설명이나 도면 등 다른 기재에 의하여 특허청구범위를 제한하거나 확장하여 해석하는 것은 허용되지 않지만, 청구범위에 기재된 사항은 발명의 설명이나 도면 등을 참작하여야 그 기술적인 의미를 정확하게 이해할 수 있으므로, 청구범위에 기재된 사항은 그 문언의 일반적인 의미를 기초로 하면서도 발명의 설명 및 도면 등을 참작하여 그 문언에 의하여 표현하고자 하는 기술적 의의를 고찰한 다음 객관적·합리적으로 해석하여야 한다(2008후26).

   나. 특허권의 권리범위는 특허출원서에 첨부한 명세서의 특허청구범위에 기재된 사항에 의하여 정하여지는 것이므로, 발명이 특허를 받을 수 없는 사유가 있는지 여부를 판단함에 있어서 청

---

[129] 실시권 있는 경우, 권리소진된 경우, 제96조의 배타권 효력이 미치지 않는 경우, 그 외 배타권 효력이 제한되는 경우 등은 특허발명 실시의 정당권원이 인정된다.
[130] 직접침해 사안은 문언범위, 균등범위, 이용관계인 경우; 간접침해 사안은 전용품인 경우 특허발명 보호범위 내에 해당된다.
[131] 특허법은 산업 보호를 위한 법으로서, 업으로서 실시를 제외한 가정용 실시는 침해에 해당되지 않는다.

구범위의 기재만으로 권리범위가 명백하게 되는 경우에는 청구범위의 기재 자체만을 기초로 하여야 할 것이지 발명의 설명이나 도면 등 다른 기재에 의하여 청구범위를 제한 해석하는 것은 허용되지 않는다(2008후4202).

ㄷ. 다만 청구범위를 문언 그대로 해석하는 것이 명세서의 다른 기재에 비추어 보아 명백히 불합리할 때에는 출원된 기술사상의 내용, 명세서의 다른 기재, 출원인의 의사 및 제3자에 대한 법적 안정성을 두루 참작하여 특허권의 권리범위를 제한 해석할 수 있다(2007후2186).

2) 입법례

가. 유럽특허협약 제69조 제1항은 "유럽특허 또는 유럽특허출원에 의하여 주어지는 발명의 보호범위는 청구범위의 내용에 의하여 정하여진다. 단, 청구범위를 해석하기 위하여 발명의 설명 및 도면이 참작되지 않으면 안 된다."라고 규정하여 발명의 설명의 참작을 명문으로 규정하고 있다.

나. 일본 특허법(제70조) 및 중국 전리법(제56조) 역시 보호범위 해석 시 발명의 설명을 참작할 수 있음을 명문으로 규정하고 있다.

3) 검토

특허분쟁에서 청구범위 해석의 중요성을 고려할 때, 판례에 맡기기 보다는 외국의 경우와 같이 명문으로 규정하여 법적안정성을 도모함이 타당하다.

(3) 구성요소 완비의 원칙

1) 청구범위에 기재된 발명의 구성요소 전부를 실시하는 경우에만 보호범위에 속한다는 원칙이다. 청구범위에 기재된 발명의 구성요소 중 일부만을 실시하는 경우(생략발명), 학설 대립이 있으나 주류적 판례의 태도는 제외된 구성요소가 본질적인지 여부와 관계없이 특허권의 보호범위에 속하지 않는다고 본다.

2) 판례는 "특허발명의 청구항이 복수의 구성요소로 구성되어 있는 경우에는 그 각 구성요소가 유기적으로 결합된 전체로서의 기술사상이 보호되는 것이지 각 구성요소가 독립하여 보호되는 것은 아니라고 할 것이므로, 특허발명과 대비되는 확인대상고안이 특허발명의 청구항에 기재된 필수적 구성요소들 중의 일부만을 갖추고 있고 나머지 구성요소가 결여된 경우에는 원칙적으로 그 확인대상고안은 특허발명의 권리 범위에 속하지 아니한다."고 판시하였다(99다31513).

(4) 균등론

특허발명의 청구범위에 기재된 구성 중 변경된 부분이 있는 경우에도, 양 발명에서 과제의 해결원리가 동일하고, 그러한 변경에 의하더라도 특허발명에서와 실질적으로 동일한 작용효과를 나타내며, 그와 같은 변경이 그 발명이 속하는 기술분야에서 통상의 지식을 가진 사람이라면 누구나 쉽게 생각해 낼 수 있는 정도인 경우에는, 특별한 사정이 없는 한 확인대상발명은 특허발명의 청구범위에 기재된 구성과 균등한 것으로서 여전히 특허발명의 권리범위에 속한다(2014후2788).

(5) 이용관계

확인대상발명이 특허발명 혹은 이의 균등발명의 요지를 전부 포함하고 이를 그대로 이용하되 확인대상발명 내에 특허발명 혹은 이의 균등발명이 발명으로서의 일체성을 유지하는 경우 이용관계에 해당하며, 이용관계에 있는 경우 특허발명의 권리범위에 속하게 된다(2001후393).

CHAPTER 02 특허법상 실시

> **제2조(정의)**
> 이 법에서 사용하는 용어의 뜻은 다음과 같다.
> 1. "발명"이란 자연법칙을 이용한 기술적 사상의 창작으로서 고도(高度)한 것을 말한다.
> 2. "특허발명"이란 특허를 받은 발명을 말한다.
> 3. "실시"란 다음 각 목의 구분에 따른 행위를 말한다.
>   가. 물건의 발명인 경우 : 그 물건을 생산·사용·양도·대여 또는 수입하거나 그 물건의 양도 또는 대여의 청약(양도 또는 대여를 위한 전시를 포함한다. 이하 같다)을 하는 행위
>   나. 방법의 발명인 경우 : 그 방법을 사용하는 행위 또는 그 방법의 사용을 청약하는 행위
>   다. 물건을 생산하는 방법의 발명인 경우 : 나목의 행위 외에 그 방법에 의하여 생산한 물건을 사용·양도·대여 또는 수입하거나 그 물건의 양도 또는 대여의 청약을 하는 행위

1 실시

(1) 실시의 정의(특허법 제2조 제3호)

특허법상 실시란 i) 물건의 발명인 경우 그 물건을 생산·사용·양도·대여 또는 수입하거나 그 물건의 양도 또는 대여의 청약(양도 또는 대여를 위한 전시를 포함한다. 이하 같다)을 하는 행위, ii) 방법의 발명인 경우 그 방법을 사용하는 행위 또는 그 방법의 사용을 청약하는 행위, iii) 물건을 생산하는 방법의 발명인 경우 방법을 사용하는 행위 또는 그 방법의 사용을 청약하는 행위 외에 그 방법에 의하여 생산한 물건을 사용·양도·대여 또는 수입하거나 그 물건의 양도 또는 대여의 청약을 하는 행위를 말한다.

(2) 취지

무체재산권인 특허권은 점유가 불가능하고 침해의 형태가 다양하여 특허권에 의해 독점되는 대상을 명확히 하기 위해 실시의 개념을 명문으로 규정하고 있는 것이다.

(3) 발명의 구별 및 실익

발명은 물건 발명과 방법 발명으로 나눌 수 있고, 방법 발명은 다시 물건을 생산하는 방법 발명과 그 밖의 발명(물건의 사용방법 등)으로 나눌 수 있다. 발명의 종류에 따라 특허권의 효력을 달리할 필요가 있어 편의상 이를 구분하고 있으며, 특허권의 효력범위는 특허발명의 종류에 따라 다르다. 구체적으로 물건발명 > 제법발명 > 기타방법발명의 순서로 실시행위의 폭이 넓은데, 위 순서로 발명의 창작적 난이도가 더 고도할 수 있음이 반영된 것이다.

(4) 내용

무형의 기술적 사상을 유형화된 물건으로 만들어내는 생산, 발명의 목적 및 효과를 실현하기 위한 발명의 사용 또는 그 사용을 청약하는 행위, 타인에게 이전하는 양도, 반환을 조건으로 타인에게

빌려주는 대여, 외국에서 생산된 물건을 국내로 들여오는 수입, 청약을 위한 전시가 실시 행위에 해당한다. 다만, 수출은 특허법상 실시에 포함되지 않는다.

(5) 실시행위의 독립성

1) 내용

특허법이 규정하고 있는 각각의 실시행위는 특허권의 효력상 독립적인 바, 어느 하나의 실시행위는 다른 실시 행위에 영향을 미치지 않는다. 특허권자는 타인에게 각각 다른 실시를 허용할 수 있고, 실시권자의 권리범위는 당해 실시에 한하며 그 범위를 벗어나면 침해에 해당한다.

2) 판례

판례는 "옥수수차 제조방법에 관한 생산전용 실시권만을 가지고 있고 판매권은 없음에도 불구하고 그 판시기간 중 1일 평균 400킬로그램 싯가 180,000원 상당을 제조한 후 이를 서울시 일원에 무단 판매하여 위 특허권자의 권리를 침해하였다"고 판시하였다(83도1411).

2 관련문제

(1) 업의 의미

ⅰ) 반드시 영리를 목적으로 하는 경우에 한하지 않는다. 비영리적인 실시라도 개인적·가정적 실시를 제외한 계속적 영위의사의 실시를 업으로서의 실시로 본다. ⅱ) 判例는 '업으로서'란 경제활동의 일환으로서의 행위를 의미한다고 판시한다(2017나1346).

(2) 속지주의 원칙

특허권은 속지주의 원칙상 물건의 발명에 관한 특허권자가 물건에 대하여 가지는 독점적인 생산·사용·양도·대여 또는 수입 등의 특허실시에 관한 권리는 특허권이 등록된 국가의 영역 내에서만 그 효력이 미치는 것이 원칙이다(2019다222782).

(3) 물건발명 생산행위의 확대해석

1) 판례는 발명의 구성요소 일부를 결여한 개별 물건을 사용하여 발명의 모든 구성요소를 가진 전체 물건을 새로 만들어 내는 모든 행위를 의미하는 개념으로서 공업적 생산에 한하지 아니하고 가공·조립 등의 행위도 포함한다(2018나1220).[132]
2) 판례는 국내에서 특허발명의 실시를 위한 부품 또는 구성 전부가 생산되거나 대부분의 생산단계를 마쳐 주요 구성을 모두 갖춘 반제품이 생산되고 이것이 하나의 주체에게 수출되어 마지막 단계의 가공·조립이 이루어질 것이 예정되어 있으며 그와 같은 가공·조립이 극히 사소하거나 간단하여 위와 같은 부품 전체의 생산 또는 반제품의 생산만으로도 특허발명의 각 구성요소

---

[132] 제품을 적법하게 양수한 양수인 등이 이를 수리하거나 소모품 내지 부품을 교체하는 경우에 그로 인하여 원래 제품과의 동일성을 해할 정도에 이르는 때에는 실질적으로 생산행위를 하는 것과 마찬가지라고 본다(2017나1001). 제품의 동일성을 해할 정도에 이르러 생산행위에 해당하는지 여부는 당해 제품의 객관적 성질, 이용형태 및 특허법의 규정취지 등을 종합하여 판단한다.

가 유기적으로 결합한 일체로서 가지는 작용효과를 구현할 수 있는 상태에 이르렀다면 예외적으로 국내에서 특허발명의 실시 제품이 생산된 것과 같이 보는 것이 실질적 보호에 부합한다고 하였다(2019다222782).

(4) 양도행위와 수출행위 등의 구분

1) 양도란 특허품의 소유권을 의사표시에 의하여 타인에게 유상 또는 무상으로 이전하는 것을 말한다.
2) 법문상 '양수'나 '소지' 그 자체는 특허법상의 실시르 볼 수 없으나, 양수인 또는 소지인은 침해할 우려가 있는 자에 해당할 수 있어 침해예방청구의 대상(제126조)은 될 수 있다.
3) 법문상 '수출'은 물건발명의 실시 태양에서 제외되어 있는 점을 참작할 때, 위 규정에서의 '양도'란 국내에서 물건의 소유권을 타인에게 이전하는 것으로서 '수출'과는 구분되는 개념으로 봄이 타당하므로, 위 '수출'에 '양도'가 수반된다고 보기 어렵다(2015라20296).

(5) 방법발명 청약행위

1) 20.3.11 시행 개정법은 방법발명인 경우에 그 방법의 사용을 '청약'하는 행위를 특허발명 실시에 포함함으로써 방법특허 실시의 개념을 확대하였다.
2) 다만 특허권 등을 침해한다는 것을 '알면서' 그 방법의 사용을 청약하는 행위에만 특허권의효력이 미치도록 하여 배타권 효력을 제한하고 있다(제94조 제2항).

CHAPTER 03 균등범위

1 의의 및 취지

균등론은 권리범위를 확장 해석하는 이론이다. 이는 권리범위를 문언범위로 한정할 경우 특허발명 효과의 독점적 향유라는 특허권 본질이 훼손될 우려가 있어 도입되었다.

2 적용요건 및 주장, 증명책임

(1) 적극적 요건

1) 내용

판례는 "확인대상발명에서 특허발명의 특허청구범위에 기재된 구성 중 변경된 부분이 있는 경우에도, 양 발명에서 과제의 해결원리가 동일하고, 그러한 변경에 의하더라도 특허발명에서와 실질적으로 동일한 작용효과를 나타내며, 그와 같이 변경하는 것이 통상의 기술자라면 누구나 용이하게 생각해 낼 수 있는 정도라면, 특별한 사정이 없는 한 확인대상발명은 특허발명의 특허청구범위에 기재된 구성과 균등한 것으로서 여전히 특허발명의 권리범위에 속한다고 보아야 한다."고 판시한다(2014후2788 등).

2) 과제해결원리의 동일성

가. 종래 판례는 "특허발명과 확인대상발명의 양 발명에서 과제의 해결원리가 동일하다는 것은 확인대상발명에서 치환된 구성이 특허발명의 비본질적인 부분이어서 확인대상발명이 특허발명의 특징적 구성을 가지는 것을 의미하는바, 특허발명의 특징적 구성을 파악하기 위하여는 명세서 중 발명의 상세한 설명의 기재와 출원 당시의 공지기술 등을 참작하여 선행기술과 대비하여 볼 때 특허발명에 특유한 해결수단이 기초하고 있는 과제의 해결원리가 무엇인가를 실질적으로 탐구하여야 한다."고 판시한 바 있다(2010후296).

나. 최근 판례는 "양 발명에서 과제의 해결원리가 동일"한지 여부를 가릴 때에는 특허청구범위에 기재된 구성의 일부를 형식적으로 추출할 것이 아니라, 명세서의 발명의 상세한 설명의 기재와 출원 당시의 공지기술 등을 참작하여 선행기술과 대비하여 볼 때 특허발명에 특유한 해결수단이 기초하고 있는 기술사상의 핵심이 무엇인가를 실질적으로 탐구하여 판단하여야 한다."고 판시하여, 다소 오해의 소지가 있었던 "구성"이라는 표현을 배척하였고, "기술사상"이란 표현을 구사함으로써, 과제해결원리를 파악할 때 구성 일부를 형식적 추출할 것이 아니라 기술사상의 핵심으로 넓게 볼 것을 천명하였다(2012후1132).

다. 나아가 판례는 발명의 설명을 신뢰한 제3자가 발명의 설명에서 파악되는 기술사상의 핵심을 이용하지 않았음에도 과제해결원리가 같다고 판단하게 되면 제3자에게 예측할 수 없는 손해를 끼칠 우려가 있으므로 과제해결원리는 "발명의 설명에 기재되지 않은 공지기술을 근거로 발명의 설명에서 파악되는 기술사상의 핵심을 제외한 채 다른 기술사상을 기술사상의 핵심으로 대체하여서는 안 된다." 고 판시했다(2017후424).

3) 변경가능성

변경가능성이란 변경에 의하더라도 특허발명에서와 실질적으로 동일한 작용효과를 나타내고 같은 목적을 달성할 수 있는 것을 말한다.

판례는 특허발명의 과제해결원리인 기술사상의 핵심이 침해제품 등에서도 구현되어 있다면 작용효과가 실질적으로 동일하다고 본다. 다만 그 기술사상의 핵심이 특허발명의 출원 당시 이미 공지되었거나 그와 다름없는 것에 불과한 경우에는 이러한 기술사상의 핵심이 특허발명에 특유하다고 볼 수 없고, 특허발명이 선행기술에서 해결되지 않았던 기술과제를 해결하였다고 말할 수도 없으므로 이러한 때에는 특허발명의 기술사상의 핵심이 침해제품 등에서 구현되어 있는지를 가지고 작용효과가 실질적으로 동일한지 여부를 판단할 수 없고, 균등 여부가 문제되는 구성요소의 개별적 기능이나 역할 등을 비교하여 변경가능성을 판단해야 한다보 보았다(2018다267252).

4) 변경용이성

변경용이성이란 변경이 그 발병이 속하는 기술분야에서 통상의 지식을 가진 사람이라면 누구나 용이하게 생각해 낼 수 있는 정도의 자명한 것을 말한다.

판례는 통상의 기술자에게 그 변경된 부분이 ⅰ) 청구범위에 기재되어 있는 것과 마찬가지로 인식될 수 있거나 ⅱ) 통상의 기술자가 별다른 기술적 노력 없이 그러한 구성의 변경을 채택할 수 있는 경우라면 요건을 충족한다고 판시하였다(2015라20318).

(2) 소극적 요건

제3자 발명이 특허발명의 출원시 공지기술이거나 공지기술로부터 통상의 기술자가 용이하게 발명할 수 있는 것이 아닐 것, 제3자 발명의 변경된 구성요소가 특허발명의 청구범위로부터 의식적으로 제외된 것이 아닐 것의 요건을 만족해야 한다.

(3) 주장, 증명책임

증명책임 분배의 원칙상 적극적 요건은 특허권자가, 소극적 요건은 확인대상발명의 실시자가 주장·입증해야한다.

3 입법례

(1) 미국

미국의 경우 3요소 테스트 (Tiparite test)를 적용하여, 두개의 물질이 실질적으로 동일한 기능(function)을 동일한 방식(way)으로 수행하여 실질적으로 동일한 결과(result)를 얻을 수 있는 경우 양 규성요소를 균등하다고 본다.

(2) 일본

일본도 우리나라의 균등론과 유사하게 판시하고 있다.

4 관련문제

(1) 변경용이성의 판단시점

1) 문제점

변경용이성은 기술 발전에 따라 다르게 판단될 수 있어 이에 대한 판단시점이 문제된다.

2) 견해대립

출원시를 기준으로 해야 한다는 견해와 침해시를 기준으로 해야 한다는 견해가 대립된다.

3) 판례

판례는 특허발명의 출원 이후 침해시까지 사이에 공지된 자료라도 구성 변경의 용이성 판단에 이를 참작할 수 있다고 하여 침해시 기준으로 변경용이성 판단하였다(2022후10210). 구체적으로 권리범위확인심판에서는 확인대상발명에 특허발명의 청구범위에 기재된 구성 중 변경된 부분이 있는 경우 심결시 기준으로 특허발명의 출원 이후 공지된 자료까지 참작하여 그와 같은 변경이 통상의 기술자라면 누구나 쉽게 생각해낼 수 있는 정도인지를 판단하였다.

4) 외국의 경우

미국은 "균등성을 판단하는 적절한 시점은 '침해시점'이다"라고 판시한 바 있고, 일본 역시 판례에서 변경용이성의 판단시점을 침해시로 본 바 있다.

5) 검토

침해시를 기준으로 할 경우 특허권자를 과도하게 보호한다는 비판이 있으나, 특허권자의 실효적 보호라는 균등론의 인정취지, 특허권자가 출원시점에 향후 용이변경성을 예상하여 청구범위를 작성하는 것이 곤란한 점에 비추어 침해시를 기준으로 판단하는 것이 타당하다.

(2) 구성요소의 생략에 대한 균등론 적용여부

1) 서울고법은 구성이 특허발명의 과제 해결에 아무런 역할을 하지 않는 경우를 상정할 수 있는데, 그 구성을 생략한 기술에서도 발명의 과제해결원리가 동일하게 유지될 것이므로, 그 구성의 생략에 의하더라도 실질적으로 동일한 작용·효과를 나타내고 그 구성의 생략이 통상의 기술자라면 누구나 쉽게 생각해낼 수 있다는 나머지 요건을 충족한다면 균등한 구성으로 봄이 논리적이라고 판시하였다(2015라20318).

2) 다만 주류적 판례의 태도는 구성요소 생략시 균등론을 적용하지 않으며 특허발명의 권리범위에 속하지 아니한다고 본다.

(3) 변경된 구성이 공지기술인 경우 취급

대법원은 확인대상발명의 변경된 구성이 공지된 기술이라는 이유 때문에 확인대상발명이 특허발명과 균등관계에 있지 않게 되는 것은 아니라고 판시하였다(2000후3517).

(4) 수치한정발명

판례는 "특허발명의 청구범위가 일정한 범위의 수치로 한정한 것을 구성요소의 하나로 하고 있는 경우에는 그 범위 밖의 수치가 균등한 구성요소에 해당한다는 등의 특별한 사정이 없는 한 특허발명의 청구범위에서 한정한 범위 밖의 수치를 구성요소로 하는 확인대상발명은 원칙적으로 특허발명의 권리범위에 속하지 아니한다."고 판시하여 (2003후656), 수치한정발명에도 균등론이 적요될 수 있음을 설시하였다.

제01절 의식적 제외이론

1 의의 및 취지

판례는 포대금반언의 원칙에 따라 출원경과를 참작하여 권리범위를 합리적으로 해석하는 방법론으로, 균등론과 마찬가지로 구성요소완비 원칙의 보완 취지이다.

2 적용대상

(1) 문제점

거절이유 유형에 따라 보정에 따른 의식적 제외의 인정여부가 달라지는지 문제된다.

(2) 학설

특허권자 보호를 위해 신규성, 진보성 등 실체적 요건에 한정된다는 견해 (제1설)와, 기재불비의 경우에도 특허 받을 수 없음은 동일하다는 점에서 달리 볼 필요가 없다는 견해 (제2설)가 대립한다.

(3) 판례

법원은 출원경과금반언 원칙은 단지 특허발명의 보정이 신규성, 진보성의 문제를 극복하기 위한 경우에만 적용되는 것이 아니라 그 밖에 사유로 인하여 특허청구의 범위를 보정한 경우에도 적용되는 것이라고 판시하여(2000허6158, 2004노3001) 제2설의 입장으로 평가되고 있다.

(4) 외국의 경우

1) 일본의 경우 t-PA 사건에서 기재불비를 보완하기 위해 보정한 경우 금반언이 적용되지 않아 균등론을 적용할 수 있다고 한 예가 있다.
2) 미국의 경우, Festo 사건에서 금반언의 원칙은 선행기술을 회피하기 위한 경우 뿐 아니라 모든 법정 특허요건을 만족하기 위하여 행해진 청구범위의 보정에 적용된다고 본 예가 있다.

(5) 검토

기재불비 요건 역시 실체적 요건과 함께 제62조에 제한적으로 규정된 거절이유에 해당하는 바, 의식적 제외이론을 신규성, 진보성 등 실체적 요건에 한하여 적용할 논리적 필연이 없으므로 판례의 태도가 타당하다.

3 판단방법

(1) 문제점

의식적 제외의 적용에 있어, 형식적인 감축이 있을 경우 모두 적용할 수 있는지에 대한 판단이 문제된다.

(2) 학설

보정서 등에 나타난 형식만을 고려하여 판단하면 족하다는 엄격한 규준의 입장과, 감축이라는 형식뿐 아니라 거절이유의 극복을 위해 감축하였는지를 출원단계에서 나타난 출원인의 진정한 의사까지 파악하여 판단해야 한다는 유연한 규준의 입장이 대립한다.

(3) 판례

판례는 "특허발명과 대비대상이 되는 제품이 특허발명의 출원·등록과정 등에서 특허발명의 특허청구범위로부터 의식적으로 제외된 것에 해당하는지 여부는 명세서뿐만 아니라 출원에서부터 특허될 때까지 특허청 심사관이 제시한 견해, 특허출원인이 제출한 보정서와 의견서 등에 나타난 특허출원인의 의도 등을 참작하여 판단하여야 한다."고 판시하여, 유연한 규준의 입장으로 보인다.

(4) 외국의 경우

미국의 경우 Festo 사건에서, "청구범위를 좁히는 보정이 있는 경우 특허권자가 모든 범위의 균등물을 포기한 것으로 추정한다. 따라서 이를 복멸하기 위해서는 보정시 균등물을 예측하기 어려웠거나, 보정이 균등물과 직접적인 관련이 없거나, 보정시 통상의 기술자가 청구범위에 균등범위까지 기재하기 어려웠다는 사정 등을 특허권자가 주장, 입증해야 한다." 고 판시하였다.

(5) 검토

엄격한 규준의 입장에서 판단할 경우 특허권자의 보호를 위해 균등론을 도입한 취지가 몰각될 여지가 있는 바, 청구범위 감축이라는 형식에 국한되지 않고, 출원에서부터 특허될 때까지 심사관이 제세한 견해, 출원인의 의도 등을 참작하여 출원인의 진정한 의사에 기해 유연하게 판단함이 타당하다.

3 관련문제

(1) 명세서 보정의 경우 의식적 제외 인정 여부

판례는 "대상제품이 특허발명의 출원·등록과정 등에서 특허발명의 특허청구범위로부터 의식적으로 제외된 것에 해당하는지 여부는 명세서뿐만 아니라 출원에서부터 특허될 때까지 특허청 심사관이 제시한 견해 및 특허출원인이 제출한 보정서와 의견서 등에 나타난 특허출원인의 의도 등을 참작하여 판단" 하여야 한다고 판시하였다(2004다51771).

(2) 정정심판의 경우 의식적 제외 인정 여부

판례는 "인용발명의 받침대를 회전시키는 수단은 정정 전의 특허발명의 권리범위에 포함되는 것이었는데, 인용발명이 무효심판의 증거로 제출되자 특허권자가 특허발명에 대하여 특허청구범위를 축소하는 정정심판을 청구하였는바, 위와 같은 한정은 특허발명이 무효로 되는 것을 피하기 위해 의식적으로 한정한 것이고, 그렇다면 특허권자는 스스로 특허청구범위를 감축하여 자신의 권리를 포기한 것으로서 그 후로는 금반언의 원칙에 의하여 감축한 특허청구범위에 관하여 특허청구범위를 확장하여 주장할 수는 없다고 할 것이므로, 감축한 범위 이외의 구성에 대하여 그 구성의 균등물임을 내세워 확인대상발명이 특허발명의 권리범위에 속한다고 할 수 없다"고 판시하였다 (2001허5922, 2015다244517).

(3) 분할출원의 경우 의식적 제외 인정 여부

판례는 "특허출원인이 특허청 심사관으로부터 기재불비 및 진보성 흠결을 이유로 한 거절이유통지를 받고서 거절결정을 피하기 위하여 원출원의 특허청구범위를 한정하는 보정을 하면서 원출원 발명 중 일부를 별개의 발명으로 분할출원한 경우, 이 분할출원된 발명은 특별한 사정이 없는 한 보정된 발명의 보호범위로부터 의식적으로 제외한 것이라고 보아야 한다."고 판시하였다(2006다35308).

(4) 의견서 제출의 경우 의식적 제외 인정 여부

판례는 "특허발명의 출원과정에서 어떤 구성이 청구범위에서 의식적으로 제외된 것인지는 명세서뿐만 아니라 출원에서부터 특허될 때까지 특허청 심사관이 제시한 견해 및 출원인이 출원과정에서 제출한 보정서와 의견서 등에 나타난 출원인의 의도, 보정이유 등을 참작하여 판단하여야 한다. 따라서 출원과정에서 청구범위의 감축이 이루어졌다는 사정만으로 감축 전의 구성과 감축 후의 구성을 비교하여 그 사이에 존재하는 모든 구성이 청구범위에서 의식적으로 제외되었다고 단정할 것은 아니고, 거절이유통지에 제시된 선행기술을 회피하기 위한 의도로 그 선행기술에 나타난 구성을 배제하는 감축을 한 경우 등과 같이 보정이유를 포함하여 출원과정에 드러난 여러 사정을 종합하여 볼 때 출원인이 어떤 구성을 권리범위에서 제외하려는 의사가 존재한다고 볼 수 있을 때에 이를 인정할 수 있다. 그리고 이러한 법리는 청구범위의 감축 없이 의견서 제출 등을 통한 의견진술이 있었던 경우에도 마찬가지로 적용" 된다고 판시하였다(2014후638).

(5) 청구항이 수 개인 경우 – 각 청구항별 판단

대법원은 특허청구의 범위가 수 개의 항으로 이루어진 발명에 있어서는 특별한 사정이 없는 한 각 청구항의 출원경과를 개별적으로 살펴서 어떤 구성이 각 청구항의 권리범위에서 의식적으로 제외된 것인지를 확정하여야 한다고 판시한다(2001후171).

CHAPTER 04 간접침해 (제127조)

> 제127조(침해로 보는 행위)
> 다음 각 호의 구분에 따른 행위를 업으로서 하는 경우에는 특허권 또는 전용실시권을 침해한 것으로 본다.
> 1. 특허가 물건의 발명인 경우 : 그 물건의 생산에만 사용하는 물건을 생산·양도·대여 또는 수입하거나 그 물건의 양도 또는 대여의 청약을 하는 행위
> 2. 특허가 방법의 발명인 경우 : 그 방법의 실시에만 사용하는 물건을 생산·양도·대여 또는 수입하거나 그 물건의 양도 또는 대여의 청약을 하는 행위

1 의의 및 취지

간접침해란 직접침해의 전 단계로 그대로 방치할 경우 침해의 개연성이 높은 행위를 말한다. 구성요소 완비의 원칙상 문언침해에 해당하지는 않으나, 특허권자의 실효적 보호를 위해 침해로 의제하고 있다.

2 성립요건

(1) 내용

i) 유효한 특허권에 대해서, ii) 정당권원 없는 제3자가, iii) 특허발명의 생산 (물건발명의 경우) 또는 실시 (방법발명의 경우)에만 사용되는 물건을, iv) 업으로서 실시하는 경우 간접침해가 성립한다.

(2) 전용품

1) 특허발명의 '생산' 또는 실시에만 사용되는 물건

판례는 "특허발명 물건의 '생산'이란 특허발명의 구성요건을 충족하지 않은 물건을 받은 자가 이를 사용하여 특허발명의 구성요건을 충족하는 물건을 만들어 내는 모든 의식적 행위를 의미하므로, 반드시 공업적 생산에 한하지 않고 가공, 조립, 수리 등의 행위도 이에 포함된다."고 판시하였다 (2006허3496).

2) 특허발명의 생산 또는 실시'에만' 사용되는 물건

가. 학설의 태도

제1설은 실험적인 사용가능성도 용도로 인정한다.

제2설은 실험적인 사용가능성은 용도로 인정하지 않고, 실용적인 사용가능성만을 용도로 인정한다.

제3설은 실험적 혹은 실용적 가능성은 용도로 인정하지 않고, 실용적으로 사용되고 있는 용도만 용도로 인정한다.

나. 판례의 태도

판례는 "'특허 물건의 생산에만 사용하는 물건'에 해당하기 위하여는 사회통념상 통용되고 승인될 수 있는 경제적, 상업적 내지 실용적인 다른 용도가 없어야 하고, 이와 달리 단순히 특허 물건 이외의 물건에 사용될 이론적, 실험적 또는 일시적인 사용가능성이 있는 정도에 불과한 경우에는 간접침해의 성립을 부정할 만한 다른 용도가 있다고 할 수 없다."고 판시하였다(2007후3356).

다. 검토

실험적 혹은 실용적 가능성만으로 용도를 인정하게 되면, 악의적으로 간접침해의 성립을 회피할 수 있는 경우가 있을 수 있어, 특허의 실효적 보호라는 제도 취지에 부합하지 않을 수 있는 바, 판례의 태도가 타당하다.

3) 특허발명의 생산 또는 실시에만 사용되는 '물건'

특허발명인 물건의 생산에만 사용하는 물건 또는 특허발명인 방법이 실시에만 사용하는 물건과 동일성이 있는 물건뿐만 아니라 이와 균등한 물건의 경우에도 간접침해가 성립된다.[133]

4) 소모품의 경우에도 전용품에 해당될 수 있는지

판례는 "특허발명의 대상이거나 그와 관련된 물건을 사용함에 따라 마모되거나 소진되어 자주 교체해 주어야 하는 소모부품일지라도, 특허발명의 본질적인 구성요소에 해당하고 다른 용도로는 사용되지 아니하며 일반적으로 널리 쉽게 구할 수 없는 물품으로서 당해 발명에 관한 물건의 구입 시에 이미 그러한 교체가 예정되어 있었고 특허권자측에 의하여 그러한 부품이 따로 제조·판매되고 있다면, 그러한 물건은 특허권에 대한 이른바 간접침해에서 말하는 '특허 물건의 생산에만 사용하는 물건'에 해당하고, 위 '특허 물건의 생산에만 사용하는 물건'에 해당한다는 점은 특허권자가 주장·입증하여야 한다."고 판시하였다(98후2580).

5) 전용품이 특허출원 전 공지된 경우

가. 판례는 "일면에 접착제가 도포되어 롤에 감겨 있는 합성수지필름이 이 사건 특허발명에 있어 증명서의 피복재로 없어서는 안 될 소모품으로서 열융착시 증명서와 접합되는 물건이라는 점만 알 수 있을 뿐, 나아가 위 합성수지 접착필름이 오로지 이 사건 특허발명의 증명서 자동피복장치의 생산에만 사용되는 물건이라고 인정할 만한 자료를 찾아볼 수 없고, 오히려 이 사건 특허발명의 출원 전에 반포된 일본국 실용신안공보 소(昭)61-26036호(을 제18호증)를 보면 위 합성수지 접착필름은 이미 이 사건 특허발명의 출원 전에 공지된 것임을 알 수 있는바, 사정이 이와 같다면 위 합성수지 접착필름은 이 사건 특허발명의 증명서 자동피복장치의 생산에만 사용되는 물건이라고 보기 어렵다 할 것이므로, 피고가 이를 제작·판매하는 행위가 이 사건 특허발명의 간접침해에 해당한다고 볼 수 없을 것이다."고 판시하였다(2000다27602).

나. 생각건대, 간접침해가 부정된 것은 이 사건 물건이 타용도가 없다는 것을 증명하지 못했기 때문이지, 출원 전 공지된 사실 때문이 아니다. 즉, 출원 전 구성요소가 공지된 경우 타용도가 있을 가능성이 높을 것이나 전용품이라는 사실이 인정된다면 간접침해가 성립될 것이다.

---

[133] 2006허6679 참조

6) 전용품에 새로운 구성요소를 결합한 경우

가. 판례는 "㈎호 발명의 감광드럼카트리지가 이 사건 특허발명의 물건의 생산에만 사용되는 이상, ㈎호 발명이 공지의 감광드럼카트리지에 개선된 폐토너 회수통을 결합한 것이라고 하더라도, 위와 같은 간접침해의 성립에는 아무런 지장이 없다."고 판시하였다(98후2580).

나. 또한 판례는 특허발명의 전용품에 다른 구성요소를 부가하여 부가된 구성요소에 의해 다른 용도가 창출된다 하더라도, 특허발명의 전용품 자체에서 특허발명 이외에 다른 용도가 생겨난 것이 아니라, 단순히 새롭게 부가한 구성요소로 인하여 다른 용도가 생겨났을 뿐, 특허발명의 전용품을 구성하는 부분 자체로는 여전히 특허발명 이외에 다른 용도가 없는 경우라고 한다면, 특허발명의 전용품에 다른 구성요소를 부가한 물건을 생산·판매하는 행위도 간접침해에 해당한다고 본 바 있다(2011가합39552).

다. 생각건대, 전용품에 새로운 구성요소를 결합하여, 새로운 효과가 더 있거나 새로운 용도가 더 있더라도, 종전 구성이 전용품에 해당하면, 이를 간접침해라고 보아야, 특허권자의 실효적인 보호가 가능할 것이다.

7) 반제품의 수출행위의 경우

가. 특허권의 속지주의 원칙상 물건의 발명에 관한 특허권자가 그 물건에 대하여 가지는 독점적인 생산·사용·양도·대여 또는 수입 등의 특허실시에 관한 권리는 특허권이 등록된 국가의 영역 내에서만 효력이 미치는 점을 고려하면, 특허법 제127조 제1호의 '그 물건의 생산에만 사용하는 물건'에서 말하는 '생산'이란 국내에서의 생산을 의미한다고 봄이 타당하다. 따라서 이러한 생산이 국외에서 일어나는 경우에는 그 전 단계의 행위가 국내에서 이루어지더라도 간접침해가 성립할 수 없다(2014다42110).

나. 생각건대, 간접침해 제도는 어디까지나 특허권이 부당하게 확장되지 아니하는 범위에서 그 실효성을 확보하고자 하는 것이므로 속지주의 원칙상 판례는 타당하다.

8) 실시권자에게 전용품을 제작·납품하는 행위

① 대법원은 방법발명에 관한 특허권자로부터 허락을 받은 실시권자가 제3자에게 전용품의 제작을 의뢰하여 그로부터 전용품을 공급받아 방법발명을 실시하는 경우에 있어서 그러한 제3자의 전용품 생산, 양도 등의 행위는 특허권의 간접침해에 해당한다고 볼 수 없다고 판시한다(2017다290095).

② 또한, 그러한 제작·납품행위에 필수적으로 수반되는 위와 같은 검수·시연행위가 별도로 이 사건 특허발명에 대한 특허권을 침해 하는 것으로 보기는 어렵다고 판시한다(2017다290095).

9) 타용도 존부의 판단시점

물건의 용도는 시간의 경과에 따라 변할 수 있으므로 타용도 유무의 판단은 해당 행위시를 기준으로 판단함이 타당하다. 즉, ⅰ) 손해배상청구의 경우 침해시를, ⅱ) 침해금지청구소송의 경우 사실심 변론종결시를, ⅲ) 권리범위확인심판의 경우 심결시를 판단시점으로 하여 판단한다.

10) 주장 및 입증책임
1) 간접침해를 주장하는 특허권자가 타용도가 없음을 주장, 입증해야 한다.
2) 판례는 "확인대상고안 물건이 그 자체로 범용성이 있는 물건이 아닌 한, 등록고안 물품의 생산에 사용된다는 점이 증명된 상태에서는, 공평의 원칙상 피심판청구인이 등록고안 물품의 생산 이외의 다른 용도를 가진다는 취지의 구체적이고 합리적인 주장을 하는 경우에 비로소 실용신안권자의 입증책임이 현실화된다고 보아야 할 것이다. 이러한 경우 실용신안권자는 피심판청구인이 주장하는 용도가 사회통념상 통용되고 승인될 수 있는 경제적, 상업적 내지 실용적인 용도에 해당하지 않는다는 점을 증명하여야 할 것이다"고 판시하였다(2016허7305).

(3) 침해자의 고의를 요건으로 하는지 여부
1) ① 침해자의 고의를 요건으로 한다는 주관설이 있으나, ② 특허법에는 명문상 침해성립에 관한 침해자의 고의를 요건으로 규정하고 있지 않고, 간접침해도 직접침해에 준하여 판단하여야 할 것이므로 침해자의 고의를 요건으로 보지 않는 객관설이 타당하다.
2) 대법원은 특허법원이 "생산"이란 특허 발명의 구성요건을 충족하는 물건을 만들어 내는 "모든 의식적 행위"를 의미한다고 판시한 원심의 사실 인정 및 판단은 정당하다고 판시한 바(2007후3356), 객관설을 따른 것으로 평가된다.

(4) 직접침해와의 관계 – 직접침해가 전제되어야 하는지 여부
1) 학설의 태도
종국적으로 직접침해가 발생하지 않는 경우 특허법 제127조의 행위를 하였어도 간접침해라고 볼 수 없다는 종속설과 직접침해와 무관하게 특허법 제127조 행위가 있으면 곧바로 간접침해라고 보아야 한다는 독립설이 있다.

2) 판례의 태도
종속설의 취지에서 전용품을 해외로 수출한 경우 간접침해가 아니라고 본 판례도 있으나, 주류적 판례는 독립설로 본다. 구체적으로 대법원은 ⅰ) 레이져프린터 특허의 사용에 쓰이는 감광드럼카트리지의 생산에 대하여 소비자가 레이저프린터의 소모품인 감광드럼카트리지를 사용하는 것은 개인적, 가정적 생산에 해당함에도 간접침해의 성립을 인정한 바 있고,(98후2580) ⅱ) 휴대단말기 특허의 반제품이 국내에서 생산되었지만 수출되어 완성품인 휴대단말기의 조립이 국외에서 이루어진 사안(2014다42110) 및 실시권자의 의뢰로 방법발명의 전용품을 제작·납품한 사안(2017다290095)에서 간접침해의 성립을 부정한 바 있다.

3) 검토
생각건대 특허법 제127조에서 간접침해 성립요건으로 특별히 직접침해가 성립할 것을 규정하고 있지 않은바, 문언해석상 독립설이 타당하다.

3 간접침해 시 특허권자의 조치

(1) 간접침해에 대한 권리 범위확인심판 청구가부

1) 판례의 태도
특허권자 또는 이해관계인은 그 방법의 실시에만 사용하는 물건과 대비되는 물건을 심판청구의 대상이 되는 발명으로 특정하여 특허권의 보호범위에 속하는지 여부의 확인을 구할 수 있다(2003후1109).

2) 검토
간접침해행위도 특허권을 침해한 것으로 본다는 취지로 규정하고 있으므로 특허발명의 권리범위는 간접침해 물건 또는 그 물건을 양도하는 행위 등에 미치고, 권리범위확인심판은 특허발명의 기술적 범위를 기초로 구체적으로 문제가 된 확인대상발명과의 관계에서 권리의 효력이 미치는지 여부를 확인하는 법률관계 확정을 목적으로 하는 것이므로, 간접침해 물건에 대해서도 권리범위확인심판을 청구할 수 있다고 봄이 타당하다.

(2) 민사상 조치

1) 손해배상청구 가부

① 학설의 태도

ⅰ) 간접침해 행위만으로는 손해가 발생할 수 없다는 점에서 손해배상청구가 불가하다는 견해와 ⅱ) 간접침해 행위만으로 침해가 발생할 수 있으며 손해의 발생은 본안 요건이므로 가능하다고 보는 견해가 있다.

② 판례의 태도

대법원은 원심이 피고가 이 사건 특허발명에 대한 간접침해를 하였다고 보아 손해배상청구를 일부인용한 판단에 대해 간접침해, 손해액의 산정 등에 대해 위법이 없다고 판시하였다(2019다222782).

③ 검토

생각건대 특허법상 간접침해는 침해로 간주되므로 직접침해와 달리 볼 이유 없다.

2) 손해액 규정 적용여부 (제128조 제2항 내지 제7항)

① 학설의 태도

ⅰ) 특허권자의 보호를 위해 제128조 제2항 내지 제7항 적용을 긍정하자는 견해, ⅱ) 특허법 제128조는 직접침해를 전제로 하여 규정된 것이어서 간접침해에는 적용할 수 없다는 견해, ⅲ) 특허법이 간접침해를 침해로 '본다'고 규정하고 있으므로 적어도 제128조 제5항의 적용만을 긍정하는 견해가 있다.

② 판례의 태도

대법원은 원심이 이 사건 특허발명을 간접 침해한 피고에 대하여 특허법 제128조 제2항 또는 제4항에 따라 손해액을 산정할 만한 증거가 충분치 않아, 특허법 제128조 제7항에 따라 상당한 손해액을 정하여 손해배상청구를 일부 인용한 판단에 대해 간접침해, 손해액의 산정 등에 대해 위법이 없다고 판시하였다(2003후1109).

③ 검토

생각건대 특허법상 간접침해는 침해로 간주되므로 직접침해와 달리 볼 이유 없다.

4) 과실 추정규정 적용여부 (제130조)

① 학설의 태도

ⅰ) 간접침해에 대해 실시자의 과실을 추정하는 것은 제3자에 대한 불측의 손해를 주고 특허권자에 대한 과보호로 보아 적용을 부정하는 견해와, ⅱ) 제130조는 특허발명의 공개에 근거하여 실시자에게 주의의무를 부과한 것이므로 간접침해에서도 적용될 수 있다는 견해가 있다.

② 판례의 태도

대법원은 이 사건 특허발명을 간접침해자인 피고에 대하여 원고의 특허권의 존재를 알지 못하였다는 점을 정당화할 수 있는 사정이나 이 사건 특허발명의 생산에만 사용된다는 점을 몰랐다는 것을 정당화할 수 있는 사정이 주장·증명되었다고 보기 어렵다고 보아(2019다222782) 본 규정의 적용을 긍정하는 입장이다.

③ 검토

생각건대 특허법상 간접침해는 침해로 간주되므로 직접침해와 달리 볼 이유 없다.

5) 보상금청구 가부(제65조 제5항)

보상금청구권에 관한 규정인 제65조 제5항에서 간접침해를 준용하고 있으므로, 출원공개 후 경고를 받거나 출원공개된 특허임을 알고, 출원발명의 전용품을 정당 권원 없이 업으로서 실시하는 경우 보상금 청구권의 대상이 된다.

(3) 형사상 조치 - 침해죄(제225조) 성립여부

1) 학설의 태도

가. 긍정설은 범죄는 기수에 이르러야 처벌하는 것이 원칙이나 예외적으로 중대한 범죄에 대해서는 미수도 처벌하는 경우가 있는데, 이 경우 처벌을 감경하는 규정이 있는 것이 보통이나 간접침해의 경우 감경 규정이 없는 점, 간접침해 규정에서 '침해한 것으로 본다'의 해석상 간접침해를 침해죄 대상에서 제외할 이유가 없는 점 등을 근거로 한다.

나. 부정설은 특허권 침해죄의 미수는 처벌하지 않는데 예비적 행위에 불과한 간접침해행위를 처벌하는 것은 형평에 맞지 않는 점을 근거로 한다.

2) 판례의 태도

판례는 "간접침해행위에 대하여 특허권 침해의 민사책임을 부과하는 외에 형사처벌까지 가능한가가 문제될 수 있는데, 확장해석을 금하는 죄형법정주의의 원칙이나, 특허권 침해의 미수범에 대한 처벌규정이 없어 특허권 직접침해의 미수범은 처벌되지 아니함에도 특허권 직접침해의 예비단계행위에 불과한 간접침해행위를 특허권 직접침해의 기수범과 같은 벌칙에 의하여 처벌할 때 초래되는 형벌의 불균형성 등에 비추어 볼 때, 간접침해 규정은 특허권자 등을 보호하기 위하여 특허권의 간접침해자에게도 민사책임을 부과시키는 정책적 규정일 뿐 이를 특허권 침해행위를 처벌하는 형벌법규의 구성요건으로서 까지 규정한 취지는 아니다."고 판시하여 부정설의 입장이다.

3) 검토

간접침해규정은 특허권자의 보호를 위해 침해 전 단계 행위를 침해로 의제하는 정책적 규정이므로, 이를 형사책임에까지 그대로 적용하는 것은 죄형법정주의에 반하는 해석이므로 침해죄 성립을 부정하는 것이 타당하다.

4 관련문제

(5) 방법발명에 대한 특허권자의 전용품 양도에 소진이론 적용 가부

1) 판례

물건의 발명 또는 물건을 생산하는 방법의 발명에 대한 특허권자 또는 그 특허권자로부터 허락을 받은 실시권자가 우리나라에서 특허물건 또는 특허방법에 의해 생산한 물건을 양도한 경우에는 당해 물건에 관해서는 특허권이 이미 그 목적을 달성하였으므로 소진된다 할 것이고, 방법의 발명에 대한 특허권자가 우리나라에서 그 방법의 실시에만 사용하는 물건을 양도한 경우에도, 양수인 및 그 전득자(轉得者)는 위 물건을 이용하여 특허 대상 방법을 사용할 수 있는 것을 전제로 특허권자 및 양수인으로부터 물건을 양수하는 것이라는 점, 따라서 이 물건을 이용하여 그 방법의 발명을 실시할 때 특허권자의 허락을 요한다고 한다면 시장에서의 상품의 자유로운 유통이 저해될 것이라는 점, 그리고 특허권자는 특허법 제127조 제2호의 규정에 의해 이러한 물건을 양도할 권리를 사실상 독점하고 있는 이상 장래의 양수인 또는 전득자에 의한 특허의 실시 대가를 포함하여 물건의 양도가액을 결정하는 것이 가능하므로 특허발명을 공개한 대가를 확보할 수 있는 기회가 충분히 보장되어 있다고 볼 수 있는 점을 고려할 때, 양수인 또는 전득자가 그 물건을 이용하여 해당 방법발명을 실시하는 것과 관련하여서는 특허권이 소진된다고 해야 할 것이며, 위에서 본 특허권 소진의 근거에 비추어 볼 때 물건의 양도가 계약에 의한 경우뿐만 아니라 경매절차에 의한 경우에도 특별한 사정이 없는 한 특허권 소진의 법리는 적용된다고 할 것이다(2008허13299).[134]

---

[134] 한편 동 판결에서는, "그러나 방법의 발명에 대한 특허권이 공유인 경우에 있어서는, 우리나라에서 그 방법의 실시에만 사용되는 물건이 양도되었다고 하더라도, 그 물건이 공유자 중 일부의 소유이고 그 소유자가 아닌 다른 공유자가 그 물건의 양도에 대해서 동의를 한 바가 없다면, 아래에서 보는 바와 같은 점들을 고려할 때, 양수인 또는 전득자가 그 물건을 이용하여 해당 방법발명을 실시하는 것과 관련하여서는 특허권이 소진되지 않는다고 해야 할 것이다. 즉, 특허법은 특허권의 각 공유자는 계약으로 특별히 약정한 경우를 제외하고는 다른 공유자의 동의를 얻지 아니하고 그 특허발명을 자신이 실시할 수 있다고 규정하고 있기는 하나(특허법 제99조 제3항), 방법발명에 있어서는 특허권 실시의 본질적인 내용은 그 특허방법 자체를 사용하는 데 있는 것이지, 방법특허의 실시에만 사용되는 물건을 제조, 판매하는 데 있지는 않을 뿐만 아니라, 이러한 물건의 제조 및 양도행위가 그 방법특허의 실시에 있어서 반드시 수반되거나 일반적으로 예견되는 행위라고 할 수도 없으므로, 공유자가 다른 공유자의 동의를 얻지 아니하고 그 특허발명을 자신이 실시할 수 있다는 위 규정이, 방법특허의 실시에만 사용되는 물건을 제조, 판매함으로써 다른 공유자의 특허권을 소진시키는 정도까지 각 공유자의 특허실시권을 보장하는 규정이라고 할 수는 없다. 또한, 특허권의 공유자가 아무런 제한 없이 제3자에게 특허권 지분을 양도하거나 실시허락을 할 수 있도록 허용한다면, 특허권 지분의 양수인이나 새로운 실시권자의 수와 그들의 자본력, 기술력 및 신용 여하에 따라 다른 공유자의 이익이 침해될 우려가 있으므로, 특허법은 특허권 공유자의 이익을 보호하기 위하여, 특허권이 공유인 경우에는 각 공유자는 다른 공유자의 동의를 얻지 아니하면 그 지분을 양도하거나 그 지분을 목적으로 하는 질권을 설정할 수 없고, 그 특허권에 대하여 전용실시권을 설정하거나 통상실시권을 허락할 수 없다고 규정하고 있다(특허법 제99조 제2항, 제4항). 그런데 방법의 발명에 있어서, 특허권의 공유자 중 일부의 소유인 물건이 그 소유자

2) 검토

생각건대, 소진이론은 특허권자와 소유권자 간의 권리조정을 위한 것이므로 판례의 태도는 타당하다.

가 아닌 다른 공유자의 동의 없이 양도되었을 경우에도, 그 물건이 방법특허의 실시에만 사용되는 물건이라고 하여 특허권이 소진된다고 한다면, 이러한 물건의 양수인은, 물건의 발명 또는 물건을 생산하는 방법의 발명에 대한 특허권을 실시한 결과 얻어진 특허물건 또는 특허방법에 의해 생산된 물건의 양수인의 경우에는 특허가 구현되고 화체되어 있는 물건을 단순히 사용하는 것뿐인 것과는 달리, 다른 공유자의 동의 없이도 그 양수한 물건을 이용하는 한 물건이 소멸될 때까지 계속하여 방법특허를 실시할 수 있는 결과가 되고, 더 나아가 특허권의 공유자 중 1인이 그 방법특허의 실시에만 사용하는 물건을 계속하여 제조, 판매하는 경우에는 그 물건을 양수함으로써 그 물건에 의하여 방법특허를 실시할 수 있는 실시권자가 양산됨으로써 실질적으로 각 공유자가 다른 공유자의 동의를 얻지 않고도 실시권을 허락할 수 있는 것과 같은 결과가 초래되게 되는데, 이러한 결과는 특허권 공유자의 이익을 보호하기 위한 위 특허법 규정들의 취지에 비추어 볼 때 허용될 수 없다." 고 판시하였다.

CHAPTER 05 이용침해 (제98조)

> **제98조(타인의 특허발명 등과의 관계)**
> 특허권자・전용실시권자 또는 통상실시권자는 특허발명이 그 특허발명의 특허출원일 전에 출원된 타인의 특허발명・등록실용신안 또는 등록디자인이나 그 디자인과 유사한 디자인을 이용하거나 특허권이 그 특허발명의 특허출원일 전에 출원된 타인의 디자인권 또는 상표권과 저촉되는 경우에는 그 특허권자・실용신안권자・디자인권자 또는 상표권자의 허락을 받지 아니하고는 자기의 특허발명을 업으로서 실시할 수 없다.
>
> **제138조(통상실시권 허락의 심판)**
> ① 특허권자, 전용실시권자 또는 통상실시권자는 해당 특허발명이 제98조에 해당하여 실시의 허락을 받으려는 경우에 그 타인이 정당한 이유 없이 허락하지 아니하거나 그 타인의 허락을 받을 수 없을 때에는 자기의 특허발명의 실시에 필요한 범위에서 통상실시권 허락의 심판을 청구할 수 있다.
> ② 제1항에 따른 청구가 있는 경우에 그 특허발명이 그 특허출원일 전에 출원된 타인의 특허발명 또는 등록실용신안과 비교하여 상당한 경제적 가치가 있는 중요한 기술적 진보를 가져오는 것이 아니면 통상실시권을 허락하여서는 아니 된다.
> ③ 제1항에 따른 심판에 따라 통상실시권을 허락한 자가 그 통상실시권을 허락받은 자의 특허발명을 실시할 필요가 있는 경우 그 통상실시권을 허락받은 자가 실시를 허락하지 아니하거나 실시의 허락을 받을 수 없을 때에는 통상실시권을 허락받아 실시하려는 특허발명의 범위에서 통상실시권 허락의 심판을 청구할 수 있다.
> ④ 제1항 및 제3항에 따라 통상실시권을 허락받은 자는 특허권자, 실용신안권자, 디자인권자 또는 그 전용실시권자에게 대가를 지급하여야 한다. 다만, 자기가 책임질 수 없는 사유로 지급할 수 없는 경우에는 그 대가를 공탁하여야 한다.
> ⑤ 제4항에 따른 통상실시권자는 그 대가를 지급하지 아니하거나 공탁을 하지 아니하면 그 특허발명, 등록실용신안 또는 등록디자인이나 이와 유사한 디자인을 실시할 수 없다.

1 의의, 취지 및 태양

(1) 의의 및 취지

제98조의 이용관계란 후출원 권리자가 자신의 특허발명을 실시하면 선출원 특허발명을 침해하게 되나, 그 역의 관계는 성립되지 않는 일방적 충돌관계를 말한다. 이는 진보된 효과가 있어 특허등록을 받았음에도 불구하고 실시가 금지되어 그것이 사장되는 것을 특허법 제138조의 강제실시권을 통해 막고자 도입된 개념이다.

(2) 태양

이용관계의 태양에는 사상상 이용관계, 실시상 이용관계가 있다.

2 성립

(1) 개념

1) 문제점 및 학설

이용관계 성립에 대한 명문의 규정이 없어 문제되는데, 후원권리가 선원권리의 주요부를 포함하여 그대로 이용하고 있는 경우 이용관계가 성립한다는 그대로설과 선원권리를 실시하지 않으면 후원권리를 실시할 수 없는 경우 이용관계가 성립한다는 침해불가피설의 견해가 대립한다.

2) 판례

이용관계는 후 발명이 선 특허발명의 기술적 구성에 새로운 기술적 요소를 부가하는 것으로서 후 발명이 선 특허발명의 요지를 전부 포함하고 이를 그대로 이용하되, 후 발명 내에 선 특허발명이 발명으로서의 일체성을 유지하는 경우뿐만이 아니라, 특허발명의 균등물을 이용한 경우에도 이용관계가 성립한다고 보아, 침해불가피설의 입장으로 해석된다(98후522).

3) 검토

특허법 제98조와 제138조는 특허등록을 받았음에도 불구하고 후출원 특허발명의 실시가 선출원 특허발명의 침해를 구성하여 제한되는 것을 조정하는 것이 취지이므로, 이용관계는 그대로설로 한정하여 적용할 것이 아니라, 침해불가피설로 폭넓지 적용함이 타당하다.

(2) 균등물에 대한 이용관계 성립여부

대법원은 이용관계의 성립요건에 대하여 설시하며, 이러한 법리는 선 등록발명과 동일한 발명뿐만 아니라 균등발명을 이용하는 경우도 마찬가지로 성립한다고 판시하여,(2001후393) 이용관계를 균등물에까지 확장하여 인정한다.

(3) 촉매부가 등으로 현저한 효과 상승이 있는 경우

1) 판례

촉매의 부가로 인하여 그 수율에 현저한 상승을 가져오는 경우라 하더라도, 달리 특별한 사정이 없는 한 선행 특허발명의 기술적 요지를 그대로 포함하는 이용발명에 해당한다고 봄이 상당하다(98후522).

2) 검토

생각건대, 진보성 인정여부와 침해성립여부 사이에는 논리적 필연이 없다는 점, 화학반응에서 촉매란 함은 반응에 관여하여 반응속도 내지 수율 등에 영향을 줄 뿐 반응 후에는 그대로 남아 있고 목적물질의 화학적 구조에는 기여를 하지 아니하는 것임을 고려하면, 화학물질 제조방법의 발명에서 촉매를 부가함에 의하여 그 제조방법 발명의 기술적 구성의 일체성, 즉 출발물질에 반응물질을 가하여 특정한 목적물질을 생성하는 일련의 유기적 결합관계의 일체성이 상실된다고 볼 수는 없으므로 판례의 태도가 타당하다.

3 법적 취급

(1) 적극적 효력의 제한 (특허법 제98조)

1) 요건

특허발명의 특허출원일 전에 출원된 타인의 특허발명이 등록될 것, 후출원 발명이 등록될 것, 이용관계가 성립할 것의 요건을 만족해야 한다. 다만 동일자 출원의 경우 이용관계가 성립하지 않아 자유로운 실시가 가능하다.

2) 효과

후원권리자는 선원권리자의 허락을 받지 아니하고는 자기의 특허발명을 업으로서 실시할 수 없다. 즉, 선원권리자의 허락 (특허법 제98조)이나 통상실시권 허여의 심판(특허법 제138조)에 의하지 않고서는 자신의 발명을 실시하더라도 선원권리의 침해에 해당한다.

3) 주장, 증명책임

이용발명에 해당하는지 여부에 대한 주장, 증명책임은 선원권리자에게 있다.

(2) 소극적 효력이 제한되는지 여부

판례에 따르면 이용관계에 해당하는 경우 적극적 효력이 제한됨은 별론, 정당 권원없는 제3자의 실시에 대해 후원 권리의 소극적 효력이 제한되는 것은 아니다. 따라서 후원권리자는 선원권리자의 동의에 관계없이 자신의 특허권에 기해 권리행사 가능하다.

(3) 후원권리자와 선원권리자의 실시 방안

1) 후원권리자

가. 선원권리자의 허락을 받아 실시할 수 있다(특허법 제98조).

나. 선원권리자가 정당한 이유 없이 허락하지 아니하거나 그 타인의 허락을 받을 수 없을 때에는 자기의 특허발명의 실시에 필요한 범위에서 통상실시권 허락의 심판을 청구할 수 있다(특허법 제138조 제1항). 통상실시권 심판을 청구하는 경우 그 특허발명이 그 특허출원일 전에 출원된 타인의 특허발명 또는 등록실용신안과 비교하여 상당한 경제적 가치가 있는 중요한 기술적 진보를 가져오는 것이 아니면 통상실시권을 허락하여서는 아니 된다(특허법 제138조 제2항).

다. 제138조제1항에 따라 통상실시권을 허락한다는 심결이 확정된 후 재심에서 그 심결과 상반되는 심결이 확정된 경우에는 재심청구 등록 전에 선의로 국내에서 그 발명의 실시사업을 하고 있는 자 또는 그 사업을 준비하고 있는 자는 원(原)통상실시권의 사업목적 및 발명의 범위에서 그 특허권 또는 재심의 심결이 확정된 당시에 존재하는 전용실시권에 대하여 유상의 통상실시권을 가진다. 이는 특허청의 처분을 신뢰한 자와 산업설비를 보호하기 위함이다.

2) 선원권리자

가. 제94조에 따라 자신의 특허발명을 독점, 배타적으로 실시할 수 있다. 다만, 후원권리를 실시할 경우 후원권리의 침해에 해당하고, 후원권리가 실시될 경우 선원권리의 시장가치가 저하되는 바, 형평성의 측면에서 선원권리자의 후원권리 실시 방안이 문제된다.

나. 제138조 제1항에 따른 심판에 따라 통상실시권을 허락한 자가 그 통상실시권을 허락받은 자의 특허발명을 실시할 필요가 있는 경우 그 통상실시권을 허락받은 자가 실시를 허락하지 아니하거나 실시의 허락을 받을 수 없을 때에는 통상실시권을 허락받아 실시하려는 특허발명의 범위에서 Cross-License를 위한 통상실시권 허락의 심판을 청구할 수 있다(특허법 제138조 제3항).

4 관련문제

(1) 권리 대 권리 권리범위확인심판

1) 적극적 권리범위확인심판의 경우

가. 원칙

실용신안권의 권리범위확인은 등록된 실용신안을 중심으로 어떠한 미등록 실용신안이 적극적으로 등록 실용신안의 권리범위에 속한다거나 소극적으로 이에 속하지 아니함을 확인하는 것이므로 등록된 두 개의 실용신안권의 고안내용이 동일 또는 유사한 경우 선등록 실용신안권자는 후등록 실용신안권자를 상대로 실용신안등록의 무효심판을 청구할 수 있을 뿐 그를 상대로 하는 권리범위확인심판을 청구할 수는 없다(95후1920).

나. 예외

양 고안이 이용관계에 있어 (가)호 고안의 등록의 효력을 부정하지 않고 권리범위의 확인을 구할 수 있는 경우에는 권리 대 권리 간의 적극적 권리범위확인심판의 청구가 허용된다(99후2433).

2) 소극적 권리범위확인심판의 경우

등록된 실용신안 사이의 권리범위의 확인을 구하는 심판청구라도 심판청구인의 등록실용신안이 피심판청구인의 등록실용신안의 권리범위에 속하지 않는다는 소극적 확인심판청구는 만일 인용된다고 하더라도 심판청구인의 등록실용신안이 피심판청구인의 등록실용신안의 권리범위에 속하지 않음을 확정하는 것 뿐이고 이로 말미암아 피심판청구인의 등록실용신안권의 효력을 부인하는 결과가 되는 것은 아니므로 이러한 청구를 부적법하다고 볼 이유가 없다(84후19).

(2) 통상실시권 허락 심판제도

1) 후원권리자의 통상실시권 허락의 청구 (제138조 제1항 및 제2항)

ⅰ) 선원권리자가 정당한 이유 없이 실시 허락을 해주지 않거나 허락을 받을 수 없는 경우로서, ⅱ) 후원 특허발명이 선원 특허발명에 비해 상당한 경제적 가치가 있는 중요한 기술적 진보가 있어야 한다.

2) 선원권리자의 통상실시권 허락의 청구 - 크로스 라이센스 (제138조 제3항)

ⅰ) 선원권리자는 후원권리자에게 제1항에 따른 허락을 하였으며, ⅱ) 후원권리자가 실시 허락을 해주지 않거나 허락을 받을 수 없는 경우여야 한다.

CHAPTER 06 생략침해

1 생략발명 의의

구성요소 중 상대적으로 중요도가 낮은 구성요소를 생략하여 특허발명의 작용효과보다 열등하거나 동일한 효과를 가져오는 발명을 말한다.

2 인정여부

(1) 문제점

특허발명의 구성요소 전부를 실시하는 것이 아니므로 구성요소 완비의 원칙상 침해로 볼 수 없다. 다만 균등론을 적용하여 침해로 볼 수 있는지와 관련하여 견해대립이 있다.

(2) 학설

ⅰ) 긍정설은 중요하지 않은 요소만 생략한 채 특허발명의 기술적 사상을 그대로 이용하는 경우를 침해로 보지 않는다면 특허권자의 보호에 소홀해 균등론의 도입취지에 부합하지 않으므로, 생략발명이라 하더라도 균등론의 적용요건을 갖추었다면 권리범위에 속한다고 본다.

ⅱ) 부정설은 청구항에 기재된 구성요소는 모두 필수적 구성요소로 보아야 하는데, 이들 구성요소를 다시 중요한 요소와 중요하지 않은 요소로 나누어 침해를 판단하는 것은 청구범위 기준의 원칙(특허법 제97조)에 맞지 않고 제3자로서 보호범위의 예측이 곤란해 법적안정성을 저해하는 결과가 되어, 생략발명은 권리범위에서 벗어난다고 본다.

(3) 판례

1) 종래 판례 중 생략침해를 설시한 예가 있으나, 주류적 판례는 "특허발명의 청구항이 복수의 구성요소로 구성되어 있는 경우에는 그 각 구성요소가 유기적으로 결합된 전체로서의 기술사상이 보호되는 것이지 각 구성요소가 독립하여 보호되는 것은 아니라고 할 것이므로, 특허발명과 대비되는 확인대상고안이 특허발명의 청구항에 기재된 필수적 구성요소들 중의 일부만을 갖추고 있고 나머지 구성요소가 결여된 경우에는 원칙적으로 그 확인대상고안은 특허발명의 권리범위에 속하지 아니한다."고 판시하여(2000후617), 생략발명은 침해로 인정하지 않는다.

2) 다만 최근 균등론에 관한 판례에서 "구성요소가 특허발명의 과제해결원리에 아무런 역할을 하지 않는 경우에는 그 구성을 생략한 기술에서도 발명의 과제해결원리는 동일하게 유지될 것이므로, 그 구성의 생략에 의하더라도 실질적으로 동일한 작용, 효과를 나타내고, 그 구성의 생략이 통상의 기술자라면 누구나 쉽게 생각해낼 수 있다는 나머지 요건을 충족하면 앞서 본 법리에 비추어 균등한 구성으로 봄이 논리적이다"라고 한 바 있다(2015라20318).

(4) 검토

생각건대 청구항에 구성요소를 기재할지는 출원인의 의사인 점, 구성요소의 중요성 판단은 주관적일 수 밖에 없어 법적 안정성에 반하는 점에 비추어 생략발명은 균등론 적용 없이 비침해로 봄이 타당하다.

CHAPTER 07 공동직접침해

1 문제점

공동직접침해란 복수 주체의 실시행위를 종합하여 특허발명 전체의 실시로 인정되면 그 복수의 주체에게 공동으로 침해를 인정하는 것을 말한다. 구성요소 완비의 원칙에 의하면 특허발명의 모든 구성 요소가 유기적으로 결합한 전체를 실시하여야 침해에 해당하므로 복수주체의 실시에 대한 침해의 인정여부가 문제된다.

2 학설

ⅰ) 긍정설에 따르면 주관적으로 공동의 침해의사가 인정되고, 객관적으로 복수의 행위를 종합하여 특허발명의 실시가 된다면 공동직접침해를 인정해야 한다고 본다.
ⅱ) 부정설에 따르면 공동직접침해에 대한 명문의 규정이 없고, 특허발명의 일부를 실시하는 경우 간접침해에 해당한다는 것이 특허법 규정이므로 공동직접침해를 부정한다.

3 판례

법원은 복수 주체가 단일한 특허발명의 일부 구성요소를 분담하여 실시하는 경우라고 하더라도, ⅰ) 복수 주체 중 어느 한 단일 주체가 다른 주체의 실시를 지배·관리하고 그 다른 주체의 실시로 인하여 영업상의 이익을 얻는 경우에는 다른 주체의 실시를 지배·관리하면서 영업상의 이익을 얻는 어느 한 단일 주체가 단독으로, ⅱ) 복수 주체가 각각 다른 주체의 실시행위를 인식하고 이를 이용할 의사, 즉 서로 다른 주체의 실시행위를 이용하여 공동으로 특허발명을 실시할 의사를 가지고, 특허발명의 전체 구성요소를 나누어 실시하는 경우에는 이들 복수 주체가 공동으로 특허침해를 한 것으로 보겠다는 태도를 취했다(2015라20296 결정).

4 검토

생각건대 특허권의 보호가 충분하기 위해서는 복수자의 행위에 의해 특허발명이 실시된 경우도 침해를 긍정할 수 있어야 한다. 다만 행위자의 주관적 요건을 배제하고 침해여부를 긍정하게 되면, 오히려 침해의 성립 범위가 지나치게 확대되어 제3자에게 부당해질 수 있는바, 판례의 태도와 같이 주관적 요건을 고려해 침해여부를 살핌이 타당하다.
즉 복수자의 행위가 있을 때 각 행위를 결합하여 이용할 주관적 의사가 있었는지를 살펴, ⅰ) 복수자의 행위가 어느 한 주체의 지시에 의해 이루어졌다면 그 지시자가 복수자의 행위를 결합해 이용할 주관적 의사를 가지고 실시한 것이므로 그 지시자의 단독침해로 보고, ⅱ) 복수자의 각 행위가 서로 공모에 의해 역할분담으로 이루어졌다면 각자가 복수자의 행위를 결합해 이용할 주관적 의사를 가지고 실시한 것이므로 공동침해로 봄이 타당하다.

5 입법례

간접침해의 요건을 완화하거나 미국의 적극적 유도침해의 도입을 검토할 필요가 있다.

CHAPTER 08 무효사유항변, 자유실시기술항변, 실효의 항변

1 공정력

(1) 判例

특허법은 특허가 일정한 사유에 해당하는 경우에 별도로 마련한 특허의 무효심판절차를 거쳐 무효로 할 수 있도록 규정하고 있으므로, 특허는 일단 등록이 된 이상 이와 같은 심판에 의하여 특허를 무효로 한다는 심결이 확정되지 않는 한 유효한 것이며, 다른 절차에서 그 특허가 당연무효라고 판단할 수 없다고 판시하였다(97후1016).

(2) 검토

무효심판과 다른 절차의 권한배분, 무효심판의 존재 의의, 법적 안정성을 고려할 때 판례가 타당하다.

2 무효사유 항변

(1) 의의

무효사유 항변이란 다른 절차에서 특허무효사유를 심리하여 침해여부 및 권리범위 속부를 판단하는 것을 말한다. 이는 제3자의 신속한 권리구제를 위해 도입되었다.

(2) 무효사유 항변 법적 논란

특허무효여부 판단은 특허무효심판 절차의 고유 권한이기 때문에 다른 절차에서 특허무효사유를 판단하는 것이 권한배분에 어긋나는 것이 아닌가하는 논란이 있다.

(3) 무효사유 항변 성격

1) 판례의 태도

법원은 특허에 무효사유가 존재하는 것이 명백한 때는 그 특허권에 기초한 권리행사를 권리남용으로 보아 허용하지 않는다. 또한, 권리남용은 특허를 무효로 하는 결론이 아니기 때문에 권한배분에 있어서도 어긋나지 않는다고 본다.

2) 검토

권리를 남용하지 못한다는 법원칙(민법 제2조 제2항)은 일반법이므로 특허법에 의한 법률관계에서도 적용될 수 있다고 보며, 판례의 태도와 같이 적정한 결론을 도출하기 위한 전제로서 무효사유를 심리하는 것만으로는 권한배분에 어긋난다고 볼 수 없다.

(4) 권리범위확인심판에서의 무효사유 항변

1) 신규성이 부정되는 경우

가. 판례의 태도

법원은 권리범위확인심판에서 특허발명의 신규성 무효사유를 심리할 수 있다고 보고, 신규성이 부정되는 경우 권리범위를 부정하여 확인대상발명이 특허발명의 권리범위에 속하지 않는다고 판단한다(81후56, 97후1016).

나. 검토

신규성이 없어 본래 공중에게 개방되어야 하는 기술에 대해 특허무효심결이 확정되지 않았다는 이유만으로 특허발명의 권리범위에 속한다고 보는 것은 특허법 입법목적에 어긋나므로 판례의 태도가 타당하다.

2) 진보성이 부정되는 경우

가. 판례의 태도

① 과거 법원은 권리범위확인심판에서 신규성과 진보성 무효사유 모두를 심리할 수 있다고 보았다.

② 그러나 최근 전원합의체는 권리범위확인심판에서 특허발명의 진보성 무효사유는 특허무효심판과의 권한배분을 고려하여 신규성과 달리 심리할 수 없다고 그 태도를 변경했다(2012후4162).

나. 검토

신규성과 진보성은 무효사유라는 점에서 다르지 않은 바, 신규성 심리는 가능하나 진보성 심리는 불가하다는 판례의 태도는 논리적이지 않다. 제3자의 신속한 권리구제를 위해 진보성도 심리할 수 있음이 타당하다. 다만 판례의 태도에 따라 살핀다.

3) 진보성 흠결이 명백한 특허권에 기한 권리범위확인심판의 심판청구이익

가. 판례의 태도 (2012후4612)

① 전원합의체 반대의견

특허가 진보성이 없어 무효로 될 것임이 명백한 경우에는 그 특허권의 행사가 허용되지 않는다는 법리에 비추어 심판절차에서는 특허의 진보성 여부 등의 무효사유가 있는지를 선결문제로 심리한 다음 그 특허가 진보성이 없어 무효로 될 것임이 명백한 경우라면, 그러한 특허권을 근거로 한 권리범위확인심판을 청구할 이익이 없다고 보아 부적법 각하하여야 한다고 본다.

② 전원합의체 다수의견

ⅰ) 행정행위의 공정력 및 행정심판 내 절차 준별의 필요성을 근거로 권리범위확인심판에서 특허발명의 진보성 위반의 무효사유의 심리가 불가함을 판시하였다.

③ 전원합의체 보충의견

침해소송과 달리 권리범위확인심판은 어디까지나 특허권의 효력이 미치는 객관적 범위를 대세적으로 확인하는 제한적인 의미를 가질 뿐 침해를 둘러싼 분쟁 당사자 사이의 권리관계를 최종적으로 확인해 주는 것이 아니므로 특허침해소송과 같이 권리범위확인심판에서 진보성 결여를 이유로 무효사유 주장을 인정하게 되면 특허법의 기본구조와 상충된다고 하였다.

나. 검토

권리범위확인심판에서의 심결이 특허침해소송이나 특허무효심판에 기속력을 미치지 못하는 이상 이에 불복한 당사자가 위와 같은 절차를 통하나 별도의 분쟁을 계속하게 되므로 본 특허발명의 진보성 흠결을 이유로 한 각하심결은 분쟁해결에 도움이 되지 아니하고, 직권조사사항으로 특허심판원·법원이 당사자의 주장과 관계없이 항상 특허의 진보성이 없어 무효로 될 것이 명백한지를 심리하여야 한다면 이는 특허심판원·법원에 과도한 심리부담을 주는 것이 되어 부적절하다.

4) 구성요소의 일부가 공지된 경우

법원은 복수의 구성요소로 이루어진 특허발명에 있어서 그 중 일부 구성요소가 공지된 경우에는 각 구성요소가 독립하여 별개의 발명이 되는 것이 아니라 그 구성요소들이 유기적으로 결합된 전체로서 하나의 발명이 되는 것이므로 권리범위 판단에 공지된 부분을 제외할 수 없다고 판시하였다(2000후617).

(5) 법원에서의 무효사유 항변

1) 신규성이 부정되는 경우

법원은 특허발명이 출원 당시 공지공용인 소위 신규성이 없는 경우에는 특허 무효의 심결 유무에 관계없이 그 권리범위를 인정할 수 없다고 판시하였다(91마540).

2) 진보성이 부정되는 경우

가. 판례의 태도

① 과거 법원은 침해소송에서는 진보성 무효사유를 심리할 수 없다고 보았다(91마540).

② 현재 법원은 침해소송에서도 진보성 무효사유를 심리할 수 있다고 전환했다(2010다95390).

나. 검토

신규성 무효사유는 전문적인 소양 없이도 판단의 난이도가 낮아 침해소송에서도 심리할 수 있음에 이견이 없었다. 그러나 진보성 문제는 판단의 난이도가 달라 법과 기술 모두에 대해 전문성을 갖춘 자가 아닌 이상 심리가 쉽지 않다는 의견이 있었다. 하지만 이제는 법원도 기술조사관제도 도입 등 기술적 소양을 갖추고 있어 진보성 판단 가능한 역량을 구비했으므로, 판례의 태도가 타당하다.

3 기타 무효사유 항변

(1) 미완성 발명

대법원은 특허발명이 출원 당시의 기술수준으로 통상의 기술자가 반복 실시할 수 없는 미완성 발명에 해당하는 경우에는 확인대상발명과 대비할 필요도 없이 당해 특허발명의 권리범위를 인정할 수 없다고 판시한 바 있다(2003후2003).

(2) 선출원주의 위반

대법원은 등록된 특허발명이 신규성이 없는 경우에는 그에 대한 무효심판이 없어도 그 권리범위를 인정할 수 없으며, 특허무효사유에 있어서 신규성 결여와 선출원주의 위반은 발명의 동일성 여부가 문제된다는 점에서 다르지 않으므로, 특허발명이 선출원주의 위반의 무효사유가 있는 경우에도 그대로 적용된다고 판시한다(2007후2827).

(3) 확대된 선출원주의 위반

특허법원은 특허발명이 특허법 제29조의 3항 본문에서 규정하고 있는 선원주의 규정에 위배되어 등록된 경우에는 권리범위가 부정되므로, 확인대상발명은 특허발명과 대비할 필요도 없이 그 권리범위에 속하지 않는다고 판시하였다(2009허2432).

(4) 실시 불가능한 발명의 경우

실시가 불가능한 등록고안은 구 실용신안법 제8조 제3항에 위반하여 등록된 것으로서 그 권리범위를 인정할 수 없으므로, (가)호 고안은 등록고안의 권리범위에 속할 여지가 없다(99후1973).

(5) 기술적 범위를 특정할 수 없는 경우

대법원은 ⅰ) 특허발명의 청구범위 기재나, 발명의 설명, 기타 도면의 설명에 의하더라도 특허출원 당시 발명의 구성요건 일부가 추상적이거나 불분명하여 그 발명 자체의 기술적 범위를 특정할 수 없는 때에는 특허권자는 그 특허발명의 권리범위를 주장할 수 없는 것이고, ⅱ) 특허발명의 기술적 범위를 특정할 수 있는지 여부는 당사자 주장이 없더라도 법원이 직권으로 판단하여야 한다고 판시한다(2009허2432)..

4 자유실시기술의 항변

(1) 의의 및 취지

자유실시기술 항변이란 공지기술이거나 이로부터 쉽게 도출 가능한 것인지를 심리하여 권리범위 속부를 판단하는 것을 말한다. 공유영역에 독점권을 부여함은 타당하지 않아 도입되었다.

(2) 허용여부

1) 판례의 태도

어느 발명이 특허발명의 권리범위에 속하는지를 판단함에 있어서 특허발명과 대비되는 발명이 공지의 기술만으로 이루어지거나 그 기술분야에서 통상의 지식을 가진 자가 공지기술로부터 용이하게 실시할 수 있는 경우에는 특허발명과 대비할 필요도 없이 특허발명의 권리범위에 속하지 않게 된다(2002다60610).

2) 검토

공지의 기술 또는 그로부터 통상의 기술자가 용이하게 생각해낼 수 있는 기술을 일반 공중이 자유롭게 실시하는 것을 막는 것은 공익을 훼손하고, 특허법 목적에도 반하는 바 판례는 타당하다. 나아가 특허발명의 권리범위를 부정하지 않으면서 자유기술의 실시를 담보한다는 점에서 실익이 크다.

(3) 관련문제

1) 권리범위확인심판에서 자유실시기술 항변 가부 - 문언침해를 구성하는 경우

가. 문제점 - 권리범위확인심판에서의 자유실시기술 항변 법적논란

문언침해 사건에서 자유실시기술 항변을 인정하는 것은 곧 특허발명에 신규성 또는 진보성이 없음을 판단하는 것과 마찬가지인데, 특허발명의 진보성은 특허무효심판과의 권한배분을 고려하여 권리범위확인심판에서 심리할 수 없다는 판례가 있어 논란이 있다.

나. 판례의 태도

① 특허법원은 확인대상발명이 특허발명의 문언범위에 속하는 상황에서 확인대상발명이 공지기술로부터 쉽게 실시할 수 있다고 주장하는 것은 특허발명의 진보성 무효사유를 주장하는 것과 결론이 같아 허용되지 않는다고 보았다(2015허4019).

② 그러나 대법원은 위 특허법원 판결을 파기하면서 자유실시기술 항변은 문언침해에 해당하는 경우도 제한 없이 적용된다고 판시했다(2016후366).

다. 검토

자유실시기술은 적용대상이 특허발명이 아닌 확인대상발명이므로 권리범위확인심판에서 진보성결여의 특허무효사유를 심리할 수 없다는 판례와 연관이 없다. 제3자의 신속한 권리구제라는 취지를 고려하면 판례의 태도와 같이 자유실시기술 항변은 제한 없이 심리함이 타당하다.

2) 특허발명이 공지예외를 주장한 기술인 경우

가. 판례의 태도

법원은 공지예외주장의 대상 공지는 특허법 제30조에 따라 출원 전 공지된 발명에 해당한다고 볼 수 없으므로, 이를 토대로 한 자유실시기술 주장은 이유 없다고 보았다(2016가합502475).

나. 검토

공지예외를 인정하지 않을 경우 발명자가 연구결과를 신속히 공개하지 않아 국가 산업발전을 저해하는 결과가 초래될 수 있다. 따라서 특허법 제30조는 신규성·진보성 판단에 한해서만 공지예외를 인정하고 있으나, 판례의 태도와 같이 자유실시기술 여부를 판단할 때도 마찬가지로 공지예외를 인정함이 타당하다.

(4) 자유실시기술 항변의 판단 대상

확인대상고안을 등록실용신안의 실용신안등록청구범위에 기재된 구성과 대응되는 구성으로 한정하여 파악할 것은 아니고, 심판청구인이 특정한 확인대상고안의 구성 전체를 가지고 그 해당 여부를 판단하여야 한다고 판시하였다(2008후64).

(5) 간접침해와 자유기술의 항변

1) 판례의 태도

법원은 간접침해 사안에서 자유실시기술 여부는 전용품 구성만으로 한정하여 파악할 것은 아니고, 그 전용품으로 생산한 대응제품의 구성 전체를 가지고 판단한다(2008허4523).

2) 검토

직접침해를 예방하기 위해 직접침해에 이르게 될 고도의 개연성이 있는 행위를 침해로 의제하는 간접침해의 취지를 고려하면 판례의 태도가 타당하다.

5 실효의 항변

(1) 의의

실효의 원칙이란 권리자가 상당한 기간 권리를 행사하지 아니하고, 그로 인해 상대방에게 더 이상 권리를 행사하지 않을 것이라는 정당한 신뢰를 준 경우, 그 후 권리자가 권리를 행사하는 것은 신의성실의 원칙에 반한다는 논리이다.

(2) 요건

법원은 일반적으로 권리의 행사는 신의에 좇아 성실히 하여야 하고, 권리는 남용하지 못하는 것이므로 i) 권리자가 실제로 권리를 행사할 수 있는 기회가 있었음에도 불구하고, ii) 상당한 기간이 경과하도록 권리를 행사하지 아니하여 의무자인 상대방이 권리자가 권리를 행사하지 아니할 것으로 신뢰할 만한 정당한 기대를 가지게 된 다음에 iii) 새삼스럽게 그 권리를 행사하는 것이 신의성실의 원칙에 위반하는 것으로 인정되는 결과가 될 때에는 실효의 원칙에 따라 그 권리의 행사가 허용되지 않는다고 보아야 할 것이라고 하였다.

(3) 판단 방법

실효의 원칙이 적용되기 위한 요건으로서 i) 실효기간(권리를 행사하지 아니한 기간)의 길이와 ii) 상대방이 권리가 행사되지 아니하리라고 신뢰할 만한 정당한 사유가 있었는지의 여부는 일률적으로 판단할 수 있는 것이 아니라 구체적인 경우마다 권리를 행사하지 아니한 기간의 장단과 함께 권리자측과 상대방측 쌍방의 사정 및 객관적으로 존재한 사정 등을 모두 고려하여 사회통념에 따라 합리적으로 판단하여야 할 것이다(2005다45827).

CHAPTER 09 권리소진이론

1 의의 및 취지

소진이론이란 적법하게 만들어진 특허품을 적법하게 판매하였다면 그 특허품의 소유자는 이를 재판매하거나 다른 방법으로 처분할 수 있다는 논리이다. 특허권자와 소유권자 간 권리조정을 위한 것이다.

2 물건발명과 제법발명

물건의 발명 또는 물건을 생산하는 방법의 발명에 대한 특허권자 또는 그 특허권자로부터 허락을 받은 실시권자가 우리나라에서 특허물건 또는 특허방법에 의해 생산한 물건을 양도한 경우에는 당해 물건에 관해서는 특허권이 이미 그 목적을 달성하였으므로 소진된다(2008허13299).

3 방법발명

(1) 방법발명 권리소진

특별한 사정이 없는 한 방법의 발명을 실질적으로 구현한 물건(방법발명 제품)의 경우에도 특허권자 등에 의하여 적법하게 양도되는 때에는 특허권이 소진되어 이후 그 제품의 사용에 대해서는 특허권의 효력이 미치지 아니하고, 이때 방법발명 제품이 방법발명을 실질적으로 구현한 것인지는 사회통념상 인정되는 제품의 본래 용도가 방법발명의 실시뿐이고 다른 용도가 없는지 여부, 제품에 방법발명의 특유한 해결수단이 기초한 기술사상의 핵심에 해당하는 구성요소가 모두 포함되었는지 여부, 제품을 통해서 이루어지는 공정이 방법발명의 전체 공정에서 실질적으로 차지하는 비중 등을 종합적으로 고려하여 판단하여야 한다(2017다289903).

(2) 공유특허권 권리소진

방법의 발명에 대한 특허권자 또는 그 특허권자로부터 전용품의 생산 및 판매를 허락 받은 실시권자가 우리나라에서 그 방법의 실시에만 사용하는 전용품(물건)을 양도한 경우에도 양수인 및 그 전득자가 그 물건을 이용하여 해당 방법발명을 실시하는 것과 관련하여서는 특허권이 소진되었다고 본다. 다만 방법발명의 특허권자가 공유이되 어느 한 공유자의 허락 없이 그 방법의 실시에만 사용하는 물건(소진제품)을 양도한 경우에는 양수인이 그 해당 물건으로 그 방법발명을 실시하는 경우 그 방법발명의 특허권은 소진되지 않아, 허락하지 않은 공유 특허권자에게 침해를 구성한다(2008허13299).

4 수리 내지 부품을 교체한 경우

1) 수리 또는 소모품 내지 부품이 제품의 일부에 관한 것이어서 수리 또는 소모품 내지 부품의 교체 이후에도 원래 제품과의 동일성이 유지되고, 그 소모품 내지 부품 자체가 별도의 특허 대상이 아닌 한, 그러한 수리행위나 부품 교체행위는 방법발명 제품 사용의 일환으로 허용되는 수

리에 해당하므로, 제3자가 업으로서 그러한 소모품 내지 부품을 생산·양도·대여 또는 수입하는 등의 경우에 특허법 제127조 제2항 소정의 간접침해가 성립하는지는 별론으로 하고, 특별한 사정이 없는 한 양수인 등의 그러한 수리행위나 부품 교체행위가 방법발명의 특허권을 직접 또는 간접적으로 침해한다고 볼 수는 없다. 이는 그러한 소모품 내지 부품이 그 특허발명의 실시에만 사용되는 것인 경우에도 마찬가지이다(2017나1001, 2017다289903).

2) 수리행위 내지 부품 교체행위가 제품의 동일성을 해할 정도에 이르러 생산행위에 해당하는지 여부는 당해 제품의 객관적 성질, 이용형태 및 특허법의 규정취지 등을 종합하여 판단하여야 한다(2002도3445).

5 병행수입에 적용 여부

(1) 문제점

병행수입은 권리자에 의하여 적법하게 외국에 배포된 진정상품을 권리자와 무관한 제3자가 권리자의 허락 없이 국내로 수입하여 판매하는 행위를 말한다. 이는 불법복제품과는 구분되나 권리자의 허락 없이 수입·판매하기 때문에 지식재산권과의 충돌에서 논란이 있다.

(2) 학설의 태도

적극설은 병행수입된 진정상품에도 권리소진원칙이 적용된다고 본다. 이는 권리자에 의해 생산된 제품임을 강조한다.

소극설은 병행수입된 진정상품에는 권리소진원칙이 적용되지 않는다고 본다. 이는 국가마다 판매조건이 상이할 수 있어 권리자가 권리소진에 대한 충분한 보상을 받지 못할 수 있음을 우려한다.

묵시적허락필요설은 병행수입에 대한 권리자의 묵시적 허락이 있는 범위 내에서만 권리소진원칙이 허용된다고 본다. 이는 절충적 입장이다.

(3) 판례의 태도

법원은 진정상품 병행수입을 국제적 권리소진이론에 의해 허용한 바 있다.

(4) 검토

소극설에 따르면 권리자에 의해 생산된 제품임에도 불법복제품과 구분이 되지 않고, 묵시적허락필요설은 예측가능성이 저해되며, 소유권자 보호를 위해 적극설이 타당하다.

(5) 보론

수출국과 수입국의 특허권자가 동일하지 않은 경우는 견해대립 없이 병행수입이 허용되지 않는다.

6 판매제한조건 계약이 있는 경우에서의 적용 여부

(1) 판매제한조건 의의

판매 제한은 권리자가 특허권이 실질적으로 구현된 물품을 판매할 때 해당 물품의 재판매에 관하여 제한을 가하는 것을 말한다.

(2) 판매제한조건의 효력

1) 판례의 태도

법원은 권리소진여부는 획일적으로 결정할 것이 아니라 판매제한조건이 특허권 남용에 해당하는지, 구매자가 그와 같은 제한을 쉽게 알 수 있었는지 여부를 종합적으로 고려하여 판단하여야 한다고 보았다.

2) 검토

판매제한조건은 당사자간의 계약으로서 구매자 입장에서는 인지하기가 어려울 수 있으므로 권리소진원칙 적용 여부는 판례의 태도와 같이 사건별로 개별적으로 판단함이 타당하다.

(3) 보론

과거 미국 법원은 판매제한조건이 있는 경우 그 제한을 위반한 자에게서 해당 물품을 구매하면 구매자에게 특허권 행사가 가능하다고 보았다. 그러나 최근 미국 법원은 적법한 판매가 발생하면 판매제한조건을 위반한 계약 당사자에게만 계약 위반을 주장할 수 있을 뿐 구매자에게는 특허권의 효력을 주장할 수 없다고 보았다.

7 권리범위확인심판에서 특허권 소진이 심리대상인지 여부

판례는 "특허권의 적극적 권리범위 확인심판은 특허발명의 보호범위를 기초로 하여 심판청구인이 확인대상발명에 대하여 특허권의 효력이 미치는가를 확인하는 권리확정을 목적으로 한 것이므로, 설령 확인대상발명의 실시와 관련된 특정한 물건과의 관계에서 특허권이 소진되었다 하더라도 그와 같은 사정은 특허권 침해소송에서 항변으로 주장함은 별론으로 하고 확인대상발명이 특허권의 권리범위에 속한다는 확인을 구하는 것과는 아무런 관련이 없다." 고 판시하였다(2010후289).

CHAPTER 10 특허괴물 (Patent Troll)

1 서

특허괴물은 스스로 제조하지 않고 공격적인 특허취득 및 집행으로 제조업체를 공격해 로열티 수입을 얻는 것을 주목적으로 하는 특허관리회사를 부정적 측면에서 조명한 것이다. 특허괴물은 소프트웨어 관련 기술과 같이 큰 자본투자 없이도 기술개발 및 특허취득이 가능한 분야에 집중되는 특징이 있다.

2 사회적 영향

부정적인 측면으로는 특허제품의 생산비 증가, 특허소송의 남무, 특허발명의 불실시로 인한 기술발전 저해 등이 있고, 긍정적인 측면으로 개인발명가의 시장진입 용이, 새로운 발명의 인센티브 제공을 통한 기술발전 촉진, 기술 라이센싱 촉진 등이 있다.

3 대응방안

(1) 특허권 설정등록 전

1) 거절이유가 있는 경우 정보제공(특허법 제63조의2)을 통해 권리화를 저지하여 분쟁을 미연에 방지할 수 있다.
2) 거절이유 판단이 어려운 경우 심사청구 또는 우선심사청구를 통해 권리화 여부를 조기에 확인할 수 있다.

(2) 특허권 설정등록 후

1) 무효사유가 있는 경우 무효심판을 청구하여 특허권을 소급 소멸시켜 분쟁을 근본적, 발본적으로 제거할 수 있다.
2) 무효사유 판단이 어려운 경우 실시권 설정 협의, 회피설계, 방어적 특허포트폴리오 구축, 특허침해보험 이용 등의 조치를 취할 수 있다.

4 결

(1) 국제적 움직임

미국의 경우 특허 풀을 구성하는 등 적극적으로 대처하려는 태도를 보이는 등 각국에서 대응하기 위한 다양한 수단을 강구하고 있다. 우리나라의 경우 무효사유가 없더라도 특허권 행사를 제재하기 위한 방안에 대한 논의가 진행되고 있다.

(2) NPEs

특허괴물의 긍정적인 부분에 주목하여 중립적 용어인 NPEs(Non Practicing Entities)를 사용하기도 한다.

CHAPTER 11 무효사유가 없는 특허권 행사에 대한 제재

1 서

특허법의 목적은 특허발명의 이용을 도모하고 기술발전을 촉진하여 산업발전에 이바지하는 것이나, 특허괴물과 같이 독점 배타적 지위를 남용하여 특허발명이 공정하게 실시되지 못하면 특허법 목적 달성이 어려운 바, 이를 제재하기 위한 방안이 문제된다.

2 권리남용 인정 여부

(1) 법령의 태도

구 특허법 제52조는 "특허권자 기타 특허에 관한 권리를 가진 자는 그 권리를 남용하여서는 안 된다."고 규정하고 있었으나, 특허권이 형해화될 수 있어 삭제되었다. 따라서 현행법상 특허권의 권리남용이 인정되기는 어렵다.

(2) 판례의 태도

판례는 "특허발명에 대한 무효심결이 확정되기 전이라고 하더라도 특허발명의 진보성이 부정되어 특허가 특허무효심판에 의하여 무효로 될 것임이 명백한 경우에는 특허권에 기초한 침해금지 또는 손해배상 등의 청구는 특별한 사정이 없는 한 권리남용에 해당하여 허용되지 아니한다."고 판시하였다(2010다95390). 다만, 무효사유가 없는 특허권에 기한 권리행사를 권리남용으로 본 판시는 없다.

(3) 검토

1) 구 특허법 제52조의 삭제 취지, 제94조의 취지, 법적 안정성을 고려할 때 무효사유가 없는 특허권에 기한 권리행사를 권리남용으로 제한할 수는 없을 것이다.
2) 다만, 민법 제2조의 권리남용금지의 원칙은 모든 법에 적용될 수 있는 보편적인 규정이라는 점에서 구체적 타당성에 반하는 특허권 행사는 제한할 수 있다고 봄이 타당하다.

3 재정에 의한 통상실시권

특허발명의 불실시, 불충분한 실시, 공공의 이익을 위하여 특히 필요한 경우, 불공정거래행위로 판정된 사항을 시정하기 위한 경우 등에 재정에 의한 통상실시권 허여의 대상이 될 수 있다.

4 독점규제법의 적용가부

(1) 독점규제법 제59조

특허법에 의한 권리의 정당한 행사라고 인정되는 행위에 대해서는 독점규제법을 적용하지 않는다고 규정하고 있다.

(2) 검토

특허법 제94조 및 독점규제법 제59조의 취지에 비추어 볼 때 특허권 행사를 독점규제법으로 제재할 수 없으나, 특허법 목적, 공정한 기술거래 질서 유지의 필요성, 독점규제법 제59조의 반대 해석상 정당하지 않은 특허권 행사의 경우 독점규제법을 적용하여 제재할 수 있다고 할 것이다.

(3) 정당하지 않은 특허권 행사의 판단

1) 공정거래위원회의 '지식재산권의 부당한 행사에 더한 심사지침'에서는 특허권에 의한 정당한 권리 행사에 해당하는지 여부는 해당 특허권 행사가 새로운 발명을 보호 장려하고 관련 기술의 이용을 도모함으로써 산업발전을 촉진하고자 한 특허법 제도의 본래 취지에 부합하는지 여부 및 관련 시장의 경쟁상황과 공정한 거래 질서에 미치는 영향을 고려하여 판단한다.
2) 판례는 "'특허권의 정당한 행사라고 인정되지 아니하는 행위'란 행위의 외형상 특허권의 행사로 보이더라도 실질이 특허제도의 취지를 벗어나 제도의 본질적 목적에 반하는 경우를 의미하고, 여기에 해당하는지는 특허법의 목적과 취지, 당해 특허권의 내용과 아울러 당해 행위가 공정하고 자유로운 경쟁에 미치는 영향 등 제반 사정을 함께 고려하여 판단해야 한다."고 판시하였다.

5 결

정당한 특허권 행사와 특허법 목적에 반하는 부당한 행사는 구별되어야 하는 바, 특허제도의 근간을 유지하는 범위 내에서 부당한 특허권 행사를 제재할 방안에 대한 다각적 준비가 요구된다고 할 것이다.

CHAPTER 12 표준특허와 FRAND 선언

1 서

FRAND 선언한 자는 침해금지청구권을 행사할 수 없는지, FRAND 선언한 자가 침해금지청구권을 행사할 수 있다고 보더라도 그 행사가 남용이 될 수 있는지 문제된다.

2 침해금지청구권 행사 가부

(1) FRAND 의의

FRAND 란 "**공정하고 합리적이며 비차별적인**"의 약자로서, 표준화 기구 중 하나인 **유럽통신표준연구소**가 특허발명을 표준으로 제정할 때 특허권 보유자에게 요구하는 선언문구다. 이는 **표준**과 **독점**의 **조화**를 위한 가교제에 해당한다.

(2) 학설의 태도

침해금지청구권을 행사할 수 없다는 견해는 표준특허의 실시를 저해하면 **FRAND 선언을 도입한 취지**에 부합하지 않다고 주장한다.

침해금지청구권을 행사할 수 있다는 견해는 침해금지청구권의 행사를 금지하면 **역 특허위협**의 폐해가 초래될 수 있음을 주장한다.

절충설은 실시권 계약의 체결을 희망하는 자를 상대로는 침해금지청구권을 행사할 수 없고, 실시권 계약의 체결을 회피하거나 거부하는 자를 상대로는 침해금지청구권을 행사할 수 있다는 견해로서, 앞선 견해를 조화한 입장이다.

(3) 판례의 태도

법원은 FRAND 선언에 의해 자동적으로 제3자에게 실시권이 부여되는 것은 아니고, FRAND 선언을 무조건적인 **침해금지청구권 행사의 제한으로 해석하지 않는다**.

(4) 검토

FRAND 선언에 따라 침해금지청구권의 행사를 제한하면 오히려 악의적인 실시자만 지나치게 보호되는 결과가 초래될 수 있어, 특허제도의 본질에 반할 염려가 있는바, 판례의 태도가 타당하다. 다만 만약 침해금지청구권의 행사가 표준특허제도의 목적에 반하여 권리남용이 될 소지가 있다면 침해금지청구권 행사가 기각될 수 있다.

3 침해금지청구권 인용 여부

(1) 침해금지청구소송의 경우

1) 판례의 태도

법원은 FRAND 선언을 한 이후에는 특허권자가 실시자와 성실하게 **협상**하여야 할 **의무**가 있으나,

그 실시자가 특허권자에게 실시권의 허여를 요청하지도 않고 일방적으로 표준특허를 실시하고 있다면 특허권자가 침해금지청구권을 행사하더라도 권리남용이 아니라고 본다.

2) 검토

FRAND 선언을 요구하는 표준특허의 특수성을 참작하면, 특허권자가 FRAND 조건에 따른 성실한 협상에 임하지 않고 침해금지청구권을 행사하는 것은 표준특허제도의 목적이나 기능을 일탈한 권리남용이라고 볼 여지가 있다.

하지만 실시자가 악의적인 태도를 취하고 있는 경우까지도 표준특허권자의 FRAND 의무만을 강조하는 것은 특허권자에게 부당한바, 이러한 경우는 침해금지청구권의 행사를 권리남용으로 볼 수 없으며, 판례의 태도가 타당하다.

(2) 침해금지청구가처분의 경우

법원은 보전의 필요성은 가처분신청의 인용 여부에 따른 당사자 **쌍방의 이해득실관계**, 본안소송에 있어서의 장래의 **승패 예상**, **기타 제반 사정**을 고려하여 합목적적으로 결정하며, FRAND 선언한 특허권의 침해금지청구권 보전의 필요성을 판단할 때는 모두에게 그 기술의 실시를 장려하겠다는 표준을 제정한 취지를 고려해, 특별한 사정이 없는 한 단지 특허권자의 허락 없이 특허발명을 업으로서 실시하고 있다는 사정만으로는 보전의 필요성을 인정하지 않는 태도로 보인다.

CHAPTER 13 침해에 대한 특허권자의 조치

제01절 소송상 조치

1 침해금지 및 예방 청구 (특허법 제126조)

(1) 내용

특허권자 또는 전용실시권자는 자기의 권리를 침해한 자 또는 침해할 우려가 있는 자에 대하여 그 침해의 금지 또는 예방을 청구할 수 있다(동조 제1항). 이와 부대하여 침해행위를 조성한 물건(물건을 생산하는 방법의 발명인 경우에는 침해행위로 생긴 물건을 포함한다)의 폐기, 침해행위에 제공된 설비의 제거, 그 밖에 침해의 예방에 필요한 행위를 청구할 수 있다(동조 제2항).

(2) 침해할 우려

침해의 준비행위가 완성된 때 침해의 우려가 있다고 보는 객관설과 침해의 의도가 인정될 때 침해의 우려가 있다고 보는 주관설이 대립하나, 법정 안정성 측면에서 객관설이 타당하며 판례 또한 객관설의 입장이다.

(3) 침해자의 고의, 과실

침해금지 및 예방청구는 침해자의 고의, 과실을 요하지 않는다는 점에서 손해배상·신용회복청구와 구별된다.

(4) 실익

침해금지 및 예방 청구는 가장 유효하고 직접적인 침해에 대한 구제 수단으로, 현재 또는 장래의 침해에 대해 행사하는 점에서 과거의 침해에 대하여 행사하는 손해배상·신용회복청구와 구별된다. 다만, 특허권의 존속기간 경과 후에는 청구할 수 없다.

2 손해배상청구 (특허법 제128조)

(1) 내용

특허권자 또는 전용실시권자는 고의 또는 과실로 자기의 특허권 또는 전용실시권을 침해한 자에 대하여 침해로 인하여 입은 손해의 배상을 청구할 수 있다. 특허침해에 따른 손해배상의 범위는 적극적, 소극적 및 정신적 손해를 모두 포함하며, 금전배상이 원칙이다.

(2) 요건

가. 고의 또는 과실, 위법행위로서 침해의 성립, 손해의 발생, 위법행위와 손해발생 사이의 인과관계를 요건으로 한다.

나. 손해의 발생은 특별한 사정이 없는 한 동종업을 영위하고 있는 경우 추정되고, 인과관계는 합리적 개연성이 있으면 충분하며, 제130조 과실 추정규정에 의해 침해자가 자신에게 과실이 없음을 증명해야 한다.

다. 분쟁의 핵심은 손해액의 증명으로 귀결되는데, 무체재산권 특성상 손해액 증명이 곤란하다는 점에서 제128조에서 손해액 추정 등을 규정하고 있다.

(3) 단기소멸시효

판례는 원고가 피고의 실용신안권에 대한 무효심판 및 심결취소소송을 제기하여 그 실용신안등록은 무효라는 내용의 특허법원 판결이 확정된 사안에서 무효심결확정일을 단기소멸시효의 기산점인 손해 및 가해자를 안 날로 보았다(2007다65245).

3 신용회복청구 (특허법 제131조)

(1) 내용

법원은 고의나 과실로 특허권 또는 전용실시권을 침해함으로써 특허권자 또는 전용실시권자의 업무상 신용을 떨어뜨린 자에 대해서는 특허권자 또는 전용실시권자의 청구에 의하여 손해배상을 갈음하여 또는 손해배상과 함께 특허권자 또는 전용실시권자의 업무상 신용회복을 위하여 필요한 조치를 명할 수 있다.

(2) 사죄광고명령

헌법재판소는 법원이 재판으로 사죄광고명령을 내리는 것은 헌법이 규정하는 양심의 자유 (헌법 제19조)에 반한다는 위헌 결정을 내린 바 있고 (4293형상326), 이는 비례의 원칙을 고려할 때 타당하다. 다만, 특허침해와 관련된 민, 형사상 확정판결의 내용 자체를 신문에 게재하는 것까지 제한하는 것은 아니다.

4 부당이득반환청구 (민법 제741조)

(1) 특허권자 등은 법률상 원인 없이 특허권을 침해하여 이익을 얻고 이로 인해 타인에게 손해를 가한 자에게 부당이득반환을 청구할 수 있다
(2) 침해자의 고의 또는 과실을 불문하고 손해배상청구권과 달리 부당이득반환청구권의 소멸시효는 10년이라는 점에서 실익이 있다.

제02절 침해금지 가처분 신청

1 의의 및 취지

가처분이란 본안절차의 심리지연으로 인하여 초래되는 회복하기 곤란한 권리자의 불이익을 피하기 위하여 인정되는 간이, 신속한 절차를 말한다. 가처분 신청은 본안소송에서 판결을 받기 전에 이와 동일한 효과를 얻을 수 있는 잠정적 조치로서의 실익이 있다.

2 특허침해에 있어 보전처분의 필요성

특허침해의 경우 기술적 사상의 창작을 대상으로 하므로 침해여부의 판단이 쉽지 않아 침해소송을 제기하여 승소판결을 받기까지 상당한 기간이 소요된다. 뿐만 아니라 기술의 수명이 짧아지고 있어 간이, 신속하게 특허침해에 대응하기 위한 효과적인 수단으로 보전처분을 이용할 필요성이 있다.

3 보전처분의 신청 요건

(1) 요건

보전하여야 할 실체법상 권리인 피보전권리와 그 권리의 보전의 필요성이 있어야 한다.

(2) 피보전권리

침해금지가처분 신청의 피보전권리는 특허법상 침해금지청구권 또는 침해금지예방청구권[135] (특허법 제126조)이다.

(3) 보전의 필요성

1) 법원의 재량에 따른 합목적적 결정

판례는 "가처분을 필요로 하는지 여부는 가처분신청의 인용 여부에 따른 당사자 쌍방의 이해득실 관계, 본안소송에 있어서의 장래의 승패의 예상, 기타의 제반 사정을 고려하여 법원의 재량에 따라 합목적적으로 결정하여야 할 것"이라고 판시하였다(92다40563).

2) 특허권침해금지 가처분의 경우 – 무효사유 항변과 유사

특허권침해의 금지라는 부작위의무를 부담시키는 이른바 만족적 가처분일 경우에 있어서는 보전의 필요성 유무를 더욱 신중하게 결정하여야 할 것으로서 만일 가처분신청 당시 채무자가 특허청에 별도로 제기한 심판절차에 의하여 그 특허권이 무효라고 하는 취지의 심결이 있은 경우나, 무효심판이 청구되고 그 청구의 이유나 증거관계로부터 장래 그 특허가 무효로 될 개연성이 높다고 인정되는 등의 특별한 사정이 있는 경우에는 당사자간의 형평을 고려하여 보전의 필요성을 결한 것으로 보는 것이 합리적이라 할 것이다(92다40563).

---

[135] 제약업계에서는 품목허가 중인 제품에 대해 침해금지예방청구권을 피보전권리로 하여 침해금지예방가처분을 제기하고 있다.

4 침해금지가처분 신청에 신중을 기할 필요성

침해금지가처분결정이 있은 후 본안소송에서 가처분채권자가 패소한 경우, 가처분채권자는 자신의 고의 또는 과실이 없다는 증명을 하지 못한 경우 그 가처분으로 인하여 채무자가 입은 손해에 더해 배상책임을 부담하게 되므로, 신청에 신중을 기해야 한다(98다52513).

제03절 형사상 조치

1 침해죄 (특허법 제225조)

특허권 또는 전용실시권을 침해한 자는 피해자의 의사에 반하지 않는 한 7년 이하의 징역 또는 1억원 이하의 벌금에 처한다(동조 제1항).

2 몰수 (특허법 제231조)

침해죄 (특허법 제225조 제1항)에 해당하는 침해행위를 조성한 물건 또는 그 침해행위로부터 생긴 물건은 몰수하거나 피해자의 청구에 따라 그 물건을 피해자에게 교부할 것을 선고하여야 한다(특허법 제231조 제1항). 이 경우 피해자는 그 물건의 가액을 초과하는 손해액에 대해서만 배상을 청구할 수 있다(특허법 제231조 제2항).

3 양벌규정 (특허법 제230조)

(1) 내용

법인의 대표자나 법인 또는 개인의 대리인, 사용인, 그 밖의 종업원이 그 법인 또는 개인의 업무에 관하여 침해죄 (제225조 제1항) 에 해당하는 위반행위를 하면 그 행위자를 벌하는 외에 그 법인에는 3억원 이하의 벌금형을, 그 개인에게는 해당 조문의 벌금형을 과(科)한다.

(2) 책임주의

다단, 2008. 12. 26. 시행 개정법은 책임주의에 반한다는 위헌결정에 따라 단서를 신설하여 법인 또는 개인이 그 위반행위를 방지하기 위하여 해당 업무에 관하여 상당한 주의와 감독을 게을리하지 아니한 경우에는 양벌규정이 적용되지 않도록 개정하였다.

4 관련문제 – 서면경고

서면경고란 특허권자 또는 전용실시권자가 특허발명을 무단으로 실시하고 있는 자에게 서면으로 자신의 독점, 배타적 권리임을 알려 특허침해를 중지할 것을 경고하는 행위를 말한다. 서면경고는 민, 형사상 청구에 있어 고의 입증에 실익이 있으나, 경우에 따라 강력한 서면경고는 손해배상책임 (민법 제750조), 업무방해죄 (형법 제314조)에 해당할 수 있어 신중을 기해야 다(2017나2417).[136]

CHAPTER 14 손해배상청구 (제128조)

> **제128조(손해배상청구권 등)**
> ① 특허권자 또는 전용실시권자는 고의 또는 과실로 자기의 특허권 또는 전용실시권을 침해한 자에 대하여 침해로 인하여 입은 손해의 배상을 청구할 수 있다.
> ② 제1항에 따라 손해배상을 청구하는 경우 그 권리를 침해한 자가 그 침해행위를 하게 한 물건을 양도하였을 때에는 다음 각 호에 해당하는 금액의 합계액을 특허권자 또는 전용실시권자가 입은 손해액으로 할 수 있다.
> 1. 그 물건의 양도수량(특허권자 또는 전용실시권자가 그 침해행위 외의 사유로 판매할 수 없었던 사정이 있는 경우에는 그 침해행위 외의 사유로 판매할 수 없었던 수량을 뺀 수량) 중 특허권자 또는 전용실시권자가 생산할 수 있었던 물건의 수량에서 실제 판매한 물건의 수량을 뺀 수량을 넘지 않는 수량에 특허권자 또는 전용실시권자가 그 침해행위가 없었다면 판매할 수 있었던 물건의 단위수량당 이익액을 곱한 금액
> 2. 그 물건의 양도수량 중 특허권자 또는 전용실시권자가 생산할 수 있었던 물건의 수량에서 실제 판매한 물건의 수량을 뺀 수량을 넘는 수량 또는 그 침해행위 외의 사유로 판매할 수 없었던 수량이 있는 경우 이들 수량(특허권자 또는 전용실시권자가 그 특허권자의 특허권에 대한 전용실시권의 설정, 통상실시권의 허락 또는 그 전용실시권자의 전용실시권에 대한 통상실시권의 허락을 할 수 있었다고 인정되지 않는 경우에는 해당 수량을 뺀 수량)에 대해서는 특허발명의 실시에 대하여 합리적으로 받을 수 있는 금액
> ③ 삭제
> ④ 제1항에 따라 손해배상을 청구하는 경우 특허권 또는 전용실시권을 침해한 자가 그 침해행위로 인하여 얻은 이익액을 특허권자 또는 전용실시권자가 입은 손해액으로 추정한다.
> ⑤ 제1항에 따라 손해배상을 청구하는 경우 그 특허발명의 실시에 대하여 합리적으로 받을 수 있는 금액을 특허권자 또는 전용실시권자가 입은 손해액으로 하여 손해배상을 청구할 수 있다.
> ⑥ 제5항에도 불구하고 손해액이 같은 항에 따른 금액을 초과하는 경우에는 그 초과액에 대해서도

---

136) 등록디자인권자라고 하더라도 독자적인 판단에 따라 누구에게나 어떠한 행위든 임의로 요구할 권리가 있다고 볼 수는 없으며, 재판받을 권리에 의해 원칙적으로 정당화되는 제소 및 소송수행과 달리 이 사건의 내용증명통고서와 같은 경고장을 발송하는 행위는 사법적 구제절차를 선취 또는 우회할 목적으로 이루어지는 자력구제의 성격을 가지는 것으로 법적 제도를 통한 분쟁 해결이라는 법치주의의 이념을 훼손할 우려가 크므로, 등록디자인권자가 이러한 경고장을 발송할 때는 매우 신중할 것이 요구된다. 또한, 디자인권 등의 침해 의심 제품의 경우 그 생산자 외에 그 생산자의 거래처 등에 대해서까지 침해 의심 제품의 판매·광고 등에 대한 경고 등을 할 때는 그로 인하여 생산자의 영업상 신용을 훼손할 우려가 크므로 생산자에 대해서 그러한 경고 등을 할 때보다 침해 여부 판단에 더욱 세심하고 고도한 주의가 요구된다. 그런데 원고는 피고 제품의 홈쇼핑 판매를 확인하자마자 별다른 검토 없이 피고뿐만 아니라 피고의 거래처들에게까지 일괄하여 그 내용과 문구가 매우 단정적인 1차 내용증명통고서를 발송하였고, 그로 인하여 홈앤쇼핑은 피고 제품의 홈쇼핑 판매를 중단하기까지 하였다. 원고로서는 경쟁업자인 피고의 거래처에 등록디자인권 침해 등에 관한 경고장을 발송하면 피고와 그 거래처 간의 거래관계가 중단될 수 있고, 그러한 경우 그 거래관계를 다시 원상으로 회복시키기 어려워 경쟁업자인 피고가 회복하기 어려운 타격을 받을 수 있음은 쉽게 예측할 수 있다. 앞서 본 기초사실 및 위 인정사실에 앞서 든 증거들에 의하여 인정되는 사실 내지 사정을 보태어 보면, 원고가 피고에 대하여 피고 제품의 생산·판매를 금지하는 가처분을 구하는 등 사법적 구제절차를 밟지 아니한 채 곧바로 위 인정사실에서 본 바와 같이 피고 및 피고의 거래처 등에게 1차 및 2차 내용증명통고서 등을 발송하거나 고지한 일련의 행위들(이하 '이 사건 불법행위'라 한다)은 정당한 권리행사를 벗어나 고의 또는 과실로 위법하게 피고의 영업활동을 방해한 것으로 민법 제750조의 불법행위에 해당한다고 봄이 타당하고, 이러한 원고의 불법행위로 인하여 피고가 매출액 감소 및 업무상 신용 훼손 등의 손해를 입었음이 인정되므로, 원고는 피고에게 이러한 손해를 배상할 책임이 있다.

손해배상을 청구할 수 있다. 이 경우 특허권 또는 전용실시권을 침해한 자에게 고의 또는 중대한 과실이 없을 때에는 법원은 손해배상액을 산정할 때 그 사실을 고려할 수 있다.

⑦ 법원은 특허권 또는 전용실시권의 침해에 관한 소송에서 손해가 발생된 것은 인정되나 그 손해액을 증명하기 위하여 필요한 사실을 증명하는 것이 해당 사실의 성질상 극히 곤란한 경우에는 제2항부터 제6항까지의 규정에도 불구하고 변론 전체의 취지와 증거조사의 결과에 기초하여 상당한 손해액을 인정할 수 있다.

⑧ 법원은 타인의 특허권 또는 전용실시권을 침해한 행위가 고의적인 것으로 인정되는 경우에는 제1항에도 불구하고 제2항부터 제7항까지의 규정에 따라 손해로 인정된 금액의 3배를 넘지 아니하는 범위에서 배상액을 정할 수 있다.

⑨ 제8항에 따른 배상액을 판단할 때에는 다음 각 호의 사항을 고려하여야 한다.
    1. 침해행위를 한 자의 우월적 지위 여부
    2. 고의 또는 손해 발생의 우려를 인식한 정도
    3. 침해행위로 인하여 특허권자 및 전용실시권자가 입은 피해규모
    4. 침해행위로 인하여 침해한 자가 얻은 경제적 이익
    5. 침해행위의 기간·횟수 등
    6. 침해행위에 따른 벌금
    7. 침해행위를 한 자의 재산상태
    8. 침해행위를 한 자의 피해구제 노력의 정도

1 특허법상 손해배상청구

(1) 특허권 침해 및 손해배상청구

특허권자 또는 전용실시권자는 고의 또는 과실로 자기의 특허권 또는 전용실시권을 침해한 자에 대하여 침해로 인하여 입은 손해의 배상을 청구할 수 있다(제128조 제1항).

(2) 요건

1) 고의 또는 과실, 위법행위로서 침해의 성립, 손해의 발생, 위법행위와 손해발생 사이의 인과관계를 요건으로 한다.

2) 손해의 발생은 특별한 사정이 없는 한 동종업을 영위하고 있는 경우 추정되고, 인과관계는 합리적 개연성이 있으면 충분하며, 제130조 과실 추정규정에 의해 침해자가 자신에게 과실이 없음을 증명해야 한다.

3) 분쟁의 핵심은 손해액의 증명으로 귀결되는데, 무체재산권 특성상 손해액 증명이 곤란하다는 점에서 제128조에서 손해액 추정 등을 규정하여 권리의 실효적 보호를 도모하였다.

2 손해액 산정방법

(1) 특허법 제 128조 제2항

1) 법적성격 및 내용

통설은 본 규정의 법적성격을 제4항과 마찬가지로 추정규정으로 본다. 제2항에 따르면 특허권자

또는 전용실시권자는 침해자 양도수량(침해행위 외의 사유로 판매할 수 없었던 수량을 뺀 수량) 중 특허권자 또는 전용실시권자의 생산능력한도까지는 권리자의 단위수량당 이익액을 곱하고, 생산능력한도를 넘는 수량 또는 침해행위 외의 사유로 판매할 수 없었던 수량에 대해서는(실시권을 설정할 수 있었다고 인정되지 않는 경우에는 해당 수량을 뺀 수량) 합리적 실시료를 곱하여, 이 둘의 합산금액을 손해액으로 청구할 수 있다.

2) 개정법

가) 구 특허법 제128조 제2항 및 제3항에 따르면 손해배상액이 특허권자 또는 전용실시권자의 생산능력한도로 제한되어, 침해행위로 인한 침해자의 이익액이 손해배상액과 같거나 이보다 많을 수 있었다(침해자 이익 ≥ 실제 손해배상액). 즉 적법하게 실시권 설정 계약을 체결하는 것보다 권리를 침해하는 것이 오히려 이익이 되는 불합리한 상황이 발생할 수 있었다.

나) 개정법에서는 손해배상이 적정 수준으로 산정되어 침해행위를 억제할 수 있도록 침해자의 모든 양도수량에 대해 손해액 산정이 가능하게끔 개정하였다.

3) 개념설명

가) 권리자의 단위수량당 이익액

권리자의 단위수량당 이익액이란 특허권자·전용실시권자 제품의 단위당 판매가액에서 그 증가되는 제품의 판매를 위하여 추가로 지출하였을 것으로 보이는 제품 단위당 비용을 공제한 금액을 말하며, 침해시를 기준으로 산정한다.

나) 침해행위 외의 사유로 판매 불가 수량

침해자의 시장개발 노력, 판매망, 침해자의 상표, 광고 선전, 침해제품의 품질의 우수성 등으로 인하여 침해와 무관한 판매수량이 있는 경우를 말한다. 이는 침해자에게 주장·입증책임이 있다.

4) 자료제출명령 활용 및 제4항과의 대비

특허권자 또는 전용실시권자는 침해자의 양도수량을 증명하기 위해 법원에 자료제출명령을 신청할 수 있다(특허법 제132조). 본 규정은 제4항에 비해 특허권자 또는 전용실시권자의 단위수량당 이익액으로 손해액을 인정해주기 때문에 손해액의 입증이 용이하다.

(2) **특허법 제128조 제4항**

1) 법적성격 및 내용

본 규정의 법적성격은 추정규정이다. 침해한 자가 그 침해행위로 인하여 얻은 이익액을 특허권자 또는 전용실시권자가 입은 손해액으로 추정한다[137].

---

[137] 判例는 ⅰ) 본 규정은 특허권자에게 손해가 발생한 경우에 그 손해액을 평가하는 방법을 정한 것에 불과하여 침해행위에도 불구하고 특허권자에게 손해가 없는 경우에는 적용될 여지가 없으나, ⅱ) 다만 손해의 발생은 경업관계 등으로 인한 손해 발생의 염려 내지 개연성이 있음을 주장·입증하는 것으로 충분하다고 판시한다(2006다1831).

2) 침해자의 이익액 계산방식

　가. 학설

　　매출액에서 제조원가를 뺀 금액으로 보는 총이익설, 매출액에서 변동비와 고정비를 뺀 금액으로 보는 순이익설, 매출액에서 변동비만 뺀 금액으로 보는 한계이익설 등의 견해가 있다.

　나. 판례

　　판례는 '침해자가 그 침해행위로 얻은 이익액'은 특별한 사정이 없는 한 침해제품의 총 판매수익에서 침해제품의 생산·판매를 위하여 추가로 들어가는 비용(변동비용)을 공제한 한계이익으로 산정될 수 있다고 하여 한계이익설의 입장이다(2018나1275).

　다. 검토

　　생각건대, 고정비용은 생산량과 관계없이 지출되는 비용이므로 침해행위와의 견련성을 인정하기 어려우므로 침해로 인하여 추가로 들어간 비용을 공제한 금액을 손해액으로 삼는 한계이익설이 타당하다.

3) 제품의 일부에 특허침해가 성립하는 경우

　다수설은 특허가 부여하는 구매동기의 기여율을 곱하여 손해액을 계산하여야 한다고 하고, 판례 또한 "침해자가 그 물건을 제작·판매함으로써 얻은 이익 전체를 침해행위에 의한 이익이라고 할 수는 없고, 침해자가 그 물건을 제작·판매함으로써 얻은 전체 이익에 대한 당해 저작재산권의 침해행위에 관계된 부분의 기여율(기여도)을 산정하여 그에 따라 침해행위에 의한 이익액을 산출하여야 할 것이고, 그러한 기여율은 침해자가 얻은 전체 이익에 대한 저작재산권의 침해에 관계된 부분의 불가결성, 중요성, 가격비율, 양적 비율 등을 참작하여 종합적으로 평가할 수밖에 없다." 고 판시하여 (2002다18244) 다수설과 같은 입장이다.

4) 특허권자에게 손해가 없는 경우

　판례는 "특허법 제128조 제2항에서 말하는 이익은 침해자가 침해행위에 따라 얻게 된 것으로서 그 내용에 특별한 제한은 없으나, 이 규정은 특허권자에게 손해가 발생한 경우에 그 손해액을 평가하는 방법을 정한 것에 불과하여 침해행위에도 불구하고 특허권자에게 손해가 없는 경우에는 적용될 여지가 없으며, 다만 손해의 발생에 관한 주장·입증의 정도에 있어서는 경업관계 등으로 인하여 손해 발생의 염려 내지 개연성이 있음을 주장·입증하는 것으로 충분하다." 고 판시하였다 (2006다1831). 본 규정은 간주규정이 아닌 추정규정이므로 손해가 없다는 반대사실이 입증되면 그 추정은 복멸됨이 마땅한 바, 위 판례의 태도는 타당해 보인다.

5) 자료제출명령 및 감정사항 설명의무 활용

　침해자의 이익액의 입증을 위해 권리자는 자료제출명령 및 감정사항 설명의무를 활용할 수 있다. 다만 자료제출명령을 이용하더라도 침해자의 이익액을 증명하는 것이 쉽지 않아 특허법 제128조 제7항의 도움을 받지 않는 한 손해액의 산정에 한계가 있는 경우도 있다.

(3) 특허법 제128조 제5항

1) 법적성격 및 내용

최저 법정손해액으로 특허권자는 특허발명의 실시에 대하여 합리적으로 받을 수 있는 금액을 특허권자 또는 전용실시권자가 입은 손해액으로 하여 손해배상을 청구할 수 있다. 통설은 본 규정의 법적성격을 제2항, 제4항과 달리 간주규정으로 보아, 창작물에 대한 최소한의 보호조치로써 손해발생의 입증여부를 떠나 배상 받을 수 있는 금액으로 해석한다.

2) 특허발명의 실시에 대하여 합리적으로 받을 수 있는 금액

구법상 판례는 "특허발명의 객관적인 기술적 가치, 당해 특허발명에 대한 제3자와의 실시계약 내용, 당해 침해자와의 과거의 실시계약 내용, 당해 기술분야에서 같은 종류의 특허발명이 얻을 수 있는 실시료, 특허발명의 잔여 보호기간, 특허권자의 특허발명 이용 형태, 특허발명과 유사한 대체기술의 존재 여부, 침해자가 특허침해로 얻은 이익 등 변론종결시까지 변론과정에서 나타난 여러 가지 사정을 모두 고려하여 객관적, 합리적인 금액으로 결정하여야 하고, 특히 당해 특허발명에 대하여 특허권자가 제3자와 사이에 특허권 실시계약을 맺고 실시료를 받은 바 있다면 그 계약 내용을 침해자에게도 유추적용하는 것이 현저하게 불합리하다는 특별한 사정이 없는 한 그 실시계약에서 정한 실시료를 참작하여 위 금액을 산정하여야 하며, 그 유추적용이 현저하게 불합리하다는 사정에 대한 입증책임은 그러한 사정을 주장하는 자에게 있다."고 판시하였다(2003다15006).

3) 개정법

그 동안 우리나라에서 실시료 배상금액으로 인정된 비율은 매출액의 약 2-5%로, 미국의 약 13.1%에 비해 낮았다[138]. 이에 기술탈취의 근절을 위해 배상금액 확대의 필요성이 있었으며, 이러한 경향에서 "통상적으로" 받을 수 있는 금액을 "합리적으로" 받을 수 있는 금액으로 개정하여, 사안별로 법원의 판단에 따라 배상금액을 결정할 수 있도록 유동성을 부여했다.

4) 특허법 제128조 제6항

제128조 제5항에도 불구하고 손해액이 같은 항에 따른 금액을 초과하는 경우에는 그 초과액에 대해서도 손해배상을 청구할 수 있다. 이 경우 특허권 또는 전용실시권을 침해한 자에게 고의 또는 중대한 과실이 없을 때에는 법원은 손해배상액을 산정할 때 그 사실을 고려할 수 있다.

5) 제2항·제4항과의 대비

손해발생사실, 인과관계 등을 입증할 필요 없이 특허발명의 실시에 대하여 합리적으로 받을 수 있는 금액을 주장, 입증하면 족하다.

(4) 특허법 제128조 제7항

1) 내용

법원은 특허권 또는 전용실시권의 침해에 관한 소송에서 손해가 발생된 것은 인정되나 그 손해액을 증명하기 위하여 필요한 사실을 증명하는 것이 해당 사실의 성질상 극히 곤란한 경우에는 변론 전체의 취지와 증거조사의 결과에 기초하여 상당한 손해액을 인정할 수 있다.

---

138) 특허청

2) 구체적인 인정방법

판례는 "특허침해로 손해가 발생된 것은 인정되나 특허침해의 규모를 알 수 있는 자료가 모두 폐기되어 그 손해액을 입증하기 위하여 필요한 사실을 일증하는 것이 어렵게 된 경우에는 특허법 제128조 제7항을 적용하여 상당한 손해액을 결정할 수 있고, 이 경우에는 그 기간 동안의 침해자의 자본, 설비 등을 고려하여 평균적인 제조수량이나 판매수량을 가늠하여 이를 기초로 삼을 수 있다고 할 것이며, 특허침해가 이루어진 기간의 일부에 대해서만 손해액을 입증하기 어려운 경우 반드시 손해액을 입증할 수 있는 기간에 대하여 채택된 손해액 산정 방법이나 그와 유사한 방법으로만 상당한 손해액을 산정하여야만 하는 것은 아니고, 자유로이 합리적인 방법을 채택하여 변론 전체의 취지와 증거조사의 결과에 기초하여 상당한 손해액을 산정할 수 있다."고 판시하였다(2003다15006).

3 징벌적 개념에 따른 손해배상액 증액 제도의 도입에 관한 논의

(1) 징벌적 손해배상제도의 의의 및 취지

1) 징벌적 손해배상이란 가해자의 행위가 악의적이고 강한 비난을 받아 마땅하다고 인정되는 경우 전보적 손해배상에 부가하여 확대된 배상금의 지급을 명하는 영미법상 손해배상제도를 말한다.
2) 본래 손해배상제도는 실손해 배상을 원칙으로 하나, 이를 넘어 통상적으로 3배의 손해배상을 부과함으로써 형벌적 기능을 구현하려는 취지이다.

(2) 도입에 관한 논의

1) 부정론

민형사상 책임분리 원칙에 반할 수 있다는 점[139], 위헌의 여지가 있는 점, 특허권 침해 금지나 예방 자체보다 거액의 손해배상이 주목적이 되어 남소가 우려된다는 점을 근거로 한다.

2) 긍정론

특허권 침해의 특수성, 특허법상 벌칙에서 침해죄(특허법 제225조)를 규정하고 있음에도 검찰의 기소 건수도 적고 실형선고율도 낮아서 실효성이 낮다는 점을 고려할 때, 피해자에 대한 실효적 보상을 담보할 수 있고 침해행위에 대한 예방 및 재발방지 기능을 할 수 있다는 점을 근거로 한다.

(3) 개정법

구법상 우리나라 특허침해소송에서의 손해배상액 중간 값은 약 6천만으로, 미국의 손해배상액 중간 값이 약 66억원인 것에 비하면 턱없이 낮은 실정이었다[140]. 이로 인해 우선 기술을 탈취하고 보자는 식의 악의적 또는 의도적인 특허권 침해행위들이 왕왕 있어[141], 왜곡된 특허법의 질서를 바로잡고자 징벌적 개념에 따른 손해배상액의 증액 제도를 도입했다.

---

139) 민형사상 책임분리 원칙은 민사책임은 사적절서에서 발생하는 개인에 대한 손해배상 책임인 반면, 형사책임은 공적질서에서 발생하는 사회공동체에 대한 책임으로 양자는 명확히 구분되어야 한다는 원칙이다. 징벌적 손해배상제도는 손해배상제도에 형벌적 성격을 부구하는 것으로 우리법의 근간이 되는 위 원칙에 위배될 여지가 있다.
140) 특허청
141) 특허청 : 지식재산에 대해서 시장에서는 제 값을 정당하게 지불하기 보다는 침해를 통해 이익을 얻고, 침해가 적발되면 배상액을 지불하는 것이 더 이득이라는 인식이 형성되어 있다. 피해기업 역시 소송에서 이기더라도 손해배상액이 충분하지 않기 때문에 소송을 포기하는 경우가 많아져, 지식재산 침해의 악순환이 계속되는 상황이었다.

한편 도입 과정에서 징벌적 손해배상이 인정되기 위한 불법행위자의 주관적 가중사유에 대해 논의가 있었으나[142], 특허법은 특허권 또는 전용실시권을 침해한 행위가 고의적인 것으로 인정되는 경우 고의의 정도 등 총 8 가지의 상황을 고려하여 손해로 인정된 금액의 3배를 넘지 아니하는 범위에서 법원이 배상액을 정할 수 있다고 규정했다(특허법 제128조 제8항, 제9항).

(4) 법적성격

개정법에서 도입된 징벌적 손해배상은 피해자에게 구체적으로 발생한 현실적 손해를 불법행위 이전 상태로 회복 내지 전보하는 것을 목적으로 하는 보상적 손해배상과 구별되고, 비재산적 손해에 대한 보상적 손해배상의 의미를 갖는 위자료와도 구별되며, 처벌의 성격을 지닌다. 다만 법원이 부과하고 피해자에게 귀속된다는 점에서 과징금·과태료 또는 벌금과는 구별된다.

(5) 검토

그 동안 실손해 전보 원칙[143] 또는 정당기술거래액[144]에 의한 배상액은 그 액수가 지나치게 낮아 기술탈취의 요인이 된다는 비판이 있었다. 또한 미국, 대만, 호주 등 먼저 운영하고 있는 해외사례에 비추어보더라도, 특허권자 등의 보호를 위해 징벌적 손해배상제도의 입법은 필요했다고 판단된다. 다만 과도한 징벌적 손해배상은 침해자의 헌법상 기본권을 침해할 소지가 있으므로, 이를 고려하여 "고의"의 주관적 가중사유를 요건으로 하고, 배상액의 상한을 3배로 제한한 입법태도는 타당해 보인다.

---

[142] 과실만 있어도 인정되는지, 고의 또는 중과실 등 주관적 비난가능성까지 있어야 인정되는지 등
[143] 특허법 제128조 제2항, 제4항의 차액설
[144] 특허법 제128조 제5항의 합리적 실시료

CHAPTER 15. 침해와 손해액의 입증에 있어 도움을 주는 규정

제126조의2(구체적 행위태양 제시 의무)
① 특허권 또는 전용실시권 침해소송에서 특허권자 또는 전용실시권자가 주장하는 침해행위의 구체적 행위태양을 부인하는 당사자는 자기의 구체적 행위태양을 제시하여야 한다.
② 법원은 당사자가 제1항에도 불구하고 자기의 구체적 행위태양을 제시할 수 없는 정당한 이유가 있다고 주장하는 경우에는 그 주장의 당부를 판단하기 위하여 그 당사자에게 자료의 제출을 명할 수 있다. 다만, 그 자료의 소지자가 그 자료의 제출을 거절할 정당한 이유가 있으면 그러하지 아니하다.
③ 제2항에 따른 자료제출명령에 관하여는 제132조제2항 및 제3항을 준용한다. 이 경우 제132조제3항 중 "침해의 증명 또는 손해액의 산정에 반드시 필요한 때"를 "구체적 행위태양을 제시할 수 없는 정당한 이유의 유무 판단에 반드시 필요한 때"로 한다.
④ 당사자가 정당한 이유 없이 자기의 구체적 행위태양을 제시하지 않는 경우에는 법원은 특허권자 또는 전용실시권자가 주장하는 침해행위의 구체적 행위태양을 진실한 것으로 인정할 수 있다.

제128조의2(감정사항 설명의무)
특허권 또는 전용실시권 침해소송에서 법원이 침해로 인한 손해액의 산정을 위하여 감정을 명한 때에는 당사자는 감정인에게 감정에 필요한 사항을 설명하여야 한다.

제129조(생산방법의 추정)
물건을 생산하는 방법의 발명에 관하여 특허가 된 경우에 그 물건과 동일한 물건은 그 특허된 방법에 의하여 생산된 것으로 추정한다. 다만, 그 물건이 다음 각 호의 어느 하나에 해당하는 경우에는 그러하지 아니하다.
  1. 특허출원 전에 국내에서 공지되었거나 공연히 실시된 물건
  2. 특허출원 전에 국내 또는 국외에서 반포된 간행물에 게재되었거나 전기통신회선을 통하여 공중이 이용할 수 있는 물건

제130조(과실의 추정)
타인의 특허권 또는 전용실시권을 침해한 자는 그 침해행위에 대하여 과실이 있는 것으로 추정한다.

제132조(자료의 제출)
① 법원은 특허권 또는 전용실시권 침해소송에서 당사자의 신청에 의하여 상대방 당사자에게 해당 침해의 증명 또는 침해로 인한 손해액의 산정에 필요한 자료의 제출을 명할 수 있다. 다만, 그 자료의 소지자가 그 자료의 제출을 거절할 정당한 이유가 있으면 그러하지 아니하다.
② 법원은 자료의 소지자가 제1항에 따른 제출을 거부할 정당한 이유가 있다고 주장하는 경우에는 그 주장의 당부를 판단하기 위하여 자료의 제시를 명할 수 있다. 이 경우 법원은 그 자료를 다른 사람이 보게 하여서는 아니 된다.
③ 제1항에 따라 제출되어야 할 자료가 영업비밀(「부정경쟁방지 및 영업비밀보호에 관한 법률」 제2조제2호에 따른 영업비밀을 말한다. 이하 같다)에 해당하나 침해의 증명 또는 손해액의 산정에 반드시 필요한 때에는 제1항 단서에 따른 정당한 이유로 보지 아니한다. 이 경우 법원은 제출명령의 목적 내에서 열람할 수 있는 범위 또는 열람할 수 있는 사람을 지정하여야 한다.
④ 당사자가 정당한 이유 없이 자료제출명령에 따르지 아니한 때에는 법원은 자료의 기재에 대한 상대방의 주장을 진실한 것으로 인정할 수 있다.
⑤ 제4항에 해당하는 경우 자료의 제출을 신청한 당사자가 자료의 기재에 관하여 구체적으로 주장하

> 기에 현저히 곤란한 사정이 있고 자료로 증명할 사실을 다른 증거로 증명하는 것을 기대하기도 어려운 때에는 법원은 그 당사자가 자료의 기재에 의하여 증명하고자 하는 사실에 관한 주장을 진실한 것으로 인정할 수 있다.

1 구체적 행위태양 제시 의무 (특허법 제126조의2)

(1) 내용

침해의 입증에 있어서, 소송에서 특허권자 등이 주장하는 침해행위의 구체적 행위태양을 부인하면 부인한 당사자에게 구체적 행위태양을 제시하는 의무를 부과했다(특허법 제126조의2). 본 의무를 이행하지 않을 경우 법원은 특허권자 등이 주장하는 침해행위의 구체적 행위태양을 진실한 것으로 인정할 수 있다.

(2) 검토

그 동안 제조방법 발명은 피고 공장에서 침해가 이루어져 특허권자 등이 입증하기가 곤란했고, 여기서 입증책임이라는 소송절차의 법리를 악용해, 악의적 또는 의도적으로 특허권을 침해하는 행위들이 있었다. 이에 기술탈취를 근절하고 왜곡된 특허법의 질서를 바로잡고자 특허권자 등이 주장하는 침해행위의 구체적 행위태양을 피고가 부인하는 경우, 자료의 제출을 거절할 정당한 이유가 없는 한 피고에게 구체적 행위태양을 제시하도록 의무를 부과한 입법태도는 타당해 보인다. 단 피고의 구체적 행위태양이 영업비밀에 해당할 가능성도 있으므로, 비밀심리절차 등을 통해 피고에게 불이익이 없도록 운영해야 할 것이다.

2 감정사항 설명의무 (특허법 제128조의2)

손해액의 입증에 있어서, 손해액의 산정을 위해서는 회계 전문지식이 필요할 수 있다. 이에 손해액의 입증을 위한 증거자료에 대해서는 회계 전문가에게 감정을 명하는 경우가 있을 수 있는데, 이때 위 회계장부의 내용에 대해 소지자가 충실히 설명을 해주지 않으면 감정이 곤란하게 되는 경우가 많아, 감정사항 설명의무를 강제하는 본 규정을 입법했다.

3 과실추정 (특허법 제130조)

(1) 내용

침해행위에 대하여는 과실을 추정한다(특허법 제130조). 이는 무체재산권인 특허권의 특성상 고의나 과실의 입증이 어렵고, 특허발명의 내용이 등록공고 등을 통해 공시되었음에도 불구하고 이를 간과하고 특허발명을 실시한 것을 침해자의 과실로 볼 여지가 있기 때문이다.

(2) 판례

1) 법원은 특허권의 존재를 알지 못하였다는 점을 정당화할 수 있는 사정이 있다거나, 자신이 실시하는 기술이 특허발명의 권리범위에 속하지 않는다고 믿는 점을 정당화할 수 있는 사정이 있

다는 것을 입증하면 과실의 추정의 복멸이 가능하다고 하나, 권리자가 침해사실을 알면서도 그 침해에 대하여 어느 정도 방관한 경우나 침해품에 대해 별도의 특허등록을 받았다는 사정만으로는 그 복멸을 인정하지 않았다(2007다65245). 또한 간접침해자의 요구에 따라 특허발명의 전용품을 제작하여 간접침해자에게만 납품한 자에 대해서도 과실 추정의 복멸을 인정하지 않았다(2019다222782).

2) 법원은 특허침해 제품을 생산·판매한 이후에 특허발명의 청구범위를 정정하는 심결이 확정되었더라도, 정정심결의 확정 전·후로 청구범위에 실질적인 변경이 없으므로 제3자 행위에 과실이 있는 것으로 추정하는 법리는 정정을 전·후하여 그대로 유지된다고 판단하였다(2009다19925).

4 자료제출명령 (특허법 제132조)

(1) 의의

자료제출명령은 침해 또는 손해액의 입증에 있어서 필요한 서류를 소지한 당사자에 대해 그 자료의 제출을 명하는 법원의 재판을 말한다(특허법 제132조 제1항). 이는 증거의 구조적 편재 문제를 시정하기 위해 도입되었다.

(2) 자료제출명령 거부사유

1) 내용

자료의 소지자는 정당한 이유가 있으면 법원의 자료제출명령을 거부할 수 있다. 단 제출할 자료에 영업비밀이 있어도 침해분쟁의 증명에 반드시 필요한 때는 그 자료의 제출을 거부할 정당한 이유로 보지 않는다(특허법 제132조 제1항, 제3항).

2) 검토

자료제출명령은 입증의 필요성을 위해 도입되었지만, 자료 제출로 인해 자료 소지자에게 불이익이 발생한다면 이는 마냥 묵과할 수 없다. 이에 자료를 소지하고 있는 당사자와 자료제출명령을 신청하는 당사자 사이의 이익형량을 고려해 적정한 선에서 제도를 운영할 필요가 있다. 따라서 자료 소지자에게 정당한 이유가 있다면 자료제출명령을 거부할 수 있다고 제한한 입법태도는 타당하다. 다만 특허침해분쟁에서는 당사자가 신청한 대부분의 자료에 기술적 혹은 경영상의 영업비밀이 포함되어 있을 가능성이 높아, 영업비밀에 해당함을 정당한 거부사유로 인정하면 자료제출명령이 형해화될 수 있다. 따라서 영업비밀에 해당하더라도 필요한 범위 내에서는 제출이 강제될 필요가 있으며, 영업비밀이 기재되어 있다는 점만으로는 자료제출을 거부할 수 없음을 명확히 한 내용도 타당하다.

단 실체적 진실발견이 중요하다 하더라도 자료제출명령에 의해 영업비밀이 공개됨으로써 자료 소지자의 영업에 지장을 초래해서는 안 될 것인바, 법원은 자료의 외부 유출방지에 적극적으로 협조해야 할 것이다(특허법 제132조 제2항, 제3항 후단).

(3) 자료제출명령 불응시 법적 효과

1) 내용

당사자가 정당한 이유 없이 자료제출명령에 따르지 아니한 경우 법원은 자료의 기재에 대한 상대방의 주장을 진실한 것으로 인정할 수 있다(특허법 제128조 제4항). 즉 문서에 관한 성질, 성립 및 내용 등에 대한 주장을 진실한 것으로 인정할 수 있다(대법원 1993. 11. 23. 선고 93다41938 판결). 나아가 만약 당사자가 자료의 기재에 관하여 주장할 수 있는 사정이 되지 않고, 그 자료가 아닌 다른 증거로는 증명하고자 하는 사실의 증명이 곤란한 때는 법원은 요증사실에 관한 주장까지도 진실한 것으로 인정할 수 있다(특허법 제132조 제5항).

2) 내용

일본은 문서제출명령 불응에 대한 제재로 일정한 요건 하에서 당해 문서에 의하여 증명할 사실까지도 진실한 것으로 인정할 수 있도록 하고 있다.

미국은 디스커버리 제도를 취하고 있으며, 디스커버리 절차에 협력하지 않으면 강제개시명령을 내릴 수 있고, 이 명령을 위반할 경우 법원은 상대방 당사자의 주장을 진실한 것으로 간주하는 명령, 소송 전체에 대한 패소판결 등 강한 제재를 가할 수 있다[FRCP 제37조(b)(2)(A)].

이처럼 세계 각국은 증거수집과 관련하여 어느 정도의 강제성을 취하고 있는데, 증거수집의 곤란은 소송을 통한 권리구제를 어렵게 하기 때문이다.

따라서 우리나라도 충분한 증거확보를 통해 소송 당사자의 이익을 구제할 필요가 있으며, 이 맥락에서 일반적인 민사소송보다 증거자료가 상대방 당사자에게 편재되어 있는 경향이 심한 특허침해 분쟁에서, 정당한 이유 없이 자료제출명령에 불응했을 때 요증사실에 관한 주장까지 진실한 것으로 인정할 수 있다고 본 특허법 태도는 타당하다.

다만 자료제출명령은 실체적 진실의 탐구에 근접하기 위한 수단인데, 자료제출명령을 불응했다는 이유만으로 요증사실에 대한 진실을 탐구하지 않고, 요증사실에 관한 주장을 진실한 것으로 간주함은 논리적으로 합당하지 않은 바, 개정태도처럼 다른 증거로는 증명하기 곤란한 특별한 사정이 있어 실체적 진실 탐구에 이를 수 없는 불가피한 장해가 존재하는 때에 한하여 요증사실에 관한 주장을 진실한 것으로 인정할 수 있다고 봄이 바람직하다.

5 생산방법의 추정 (특허법 제129조)

(1) 제조방법에 관하여 특허가 된 경우 제조방법에 의하여 생산된 그 물건과 동일한 물건은 그 특허된 방법에 의해 생산된 것으로 추정한다. 제조방법 발명의 경우 입증이 용이하지 않아 입증책임의 전환을 도모한 것이다.

(2) 다만 그 물건이 특허출원 전에 국내에서 공지되었거나 공연히 실시된 물건이거나, 특허출원 전에 국내 또는 국외에서 반포된 간행물에 게재되었거나 전기통신회선을 통하여 공중이 이용할 수 있는 물건인 경우는 그러하지 아니하다. 이때는 제132조의 자료제출명령 또는 제126조의2 의 구체적 행위태양 제시 의무의 도움을 받을 수 있다.

6 비밀유지명령제도

(1) 비밀유지명령

1) 비밀유지명령이란 특허권 또는 전용실시권의 침해(침해금지청구 또는 손해배상청구 등)에 관한 소송에서 당사자가 보유한 영업비밀이 자료제출명령 등에 의해 제출된 경우 그 자료를 본 당사자 또는 이의 대리인에게 비밀을 유지할 것을 명령함으로써 영업비밀이 외부로 누설되지 않도록 조처하는 제도를 말한다(특허법 제224조의3 제1항 본문). 과거에는 침해여부 또는 손해액의 산정에 필요한 자료를 당사자가 보유하고 있어도 영업비밀임을 이유로 그 자료의 확인이 곤란한 경우가 있었는데, 영업비밀이라 하더라도 필요한 자료면 제출을 강제하고자 비밀유지명령제도를 도입하였다.

2) 비밀유지명령은 당사자의 신청에 따라 결정으로 하고 비밀유지명령의 신청은 ⅰ) 비밀유지명령을 받을 자, ⅱ) 비밀유지명령의 대상이 될 영업비밀을 특정하기에 충분한 사실, ⅲ) 특허법 제224조의3 제1항 각 호의 사유에 해당하는 사실을 적은 서면으로 한다(특허법 제224조의3 제2항).

3) 비밀유지명령이 결정된 경우는 그 결정서를 비밀유지명령을 받은 자에게 송달하고(특허법 제224조의3 제3항), 비밀유지명령은 그 결정서가 비밀유지명령을 받은 자에게 송달된 때부터 효력이 발생한다(특허법 제224조의3 제4항).

4) 한편 비밀유지명령의 신청을 기각 또는 각하한 재판에 대해서는 즉시항고로써 불복할 수 있다(특허법 제224조의3 제5항). 다만 비밀유지명령의 신청이 인용된 경우는 불복할 수 없다(특허법 제224조의3 제5항 반대해석).

(2) 비밀유지명령의 취소

1) 비밀유지명령을 신청한 자 또는 비밀유지명령을 받은 자는 특허법 제224조의3 제1항에 따른 요건을 갖추지 못하였거나 갖추지 못하게 된 경우 소송기록을 보관하고 있는 법원(소송기록을 보관하고 있는 법원이 없는 경우에는 비밀유지명령을 내린 법원)에 비밀유지명령의 취소를 신청할 수 있다(특허법 제224조의4 제1항). 비밀유지명령을 받은 자뿐만 아니라, 비밀유지명령을 신청한 자도 비밀유지명령의 취소를 신청할 수 있다.

2) 법원은 비밀유지명령의 취소 신청에 대해 각하, 취소 또는 기각의 결정을 한 경우 그 결정서를 신청을 한 자 및 상대방에게 송달한다(특허법 제224조의4 제2항). 이때 위 결정서를 송달 받은 자는 그 결정에 대해 즉시항고를 함으로써 불복할 수 있고(특허법 제224조의4 제3항), 비밀유지명령을 취소하는 결정은 확정되어야 효력이 발생한다(특허법 제224조의4 제4항). 참고로 비밀유지명령에 대한 결정과 달리, 비밀유지명령 취소에 대한 결정은 인용한 결정에 대해서도 즉시항고가 가능하다.

3) 비밀유지명령을 취소하는 결정을 한 법원은 비밀유지명령의 취소 신청을 한 자 또는 상대방 외에 해당 영업비밀에 관한 비밀유지명령을 받은 자가 있는 경우는 그 자에게 즉시 비밀유지명령에 대해 취소결정을 한 사실을 알린다(특허법 제224조의4 제5항).

(3) 소송기록 열람 등의 청구 통지

1) 비밀유지명령이 내려진 소송(모든 비밀유지명령이 취소된 소송은 제외한다)에 관한 소송기록에 대해 민사소송법 제163조 제1항의 결정(열람제한결정)이 있었던 경우, 비밀유지명령을 받지 아니한 자가 위 소송기록을 열람 하고자 하면 열람을 담당하는 법원사무관 등은 법원사무관 등은 민사소송법 제163조 제1항의 열람제한신청을 한 당사자에게 위 열람 등의 청구가 있었다는 사실을 알린다(특허법 제224조의5 제1항).

2) 위 통지 이후 법원사무관 등은 비밀유지명령을 받지 아니한 자의 열람청구가 있었던 날부터 2주일이 지날 때까지(그 청구절차를 행한 자에 대한 비밀유지명령신청이 그 기간 내에 행하여진 경우는 그 비밀유지명령신청에 대한 재판이 확정되는 시점까지) 열람청구절차를 행한 자에게 비밀 기재 부분의 열람 등을 허여 하지 않는다(특허법 제224조의5 제2항). 다만 위 2주일 전이라도 열람제한신청을 한 당사자 모두가 열람을 동의한 경우에는 바로 열람을 허여한다(특허법 제224조의5 제3항).

CHAPTER 16 벌칙

제225조(침해죄)
① 특허권 또는 전용실시권을 침해한 자는 7년 이하의 징역 또는 1억원 이하의 벌금에 처한다.
② 제1항의 죄는 피해자의 명시적인 의사에 반하여 공소(公訴)를 제기할 수 없다.

제226조(비밀누설죄 등)
① 특허청 또는 특허심판원 소속 직원이거나 직원이었던 사람이 특허출원 중인 발명(국제출원 중인 발명을 포함한다)에 관하여 직무상 알게 된 비밀을 누설하거나 도용한 경우에는 5년 이하의 징역 또는 5천만원 이하의 벌금에 처한다. 〈개정 2021. 4. 20.〉
② 전문심리위원 또는 전문심리위원이었던 자가 그 직무수행 중에 알게 된 다른 사람의 비밀을 누설하는 경우에는 2년 이하의 징역이나 금고 또는 1천만원 이하의 벌금에 처한다. 〈신설 2021. 4. 20.〉

제227조(위증죄)
① 이 법에 따라 선서한 증인, 감정인 또는 통역인이 특허심판원에 대하여 거짓으로 진술·감정 또는 통역을 한 경우에는 5년 이하의 징역 또는 5천만원 이하의 벌금에 처한다.
② 제1항에 따른 죄를 범한 자가 그 사건의 특허취소신청에 대한 결정 또는 심결이 확정되기 전에 자수한 경우에는 그 형을 감경 또는 면제할 수 있다.

제223조(특허표시 및 특허출원표시)
① 특허권자, 전용실시권자 또는 통상실시권자는 다음 각 호의 구분에 따른 방법으로 특허표시를 할 수 있다.
　1. 물건의 특허발명의 경우 : 그 물건에 "특허"라는 문자와 그 특허번호를 표시
　2. 물건을 생산하는 방법의 특허발명의 경우 : 그 방법에 따라 생산된 물건에 "방법특허"라는 문자와 그 특허번호를 표시
　3. 삭제
② 특허출원인은 다음 각 호의 구분에 따른 방법으로 특허출원의 표시(이하 "특허출원표시"라 한다)를 할 수 있다.
　1. 물건의 특허출원의 경우 : 그 물건에 "특허출원(심사중)"이라는 문자와 그 출원번호를 표시
　2. 물건을 생산하는 방법의 특허출원의 경우 : 그 방법에 따라 생산된 물건에 "방법특허출원(심사중)"이라는 문자와 그 출원번호를 표시
③ 제1항 또는 제2항에 따른 특허표시 또는 특허출원표시를 할 수 없는 물건의 경우에는 그 물건의 용기 또는 포장에 특허표시 또는 특허출원표시를 할 수 있다.
④ 그 밖에 특허표시 또는 특허출원표시에 필요한 사항은 산업통상자원부령으로 정한다.

제224조(허위표시의 금지)
누구든지 다음 각 호의 어느 하나에 해당하는 행위를 하여서는 아니 된다.
　1. 특허된 것이 아닌 물건, 특허출원 중이 아닌 물건, 특허된 것이 아닌 방법이나 특허출원 중이 아닌 방법에 의하여 생산한 물건 또는 그 물건의 용기나 포장에 특허표시 또는 특허출원표시를 하거나 이와 혼동하기 쉬운 표시를 하는 행위
　2. 제1호의 표시를 한 것을 양도·대여 또는 전시하는 행위
　3. 제1호의 물건을 생산·사용·양도 또는 대여하기 위하여 광고·간판 또는 표찰에 그 물건이 특허나 특허출원된 것 또는 특허된 방법이나 특허출원 중인 방법에 따라 생산한 것으로 표시하거나 이와 혼동하기 쉬운 표시를 하는 행위

4. 특허된 것이 아닌 방법이나 특허출원 중이 아닌 방법을 사용·양도 또는 대여하기 위하여 광고·간판 또는 표찰에 그 방법이 특허 또는 특허출원된 것으로 표시하거나 이와 혼동하기 쉬운 표시를 하는 행위

제228조(허위표시의 죄)
제224조를 위반한 자는 3년 이하의 징역 또는 3천만원 이하의 벌금에 처한다.

제229조(거짓행위의 죄)
거짓이나 그 밖의 부정한 행위로 특허, 특허권의 존속기간의 연장등록, 특허취소신청에 대한 결정 또는 심결을 받은 자는 3년 이하의 징역 또는 3천만원 이하의 벌금에 처한다.

제224조의3(비밀유지명령)
① 법원은 특허권 또는 전용실시권의 침해에 관한 소송에서 그 당사자가 보유한 영업비밀에 대하여 다음 각 호의 사유를 모두 소명한 경우에는 그 당사자의 신청에 따라 결정으로 다른 당사자(법인인 경우에는 그 대표자), 당사자를 위하여 소송을 대리하는 자, 그 밖에 그 소송으로 인하여 영업비밀을 알게 된 자에게 그 영업비밀을 그 소송의 계속적인 수행 외의 목적으로 사용하거나 그 영업비밀에 관계된 이 항에 따른 명령을 받은 자 외의 자에게 공개하지 아니할 것을 명할 수 있다. 다만, 그 신청 시점까지 다른 당사자(법인인 경우에는 그 대표자), 당사자를 위하여 소송을 대리하는 자, 그 밖에 그 소송으로 인하여 영업비밀을 알게 된 자가 제1호에 규정된 준비서면의 열람이나 증거조사 외의 방법으로 그 영업비밀을 이미 취득하고 있는 경우에는 그러하지 아니하다.
  1. 이미 제출하였거나 제출하여야 할 준비서면, 이미 조사하였거나 조사하여야 할 증거 또는 제132조제3항에 따라 제출하였거나 제출하여야 할 자료에 영업비밀이 포함되어 있다는 것
  2. 제1호의 영업비밀이 해당 소송 수행 외의 목적으로 사용되거나 공개되면 당사자의 영업에 지장을 줄 우려가 있어 이를 방지하기 위하여 영업비밀의 사용 또는 공개를 제한할 필요가 있다는 것
② 제1항에 따른 명령(이하 "비밀유지명령"이라 한다)의 신청은 다음 각 호의 사항을 적은 서면으로 하여야 한다.
  1. 비밀유지명령을 받을 자
  2. 비밀유지명령의 대상이 될 영업비밀을 특정하기에 충분한 사실
  3. 제1항 각 호의 사유에 해당하는 사실
③ 법원은 비밀유지명령이 결정된 경우에는 그 결정서를 비밀유지명령을 받은 자에게 송달하여야 한다.
④ 비밀유지명령은 제3항의 결정서가 비밀유지명령을 받은 자에게 송달된 때부터 효력이 발생한다.
⑤ 비밀유지명령의 신청을 기각하거나 각하한 재판에 대해서는 즉시항고를 할 수 있다.

제224조의4(비밀유지명령의 취소)
① 비밀유지명령을 신청한 자 또는 비밀유지명령을 받은 자는 제224조의3제1항에 따른 요건을 갖추지 못하였거나 갖추지 못하게 된 경우 소송기록을 보관하고 있는 법원(소송기록을 보관하고 있는 법원이 없는 경우에는 비밀유지명령을 내린 법원)에 비밀유지명령의 취소를 신청할 수 있다.
② 법원은 비밀유지명령의 취소신청에 대한 재판이 있는 경우에는 그 결정서를 그 신청을 한 자 및 상대방에게 송달하여야 한다.
③ 비밀유지명령의 취소신청에 대한 재판에 대해서는 즉시항고를 할 수 있다.
④ 비밀유지명령을 취소하는 재판은 확정되어야 효력이 발생한다.
⑤ 비밀유지명령을 취소하는 재판을 한 법원은 비밀유지명령의 취소신청을 한 자 또는 상대방 외에

해당 영업비밀에 관한 비밀유지명령을 받은 자가 있는 경우에는 그 자에게 즉시 비밀유지명령의 취소 재판을 한 사실을 알려야 한다.

제224조의5(소송기록 열람 등의 청구 통지 등)
① 비밀유지명령이 내려진 소송(모든 비밀유지명령이 취소된 소송은 제외한다)에 관한 소송기록에 대하여 「민사소송법」 제163조제1항의 결정이 있었던 경우, 당사자가 같은 항에서 규정하는 비밀 기재 부분의 열람 등의 청구를 하였으나 그 청구 절차를 해당 소송에서 비밀유지명령을 받지 아니한 자가 밟은 경우에는 법원서기관, 법원사무관, 법원주사 또는 법원주사보(이하 이 조에서 "법원사무관등"이라 한다)는 「민사소송법」 제163조제1항의 신청을 한 당사자(그 열람 등의 청구를 한 자는 제외한다. 이하 제3항에서 같다)에게 그 청구 직후에 그 열람 등의 청구가 있었다는 사실을 알려야 한다.
② 제1항의 경우에 법원사무관등은 제1항의 청구가 있었던 날부터 2주일이 지날 때까지(그 청구 절차를 밟은 자에 대한 비밀유지명령 신청이 그 기간 내에 이루어진 경우에는 그 신청에 대한 재판이 확정되는 시점까지) 그 청구 절차를 밟은 자에게 제1항의 비밀 기재부분의 열람 등을 하게 하여서는 아니 된다.
③ 제2항은 제1항의 열람 등의 청구를 한 자에게 제1항의 비밀 기재부분의 열람 등을 하게 하는 것에 대하여 「민사소송법」 제163조제1항의 신청을 한 당사자 모두가 동의하는 경우에는 적용되지 아니한다.

제229조의2(비밀유지명령 위반죄)
① 국내외에서 정당한 사유 없이 제224조의3제1항에 따른 비밀유지명령을 위반한 자는 5년 이하의 징역 또는 5천만원 이하의 벌금에 처한다.
② 제1항의 죄는 비밀유지명령을 신청한 자의 고소가 없으면 공소를 제기할 수 없다.

1 침해죄 (특허법 제225조)

(1) 내용

특허권 또는 전용실시권을 침해한 자는 7년 이하의 징역 또는 1억원 이하의 벌금에 처한다(동조 제1항).

(2) 고소

1) 구법

구법상 침해죄는 친고죄로서 고소가 있어야 공소를 제기할 수 있고, 범인을 알게 된 날로부터 6개월을 경과하면 고소하지 못했다(형사소송법 제230조 제1항). 이는 침해죄를 당사자간 문제로 국한해 해석한 태도다.

2) 개정법

구법상의 친고죄는 고소가 필요하거나 공소시효의 적용을 받는 등 제한이 있어 민사 분쟁과 대비해 형사 처벌 사례가 많지 않았다. 개정법에서는 침해행위를 더 억제하고자 침해죄를 피해자의 명시한 의사에 반하여는 공소를 제기할 수 없도록 하는 반의사불벌죄로 전환하여 민사분쟁과 함께 수사와 공판이 같이 진행되어 침해자를 더 옥죌 수 있게 하였다. 현행법에서는 피해자(특허권자, 전용실시권자)의 고소가 없거나 형사소송법 제230조 제1항의 고소기간 6개월이 경과하더라도 검찰이 공소를 제기할 수 있어 권리의 보호가 한층 강화되었다.

3) 보론

상표법은 침해죄를 비친고죄로 규정한다. 이는 상표권의 침해는 일반공중의 이익을 해할 수 있는 공적 문제로 해석한 것이다.

(3) 고의

1) 고의범

특허법은 침해죄와 관련하여 과실범에 대한 처벌을 규정하고 있지 않은 바, 고의범만 처벌된다.

2) 고의의 조각 (법률의 착오)

형법 제16조에 따라 자기의 행위가 법령에 의하여 죄가 되지 아니하는 것으로 오인한 경우는 그 오인에 정당한 이유가 있는 때에 한하여 벌하지 아니한다.

(4) 특허권 침해죄에 다른 공소제기 시 공소사실의 특정 요건

형사소송법 제254조 제4항은 "공소사실의 기재는 범죄의 시일, 장소와 방법을 명시하여 사실을 특정할 수 있도록 하여야 한다."라고 규정하고 있는 바, 침해의 대상과 관련하여 특허등록번호를 기재하는 방법 등에 의하여 침해의 대상이 된 특허발명을 특정할 수 있어야 하고, 침해의 태양과 관련하여서는 침해제품 등의 제품명, 제품번호 등을 기재하거나 침해제품 등의 구성을 기재하는 방법 등에 의하여 침해제품 등을 다른 것과 구별할 수 있을 정도로 특정할 수 있어야 한다(2015도17674).

2 비밀누설죄 (특허법 제226조 및 제226조의2)

(1) 내용

특허청 또는 특허심판원 소속 직원이거나 직원이었던 사람 (선행기술의 조사 등을 위한 전문기관 또는 특허문서전자화기관의 임원, 직원 또는 그 직에 있었던 자 포함)이 특허출원 중인 발명(국제출원 중인 발명을 포함한다)에 관하여 직무상 알게 된 비밀을 누설하거나 도용한 경우에는 5년 이하의 징역 또는 5천만원 이하의 벌금에 처한다.

(2) 실익

산업기술의 유출을 방지하여 국익을 도모하기 위한 규정으로 비친고죄에 해당하며, 양벌규정의 적용이 없다.

3 위증죄 (특허법 제227조)

(1) 내용

특허법에 따라 선서한 증인, 감정인 또는 통역인이 특허심판원에 대하여 거짓으로 진술·감정 또는 통역을 한 경우에는 5년 이하의 징역 또는 5천만원 이하의 벌금에 처한다. 다만, 그 사건의 특허취소신청에 대한 결정 또는 심결이 확정되기 전에 자수한 경우에는 그 형을 감경 또는 면제할 수 있다.

(2) 실익

심판사건의 객관적 사실인정을 담보하기 위한 수단으로, 비친고죄에 해당하며, 양벌규정의 적용이 없다.

4 허위표시의 죄 (특허법 제228조)

(1) 특허표시 (특허법 제223조)

특허권자, 전용실시권자 또는 통상실시권자는 물건의 특허발명의 경우 그 물건에, 물건을 생산하는 방법의 특허발명의 경우 그 방법에 따라 생산된 물건에 특허표시를 할 수 있다.

(2) 허위표시의 금지 및 벌칙

1) 내용

누구든지 특허된 것이 아닌 물건, 특허출원 중이 아닌 물건, 특허된 것이 아닌 방법이나 특허출원 중이 아닌 방법에 의하여 생산한 물건 또는 그 물건의 용기나 포장에 특허표시 또는 특허출원표시를 하거나 이와 혼동하기 쉬운 표시를 하는 행위 등은 금지되며 (제224조), 이를 위반한 자는 3년 이하의 징역 또는 3천만원 이하의 벌금에 처한다(특허법 제228조).

2) 실익

잘못된 특허표시로 인한 수요자의 오인을 방지하여 시장의 거래안전을 도모하기 위한 것으로, 비친고죄에 해당하며, 양벌규정의 적용이 있다.

(3) 특허발명의 구성 일부를 변경한 경우

판례는 "위 규정의 취지는 특허로 인한 거래상의 유리함과 특허에 관한 공중의 신뢰를 악용하여 공중을 오인시키는 행위를 처벌함으로써 거래의 안전을 보호하는 데에 있다고 할 것이다. 이러한 취지에 비추어 볼 때, 특허된 것 등으로 표시한 물건의 기술적 구성이 청구범위에 기재된 발명의 구성을 일부 변경한 것이라고 하더라도, 그러한 변경이 해당 기술분야에서 통상의 지식을 가진 사람(이하 '통상의 기술자'라고 한다)이 보통 채용하는 정도로 기술적 구성을 부가·삭제·변경한 것에 지나지 아니하고 그로 인하여 발명의 효과에 특별한 차이가 생기지도 아니하는 등 공중을 오인시킬 정도에 이르지 아니한 경우에는, 위 물건에 특허된 것 등으로 표시를 하는 행위가 위 규정에서 금지하는 표시행위에 해당한다고 볼 수 없다."고 판시하였다(2013도10265).

(4) 다른 특허방법을 사용하는 것으로 표시한 경우

이미 특허된 방법을 사용하여 물건을 제조하면서 광고, 간판 또는 표찰류에 그 특허가 아닌 다른 특허의 방법을 사용하여 제조한 것처럼 표시한 경우에는 특허권자의 특허권을 침해하는 행위로써 특허법 제158조 제1항의 특허침해죄에 해당하고 특허법 제160조 제5호에 해당하지 않는다(83도1411).

5 거짓행위의 죄 (특허법 제229조)

(1) 내용

거짓이나 그 밖의 부정한 행위로 특허, 특허권의 존속기간의 연장등록, 특허취소신청에 대한 결정 또는 심결을 받은 자는 3년 이하의 징역 또는 3천만원 이하의 벌금에 처한다.

(2) 판단

1) 거짓 기타 부정한 행위로 특허를 받은 자

판례는 "정상적인 절차에 의하여서는 특허를 받을 수 없는 경우임에도 불구하고 위계 기타 사회통념상 부정이라고 인정되는 행위로써 그 특허를 받은 자를 가리킨다." 고 판시하였다(2003도6283).

2) 인정범위

심사관 또는 심판관을 착오에 빠뜨리려는 적극적인 조작행위가 있어야 하며, 단순한 묵비 등은 이에 포함되지 않는다. 소극적으로 진실을 은폐하려는 부작위에 대해서는 논란이 있다.

(3) 거짓행위를 부정한 판례

1) 2010도2985

상표 및 디자인 등록에서 사위행위죄는 상표 및 디자인 등록 과정에서 허위의 자료나 위조된 자료를 제출하는 등 심사관을 부정한 행위로써 착오에 빠뜨려 등록 요건을 결여한 상표 및 디자인에 대하여 등록을 받은 자를 처벌함으로써 국가의 심사권의 적정한 행사를 보장하려는 취지에서 둔 규정이라고 할 것이므로, 서비스표 및 디자인 등록 출원을 위임받은 자가 위임의 취지에 위배하여 자신의 명의로 등록 출원하였다는 사실만으로는 '사위 기타 부정한 행위'가 있었다고 볼 수 없다.

2) 2003도6283

'특허출원 전에 국내에서 공지되었거나 공연히 실시된 발명'이거나 '특허출원 전에 국내 또는 국외에서 반포된 간행물에 게재된 발명' 등으로서 특허를 받을 수 없는 발명임에도 불구하고 특허출원을 하였다는 사실만으로는 그 '사위 기타 부정한 행위'가 있었다고 볼 수 없을 뿐만 아니라, 특허출원인에게 특허출원시 관계 법령상 그러한 사정을 특허관청에 미리 알리도록 강제하는 규정 등도 없는 이상, 특허출원시 이를 특허관청에 알리거나 나아가 그에 관한 자료를 제출하지 않은 채 특허출원을 하였다고 하여 이를 가리켜 위계 기타 사회통념상 부정이라고 인정되는 행위라고 볼 수도 없다.

(4) 거짓행위를 긍정한 판례

1) 82도3283

소외인 명의의 시험성적서를 마치 피고인의 것인 양 특허청에 제출하는 등 하여 위 소외인이 특허를 받을 수 있는 권리를 피고인 자신이 발명한 것처럼 모인하여 특허를 받았다면 피고인의 소위는 사위의 행위로서 특허권을 받는 경우에 해당한다.

6 비밀유지명령 위반죄 (특허법 제229조의2)

(1) 비밀유지명령 (특허법 제224조의3 내지 5)

1) 의의 및 취지

한미 자유무역협정의 특허 관련 합의사항에 따라 특허에 관한 민사소송에 비밀유지 명령을 도입하였다. 비밀유지명령이란 소송절차에서 생성되거나 교환된 영업비밀을 보호하기 위해 소송당사자, 대리인 등에게 소송 중 알게 된 비밀을 소송 수행외의 목적으로 사용하지 못하게 하거나 공개하지 못하게 하는 법원의 명령을 말한다.

2) 검토

자료제출거부의 남용을 방지할 수 있고, 소송절차에서 영업비밀을 보호함으로써 기업의 경영활동 위축을 막을 수 있으며, 입증곤란을 해소하여 충실한 심리를 도모할 수 있는 바 타당한 개정이다.

(2) 비밀유지명령 위반죄

국내외에서 정당한 사유 없이 비밀유지명령을 위반한 자는 5년 이하의 징역 또는 5천만원 이하의 벌금에 처한다(특허법 제229조의2 제1항). 이는 비밀유지명령의 실효성 담보를 위한 것으로, 친고죄에 해당한다(특허법 제229조의2 제2항).

7 벌칙 정리

		징역	벌금	친고죄 여부	양벌규정 가부
침해죄		7년 이하	1억 이하	×(반의사불벌죄)	O
비밀누설죄	직원	5년 이하	5천만원 이하	×	×
	전문심리위원	2년 이하 징역 또는 금고	1천만원 이하	×	×
위증죄		5년 이하	5천만원 이하	×	×
허위표시의 죄		3년 이하	3천만원 이하	×	O
거짓행위의 죄		3년 이하	3천만원 이하	×	O
비밀유지명령 위반죄		5년 이하	5천만원 이하	O	×

정전장

PART 12

특유발명

CHAPTER 01 의약용도발명

1 서

(1) 의약은 질병의 진단·경감·치료·처치 또는 예방을 위하여 사용되는 물건을 말하고(특허법 제96조 제2항), 의약용도발명이란 의약물질이 가지는 특정의 약리효과라는 미지의 속성의 발견에 기초하여 의약으로서의 효능을 발휘하는 새로운 용도를 제공하는 발명을 말한다.

(2) 의약물질의 약리효과는 다각도의 시험을 거쳐야 비로소 밝혀지는 경우가 많고, 약리효과에 기초한 새로운 용도를 개발하기 위하여는 오랜 기간의 임상시험에 따른 비용과 노력이 소요되는 점에서 이와 같은 용도의 개발을 특허로써 보호하여 장려할 필요가 있다.

2 의약용도발명의 등록가능성

(1) 신규성 및 진보성 (특허법 제29조 제1항 및 제2항)

1) 의약용도발명의 구성요소 – 등록요건 판단대상

의약용도발명은 특정 물질과 그것이 가지고 있는 의약용도가 발명을 구성하는 것이므로(2012후2664), 물질과 의약용도 모두를 고려하여 신규성 및 진보성을 판단한다.

2) 약리기전이 구성요소로 인정될 수 있는지 여부

의약용도발명에서는 특정 물질과 그것이 가지고 있는 의약용도가 발명을 구성하는 것이고, 약리기전은 특정 물질에 불가분적으로 내재된 속성으로서 특정 물질과 의약용도와의 결합을 도출해내는 계기에 불과하다. 따라서 의약용도발명의 특허청구범위에 기재되어 있는 약리기전은 특정 물질이 가지고 있는 의약용도를 특정하는 한도 내에서만 발명의 구성요소로서 의미를 가질 뿐 약리기전 자체가 특허청구범위를 한정하는 구성요소라고 보아서는 아니 된다.[145]

3) 신규성 판단기준

특허법원은 ① 의약용도가 선행발명에 의하여 구체적으로 개시되었는지 여부에 의해 신규성 유무가 결정된다고 판시하며, (2014허4913) ② 선행발명이 통상의 기술자가 그 의약용도와 관련한 약리효과를 객관적으로 확인할 수 있을 정도로 구체적으로 개시하고 있는 경우에 해당한다면 그 신규성이 부정된다고 본다(2019허4147).

4) 진보성 판단기준

의약용도발명에서는 통상의 기술자가 선행발명들로부터 그 의약용도를 쉽게 예측할 수 있는 정도에 불과하다면 진보성이 부정되고, 이러한 경우 선행발명들에서 임상시험 등에 의한 치료효과가 확인될 것까지 요구된다고 볼 수 없다.[146]

---

145) 2012후3664
146) 2016후502

(2) 명세서 기재방법 (특허법 제42조)

1) 발명의 설명

가) 발명의 설명은 통상의 기술자가 그 발명을 쉽게 실시할 수 있도록 명확하고, 상세하게 기재하여야 하며(특허법 제42조 제3항 제1호), 이를 위반한 경우 특허를 받을 수 없다.

나) 판례는 의약용도발명의 설명 기재와 관련하여, "일반적으로 기계장치 등에 관한 발명에 있어서는 특허출원의 명세서에 실시예가 기재되지 않더라도 당업자가 발명의 구성으로부터 그 작용과 효과를 명확하게 이해하고 용이하게 재현할 수 있는 경우가 많으나, 이와는 달리 이른바 실험의 과학이라고 하는 화학발명의 경우에는 당해 발명의 내용과 기술수준에 따라 차이가 있을 수는 있지만 예측가능성 내지 실현가능성이 현저히 부족하여 실험데이터가 제시된 실험예가 기재되지 않으면 당업자가 그 발명의 효과를 명확하게 이해하고 용이하게 재현할 수 있다고 보기 어려워 완성된 발명으로 보기 어려운 경우가 많고, 특히 약리효과의 기재가 요구되는 의약의 용도발명에 있어서는 그 출원 전에 명세서 기재의 약리효과를 나타내는 약리기전이 명확히 밝혀진 경우와 같은 특별한 사정이 있지 않은 이상 특정 물질에 그와 같은 약리효과가 있다는 것을 약리데이터 등이 나타난 시험예로 기재하거나 또는 이에 대신할 수 있을 정도로 구체적으로 기재하여야만 비로소 발명이 완성되었다고 볼 수 있는 동시에 명세서의 기재요건을 충족하였다"고 판시하였다(2001후65)[147)][148)].

2) 청구범위

가) 청구범위는 발명의 설명에 의하여 뒷받침되어야 하고, 발명이 명확하고 간결하게 적혀 있어야 하며,(특허법 제42조 제4항) 이에 위반시 거절이유에 해당한다.

나) 판례는 의약 용도발명의 청구범위 기재와 관련하여, "의약의 용도발명에서는 특정 물질이 가지고 있는 의약의 용도가 발명의 구성요건에 해당하므로, 발명의 특허청구범위에는 특정 물질의 의약용도를 대상 질병 또는 약효로 명확히 기재하는 것이 원칙이나, 특정 물질의 의약용도가 약리기전만으로 기재되어 있다 하더라도 발명의 설명 등 명세서의 다른 기재나 기술상식에 의하여 의약으로서의 구체적인 용도를 명확하게 파악할 수 있는 경우에는 특허법 제42조 제4항 제2호에 정해진 청구항의 명확성 요건을 충족하는 것으로 볼 수 있다." 고 판시하였다(2006후3564).

3 의약용도발명의 보호범위

(1) 적극적 효력

용도발명의 대상이 되는 물질이 특허를 받은 발명인 경우 이용관계가 성립하며, 용도발명의 특허

[147)] 특허 출원 명세서에 있어서 당해 기술분야에서 통상의 지식을 가진 자가 그 내용을 명확하게 이해하고 인식하여 재현할 수만 있다면 그 효과를 확증하기에 충분한 실험 데이터가 기재되어 있지 않다고 하여도 그 명세서의 기재는 적법하며 의약품의 발명에 있어서는 그 약리효과에 대한 기재가 있으면 충분하고 그에 대한 실험 데이터나 시험 성적표의 기재는 명세서의 필수적 기재요건은 아니다(95후1326).

[148)] 시험예의 기재가 필요함에도 불구하고 최초 명세서에 그 기재가 없던 것을 추후 보정에 의하여 보완하는 것은 명세서에 기재된 사항의 범위를 벗어난 것으로서 명세서의 요지를 변경한 것이다(2001후65).

권자가 물질발명의 특허권자에게 제98조의 허락 또는 통상실시권 허락의 심판 (제138조) 에 의하지 않고 자신의 특허발명을 실시하는 경우에는 물질발명의 침해에 해당한다(2003허2270).

(2) 소극적 효력

1) 권리범위 해석

특허발명의 보호범위는 청구범위에 적혀있는 사항에 의하여 정하여지는 바 (제97조), 공지된 물질에 대한 의약 용도발명의 보호범위는 공지된 물질을 청구범위에 기재된 용도로 실시하는 경우에 한정된다(2005가합63349).

2) 균등론

판례는 "용도발명은 '용도'와 '물(物)'을 필수 구성요건으로 하고 있고, 등록발명은 유효성분을 공지된 화합물인 "시부트라민 염산염" 또는 "그의 일수화물"로 한정한 비만증 치료용 약제학적 조성물로 구성되어 있으므로, 그 권리범위는 물(物) 측면에서는 시부트라민 염산염 또는 그의 일수화물을 유효성분으로 한 약제학적 조성물과, 용도 측면에서는 비만증 치료용과 각각 동일 내지 균등한 범위에만 미친다." 고 판시하였다(2005허10459).

4 관련문제

(1) 허가 등에 따른 존속기간 연장 (제89조)

1) 의의 및 취지

특허발명을 실시하기 위하여 다른 법령에 따라 허가를 받거나 등록 등을 하여야 하고, 그 허가 또는 등록 등을 위하여 필요한 유효성·안전성 등의 시험으로 인하여 장기간이 소요되는 대통령령으로 정하는 발명인 경우에는 제88조제1항에도 불구하고 그 실시할 수 없었던 기간에 대하여 5년의 기간까지 그 특허권의 존속기간을 한 차례만 연장할 수 있다(특허법 제89조 제1항). 이는 허가 등이 필요한 발명의 경우 허가 등이 있기 전까지 발명을 실시할 수 없다는 점에서 독점적 판매가능기간에 관해 다른 발명과의 형평성을 도모하기 위한 것이다.

2) 효력 (제95조)

허가 등에 따라 특허권의 존속기간이 연장된 특허권의 효력은 그 연장등록의 이유가 된 허가 등의 대상물건(그 허가 등에 있어 물건에 대하여 특정의 용도가 정하여져 있는 경우에는 그 용도에 사용되는 물건)에 관한 그 특허발명의 실시 행위에만 미친다.

법원은 특허발명의 청구범위가 물질 및 의약용도발명으로 구성된 사건에서 존속기간이 연장된 의약품 특허권의 효력이 미치는 범위는 특허발명을 실시하기 위하여 약사법에 따라 품목허가를 받은 의약품과 특정 질병에 대한 치료효과를 나타낼 것으로 기대되는 특정한 유효성분, 치료효과 및 용도가 동일한지 여부를 중심으로 판단해야 한다고 판시했다. 즉 특허권자가 약사법에 따라 품목허가를 받은 의약품과 특허침해소송에서 상대방이 생산 등을 한 의약품이 약학적으로 허용 가능한 염 등에서 차이가 있더라도 발명이 속하는 기술분야에서 통상의 지식을 가진 사람이라면 쉽게 이를 선택할 수 있는 정도에 불과하고, 인체에 흡수되는 유효성분의 약리작용에 의해 나타나는 치료효과나 용도가 실질적으로 동일하다면 존속기간이 연장된 특허권의 효력이 침해제품에 미치는 것으로 보았다(2017다245798).

(2) 용법용량발명

1) 의의 및 취지

의약이 부작용을 최소화하면서 효능을 온전하게 발후 하기 위해서는 약효를 발휘할 수 있는 질병을 대상으로 하여 사용하여야 할 뿐만 아니라 투여주기·투여부위나 투여경로 등과 같은 투여용법과 환자에게 투여되는 용량을 적절하게 설정할 필요가 있는데, 이러한 투여용법과 투여용량은 의약용도가 되는 대상 질병 또는 약효와 더불어 의약이 그 효능을 온전하게 발휘하도록 하는 요소로서 의미를 가진다. 이러한 투여용법과 투여용량은 의약물질이 가지는 특정의 약리효과라는 미지의 속성의 발견에 기초하여 새로운 쓰임새를 제공한다는 점에서 대상 질병 또는 약효에 관한 의약용도와 본질이 같다.

2) 용법용량의 특허 대상성에 관한 논점

가. 문제점

의약용도는 특별한 이견 없이 특허의 대상으로 인정하나, 용법용량은 의료행위에 가깝다는 지적이 있어 특허권이 부여되어서는 안 된다는 의견이 있었다.

나. 학설

긍정설은 용법용량을 의약용도와 본질적으로 동일한 것으로 보아 의약용도처럼 특허가 가능하다고 보고, 부정설은 용법용량을 의료행위로 보아 특허가 불가하다고 본다.

다. 판례

종래 판례는 용법용량을 의료행위로 보았으나, 전원합의체에서 이를 변경하여 용법용량의 특허성을 인정하며, 새로운 용법용량이 부가되어 신규성과 진보성 등의 특허요건을 갖춘 물건발명에 대해 새로운 특허권을 부여할 수 있다고 본다.

라. 검토

생각건대, 용법용량은 유효성분의 효능을 더 극대화할 수 있다는 점에서 물건발명의 구성요소로 인정하는 의약용도와 본질이 같고, 제약회사의 상당한 연구비용투자의 결과물이라고 볼 수 있어, 이를 특허로 보호하는 것이 연구비용투자의 보호라는 특허법의 취지에서 타당하다.

3) 신규성, 진보성

가) 용법용량이 물건발명의 구성요소로 인정될 수 있는지 여부

판례는 의약이라는 물건의 발명에서 대상 질병 또는 약효와 함께 투여용법과 투여용량을 부가하는 경우에 이러한 투여용법과 투여용량은 의약이라는 물건이 효능을 온전하게 발휘하도록 하는 속성을 표현함으로써 의약이라는 물건에 새로운 의미를 부여하는 구성요소가 될 수 있다고 본다(2014후768).

나) 진보성 판단기준

판례는 의약개발 과정에서는 약효증대 및 효율적인 투여방법 등의 기술적 과제를 해결하기 위하여 적절한 투여용법과 투여용량을 찾아내려는 노력이 통상적으로 행하여지고 있으므로 특정한 투여용법과 투여용량에 관한 용도발명의 진보성이 부정되지 않기 위해서는 출원 당시의 기술수준이나 공지기술 등에 비추어 그 발명이 속하는 기술분야에서 통상의 지식을 가진 사람이 예측할 수 없는 현저하거나 이질적인 효과가 인정되어야 한다고 본다(2014후2702).

CHAPTER 02 컴퓨터 프로그램발명

1 서

(1) 컴퓨터 프로그램의 개념

특허법에는 컴퓨터프로그램의 정의에 대한 명문의 규정이 없으나, 저작권법에 따르면 "특정한 결과를 얻기 위하여 컴퓨터 등 정보처리능력을 가진 장치 내에서 직접 또는 간접으로 사용되는 일련의 지시·명령으로 표현된 창작물"을 말한다(저작권법 제2조 제16호).

컴퓨터 프로그램은 원칙적으로 저작권법의 보호대상이나, 특허법은 프로그램 관련 발명의 심사 기준을 규정하여 제한적으로 보호한다.

(2) 구별개념

'컴퓨터프로그램' 대신 '소프트웨어'라는 표현이 자주 쓰이는데, 소프트웨어는 컴퓨터프로그램을 작성하고 실행시키기 위한 시스템이라고 정의할 수 있고, 시스템 설계도, 순서도, 메뉴얼 등을 포함하는 넓은 의미를 갖는다. 컴퓨터프로그램, 소프트웨어, 영업방법(BM)등과 관련된 발명을 컴퓨터 관련 발명이라 한다.

2 등록가능성

(1) 성립성 인정여부

1) 문제점

가. 발명이란 '자연법칙을 이용한 기술적 사상의 창작으로서 고도한 것'을 말하고(제2조 제1호), 성립성 흠결의 경우 산업상 이용가능성(제29조 제1항 본문) 위반으로 거절되는 바, 컴퓨터프로그램 발명이 자연법칙을 이용한 것인지 문제된다.

나. 또한 컴퓨터프로그램은 법칙 그 자체로서 공용성을 갖추고 있어 독점권을 부여하면 권리범위가 지나치게 커 관련 산업의 발전을 저해할 수 있다는 우려도 있다.

3 학설

가. 자연법칙 이용여부와 관련하여

ⅰ) 성립성을 부정하는 견해는 컴퓨터프로그램은 본질적으로 일종의 인위적 약속체계에 불과한 바 자연법칙을 이용한 것으로 볼 수 없다고 한다.

ⅱ) 성립성을 긍정하는 견해는 컴퓨터프로그램은 자연법칙 이용물인 컴퓨터에 입력하여 사용되므로 기술적으로 컴퓨터와 일체를 이룬다고 보아 자연법칙을 이용한 것으로 볼 수 있다고 한다.

ⅲ) 절충설은 컴퓨터 프로그램이 특정 하드웨어를 이용하여 구체적으로 실현되고 있는 경우에 한해 성립성이 인정된다고 한다.

나. 공용성과 관련하여

ⅰ) 성립성을 부정하는 견해는 컴퓨터프로그램은 수학적 알고리즘으로서 원리, 즉 법칙에 해당하고, 법칙의 이용물이 아닌 법칙 그 자체에 대해 특허를 허여하면, 다양한 양태의 이용물이 침해에 해당하여, 법 목적인 산업발전(특허법 제1조)에 장애가 될 수 있음을 우려한다. ⅱ) 성립성을 긍정하는 견해는 공용성의 알고리즘이 아니라, 컴퓨터 등의 하드웨어를 작동시켜 특정의 기술적 효과를 유도하는 알고리즘이라면, 보호범위가 지나치게 커 산업발전을 장애한다는 우려가 성립하지 않으므로, 기술적 범위를 특정분야로 한정하고 있다면 보호해야 한다고 본다.

3) 외국의 경우

가. 미국

컴퓨터프로그램에 대한 미국연방대법원의 태도는 컴퓨터프로그램 자체는 특허의 대상이 될 수 없으나, 이를 응용한 때에는 특허의 대상이 될 수 있다고 보고 있으며, '응용'의 의미에 대해서는 논란이 있다.

나. 유럽

유럽특허협약에서는 컴퓨터프로그램은 특허대상에서 제외됨을 명문으로 규정하고 있으나, 이는 컴퓨터프로그램 자체에만 적용되는 것으로 해석된다.

다. 일본

일본특허법은 우리나라와 마찬가지로 발명의 정의 규정과 관련하여 컴퓨터프로그램의 발명의 성립성에 대해 논란이 있다. 일본의 개정된 심사기준에는 컴퓨터 소프트웨어 관련 발명을 포함하고 있고, 개정을 통해 컴퓨터프로그램에 의한 정보처리가 하드웨어를 이용하여 구체적으로 실현되고 있는 경우 발명의 성립성을 인정한다.

4) 우리나라의 경우

가. 심사실무

우리나라는 컴퓨터 프로그램 자체에 대해서는 자연법칙을 이용한 것도 아니고, 또한 법칙 그 자체라는 이유로, 발명의 성립성을 인정하지 않으나, '컴퓨터 관련 발명 심사기준'을 통해 소프트웨어에 의한 정보처리가 하드웨어를 이용해 구체적으로 실현되고 있는 경우 해당 소프트웨어와 협동해 동작하는 정보처리장치, 그 동작방법, 해당 소프트웨어를 기록한 컴퓨터로 읽을 수 있는 매체[149], 하드웨어와 결합되어 특정과제를 해결하기 위하여 매체에 저장된 컴퓨터프로그램(또는 애플리케이션)[150]은 발명으로 인정하고 있다.

나. 판례

판례는 "출원발명이 기본워드에 서브워드를 부가하여 명령어를 이루는 제어입력포맷을 다양하게 하고 워드의 개수에 따라 조합되는 제어명령어의 수를 증가시켜 하드웨어인 수치제어장치를 제어하는 방법에 관한 것으로서, 결국 수치제어입력포맷을 사용하여 소프트웨어인 서브

---

[149] 예) 컴퓨터에 단계 A, 단계 B, 단계 C, … 를 실행시키기 위한 프로그램을 기록한 컴퓨터로 읽을 수 있는 매체.
[150] 예) 컴퓨터에 단계 A, 단계 B, 단계 C, … 를 실행시키기 위하여 매체에 저장된 컴퓨터프로그램(또는 애플리케이션).

워드 부가 가공프로그램을 구동시켜 하드웨어인 수치제어장치에 의하여 기계식별·제어·작동을 하게 하는 것일 뿐만 아니라 하드웨어 외부에서의 물리적 변환을 야기시켜 그 물리적 변환으로 인하여 실제적 이용가능성이 명세서에 개시되어 있다는 이유로 그 출원발명을 자연법칙을 이용하지 않은 순수한 인간의 정신적 활동에 의한 것이라고 할 수는 없다"고 판시하여 심사실무와 같은 태도를 취했다(97후2507).

즉 컴퓨터프로그램 자체는 자연법칙을 이용한 산물도 아니고, 법칙 그 자체로서 공용성이 있어 특허를 인정할 수 없으나, 자연법칙을 이용한 산물인 하드웨어와 결합되어 공용성이 아닌 특정분야의 과제를 해결하는 데 적합한 용도로 한정한 발명은 특허를 인정하고 있다.

이는 컴퓨터프로그램이 하드웨어에 의해 자동화가 되어 특정 기능을 발휘하는 경우는 발명으로 인정하고, 하드웨어가 아닌 인간의 행동의 개입이 필요하여 자동화가 되지 않는 경우는 발명으로 인정하지 않는 태도다.

5) 검토

가. 컴퓨터프로그램 자체의 보호

특정의 기술적 효과를 달성하기 위해 컴퓨터프로그램이 하드웨어와 일체를 이루어 자동화를 갖춘 경우는 하드웨어의 성능을 높이거나 제어하는 방법, 장치, 그 컴퓨터프로그램을 기록한 기록매체 또는 그 컴퓨터프로그램은 특허의 대상이 될 수 있음은 별론, 특정과제를 해결하는 데 적합한 하드웨어와 결합되지 않은 컴퓨터프로그램 그 자체는 계산식, 수학공식과 같이 인간의 정신적 작용의 흐름을 표시한 것으로 자연법칙을 이용한 것도 아니고, 또한 법칙 그 자체로서 공용성이 있는바, 특허법의 보호대상이 될 수 없음이 타당하다.

나. 저작권법에 의한 보호의 한계 및 특허법상 보호의 필요성

컴퓨터프로그램 자체에 대해 저작권으로 보호할 수 있는 방법은 있다. 그러나 저작권법은 표현을 보호함에 그치고 특허법처럼 균등론의 법리가 미약해 침해자가 표현을 조금만 수정하면 저작권으로 보호하기가 곤란하다는 한계가 있다.

다. 향후과제

컴퓨터프로그램 자체가 아니고, 하드웨어와 결합되어 하드웨어에 의해 자동화 기능을 갖춘 컴퓨터프로그램발명은 특허로써 보호가 가능하나, 컴퓨터프로그램의 전송행위에 대해 특허법이 발명의 실시행위로 규정하고 있지 않아 특허법상 보호가 미흡한 실정이다.

컴퓨터프로그램발명이 산업발전에 기여하고 있는 바를 고려할 때, 향후 컴퓨터프로그램의 전송행위도 특허법상의 실시행위에 추가하여, 보호의 미흡으로 인한 연구 의욕이 저하되는 일이 없도록 다양한 연구와 정책의 보완이 필요하다고 판단된다.

(2) 신규성 및 진보성

1) 판단의 기본사항

통상의 발명과 마찬가지로 i) 청구항과 인용발명을 특정한 후, ii) 청구항과 가장 근접한 인용발명을 대비해 일치점과 차이점을 명확히 한 다음, iii) 이 인용발명과 다른 인용발명의 내용 및 기술상식으로부터 청구항의 발명에 대해 신규성 또는 진보성을 부정할 수 있는지 여부로 판단한다. 이

때 청구항에 기재된 발명을 특정함에 있어서 인위적인 결정사항과 시스템화 방법을 분해할 것이 아니라 유기적으로 결합된 전체로서의 발명으로 파악하는 것이 중요하다.

2) 진보성 판단방법

공지발명에 특정 분야에서 사람이 수행하고 있는 업무를 개시하고 있지만 그 업무를 어떻게 시스템화할지에 대해 개시하지 않은 경우라 하더라도, 특정 분야에서 사람이 수행하고 있는 업무를 시스템화하여 컴퓨터에 의해 실현하는 것은 통상의 시스템 분석 수법 및 시스템 설계 수법을 이용한 일상적 작업으로 가능한 정도의 것이면 통상의 기술자의 통상의 창작 능력 발휘에 해당하는 경우가 많아, 진보성이 인정되지 않는다.

또한 컴퓨터에 의해 자동화함으로써 얻을 수 있는 '신속하게 처리할 수 있다', '대량의 데이터를 처리할 수 있다' 등의 일반적인 효과는 자동화함에 따른 당연한 효과인 것이 많아, 이러한 효과만으로는 진보성을 인정받기가 쉽지 않다.

(3) 명세서 기재방법

1) 발명의 설명

발명의 설명에는 컴퓨터 관련 발명 분야에서 통상의 기술적 수단을 이용하고 통상의 창작 능력을 발휘할 수 있는 자가 특허청구범위 이외의 명세서 및 도면에 기재한 사항와 출원시의 기술상식에 근거해 청구항에 관련된 발명을 쉽게 실시할 수 있을 정도로 명확하고 충분하게 기재해야 한다. 즉 컴퓨터프로그램이 실현되는 과정, 컴퓨터에 의해 실현되는 기능 등이 명료하게 기재해야 한다. 다만, 컴퓨터는 범용성 있는 기술수단이므로 특별한 사정이 없는 한 컴퓨터프로그램의 지시에 따라 작업을 수행하는 기능을 하는 것에 불과한 하드웨어의 상세한 설명은 기재하지 않아도 된다[151].

2) 청구범위

가. 방법발명

시계열적으로 연결된 일련의 처리 또는 조작, 즉 단계로서 표현할 수 있을 때 그 단계를 특정하는 것에 의해 방법발명으로 기재할 수 있다.

나. 물건발명

컴퓨터프로그램의 기능으로 특정된 물건발명으로 기재할 수 있다.

다. 프로그램 기록 매체, 데이터 기록 매체

프로그램을 설치하고 실행하거나 유통하기 위해 사용되는 프로그램을 기록한 컴퓨터로 읽을 수 있는 매체의 물건발명 또는 기록된 데이터 구조로 말미암아 컴퓨터가 수행하는 처리 내용이 특정되는 구조를 가진 데이터를 기록한 컴퓨터로 읽을 수 있는 매체의 물건발명으로 기재할 수 있다. 컴퓨터프로그램을 기록한 CD-ROM 등의 매체를 물건발명으로서 청구하는 형태이다.

---

[151] 그 발명이 이용하고 있는 어떤 기술수단이 특허출원 당시의 기술수준에 속하는 범용성이 있는 것으로서 그 구성을 명시하지 아니하더라도 이해할 수 있는 것일 때는 구태여 그 기술수단의 내용을 기재할 필요가 없다(92후49).

라. 하드웨어와 결합되어 특정과제를 해결하기 위하여 매체에 저장된 컴퓨터프로그램

종래는 컴퓨터프로그램 청구항을 인정하지 않았으나, 2014년 개정 컴퓨터관련발명 심사기준에서 "하드웨어와 결합되어 단계 A, 단계 B, 단계 C를 실행시키기 위하여 매체에 저장된 컴퓨터프로그램" 형태의 컴퓨터프로그램(또는 애플리케이션) 청구항을 인정하였다. 이는 청구항 형식에 관한 국제적 경향에 부응하기 위함이다.[152]

4 컴퓨터 프로그램의 전송이 특허권 침해인지 여부

(1) 물건발명(장치 또는 기록매체청구항)의 경우

1) 문제점

컴퓨터 프로그램은 '장치' 또는 '기록매체'의 형태로 특허법상 보호하고 있어 프로그램 그 자체를 제3자가 온라인으로 전송한 경우 침해로 볼 수 있는지 문제된다.

2) 판례

판례는 컴퓨터 프로그램은 발명의 실시를 위한 수단의 일부이며 프로그램 자체의 제작, 판매는 일반적으로는 물건발명의 실시에 해당하지 아니하므로 피고가 해당 프로그램과 협동하여 동작하는 정보처리장치가 아니라 프로그램 그 자체를 웹 사이트에서 전기통신회선을 통하여 사람들이 내려받을 수 있도록 제공한 것만으로는 정보처리장치에 해당하는 물건 발명의 실시행위에 해당한다고 볼 수 없다고 한다.[153]

3) 검토

생각건대, ⅰ) 발명의 실시행위를 제한 열거적으로 나열한 특허법 제2조 제3호 규정상 판례와 같은 결론은 불가피할 것이다. ⅱ) 다만 특허발명의 기술적 사상을 그 유통형태에 따라 보호여부를 달리하는 것은 불합리하며 또한 실질적으로 컴퓨터 프로그램에 대한 보호가 취약하므로 거래 현실을 반영하여 입법을 통해 컴퓨터 프로그램 발명의 특허권자를 보호할 필요가 있다.

---

152) 매체에 저장되지 않은 컴퓨터프로그램은 하드웨어와 결합되지 않은 컴퓨터 프로그램자체이므로 특허로 보호될 수 없다.
153) "특허권이 대상이 되는 발명은 특허법상으로 '물건', '방법' 및 '물건을 생산하는 방법'의 3가지 범주로 나누어지고, 각각의 범주에 대응한 발명의 실시행위가 규정되어 있다(특허법 2조 3호). 그리고 컴퓨터 프로그램은 특허법상 발명의 범주가 아니고 컴퓨터 프로그램 그 자체를 청구항으로 하여 특허를 받을 수도 없다. 컴퓨터 프로그램은 발명의 실시를 위한 수단의 일부이고, 프로그램이 실행가능하게 설치된 컴퓨터를 탑재한 장치의 제조, 판매 등이 물건 발명의 실시이고, 또 컴퓨터를 동작시키는 프로그램을 실행하는 공정이 방법발명의 실시이다. 따라서 프로그램 자체의 제작, 판매는 일반적으로는 물건발명의 실시에 해당하지 아니하고, '컴퓨터 관련 발명 심사기준'에서 물건발명의 하나로 인정하고 있는 '프로그램 또는 구조를 가진 데이터를 기록한 컴퓨터로 읽을 수 있는 매체'를 물건발명의 청구항으로 하는 경우(이른바 매체 청구항인 발명)에 프로그램을 기록한 컴퓨터로 읽을 수 있는 기록매체의 제조, 판매 등의 행위는 매체 청구항인 발명의 실시행위에 해당될 수 있는 것에 불과하다고 해석하여야 한다. 이 사건에서 보면, 원고의 특허발명은 해당 컴퓨터 프로그램과 협동하여 동작하는 멀티미디어 데이터 병렬 처리 장치에 관한 특허임이 청구항의 기재에 비추어 분명하므로 이는 해당 프로그램에 의한 정보처리가 하드웨어를 이용하여 구체적으로 실현되고 있는 방법발명이나 그 동작방법 및 해당 프로그램을 기록한 컴퓨터로 읽을 수 있는 매체발명이 아닐 뿐만 아니라 해당 프로그램 그 자체에 관한 발명도 아니고, 해당 프로그램과 협동하여 동작하는 정보처리장치에 관한 물건의 발명에 해당한다. 그리고 피고가 해당 프로그램과 협동하여 동작하는 정보처리장치가 아니라 프로그램 그 자체를 웹 사이트에서 전기통신회선을 통하여 사람들이 내려받을 수 있도록 제공한 것만으로는 정보처리장치에 해당하는 물건 발명의 실시행위에 해당한다고 볼 수 없다(2013나5383).

(2) 방법발명의 경우 – 온라인 전송으로 사용을 '청약'하는 행위

1) 20.03.11. 시행 개정법

20.03.11. 개정법은 i) 방법발명인 경우에 그 방법의 사용을 '청약'하는 행위를 특허발명 실시에 포함함으로써 특허로 보호받을 수 있는 실시의 개념을 확대하고(제2조 제3호 나목), ii) 다만 특허권 등을 침해한다는 것을 '알면서' 그 방법의 사용을 청약하는 행위에만 특허권의 효력이 미치도록 하여 주관적 인식요건을 규정하였다(제94조 제2항).

2) 검토

개정법은 컴퓨터 프로그램 보호 강화 필요성의 요구를 받아들이되(제2조 제3호 나목), 급작스러운 개정에 따른 소프트웨어 산업분야의 위축을 함께 고려(제94조 제2항)했다는 점에서 합리적이라고 판단된다.

(3) 컴퓨터프로그램 발명과 관련한 추가 개정안

컴퓨터프로그램 발명의 실효적 보호 강화를 위해 i) 물건발명의 정의에 컴퓨터프로그램을 추가하고, ii) 실시의 개념에 정보통신망을 통한 전송행위를 추가하는 개정안도 논의되고 있다.

CHAPTER 03 영업방법발명 (BM발명)

1 서

(1) 의의

BM발명이란 영업방법의 각 단계가 시계열적으로 컴퓨터 기술로 구현된 발명이다. 이는 컴퓨터프로그램을 영업발명에 활용한 발명인 바, 컴퓨터프로그램의 특허법상 보호에 관한 논의의 연장으로 볼 수 있다.

(2) 등장배경

온라인상 영업활동이 막대한 이윤을 창출하자 BM발명의 특허법상 보호 여부가 세계적인 이슈가 되었으며, 미국에서 BM발명을 특허의 대상이 될 수 있다고 본 State Street Bank 사건 이후, BM발명 출원 및 분쟁이 급격히 증가하였다.

2 영업방법발명의 등록요건

(1) 성립성 인정여부

1) 문제점

발명이란 '자연법칙을 이용한 기술적 사상의 창작으로서 고도한 것'을 말하고 (제2조 제1호), 성립성 흠결의 경우 산업상 이용가능성 (제29조 제1항 본문) 위반으로 거절되는 바, BM발명이 자연법칙을 이용한 것인지 문제된다.

2) 외국의 경우

가. 미국

미국의 연방순회항소법원은 State Street Bank사건에서 "유용하고, 구체적이며, 유형의 결과가 인정된다면 수학적 알고리즘의 결합인 영업방법도 널리 특허가 부여될 수 있다"고 판시하여 BM발명의 특허성을 인정한 바 있다. Bilski 사건에서 특정기계와의 결합 등을 요구하는 MOT(Machine or Transformation) 기준을 추가적으로 제시하여 BM발명의 특허성에 제한적으로 인정하고 있다.

나. 유럽

유럽특허협약 제52조 제2항(c), 동조 제3항에서는 "사업행위 자체는 특허부여대상에서 제외된다." 고 명시적으로 규정하고 있으나 유럽연합의 특허심판원은 영업방법 발명이 기술적 성격을 가진 경우에는 위 규정의 적용을 받지 않는다고 하여 특허성을 인정하고 있다.[154]

다. 일본

일본은 영업발명 그 자체에 대해서는 특허를 부여하지 않으나, 심사기준에서 BM발명이 하드웨어 자원을 이용하여 구체적으로 실현되고 있는 경우 특허성을 인정하고 있다[155].

---

[154] 정상조 박성수, 특허법 주해1, 박영사, p84

3) 우리나라의 경우

가. 심사실무

우리나라는 BM발명을 앞서 살핀 컴퓨터 프로그램발명과 비슷하게 취급하고 있다.

나. 판례

a. BM발명의 성립 요건

판례는 "비즈니스 방법(business method) 발명에 해당하기 위해서는 컴퓨터상에서 소프트웨어에 의한 정보처리가 하드웨어를 이용하여 구체적으로 실현되고 있어야 하며, 여기에서 '소프트웨어에 의한 정보처리가 하드웨어를 이용하여 구체적으로 실현되고 있어야 한다.'는 것은 소프트웨어가 컴퓨터에 의해 단순히 읽혀지는 것에 그치지 않고, 소프트웨어와 하드웨어가 구체적인 상호 협동 수단에 의하여 사용목적에 따른 정보의 연산 또는 가공을 실현함으로써 사용목적에 대응한 특유의 정보처리장치 또는 그 동작 방법이 구축되는 것을 말한다."고 판시하였다(2005허11094).

b. 오프라인 상의 단계를 포함하는 경우

판례는 "명칭을 "생활쓰레기 재활용 종합관리방법"으로 하는 출원발명은 전체적으로 보면 그 자체로는 실시할 수 없고 관련 법령 등이 구비되어야만 실시할 수 있는 것으로 관할 관청, 배출자, 수거자 간의 약속 등에 의하여 이루어지는 인위적 결정이거나 이에 따른 위 관할 관청 등의 정신적 판단 또는 인위적 결정에 불과하므로 자연법칙을 이용한 것이라고 할 수 없으며, 그 각 단계가 컴퓨터의 온 라인(on-line) 상에서 처리되는 것이 아니라 오프라인(off-line) 상에서 처리되는 것이고, 소프트웨어와 하드웨어가 연계되는 시스템이 구체적으로 실현되고 있는 것도 아니어서 이른바 비즈니스모델 발명의 범주에 속하지도 아니하므로 이를 특허법 제29조 제1항 본문의 "산업상 이용할 수 있는 발명"이라고 할 수 없다" 고 판시하여 오프라인상의 단계는 컴퓨터상에서 구현되는 구성의 한정이 없는 단계에 해당하여 BM발명의 범주에 속하지 않는다고 본다. 다만, 오프라인상의 단계가 온라인상 구성요소를 연결하는 로그인, 클릭 단계 등 단순한 구성요소에 불과하다면 오프라인상의 단계를 구성요소로 포함하더라도 특허를 받을 수 있다. 즉 하드웨어에 의해 자동화가 가능한지, 아니면 인위적인 행위가 필수적으로 필요하여 자동화라고 볼 수 없는지로 발명의 성립 요건 충족 여부를 구분한다.

(2) **영업발명의 컴퓨터상 구현되는 구성의 한정이 없는 경우 미완성 발명인지**

판례는 "단순한 아이디어의 제기에 그칠 뿐 이를 실현하기 위한 방법의 전부 또는 일부가 결여되어 있거나, 이를 실시하는 데 필수불가결한 구성이 청구범위에 구체적으로 명확하게 기재되어 있지 않은 발명은 미완성 발명에 해당하여 특허를 받을 수 없다."고 판시하였다(2006허1742).

---

155) 정상조 박성수, 특허법 주해1, 박영사, p85

(3) 신규성 및 진보성

1) 신규성

BM발명은 영업방법과 컴퓨터 기술이 결합한 발명인 바, 청구항에 기재된 영업방법 상의 특징이 인용기술과 동일하더라도 그 구현기술 구성에 차이가 있으면 신규성이 인정된다.

2) 진보성

가. BM발명은 구성요소 결합에 특징이 있는 발명으로, 종래의 영업방법을 새로운 기술로 구현한 경우 또는 새로운 영업방법을 새로운 기술로 구현한 경우 진보성이 인정된다. 다만 종래의 영업방법을 통상의 자동화기술로 구현한 경우에는 진보성이 부정된다.

나. 판례는 "영업방법의 요소가 종래의 영업방법을 단순히 컴퓨터상에서 수행되도록 구현한 것에 불과하고 또 이를 구현하는 기술적 요소 역시 출원시의 기술수준에서 통상의 주지관용 내지 공지의 기술에 불과한 경우에는 그 진보성이 부정된다."고 판시하였다(2004허4433).

(4) 명세서 기재방법

BM발명에 대한 명세서 기재방법은 컴퓨터프로그램 발명을 준용한다. 발명의 설명에 소프트웨어에 의한 정보처리가 하드웨어에 의해 구체적으로 구현되도록 상세하게 기재하여, 통상의 기술자가 특별한 지식의 부가 없이도 이를 명확하게 이해하고 용이하게 실시할 수 있도록 하여야 한다.

3 영업방법발명의 침해판단 – 복수 주체의 실시행위가 있는 경우

(1) 영업방법발명의 권리범위 해석 (判例)

판례는 다른발명과 마찬가지로 "특허된 BM 발명과 대비되는 발명이 그 BM 발명의 권리범위에 속한다고 하려면 그 대비되는 발명에 위와 같은 BM 발명의 특성이 구현된 특허발명의 구성요소와 구성요소 사이의 유기적 결합관계가 그대로 포함되어 있어야 한다."고 판시하였다(2007허2957).

(2) 속지주의 원칙 문제 – 해외서버를 통한 실시의 경우

외국에 서버를 두고 국내에서 영업을 하는 경우 특허권 침해 여부가 문제되는데, 속지주의 원칙상 침해는 성립하지 않는다. 다만, 그 발명의 외형적 실시가 국내에 있는지로 판단할 것이 아니라 국내에서의 특허발명에 대한 수요가 정당권원 없는 제3자에 의해 충족되었는지에 따라 판단하는 것이 타당하다는 견해가 있다.

(3) 공동직접침해 인정여부

1) 문제점

공동직접침해라 함은 복수 주체의 실시행위를 종합하여 특허발명 전체의 실시로 인정되면 그 복수의 주체에게 공동으로 침해를 인정하는 것을 말한다. BM 발명의 특성상 수인이 특허발명의 각 단계를 실시하는 경우가 많은데, 일반적인 구성요소완비 원칙에 따르면 각 주체가 구성요소 전부가 아닌 일부만을 실시하는 경우 직접침해에 해당하지 않고, 각 주체가 실시하는 일부 구성요소에 전용성이 없으면 간접침해도 성립하지 않는바, 특허권자 보호를 위해 복수 주체가 관여한 실시에 대하여 공동직접침해를 인정하여야 한다는 견해가 있다.

2) 학설

부정설은 공동직접침해가 입법된 것이 아니며 구성요소완비의 원칙을 강조하여 침해를 부정한다. 긍정설은 i) 객관적으로 복수의 행위를 종합하여 특허발명의 실시가 된다면 주관적 요건 불문 침해로 보는 객관적 공동설과 ii) 객관적 실시행위뿐 아니라 주관적으로도 공동의 의사가 있는 경우에 한해 침해를 긍정하는 주관적 공동설이 있다.

3) 판례

가. 공동직접침해

특허법원은 복수 주체가 단일한 특허발명의 일부 구성요소를 분담하여 실시하는 경우라고 하더라도 i) 복수 주체가 각각 다른 주체의 실시행위를 인식하고 이를 이용할 의사, 즉 서로 다른 주체의 실시행위를 이용하여 공동으로 특허발명을 실시할 의사를 가지고, ii) 서로 나누어서 특허발명의 전체 구성요소를 실시하는 경우에는 이들 복수 주체가 공동으로 특허침해를 한 것으로 보아야 한다고 판시하였다(2018나1220).

나. 지배관리이론

또한, 복수주체가 단일한 특허발명의 일부 구성요소를 분담하여 실시하는 경우라고 하더라도, 복수 주체 중 어느 한 단일 주체가 i) 다른 주체의 실시를 지배·관리하고 ii) 그 다른 주체의 실시로 인하여 영업상의 이익을 얻는 경우에는 다른 주체의 실시를 지배·관리하면서 그 영업상의 이익을 얻는 어느 한 단일주체가 단독으로 특허침해를 한 것으로 볼 수 있음을 판시하였다(2018나1220).

4) 검토

생각건대, 특허권자 보호를 위해 복수주체의 침해 문제에 대응할 필요성은 있으나, 객관적 공동만을 요건으로 하면 특허권의 보호범위가 지나치게 넓어 산업의 위축이 발생할 수 있어, 이 모두를 조화한 판례의 태도가 타당하다.

CHAPTER 04 미생물발명

특허법 시행령
제2조(미생물의 기탁)
① 미생물에 관계되는 발명에 대하여 특허출원을 하려는 자는 특허출원 전에 다음 각 호의 어느 하나에 해당하는 기관에 특허청장이 정하여 고시하는 방법에 따라 해당 미생물을 기탁해야 한다. 다만, 해당 발명이 속하는 기술 분야에서 통상의 지식을 가진 자가 그 미생물을 쉽게 입수할 수 있는 경우에는 기탁하지 않을 수 있다.
   1. 「특허법」(이하 "법"이라 한다) 제58조제2항에 따라 미생물 기탁 및 분양에 관한 업무를 담당하는 전문기관으로 등록한 기관(이하 "국내기탁기관"이라 한다)
   2. 「특허절차상 미생물기탁의 국제적 승인에 관한 부다페스트조약」 제7조에 따라 국제기탁기관으로서의 지위를 취득한 기관(이하 "국제기탁기관"이라 한다)
   3. 다음 각 목의 요건을 모두 충족하는 국가에서 미생물 기탁 및 분양에 관한 업무를 담당하는 전문기관으로 지정한 기관(이하 '지정기탁기관'이라 한다)
      가. 「특허절차상 미생물기탁의 국제적 승인에 관한 부다페스트 조약」의 당사국이 아닐 것
      나. 해당 국가의 특허청장이 대한민국 국민에게 특허절차상 미생물기탁에 대해 대한민국과 동일한 조건의 절차를 인정하기로 특허청장과 합의한 국가일 것
② 제1항에 따라 미생물을 기탁한 자는 특허출원서에 산업통상자원부령으로 정하는 방법에 따라 그 취지를 적고, 미생물의 기탁 사실을 증명하는 서류(국제기탁기관에 기탁한 경우에는 「특허절차상 미생물기탁의 국제적 승인에 관한 부다페스트조약 규칙」 제7규칙에 따른 수탁증 중 최신의 수탁증 사본을 말한다)를 첨부하여야 한다. 다만, 국내에 소재지가 있는 국내기탁기관 또는 국제기탁기관에 해당 미생물을 기탁한 경우에는 미생물의 기탁 사실을 증명하는 서류를 첨부하지 않을 수 있다. 〈신설 2014. 12. 30., 2022. 4. 19.〉
③ 특허출원인 또는 특허권자는 제1항의 미생물의 기탁에 대하여 특허출원후 새로운 수탁번호가 부여된 때에는 지체없이 그 사실을 특허청장에게 신고하여야 한다.

제3조(미생물에 관계되는 발명의 특허출원명세서 기재)
미생물에 관계되는 발명에 대하여 특허출원을 하려는 자는 법 제42조제2항에 따른 명세서(특허출원서에 최초로 첨부한 명세서를 말한다)를 적을 때 제2조제1항 본문에 따라 미생물을 기탁한 경우에는 국내기탁기관, 국제기탁기관 또는 지정기탁기관에서 부여받은 수탁번호를, 같은 항 단서에 따라 그 미생물을 기탁하지 않은 경우에는 그 미생물의 입수방법을 적어야 한다.

제4조(미생물의 분양)
① 제2조에 따라 기탁된 미생물에 관계되는 발명을 시험 또는 연구를 위하여 실시하려는 자는 다음 각 호의 어느 하나에 해당하는 경우 산업통상자원부령으로 정하는 바에 따라 국내기탁기관, 국제기탁기관 또는 지정기탁기관으로부터 그 미생물을 분양받을 수 있다.
   1. 그 미생물에 관계되는 발명에 대한 특허출원이 공개되거나 설정등록된 경우
   2. 법 제63조제1항(법 제170조제2항에서 준용하는 경우를 포함한다)에 따른 의견서를 작성하기 위하여 필요한 경우
② 제2조에 따라 미생물을 기탁한 자로부터 미생물 분양에 대한 허락을 받은 자는 국내기탁기관, 국제기탁기관 또는 지정기탁기관에 신청하여 해당 미생물을 분양받을 수 있다.
③ 제1항 및 제2항에 따라 미생물을 분양받은 자는 그 미생물을 타인에게 이용하게 해서는 아니 된다.

1 의의 및 취지

미생물이란 육안으로 식별이 곤란한 미세크기의 생명체를 말한다. 미생물 관련 발명은 미생물 자체의 발명, 미생물을 생산하는 방법의 발명, 미생물을 이용하는 발명이 있다. 최근 유전공학의 발달로 미생물의 DNA구조가 밝혀지고 반복가능성 문제가 해결되어 발명의 성립성이 인정되고 있다.

2 미생물의 기탁제도

(1) 기탁제도의 취지 – 서면주의의 예외

본 제도의 취지는 ⅰ) 극미의 세계에 존재하는 미생물의 현실적 존재를 확인하여 발명의 완성을 담보하고, ⅱ) 그 미생물을 재차 입수하여 산업상 이용가능성을 확보하기 위함이다(91후1656).

(2) 통상의 기술자가 미생물을 쉽게 입수할 수 없는 경우

1) 미생물의 기탁

가. 서면주의의 예외

미생물에 관계되는 발명에 대하여 특허출원을 하려는 자는 특허출원 전에 특허청장이 지정한 국내기탁기관, 부다페스트 조약에 따른 국제기탁기관 또는 기타 국가의 지정기탁기관[156]에 특허청장이 정하여 고시하는 방법에 따라 해당 미생물을 기탁하여야 한다(특허법 시행령 제2조 1항).

나. 미생물 자체가 청구범위에 속한 경우에 한정되는지

판례는 "미생물을 이용한 발명에 있어서 출원인에게 이용미생물을 기탁하도록 한 취지는 그 미생물 자체가 특허청구의 범위에 속한 경우에 한정되는 것이 아니고 그 미생물 자체가 특허청구의 범위에 속하는 것은 아니지만 그 명세서에 의하여 특허청구범위를 재현할 수 있기 위하여는 미생물을 반드시 이용하여야 하는 경우에도 그 발명의 분야에서 통상의 기술을 가진 자의 실시가능성 및 반복가능성을 확보하기 위해서는 그 미생물은 반드시 필요하다 할 것이므로 이러한 경우에도 이용미생물의 기탁요건을 충족시켜야 한다."고 판시하였다(90후2256).

다. 중간, 최종생성물까지 기탁해야하는지

판례는 "발명에서 이용하는 미생물이 출발미생물이 아니라 출발미생물을 이용하여 생성된 중간생성물이나 최종생성물에 해당하는 것이라 하더라도 이를 생성하는 과정에 필요한 출발미생물들이 공지의 균주이거나 당업자가 용이하게 얻을 수 있는 것이고, 또 그 출발미생물과 공지의 균주 등을 이용하여 중간생성물이나 최종생성물을 제조하는 과정이 당업자가 용이하게 재현할 수 있도록 명세서에 기재되어 있다면 결국 당업자가 이를 용이하게 입수할 수 있는 것이라 볼 것이어서 이러한 최종생성물이나 중간생성물도 위 "나"항 단서규정의 미생물의 범위에 포함되는 것으로 보아 이를 기탁하지 아니할 수 있다 할 것이다."고 판시하였다(90후1260).

---

[156] 부다페스트 조약의 당사국이 아니면서, 해당 국가의 특허청장이 대한민국 국민에게 특허절차상 미생물기탁에 대해 대한민국과 동일한 조건의 절차를 인정하기로 합의한 국가에서 미생물 기탁 및 분양에 관한 업무를 담당하는 전문기관으로 지정한 기관(특허법 시행령 제2조 제1항 제3호).

2) 취지 및 수탁번호의 기재

(주체) 미생물을 기탁한 출원인은 (기간) 출원시 (서면) 출원서에 그 취지를 적고(특허법 시행령 제2조 제2항)[157]. 명세서에는 국내기탁기관, 국제기탁기관 또는 지정기탁기관에서 부여받은 수탁번호를 적어야 한다(특허법 시행령 제3조)[158]. 또한 출원인 또는 특허권자는 미생물의 기탁에 대하여 특허출원후 새로운 수탁번호가 부여된 때에는 지체없이 그 사실을 특허청장에게 신고하여야 한다(특허법 시행령 제2조 제3항).

3) 수탁증 사본의 제출

미생물을 기탁한 자는 특허출원서에 미생물의 기탁 사실을 증명하는 서류(국제기탁기관에 기탁한 경우에는 부다페스트조약에 따른 수탁증 중 최신의 수탁증 사본을 말한다)를 첨부하여야 한다(특허법 시행령 제2조 제2항). 판례는 "특허발명의 출원시에 제출된 명세서에 당해 미생물의 기탁번호·기탁기관의 명칭 및 기탁연월일을 기재하였다고 하더라도, 이는 특허법 시행규칙의 명세서 기재요건을 충족한 것으로 볼 수 있을 뿐, 이러한 출원서의 제출을 들어 위 시행령 제1조 제2항의 '기탁사실을 증명하는 서면'이 제출되었다고 할 수는 없다."고 판시하였다(2003후2003). 다만 국내에 소재지가 있는 기탁기관에 기탁한 경우는 증명서류를 첨부하지 않을 수 있다.

(3) 통상의 기술자가 미생물을 쉽게 입수할 수 있는 경우[159]

1) 기탁의 예외

미생물에 관계되는 발명에 대하여 특허출원을 하려는 자는 해당 발명이 속하는 기술 분야에서 통상의 지식을 가진 자가 그 미생물을 쉽게 입수할 수 있는 경우에는 기탁하지 아니할 수 있다(특허법 시행령 제2조 제1항 단서).

2) 명세서 기재방법

이 경우에는 통상의 기술자가 발명을 명확하게 이해하고, 용이하게 재현할 수 있도록 미생물의 입수방법을 적어야 한다(특허법 시행령 제3조).

(4) 통상의 기술자가 쉽게 입수할 수 있는지에 대한 판단

1) 판단방법

가) 통상의 기술자가 쉽게 입수할 수 있는 미생물

통상의 기술자가 용이하게 입수할 수 있는 미생물이라 함은 그 미생물이 공지·공용되어 시판되고 있거나 신용할 수 있는 기탁기관에 보존되어 있는 한편 자유로이 분양되는 것 등을 말하는 것이다(99허8653).

---

[157] 실무에서는 출원서에 미생물기탁 취지 표시하고, 기탁기관명, 수탁번호, 수탁일자도 적는다.
[158] 실무에서는 명세서에 수탁번호뿐 아니라, 기탁기관과 수탁일자도 기재한다.
[159] 특허법 시행령 제2조 제1항 단서의 쉽게 입수할 수 있는 미생물은 다음과 같은 것이다(심사기준).
　① 시중에서 판매되고 있는 미생물
　② 출원 전에 신용할 수 있는 보존기관에 보존되며 보존기관이 발행하는 카탈로그 등에 의하여 자유롭게 분양될 수 있는 사실이 확인된 미생물
　③ 명세서의 기재에 의하여 당해 발명이 속하는 기술분야에서 통상의 지식을 가진 자가 용이하게 제조할 수 있는 미생물

나) 국내현존의 필요성

미생물이 반드시 국내에 현존하는 것이어야 할 필요는 없고 국외에 현존하는 것이라 하더라도 국내의 당업자가 이를 용이하게 입수할 수 있다고 인정될 때에는 이를 기탁하지 아니할 수 있다고 보아야 한다(90후1260).

2) 판단시점

가) 판례

미생물의 기탁은 출원명세서의 기재를 보완하고자 하는 것이어서 그 미생물들이 공지의 균주이거나 그 발명이 속하는 기술분야에서 통상의 지식을 가진 자가 용이하게 얻을 수 있는 것인지 여부는 명세서 제출 당시인 출원시를 기준으로 하는 것이고, 그 명세서 공개 당시를 기준으로 판단하는 것은 아니다(96후658).

나) 검토

생각건대, 미생물의 기탁은 서면주의의 예외로서 명세서의 기재를 보완하는 것이라는 점에서 출원시를 기준으로 하는 판례의 태도는 타당하다.

3 실무상 취급[160]

(1) 방식심사

1) 특허출원시 출원서에 취지를 기재하지 아니하고 그 사실을 증명하는 서류만 첨부한 경우 또는 출원서에 취지만을 기재하고 그 사실을 증명하는 서류를 첨부하지 아니한 경우(단 국내에 소재지가 있는 기탁기관에 기탁한 경우 제외)는 이 법에 따른 명령으로 정하는 방식을 위반한 것으로 보아 특허법 제46조 제2호의 규정에 따라 보정을 명하고, 보정명령에도 불구하고 지정된 기간 이내에 그 흠결을 보정하지 못한 경우 특허기탁과 관련된 절차를 특허청장 재량에 따라 무효로 할 수 있다. 또한 미생물의 특허기탁이 필요한 출원으로서 출원서에 최초로 첨부된 명세서 또는 도면에 수탁사실과 관련된 수탁번호는 기재했으나, 출원서에 취지를 기재하지 아니하고 그 사실을 증명하는 서류를 첨부하지 아니한 경우도 출원서에 취지를 기재할 것과 그 사실을 증명하는 서류를 첨부할 것을 보정명령한 후 보정명령에도 불구하고 지정된 기간 이내에 그 흠결을 보정하지 못한 경우 특허기탁과 관련된 절차를 무효로 할 수 있다.

2) 미생물에 관계되는 발명에 대한 취지를 기재한 출원서가 제출되면 그 사실을 증명하는 서류에 기재된 미생물이 특허출원 전에 특허 기탁되었는지 여부 등에 대한 방식심사를 하여야 한다. 출원인이 미생물에 관계되는 발명에 대한 취지를 기재한 출원서와 그 사실을 증명하는 서류를 제출하였으나, ⅰ) 특허출원 전에 특허 기탁되지 아니한 경우, ⅱ) 출원서와 그 사실을 증명하는 서류에 기탁기관명, 수탁번호, 수탁일자 등을 잘못 기재한 경우에는 그 흠결을 지적하여 보정명령을 한 후 보정명령에도 불구하고 지정된 기간이내에 보정하지 못하는 경우 특허기탁과 관련된 절차를 무효로 할 수 있다.

---

[160] 특허청, 특허·실용신안 심사기준

(2) 실체심사

1) 심사관은 출원인이 제출한 서류를 검토하여 방식에 흠결이 없는 경우에는 실체심사에 착수한다. 이때 출원시 해당 미생물을 용이하게 입수할 수 없는 상황임에도 불구하고 기탁을 하지 아니하였거나 또는 기탁을 하였다 하더라도 위 방식에서 기탁에 관한 절차가 무효처분(특허법 제16조)된 경우는 그 미생물과 관계되는 발명에 대해 쉽게 실시할 수 없다고 보아 특허법 제42조 제3항 제1호의 위반 등[161]을 적용할 수 있다.
2) 물론 출원시 해당 미생물을 용이하게 입수할 수 있는 상황이라 하더라도 발명의 설명에 해당 미생물의 입수방법 등 통상의 기술자가 그 미생물과 관계되는 발명을 쉽게 실시할 수 있도록 구체적으로 기재되어 있지 않아 발명의 재현성이 뒷받침되지 않은 경우도 특허법 제42조 제3항 제1호의 위반 등을 적용할 수 있다.
3) 기탁제도의 "규정 취지는 극미의 세계에 존재하는 미생물의 성질상 그 미생물의 현실적 존재가 확인되고 이를 재차 입수할 수 있다는 보장이 없는 한 그 발명을 산업상 이용할 수 있는 것이라 할 수 없기 때문에 신규의 미생물은 이를 출원시에 기탁하게 하고, 다만 그 존재가 확인되고 용이하게 입수할 수 있는 미생물은 기탁할 필요가 없게 한 것인바, 따라서 미생물을 이용한 발명의 출원에 있어서는 그 명세서에 관련 미생물을 용이하게 입수할 수 있음을 입증하거나, 또는 특허청장이 지정한 기탁기관에 관련 미생물을 기탁하였다는 서면을 첨부하여야 하고, 그렇지 아니한 경우에는 이 발명은 미완성 발명으로 인정될 뿐이므로 특허청장이 반드시 그 관련미생물의 기탁에 대하여 보정을 명하여야 하는 것은 아니다." (96후658)

4 관련문제

(1) 미생물 시료의 분양 (특허법 시행령 제4조)

기탁된 미생물에 관계되는 발명을 시험 또는 연구를 위하여 실시하려는 자는 ⅰ) 그 미생물에 관계되는 발명에 대한 특허출원이 공개되거나 설정등록된 경우, ⅱ) 법 제63조 제1항(법 제170조 제2항에서 준용하는 경우를 포함한다)에 따른 의견서를 작성하기 위하여 필요한 경우 산업통상자원부령으로 정하는 바에 따라 국내기탁기관, 국제기탁기관 또는 지정기탁기관으로부터 그 미생물을 분양받을 수 있다(동조 제1항). 미생물을 기탁한 자로부터 미생물 분양에 대한 허락을 받은 자는 국내기탁기관, 국제기탁기관 또는 지정기탁기관에 신청하여 해당 미생물을 분양받을 수 있다(동조 제2항). 미생물을 분양받은 자는 그 미생물을 타인에게 이용하게 해서는 아니 된다(동조 제3항).

---

[161] 미완성발명으로 보아 특허법 제29조 제1항 본문을 적용할 수도 있다. 기탁이 필요함에도 불구하고 기탁을 하지 않았다면 그 미생물의 현실적 존재를 확인할 수 없어, 발명의 완성 여부를 알 수 없기 때문이다. 참고로 발명의 완성이란 그 발명이 속하는 분야에서 통상의 지식을 가진 자가 반복실시하여 목적하는 기술적 효과를 얻을 수 있을 정도까지 구체적, 객관적으로 구성되어 있는 발명을 말하며, 이는 출원 당시(또는 우선일)의 기술수준에 입각해서 발명의 설명을 참작하여 판단한다(대법원 1993. 9. 10. 선고 92후1806 판결).

(2) 서열목록전자파일의 첨부 (특허법 시행규칙 제21조의4)

1) 미생물 발명이 유전공학발명에 관한 것으로 핵산염기 서열 또는 아미노산 서열을 포함한 특허출원을 하려는 자는 특허청장이 정하는 방법에 따라 작성한 서열목록을 수록한 전자파일을 특허청장이 정하는 방법에 따라 작성하여 특허출원서에 첨부해야 한다.
2) 위반시 보정명령(특허법 제46조, 제16조) 대상에 해당한다.

(3) 분할출원 (특허법 제52조)과 수탁증 사본의 제출

판례는 "이 사건 특허발명은 원출원발명으로부터 분할출원된 별개의 출원이므로 분할출원서에 재기탁 사실을 증명하는 서면을 첨부하거나 원출원시 제출한 서면을 원용한다는 기재가 있어야"(2002허7230) 한다고 판시하여 분할출원의 경우 원출원과 별개로 수탁증 사본을 제출하거나 원출원의 서면을 원용해야함을 분명히 하였다.

CHAPTER 05 식물발명

1 서

(1) 구법 제31조

우성생식 식물은 후대로 갈수록 유전학적으로 변화하여 권리범위 해석이 곤란할 수 있다는 점에서 구법은 "무성적으로 반복, 생식할 수 있는 변종식물을 발명한 자는 그 발명에 대하여 특허를 받을 수 있다"고 규정하여 무성생식 식물에 한하여 특허성을 인정하였다.

(2) 비판 및 2006. 10. 1 시행 개정법

구법 제31조에 대한 비판으로 ⅰ) 최근 유전공학의 발전으로 유성생식 식물의 특허적격을 부정할 합리적 근거가 없는 점, ⅱ) 법체계상 반복생식은 발명의 성립성에 의해, 변종식물은 신규성에 의해 판단될 수 있는 점, ⅲ) 다른 특허발명과 형평성에 어긋난다는 점 등이 있어 206. 10. 1 시행 개정법에서 위 규정을 삭제하였다.

2 등록가능성

(1) 성립성

1) 발명이란 자연법칙을 이용한 기술적 사상의 창작으로서 고도한 것을 말하며, 성립성에 흠결이 있는 경우 제29조 1항 본문 위반의 산업상 이용가능성이 없는 발명으로 특허를 받을 수 없다.
2) 기존식물에 교배, 돌연변이 등 인위적 요소를 가하여 변종식물의 경우 그러한 변이 및 고정에 반복재현성이 있어야 성립성이 인정된다. 판례는 식물에 관한 발명이 "'산업상 이용할 수 있는 발명'에 해당하기 위해서는 그 발명이 완성된 발명이어야 할 것인데, 발명으로서 완성되었다고 하려면 그 기술분야에 있어서 통상의 지식을 가진 자가 명세서에 기재된 바에 따라 용이하게 반복실시하여 목적하는 기술적 효과를 얻을 수 있는 반복재현성이 있어야 할 것이다."고 판시하였다(2001허4722).

(2) 명세서 기재방법

육종경과를 통상의 기술자가 명확하게 이해하고 용이하게 재현하도록 기재하여야한다. 육종경과란 신규식물을 교배, 돌연변이 창출 등으로 얻는 과정 및 이를 고정하여 후대에 전달하는 과정을 의미한다. 판례는 식물발명이라고 하여 그 결과물인 식물 또는 식품소재를 기탁함으로써 명세서 기재를 보충하거나 대체할 수 없다고 판시하였다(96후2531).

(3) 신규성 및 진보성

신규성은 형태적, 생리적 동일여부로, 진보성은 품종 또는 변형 특성을 중심으로 판단한다.

3 관련문제 - 식물신품종 보호법

식물발명은 특허법 외에도 식물 신품종 보호법에 의해서도 독점, 배타적인 권리가 인정될 수 있다.

CHAPTER 06 동물발명

1 서

(1) 생명공학 발명

자기복제력을 갖는 생물, 유전 정보 및 그 복제에 관한 발명을 의미한다.

(2) 생물에 관한 발명

종래 그 개체마다 성격이 달라 특정이 불가능하여 특허적격성을 부정했으나, 최근에는 유전공학 발전에 따라 특허적격성이 인정된다.

2 외국의 경우

(1) 미국

차크라바티 사건에서 "태양 아래 모든 발명은 특허의 대상이 된다."고 하여 생물에 대한 특허가능성을 인정한 이래, 하버드마우스라고 불리는 인공 쥐에 대해 특허를 부여하여 동물도 특허의 대상이 될 수 있다고 본다.

(2) 일본

유전성 백내장 쥐에 대하여 특허를 허여한 바 있다.

3 WTO/TRIPs 제27조 제3항 (나)

동물발명이 특허대상에서 제외될 수 있다고 규정하고 있다.

4 우리나라의 경우

생명공학 분야 심사기준을 운영하며 특허적격성을 인정하고 있고 다른 특허요건 만족 하에 특허를 부여한다. 2000년 동물발명으로서 최초로 인슐린 비의존성 당뇨병 쥐가 특허 받은 바 있다.

5 결

윤리, 도덕성의 측면에서 논란이 있을 수 있는 바, 생명 윤리 및 안전에 관한 법률을 제정하여 인간과 인체 유래물에 대한 연구에 대한 일정한 제재를 가하는 등의 조치를 취하고 있다.

CHAPTER 07 방법발명

1 서

(1) 물건발명과 방법발명

물건발명은 협의의 물건이나 물질 그 자체에 대하여 구체화된 발명을 말하며, 방법발명은 기술적 사상의 창작이 시계열적으로 구체화된 발명을 말한다. 방법발명은 통상의 방법발명 및 제법발명으로 구분된다.

(2) 물건발명과 방법발명 구분방법

판례에 따르면 발명의 명칭이나 청구범위의 표현에 따라 판단할 것이 아니라 발명의 실체로 판단해야 한다.[162]

2 등록가능성

(1) 방법발명 특징

방법발명은 특정한 목적을 달성하기 위한 시간상의 일련의 연속적인 단계들로 이루어진 발명이다. 시간 경과적 요소가 중요하고 공정 사이의 유기적 관련성이 크므로(2008허8365), 개별 구성요소의 시계열적 배치순서 역시 발명의 중요요소로 보아야 한다(2018허4874).

(2) 신규성

判例는 방법발명은 원칙적으로 양 발명의 전체 공정을 확정한 후 대응하는 공정을 시계열적으로 구분·추출한 다음 비교하여 기술적 이동을 판별함과 아울러, 변경된 공정이 있는 경우에는 그로 인하여 양 발명의 기술사상이 실질적으로 달라질 만큼 기술적 의의가 있는지 여부도 함께 검토한다고 판시하였다(2008허8365).

(3) 진보성

判例는 양 방법발명을 이루고 있는 시계열적인 단계들에서 차이가 있고, 그 차이가 단순히 단계들의 순서를 변경, 새로운 단계의 부가나 기존 단계의 생략 또는 다른 단계로의 대체 등에 불과하지 않고 그로 인한 작용효과에서 현저한 차이가 있어 그 기술분야에서 통상의 지식을 가진 자가 충분히 예측할 수 없는 정도라면 진보성이 인정될 수 있다고 판시하였다(2004허3454, 2018허4874).

---

[162] 특허청구의 범위가 비록 의약의 제조방법형식으로 표현되어 있다고 하여도 위와 같이 제조방법을 구체적으로 명시하지 못하고 있다면 본원발명은 의약 그 자체의 발명으로 볼 수밖에 없다(91후1052)

3 침해성립여부

(1) 선출원이 물건발명이고, 후출원이 제법발명인 경우

1) 이용관계

이용관계의 의미에 대해 그대로설과 침해불가피설이 있다. 그대로설[163]에 따르면 물건발명과 제법발명은 그 성질이 달라 이용관계에 성립하지 않아 선출원 물건발명 특허권자의 허락이 없으면 후출원 제법발명을 실시할 수 없으나, 침해불가피설[164]에 따르면 후출원 제법발명의 실시는 선출원 물건발명을 실시하는 관계에 있는 바 이용관계가 성립하여, 후출원 제법발명의 특허권자는 선출원 물건발명 특허권자의 허락뿐 아니라 통상실시권 허여심판에 의해서도 자신의 특허발명을 실시할 수 있다.

2) 단순한 표현상의 차이에 불과한 경우

후출원 제법발명과 선출원 물건발명이 단순한 표현상의 차이에 불과하다면 이용관계의 문제가 아니라 후출원 제법발명의 무효(특허법 제133조) 및 중용권(특허법 제104조)이 문제된다.

(2) 제법발명 특허의 결과물과 동일한 물건을 제3자가 실시하는 경우

1) 침해성립여부

제3자가 특허인 제법발명을 사용한 경우 침해가 성립하지만 (특허법 제2조 3호), 제3자가 다른 방법을 사용한 경우 침해가 성립하지 않는다.

2) 생산방법의 추정

특허법은 생산방법의 추정 규정(특허법 제129조)을 두고 있는데, 이는 특허권이 무체재산권이라는 특징상 점유가 곤란하여 침해는 용이한 반면, 침해사실에 대한 발견 및 입증은 곤란하다는 점을 고려한 것이다. 판례는 "특허법 제129조에 의하면 물건을 생산하는 방법의 발명에 관하여 특허가 된 경우에 그 물건과 동일한 물건은 그 특허된 방법에 의하여 생산된 것으로 추정하되, 다만 그 물건이 특허출원 전에 국내에서 공지되었거나 공연히 실시된 물건 또는 특허출원 전에 국내 또는 국외에서 반포된 간행물에 게재된 경우에는 그러하지 아니하다고 규정하고 있어 동일한 물건이 위 규정에 따라 생산방법의 추정을 받으려면, 그 출원 전에 공개되지 아니한 신규한 물건이라야 할 것이다."고 판시하였다(2003다37792).

4 관련문제

(1) 제법발명 특허권자가 물건발명 실시자를 상대로 권리범위확인심판을 청구할 수 있는지

1) 판례는 "대상 실시발명이 '물건의 발명'이기는 하지만 실시발명의 설명서에 그 생산방법을 구체적으로 특정하고 있는 경우, '방법의 발명'인 특허발명과 대비하여 그 권리범위에 속하는지 여부를 판단하여야 한다."고 판시하였다(2003후2164).

---

163) 선출원 특허발명에 새로운 기술적 요소를 부가하여 선출원 특허발명의 요지를 전부 포함하고 이를 그대로 이용하되 후출원 발명 내에서 선출원 특허발명이 발명으로서의 일체성을 유지하는 경우를 이용관계로 보는 설.
164) 후출원 발명의 실시가 선출원 특허발명의 침해를 구성하는 경우를 이용관계로 보는 설. 그대로설보다 이용관계의 범위가 넓다.

2) 생각건대, 특허법에서는 제법방법의 실시태양에 그 방법을 사용하는 행위 뿐만 아니라 그 방법에 의해 생산한 물건을 실시하는 행위를 규정하여 제법발명의 보호의 실효성을 도모하고 있는 점에 비추어 볼 때, 판례의 태도는 타당하다.

(2) 간접침해

특허권의 직접침해가 발생하면 회복할 수 없는 손해가 발생할 수 있다는 점을 고려하여 특허법은 직접침해를 구성할 개연성이 높은 사전행위에 대해 간접침해 규정을 두고 있는데, 물건발명과 방법발명의 실시태양이 상이한바 양자를 나누어 규정하고 있다. 특허가 물건의 발명인 경우 그 물건의 생산에만 사용하는 물건을 생산·양도·대여 또는 수입하거나 그 물건의 양도 또는 대여의 청약을 하는 행위를, 특허가 방법의 발명인 경우 그 방법의 실시에만 사용하는 물건을 생산·양도·대여 또는 수입하거나 그 물건의 양도 또는 대여의 청약을 하는 행위를 간접침해로 규정하고 있다 (특허법 제127조).

5 물건발명과 제법발명의 등록 도모에 관한 실익

(1) 물건이 신규한 경우

하나의 물건에 복수의 제조방법이 있을 수 있어 물건발명에 대한 특허권의 권리범위가 더 넓을 수 있으므로 물건발명으로 등록을 도모해야 한다. 다만, 침해불가피설에 따르면 타인이 제법발명을 후출원하여 등록 받을 경우, 이용관계가 성립할 수 있어, 제138조에 의해 강제실시권을 허여해야만 하는 상황이 발생할 수 있어, 이를 방지하기 위해 제법발명도 함께 등록받는 것이 바람직하다.

(2) 물건이 신규하지 않은 경우

1) 제법특허의 도모

물건발명은 신규성 위반으로 특허를 받을 수 없기 때문에 제법발명으로 등록을 도모해야 한다. 다만, 물건이 신규하지 않아 생산방법의 추정 규정(특허법 제129조)이 적용되지 않으므로 침해사실에 대한 입증이 곤란할 수 있어 노하우로 실시하는 것이 바람직할 수 있다.

2) PBP 청구항의 활용

가. 현행법상 청구범위를 PBP 청구항으로 기재하는 것이 허용되는 바, PBP청구항으로 등록을 도모할 수 있다.

나. 종래 판례는 PBP 청구항과 관련하여 등록요건을 판단할 때 물건발명을 제법으로 표현할 수 밖에 없는 특단의 사정이 없다면 제법을 고려하지 않았다.

다. 그러나 최근 판례는 이를 변경하여, "제조방법이 기재된 물건발명의 특허요건을 판단함에 있어서 그 기술적 구성을 제조방법 자체로 한정하여 파악할 것이 아니라 제조방법의 기재를 포함하여 특허청구범위의 모든 기재에 의하여 특정되는 구조나 성질 등을 가지는 물건으로 파악하여 출원 전에 공지된 선행기술과 비교"하여 등록요건을 판단하고 (2011후927), 명백히 불합리한 사정이 없는 한 "제조방법이 기재된 물건발명에 대한 특허청구범위의 해석방법은 특허침해소송이나 권리범위확인심판 등 특허침해 단계에서 특허발명의 권리범위에 속하는지 판단하면서도 마찬가지로 적용되어야 할 것이다."고 판시하였다(2013후1726). 따라서 구체적, 개별적 사안에서 PBP청구항으로 등록을 도모할 실익이 있을 수 있다.

(3) 개정법

제법발명을 발명한 경우 출원 전 이미 물건이 공개되어 있었던 경우 생산방법의 추정 규정이 적용되지 않아 침해입증이 곤란해져 출원을 꺼려하는 경우가 많았다. 그러나 출원을 통해 발명이 공개되지 않으면 기술 개발의 촉진 및 산업발전 이바지라는 특허법의 목적을 달성할 수 없는 바, 일본의 경우 침해피의자의 자신이 실시발명에 대한 구체적 명시의무를 도입하였고 (일본 특허법 제104조의2), 미국의 경우 증거개시를 위한 디스커버리 제도를 도입하였다. 이에 우리 특허법도 개정을 통해 구체적 행위태양 제시 의무를 신설했다(특허법 제126조의2).

CHAPTER 08 선택발명

1 의의 및 취지

(1) 선택발명 개념

선택발명이란 선행발명에 구성요소가 상위개념으로 기재되어 있고, 그 상위개념에 포함되는 하위개념만을 구성요소 중의 전부 또는 일부로 하는 발명을 말한다. 판례는 선행발명이 인식하지 못한 새로운 가치를 밝혀낸 경우는 선택발명에 대해서도 특허성을 인정함으로써 산업발전을 유도하고 있다.

(2) 용이도출 곤란시 선택발명이 아니라고 볼 것인지 여부

통상의 기술자가 선행발명으로부터 그 상위개념을 인식하고 선행발명으로부터 선택발명을 용이하게 도출할 수 있는지 여부는 신규성이나 진보성에 관한 판단 사유이며 선택발명인지 여부를 구분하는 기준이 되지 않는다(2018허2717).

2 등록가능성

(1) 신규성

1) 선택발명의 신규성을 부정하기 위해서는 선행발명이 선택발명을 구성하는 하위개념을 구체적으로 개시하고 있어야 한다(2005후3338).

2) "선행발명이 선택발명을 구성하는 하위개념을 구체적으로 개시하고 있는지를 판단함에 있어서는 선행문헌에 선택발명에 대한 문언적인 기재가 존재하는지의 여부뿐만 아니라, 해당 기술분야에서 통상의 기술자가 선행문헌의 기재 내용과 출원 시의 기술상식에 기초하여 선행문헌으로부터 직접적으로 선택발명의 존재를 인식할 수 있는 정도의 것인지의 여부와 선행문헌에 기재된 실시태양과 선택발명의 실시태양이 실질적으로 동일한 것인지의 여부 등을 종합적으로 검토하여 판단하여야 할 것이다."(2007허2285)

(2) 진보성

1) 선택발명의 사안 구분(2019후10609)

가) 선택발명은 선행발명과의 관계에서 구성의 곤란성이 인정되는 사안과 인정되지 않는 사안으로 구분된다.

나) 물질발명 사안에서 선택발명의 구성의 곤란성은 ① 선행발명의 상위개념에 이론상 포함될 수 있는 화합물의 개수, ② 선행발명의 상위개념으로부터 선택발명의 특정한 화합물을 쉽게 선택할 수 있는 사정 유무, ③ 선행발명에 구체적으로 개시된 화합물과 선택발명의 구조적 유사성 등의 기준을 종합적으로 고려하여 판단한 바 있다.

2) 구성의 곤란성이 인정되는 선택발명의 진보성 판단기준(2019후10609)

구성의 곤란성이 인정되는 선택발명은 일반발명과 마찬가지로 선행발명에 비해 질적인 차이나 양적인 차이의 현저한 효과가 없어도, 예측 곤란한 효과가 있으면 진보성을 인정한다.

3) 구성의 곤란성이 인정되지 않는 선택발명의 진보성 판단기준

가) "선택발명에 포함되는 하위개념들 모두가 선행발명이 갖는 효과와 질적으로 다른 효과를 갖고 있거나, 질적인 차이가 없더라도 양적으로 현저한 차이가 있어서 진보성이 인정되는 경우에 특허를 받을 수 있다."(2009허8973)

나) "선택발명의 효과가 수개인 경우, 그 중 어느 하나라도 선행발명의 효과에 비하여 현저하다는 점이 인정되면 선택발명의 진보성을 긍정할 수 있을 것이나, 선택발명을 선행발명에 비하여 '특별하고도 현저한 효과'를 가진다고 평가할 수 있기 위해서는 선택발명이 가지는 효과 전체를 종합적으로 고려하여야 하므로, 현저성이 인정되는 효과 이외의 나머지 효과가 선행발명에 비하여 현저히 나쁘다면 선택발명의 효과가 선행발명에 비하여 특별하고도 현저하다고 할 수 없을 것이어서, 나머지 효과는 적어도 선행발명의 효과와 비슷한 정도는 되어야 한다."

다) 공지기술로부터 실험적으로 최적(最適) 또는 호적(好適)한 것을 선택하는 것은 일반적으로 통상의 기술자의 통상의 창작능력의 발휘에 해당하여 진보성이 인정되지 않는다[165].

(3) 명세서 기재방법

1) 구성의 곤란성이 인정되는 선택발명의 효과에 대한 명확한 기재

일반발명과 마찬가지로 발명의 설명에 효과를 기재하면 충분하다(2019후10609).

2) 구성의 곤란성이 인정되지 않는 선택발명의 현저한 효과에 대한 명확한 기재

가) 선택발명의 발명의 설명에는 ⅰ) 선행발명에 비하여 질적으로 다른 효과 또는 양적으로 현저한 효과가 있음을 명확히 기재하여야 하며, ⅱ) "위와 같은 효과가 명확히 기재되어 있다고 하기 위해서는 선택발명의 발명의 설명에 질적인 차이를 확인할 수 있는 구체적인 내용이나, 양적으로 현저한 차이가 있음을 확인할 수 있는 정량적 기재가 있어야 한다."(2008후736,743)

나) 한편, 판례는 "선택발명의 발명의 설명에는 선행발명에 비하여 위와 같은 효과가 있음을 명확히 기재하면 충분하고, 그 효과의 현저함을 구체적으로 확인할 수 있는 비교실험자료까지 기재하여야 하는 것은 아니며, 만일 그 효과가 의심스러울 때에는 출원일 이후에 출원인이 구체적인 비교실험자료를 제출하는 등의 방법에 의하여 그 효과를 구체적으로 주장·입증하면 된다."(2001후2740)고 하여 명확한 기재가 있는 경우 비교실험자료의 추후제출을 허용한다.

다) 다만, 판례는 "출원일 이후 제출된 실험데이터에 의해 명세서의 기재를 보완할 수 있는 경우는 명세서의 기재요건을 충족하였음에도 불구하고 그 효과가 의심스럽다고 인정될 때에만 이를 보완하기 위해 그 추가제출이 허용되는 것이므로, 이 사건 출원발명과 같이 처음부터 명세서에 기재불비가 있어 그 기재요건을 충족하지 못하고 있는 발명까지 의견서 또는 이에 첨부한 실험데이터로서 그 기재불비를 해소할 수 있는 것은 아니라"고 하여 효과를 명확히 기재하지 않은 경우 추후 이를 보완하는 것은 허용하지 않는다.

---

[165] 특허청, 특허·실용신안 심사기준

타) 효과가 수 개인경우

"선택발명의 효과가 수개인 경우, 선택발명의 진보성은 선행발명의 효과와 대비하여 모든 종류의 효과 면에서 현저한 차이가 있어야 하는 것이 아니라, 선택발명의 효과 중 일부라도 이에 대응하는 선행발명의 효과에 비하여 현저하다고 인정되면 충분하다는 점, 통상의 기술자로서는 선택발명이 목적으로 하는 수개의 효과 중 어느 하나라도 '특별하고도 현저한 효과'를 가지면 선행발명 대신에 선택발명을 선택하여 실시할 것이고, 또 다른 효과의 기재가 불명확하다고 하여 선택발명의 실시를 포기하지 않을 것이어서 선택발명의 실시가능성을 충족하는 점, 명세서 기재요건을 갖춘 어느 하나의 효과만으로도 특허를 부여할 가치가 충분하다면 명세서 기재요건을 갖추지 못한 다른 효과까지 주장한다고 하여 발명의 가치가 떨어지는 것이 아니므로 특허를 부여하지 않는 것은 불합리하다는 점, 일반발명에 있어서 구성의 기재가 불명확한 경우에는 발명을 파악하거나 이를 실시하기 불가능하기 때문에 명세서 기재요건의 불비로 특허를 부여하지 않아야 하나, 단지 효과의 기재가 불명확하다고 하여 특허성을 부정하지는 않는 점, 선택발명의 경우 '특별하고도 현저한 효과'가 일반발명에 있어서 '구성'에 해당하는 것으로서 그 기재의 명확성이 요구되는 것은 발명의 실시가능성과 관련되기 때문이나, 어느 하나의 효과라도 명세서 기재요건 및 효과의 현저성이 충족되는 경우 실시가능성도 충족되며, 이로 인하여 발명이 불명확하게 되는 것은 아니라는 점 등의 모든 사정을 참작하여 보면, 어느 하나의 효과라도 명세서 기재요건을 갖추면 일단 기재불비의 문제는 해소되며, 실제 '특별하고도 현저한 효과'가 인정되는지 여부는 진보성 판단의 문제로 취급함이 옳다."(2006허6303, 8330)

3 선택발명의 엄격한 등록요건의 완화 필요성

(1) 문제점

종래 선택발명은 일괄적으로 일반발명에 비해 진보성 및 명세서 기재방법 요건이 엄격했다. 그러나 선행발명에 개시된 상위개념에 포함되는 하위개념단을 구성요소 중의 전부 또는 일부로 하는 선택발명이라 하더라도, 사안을 구분하여 경우에 따라서는 엄격한 등록요건이 완화될 필요성이 있다는 주장이 제기되었다.

(2) 종래 선택발명의 등록요건이 엄격했던 이유

1) 선행발명의 상위개념 중에서 임의의 하위개념을 선택하기만 한 발명은 특별한 사정이 없는 한 새로운 기술적 발전에 기여했다고 보기 어렵다.
2) 종래에는 새로운 기술적 발전에 기여한 발명인지 여부를 구분하기 위한 수단으로서 엄격한 등록요건을 활용했다.

(3) 선택발명 등록요건 완화 필요성

1) 최근 법원은 모든 선택발명에 대해 엄격한 등록요건으로 중복발명 여부를 판단하는 것은 부당하다고 보았다.

2) 특허법원은 선택발명이라 하더라도 본질적으로 중복발명이라고 보기 어려운 때는 등록요건이 완화될 수 있다고 보았다. 즉 선행발명에서 선택발명을 배제하는 부정적 교시가 있거나, 선행발명에 출원시 기술수준에 비추어 보더라도 선택발명의 하위개념을 확장할 수 있는 내용이 개시되어 있지 않은 경우에는 등록요건이 완화될 수 있다고 보았다(2018허2717).
3) 대법원은 선택발명이라 하더라도 선행발명과의 관계에서 구성의 곤란성이 인정될 경우 등록요건이 완화될 수 있다고 보았다. 구성의 곤란성은 예컨대 물질발명 사안에서는 ① 선행발명의 상위개념에 이론상 포함될 수 있는 화합물의 개수, ② 선행발명의 상위개념으로부터 선택발명의 특정한 화합물을 쉽게 선택할 수 있는 사정 유무, ③ 선행발명에 구체적으로 개시된 화합물과 선택발명의 구조적 유사성 등의 기준을 종합적으로 고려하여 판단하였다(2019후10609).
4) 생각건대 선택발명의 엄격한 등록요건은 구성의 곤란성이 없음을 전제로 효과의 현저성을 강조한 법리이므로, 구성의 곤란성이 있는 선택발명은 대법원 판례와 같이 등록요건을 완화함이 타당하다.

4 침해성립여부

(1) 문제점

상위개념을 구성요소로 하는 선원특허가 존재하더라도 선택발명도 특허를 받을 수 있는데, 특허받은 선택발명을 실시하는 경우 선원특허를 침해하는 것인지 문제된다.

(2) 학설

선택발명과 선원특허가 각각 개별적으로 특허가 인정될 수 있다는 것은 곧 서로 기술적 사상이 다르다고 본 것이므로 침해가 성립하지 않는다는 견해, 선택발명은 기본적으로 선원특허의 구성요소를 포함하고 있는바 침해를 긍정해야 한다는 견해가 있다.

(3) 판례

1) 판례는 "발명이 인용발명에 기재된 상위개념에 포함되더라도 현저히 향상된 작용효과가 있으면 다른 발명이다."(90후690)라고 침해를 부정하는 취지로 판시한 바 있다.
2) 또 다른 판례는 특허발명의 어떤 구성이 확인대상발명의 어떤 구성에 대하여 상위개념의 관계에 있고, 확인대상발명이 특허발명의 구성요소 모두를 포함하고 있는 사안에서 "확인대상발명은 이 사건 특허발명 청구항5의 구성요소를 모두 가지고 있으면서 이를 이용한 이용발명의 관계에 있다" (2003허1284)고 하여 침해를 긍정한 판시한 것도 있다.

(4) 검토

선택발명의 침해를 부정하면 기초발명의 보호가 부당하게 제한될 수 있는 점, 선택발명은 선원특허의 기술적 사상을 참고하여 성립된 것일 수도 있다는 점에서 원칙적으로 침해를 긍정하는 것이 타당하다. 이때 침해인 이유로 중복권리라고 보면 선택발명에 대해 특허를 인정하는 논리와 모순되므로, 이용관계라고 해석함이 바람직하다. 다만 선택발명이 선원특허와 과제해결 방식이 상이하거나 이질적 효과를 가지는 경우는 선원특허의 기술적 사상을 이용했다고 볼 수 없어 이용관계를 부정함이 타당하다.

CHAPTER 09 수치한정발명

1 의의 및 취지

수치한정발명이란 청구항에 기재된 발명의 구성의 일부가 수량적으로 표현된 발명을 의미한다. 수치한정이 없는 선행 또는 공지발명에 수치한정을 부가하거나, 수치한정이 있는 선행 또는 공지발명에 수치한정을 변경한 경우 선행 특허권자의 권리를 불합리하게 제한하지 않으면서 기초발명의 활용을 촉진하여 산업발전을 도모하기 위한 논의가 필요하다.

2 등록가능성

(1) 신규성

1) 심사실무[166]

　가. 인용발명에 수치한정이 없고 청구항에 기재된 발명이 새롭게 수치한정을 포함한 경우에는 원칙적으로 신규성이 인정되나, 출원시의 기술상식을 참작할 때 수치한정 사항이 통상의 기술자가 임의적으로 선택 가능한 수준에 불과하거나 인용발명 중에 암시되었다고 볼 수 있는 경우에는 신규성이 부정될 수 있다.

　나. 청구항에 기재된 발명의 수치범위가 인용발명이 기재하고 있는 수치범위에 포함되는 경우에는 그 사실만으로 곧바로 신규성이 부정되는 것은 아니고, 선택발명의 법리와 유사하게 판단한다. 만약 수치한정에 임계적 의의가 있다면 진보성도 인정될 수 있으므로 이 경우는 신규성이 인정될 수 있다. 수치한정의 임계적 의의가 인정되기 위해서는 수치한정 사항을 경계로 발명의 작용·효과에 현저한 변화가 있어야 한다.

　다. 청구항에 기재된 발명의 수치범위가 인용발명의 수치범위를 포함하고 있는 경우에는 곧바로 신규성을 부정할 수 있다.

　라. 청구항에 기재된 발명과 인용발명의 수치범위가 서로 다른 경우에는 통상적으로 신규성이 인정된다.

2) 판례

　가. 구성요소의 범위를 수치로써 한정하여 표현한 발명이 그 출원 전에 공지된 발명과 사이에 수치한정의 유무 또는 범위에서만 차이가 있는 경우에는, 그 한정된 수치범위가 공지된 발명에 구체적으로 개시되어 있거나, 그렇지 않더라도 그러한 수치한정이 그 발명이 속하는 기술분야에서 통상의 지식을 가진 자(이하 '통상의 기술자'라고 한다)가 적절히 선택할 수 있는 주지·관용의 수단에 불과하고 이에 따른 새로운 효과도 발생하지 않는다면 그 신규성이 부정된다. 그리고 한정된 수치범위가 공지된 발명에 구체적으로 개시되어 있다는 것에는, 그 수치범위 내의 수치가 공지된 발명을 기재한 선행문헌의 실시 예 등에 나타나 있는 경우 등과 같이 문언적인 기재가 존재하는 경우 외에도 통상의 기술자가 선행문헌의 기재 내용과 출원 시의 기술상식에 기초하여 선행문헌으로부터 직접적으로 그 수치범위를 인식할 수 있는 경우도 포함된다. 한편

---

[166] 심사기준

　　　　수치한정이 공지된 발명과는 서로 다른 과제를 달성하기 위한 기술수단으로서의 의의를 가지고 그 효과도 이질적인 경우나 공지된 발명과 비교하여 한정된 수치범위 내외에서 현저한 효과의 차이가 생기는 경우 등에는, 그 수치범위가 공지된 발명에 구체적으로 개시되어 있다고 할 수 없음은 물론, 그 수치한정이 통상의 기술자가 적절히 선택할 수 있는 주지·관용의 수단에 불과하다고 볼 수도 없다[167].

　나. 어떤 저분자 화합물과 그 제조방법을 개시한 문헌은 특별한 사정이 없는 한 통상의 기술자가 바라는 모든 수준의 순도의 화합물을 개시한 것으로 보아야 하므로, 특허발명이 선행발명에 비하여 단순히 화합물의 순도를 한정한 것에 불과한 경우에는 특별한 사정이 없는 한 신규성이 부정된다고 보아야 할 것이다. 그러나 공지된 정제기술에 의하더라도 특허발명에서 한정한 순도의 화합물을 얻을 수 없었고, 그 특허발명에서 비로소 그러한 순도의 화합물을 얻는 기술을 개시하였다면, 그러한 화합물 순도의 한정은 통상의 기술자가 적절히 선택할 수 있는 주지 관용의 수단으로 볼 수 없으므로 그 특허발명은 선행발명에 의하여 신규성이 부정되지 아니한다[168].

(2) 진보성[169]

1) 최적 또는 호적의 수치범위 선택

　　공지기술로부터 실험적으로 최적(最適) 또는 호적(好適)의 수치범위를 선택하는 것은 일반적으로는 통상의 기술자의 통상의 창작능력의 발휘에 해당 하여 진보성이 인정되지 않는다. 그러나 청구항에 기재된 발명이 한정된 수치범위 내에서 인용발명의 효과에 비하여 더 나은 효과, 즉 종전에 예측할 수 없는 작용효과를 갖는 경우 진보성이 인정될 수 있다.

2) 판례의 태도

　가) 수치한정 범위 전체에서 인용발명에 비해 이질적이거나 동질의 양적 현저한 효과의 차이가 있고(기술적 의의), 수치한정 범위에서 발명의 효과에 급격한 변화가 있어야(임계적 의의) 진보성이 인정된다. 그렇지 않은 경우 그 기술분야에서 통상의 지식을 가진 사람이 통상적이고 반복적인 실험을 통하여 적절히 선택할 수 있는 정도의 단순한 수치한정에 불과하기 때문이다.

　나) 다만, "그 특허발명에 진보성을 인정할 수 있는 다른 구성요소가 부가되어 있어서 그 특허발명에서의 수치한정이 보충적인 사항에 불과하거나, 수치한정을 제외한 양 발명의 구성이 동일하더라도 그 수치한정이 공지된 발명과는 상이한 과제를 달성하기 위한 기술수단으로서의 의의를 가지고 그 효과도 이질적인 경우라면, 수치한정의 임계적 의의가 없다고 하여 특허발명의 진보성이 부정되지 아니한다."(2008후4998)

---

[167] 2011후2015
[168] 일반적으로 순도란 어떤 물질 중 주성분인 순물질이 차지하는 비율을 의미하는데, 화학반응에 의하여 획득되는 화합물은 통상 부반응, 출발물질의 미전환 등과 같은 다양한 이유로 불순물을 함유하게 되므로, 통상의 기술자가 필요에 따라 화학적 제조공정을 통하여 얻은 화합물을 다시 정제하여 화합물의 순도를 높이는 것은 유기화학 분야의 관행이고, 정제 단계에서 순도를 높일 수 있는, 재결정, 증류, 크로마토그래피 등과 같은 저분자 유기반응생성물에 대한 종래 정제방법은 통상의 기술자에게 잘 알려진 지식이다(2017허1373).
[169] 심사기준

(3) 명세서 기재방법

1) 발명의 설명

가. 수치한정은 과제해결원리와 직결되어 있다는 점에서 발명의 설명에는 그 한정의 이유와 효과를 명확히 기재하여야 한다. 특히 수치한정이 양적 현저한 효과 차이를 나타내는 발명인 경우는 실무상 i) 수치한정의 기술적 의미가 발명의 설명에 기재되어 있고, ii) 수치범위의 상한치 및 하한치가 임계치라는 것이 발명의 설명 중의 실시예 또는 보조 자료 등으로부터 입증되어야 기재요건을 만족한다고 보고, 임계치라는 사실이 입증되기 위해서는 통상적으로 수치범위 내외를 모두 포함하는 실험결과가 제시되어 임계치임이 객관적으로 확인 가능해야 한다고 본다[170].

나. 판례는 구성요소의 범위를 수치로써 한정하여 표현한 물건의 발명에서 i) 그 청구범위에 한정된 수치범위 전체를 보여주는 실시예까지 요구되는 것은 아니지만, ii) 통상의 기술자가 출원시의 기술 수준으로 보아 과도한 실험이나 특수한 지식을 부가하지 않고서는 명세서의 기재만으로 위 수치범위 전체에 걸쳐 그 물건을 생산하거나 사용할 수 없는 경우에는, 위 조항에서 정한 기재요건을 충족하지 못한다고 보아야 한다고 판시하였다(2013후525).

다. 한편 수치한정에 기술적 특징이 없는 경우 판례는 "수치한정이 단순히 발명의 적당한 실시 범위나 형태 등을 제시하기 위한 것으로서 그 자체에 별다른 기술적 특징이 없어 통상의 기술자가 적절히 선택하여 실시할 수 있는 정도의 단순한 수치한정에 불과하다면, 그러한 수치한정에 대한 이유나 효과의 기재가 없어도 통상의 기술자로서는 과도한 실험이나 특수한 지식의 부가 없이 그 의미를 정확하게 이해하고 이를 재현할 수 있을 것이므로, 이런 경우에는 명세서에 수치한정의 이유나 효과가 기재되어 있지 않더라도 구 특허법 제42조 제3항에 위배된다고 할 수 없다." 고 판시하였다(2010후2582).

2) 청구범위

가. 특허법 제42조 제4항 제1호

특허청구범위가 발명의 상세한 설명에 의하여 뒷받침되고 있는지 여부는 그 발명이 속하는 기술분야에서 통상의 지식을 가진 자의 입장에서 특허 청구범위에 기재된 발명과 대응되는 사항이 발명의 상세한 설명에 기재되어 있는지 여부에 의하여 판단하여야 하는바, 출원시의 기술상식에 비추어 보더라도 발명의 상세한 설명에 개시된 내용을 특허청구범위에 기재된 발명의 범위까지 확장 내지 일반화할 수 없는 경우에는 그 특허청구범위는 발명의 상세한 설명에 의하여 뒷받침된다고 볼 수 없다(2004후1120).

나. 특허법 제42조 제4항 제2호

수치한정발명에서 상한이나 하한의 기재가 없는 수치한정을 한 경우, 0을 포함하는 수치한정(0을 포함하는 성분이 필수성분이 아니라 임의성분인 경우에는 제외 한다)을 한 경우, 하나의 청구항 내에서 이중으로 수치한정을 한 경우 등은 통상의 기술자가 발명의 내용을 명확히 파악할 수 없다면 제42조 제4항 제2호 위반이 될 수 있다[171].

---

[170] 특허청, 특허 실용신안 심사기준

3 침해성립여부

수치한정발명과 수치한정이 없는 선원특허와의 이용관계 성립여부는 선택발명에서의 논의와 같다. 다만, 판례는 "하수처리용 접촉물에 관한 특허발명이 그 출원 전에 국외 간행물에 기재된 인용발명의 일부 구성요소의 수치를 한정한 것에 불과한 것으로 그 수치 한정에 구성의 곤란성이 인정되지 아니하고 수치 한정으로 인한 특별한 효과나 임계적 의의가 인정되지 않으므로 특허발명은 인용발명과 기술적 구성이 실질적으로 동일하여 공지된 기술에 해당하고, 따라서 무효심결의 확정 여부에 관계없이 그 권리범위를 인정할 수 없다는 이유로 (가)호 발명은 특허발명과 대비할 필요도 없이 그 권리범위에 속하지 않는다."고 판시한 바 있다(2000후1283).

4 관련문제

(1) 균등론

판례는 "특허발명의 청구범위가 일정한 범위의 수치로 한정한 것을 구성요소의 하나로 하고 있는 경우에는 그 범위 밖의 수치가 균등한 구성요소에 해당한다는 등의 특별한 사정이 없는 한 특허발명의 청구범위에서 한정한 범위 밖의 수치를 구성요소로 하는 확인대상발명은 원칙적으로 특허발명의 권리범위에 속하지 아니한다."고 판시하여 수치한정발명에도 균등론이 적용될 수 있음을 설시한 바 있다(2003후656). 균등론 뿐만 아니라 의식적 제외 이론도 적용된다고 봄이 타당하다.

(2) 권리범위확인심판의 확인대상발명 특정

판례는 "확인대상발명이 특정되었다고 하기 위하여는 확인대상발명이 당해 특허발명에서 수치로 한정하고 있는 구성요소에 대응하는 요소를 포함하고 있는지 여부 및 그 수치는 어떠한지 등이 설명서와 도면 등에 의하여 특정되어야 할 것이다."고 판시하였다(2003후656).

---

171) 특허청, 특허 실용신안 심사기준

CHAPTER 10 파라미터발명

1 서

(1) 개념

파라미터발명은 물리적·화학적 특성 값에 대하여 당해 기술분야에서 표준적인 것이 아니거나 관용되지 않는 파라미터를 출원인이 임의로 창출하거나, 이들 복수의 변수 간의 상관관계를 이용하여 연산식으로 파라미터화 한 후, 파라미터에 의하여 한정한 구성요소를 포함하는 발명을 말한다[172)173)].

(2) 수치한정발명과 비교

수치한정발명은 구성요소를 관용적으로 사용되는 변수의 수치범위로 한정한 발명을 말하고, 파라미터발명은 발명자에 의해 새롭게 창출한 변수 또는 복수의 변수 간에 새롭게 도출된 상관관계로 구성요소를 한정한 발명을 말한다.

2 등록가능성

(1) 신규성

1) 판단방법

파라미터발명은 파라미터 자체를 청구항의 일부로 하여 신규성을 판단하되, 청구항에 기재된 파라미터가 신규하다고 해서 그 발명의 신규성이 인정되는 것은 아니다. 판례는 "특허발명의 특허청구범위에 기재된 성질 또는 특성이 다른 정의(定義) 또는 시험·측정방법에 의한 것으로 환산이 가능하여 환산해 본 결과 선행발명의 대응되는 것과 동일하거나 또는 특허발명의 명세서의 상세한 설명에 기재된 실시형태와 선행발명의 구체적 실시형태가 동일한 경우에는, 달리 특별한 사정이 없는 한, 양 발명은 발명에 대한 기술적인 표현만 달리할 뿐 실질적으로는 동일한 것으로 보아야 할 것이므로, 이러한 특허발명은 신규성을 인정하기 어렵다"고 판시하였다(2007후2971).

2) 심사실무[174)]

파라미터에 의한 한정이 공지 된 물건에 내재된 본래의 성질 또는 특성 등을 시험적으로 확인한 것에 불과하거나, 파라미터를 사용하여 표현방식만 달리 한 것이라면 청구항에 기재 된 발명의 신규성은 부정된다.

파라미터발명은 일반적으로 선행기술과 신규성 판단을 위한 구성의 대비가 곤란하기 때문에 양자가 동일한 발명이라는 '합리적인 의심'[175)]이 있는 경우에는 선행기술과 엄밀하게 대비하지 않고 합리적 의심을 갖게 된 이유를 구체적으로 기재하여 신규성이 없다는 거절이유를 통지한다.

---

172) 심사기준
173) 2007허81
174) 심사기준
175) 신규성 판단에서 동일한 발명이라는 합리적인 의심이 드는 경우로는 1) 청구항에 기재된 발명에 포함된 파라미터를 다른 정의 또는 시험·측정 방법으로 환산하였더니 인용발명과 동일해지는 경우, 2) 인용발명의 파라미터를 발명의 설명에 기재된 측정·평가방법에 따라 평가하였더니 청구항에 기재된 발명이 한정하는 것과 동일한 사항이 얻어질 것으로 예상되는 경우, 3) 발명의 설명에 기재된 출원발명의 실시형태와 인용발명의 실시형태가 동일한 경우 등이 있다.

(2) 진보성

1) 판례

성질 또는 특성 등에 의해 물(物)을 특정하려고 하는 기재를 포함하는 특허발명과, 이와 다른 성질 또는 특성 등에 의해 물을 특정하고 있는 인용발명을 대비할 때, 특허발명의 특허청구범위에 기재된 성질 또는 특성이 다른 정의(定義) 또는 시험·측정방법에 의한 것으로 환산이 가능하여 환산해 본 결과 인용발명의 대응되는 것과 동일·유사하거나 또는 특허발명의 명세서의 상세한 설명에 기재된 실시형태와 인용발명의 구체적 실시형태가 동일·유사한 경우에는, 달리 특별한 사정이 없는 한, 양 발명은 발명에 대한 기술적인 표현만 달리할 뿐 실질적으로는 동일·유사한 것으로 보아야 할 것이므로, 이러한 특허발명은 신규성 및 진보성을 인정하기 어렵다(2001후2658).

2) 심사실무[176]

파라미터발명의 진보성 판단은 먼저 파라미터의 도입에 기술적 의의가 있는지 여부를 살펴야 하는바, 청구항에 기재된 파라미터가 출원 전 공지된 물성을 표현방식만 달리하여 나타낸 것에 불과하거나 공지된 물건에 내재된 본래의 성질 또는 특성을 시험적으로 확인한 것에 불과한 경우 또는 파라미터와 더 나은 효과와의 인과관계가 부족한 경우에는 기술적 의의를 인정할 수 없으므로 진보성을 부정한다. 다만, 파라미터발명이 수치한정발명의 형태를 취하고 있는 경우에는 수치한정발명의 진보성 판단기준을 그대로 적용할 수 있다.

청구항에 포함된 파라미터를 이해하기 곤란하거나 시험 측정 및 환산이 곤란하여 인용발명의 대응되는 것과 대비하기 곤란하더라도, 해당 파라미터발명이 인용발명으로부터 쉽게 발명될 수 있다고 합리적으로 의심할 만한 사정이 있다면[177], 그 구성을 엄밀하게 대비하지 않고 합리적 의심을 갖게 된 이유를 구체적으로 기재하여 진보성이 부정된다는 거절이유를 통지한다.

(3) 명세서 기재방법

1) 발명의 설명[178]

가. 파라미터로 특정되는 발명이 쉽게 실시되기 위해서는 그 기술분야에서 통상의 지식을 가진 자가 발명을 구현하기 위한 구체적인 수단, 발명의 기술적 과제 및 그 해결수단 등이 명확히 이해될 수 있도록 파라미터에 관한 구체적인 기술내용을 기재하여야 한다.

나. 발명이 쉽게 실시되기 위한 파라미터에 관한 구체적인 기술내용으로는 ⅰ) 파라미터의 정의 또는 그 기술적 의미에 대한 설명, ⅱ) 파라미터의 수치한정 사항이 포함된 경우, 수치범위와 수치범위를 한정한 이유, ⅲ) 파리미터의 측정을 위한 방법, 조건, 기구에 대한 설명, ⅳ) 파라미터를 만족하는 물건을 제조하기 위한 방법에 대한 설명, ⅴ) 파라미터를 만족하는 실시예, ⅵ) 파라미터를 만족하지 않는 비교예 및 ⅶ) 파라미터와 효과와의 관계에 대한 설명 등이 있다.

---

[176] 특허청, 특허 실용신안 심사기준
[177] 진보성 판단에서 쉽게 발명될 수 있다는 합리적인 의심이 드는 경우로는 1) 청구항에 기재된 발명의 파라미터를 다른 정의 또는 시험.측정 방법으로 환산하였더니 청구항에 기재된 발명이 인용발명으로부터 쉽게 발명될 수 있는 경우, 2) 인용발명의 파라미터를 발명의 설명에 기재된 측정·평가방법에 따라 평가하였더니 청구항에 기재된 발명이 한정하는 것과 유사하게 되어 진보성을 부정할 수 있는 경우, 3) 발명의 설명에 기재된 출원발명의 실시형태와 인용발명의 실시형태가 유사하여 진보성이 부정될 수 있는 경우 등이 있다.
[178] 특허청, 특허 실용신안 심사기준

다. 파라미터에 관한 구체적인 기술내용이 발명의 설명이나 도면에 명시적으로 기재되지는 않았더라도 출원시 기술상식을 감안할 때 명확히 이해될 수 있는 경우에는 이를 이유로 발명이 쉽게 실시될 수 없다고 판단하지 않는다.

2) 청구범위[179)]

파라미터발명은 그 기재 만으로는 파라미터가 나타내는 특성 값을 갖는 기술적 구성을 명확하게 파악할 수 없는 경우가 많으므로, 발명의 설명 또는 도면 및 기술상식을 참작 하여 ⅰ) 파라미터의 정의 또는 그 기술적 의미를 명확히 이해할 수 있고, ⅱ) 당해 파라미터를 사용할 수밖에 없는 이유가 명확히 드러나며, ⅲ) 출원시 기술수준과의 관계를 이해할 수 있는 경우 이외에는 발명이 명확하고 간결하게 기재되지 않은 것으로 취급한다. 다만, 발명의 설명이나 도면에 명시적으로 기재되지는 않았더라도 출원시 기술상식을 감안할 때 명확히 이해될 수 있는 경우에는 이를 이유로 발명이 불명확한 것으로 취급하지 않는다.

3 침해성립여부

파라미터발명은 물건으로 구성을 한정한 것이 아니라, 물건이 갖는 물성이나 특성을 나타내는 변수로 특정한 것이라는 점에서 상대적으로 넓은 권리범위가 인정된다. 따라서 출원인은 효율적으로 발명을 특정하는 수단으로 삼을 수 있는 반면, 제3자 실시를 부당하게 제한하는 것을 방지하기 위해 심사단계에서 특허요건 판단에 주의를 기울일 필요가 있다.

---

179) 심사기준

정면장

PART 13

특허심판

CHAPTER 01 심판제도 일반

제140조(심판청구방식)

① 심판을 청구하려는 자는 다음 각 호의 사항을 적은 심판청구서를 특허심판원장에게 제출하여야 한다.
  1. 당사자의 성명 및 주소(법인인 경우에는 그 명칭 및 영업소의 소재지)
  2. 대리인이 있는 경우에는 그 대리인의 성명 및 주소나 영업소의 소재지[대리인이 특허법인·특허법인(유한)인 경우에는 그 명칭, 사무소의 소재지 및 지정된 변리사의 성명]
  3. 심판사건의 표시
  4. 청구의 취지 및 그 이유

② 제1항에 따라 제출된 심판청구서의 보정은 그 요지를 변경할 수 없다. 다만, 다음 각 호의 어느 하나에 해당하는 경우에는 그러하지 아니하다.
  1. 제1항제1호에 따른 당사자 중 특허권자의 기재를 바로잡기 위하여 보정(특허권자를 추가하는 것을 포함하되, 청구인이 특허권자인 경우에는 추가되는 특허권자의 동의가 있는 경우로 한정한다)하는 경우
  2. 제1항제4호에 따른 청구의 이유를 보정하는 경우
  3. 제135조제1항에 따른 권리범위 확인심판에서 심판청구서의 확인대상 발명(청구인이 주장하는 피청구인의 발명을 말한다)의 설명서 또는 도면에 대하여 피청구인이 자신이 실제로 실시하고 있는 발명과 비교하여 다르다고 주장하는 경우에 청구인이 피청구인의 실시 발명과 동일하게 하기 위하여 심판청구서의 확인대상 발명의 설명서 또는 도면을 보정하는 경우

③ 제135조 제1항·제2항에 따른 권리범위 확인심판을 청구할 때에는 특허발명과 대비할 수 있는 설명서 및 필요한 도면을 첨부하여야 한다.

④ 제138조제1항에 따른 통상실시권 허락의 심판의 심판청구서에는 제1항 각 호의 사항 외에 다음 사항을 추가로 적어야 한다.
  1. 실시하려는 자기의 특허의 번호 및 명칭
  2. 실시되어야 할 타인의 특허발명·등록실용신안 또는 등록디자인의 번호·명칭 및 특허나 등록연월일
  3. 특허발명·등록실용신안 또는 등록디자인의 통상실시권의 범위·기간 및 대가

⑤ 제136조제1항에 따른 정정심판을 청구할 때에는 심판청구서에 정정한 명세서 또는 도면을 첨부하여야 한다.

제140조의2(특허거절결정에 대한 심판청구방식)

① 제132조의17에 따라 특허거절결정에 대한 심판을 청구하려는 자는 제140조제1항에도 불구하고 다음 각 호의 사항을 적은 심판청구서를 특허심판원장에게 제출하여야 한다.
  1. 청구인의 성명 및 주소(법인인 경우에는 그 명칭 및 영업소의 소재지)
  2. 대리인이 있는 경우에는 그 대리인의 성명 및 주소나 영업소의 소재지[대리인이 특허법인·특허법인(유한)인 경우에는 그 명칭, 사무소의 소재지 및 지정된 변리사의 성명]
  3. 출원일 및 출원번호
  4. 발명의 명칭
  5. 특허거절결정일
  6. 심판사건의 표시
  7. 청구의 취지 및 그 이유

② 제1항에 따라 제출된 심판청구서를 보정하는 경우에는 그 요지를 변경할 수 없다. 다만, 다음 각 호의 어느 하나에 해당하는 경우에는 그러하지 아니하다.
 1. 제1항제1호에 따른 청구인의 기재를 바로잡기 위하여 보정(청구인을 추가하는 것을 포함하되, 그 청구인의 동의가 있는 경우로 한정한다)하는 경우
 2. 제1항제7호에 따른 청구의 이유를 보정하는 경우

제141조(심판청구서 등의 각하)
① 심판장은 다음 각 호의 어느 하나에 해당하는 경우에는 기간을 정하여 그 보정을 명하여야 한다.
 1. 심판청구서가 제140조제1항 및 제3항부터 제5항까지 또는 제140조의2제1항을 위반한 경우
 2. 심판에 관한 절차가 다음 각 목의 어느 하나에 해당하는 경우
  가. 제3조제1항 또는 제6조를 위반한 경우
  나. 제82조에 따라 내야 할 수수료를 내지 아니한 경우
  다. 이 법 또는 이 법에 따른 명령으로 정하는 방식을 위반한 경우
② 심판장은 제1항에 따른 보정명령을 받은 자가 지정된 기간에 보정을 하지 아니하거나 보정한 사항이 제140조제2항 또는 제140조의2제2항을 위반한 경우에는 심판청구서 또는 해당 절차와 관련된 청구나 신청 등을 결정으로 각하하여야 한다.
③ 제2항에 따른 결정은 서면으로 하여야 하며, 그 이유를 붙여야 한다.

제142조(보정할 수 없는 심판청구의 심결각하)
부적법한 심판청구로서 그 흠을 보정할 수 없을 때에는 피청구인에게 답변서 제출의 기회를 주지 아니하고, 심결로써 그 청구를 각하할 수 있다.

제147조(답변서 제출 등)
① 심판장은 심판이 청구되면 심판청구서 부본을 피청구인에게 송달하고, 기간을 정하여 답변서를 제출할 수 있는 기회를 주어야 한다.
② 심판장은 제1항의 답변서를 받았을 때에는 그 부본을 청구인에게 송달하여야 한다.
③ 심판장은 심판에 관하여 당사자를 심문할 수 있다.

제154조(심리 등)
① 심판은 구술심리 또는 서면심리로 한다. 다만, 당사자가 구술심리를 신청하였을 때에는 서면심리만으로 결정할 수 있다고 인정되는 경우 외에는 구술심리를 하여야 한다.
② 삭제
③ 구술심리는 공개하여야 한다. 다만, 공공의 질서 또는 선량한 풍속에 어긋날 우려가 있으면 그러하지 아니하다.
④ 심판장은 제1항에 따라 구술심리로 심판을 할 경우에는 그 기일 및 장소를 정하고, 그 취지를 적은 서면을 당사자 및 참가인에게 송달하여야 한다. 다만, 해당 사건의 이전 심리에 출석한 당사자 및 참가인에게 알렸을 때에는 그러하지 아니하다.
⑤ 심판장은 제1항에 따라 구술심리로 심판을 할 경우에는 특허심판원장이 지정한 직원에게 기일마다 심리의 요지와 그 밖에 필요한 사항을 적은 조서를 작성하게 하여야 한다.
⑥ 제5항의 조서에는 심판의 심판장 및 조서를 작성한 직원이 기명날인하여야 한다.
⑦ 제5항의 조서에 관하여는 「민사소송법」 제153조·제154조 및 제156조부터 제160조까지의 규정을 준용한다.
⑧ 심판에 관하여는 「민사소송법」 제143조·제259조·제299조 및 제367조를 준용한다.
⑨ 심판장은 구술심리 중 심판정 내의 질서를 유지한다.

제157조(증거조사 및 증거보전)
① 심판에서는 당사자, 참가인 또는 이해관계인의 신청에 의하여 또는 직권으로 증거조사나 증거보전을 할 수 있다.
② 제1항에 따른 증거조사 및 증거보전에 관하여는 「민사소송법」 중 증거조사 및 증거보전에 관한 규정을 준용한다. 다만, 심판관은 다음 각 호의 행위는 하지 못한다.
  1. 과태료의 결정
  2. 구인(拘引)을 명하는 행위
  3. 보증금을 공탁하게 하는 행위
③ 증거보전신청은 심판청구 전에는 특허심판원장에게 하고, 심판계속 중에는 그 사건의 심판장에게 하여야 한다.
④ 특허심판원장은 심판청구 전에 제1항에 따른 증거보전신청이 있으면 그 신청에 관여할 심판관을 지정한다.
⑤ 심판장은 제1항에 따라 직권으로 증거조사나 증거보전을 하였을 때에는 그 결과를 당사자, 참가인 또는 이해관계인에게 통지하고, 기간을 정하여 의견서를 제출할 수 있는 기회를 주어야 한다.

제158조(심판의 진행)
심판장은 당사자 또는 참가인이 법정기간 또는 지정기간에 절차를 밟지 아니하거나 제154조제4항에 따른 기일에 출석하지 아니하여도 심판을 진행할 수 있다.

제158조의2(적시제출주의)
심판절차에서의 주장이나 증거의 제출에 관하여는 「민사소송법」 제146조, 제147조 및 제149조를 준용한다. 〈신설 2021. 8. 17.〉

제159조(직권심리)
① 심판에서는 당사자 또는 참가인이 신청하지 아니한 이유에 대해서도 심리할 수 있다. 이 경우 당사자 및 참가인에게 기간을 정하여 그 이유에 대하여 의견을 진술할 수 있는 기회를 주어야 한다.
② 심판에서는 청구인이 신청하지 아니한 청구의 취지에 대해서는 심리할 수 없다.

제160조(심리·심결의 병합 또는 분리)
심판관은 당사자 양쪽 또는 어느 한쪽이 동일한 둘 이상의 심판에 대하여 심리 또는 심결을 병합하거나 분리할 수 있다.

제161조(심판청구의 취하)
① 심판청구는 심결이 확정될 때까지 취하할 수 있다. 다만, 답변서가 제출된 후에는 상대방의 동의를 받아야 한다.
② 둘 이상의 청구항에 관하여 제133조제1항의 무효심판 또는 제135조의 권리범위 확인심판을 청구하였을 때에는 청구항마다 취하할 수 있다.
③ 제1항 또는 제2항에 따른 취하가 있으면 그 심판청구 또는 그 청구항에 대한 심판청구는 처음부터 없었던 것으로 본다.

제162조(심결)
① 심판은 특별한 규정이 있는 경우를 제외하고는 심결로써 종결한다.
② 제1항의 심결은 다음 각 호의 사항을 적은 서면으로 하여야 하며, 심결을 한 심판관은 그 서면에 기명날인하여야 한다.
  1. 심판의 번호

> 2. 당사자 및 참가인의 성명 및 주소(법인인 경우에는 그 명칭 및 영업소의 소재지)
> 3. 대리인이 있는 경우에는 그 대리인의 성명 및 주소나 영업소의 소재지[대리인이 특허법인·특허법인(유한)인 경우에는 그 명칭, 사무소의 소재지 및 지정된 변리사의 성명]
> 4. 심판사건의 표시
> 5. 심결의 주문(제138조에 따른 심판의 경우에는 통상실시권의 범위·기간 및 대가를 포함한다)
> 6. 심결의 이유(청구의 취지 및 그 이유의 요지를 포함한다)
> 7. 심결연월일
>
> ③ 심판장은 사건이 심결을 할 정도로 성숙하였을 때에는 심리의 종결을 당사자 및 참가인에게 통지하여야 한다.
> ④ 심판장은 필요하다고 인정하면 제3항에 따라 심리종결을 통지한 후에도 당사자 또는 참가인의 신청에 의하여 또는 직권으로 심리를 재개할 수 있다.
> ⑤ 심결은 제3항에 따른 심리종결통지를 한 날부터 20일 이내에 한다.
> ⑥ 심판장은 심결 또는 결정이 있으면 그 등본을 당사자, 참가인 및 심판에 참가신청을 하였으나 그 신청이 거부된 자에게 송달하여야 한다.

제01절 심판제도 개괄

1 의의 및 취지

(1) 특허법상 심판제도는 특허출원에 대한 심사관의 처분 또는 그 처분에 의해 등록된 특허권에 관한 분쟁을 해결하기 위해 특허심판원의 심판관합의체에 의해 행해지는 특별행정심판을 말하며, 행정소송 및 민사소송에 준하는 엄격한 절차를 거쳐 판단된다.

(2) 이러한 특별행정심판제도를 일반 행정 심판·소송과 달리 별도로 두고 있는 이유는 산업재산권은 전문적인 기술내용 등을 바탕으로 준사법적인 절차를 거쳐 등록 허부가 결정되고 이에 대한 처분의 적정 여부 및 분쟁을 다루기 위해서는 전문지식과 경험을 갖춘 심판관에 의하여 재판의 전심절차로서 행정심판 기관으로 하여금 그 적법 여부를 판단하도록 하는 것이 바람직스럽기 때문이다.

2 심판의 종류

(1) **구분**

특허심판은 결정계 심판과 당사자계 심판으로 구분되는데, 결정계 심판은 당사자가 대립구조를 취하지 않고 심사관의 처분에 불복하는 청구인만 존재하는 심판이고, 당사자계 심판은 이미 설정된 권리 또는 사실 관계에 관한 분쟁이 발생하여 당사자가 대립된 구조를 취하는 심판이다. 그리고 심판절차 이 외의 절차로서 특허취소신청제도가 있는데, 특허취소신청제도는 결정계 심판 및 당사자계 심판과는 달리 누구나 등록공고 후 6개월까지 특허취소이유를 제공 하면 심판합의체에서 취소여부를 결정하는 제도이다.

(2) 결정계 심판

1) 거절결정불복심판 (특허법 제132조의17)

특허거절결정 또는 특허권의 존속기간의 연장등록거절결정을 받은 자가 결정에 불복할 때에는 그 결정등본을 송달받은 날부터 3개월 이내에 심판을 청구할 수 있다. 출원인에게 권리구제의 기회를 부여하면서, 특허청에 자기시정의 기회를 부여하여 심사의 공정성을 확보하기 위함이다.

2) 정정심판 (특허법 제136조)

특허발명의 동일성을 유지하는 범위에서 명세서 또는 도면의 정정을 구하는 심판이다. 특허발명의 무효사유를 해소할 수 있는 실익이 있고, 소급효로 인한 제3자의 불측의 피해를 방지하기 위해 범위에 제한이 있다.

(3) 당사자계 심판

1) 특허의 무효심판 (특허법 제133조)

이해관계인 또는 심사관은 특허가 제133조 제1항 각호의 무효사유에 해당하는 경우에는 무효심판을 청구할 수 있다. 심사의 완전성을 사후적으로 보장하고, 침해경고를 받은 자의 경우 분쟁의 발본적, 근본적 해결 수단으로 기능한다.

2) 특허권의 존속기간 연장등록 무효심판 (특허법 제134조)

이해관계인 또는 심사관은 특허권의 존속기간의 연장등록에 무효사유가 있는 경우에는 무효심판을 청구할 수 있다. 존속기간연장등록을 무효로 하는 심결이 확정된 경우에는 그 연장등록에 따른 존속기간의 연장은 처음부터 없었던 것으로 본다.

3) 정정의 무효심판 (특허법 제137조)

이해관계인 또는 심사관은 제132조의3 제1항, 제133조의2 제1항, 제136조 제1항 또는 이 조 제3항에 따른 특허발명의 명세서 또는 도면에 대한 정정이 제137조 제1항 각호의 어느 하나의 규정을 위반한 경우에는 정정의 무효심판을 청구할 수 있다. 정정을 무효로 한다는 심결이 확정되었을 때에는 그 정정은 처음부터 없었던 것으로 본다. 이는 특허권의 보호범위가 부당하게 확장, 변경되어 제3자가 불측의 손해를 입는 것을 방지하기 위함이다.

4) 권리범위확인심판 (특허법 제135조)

특허권의 권리범위에 대해 공적인 확인을 구하는 심판으로, 분쟁을 조기에 해결함으로써 신속한 권리구제를 도모하고 분쟁이 소송으로 이어지는 것을 방지하는 기능을 한다.

5) 통상실시권 허락의 심판 (특허법 제138조)

특허권자, 전용실시권자 또는 통상실시권자는 해당 특허발명이 제98조에 해당하여 실시의 허락을 받으려는 경우에 그 타인이 정당한 이유 없이 허락하지 아니하거나 그 타인의 허락을 받을 수 없을 때에는 자기의 특허발명의 실시에 필요한 범위에서 통상실시권 허락의 심판을 청구할 수 있다. 선원권리자의 이익을 부당하게 저해하지 않으면서, 후원 권리자의 실시를 확보하여 산업발전에 이바지하기 위함이다.

(4) 특허취소신청제도

누구든지 특허가 특허법 제29조(제29조 제1항 제1호에 해당하는 경우와 이에 해당하는 발명에 의해 쉽게 발명할 수 있는 경우는 제외한다), 제36조의 취소사유에 해당하는 경우 특허취소신청을 할 수 있다. 정보제공제도의 연장선으로 하자가 있는 특허를 조기에 시정하는 제도다.

3 심판의 청구

(1) 심판청구의 방식

1) 필수적 기재사항

가. 일반적인 경우

심판을 청구하려는 자는 ⅰ) 당사자의 성명 및 주소, ⅱ) 대리인이 있는 경우에는 그 대리인의 성명 및 주소나 영업소의 소재지, ⅲ) 심판사건의 표시, ⅳ) 청구의 취지 및 그 이유를 적은 심판청구서를 특허심판원장에게 제출하여야 한다(제140조 제1항). 통상실시권 허락의 심판의 심판청구서에는 추가로 ⅰ) 실시하려는 자기의 특허의 번호 및 명칭, ⅱ) 실시되어야 할 타인의 특허발명·등록실용신안 또는 등록디자인의 번호·명칭 및 특허나 등록 연월일, ⅲ) 특허발명·등록실용신안 또는 등록디자인의 통상실시권의 범위·기간 및 대가를 적어야 한다(특허법 제140조 제4항).

나. 거절결정불복심판의 경우

특허거절결정 또는 특허권 존속기간 연장등록 거절결정에 대한 불복심판을 청구하려는 자는 ⅰ) 청구인의 성명 및 주소, ⅱ) 대리인이 있는 경우에는 그 대리인의 성명 및 주소나 영업소의 소재지, ⅲ) 출원일자 및 출원번호, ⅳ) 발명의 명칭, ⅴ) 특허거절결정일자, ⅵ) 심판사건의 표시, ⅶ) 청구의 취지 및 이유를 적은 심판청구서를 특허심판원장에게 제출하여야 한다(특허법 제140조의2 제1항).

2) 필수적 첨부서류

권리범위 확인심판을 청구할 때에는 특허발명과 대비할 수 있는 설명서 및 필요한 도면을 첨부하여야 하고(특허법 제140조 제3항), 정정심판을 청구할 때에는 심판청구서에 정정한 명세서 또는 도면을 첨부하여야 한다(특허법 제140조 제5항).

(2) 심판청구서의 보정

1) 원칙

심판청구서의 보정은 그 요지를 변경할 수 없다. 요지를 변경할 수 없도록 규정하고 있는 취지는 요지의 변경을 쉽게 인정할 경우 심판절차의 지연을 가져오거나 피청구인의 방어권 행사를 곤란케 할 염려가 있기 때문이다. 판례는 명백한 오기를 바로잡는 경우, 불명확한 부분을 구체화하는 경우, 처음부터 당연히 있어야 할 구성부분을 부가한 것에 지나지 아니하여 심판청구의 전체적인 취지에 비추어 볼 때 그 발명의 동일성이 인정되는 경우는 요지변경으로 보지 않는다(2007허8252).

2) 예외

가. 특허권자 또는 거절결정불복심판 청구인의 보정

특허권자의 기재를 바로잡기 위하여 보정 (특허권자를 추가하는 것을 포함하되, 청구인이 특허권자인 경우에는 추가되는 특허권자의 동의가 있는 경우로 한정한다)하는 경우 (특허법 제140조 제2항 제1호), 청구인의 기재를 바로잡기 위하여 보정(청구인을 추가하는 것을 포함하되, 그 청구인의 동의가 있는 경우로 한정한다)하는 경우 (특허법 제140조의2 제2항 제1호) 에는 요지변경으로 보지 않는다. 이는 특허권자 또는 청구인의 보정을 허용하여 심판경제를 도모하기 위한 것이다. 특허권 등이 공유인 경우 심판결과는 다른 공유자에게 영향을 미치는 바, 다른 공유자를 추가하는 경우 동의를 요하도록 규정하고 있다.

나. 청구의 이유를 보정하는 경우

청구의 이유는 심리종결 전까지 제한 없이 보정 가능하다(특허법 제140조 제2항 제2호, 제140조의2 제2항 제2호). 청구이유는 무효사유나 공격방어방법, 증거자료 등을 말하는 것이며, 청구항의 보정은 청구취지의 변경으로 허용되지 않는다.

다. 권리범위 확인심판에서 심판청구서의 확인대상 발명

적극적 권리범위 확인심판에서 확인대상발명의 설명서 또는 도면에 대하여 피청구인이 자신이 실제로 실시하고 있는 발명과 비교하여 다르다고 주장하는 경우에 청구인이 피청구인의 실시 발명과 동일하게 하기 위하여 심판청구서의 확인대상 발명의 설명서 또는 도면을 보정하는 경우에는 요지변경으로 보지 않는다. 청구인이 피청구인의 실시발명을 정확히 기재하기 어렵다는 점을 고려한 것으로 심판청구인의 편의 및 심판경제 도모를 위함이다.

4 심판의 진행

(1) 방식심리(제141조) 및 결정각하

방식심리는 심판장이 심판청구서의 적법성을 심리하는 절차이다. 심판장은 i) 심판청구서 방식에 흠이 있는 경우, ii) 심판을 청구함에 있어 행위능력, 대리권에 흠이 있는 경우, iii) 수수료를 내지 않은 경우, iv) 방식을 위반한 경우 기간을 정하여 그 보정을 명하여야 한다(제141조 제1항). 보정명령을 받은 자가 지정된 기간에 보정을 하지 아니하거나 흠을 해소하지 못한 경우 이유를 붙여 서면으로 심판청구서를 결정으로 각하하여야 한다(특허법 제141조 제2항, 3항).

(2) 적법성심리(제142조) 및 심결각하

1) 적법성 심리는 심판관 합의체가 심판청구의 적법성을 심리하는 절차이다. 심판관 합의체는 심판청구가 부적법한 경우 보정을 명하고, 흠을 해소하지 못한 경우 이유를 붙여 서면으로 심판청구를 심결로 각하하여야 한다.

2) 심결 전에는 답변서 제출기회를 부여하여야 하나, 부적법한 심판청구로서 그 흠을 보정할 수 없을 때에는 피청구인에게 답변서 제출의 기회를 주지 아니하고, 심결로써 그 청구를 각하할 수 있다(특허법 제142조).

(3) 본안심리

1) 심판의 공평과 적정을 위해 심리절차는 청구인과 청구인의 당사자 대립구조로 이루어지며, 민사소송의 심리절차를 준용하는 경우가 많다. 다만, 특허권의 대세적 효력으로 인해 당사자 간 자주적 분쟁해결보다 실체적 진실 발견이 중요한 바, 직권진행주의와 직권탐지주의에 의한다.
2) 심판의 지연방지를 위해 소송과 마찬가지로 적시제출주의(특허법 제158조의2)와 조정제도(특허법 제164조의2)를 활용하고 있다.

5 심판의 종료

(1) 심결에 의한 종료 (특허법 제162조)

1) 심판은 특별한 규정이 있는 경우를 제외하고는 심결로써 종결한다. 심판장은 사건이 심결을 할 정도로 성숙하였을 때에는 심리의 종결을 당사자 및 참가인에게 통지하여야 하고 심리종결통지를 한 날부터 20일 이내에 심결을 한다. 심판장은 필요하다고 인정하면 심리종결을 통지한 후에도 당사자 또는 참가인의 신청에 의하여 또는 직권으로 심리를 재개할 수 있다.
2) 심리종결을 통지하는 이유는 심결 전 당사자 또는 참가인에게 사건이 심결을 함에 성숙하였음을 알림으로써 심리의 진행상황을 주지시켜 심결절차의 공정과 촉진을 기하고자 함에 있고, 심리종결통지 규정은 훈시적 규정에 불과한 바 심리종결통지를 한 날부터 20일이 경과한 후에 심결이 있더라도 위법하지 않다.

(2) 심판청구 취하에 의한 종료 (특허법 제161조)

1) 취하서의 제출 및 피청구인의 동의

심판청구는 심결이 확정될 때까지 취하서를 특허심판원장 또는 판장에게 제출하여 취하할 수 있다. 취하가 있으면 그 심판청구 또는 그 청구항에 대한 심판청구는 처음부터 없었던 것으로 본다. 다만, 답변서가 제출된 후에는 상대방의 동의를 받아야 한다. 이는 피청구인의 분쟁해결권을 보호하기 위함이다.

2) 취하의 취소 및 효력발생시기

의사표시 또는 착오로 인한 의사표시를 이유로 취하를 취소할 수 없으며, 취하의 효력발생시기는 그 취하서의 접수 시이다.

3) 일부취하 (특허법 제161조 제2항)

둘 이상의 청구항에 관하여 제133조제1항의 무효심판 또는 제135조의 권리범위 확인심판을 청구하였을 때에는 청구항마다 취하할 수 있다. 동 심판에 대해 일부 청구가 가능한 바, 일부취하도 허용하여 심판경제를 도모하기 위함이다.

제02절 직권진행주의 및 직권탐지주의 (제157조 내지 제159조)

1 특허법상 심판제도의 특징

심판의 심리절차는 적정과 공평을 위해 당사자 대립구조, 즉 청구인과 피청구인의 대립구조로 이루어진다. 다만, 특허권의 대세적 효력으로 인해 당사자의 자주적 분쟁해결권보다 실체적 진실 발견이 중요한 바, 직권진행주의와 직권탐지주의에 의한다.

2 심리방법

(1) 심판은 구술심리 또는 서면심리로 한다. 다만, 당사자가 구술심리를 신청하였을 때에는 서면심리만으로 결정할 수 있다고 인정되는 경우 외에는 구술심리를 하여야 한다(특허법 제154조 제1항).

(2) 구술심리로 심판을 할 경우에는 그 기일 및 장소를 정하고, 당사자 및 참가인의 절차권 보장을 위해 그 취지를 적은 서면을 당사자 및 참가인에게 송달하여야 한다(특허법 제154조 제4항 본문). 다만, 해당 사건의 이전 심리에 출석한 당사자 및 참가인에게 알렸을 때에는 그러하지 아니하다(특허법 제154조 제4항 단서). 구술심리는 공개하는 것이 원칙이나, 공공의 질서 또는 선량한 풍속에 어긋날 우려가 있으면 그러하지 아니하다(특허법 제154조 제3항). 심판장은 구술심리 중 심판장 내의 질서를 유지한다(특허법 제154조 제9항).

3 직권진행주의

(1) 의의 및 취지

심판절차 진행에 있어 심판관이 주도권을 갖는다는 것으로, 심판장은 당사자 또는 참가인이 법정기간 또는 지정기간에 절차를 밟지 아니하거나 구술심리 기일에 출석하지 아니하여도 심판을 진행할 수 있다(특허법 제158조).

(2) 심리, 심결의 분리 또는 병합

심판관은 당사자 양쪽 또는 어느 한쪽이 동일한 둘 이상의 심판에 대하여 심리 또는 심결을 병합하거나 분리할 수 있다. 이는 심판의 모순 저촉 방지 및 심판경제를 도모하기 위한 것으로, 분리 또는 병합하려는 심판 모두 심리종결 전이어야 한다.

(3) 기일의 지정 또는 변경

심판장은 기일을 지정한 때에는 직권 또는 청구에 의해 기일을 변경할 수 있다.

4 직권탐지주의

(1) 의의 및 취지

변론주의와 상반되는 개념으로, 당사자의 주장이 없어도 심판관이 심판에 필요한 사실 또는 증거를 직권으로 탐지할 수 있다는 것이다.

(2) 사실 또는 증거의 직권탐지 (특허법 제159조 제1항)

1) 심판에서는 당사자 또는 참가인이 신청하지 아니한 이유에 대해서도 심리할 수 있고, 이 경우 당사자 및 참가인에게 기간을 정하여 그 이유에 대하여 의견을 진술할 수 있는 기회를 주어야 한다.

2) 판례는 "특허심판원의 심판절차에서 당사자 또는 참가인에게 직권으로 심리한 이유에 대하여 의견진술의 기회를 주도록 한 제159조 제1항의 규정은 심판의 적정을 기하여 심판제도의 신용을 유지하기 위하여 준수하지 않으면 안 된다는 공익상의 요구에 기인하는 이른바 강행규정이므로, 특허심판원이 직권으로 심리한 이유에 대하여 당사자 또는 참가인에게 의견진술의 기회를 주지 않은 채 이루어진 심결은 원칙적으로 위법하여 유지될 수 없지만, 형식적으로는 이러한 의견진술의 기회가 주어지지 아니하였어도 실질적으로는 이러한 기회가 주어졌다고 볼 수 있을 만한 특별한 사정이 있는 경우에는 심판절차에서의 직권심리에 관한 절차위반의 위법이 없다고 보아야 한다."고 판시하였다(2004후387).

(3) 직권탐지의 한계 (특허법 제159조 제2항)

직권탐지는 당사자가 주장하지 않은 이유에 대해서 할 수 있는 것이지, 당사자가 신청하지 아니한 청구의 취지에 대해서는 심리할 수 없다. 예를 들어, 무효심판에서 당사자가 청구하지 않은 청구항의 무효사유를 심리하거나, 소극적 권리범위확인심판에서 권리범위에 속한다는 심결을 하는 것은 허용되지 않는다.

(4) 증거조사 또는 증거보전 (특허법 제157조)

심판에서는 당사자, 참가인 또는 이해관계인의 신청에 의하여 또는 직권으로 증거조사나 증거보전을 할 수 있다(동조 제1항). 증거보전신청은 심판청구 전에도 특허심판원장에게 할 수 있고(동조 제3항), 심판장은 직권으로 증거조사나 증거보전을 하였을 때에는 그 결과를 당사자, 참가인 또는 이해관계인에게 통지하고, 기간을 정하여 의견서를 제출할 수 있는 기회를 주어야 한다(동조 제5항).

5 관련문제

(1) 직권탐지가 심판부의 의무인지 여부

판례는 "심판에서는 당사자가 신청하지 아니한 이유에 관하여도 심리할 수 있다"는 규정은 "공익적인 견지에서 필요한 경우에 당사자가 주장하지 아니한 사실에 관하여도 직권으로 심리하여 판단할 수 있다는 것이지, 심판관이 이를 적극적으로 탐지할 의무가 있다는 취지는 아니며, 더욱이 당사자가 심판으로 청구하지 아니한 사항에 관하여는 판단할 수도 없는 것이다." 라고 판시하여, 직권탐지는 심판부의 권능이지 의무가 아니라고 하였다.

(2) 자백의 구속력 배제

판례는 특허심판원에서의 심판절차는 직권탐지주의가 적용되므로, 변론주의의 적용이 있음을 전제로 하는 민사소송법 제288조 중 재판상 자백 규정은 준용될 여지가 없다고 보아야 한다고 판시한다(2012허412).

제03절 우선심판 및 신속심판제도

1 우선심판제도

(1) 의의 및 취지

심판은 청구일 순으로 심리하는 것이 원칙이나, 분쟁해결의 경제성 측면에서 우선심판의 필요가 인정되는 경우 다른 사건에 우선하여 심판할 수 있다(심판사무취급규정).

(2) 주요 우선심판의 대상 (심판사무취급규정 제31조 제1항 각호)

1. 심결취소소송에서 취소된 사건
2. 심사관이 무효심판을 청구한 사건
3. 지식재산권분쟁으로 사회적인 물의를 일으키고 있는 사건으로서 당사자 또는 관련기관으로부터 우선심판신청이 있는 사건
4. 국제간에 지식재산권분쟁이 야기된 사건으로 당사자가 속한 국가기관으로부터 우선심판신청이 있는 사건
5. 침해분쟁의 사전 또는 예방단계에 활용하기 위하여 경고장 등으로 소명한 권리범위 확인심판, 무효심판 또는 취소심판으로서 당사자로부터 우선심판신청이 있는 사건
6. 약사법 제50조의2 또는 제50조의3에 따라 특허목록에 등재된 특허권(일부 청구항만 등재된 경우에는 등재된 청구항에 한정한다)에 대한 심판사건으로서 당사자로부터 우선심판신청이 있는 사건. 다만, 약사법 제32조 또는 제42조에 따른 재심사기간의 만료일이 우선심판 신청일부터 1년 이후인 의약품과 관련된 특허권에 대한 심판사건은 제외한다.

(3) 우선심판의 처리

심판장은 우선심판의 대상이 되는 심판사건에 대하여 구술심리, 증거조사, 검증 또는 면담 등을 활용하여 사건의 조기성숙을 유도하고, 실무상 원칙적으로 우선심판 결정일로부터 4개월 이내에 처리한다.

2 신속심판제도

(1) 의의 및 취지

분쟁해결의 경제성 측면에서 신속심판의 필요가 인정되는 경우 우선심판 대상이 되는 심판사건보다 우선하여 심판할 수 있다.

(2) 주요 신속심판의 대상 (심판사무취급규정 제31조의2 제1항 각호)

1. 특허법 제164조 제3항, 실용신안법 제33조, 디자인보호법 제152조 제3항, 상표법 제151조 제3항에 의하여 법원이 통보한 침해소송사건 또는 무역위원회가 통보한 불공정무역행위조사사건

과 관련된 사건으로서 심리종결되지 아니한 권리범위 확인심판사건, 무효심판사건, 정정심판사건 또는 취소심판사건. 다만 법원 등에서의 관련 사건과 당사자가 동일하지 않은 권리범위 확인심판, 2심까지 침해소송이 종결된 사건과 관련된 심판은 그러하지 아니하다.

2. 지식재산권침해분쟁으로 법원에 계류 중이거나(침해금지가처분신청 포함) 경찰 또는 검찰에 입건된 사건과 관련된 심판으로서 당사자로부터 신속심판신청이 있는 권리범위 확인심판사건, 무효심판사건, 정정심판사건 또는 취소심판사건. 다만 법원 등에서의 관련 사건과 당사자가 동일하지 않은 권리범위 확인심판, 2심까지 침해소송이 종결된 사건과 관련된 심판은 그러하지 아니하다.
3. 검찰에 입건된 사건과 관련된 심판으로서 심판장이 필요하다고 인정한 사건
4. 당사자 일방이 상대방의 동의를 얻어 신속심판신청서를 답변서 제출기간 내에 제출한 사건
5. 특허법원이 무효심판의 심결취소소송에 대한 변론을 종결하기 전에 권리자가 당해 소송대상 등록권리에 대하여 청구한 최초의 정정심판으로서 신속심판신청이 있는 사건
6. 특허법 제33조제1항 본문의 규정에 따른 무권리자의 특허라는 이유에 의해서만 청구된 무효심판사건으로서 당사자로부터 신속심판신청이 있는 사건
7. 중소기업과 대기업 간의 권리범위 확인심판, 무효심판 또는 취소심판으로서 중소기업 당사자로부터 신속심판신청이 있는 사건

(3) 신속심판의 처리

답변서 제출기간 만료일로부터 1개월 이내에 구술심리를 열고, 구술심리 개최일(구술심리를 속행하는 경우 최후 구술심리 개최일)로부터 2개월 이내에 심결하여야 한다(심판사무취급규정 제31조의2 제3항).

제04절 국선대리인 제도 (제139조의2)

1 의의 및 취지

특허심판원장은 특정 요건을 갖춘 심판 당사자의 신청에 따라 국선대리인을 선임하여 줄 수 있다 (특허법 제139조의2).

2 검토

대기업과 분쟁 중인 중소기업이나 청년 창업자 또는 장애인 등의 사회·경제적 약자도 기술을 탈취 당하지 않고 지식재산권을 정당하게 보호받을 수 있어야, 창의적 산업 활동이 부흥될 수 있는 바, 공정경제의 실현 측면에서 국선대리인 제도의 도입은 타당해 보인다.

제05절 전문심리위원 제도 (제154조의2)

1 의의 및 취지

심판장은 당사자의 동의를 직권에 따른 결정으로 전문심리위원을 지정하여 심판절차에 참여하게 할 수 있다(특허법 제154조의2 제1항). 이는 첨단기술분야에 대한 심판의 전문성을 확보하기 위함이다.

2 검토

법원이 먼저 건축, 의료, 지적재산권 등 전문적인 지식이 필요한 분쟁사건을 심리할 때 외부 관련 분야 전문가들을 전문심리위원으로 참여하여 심리하는 제도를 운영하고 있었고, 긍정적으로 평가되었다. 따라서 이를 심판에 도입한 것은 바람직해 보인다.

3 비밀유지의무

전문심리위원은 당해 심판사건에서 알게 된 비밀을 누설하거나 도용해서는 안 되며, 비밀누설죄 등의 적용과 관련하여서는 특허심판원 직원과 마찬가지로 본다(특허법 제226조 제2항, 제226조의 제2항). 또한 공무원 뇌물수수죄 적용시 공무원과 마찬가지로 본다.

4 참여 결정 취소

전문심리위원이 거짓이나 그 밖의 부정한 행위를 한 경우 심판장은 심판절차 참여 결정을 취소해야 한다. 그 외에도 심판장은 전문심리위원이 심신상의 장애로 직무를 수행할 수 없는 경우, 적합하지 않은 행위를 한 경우, 계속 활동하기 어렵다고 인정할 만한 상당한 이유가 있는 경우 심판절차 참여 결정을 취소할 수 있다(특허법 시행규칙 제65조의4).

제06절 적시제출주의 및 조정위원회 회부 제도 (제158조의2 및 제164조의2)

1 의의 및 취지

분쟁기간 장기화는 자금력이 부족한 중소기업에게 불리하다. 이의 개선을 위해 적시제출주의 및 조정위원회 회부 규정이 도입되었다.

2 적시제출주의 내용

구법에서는 주장·증거를 심리종결전까지 시기 제한 없이 제출할 수 있어 심리가 지연되는 문제가 발생했다. 개정법에서는 아래의 민사소송법 규정을 준용하여 심판장이 주장·증거 제출시기를 정하고, 뒤늦게 제출한 증거 등을 각하할 수 있다.

> **제146조(적시제출주의)** 공격 또는 방어의 방법은 소송의 정도에 따라 적절한 시기에 제출하여야 한다.
> **제147조(제출기간의 제한)** ① 재판장은 당사자의 의견을 들어 한 쪽 또는 양 쪽 당사자에 대하여 특정한 사항에 관하여 주장을 제출하거나 증거를 신청할 기간을 정할 수 있다.
> ② 당사자가 제1항의 기간을 넘긴 때에는 주장을 제출하거나 증거를 신청할 수 없다. 다만, 당사자가 정당한 사유로 그 기간 이내에 제출 또는 신청하지 못하였다는 것을 소명한 경우에는 그러하지 아니하다.
> **제149조(실기한 공격·방어방법의 각하)** ① 당사자가 제143조의 규정을 어기어 고의 또는 중대한 과실로 공격 또는 방어방법을 뒤늦게 제출함으로써 소송의 완결을 지연시키게 하는 것으로 인정할 때에는 법원은 직권으로 또는 상대방의 신청에 따라 결정으로 이를 각하할 수 있다.
> ② 당사자가 제출한 공격 또는 방어방법의 취지가 분명하지 아니한 경우에, 당사자가 필요한 설명을 하지 아니하거나 설명할 기일에 출석하지 아니한 때에는 법원은 직권으로 또는 상대방의 신청에 따라 결정으로 이를 각하할 수 있다.

3 조정위원회 회부 내용

심판절차는 1년 이상도 걸리는 반면, 조정절차는 3개월 안에 종료되어 이점이 있다. 그러나 구법에서는 분쟁 당사자의 신청에 의해서만 조정위원회의 조정절차가 진행되었는데 당사자가 해당 제도를 인지하지 못해 활용빈도가 적었다. 이에 개정법에서는 심판장도 심리 중 필요한 경우 당사자의 동의를 얻어 직권에 따른 결정으로 사건을 중지하고 조정위원회로 회부할 수 있는 규정을 도입했다. 이때 조정 성립시 심판청구는 취하간주되고, 조정 불성립시는 심리 재개 후 신속심판으로 변경되어 신속히 심리 진행된다.

CHAPTER 02 심판의 당사자

> **제133조(특허의 무효심판)**
> ① 이해관계인(제2호 본문의 경우에는 특허를 받을 수 있는 권리를 가진 자만 해당한다) 또는 심사관은 특허가 다음 각 호의 어느 하나에 해당하는 경우에는 무효심판을 청구할 수 있다. 이 경우 청구범위의 청구항이 둘 이상인 경우에는 청구항마다 청구할 수 있다.
>
> **제135조(권리범위 확인심판)**
> ① 특허권자 또는 전용실시권자는 자신의 특허발명의 보호범위를 확인하기 위하여 특허권의 권리범위 확인심판을 청구할 수 있다.
> ② 이해관계인은 타인의 특허발명의 보호범위를 확인하기 위하여 특허권의 권리범위 확인심판을 청구할 수 있다.
>
> **제139조(공동심판의 청구 등)**
> ① 동일한 특허권에 관하여 제133조제1항, 제134조제1항·제2항 또는 제137조제1항의 무효심판이나 제135조제1항·제2항의 권리범위 확인심판을 청구하는 자가 2인 이상이면 모두가 공동으로 심판을 청구할 수 있다.
> ② 공유인 특허권의 특허권자에 대하여 심판을 청구할 때에는 공유자 모두를 피청구인으로 하여야 한다.
> ③ 특허권 또는 특허를 받을 수 있는 권리의 공유자가 그 공유인 권리에 관하여 심판을 청구할 때에는 공유자 모두가 공동으로 청구하여야 한다.
> ④ 제1항 또는 제3항에 따른 청구인이나 제2항에 따른 피청구인 중 1인에게 심판절차의 중단 또는 중지의 원인이 있으면 모두에게 그 효력이 발생한다.
>
> **제139조의2(국선대리인)**
> ① 특허심판원장은 산업통상자원부령으로 정하는 요건을 갖춘 심판 당사자의 신청에 따라 대리인(이하 "국선대리인"이라 한다)을 선임하여 줄 수 있다. 다만, 심판청구가 이유 없음이 명백하거나 권리의 남용이라고 인정되는 경우에는 그러하지 아니하다.
> ② 국선대리인이 선임된 당사자에 대하여 심판절차와 관련된 수수료를 감면할 수 있다.
> ③ 국선대리인의 신청절차 및 수수료 감면 등 국선대리인 운영에 필요한 사항은 산업통상자원부령으로 정한다.

제01절 심판청구인 적격으로서의 이해관계인

1 의의 및 취지

이해관계인이란 특허권자로부터 법률상 불이익을 받거나 받을 염려가 있는 직접적이고도 현실적인 이해관계를 가진 자를 말한다(2017후2819). 심판청구의 남용 및 심판적체의 방지를 위해 무효심판(특허법 제133조), 권리범위확인심판 (특허법 제135조) 등에서는 당사자 적격으로 이해관계를 요구한다.

2 판단방법

(1) 구체적, 개별적 판단

이해관계인이라는 관념은 심판청구인과 그 심판사건과의 관계에서 구체적, 개별적으로 판단되어야 하는 것이고, 개개의 사건을 떠나서 추상적, 일반적으로 판단되는 것이 아니다.

(2) 판단시점 – 심결시

이해관계 존부에 대한 판단시점은 심결시를 기준으로 한다. 즉, 심판청구 당시 이해관계가 없더라도 심결시에 이해관계를 갖추면 적법하다. 판례 역시 "심판청구 당시 이해관계가 있었던 당사자라 하더라도 심판 계속 중에 그 심판에 관하여 당사자 사이에 다투지 아니하기로 하는 합의가 있었다면 특별한 사정이 없는 한 그 이해관계는 소멸된다고 해석하여야 한다."라고 판시하여 심결시를 기준으로 이해관계 존부를 판단한다(99후2198).

3 법적취급

이해관계인이 아닌 자의 무효심판청구 또는 권리범위확인심판청구는 청구인 적격 흠결의 부적법한 심판청구로서 심결각하의 대상이 되며, 이에 대판 판단은 직권조사사항이다[180].

4 관련문제

(1) 실시권자의 무효심판청구인 적격

1) 문제점

특허권을 실시할 수 있는 정당권원이 있는 실시권자의 경우, 무효심판을 청구할 수 있는 이해관계인에 해당하는지 문제된다.

2) 학설

신의칙을 근거로 부정하는 견해와, 실시권자의 심판청구권을 근거 없이 제한해서는 안 된다의 긍정하는 견해가 있다.

3) 판례

가) 구 판례는 실시권자는 실시권 설정 범위 내에서는 특허권자로부터 권리의 대항을 받거나 받을 염려가 없어 무효심판을 청구할 수 있는 이해관계인에 해당하지 않는다고 보았다.

나) 그러나 최근 전원합의체 판례는 이해관계인이란 당해 특허발명의 권리 존속으로 인하여 법률상 어떠한 불이익을 받거나 받을 우려가 있어 그 소멸에 관하여 직접적이고도 현실적인 이해관계를 가진 사람을 말하고, 이에는 당해 특허발명과 같은 종류의 물품을 제조·판매하거나 제조·판매할 사람도 포함되며, 특별한 사정이 없는 한 특허권의 실시권자가 특허권자로부터 권리의 대항을 받거나 받을 염려가 없다는 이유만으로 무효심판을 청구할 수 있는 이해관계가 소멸되었다고 볼 수 없다고 판례를 변경했다(2017후2819).

---

[180] 80후77

4) 법률

특허법 또한 제136조 제8항에서 실시권자가 무효심판을 청구할 수 있는 경우를 상정하고 있다.

5) 입법례

독일의 경우 무효심판의 청구인 적격에 제한을 두지 않고, 일본의 경우도 종래 청구인 적격 제한 규정을 폐지하였다.

6) 검토

실시권은 실시료의 지급을 조건으로 하거나, 실시 기간 등 설정행위로 정한 제한에 구속될 수 있다. 따라서 판례의 태도와 같이 아무런 제한 없이 실시 허락을 받은 경우가 아닌 이상 무효심결을 통해 위 제한에서 벗어날 수 있는 기회를 인정함이 타당하다.

(2) 합의 관련

1) 이해관계 소멸을 인정한 사례

ⅰ) 등록무효심판계속 중 당사자 사이에 다투지 않기로 합의가 있는 경우 (99후2198) ⅱ) 권리범위확인심판 제기 후 심판을 취하하기로 하는 합의가 있는 경우 (96후1743) 심판청구의 이해관계가 소멸한 것으로 본 바 있다.

2) 이해관계 소멸을 부정한 사례

ⅰ) 권리범위확인심판에 있어 그 등록권리를 인정하고 그 권리에 위반되는 행위를 하지 않기로 합의한 사정만으로 곧바로 심판청구인의 권리범위확인심판에 관한 이해관계가 소멸하였다고 볼 수 없다고 하였으며(95후1050), ⅱ) 상대방의 권리에 속함을 인정한다는 합의는 권리범위확인심판의 이해관계를 소멸시킬 뿐 무효심판의 이해관계까지 소멸시키는 것은 아님 (99후1331) 을 판시한 바 있다.

(3) 이해관계 폐지론

실질적으로 이해관계가 없는 자가 무효심판 청구를 하는 경우는 드물고, 이해관계 존부에 대한 판단으로 심리지연의 문제를 초래할 수 있어 이해관계 규정 취지인 심판청구 남용 금지, 심판적체 방지가 무색해질 수 있는 바, 심판청구인 적격으로 이해관계를 폐지해야 한다는 견해가 있다.

제02절 공동심판

1 이해관계인의 심판 (특허법 제139조 제1항)

(1) 문제점

동일한 특허권에 관하여 제133조제1항, 제134조제1항, 제2항 또는 제137조제1항의 무효심판이나 제135조제1항, 제2항의 권리범위 확인심판을 청구하는 자가 2인 이상이면 모두가 공동으로 심판을 청구할 수 있다. 이러한 공동 심판 청구는 심판청구의 공동이 강제되지 않는 바, 고유필수적 공동심판은 아니다. 다만 유사필수적 공동심판인지, 아니면 공동심판인지의 그 성격에 관해 대립이 있다.

(2) 학설

특허법상 공동심판은 유사필수적 공동심판설과 통상공동심판설이 있다.

유사필수적 공동심판설은 심결이 확정되는 경우 절차에 참여하지 않은 제3자도 그 효력을 받는 이상(특허법 제163조), 절차를 함께 진행한 자간에는 마땅히 같은 효력을 받아야 하고, 따라서 심결에 대한 취소 여부는 합일적으로 확정되어야 할 것인바, 필수적 공동심판에 해당하며, 다만 공동심판을 강제하지 않으므로 고유필수적이 아닌 유사필수적 공동심판이라고 본다.

통상공동심판설은 유사필수적 공동심판이라면 심리 등의 분리가 불가할 것인데 심판은 공동으로 청구했어도 심판관의 재량에 따라 심리나 심결이 분리될 수 있다고 하는 점에서(특허법 제160조), 심결은 합일확정이 강제되고 있지 않으므로, 필수적 공동심판이 아니라고 본다.

(3) 검토

생각건대 심판은 분리되지 않는 한 당사자 중 1인에게 중지의 원인이 발생하면 절차 전체가 중지되고 있는 듯하다(특허법 제139조 제4항). 이는 필수적 공동심판의 성격이다.

따라서 일단 심판이 공동으로 제기되었고, 심리 또는 심결이 분리되지 않았다면, 그 승패의 결과는 유사필수적 공동심판에 따라 다수의 당사자에 대해 합일적으로 확정되어야 함이 타당하다.

2 권리자의 심판 (특허법 제139조 제2항, 3항)

(1) 공유인 특허권의 특허권자에 대하여 심판을 청구할 때에는 공유자 모두를 피청구인으로 하여야 하고, 특허권 또는 특허를 받을 수 있는 권리의 공유자가 그 공유인 권리에 관하여 심판을 청구할 때에는 공유자 모두가 공동으로 청구하여야 한다. 이러한 공동 심판 청구는 심판청구의 공동이 강제되는 바, 고유필수적 공동심판에 해당한다.

(2) 이에 흠이 있는 경우 심결각하의 대상이 되는 바, 심판청구인의 편의 및 심판경제 측면에서 심판청구서 보정의 요지변경의 예외로 보아 보정을 허용한다(특허법 제140조 제2항 제1호, 제140조의2 제2항 제1호).

3 청구인 1인의 정지사유 (특허법 제139조 제4항)

유사필수적 공동심판 또는 고유필수적 공동심판의 청구인이나 피청구인 중 1인에게 심판절차의 중단 또는 중지의 원인이 있으면 모두에게 그 효력이 발생한다. 중단 또는 중지의 원인이 있는 공동심판 청구인의 절차권을 담보하기 위함이다.

4 관련문제 - 공동심판의 심결취소소송

(1) 문제점

2인 이상의 이해관계인이 제139조 제1항에 따라 공동으로 특허발명의 무효심판을 청구하여 받은 인용심결에 대하여 특허권자가 공동심판청구인 중 일부만을 대상으로 심결취소소송을 제기한 경우, 나머지 청구인의 심결이 분리, 확정되는지 심판의 성격과 관련하여 문제된다.

(2) 학설

ⅰ) 통상공동심판설은 특허법상 심판은 심판관의 재량에 따라 공동심판의 병합 또는 분리가 가능한 점을 근거로 나머지 청구인의 심결이 분리, 확정된다고 보고, ⅱ) 유사필수적 공동심판설은 심판청구인들 사이에 합일확정이 필요성을 근거로 나머지 청구인의 심결이 분리, 확정되지 않는다고 본다.

(3) 판례

특허를 무효로 한다는 심결이 확정된 때에는 당해 특허는 제3자와의 관계에서도 무효로 되므로, 동일한 특허권에 관하여 2인 이상의 자가 공동으로 특허의 무효심판을 청구하는 경우 그 심판은 심판청구인들 사이에 합일확정을 필요로 하는 이른바 유사필수적 공동심판에 해당한다. 위 법리에 비추어 보면, 당초 청구인들이 공동으로 특허발명의 무효심판을 청구한 이상 청구인들은 유사필수적 공동심판관계에 있으므로, 비록 위 심판사건에서 패소한 특허권자가 공동심판청구인 중 일부만을 상대로 심결취소소송을 제기하였다 하더라도 그 심결은 청구인 전부에 대하여 모두 확정이 차단되며, 이 경우 심결취소소송이 제기되지 않은 나머지 청구인에 대한 제소기간의 도과로 심결 중 그 나머지 청구인의 심판청구에 대한 부분만이 그대로 분리·확정되었다고 할 수 없다 (2007후1510).

(4) 검토

공동으로 심판을 청구한 이상 심결의 모순, 저촉 방지를 위해 합일확정의 필요성이 있고, 특허권은 대세적 효력이 있는 바, 분리, 확정되지 않는다는 판례의 태도가 타당하다.

(5) 당사자추가신청의 허용 여부

1) 문제점

2인 이상의 이해관계인이 제139조 제1항에 따라 공동으로 특허발명의 무효심판을 청구하여 받은 인용심결에 대하여 특허권자가 공동심판청구인 중 일부만을 대상으로 심결취소소송을 제기한 경우, 심결취소소송에서 나머지 청구인을 상대로 당사자 추가신청이 허용되는지 문제된다.

2) 판례

고유필수적 공동소송이 아닌 사건에서 소송 도중에 당사자를 추가하는 것은 허용될 수 없다 할 것인데, 동일한 특허권에 관하여 2인 이상의 자가 공동으로 특허의 무효심판을 청구하여 승소한 경우에 그 특허권자가 제기할 심결취소소송은 심판청구인 전원을 상대로 제기하여야만 하는 고유필수적 공동소송이라고 할 수 없으므로, 고유필수적 공동소송이 아닌 이 사건에서 당사자의 변경을 가져오는 당사자추가신청은 명목이 어떻든 간에 부적법하여 허용될 수 없다(2007후1510).

3) 검토

민사소송법 제68조의 당사자추가는 공동소송인 중 일부가 누락됨으로써 당사자 적격에 흠이 생기는 고유필수적 공동소송에서 할 수 있는 것이지, 유사필수적 공동소송에서는 허용되지 않는다. 한편 위 심결취소소송은 공동소송인 간 소송의 공동이 강제되는 고유필수적 공동소송에 해당하지 않으므로, 소송계속 중 당사자추가신청은 허용되지 않는다고 봄이 타당하다.

(6) 나머지 공동심판청구인과의 관계

1) 2인 이상의 이해관계인이 제139조 제1항에 따라 공동으로 특허발명의 무효심판을 청구하여 받은 인용심결에 대하여 특허권자가 공동심판청구인 중 일부만을 대상으로 심결취소소송을 제기한 경우, 나머지 공동심판청구인과의 관계가 문제된다.

2) 전술한 바와 같이 심결 전체의 확정이 차단되어 나머지 공동심판청구인에 대한 부분도 분리, 확정되지 않는다. 심결취소소송의 결과에 따라 ⅰ) 심결취소소송이 이유 있는 경우, 취소판결에 의해 심판원에 환송되어 다시 심리해야 하므로 공동심판청구인 전부에 대해 심리하게 될 것이고, ⅱ) 심결취소소송이 이유 없는 경우, 기각판결이 확정됨으로써 나머지 공동심판청구인에 대한 부분도 함께 무효심결 확정될 것이다.

(7) 공동심판청구인 중 일부만이 특허권자를 상대로 심결취소소송을 제기한 경우

1) 2인 이상의 이해관계인이 제139조 제1항에 따라 공동으로 특허발명의 무효심판을 청구하여 받은 기각심결에 대하여 공동심판청구인 중 일부만이 특허권자를 상대로 심결취소소송을 제기할 수 있는지 문제된다.

2) 이 경우도 마찬가지로 심판 성격을 유사필수적 공동심판으로 보는 이상 심결 전체의 확정이 차단되어 나머지 공동심판청구인에 대한 부분도 분리, 확정되지 않는다. 심결취소소송의 결과에 따라 ⅰ) 심결취소소송이 이유 있는 경우, 취소판결에 의해 심판원에 환송되어 다시 심리해야 하므로 공동심판청구인 전부에 대해 심리하게 될 것이고, ⅱ) 심결취소소송이 이유 없는 경우, 기각판결이 확정됨으로써 나머지 공동심판청구인에 대한 부분도 함께 확정될 것이다.

CHAPTER 03 참가 (특허법 제155조 및 제156조)

> 제155조(참가)
> ① 제139조제1항에 따라 심판을 청구할 수 있는 자는 심리가 종결될 때까지 그 심판에 참가할 수 있다.
> ② 제1항에 따른 참가인은 피참가인이 그 심판의 청구를 취하한 후에도 심판절차를 속행할 수 있다.
> ③ 심판의 결과에 대하여 이해관계를 가진 자는 심리가 종결될 때까지 당사자의 어느 한쪽을 보조하기 위하여 그 심판에 참가할 수 있다.
> ④ 제3항에 따른 참가인은 모든 심판절차를 밟을 수 있다.
> ⑤ 제1항 또는 제3항에 따른 참가인에게 심판절차의 중단 또는 중지의 원인이 있으면 그 중단 또는 중지는 피참가인에 대해서도 그 효력이 발생한다.
>
> 제156조(참가의 신청 및 결정)
> ① 심판에 참가하려는 자는 참가신청서를 심판장에게 제출하여야 한다.
> ② 심판장은 참가신청이 있는 경우에는 참가신청서 부본을 당사자 및 다른 참가인에게 송달하고, 기간을 정하여 의견서를 제출할 수 있는 기회를 주어야 한다.
> ③ 참가신청이 있는 경우에는 심판으로 그 참가 여부를 결정하여야 한다.
> ④ 제3항에 따른 결정은 서면으로 하여야 하며, 그 이유를 붙여야 한다.
> ⑤ 제3항에 따른 결정에 대해서는 불복할 수 없다.

1 의의 및 취지

심판절차에 참가할 수 있도록 하여 참가인은 자신의 이익을 주장할 수 있는 기회를 부여받고, 피참가인은 참가인의 조력을 얻어 궁극적으로 심리의 공정성을 도모할 수 있다.

2 참가의 유형

당사자로서 심판청구할 수 있는 자가 할 수 있는 '당사자 참가'(특허법 제155조 제1항)와 심판결과에 이해관계를 가진 자가 할 수 있는 '보조참가'(특허법 제155조 제3항)가 있다. 당사자 참가는 심판청구인 측에만, 보조참가의 경우 어느 쪽에도 참가할 수 있다.

3 참가의 요건

(1) (주체) 청구인 적격(당사자참가) 또는 심판결과에 이해관계(보조참가)[181]가 있을 것, 통상실시권 허여 심판이 아닌 당사자계 심판일 것, (기간) 심리종결 전일 것의 요건을 만족해야 하고, (서면) 참가신청서를 심판장에게 제출하여야 한다.

---

[181] 이해관계라 함은 사실상, 경제상 또는 감정상의 이해관계가 아니라 법률상의 이해관계를 말한다. 判例는 상표관리인이란 재외자를 대리하는 포괄적인 대리권을 가지는 자로서 형식상은 임의대리인이지만 실질적으로 법정대리인과 같은 기능을 하는 관계로 당사자 본인에 준하여 취급된다고 볼 수 있으므로 재외자의 등록상표에 대한 상표등록무효심판에서 그 등록상표의 상표관리인이라는 사정만으로 당해 소송의 결과에 제3자로서 '법률상'의 이해관계가 있다고 할 수 없어 보조참가를 할 수 없다고 판시한 바 있다(96후313).

(2) 참가신청서가 방식에 위반되거나, 참가의 종류 또는 피참가인이 불분명한 경우 심판장은 기간을 정하여 보정을 명하고, 그 기간에 보정이 없거나 흠을 해소하지 못한 경우 신청서를 결정으로 각하한다.

4 참가의 신청, 취하 및 결정

(1) 신청 및 부본송달

심판에 참가하려는 자는 참가신청서를 심판장에게 제출하여야 하고 (특허법 제156조 제1항), 심판장은 참가신청이 있는 경우에는 참가신청서 부본을 당사자 및 다른 참가인에게 송달하고, 기간을 정하여 의견서를 제출할 수 있는 기회를 주어야 한다(특허법 제156조 제2항).

(2) 취하

참가의 취하는 심판청구의 취하에 준하여 심결 확정 전까지 할 수 있다. 참가의 취하는 피참가인이나 상대방의 이익을 해하는 것이 아니므로 동의를 필요로 하지 않는 것이 원칙이나, 당사자 참가가 있었고 심판청구인이 심판청구를 취하하여 참가인만이 절차를 진행하고 있는 경우에는 피청구인의 답변서 제출이 있었다면 피청구인의 동의가 있어야 한다.

(3) 결정 및 불복

참가의 요건은 직권조사사항으로, 참가신청에 대한 결정은 서면으로 하여야 하며, 그 이유를 붙여야 한다(특허법 제156조 제4항). 이에 대한 결정에 대해서는 불복할 수 없다(특허법 제156조 제5항).

5 참가의 효력

(1) 참가인의 지위

1) 당사자참가인

당사자참가인은 당사자와 동등한 법률상 지위를 가지며, 피참가인이 그 심판의 청구를 취하한 후에도 심판절차를 속행할 수 있다(특허법 제144조 제2항).

2) 보조참가인

보조참가인은 공격, 방어방법의 제출 등 일체의 심판절차를 밟을 수 있으나 (특허법 제155조 제4항), 피참가인에게 종속되며, 피참가인이 심판청구를 취하하는 경우 당사자참가인과 달리 심판절차를 속행할 수 없다.

(2) 심판절차의 중단, 중지사유

참가인의 절차권 보호를 위해 참가인에게 심판절차의 중단 또는 중지의 원인이 있으면 그 중단 또는 중지는 피참가인에 대해서도 그 효력이 발생한다(특허법 제155조 제5항).

(3) 심결의 효력

심판장은 심결 또는 결정이 있으면 그 등본을 당사자, 참가인 및 심판에 참가신청을 하였으나 그 신청이 거부된 자에게 송달하여야 하고(특허법 제162조 제6항), 이들은 결정 또는 심결에 대한 소를 제기할 수 있다(특허법 제186조 제2항).

CHAPTER 04 제척 · 기피 · 회피

제148조(심판관의 제척)
심판관은 다음 각 호의 어느 하나에 해당하는 경우에는 그 심판에서 제척된다.
1. 심판관 또는 그 배우자이거나 배우자이었던 사람이 사건의 당사자, 참가인 또는 특허취소신청인인 경우
2. 심판관이 사건의 당사자, 참가인 또는 특허취소신청인의 친족이거나 친족이었던 경우
3. 심판관이 사건의 당사자, 참가인 또는 특허취소신청인의 법정대리인이거나 법정대리인이었던 경우
4. 심판관이 사건에 대한 증인, 감정인이거나 감정인이었던 경우
5. 심판관이 사건의 당사자, 참가인 또는 특허취소신청인의 대리인이거나 대리인이었던 경우
6. 심판관이 사건에 대하여 심사관 또는 심판관으로서 특허여부결정 또는 심결에 관여한 경우
7. 심판관이 사건에 관하여 직접 이해관계를 가진 경우

제149조(제척신청)
제148조에 따른 제척의 원인이 있으면 당사자 또는 참가인은 제척신청을 할 수 있다.

제150조(심판관의 기피)
① 심판관에게 공정한 심판을 기대하기 어려운 사정이 있으면 당사자 또는 참가인은 기피신청을 할 수 있다.
② 당사자 또는 참가인은 사건에 대하여 심판관에게 서면 또는 구두로 진술을 한 후에는 기피신청을 할 수 없다. 다만, 기피의 원인이 있는 것을 알지 못한 경우 또는 기피의 원인이 그 후에 발생한 경우에는 그러하지 아니하다.

제151조(제척 또는 기피의 소명)
① 제149조 또는 제150조에 따라 제척 또는 기피 신청을 하려는 자는 그 원인을 적은 서면을 특허심판원장에게 제출하여야 한다. 다만, 구술심리를 할 때에는 구술로 할 수 있다.
② 제척 또는 기피의 원인은 신청한 날부터 3일 이내에 소명하여야 한다.

제152조(제척 또는 기피 신청에 관한 결정)
① 제척 또는 기피 신청이 있으면 심판으로 결정하여야 한다.
② 제척 또는 기피 신청의 대상이 된 심판관은 그 제척 또는 기피에 대한 심판에 관여할 수 없다. 다만, 의견을 진술할 수 있다.
③ 제1항에 따른 결정은 서면으로 하여야 하며, 그 이유를 붙여야 한다.
④ 제1항에 따른 결정에 대해서는 불복할 수 없다.

제153조(심판절차의 중지)
제척 또는 기피 신청이 있으면 그 신청에 대한 결정이 있을 때까지 심판절차를 중지하여야 한다. 다만, 긴급한 경우에는 그러하지 아니하다.

제153조의2(심판관의 회피)
심판관이 제148조 또는 제150조에 해당하는 경우에는 특허심판원장의 허가를 받아 그 사건에 대한 심판을 회피할 수 있다.

1 서

심판의 공정성을 유지하기 위하여 심판관이 담당하는 구체적인 사건과 인적·물적으로 특수 한 관계가 있는 경우에 그 사건의 직무집행에서 배제되는 제도를 심판관의 제척·기피·회피라 한다.

2 의의, 취지 및 요건

(1) 제척

1) 의의 및 취지

제척은 심판관이 제148조 각호에 해당하는 경우 법률상 당연히 직무의 집행에서 제외되는 것으로 제척신청은 직권발동을 촉구하는 확인적 성질을 가지는 것에 그친다. 이는 심판의 공정성을 담보하기 위함이다.

2) 제척사유

특허법은 법적안정성 도모를 위해 심판관의 제척사유를 구체적으로 규정하고 있는데, 제척사유로는 ⅰ) 심판관 또는 그 배우자이거나 배우자이었던 사람이 사건의 당사자, 참가인 또는 특허취소신청인인 경우, ⅱ) 심판관이 사건의 당사자, 참가인 또는 특허취소신청인의 친족이거나 친족이었던 경우, ⅲ) 심판관이 사건의 당사자, 참가인 또는 특허취소신청인의 법정대리인이거나 법정대리인이었던 경우, ⅳ) 심판관이 사건에 대한 증인, 감정인이거나 감정인이었던 경우, ⅴ) 심판관이 사건의 당사자, 참가인 또는 특허취소신청인의 대리인이거나 대리인이었던 경우, ⅵ) 심판관이 사건에 대하여 심사관 또는 심판관으로서 특허여부결정 또는 심결에 관여한 경우, ⅶ) 심판관이 사건에 관하여 직접 이해관계를 가진 경우가 있다.

3) 전심관여 (특허법 제148조 제6호)

가. 내용

심판관이 사건에 대하여 심사관 또는 심판관으로서 특허여부결정 또는 심결에 관여한 경우 예단배제를 통해 심판의 공정성을 확보하기 위해 제척사유로 규정하고 있다.

나. 사건의 의미

사건은 동일한 사건을 의미하며 현재 계속 중인 당해사건을 의미한다. 무효심판의 심판관이 이전에 동일한 사건의 거절결정불복심판에 관여한 경우, 정정무효심판의 심판관이 이전에 동일한 사건의 정정심판에 관여한 경우 제척사유에 해당하나[182], 정정심판에 관여한 심판관이 동일한 사건의 무효심판에 관여한 경우에는 제척사유에 해당하지 않는다.

---

[182] ⅰ) 출원심사를 하여 등록결정을 한 심판관은 그 특허무효심판에 관여한 것에(98허34&4) ⅱ) 등록무효심판의 심결에 관여한 심판관은 이전에 이 사건 등록의장의 거절결정불복심판에 관여함으로써 제척되어야 할 이 사건 심결에 관여한 것에 (2000허3463), ⅲ) 정정무효심판에 대한 심결 이전에 등록특허의 정정심판에 관여함으로써 제척되어야할 심판관이 관여한 것에 (2009허7680) 위법하다고 보았다.

다. 관여의 의미

관여란 심사관 또는 심판관으로서 특허여부결정 또는 심결에 관여한 것을 말하는 것으로, 거절이유통지, 특허사정서에 결재하는 행위 등 절차에만 관여한 경우에는 배제된다.

(2) 기피 (특허법 제150조)

심판관에게 공정한 심판을 기대하기 어려운 사정이 있으면 당사자 또는 참가인은 기피신청을 통해 사건에 관여할 수 없게 하는 것이다. 다만, 당사자 또는 참가인은 사건에 대하여 심판관에게 서면 또는 구두로 진술을 한 후에는 기피신청을 할 수 없다. 이는 심판의 공정성을 담보하기 위한 것으로, 신청이 있는 경우에만 문제되므로 형성적 성질을 갖는다.

(3) 회피 (특허법 제153조의2)

심판관이 스스로 제척사유 또는 기피사유가 있다고 인정되는 경우 특허심판원장의 허가를 받아 그 사건에 대한 심판을 회피할 수 있다. 이는 심판의 공정성을 담보하기 위함이다.

3 신청 및 결정

(1) 제척 · 기피 신청

제척 또는 기피 신청을 하려는 자는 그 원인을 적은 서면을 특허심판원장에게 제출하여야 한다. 다만, 구술심리를 할 때에는 구술로 할 수 있다(특허법 제151조 제1항). 제척 또는 기피의 원인은 신청한 날부터 3일 이내에 소명하여야 한다(특허법 제151조 제2항).

(2) 제척 · 기피 신청의 효과

제척 또는 기피 신청이 있으면 그 신청에 대한 결정이 있을 때까지 심판절차를 중지하여야 한다. 다만, 긴급한 경우에는 그러하지 아니하다(특허법 제153조).

(3) 제척 · 기피 신청에 대한 결정

제척 또는 기피 신청이 있으면 심판으로 결정하여야 하고 (특허법 제152조 제1항), 위 결정은 서면으로 이유를 붙여야 한다(특허법 제152조 제3항). 제척 또는 기피 신청의 대상이 된 심판관은 그 제척 또는 기피에 대한 심판에 관여할 수 없으나 의견을 진술할 수는 있다(특허법 제152조 제2항). 위 결정에 대해서는 불복할 수 없다(특허법 제152조 제4항).

(4) 상고이유 및 재심사유

1) 제척사유가 있는 심판관이 관여한 심리 절차는 무효이므로, 심결 전인 경우 이를 다시 심리하여야 하고, 심결 후 심결확정 전이면 절대적 상고이유 (민사소송법 제424조 제1항 제2호), 심결확정 후이면 재심사유 (제178조 제2항 준용 민사소송법 제451조 제1항 제2호)가 된다.
2) 기피신청이 있어 절차가 중단되었으나 긴급을 요하는 때가 아님에도 이를 간과한 심결이 있는 경우, 뒤에 기피결정이 내려지면 절대적 상고이유 및 재심사유가 된다.

4 관련문제

(1) 심사관의 제척 (특허법 제68조)
심사에는 전심이 존재할 수 없는 바, 전심관여를 제외한 심판관의 제척사유는 심사관에 준용된다.

(2) 기술심리관의 제척·기피·회피 (특허법 제188조의2)
기술심리관의 제척·기피에 관하여는 심판관의 제척사유(특허법 제148조) 및 민사소송법 제42조부터 제45조까지, 제47조 및 제48조를 준용하며 (동조 제1항), 기술심리관에 대한 제척·기피의 재판은 그 소속 법원이 결정으로 하여야 한다(동조 제2항). 기술심리관은 제척 또는 기피의 사유가 있다고 인정하면 특허법원장의 허가를 받아 회피할 수 있다(동조 제3항).

중복심판청구의 금지 (특허법 제154조 제8항)

> 제154조(심리 등)
> ⑧ 심판에 관하여는 「민사소송법」 제143조·제259조·제299조 및 제367조를 준용한다.

1 의의 및 취지

중복심판금지란 심판 계속 중인 사건에 대하여 당사자는 다시 심판을 청구할 수 없다는 원칙이다. 이는 모순·저촉되는 복수의 심결이 발생하는 것을 방지하고 심판경제를 추구하고자 함이다.

2 요건

(1) 요건

전 심판 계속 중 후 심판이 청구되었을 것, 당사자가 동일할 것, 심판이 동일할 것을 요건으로 한다.

(2) '전심판 계속 중'의 해석

민사소송법 제259조를 준용하는 제154조 제8항은 심판에 관한 규정이고, 특허심판원과 특허법원 간에는 심급관계가 없다는 점에 비추어 '특허심판원에 계속 중'인 경우로 좁게 해석하여야 한다는 견해도 있으나, 후심판을 언제 청구하는지에 따라 중복심판청구 여부가 달라지는 것은 불합리한 바, 특허심판원은 물론 특허법원, 대법원에 계속 중인 경우를 포함하는 것으로 해석함이 타당하다.

3 효과

(1) 중복심판인지 여부는 직권조사사항으로, 중복심판에 해당할 경우 후 심판 청구는 흠을 보정할 수 없는 부적법한 청구에 해당하여 심결각하의 대상이 된다(특허법 제142조).
(2) 중복심판임을 특허심판원이 간과하고 본안판단을 하였을 때에는 심결취소소송으로 다툴 수 있다. 그러나 심결이 확정되었을 때에는 당연히 재심사유가 되는 것은 아니며, 그렇다고 당연무효는 아니다. 다만, 전·후 심결이 모두 확정되었으나 서로 모순저촉이 되는 때에는 어느 것이 먼저 청구되었는가에 관계없이 뒤의 확정된 심결에 재심사유가 발생한다. 그러나 재심에 의하여 취소되기까지는 뒤에 확정된 심결이 새로운 것이기 때문에 존중되어야 할 것이다[183].

4 중복심판청구의 판단시점

1) 판례는 "중복심판금지 원칙의 적용과 관련하여 중복심판에 해당하는지의 판단기준시는 '후 심판의 심결시'라고 봄이 타당하다." 고 판시하면서 근거로 민사소송에서 후 소의 변론종결시를 기준으로 중복제소 여부를 판단하는 점, 판단시점을 후 심판의 청구시로 본다면, 일사부재리에

---

183) 특허청, 심판편람

해당하지 않는 경우에도 전 심판 계속 중 후 심판을 청구할 수 없어 국민의 재판청구권을 과도하게 침해할 우려가 있는 점을 들고 있다(2016후2317).

2) 생각건대, 판단시점을 후 심판의 심결시로 보는 경우 일사부재리나 중복심판청구 모두에 해당하지 않아 심결의 모순, 저촉이 발생할 가능성 있으나, 이는 일회적이고 후 심판 청구를 일사부재리에 해당하지 않는 경우까지 전면적으로 제한하는 것은 심판청구권의 부당한 제한인 바, 이익형량의 관점에서 판례의 태도와 같이 후 심판 심결시 기준으로 중복심판여부를 판단함이 타당하다.

CHAPTER 06 일사부재리 (특허법 제163조)

> **제163조(일사부재리)**
> 이 법에 따른 심판의 심결이 확정되었을 때에는 그 사건에 대해서는 누구든지 동일 사실 및 동일 증거에 의하여 다시 심판을 청구할 수 없다. 다만, 확정된 심결이 각하심결인 경우에는 그러하지 아니하다.

1 의의 및 취지

일사부재리란 본안심결이 확정되면 그 사건에 대하여 누구든지 동일사실 및 동일증거에 의해 다시 심판을 청구할 수 없다는 원칙이다. 이는 모순·저촉되는 복수의 심결이 발생하는 것을 방지하고자 함이다.

2 요건

(1) 본안심결의 확정

1) 본안심결

본안에 대한 심결이 확정되어야 하므로 심판청구의 적법성 판단에 따른 각하심결, 참가 허여의 결정, 취소신청에 대한 취소결정 등은 대상이 될 수 없다.

2) 확정

통상의 방법으로 더 이상 불복할 수 없는 형식적으로 확정된 상태이어야 한다. 즉, 심결의 등본을 송달받은 날부터 30일 이내에 특허법원에 심결취소소송을 제기하지 않은 경우 확정된다(특허법 제186조 제3항).

(2) 동일사실

1) "동일사실"에서의 "사실"이라 함은 동일권리에 대하여 동일한 원인을 이유로 하는 특정한 사실을 가리킨다고 보는 것이 일반적이다.

2) 판례는 "일사부재리의 효력이 미치기 위한 요건으로서 동일사실이라 함은 동일 권리에 대하여 동일한 원인을 이유로 하는 특정한 사실을 가리키는 것으로서, 특허의 등록무효심판에 있어서 무효의 효과를 발생시키는 사유인 진보성의 결여와 미완성발명, 기재불비는 각각 별개의 사실을 구성하는 것이므로, 진보성의 결여를 이유로 하는 등록무효심판청구에 대한 심결이 확정된 후, 다시 특허가 미완성발명 내지 기재불비에 해당한다는 이유를 들어 등록무효심판청구를 하는 것은 일사부재리에 해당하지 않는다."고 판시하였다(2007허1787).

3) 판례는 "특허나 실용신안의 등록무효심판청구에 관하여 종전에 확정된 심결이 있더라도 종전 심판에서 청구원인이 된 무효사유 외에 다른 무효사유가 추가된 경우에는 새로운 심판청구는 그 자체로 동일사실에 의한 것이 아니어서 일사부재리의 원칙에 위배되지는 아니한다. 그러나

모순·저촉되는 복수의 심결이 발생하는 것을 방지하고자 하는 일사부재리 제도의 취지를 고려하면, 위와 같은 경우에도 종전에 확정된 심결에서 판단이 이루어진 청구원인과 공통되는 부분에 대해서는 일사부재리의 원칙 위배 여부의 관점에서 확정된 심결을 번복할 수 있을 정도로 유력한 증거가 새로이 제출되었는지를 따져 종전 심결에서와 다른 결론을 내릴 것인지를 판단하여야 한다."고 판시하였다(2013후37).

(3) 동일증거

1) 내용
동일증거란 주장사실을 입증하기 위해 제출된 증거가 동일한 것을 의미한다. 동일한 문헌을 인용하더라도 문헌 내의 인용부분이 기술적 내용 측면에서 상이한 경우 동일증거로 볼 수 없다.

2) 동일증거에 대한 논의

가. 학설

동일증거의 의미에 대해 명문의 규정이 없는 바 견해대립이 존재한다. ⅰ) 물리적으로 동일할 것을 요구하는 형식증거설, ⅱ) 확정심결을 번복할 수 있을 정도로 유력하지 않은 증거도 동일증거로 보는 중요증거설, ⅲ) 전심에서 배척되거나 심리되지 않은 쟁점에 관한 증거라면 동일증거로 보지 않는 쟁점증거설 등이 있다.

나. 판례

대법원은 "동일 증거에는 전에 확정된 심결의 증거와 동일한 증거만이 아니라 그 심결을 번복할 수 있을 정도로 유력하지 아니한 증거가 부가되는 것도 포함하는 것이므로 확정된 심결의 결론을 번복할 만한 유력한 증거가 새로 제출된 경우에는 일사부재리의 원칙에 저촉된다고 할 수 없다"(77후28, 90후212, 2004후42)고 판시하여 중요증거설의 입장이다.
한편, 최근 특허법원은 "'동일증거'에는 전에 확정된 심결의 증거와 동일한 증거만이 아니라 그 심결을 번복할 수 있을 정도로 유력하지 아니한 증거가 '부가'되는 것도 포함되지만, 전에 확정된 심결의 증거와 전혀 다른 새로운 증거만을 제출하는 경우에는 그 새로운 증거가 전에 확정된 심결과 다른 결론, 즉 특허발명의 등록이 무효라는 결론을 내릴 수 있을 만한 것인지의 여부에 관계없이 '동일증거'라고 할 수 없으므로 일사부재리의 원칙에 위반하지 않는다."고 판시하여 (2006허732) 쟁점증거설의 입장을 취한 바 있다.

다. 검토

심결의 모순, 저촉 방지라는 일사부재리의 취지를 고려할 때, 확정된 심결을 번복할만한 증거가치를 판단기준으로 하는 중요증거설이 타당하다.

3) 확정된 심결의 기본이 된 이유와 실질적으로 저촉된다고 할 수 없는 경우

판례는 "동일사실에 의한 동일한 심판청구에 대하여 전에 확정된 심결의 증거에 대한 해석을 다르게 하는 등으로 그 심결의 기본이 된 이유와 실질적으로 저촉되는 판단을 하는 것은 일사부재리 원칙의 취지에 비추어 허용되지 않으나, 전에 확정된 심결의 증거를 그 심결에서 판단하지 않았던 사항에 관한 증거로 들어 판단하거나 그 증거의 선행기술을 확정된 심결의 결론을 번복할 만한 유력한 증거의 선행기술에 추가적, 보충적으로 결합하여 판단하는 경우 등과 같이 후행 심판청구에 대한 판단 내용이 확정된 심결의 기본이 된 이유와 실질적으로 저촉된다고 할 수 없는 경우에는, 확정된 심결과 그 결론이 결과적으로 달라졌다고 하더라도 일사부재리 원칙에 반한다고 할 수 없다."고 판시하였다(2012후1057).

(4) 동일사실 및 동일증거 대상

판례는 심판청구 후 심결시까지 보정된 사실과 이에 대한 증거를 모두 고려하여 심결시를 기준으로 심판청구가 선행 확정 심결과 동일한 사실·증거에 기초한 것이어서 일사부재리 원칙에 위반되는지 여부를 판단하여야 하며, 심판절차에서 주장하지 않은 새로운 주장을 바탕으로 일사부재리 위반 여부를 판단할 수는 없다고 판시하였다(2018후11360).

(5) 동일심판

1) 내용

동일심판이라 함은 청구취지가 동일한 심판, 환언하면 청구의 취지의 대상으로 되어 있는 권리가 동일하고, 종류가 동일한 심판이라고 해석된다[184].

2) 적극적 권리범위확인심판과 소극적 권리범위확인심판의 경우

판례는 "권리범위확인심판에서 확정이 요구되는 구체적인 사실은 적극적 권리범위확인심판에서의 그것과 소극적 권리범위확인심판에서의 그것을 달리 볼 것이 아니므로 적극적 권리범위확인심판의 심결이 확정 등록된 때에는 그 일사부재리의 효력이 소극적 권리범위확인심판 청구에 대해서도 그대로 미치는 것이라고 볼 것이다."고 판시하였다(2003후427).

3) 특허무효심판절차에서의 특허의 정정과 정정무효심판의 경우

무효심판절차 중에 청구된 정정을 인정하는 심결이 확정된 경우, 당해 정정의 가부판단에 대해서도 일사부재리를 적용하는 것이 실무이다. 따라서 무효심판의 심결에서 채택된 동일사실 및 동일증거를 근거로 무효심판절차에서의 정정이 부적법하다는 이유로 정정무효심판을 청구하는 경우에는 일사부재리의 법리를 적용하여 그 심판청구를 심결각하한다. 무효심판절차 중의 정정청구에 대한 심리는 정정무효심판의 심리와 실질적으로 동등하며 또한, 무효심판과 정정무효심판은 둘 다 일사부재리 법리가 적용되는 당사자계 심판이므로, 무효심판절차 중에 정정을 인정하는 근거로서 채용된 사실, 증거에 대해서는 일사부재리의 법리가 적용된다고 본다[185].

3 적용대상

일사부재리는 당사자계 심판에만 적용되고, 결정계 심판에는 적용될 여지가 없다.

---

184) 특허청, 심판편람
185) 특허청, 심판편람

4 적용시점

(1) 문제점
일사부재리 원칙의 적용시점을 심판청구시로 볼 것인지, 심결시로 볼 것인지 문제된다.

(2) 학설
심판청구시를 기준으로 하면 심판을 청구할 때 다른 심결이 확정되지 않은 경우 그 심판청구 후 동일사실 및 동일증거에 의한 다른 심판의 심결이 확정되었더라도 그 심판청구를 일사부재리 위반으로 각하할 수 없게 되고, 심결시를 기준으로 하면 심판청구시에는 일사부재리에 해당하지 않더라도 심결시에 그러한 사유에 해당하면 그 심판청구는 일사부재리에 반하여 부적법하게 된다.

(3) 판례

1) 종래 판례의 태도
일사부재리의 원칙에 따라 심판청구가 부적법하게 되는지 여부를 판단하는 기준시점은 새로운 심판청구에 대한 심결을 할 때이므로, 설령 새로운 심판청구를 제기하던 당시에는 앞선 심판청구에 대한 심결이 확정 등록된 바 없다고 하더라도 새로운 심판청구에 대한 심결을 할 때에는 앞선 심판청구에 대한 심결이 확정 등록되었다면, 새로운 심판청구가 확정 등록된 심결의 일사부재리의 효력에 의하여 부적법하게 될 수 있다고 할 것이다(2003후427).

2) 변경된 판례의 태도
일사부재리의 원칙에 따라 심판청구가 부적법하게 되는지 여부를 판단하는 기준시점은 심판청구를 제기하던 당시로 보아야 할 것이고, 심판청구 후에 비로소 동일사실 및 동일증거에 의한 다른 심판의 심결이 확정 등록된 경우에는 당해 심판청구를 일사부재리의 원칙에 의하여 부적법하다고 할 수 없다(2009후2234).

(4) 외국의 경우
종래 일본은 일사부재리 원칙의 적용시점을 심결시를 기준으로 보았으나, 이를 변경하여 우리와 같이 심판청구시를 기준으로 보고 있다.

(5) 검토
종래 대법원의 태도와 같이 일사부재리의 원칙을 심결시를 기준으로 판단하면, 동일특허에 대하여 동일사실 및 동일증거에 의한 복수의 심판청구가 각각 있은 경우에 어느 심판의 심결(이를 '제1차 심결'이라고 한다)에 대한 심결취소소송이 계속하는 동안 다른 심판의 심결이 확정 등록된다면, 법원이 당해 심판에 대한 심결취소의 청구가 이유 있다고 하여 제1차 심결을 취소하더라도 특허심판원이 그 심판청구에 대하여 특허법 제189조 제1항 및 제2항에 의하여 다시 심결을 하는 때에는 일사부재리의 원칙에 의하여 그 심판청구를 각하할 수밖에 없다. 그러나 이는 관련 확정 심결의 등록이라는 우연한 사정에 의하여 심판청구인이 자신의 고유한 이익을 위하여 진행하던 절차가 소급적으로 부적법하게 되는 것으로 헌법상 보장된 국민의 재판청구권을 과도하게 침해할 우려가 있고, 그 심판에 대한 특허심판원 심결을 취소한 법원 판결을 무의미하게 하는 불합리가 발생하게 된다. 나아가 구 특허법 제163조는 일사부재리의 효력이 미치는 인적 범위에 관하여 "누구든지"라고 정하고 있어서 확정 등록된 심결의 당사자나 그 승계인 이외의 사람이라도 동일사실 및 동일증거에 의하여 동일 심판을 청구할 수 없으므로, 함부로 그 적용의 범위를 넓히는 것은 위와 같이 국민의 재판청구권의 행사를 제한하는 결과가 될 것이다. 그런데 구 특허법 제163조는 '그 심판을 청구할 수 없다'라고 규정하고 있어서, 위 규정의 문언에 따르면 심판의 심결이 확정 등록된 후에는 앞선 심판청구와 동일사실 및 동일증거에 기초하여 새로운 심판을 청구하는 것이 허용되지 않는다고 해석될 뿐이다. 그럼에도 이를 넘어서 심판청구를 제기하던 당시에 다른 심판의 심결이 확정 등록되지 아니하였는데 그 심판청구에 관한 심결을 할 때에 다른 심판의 심결이 확정 등록된 경우에까지 그 심판청구가 일사부재리의 원칙에 의하여 소급적으로 부적법하게 될 수 있다고 하는 것은 합리적인 해석이라고 할 수 없다. 따라서 변경된 판례의 태도가 타당하다.

5 효과

(1) 심결각하

일사부재리에 위반한 심판청구는 흠을 보정할 수 없는 부적법한 심판청구로서 심결각하의 대상이 된다(특허법 제142조).

(2) 대세적 효력

제163조 법문상 '누구든지'라고 규정되어 있어, 확정된 심결의 일사부재리의 효력은 대세적으로 미친다. 따라서 당사자뿐만 아니라 제3자에게도 일사부재리의 효력이 미친다.

6 관련문제

(1) 대세효에 관한 문제

일사부재리의 효력은 대세효라는 점에서 기판력과 상대적으로 다르다. 오스트리아의 경우 심판의 효력을 제3자에게 미치게 하는 것을 위헌이라고 보아 폐지하였고, 일본의 경우 제3자에게 효력을 확장할 합리적 이유가 없다는 폐지론이 제기된 이래 당사자 및 참가인에게만 미치는 것으로 한정하였다. 이와 같은 취지로 우리나라 역시 일사부재리의 효력범위에 관한 입법론적 검토가 요구된다고 할 것이다.

(2) 일부 쟁점만 확정된 심결과 중복되는 경우

법원은 "특허나 실용신안의 등록무효심판청구에 관하여 종전에 확정된 심결이 있더라도 종전 심판에서 청구원인이 된 무효사유 외에 다른 무효사유가 추가된 경우에는 새로운 심판청구는 그 자체로 동일사실에 의한 것이 아니어서 일사부재리의 원칙에 위배되지는 아니한다. 그러나 모순·저촉되는 복수의 심결이 발생하는 것을 방지하고자 하는 일사부재리 제도의 취지를 고려하면, 위와 같은 경우에도 종전에 확정된 심결에서 판단이 이루어진 청구원인과 공통되는 부분에 대해서는 일사부재리의 원칙 위배 여부의 관점에서 확정된 심결을 번복할 수 있을 정도로 유력한 증거가 새로이 제출되었는지를 따져 종전 심결에서와 다른 결론을 내릴 것인지를 판단하여야 한다." 라고 판시하여 종전 확정된 심결과 중복된 쟁점에 대해서는 일사부재리의 취지상 본안판단을 해서는 안 된다는 입장이다(2013후37).

(3) 각하심결의 경우

1) 判例

① 특허법원은 본안에 대한 실체 판단이 이루어진 각하심결[186]에 대해서는 일사부재리 효력이 있다고 보았으나, (2020허3584) ② 대법원은 제163조 단서에 따라 각하심결에 대해서는 어떠한 경우도 일사부재리 효력이 없다고 판시하였다(2021후10077).

2) 검토

특허법 제163조 단서 문언해석상 각하심결은 일사부재리 효력을 부정함이 타당하다.

---

[186] 判例는 동일증거라 함은 확정된 심결의 증거와 동일한 증거뿐만 아니라 그 확정된 심결의 효력을 번복할 수 있을 정도로 유력하지 아니한 증거가 부가되는 것도 포함된다고 판시하여(2004후42), 이에 따라, 후행 심판에서 새로 제출된 증거가 확정된 심결의 증거와 동일 증거인지 판단하기 위해서는 선행 확정 심결을 번복할 수 있을지를 심리 판단하게 되고, 그 과정에서 본안에 관한 판단이 선행되는 것과 같은 결과가 발생하기도 한다(2021후10077).

CHAPTER 07 심판 및 소송과의 관계 (특허법 제164조)

> **제164조(소송과의 관계)**
> ① 심판장은 심판에서 필요하면 직권 또는 당사자의 신청에 따라 그 심판사건과 관련되는 특허취소신청에 대한 결정 또는 다른 심판의 심결이 확정되거나 소송절차가 완결될 때까지 그 절차를 중지할 수 있다.
> ② 법원은 소송절차에서 필요하면 직권 또는 당사자의 신청에 따라 특허취소신청에 대한 결정이나 특허에 관한 심결이 확정될 때까지 그 소송절차를 중지할 수 있다.
> ③ 법원은 특허권 또는 전용실시권의 침해에 관한 소가 제기된 경우에는 그 취지를 특허심판원장에게 통보하여야 한다. 그 소송절차가 끝났을 때에도 또한 같다.
> ④ 특허심판원장은 제3항에 따른 특허권 또는 전용실시권의 침해에 관한 소에 대응하여 그 특허권에 관한 무효심판 등이 청구된 경우에는 그 취지를 제3항에 해당하는 법원에 통보하여야 한다. 그 심판청구서의 각하결정, 심결 또는 청구의 취하가 있는 경우에도 또한 같다.
>
> **제164조의2(조정위원회 회부)**
> ① 심판장은 심판사건을 합리적으로 해결하기 위하여 필요하다고 인정되면 당사자의 동의를 받아 해당 심판사건의 절차를 중지하고 결정으로 해당 사건을 조정위원회에 회부할 수 있다.
> ② 심판장은 제1항에 따라 조정위원회에 회부한 때에는 해당 심판사건의 기록을 조정위원회에 송부하여야 한다.
> ③ 심판장은 조정위원회의 조정절차가 조정 불성립으로 종료되면 제1항에 따른 중지 결정을 취소하고 심판을 재개하며, 조정이 성립된 경우에는 해당 심판청구는 취하된 것으로 본다.

1 소송절차 중지 의의 및 취지 (제164조 제1항, 제2항)

법원은 소송절차에서 필요하면 특허에 관한 심결이 확정될 때까지 그 소송절차를 중지할 수 있다. 이는 합리적인 결론의 도출을 위함이다.

2 제164조 규정의 활용

(1) 법적 성격 – 임의규정

1) 판례의 태도

법원은 타심판의 심결이 확정될 때까지 관련 심판절차 또는 소송절차를 중지할 수 있다고 한 것은 임의규정으로서 꼭 중지하여야 하는 것은 아니므로, 중지하지 아니하고 심결 또는 판결에 이른 조치를 위법하다고 보지 않는다(99허8639).

2) 검토

중지를 의무화하면 이를 악용해 절차를 지연시킬 우려가 있어, 판례의 태도와 같이 당사자의 중지신청이 있더라도 심판 또는 소송절차에서 합리적으로 중지여부를 재량에 따라 판단할 수 있도록 함이 타당하다.

(2) **통지 의무 (특허법 제164조 제3항 및 제4항)**

법원은 침해에 관한 소가 제기된 경우 특허심판원장에게 그 취지를 통지하여야 하며, 특허심판원장은 이에 대 응하여 무효심판 등이 청구된 경우 법원에 그 취지를 통지하여야 한다. 이는 특허 분쟁의 효율적인 해결 및 심결 과 판결 간 저촉방지를 위함이고, 삼권분립의 원칙상 훈시적 규정으로 봄이 타당하다.

CHAPTER 08 특허취소신청 (제132조의2 내지 제132의15)

제132조의2(특허취소신청)
① 누구든지 특허권의 설정등록일부터 등록공고일 후 6개월이 되는 날까지 그 특허가 다음 각 호의 어느 하나에 해당하는 경우에는 특허심판원장에게 특허취소신청을 할 수 있다. 이 경우 청구범위의 청구항이 둘 이상인 경우에는 청구항마다 특허취소신청을 할 수 있다.
  1. 제29조(같은 조 제1항제1호에 해당하는 경우와 같은 호에 해당하는 발명에 의하여 쉽게 발명할 수 있는 경우는 제외한다)에 위반된 경우
  2. 제36조제1항부터 제3항까지의 규정에 위반된 경우
② 제1항에도 불구하고 특허공보에 게재된 제87조제3항제7호에 따른 선행기술에 기초한 이유로는 특허취소신청을 할 수 없다.

제132조의3(특허취소신청절차에서의 특허의 정정)
① 특허취소신청절차가 진행 중인 특허에 대한 특허권자는 제136조제1항 각 호의 어느 하나에 해당하는 경우에만 제132조의13제2항에 따라 지정된 기간에 특허발명의 명세서 또는 도면에 대하여 정정청구를 할 수 있다.
② 제1항에 따른 정정청구를 하였을 때에는 해당 특허취소신청절차에서 그 정정청구 전에 한 정정청구는 취하된 것으로 본다.
③ 제1항에 따른 정정청구에 관하여는 제136조제3항부터 제6항까지, 제8항, 제10항부터 제13항까지, 제139조제3항 및 제140조제1항·제2항·제5항을 준용한다. 이 경우 제136조제11항 중 "제162조제3항에 따른 심리의 종결이 통지되기 전(같은 조 제4항에 따라 심리가 재개된 경우에는 그 후 다시 같은 조 제3항에 따른 심리의 종결이 통지되기 전)에"는 "제132조의13제2항 또는 제136조제6항에 따라 지정된 기간에"로 본다.
④ 제1항에 따른 정정청구는 다음 각 호의 어느 하나에 해당하는 기간에만 취하할 수 있다.
  1. 제1항에 따라 정정을 청구할 수 있도록 지정된 기간과 그 기간의 만료일부터 1개월 이내의 기간
  2. 제3항에서 준용하는 제136조제6항에 따라 지정된 기간
⑤ 제3항을 적용할 때 제132조의2에 따라 특허취소신청이 된 청구항을 정정하는 경우에는 제136조제5항을 준용하지 아니한다.

제132조의4(특허취소신청의 방식 등)
① 특허취소신청을 하려는 자는 다음 각 호의 사항을 적은 특허취소신청서를 특허심판원장에게 제출하여야 한다.
  1. 신청인의 성명 및 주소(법인인 경우에는 그 명칭 및 영업소의 소재지)
  2. 대리인이 있는 경우에는 그 대리인의 성명 및 주소나 영업소의 소재지[대리인이 특허법인·특허법인(유한)인 경우에는 그 명칭, 사무소의 소재지 및 지정된 변리사의 성명]
  3. 특허취소신청의 대상이 되는 특허의 표시
  4. 특허취소신청의 이유 및 증거의 표시
② 제1항에 따라 제출된 특허취소신청서의 보정은 그 요지를 변경할 수 없다. 다만, 제132조의2제1항에 따른 기간(그 기간 중 제132조의13제2항에 따른 통지가 있는 경우에는 통지한 때까지로 한정한다)에 제1항제4호의 사항을 보정하는 경우에는 그러하지 아니하다.

③ 심판장은 특허취소신청이 있으면 그 신청서의 부본을 특허권자에게 송달하여야 한다.
④ 심판장은 특허취소신청이 있으면 그 사실을 해당 특허권의 전용실시권자나 그 밖에 그 특허에 관하여 등록을 한 권리를 가지는 자에게 알려야 한다.

제132조의5(특허취소신청서 등의 보정·각하)
① 심판장은 다음 각 호의 어느 하나에 해당하는 경우에는 기간을 정하여 그 보정을 명하여야 한다.
    1. 특허취소신청서가 제132조의4제1항(같은 항 제4호는 제외한다)을 위반한 경우
    2. 특허취소신청에 관한 절차가 다음 각 목의 어느 하나에 해당하는 경우
        가. 제3조제1항 또는 제6조를 위반한 경우
        나. 이 법 또는 이 법에 따른 명령으로 정하는 방식을 위반한 경우
        다. 제82조에 따라 내야 할 수수료를 내지 아니한 경우
② 심판장은 제1항에 따른 보정명령을 받은 자가 지정된 기간에 보정을 하지 아니하거나 보정한 사항이 제132조의4제2항을 위반한 경우에는 특허취소신청서 또는 해당 절차와 관련된 청구 또는 신청 등을 결정으로 각하하여야 한다.
③ 제2항에 따른 각하결정은 서면으로 하여야 하며, 그 이유를 붙여야 한다.

제132조의6(보정할 수 없는 특허취소신청의 각하결정)
① 제132조의7제1항에 따른 합의체는 부적법한 특허취소신청으로서 그 흠을 보정할 수 없을 때에는 제132조의4제3항에도 불구하고 특허권자에게 특허취소신청서의 부본을 송달하지 아니하고, 결정으로 그 특허취소신청을 각하할 수 있다.
② 제1항에 따른 각하결정에 대해서는 불복할 수 없다.

제132조의7(특허취소신청의 합의체 등)
① 특허취소신청은 3명 또는 5명의 심판관으로 구성되는 합의체가 심리하여 결정한다.
② 제1항의 합의체 및 이를 구성하는 심판관에 관하여는 제143조부터 제145조까지, 제146조제2항·제3항, 제148조부터 제153조까지 및 제153조의2를 준용한다. 이 경우 제148조제6호 중 "심결"은 "특허취소결정"으로 본다.

제132조의8(심리의 방식 등)
① 특허취소신청에 관한 심리는 서면으로 한다.
② 공유인 특허권의 특허권자 중 1인에게 특허취소신청절차의 중단 또는 중지의 원인이 있으면 모두에게 그 효력이 발생한다.

제132조의9(참가)
① 특허권에 관하여 권리를 가진 자 또는 이해관계를 가진 자는 특허취소신청에 대한 결정이 있을 때까지 특허권자를 보조하기 위하여 그 심리에 참가할 수 있다.
② 제1항의 참가에 관하여는 제155조제4항·제5항 및 제156조를 준용한다.

제132조의10(특허취소신청의 심리에서의 직권심리)
① 심판관은 특허취소신청에 관하여 특허취소신청인, 특허권자 또는 참가인이 제출하지 아니한 이유에 대해서도 심리할 수 있다.
② 심판관은 특허취소신청에 관하여 특허취소신청인이 신청하지 아니한 청구항에 대해서는 심리할 수 없다.

제132조의11(특허취소신청의 병합 또는 분리)
① 심판관 합의체는 하나의 특허권에 관한 둘 이상의 특허취소신청에 대해서는 특별한 사정이 있는 경우를 제외하고는 그 심리를 병합하여 결정하여야 한다.

② 심판관 합의체는 특허취소신청의 심리에 필요하다고 인정하는 경우에는 제1항에 따라 병합된 심리를 분리할 수 있다.

제132조의12(특허취소신청의 취하)
① 특허취소신청은 제132조의14제2항에 따라 결정등본이 송달되기 전까지만 취하할 수 있다. 다만, 제132조의13제2항에 따라 특허권자 및 참가인에게 특허의 취소이유가 통지된 후에는 취하할 수 없다.
② 둘 이상의 청구항에 관하여 특허취소신청이 있는 경우에는 청구항마다 취하할 수 있다.
③ 제1항 또는 제2항에 따른 취하가 있으면 그 특허취소신청 또는 그 청구항에 대한 특허취소신청은 처음부터 없었던 것으로 본다.

제132조의13(특허취소신청에 대한 결정)
① 심판관 합의체는 특허취소신청이 이유 있다고 인정되는 때에는 그 특허를 취소한다는 취지의 결정(이하 "특허취소결정"이라 한다)을 하여야 한다.
② 심판장은 특허취소결정을 하려는 때에는 특허권자 및 참가인에게 특허의 취소이유를 통지하고 기간을 정하여 의견서를 제출할 기회를 주어야 한다.
③ 특허취소결정이 확정된 때에는 그 특허권은 처음부터 없었던 것으로 본다.
④ 심판관 합의체는 특허취소신청이 제132조의2제1항 각 호의 어느 하나에 해당하지 아니하거나 같은 조 제2항을 위반한 것으로 인정되는 경우에는 결정으로 그 특허취소신청을 기각하여야 한다.
⑤ 제4항에 따른 기각결정에 대해서는 불복할 수 없다.

제132조의14(특허취소신청의 결정 방식)
① 특허취소신청에 대한 결정은 다음 각 호의 사항을 적은 서면으로 하여야 하며, 결정을 한 심판관은 그 서면에 기명날인하여야 한다.
  1. 특허취소신청사건의 번호
  2. 특허취소신청인, 특허권자 및 참가인의 성명 및 주소(법인인 경우에는 그 명칭 및 영업소의 소재지)
  3. 대리인이 있는 경우에는 그 대리인의 성명 및 주소나 영업소의 소재지[대리인이 특허법인·특허법인(유한)인 경우에는 그 명칭, 사무소의 소재지 및 지정된 변리사의 성명]
  4. 결정에 관련된 특허의 표시
  5. 결정의 결론 및 이유
  6. 결정연월일
② 심판장은 특허취소신청에 대한 결정이 있는 때에는 그 결정의 등본을 특허취소신청인, 특허권자, 참가인 및 그 특허취소신청에 대한 심리에 참가를 신청하였으나 그 신청이 거부된 자에게 송달하여야 한다.

제132조의15(심판규정의 특허취소신청에의 준용)
특허취소신청의 심리·결정에 관하여는 제147조제3항, 제157조, 제158조, 제164조, 제165조제3항부터 제6항까지 및 제166조를 준용한다.

1 의의 및 취지

특허취소신청은 특허취소이유를 제공하면 심판관이 검토하여 하자가 있을 때 특허를 취소하는 제도이다. 이는 심사관의 노력에도 불구하고 심사품질에 더한 한계가 있을 수 있어 제3자의 도움을 받아 부실특허를 조기에 걸러내고자 도입되었다.

2 제도의 취지 및 성격

특허무효심판은 당사자 간의 분쟁해결이 취지임에 반해, 특허취소신청은 심사관의 심사누락에 대한 특허청의 신속한 재검증이 취지다. 이에 특허무효심판은 양 당사자의 공격과 방어에 의존하여 절차를 진행하는 당사자계임에 반해, 특허취소신청은 공중의 심사협력을 받아 특허청의 소속기관인 특허심판원에서 소위 추가심사를 하는 격으로서 결정계라고 볼 수 있다.

3 취소신청인과 참가인

(1) 취소신청인

특허무효심판은 분쟁의 남발을 제한하여 특허심판원과 특허권자의 과도한 부담을 제어하고자 이해관계인 또는 심사관에 한해 청구할 수 있다(특허법 제133조 제1항). 특히 특허법 제33조 제1항 본문 또는 제44조의 위반은 특허를 받을 수 있는 권리를 가진 자만 특허무효심판을 청구할 수 있다. 이에 반해 특허취소신청은 공중의 심사협력 도모라는 정보제공의 연장선이다. 이에 정보제공과 마찬가지로 누구든지 할 수 있다(특허법 제132조의2 제1항).

(2) 참가인 (특허법 제132조의9)

통상의 결정계 절차와 달리 특허취소신청절차는 특허에 대한 권리를 가진 자 또는 특허권에 관한 이해관계를 가진 자가 특허권자를 보조하기 위해 참가할 수 있다. 다만 보조참가만 허용되고 당사자참가는 허용되지 않으며 특허취소신청인 측의 보조참가는 허용되지 않는다.

4 청구기간

특허무효심판은 설정등록 후 당사자 간에 분쟁이 발생했을 때 언제나 가능하다. 이에 반해 특허취소신청은 심사관의 심사를 속히 보완하는 것이 취지인바 기간에 제한이 있고, 설정등록일부터 등록공고 후 6개월까지만 가능하다(특허법 제132조의2 제1항).

특허무효심판은 특허권의 소멸 후에도 당사자간에 분쟁이 있다면 제기할 수 있다(특허법 제133조 제2항). 이에 반해 특허취소신청은 부실특허의 조기 취소를 목적하는 바 특허권이 소멸된 후에는 제기할 수 없다(심판편람).

5 취소사유

특허취소신청은 심사 시 누락된 선행기술문헌을 공중으로부터 협력 받아 심사를 보완하는 것이 취지이므로 신규성, 진보성, 선원, 확대된 선원과 같이 선행기술과의 대비에 관한 사안으로만 사유가 한정되고, 같은 견지에서 문헌이 아닌 특허법 제29조 제1항 제1호로는 취소신청을 할 수 없고(특허법 제132조의2 제1항 제1호 괄호), 또한 누락하지 않고 이미 심사관이 살핀 선행기술로는 취소신청을 할 수 없다(특허법 제132조의2 제1항, 제2항).

6 심리방식

(1) 취소신청의 통지

심판장은 특허취소신청이 있을 때는 특허취소신청서의 부본을 특허권자에게 송달한다(특허법 제132조의4 제3항). 심판장은 특허취소신청의 취지를 그 특허권의 전용실시권자나 그 외 특허에 관한 등록된 권리를 가지는 자에 통지한다(특허법 제132조의4 제4항). 이것은 그 특허권에 이해관계가 있는 자에게 참가의 기회를 주고자 하는 것이다.

(2) 방식심리 (특허법 제132조의5)

심판장은 특허취소신청서가 방식에 위반된 경우, 심판절차가 행위능력, 대리권 범위를 위반한 경우, 수수료 불납의 경우 기간을 정하여 보정을 명하고, 흠이 해소되지 않을 경우 결정으로 특허취소신청서를 각하한다.

(3) 적법성 심리 (특허법 제132조의6)

1) 심판관합의체는 특허취소신청이 부적법한 경우 기간을 정하여 보정을 명하고, 흠이 해소되지 않을 경우 결정으로 특허취소신청을 각하한다.
2) 부적법한 특허취소신청으로 그 흠을 보정할 수 없을 때에는 특허권자에게 부본을 송달하지 않고 결정으로 그 취소신청을 각하할 수 있다.

(4) 본안심리

1) 본안심리는 특허취소신청 기간이 경과한 후에 개시한다. 복수의 특허취소신청이 있을 때는 심리를 병합하는 것이 원칙이고(특허법 제132조의11), 이 경우 병합심리를 한다는 취지를 특허취소신청인, 특허권자 및 참가인에게 통지한다.
2) 특허취소신청에 대한 심리는 모두 서면심리로 한다(특허법 제132조의8 제1항). 특허취소신청에 대한 심리는 특허취소신청인이 제출한 취소이유 및 증거에 대해 특허권자가 답변하는 것이 아니라, 심판부에서 살피고, 이유 있다고 판단하면 심판장이 특허권자에게 취소이유를 통지한 뒤, 이에 대한 특허권자의 의견서 등을 참고하여 진행한다.
3) 심판부 합의체가 심리하여 특허취소신청이 이유 있다고 판단했을 때는 특허권자 및 참가인에게 취소이유를 통지하고, 기간을 지정하여 의견서 제출 및 정정의 기회를 준다(특허법 제132조의13 제2항). 반대로 특허를 유지해야 한다고 판단했을 때는 곧바로 기각결정을 한다.

(5) 취소신청 절차 내의 특허의 정정

취소이유가 통지되었을 때, 특허권자는 지정 기간에 의견서를 제출하거나 명세서 또는 도면에 대해 정정을 청구할 수 있다(특허법 제132조의3 제1항). 복수의 정정청구를 하였을 때는 최종 정정청구 전에 한 정정청구는 취하간주된다(특허법 제132조의3 제2항). 정정청구가 적법한 때는 정정청구서에 첨부된 명세서 및 도면에 기초하여 심리하고, 정정청구가 부적법한 때는 정정불인정이유를 통지하며 정정을 불인정한 후 정정 전 명세서 및 도면에 의해 심리한다. 정정요건과 진행과정은 특허무효심판절차에서의 정정청구와 같다.

(6) 취소신청서 보정

특허취소신청서의 보정은 '요지변경이 아닌 범위 내'에서만 가능하다. 다만, 특허취소신청기간의 만료일 또는 특허취소결정에 따른 통지를 받은 때 중 더 빠른 시점까지 특허취소신청의 이유 및 증거의 표시를 보정하는 것은 요지변경으로 보지 않는다(제132조의4 제2항).

(7) 결정

취소결정은 통지한 취소이유만으로 할 수 있다. 통지한 취소이유가 특허권자의 의견서나 정정청구에도 불구하고 극복되지 아니한 경우 취소결정한다. 반대로 취소이유가 없거나 통지한 취소이유가 특허권자의 의견서나 정정청구에 의해 해소된 경우는 기각결정한다.

심판장은 특허취소신청에 대한 결정이 있는 때는 그 결정의 등본을 특허취소신청인, 특허권자, 참가인 및 참가 신청이 거부된 자에게 송달한다(특허법 제132조의14 제2항). 취소 결정은 제소 기간이 경과했을 때 확정되고, 기각 결정은 결정의 등본이 송달되었을 때 확정된다.

7 결정의 효과

(1) 효과

1) 취소 결정이 확정됐을 때는 특허권은 처음부터 존재하지 않았던 것으로 본다(특허법 제132조의13 제3항). 즉 소급효가 있다.
2) 한편 특허취소신청에 있어서는 무효심판의 심결에 대한 일사부재리의 규정과 같은 규정은 마련되지 않아 일사부재리 효과는 발생하지 않는다고 본다(특허법 제163조에서 심결에 대해서만 일사부재리가 발생하는 것으로 규정함).
3) 특허취소신청에 대한 결정이 확정됐을 때는 특허청장 직권으로 등록원부에 소멸등록을 한다(특허권 등의 등록령 제3조, 제14조 제1항). 특허청장은 특허취소신청절차에서 명세서 또는 도면의 정정을 인정하는 취지의 결정이 확정됐을 경우는 특허권자에게 새로운 특허증을 발급한다(특허법 제86조 제3항). 또한 특허취소신청에서 정정한 명세서 및 도면의 내용(정정이 확정된 것)을 특허공보에 게재한다(특허법 제132조의3 제3항에서 제136조 제12항, 제13항 준용, 제221조 제1항, 특허법 시행령 제19조 제2항). 특허취소신청의 기록에 대해서는 공공의 질서 또는 선량한 풍속에 어긋나거나 공중의 위생을 해칠 우려가 있는 것과 특허청장이 비밀을 보유할 필요가 있다고 인정하는 것(특허법 제41조 제1항)을 제외하고는 열람을 청구할 수 있다(특허법 제216조 제2항).

(2) 불복

1) 취소결정에 대해서는 특허권자, 참가인 또는 참가신청이 거부된 자가 특허법원에 소송을 제기하여 불복할 수 있다(특허법 제186조 제1항). 취소신청서각하결정도 마찬가지로 불복이 가능하다. 불복은 결정등본의 송달이 있던 날부터 30일 이내에 할 수 있고, 이때 피고는 특허청장으로 한다(특허법 제186조 제3항, 제187조).
2) 그러나 기각결정에 대해서는 불복의 소를 제기할 수 없다(특허법 제132조의13 제5항). 각하결정도 불복할 수 없다(특허법 제132조의6 제2항).

8 관련문제

(1) 특허취소신청과 심판이 동시에 계속 중 우선순위

특허취소신청과 심판이 동시에 계속 중인 경우, 양 사건은 별개의 사건으로서 절차를 독립적으로 진행하는 것이 원칙이나, 심판장은 심리의 진행 정도, 사건의 내용, 결정 및 심결의 효과 등을 종합적으로 고려하여 양 사건을 처리함에 우선순위를 정하여 심리를 진행할 수 있다.

(2) 외국의 유사제도

ⅰ) 미국의 경우 당사자계 무효심판 외에 특허등록 후 특허의 유효성을 제3자가 결정계 형식으로 다툴 수 있는 Ex Parte 재심사제도를 운영한다. ⅱ) 유럽의 경우 기존 유럽 특허청에 특허취소를 신청하는 결정계 이의신청제도를 유지하며, ⅲ) 일본의 경우 이의신청 시 심판관합의체에 의해 취소 여부를 결정하는 이의신청 제도를 창설하였다.

9 특허무효심판과 특허취소신청과의 비교

(1) 의의 및 도입취지

과거에도 정보제공의 연장으로서 '이의신청제도'가 있었으나, 특허무효심판과 기능이 일부 중첩되어 비효율적이라는 지적으로 폐지되었고 특허무효심판 절차로 일원화 되었다. 그런데, 다시 절차를 이원화하게 되었으니 위 지적의 반복을 염두에 두어 취소신청과 무효심판의 차이를 강조하는 입법을 하였다.

(2) 양 제도의 비교

	특허취소신청	특허무효심판
제도 취지	특허권의 조기 안정화	당사자간의 분쟁해결
절차	복합계 절차 (제3자가 신청하나, 이후 절차는 특허청과 특허권자가 진행)	당사자계 절차
신청인/청구인 적격	누구나	이해관계인 또는 심사관
신청/청구기간	설정등록일부터 등록공고 후 6개월 (권리 소멸 후에는 불가)	설정등록 후 언제나 (권리가 소급적으로 소멸한 경우가 아닌 이상 소멸 후에도 가능)
심판장 보정명령	특허취소신청서에 특허취소신청의 이유 및 증거의 표시가 기재되지 않은 경우는 심판장이 보정명령하지 않음 (제132조의5 제1항 제1호 괄호)	심판청구서에 청구의 이유를 기재하지 않으면 심판장이 보정명령 함 (제141조 제1항 제1호)

취하	청구항별로 가능 결정등본 송달과 취소이유통지 중 빠른 날까지만 가능	청구항별로 가능 심결이 확정되기 전까지 가능(단 답변서 제출 후에는 피청구인 동의 필요)
취소/무효사유	신규성, 진보성, 확대된 선원, 선원	제133조 제1항
심리방식	서면심리	서면 또는 구술심리
전문심리위원/ 적시제출주의/ 조정위원회 회부	無	有 (제154조의2, 제158조의2, 제164조의2)
복수사건의 심리	병합	병합여부 재량
결정/심결	취소결정(취소결정 전에 반드시 취소이유통지), 기각결정, 각하결정, 특허취소신청서각하결정	무효심결, 기각심결, 각하심결, 심판청구서각하결정
불복	취소결정, 특허취소신청서각하결정만 특허법원에 불복 가능(피고는 특허청장) 기각결정, 각하결정은 불복불가	청구인 또는 피청구인을 피고로 하여 특허법원에 불복 가능
청구이유보충	특허취소신청 가능 기간 또는 취소이유통지 중 빠른 날까지	심리종결전까지
참가	특허권자측 보조참가만 가능	당사자참가, 청구인/피청구인측 보조참가 모두 가능
심판비용부담	특허취소신청인이 부담(제165조 제3항을 준용)	일반적으로 패소자가 부담

CHAPTER 09 거절결정불복심판 (특허법 제132조의17)

> **제132조의17(특허거절결정 등에 대한 심판)**
> 특허거절결정 또는 특허권의 존속기간의 연장등록거절결정을 받은 자가 결정에 불복할 때에는 그 결정등본을 송달받은 날부터 3개월 이내에 심판을 청구할 수 있다.
>
> **제170조(심사규정의 특허거절결정에 대한 심판에의 준용)**
> ① 특허거절결정에 대한 심판에 관하여는 제47조제1항제1호·제2호, 같은 조 제4항, 제51조, 제63조, 제63조의2 및 제66조를 준용한다. 이 경우 제51조제1항 본문 중 "제47조제1항제2호 및 제3호에 따른 보정"은 "제47조제1항제2호에 따른 보정(제132조의17의 특허거절결정에 대한 심판청구 전에 한 것은 제외한다)"으로, 제63조의2 본문 중 "특허청장"은 "특허심판원장"으로 본다.
> ② 제1항에 따라 준용되는 제63조는 특허거절결정의 이유와 다른 거절이유를 발견한 경우에만 적용한다.
>
> **제172조(심사의 효력)**
> 심사에서 밟은 특허에 관한 절차는 특허거절결정 또는 특허권의 존속기간의 연장등록거절결정에 대한 심판에서도 그 효력이 있다.
>
> **제176조(특허거절결정 등의 취소)**
> ① 심판관은 제132조의17에 따른 심판이 청구된 경우에 그 청구가 이유 있다고 인정할 때에는 심결로써 특허거절결정 또는 특허권의 존속기간의 연장등록거절결정을 취소하여야 한다.
> ② 심판에서 제1항에 따라 특허거절결정 또는 특허권의 존속기간의 연장등록거절결정을 취소할 경우에는 심사에 부칠 것이라는 심결을 할 수 있다.
> ③ 제1항 및 제2항에 따른 심결에서 취소의 기본이 된 이유는 그 사건에 대하여 심사관을 기속한다.

1 의의 및 취지

거절결정불복심판은 심사관의 거절결정이라는 행정처분에 대한 불복절차이다(특허법 제132조의17). 거절결정은 기술적 소양 및 법리적 소양을 두루 갖춘 자만이 위법여부를 판단할 수 있어, 전문기관인 심판원을 두고, 심판원에서만 불복할 수 있도록 필수적 심판전치주의를 취하고 있다(특허법 제224조의2, 제186조 제6항).

2 법적성질

심사절차와 심판절차 사이에는 심급구조가 인정되지 않아 양 절차는 별개의 절차이다. 그러나 거절결정불복심판의 대상은 심사관의 거절결정 등이고, 제172조에서 "심사에서 밟은 특허에 관한 절차는 특허거절결정 또는 특허권의 존속기간의 연장등록거절결정에 대한 심판에서도 그 효력이 있다."고 규정하고 있는 것에 비추어 볼 때, 실질적으로는 심사에 대한 속심적인 성질을 갖는다고 볼 수 있다.

3 심판청구

(1) 청구인

1) 특허출원에 대해 거절결정을 받은 경우 특허출원인, 존속기간연장등록출원에 대해 거절결정을 받은 경우 특허권자가 거절결정불복심판을 청구할 수 있다.
2) 공동출원의 경우 전원이 해야 하고(특허법 제139조 제3항), 출원절차를 담당한 대리인에게 계속해서 거절결정불복심판절차까지 위임하고자 하는 경우는 별도의 특별수권이 필요하다(특허법 제6조).

(2) 청구대상

1) 거절결정을 받은 특허출원(재심사청구에 의한 재심사 결과 거절결정을 받은 특허출원을 포함한다), 거절결정을 받은 존속기간연장등록출원을 대상으로 한다.
2) 거절결정불복심판을 통해, 거절결정의 타당성과 함께 보정각하의 타당성도 다툴 수 있다.

(3) 청구시기

거절결정등본 송달일로부터 3개월 이내에 청구하여야 하고, 신청 또는 직권으로 연장할 수 있으며(특허법 제15조 제1항), 추후보완의 대상이 될 수 있다(특허법 제17조).

4 심리 및 심결

(1) 심리범위 - 존속기간연장등록출원이 아닌 특허출원의 거절결정에 대한 심판의 경우

1) 만약 보정각하결정이 있었고, 출원인이 보정각하결정에 대해 다투고 있다면(특허법 제51조 제3항 단서), 보정각하결정의 위법여부부터 살핀다. 이때 보정각하결정이 타당하다면 심사관과 마찬가지로 보정 전 명세서 및 도면으로 심리대상을 확정하고, 보정각하결정이 위법하다면 보정각하결정을 취소하며 보정 후 명세서 및 도면으로 심리대상을 확정한다.
2) 법리적으로는 특허심판원은 원거절결정의 거절이유뿐만 아니라, 원거절결정이 위법하다면 당해 특허출원이 특허요건을 충족하였는지에 대해 전면적으로 재심리할 수 있다. 따라서 원거절결정 이유와 다른 이유로 특허거절결정이 타당하다는 취지의 기각심결을 할 수도 있다(물론 이 경우 기각심결하기 전에 새로운 거절이유에 대해서는 거절이유통지를 해야만 한다). 다만 실무적으로는 대게 원결정이 위법하면 거절결정을 취소하고 심사국으로 환송하여, 심사관에게 전면적으로 재심리할 것을 요구한다.

(2) 거절이유통지 및 의견서 제출기회 부여 - 존속기간연장등록출원이 아닌 특허출원의 거절결정에 대한 심판의 경우

1) 특허법 제170조 제1항

가. 특허법 제63조 제1항 준용

원거절결정이 위법한 경우 거절결정을 취소하고 심사관에게 환송할 수도 있으나, 심판부가 직접 다른 거절이유가 있는지를 심리할 수도 있다.

만약 심판부가 직접 다른 거절이유가 있는지를 심리하게 되면 특허거절결정에 대한 심판에 관하여는 제63조 제1항 준용하는 바, 원거절결정의 이유와 다른 거절이유로 거절한다는 취지의 기각심결을 하고자 할 때는 출원인에게 거절이유를 통지하고 기간을 정하여 의견서 제출기회를 주어야 한다. 판례는 위 규정을 심사제도의 신용유지를 위한 공익상 요구에서 기인한 강행규정이라고 본다(96후177).

나. 특허법 제63조 제2항 준용

특허거절결정에 대한 심판에 관하여는 제63조 제2항을 준용하는 바, 원거절결정이 위법하나 심사국으로 환송하지 않고 심판부가 직접 다른 거절이유가 있는지를 심리했고 그 결과 다른 거절이유가 있다고 판단하여 청구범위에 둘 이상의 청구항이 있는 특허출원에 대하여 거절이유를 통지할 때는 그 통지서에 거절되는 청구항을 명확히 밝히고, 그 청구항에 관한 거절이유를 구체적으로 적어야 한다. 이는 출원인의 절차권 보호를 도모하기 위함이다.

2) 특허법 제170조 제2항

가) 다른 거절이유

제170조 제1항에 따라 준용되는 제63조는 특허거절결정의 이유와 다른 거절이유를 발견한 경우에만 적용한다. 즉 원거절결정이 위법하나 심사국으로 환송하지 않고 심판부가 직접 다른 거절이유가 있는지를 심리했고 그 결과 다른 거절이유가 있다고 판단한 경우 적용한다. 다른 거절이유인지 여부는 거절결정의 근거가 된 인용문헌, 거절이유 등의 차이로 판단한다.

나) 판례

① 판례도 심결의 이유가 "그 거절결정의 이유와 다른 거절이유를 발견한 경우가 아니라면 위 거절이유의 통지는 필요치 않다고 할 것이다." 라고 판시하였다(2007허11852).
② 최근 상표 판례는 "심사단계에서 미리 거절이유를 통지한 사유라고 하더라도 그 사유를 거절결정에서 거절이유로 삼지 않았다면 이와 같은 사유는 거절결정에 대한 심판절차에서는 '거절결정의 이유와 다른 거절이유'에 해당하므로, 심판 단계에서 심판청구인이 위 사유에 대해 실질적으로 의견서 제출 및 보정의 기회를 부여받았다고 볼만한 특별한 사정이 없는 한 이를 심결의 이유로 하기 위해서는 다시 그 사유에 대해 거절이유를 통지하여야 하며, 거절이유 통지를 하지 아니한 채 거절결정의 이유와 다른 거절이유를 들어서 거절결정이 결과에 있어 정당하다는 이유로 거절결정불복심판청구를 기각한 심결은 위법하다." 라고 판시하였다(2017후1779).

(3) 심결 – 존속기간연장등록출원과 특허출원의 거절결정에 대한 심판의 경우

1) 기각심결

가. 심판청구가 이유 없는 경우 기각심결이 내려지고, 이에 대해서는 심결등본 송달일로부터 30일 이내에 특허법원에 불복할 수 있다(특허법 제186조 제1항).
나. 판례는 "심사관은 제62조의 규정에 의하여 특허거절결정을 하고자 할 때에는 그 특허출원인에게 거절이유를 통지하고 기간을 정하여 의견서를 제출할 수 있는 기회를 주어야 한다고 정하고

있다. 그러나 심사관이 특허출원인에게 거절이유를 통지하여 의견서를 제출할 수 있는 기회를 주지 아니하고 특허거절결정을 하였고 또 그 거절결정의 이유 중에 심사관이 통지하지 아니한 거절이유가 일부 포함되어 있다 하더라도, 후에 특허거절결정에 대한 심판청구를 기각하는 심결이 있는 경우에 그 심결이 위 규정상의 통지를 하지 아니한 거절이유를 들어 특허거절결정을 유지한 것이 아니라면, 위와 같은 통지 흠결의 사유만으로 그 심결을 위법하다고 할 수 없다"고 판시하였다(2009후4285).

2) 인용심결

가. 원거절결정의 취소

심판청구가 이유 있는 경우 심판관은 심결로써 원거절결정을 취소하여야 한다(특허법 제176조 제1항).

나. 환송

원거절결정을 취소할 경우는 심사국으로 환송하여 심사에 부칠 것이라는 심결을 할 수 있다(특허법 제176조 제2항).

다. 기속력

만약 환송되어 심사관이 다시 심사하게 되는 경우 심결에서 취소의 기본이 된 이유는 그 사건에 대하여 심사관을 기속한다(특허법 제176조 제3항). 이는 심결의 실효성을 도모하기 위함으로 기속력은 심결의 주문 및 그 전제로 된 요건사실의 인정과 효력의 판단에 미치는 것으로, 심결의 결론과 직접적으로 관계없는 방론이나 간접사실에까지 미치는 것은 아니다.

CHAPTER 10. 특허무효심판 (특허법 제133조)

> **제133조(특허의 무효심판)**
> ① 이해관계인(제2호 본문의 경우에는 특허를 받을 수 있는 권리를 가진 자만 해당한다) 또는 심사관은 특허가 다음 각 호의 어느 하나에 해당하는 경우에는 무효심판을 청구할 수 있다. 이 경우 청구범위의 청구항이 둘 이상인 경우에는 청구항마다 청구할 수 있다.
> 1. 제25조, 제29조, 제32조, 제36조제1항부터 제3항까지, 제42조제3항제1호 또는 같은 조 제4항을 위반한 경우
> 2. 제33조제1항 본문에 따른 특허를 받을 수 있는 권리를 가지지 아니하거나 제44조를 위반한 경우. 다만, 제99조의2제2항에 따라 이전등록된 경우에는 제외한다.
> 3. 제33조제1항 단서에 따라 특허를 받을 수 없는 경우
> 4. 특허된 후 그 특허권자가 제25조에 따라 특허권을 누릴 수 없는 자로 되거나 그 특허가 조약을 위반한 경우
> 5. 조약을 위반하여 특허를 받을 수 없는 경우
> 6. 제47조제2항 전단에 따른 범위를 벗어난 보정인 경우
> 7. 제52조 제1항에 따른 범위를 벗어난 분할출원 또는 제52조의2 제1항각 호 외의 부분 전단에 따른 범위를 벗어난 분리출원인 경우
> 8. 제53조제1항에 따른 범위를 벗어난 변경출원인 경우
>
> ② 제1항에 따른 심판은 특허권이 소멸된 후에도 청구할 수 있다.
> ③ 특허를 무효로 한다는 심결이 확정된 경우에는 그 특허권은 처음부터 없었던 것으로 본다. 다만, 제1항제4호에 따라 특허를 무효로 한다는 심결이 확정된 경우에는 특허권은 그 특허가 같은 호에 해당하게 된 때부터 없었던 것으로 본다.
> ④ 심판장은 제1항에 따른 심판이 청구된 경우에는 그 취지를 해당 특허권의 전용실시권자나 그 밖에 특허에 관하여 등록을 한 권리를 가지는 자에게 알려야 한다.

1 의의 및 취지

특허의 무효심판은 특허가 제133조 제1항 각호의 무효사유에 해당하는 경우 이해관계인 또는 심사관이 특허의 무효를 구하는 심판이다. 이는 심사의 완전성을 사후적으로 보장하기 위함이다.

2 법적성질

특허의 무효심판이 기각심결 난 경우 특허가 무효가 아님을 확인하는 확인적 행정행위에 해당하고, 인용심결 난 경우 새로운 법률관계를 형성시키는 형성적 행정행위에 해당한다.

3 심판청구

(1) 청구인 및 피청구인

1) 청구인

가. 이해관계인

이해관계인으로 청구인 적격을 한정한 것은 심판청구의 난립으로 인한 심판적체 해소를 도모하기 위함이다.

나. 심사관

제도의 원활한 목적달성을 위한 공익적 견지에서 심사관에게 청구인 적격을 부여한 것인 바, 심사관은 당해 출원에 대하여 심사를 담당한 심사관에 한하거나 심결 당시 그 심사관의 지위에 있어야 하는 것이 아니라, 심판제기 당시 심사를 담당하고 있는 자이면 된다.[187]

2) 피청구인

가. 특허권자

무효심판의 피청구인은 특허등록원부에 특허권자로 등록되어 있는 특허권자이어야 하고, 특허권에 전용실시권이 설정된 경우에도 전용실시권자를 대상으로 할 수 없다.

나. 특허권이 공유인 경우

공유인 특허권의 특허권자에 대하여 심판을 청구할 때에는 공유자 모두를 피청구인으로 하여야 한다(특허법 제139조 제2항). 다만, 심판청구인의 편의 및 심판경제를 도모하기 위해 심판 당사자 중 특허권자의 기재를 보정하는 것은 요지변경으로 보지 않으며, 특허권자를 추가하는 보정을 하는 경우 추가되는 특허권자의 동의를 요하도록 하고 있다.

(2) 청구대상

1) 무효사유

가. 제25조(외국인의 권리능력), 제29조(신규성,진보성), 제32조(공서양속), 제36조 제1항 내지 제3항(선출원), 제42조 제3항, 제4항(특허출원 명세서)의 각 규정에 위반된 경우

나. 제33조 제1항 본문의 규정에 의한 특허를 받을 수 있는 권리를 가지지 아니하거나 제44조(공동출원)의 규정에 위반된 경우

다. 제33조 제1항 단서의 규정에 의하여 특허를 받을 수 없는 경우

라. 특허된 후 그 특허권자가 제25조의 규정에 의하여 특허권을 향유할 수 없는 자로 되거나 그 특허가 조약에 위반되는 사유가 발생한 경우

마. 조약의 규정에 위반되어 특허를 받을 수 없는 경우

바. 제47조 제2항(보정의 범위)의 규정에 의한 범위를 벗어난 보정인 경우

사. 제52조(분할출원) 제1항의 규정에 의한 범위를 벗어난 분할출원인 경우

---

[187] 70후3

아. 제52조의2(분리출원) 제1항 전단에 의한 범위를 벗어난 분리출원인 경우(제52조의2 제1항 각 호에 의한 범위는 무효사유에 해당하지 않는다)

자. 제53조(변경출원) 제1항의 규정에 의한 범위를 벗어난 변경출원인 경우

2) 일부청구 가부

청구범위의 청구항이 둘 이상인 경우에는 청구항마다 청구할 수 있다(특허법 제133조 제1항 후단). 이는 청구항 별로 독립한 하나의 발명을 형성하고 있다는 것과 심판경제를 고려한 것이다.

3) 일부 지분에 대한 청구 가부

판례는 특허처분은 하나의 특허출원에 대하여 하나의 특허권을 부여하는 단일한 행정행위이므로, 설령 그러한 특허처분에 의하여 수인을 공유자로 하는 특허등록이 이루어졌다고 하더라도, 그 특허처분 자체에 대한 무효를 청구하는 제도인 특허무효심판에서 그 공유자 지분에 따라 특허를 분할하여 일부 지분만의 무효심판을 청구하는 것은 허용할 수 없다고 판시한다(2012후2432).

(3) 청구시기

1) 특허의 무효심판은 특허권이 소멸된 후에도 청구할 수 있다(특허법 제133조 제2항). 이는 특허권이 소멸된 후에도 특허권 존속기간 중의 침해에 대해 특허권을 행사할 수 있음을 고려한 것이다.

2) 판례는 "실용신안권의 포기는 장래에 향하여 효력이 있을 뿐 포기하기 전까지는 권리가 유효하게 존재하는 것이고, 그 유효하게 존재하던 때의 실용신안권에 관하여 무효를 다툴 이익이 있는 이해관계인으로서는 무효심판의 청구와 그 심판청구를 기각한 심결에 대한 심결취소소송을 제기할 수 있음이 원칙이다." 고 판시하였다(2006후10135).

4 심리 및 심결

(1) 일부무효의 법리

1) 판례

특허출원에 있어 특허청구범위가 여러 개의 청구항으로 되어 있는 경우 그 하나의 항이라도 거절이유가 있는 때에는 그 출원은 전부가 거절되어야 하나, 특허무효심판에 있어서는 청구항마다 무효사유의 유무를 판단하여야 하는바, 특허청구범위가 2개의 독립항으로 되어 있는 특허발명의 무효심판에 있어서 제1항이 무효라고 하여 제2항도 무효라고 할 수 없다(99후2181).

2) 검토

생각건대, 청구항마다 특허권이 있는 것으로 보아야 하므로 (특허법 제215조), 특허권자 보호 측면에서 판례는 타당하다. 따라서 특허의 무효심판을 청구한 여러 개의 청구항 중 일부 청구항에 대해서만 무효사유가 있는 경우 일부인용, 일부기각심결 할 수 있다.

(2) 심결

심판관은 특허무효사유에 해당하지 않아 무효심판청구가 이유 없는 경우 기각심결을, 특허무효 사유에 해당하여 무효심판청구가 이유 있는 경우 인용심결을 해야 한다. 청구인 또는 피청구인이 자신에게 불리한 심결에 불복하고자 할 때에는 심결등본을 송달받은 날로부터 30일 이내에 특허법원에 심결취소소송을 제기할 수 있다(특허법 제186조 제1항).

(3) 무효심결의 소급효 및 무효심판청구의 실익

1) 특허를 무효로 한다는 심결이 확정된 경우에는 그 특허권은 처음부터 없었던 것으로 본다. 다만, 후발적 무효사유에 해당하는 제133조 제1항 제4호에 따라 특허를 무효로 한다는 심결이 확정된 경우에는 특허권은 그 특허가 같은 호에 해당하게 된 때부터 없었던 것으로 본다(특허법 제133조 제3항).

2) 등록특허에 무효사유가 있더라도 무효심결이 확정되기 전까지는 일응 유효한 권리로 추정되지만, 후발적 무효사유를 제외한 무효심결이 확정되면 소급하여 침해는 성립하지 않는 것으로 본다. 따라서 무효심판 청구는 침해주장으로부터 발본적, 근본적으로 벗어날 수 있다는 실익이 있다.

5 관련문제 - 무효심결 확정의 소급효 쟁점

(1) 실시계약 관련 - 특허법상 소급효 적용하지 않은 case

1) 문제점

실시권이 설정된 특허권에 대한 무효심결이 확정된 경우 특허권자가 기 지급받은 실시료를 실시권자에게 부당이득으로 반환해야하는지 문제된다.

2) 학설

실시료를 지불한 자가 발명을 실시하여 이익을 얻은 경우 손해를 입은 것이 아니므로 부당이득이 아니라는 견해와, 실시자가 발명의 실시로 인해 얻은 이익은 공중영역에 속하는 발명을 실시하여 얻은 이익이므로 부당이득반환청구를 할 수 있다는 견해가 있다.

3) 판례

특허발명 실시계약 체결 이후에 특허가 무효로 확정되었더라도 특허발명 실시계약이 원시적으로 이행불능 상태에 있었다거나 그 밖에 특허발명 실시계약 자체에 별도의 무효사유가 없는 한 특허권자가 특허발명 실시계약에 따라 실시권자로부터 이미 지급받은 특허실시료 중 특허발명 실시계약이 유효하게 존재하는 기간에 상응하는 부분을 실시권자에게 부당이득으로 반환할 의무가 있다고 할 수 없다(2012다42666, 2018다287362).

4) 검토

특허발명 실시계약에 의하여 특허권자는 실시권자의 특허발명 실시에 대하여 특허권 침해로 인한 손해배상이나 금지 등을 청구할 수 없게 될 뿐만 아니라 특허가 무효로 확정되기 이전에 존재하는 특허권의 독점적·배타적 효력에 의하여 제3자의 특허발명 실시가 금지되는 점에 비추어 보면,

특허발명 실시계약의 목적이 된 특허발명의 실시가 불가능한 경우가 아닌 한 특허무효의 소급효에도 불구하고 그와 같은 특허를 대상으로 하여 체결된 특허발명 실시계약이 계약 체결 당시부터 원시적으로 이행불능 상태에 있었다고 볼 수는 없고, 다만 특허무효가 확정되면 그때부터 특허발명 실시계약은 이행불능 상태에 빠지게 된다고 보아야 하므로 판례가 타당하다.

(2) 다른 심판 및 소송절차 관련 – 특허법상 소급효 적용한 case

법원은 다른 심판 및 소송사건 계속 중 해당 특허발명에 대한 무효심결이 확정되면 그 특허권은 처음부터 없었던 것으로 되어, 따라서 심결 및 판결을 구할 법률상 이익이 없어졌다고 보아, 계류 중인 심판 및 소가 부적법하게 된다고 판시한다(2011후620). 예컨대 정정무효심판 심결에 대한 심결취소소송 계속 중 해당 특허권 무효심결이 확정되면 그 소를 각하한다.

CHAPTER 11 존속기간연장등록무효심판 (특허법 제134조)

> 제134조(특허권 존속기간의 연장등록의 무효심판)
> ① 이해관계인 또는 심사관은 제92조에 따른 특허권의 존속기간의 연장등록이 다음 각 호의 어느 하나에 해당하는 경우에는 무효심판을 청구할 수 있다.
>   1. 특허발명을 실시하기 위하여 제89조에 따른 허가등을 받을 필요가 없는 출원에 대하여 연장등록이 된 경우
>   2. 특허권자 또는 그 특허권의 전용실시권 또는 등록된 통상실시권을 가진 자가 제89조에 따른 허가등을 받지 아니한 출원에 대하여 연장등록이 된 경우
>   3. 연장등록에 따라 연장된 기간이 그 특허발명을 실시할 수 없었던 기간을 초과하는 경우
>   4. 해당 특허권자가 아닌 자의 출원에 대하여 연장등록이 된 경우
>   5. 제90조제3항을 위반한 출원에 대하여 연장등록이 된 경우
> ② 이해관계인 또는 심사관은 제92조의5에 따른 특허권의 존속기간의 연장등록이 다음 각 호의 어느 하나에 해당하면 무효심판을 청구할 수 있다.
>   1. 연장등록에 따라 연장된 기간이 제92조의2에 따라 인정되는 연장의 기간을 초과한 경우
>   2. 해당 특허권자가 아닌 자의 출원에 대하여 연장등록이 된 경우
>   3. 제92조의3제3항을 위반한 출원에 대하여 연장등록이 된 경우
> ③ 제1항 및 제2항에 따른 심판의 청구에 관하여는 제133조제2항 및 제4항을 준용한다.
> ④ 연장등록을 무효로 한다는 심결이 확정된 경우에는 그 연장등록에 따른 존속기간의 연장은 처음부터 없었던 것으로 본다. 다만, 연장등록이 다음 각 호의 어느 하나에 해당하는 경우에는 해당 기간에 대해서만 연장이 없었던 것으로 본다.
>   1. 연장등록이 제1항제3호에 해당하여 무효로 된 경우 : 그 특허발명을 실시할 수 없었던 기간을 초과하여 연장된 기간
>   2. 연장등록이 제2항제1호에 해당하여 무효로 된 경우 : 제92조의2에 따라 인정되는 연장의 기간을 초과하여 연장된 기간
> [전문개정 2014. 6. 11.]

1 의의 및 취지

이해관계인 또는 심사관은 제92조 또는 제92조의5에 따른 특허권의 존속기간의 연장등록에 제134조 제1항 각호 또는 제2항 각호의 무효사유가 있는 경우 무효심판을 청구할 수 있다(특허법 제134조 제1항, 2항). 이는 존속기간이 부당히 연장되는 것을 사후적으로 제재하기 위함이다.

2 심판청구

(1) 청구인 및 피청구인

이해관계인 또는 심사관에게 청구인 적격이 있다. 특허권자에게 피청구인 적격이 있다.

(2) 청구대상

1) 허가 등에 따른 존속기간 연장등록의 경우

ⅰ) 특허발명을 실시하기 위하여 제89조에 따른 허가 등을 받을 필요가 없는 출원에 대하여 연장등록이 된 경우, ⅱ) 특허권자 또는 그 특허권의 전용실시권 또는 등록된 통상실시권을 가진 자가 제89조에 따른 허가 등을 받지 아니한 출원에 대하여 연장등록이 된 경우, ⅲ) 연장등록에 따라 연장된 기간이 그 특허발명을 실시할 수 없었던 기간을 초과하는 경우, ⅳ) 해당 특허권자가 아닌 자의 출원에 대하여 연장등록이 된 경우, ⅴ) 공유 특허권인데 공동으로 출원하지 않은 경우 무효심판 청구할 수 있다.

2) 등록지연에 따른 존속기간 연장등록의 경우

ⅰ) 연장등록에 따라 연장된 기간이 제92조의2에 따라 인정되는 연장의 기간을 초과한 경우, ⅱ) 해당 특허권자가 아닌 자의 출원에 대하여 연장등록이 된 경우, ⅲ) 공유 특허권인데 공동으로 출원하지 않은 경우 무효심판 청구할 수 있다.

(3) 청구시기

특허권이 소멸된 후에도 무효심판 청구할 수 있다. 다만 특허가 무효심결확정으로 소급 소멸된 경우에는 청구할 수 없을 것이다.

3 심리 및 심결

연장등록을 무효로 한다는 심결이 확정된 경우에는 그 연장등록에 따른 존속기간의 연장은 처음부터 없었던 것으로 본다. 다만, 연장신청기간이 ⅰ) 그 특허발명을 실시할 수 없었던 기간을 초과하여 연장된 기간, ⅱ) 제92조의2에 따라 인정되는 연장의 기간을 초과하여 무효로 된 경우에는 해당 기간에 대해서만 연장이 없었던 것으로 본다.

CHAPTER 12 정정무효심판 (제137조)

> **제137조(정정의 무효심판)**
> ① 이해관계인 또는 심사관은 제132조의3제1항, 제133조의2제1항, 제136조제1항 또는 이 조 제3항에 따른 특허발명의 명세서 또는 도면에 대한 정정이 다음 각 호의 어느 하나의 규정을 위반한 경우에는 정정의 무효심판을 청구할 수 있다.
> 1. 제136조제1항 각 호의 어느 하나의 규정
> 2. 제136조제3항부터 제5항까지의 규정(제132조의3제3항 또는 제133조의2제4항에 따라 준용되는 경우를 포함한다)
> ② 제1항에 따른 심판청구에 관하여는 제133조제2항 및 제4항을 준용한다.
> ③ 제1항에 따른 무효심판의 피청구인은 제136조제1항 각 호의 어느 하나에 해당하는 경우에만 제147조제1항 또는 제159조제1항 후단에 따라 지정된 기간에 특허발명의 명세서 또는 도면의 정정을 청구할 수 있다. 이 경우 심판장이 제147조제1항에 따라 지정된 기간 후에도 청구인이 증거를 제출하거나 새로운 무효사유를 주장함으로 인하여 정정의 청구를 허용할 필요가 있다고 인정하는 경우에는 기간을 정하여 정정청구를 하게 할 수 있다.
> ④ 제3항에 따른 정정청구에 관하여는 제133조의2제2항부터 제5항까지의 규정을 준용한다. 이 경우 제133조의2제3항 중 "제133조제1항"은 "제137조제1항"으로 보고, 같은 조 제4항 후단 중 "제133조의2제1항"을 "제137조제3항"으로 보며, 같은 조 제5항 각 호 외의 부분 및 같은 항 제1호 중 "제1항"을 각각 "제3항"으로 본다.
> ⑤ 제1항에 따라 정정을 무효로 한다는 심결이 확정되었을 때에는 그 정정은 처음부터 없었던 것으로 본다.

1 의의 및 취지

이해관계인 또는 심사관은 명세서 또는 정정에 대한 정정(정정심판에 의한 정정, 특허취소신청에 의한 정정, 특허무효심판에 의한 정정, 정정무효심판에 의한 정정 모두 포함)에 무효사유가 있는 경우 정정무효심판을 청구할 수 있다(특허법 제137조 제1항). 이는 위법한 정정으로 인해 제3자가 입게 될 손해를 방지하기 위함이다.

2 심판청구

(1) 청구인 및 피청구인

이해관계인 또는 심사관에게 청구인 적격이 있다. 특허권자에게 피청구인 적격이 있다.

(2) 청구대상

1) 특허법 제136조 제1항 각 호의 어느 하나에 위반된 경우

명세서 또는 도면에 대한 정정이 i) 특허청구범위의 감축, ii) 잘못 기재된 것의 정정 또는 iii) 분명하지 아니하게 기재된 것을 명확하게 하는 경우 중 어느 하나에도 해당하지 않으면 정정무효 사유를 구성한다.

2) 특허법 제136조 제3항부터 제5항(제132조의3 제3항 또는 제133조의2 제4항에 따라 준용되는 경우 포함)에 위반된 경우

명세서 또는 도면에 대한 정정이 ⅰ) 특허발명의 명세서 또는 도면에 기재된 사항의 범위를 벗어난 경우(잘못 기재된 것을 정정하는 경우는 출원서에 최초로 첨부된 명세서 또는 도면에 기재된 사항의 범위를 벗어난 경우), ⅱ) 청구범위의 실질적 확장 또는 변경인 경우, ⅲ) 정정 후의 특허청구범위에 기재된 사항이 특허출원을 한 때 특허를 받을 수 없는 경우(분명하지 아니하게 기재된 것을 명확하게 하는 경우 제외) 정정무효사유를 구성한다.

(3) 청구시기

특허권이 소멸된 후에도 무효심판 청구할 수 있다. 다만 특허가 무효심결확정으로 소급 소멸된 경우에는 그 특허권은 처음부터 없었던 것으로 보게 되므로 정정의 무효를 구하는 그 정정의 대상이 없어지게 되어 정정 자체의 무효를 구할 이익이 없어 청구할 수 없다(2011후620).

3 심리 및 심결

정정을 무효로 한다는 심결이 확정되면 그 정정은 처음부터 없었던 것으로 본다(특허법 제137조 제2항에서 제133조 제3항 준용).

CHAPTER 13 | 권리범위확인심판 (특허법 제135조)

> 제135조(권리범위 확인심판)
> ① 특허권자 또는 전용실시권자는 자신의 특허발명의 보호범위를 확인하기 위하여 특허권의 권리범위 확인심판을 청구할 수 있다.
> ② 이해관계인은 타인의 특허발명의 보호범위를 확인하기 위하여 특허권의 권리범위 확인심판을 청구할 수 있다.
> ③ 제1항 또는 제2항에 따른 특허권의 권리범위 확인심판을 청구하는 경우에 청구범위의 청구항이 둘 이상인 경우에는 청구항마다 청구할 수 있다.

제01절 | 권리범위확인심판 개괄

1 의의 및 취지

권리범위확인심판은 확인대상발명이 특허권의 효력이 미치는 범위에 속하는지 여부를 확인하는 절차이다. 이는 당사자 간 침해여부의 해석에 관한 분쟁을 조율하고자 도입되었다.

2 법적성질

(1) 형성행위와 확인행위

형성행위란 권리관계나 법률관계를 설정, 변경, 소멸시키는 행위를 말하고, 확인행위란 특정한 사실이나 법률관계에 대하여 의문이 있는 경우 공권적으로 그 존부 또는 정부를 확정하는 준법률행위적 행정행위를 말한다.

(2) 학설

ⅰ) 형성행위설은 권리범위확인심판은 그 심결의 확정에 의하여 새로운 권리관계를 형성하는 것으로 보며, ⅱ) 확인행위설은 권리범위확인심판은 계쟁물이 특허발명의 보호범위에 속하는지 여부에 대하여 공적으로 확인을 구하는 것에 불과하다고 본다.

(3) 판례

판례는 "실용신안권의 권리범위 확인심판은 단순히 실용신안 자체의 고안의 범위라고 하는 사실구성의 상태를 확정하는 것이 아니라, 그 권리의 효력이 미치는 범위를 대상물과의 관계에서 구체적으로 확정하는 것"이라고 하여 (90후373), 확인행위설의 입장이다.

(4) 검토

권리범위확인심판은 새로운 권리관계를 형성시키기 위함이 아니라, 특허권의 보호범위의 한계에 대한 공권적인 확인을 구하여 분쟁을 조기에 해결하기 위함이라는 점에서 확인행위설이 타당하다.

3 심판청구

(1) 청구인 및 피청구인

1) 내용

가. 적극적 권리범위 확인심판의 경우 특허권자, 전용실시권자가 청구인이 되고, 확인대상발명의 실시 또는 실시 준비 중인 자[188]가 피청구인이 된다.

나. 소극적 권리범위 확인심판의 경우 확인대상발명의 실시 또는 실시 준비 중인 자가 청구인이 되고, 특허권자가 피청구인이 된다.

2) 전용실시권자의 청구인 적격

구법상 판례는 적극적 권리범위확인심판에서 전용실시권자의 청구인 적격을 부정하였으나, 06. 10. 1 시행 개정법은 전용실시권 또한 특허권과 같이 독점, 배타적 권리이므로 전용실시권자도 청구인적격을 갖는 것으로 규정하였다.

(2) 청구대상

1) 확인대상발명의 특정

권리범위 확인심판을 청구할 때에는 특허발명과 대비할 수 있는 설명서 및 필요한 도면을 첨부하여야 한다(특허법 제140조 제3항).

2) 복수 확인대상발명 특정 가부

법원은 제135조에서 확인대상발명의 개수를 특별히 제한하고 있지 않는 점 및 행정심판 절차를 규정하는 행정심판법에서 복수의 청구의 병합을 인정하는 점 등을 고려하여, 확인대상발명이 복수 개이어도 허용된다고 본다(2013허4954, 2019허5478).

3) 일부청구 가부

특허권의 권리범위 확인심판을 청구하는 경우에 청구범위의 청구항이 둘 이상인 경우에는 청구항마다 청구할 수 있다(제135조 제3항). 이는 청구항별로 독립한 하나의 발명을 형성하는 점과 심판경제를 고려한 것이다.

(3) 청구시기

1) 문제점

특허권의 소멸 이후에도 권리범위확인심판을 청구할 수 있는지 문제된다.

2) 학설

현존하는 특허권에 대해서만 청구할 수 있다는 견해와, 특허권이 소멸한 후에도 청구할 수 있다는 견해가 있다.

---

[188] 제약분야에서는 확인대상발명을 제조 및 판매하고 있는 자뿐 아니라, 제조 및 판매를 위한 품목허가를 신청한 자에게도 적극적 권리범위확인심판을 제기하고 있다.

3) 판례

판례는 "특허권의 권리범위확인의 심판청구는 현존하는 특허권의 범위를 확정하는 것을 목적으로 하는 것이므로, 일단 적법하게 발생한 특허권이라 할지라도 그 특허권이 소멸되었을 경우에는 그 소멸 이후에는 그 권리범위확인의 이익이 없다"고 판시하였고, 나아가 상고심 계속 중 소멸한 경우에도 마찬가지로 보았다(94후2223).

4) 검토

특허권이 존속기간 만료로 소멸한 경우라도 특허권의 소멸 전 실시로 인하여 손해배상청구를 당하는 등 특허권의 대항을 받을 염려가 있다는 점에서 특허권이 소멸한 이후에도 권리범위확인심판 청구를 허용할 필요성이 있다.

4 심리 및 심결

(1) 심리범위

권리범위확인심판은 발명의 기술적 범위를 확인하는 사실확정의 목적이 아니라, 특허권의 효력이 미치는 범위를 확인하는 권리확정을 목적으로 한다.

(2) 심판대상 및 확인의 이익

1) 심판대상

가. 판례

권리범위확인심판은 권리의 효력이 미치는 범위를 대상물과의 관계에서 구체적으로 확정하는 것이어서 특허권 권리범위확인심판 청구의 심판대상은 심판청구인이 그 청구에서 심판의 대상으로 삼은 구체적인 발명이라고 할 것이다(2007후2735).

나. 검토

청구의 적부와 관련된 확인의 이익 문제는 별론, 청구인이 특정한 확인대상발명과 피청구인의 실시주장발명이 다르더라도, 심판대상은 청구인이 특정한 확인대상발명으로 보는 것이 절차의 명확성에 비추어 타당하다.

2) 확인의 이익

가. 적극적 권리범위확인심판

판례는 "실용신안권자가 어떤 물품이 자신의 등록실용신안권의 권리범위에 속한다는 내용의 적극적 권리범위확인심판을 청구한 경우, 그 심판청구인이 특정한 물품과 피심판청구인이 실시하고 있는 물품 사이에 동일성이 인정되지 아니하면, 피심판청구인이 실시하지도 않는 물품이 등록고안의 권리범위에 속한다는 심결이 확정된다고 하더라도 그 심결은 심판청구인이 특정한 물품에 대하여만 효력을 미칠 뿐 실제 피심판청구인이 실시하고 있는 물품에 대하여는 아무런 효력이 없으므로, 피심판청구인이 실시하지 않고 있는 물품을 대상으로 한 적극적 권리범위확인 심판청구는 확인의 이익이 없어 부적법하고 각하되어야 한다."고 판시하였다(2002후2419).

나. 소극적 권리범위확인심판

판례는 "특허권자가 아닌 이해관계인이 자신의 발명이 특허권의 권리범위에 속하지 아니함을 구체적으로 확정하기 위한 소극적 권리범위확인심판을 청구하기 위하여는, 자신이 현재 실시하고 있거나 장래에 실시하려고 하는 기술에 관하여 특허권자로부터 권리의 대항을 받는 등으로 법적 불안을 가지고 있는 경우에 한하여, 그리고 이러한 법적 불안을 제거하기 위하여 소극적 권리범위확인심판을 받는 것이 효과적인 수단이 되는 경우에 한하여 심판청구의 이익이 인정되어 심판청구가 가능하다고 할 것이고, 따라서 심판청구인이 심판의 대상으로 삼고 있는 확인대상 발명이 자신이 현실적으로 실시하고 있는 발명과 다르다면, 설령 발명의 요지가 같아서 동일성이 있는 발명이라고 볼 수 있다 한들 확인대상 발명이 특허발명의 권리범위에 속하지 않는다는 심결이 확정되어도 그 기판력은 확인대상 발명에만 미치는 것이지 이와 다른 현실적으로 실시하고 있는 발명에는 미친다고 볼 수 없으므로 심판청구인이 현실적으로 실시하지 않고 실시할 계획도 없는 확인대상 발명에 대한 심판청구는 확인의 이익이 없어 부적법하므로 각하되어야 한다."고 판시하였다(2003허3020).

3) 확인대상발명의 보정

가) 특허법 제140조 제2항 제3호

적극적 권리범위 확인심판에서 심판청구서의 확인대상발명의 설명서 또는 도면에 대하여 피청구인이 자신이 실제로 실시하고 있는 발명과 비교하여 다르다고 주장하는 경우에 청구인이 피청구인의 실시 발명과 동일하게 하기 위하여 심판청구서의 확인대상발명의 설명서 또는 도면을 보정하는 경우에는 요지변경으로 보지 않고 보정을 허용한다. 이는 현실적으로 청구인이 피청구인이 실시하는 발명을 정확하게 특정할 수 없다는 점을 고려하여 심판청구인의 편의 및 심판경제를 도모하기 위한 규정이다.

나) 특허법 제140조 제2항 제3호 이외의 경우

① 소극적 권리범위확인심판의 경우 심판청구인이 스스로 확인대상발명의 실시자에 해당하기 때문에 확인대상발명을 정확하게 특정하여야 할 의무에 있어서 피심판청구인의 실시 발명에 대하여 특허발명과 대비할 수 있을 정도로 특정하여야 하는 적극적 권리범위확인심판의 경우보다 그 정도가 더 높다(2003허3020).

② 특허법 제140조 제2항 제3호 이외의 적극적 권리범위확인심판이나 소극적 권리범위확인심판에서는 요지변경이 아닌 범위 내에서 보정이 가능하다. 심판청구서의 보정은 그 요지를 변경할 수 없도록 규정하고 있는 취지는 요지의 변경을 쉽게 인정할 경우 심판절차의 지연을 가져오거나 피청구인의 방어권 행사를 곤란케 할 염려가 있기 때문이므로, 그 보정의 정도가 청구인의 발명에 관하여 심판청구서에 첨부된 도면 및 설명서의 명백한 오기를 바로잡거나 도면 및 설명서에 표현된 구조의 불명확한 부분을 구체화하는 것, 또는 처음부터 당연히 있어야 할 구성부분을 부가한 것에 지나지 아니하여 심판청구의 전체적인 취지에 비추어 볼 때 그 발명의 동일성이 유지된다고 인정된다면 이는 요지변경에 해당하지 않는다(2007허8252).

(3) 심결

1) 적극적 권리범위확인심판

확인대상발명이 특허발명의 권리범위에 속한다고 판단될 경우 '확인대상발명은 특허발명의 권리범위에 속한다.'는 형식의 인용심결을 하며, 확인대상발명이 특허발명의 권리범위에 속하지 않는다고 판단될 경우 기각심결을 한다.

2) 소극적 권리범위확인심판

가. 확인대상발명이 특허발명의 권리범위에 속하지 않는다고 판단될 경우 '확인대상발명은 특허발명의 권리범위에 속하지 아니한다.'는 형식의 인용심결을 하며, 확인대상발명이 특허발명의 권리범위에 속한다고 판단될 경우 기각심결을 한다.

나. 판례는 "(가)호 표장이 이 사건 상표의 권리범위에 속하지 않는다고 하여 심판청구가 인용되어 있다고 한다면 항고심결(원심결)로서는 초심결을 파기하고 심판청구인의 심판청구를 기각하면 되는 것이지 (가)호 표장이 이 사건 상표의 권리범위에 속한다는 심결은 할 수 없는 것이다." 고 판시하여 (92후148), 민사소송법상의 처분권주의가 특허법에도 적용되어 심판청구인의 청구취지를 넘어서는 심결을 할 수 없음을 명확히 하였다.

3) 불복

심판의 당사자는 심결등본을 송달받은 날로부터 30일 이내에 특허법원에 심결취소소송을 제기할 수 있다(특허법 제186조 제1항).

5 관련문제

(1) 권리범위확인심판에서 선사용권의 주장

1) 판례

한국전력공사가 선사용권을 가지는지 여부는 이 사건 특허발명 자체의 권리범위를 확인하는 데 아무런 관련이 없고, 위와 같은 사유는 구체적인 실시사업에 관한 침해소송에서 항변으로서 주장되거나, 별도의 확인소송에서 주장되어야 할 것이므로, 원고의 위 선사용권 주장은 더 나아가 살필 필요 없이 이유 없다(2004허3478).[189]

---

[189] 같은 취지로, 상표에 관한 판례는 "상표권의 권리범위 확인심판은 심판청구인이 그 청구에서 심판의 대상으로 삼은 표장(이하 '확인대상표장'이라 한다)에 대하여 상표권의 효력이 미치는가를 확인하는 권리확정을 목적으로 한 것으로 심결이 확정된 경우 각하심결이 아닌 한 심판의 당사자뿐 아니라 제3자에게도 일사부재리의 효력이 미친다. 따라서 소극적 권리범위 확인심판의 청구인이 확인대상표장과 피심판청구인의 등록상표가 표장 및 사용(지정)상품이 동일하거나 유사하다는 점은 다투지 않은 채, 다만 자신은 상표법 제57조의3의 '선사용에 따른 상표를 계속 사용할 권리'(이하 '선사용권'이라고 한다)를 가지고 있다거나, 피심판청구인의 상표등록출원 행위가 심판청구인에 대한 관계에서 사회질서에 위반된 것이라는 등의 대인적(대인적)인 상표권 행사의 제한사유를 주장하면서 확인대상표장이 등록상표의 권리범위에 속하지 않는다는 확인을 구하는 것은 상표권의 효력이 미치는 범위에 관한 권리확정과는 무관하므로 확인의 이익이 없어 부적법하다. 한편 권리범위 확인심판에서 확인의 이익의 유무는 직권조사사항이므로 당사자의 주장 여부에 관계없이 특허심판원이나 법원이 직권으로 판단하여야 한다."고 판시하였다(2012후1101).

2) 검토

선사용권의 존부는 대인적인 특허권 행사의 제한사유에 불과할 뿐, 특허권의 효력이 미치는 범위를 대상물과의 관계에서 구체적으로 확정하는 것을 목적으로 하는 권리범위확인심판의 심리범위에 해당하지 않는 것이므로 판례의 태도는 타당하다. 즉, 권리범위확인심판과 침해소송의 결과가 항상 일치하는 것은 아니며, 적극적 권리범위확인심판에서 인용심결을 받았더라도 침해소송에서 정당권원을 입증한 경우 기각판결이 날 수 있을 것이다.

(2) 권리범위확인심판에서 권리소진의 주장

1) 판례

특허법원은 권리범위확인심판에서 권리소진 여부를 심리하였으나(2008허13299), 대법원은 확인대상발명의 실시와 관련된 특정한 물건과의 관계에서 특허권이 소진되었다 하더라도 그와 같은 사정은 특허권 침해소송에서 항변으로 주장함은 별론으로 하고 특허권의 권리범위에 속한다는 확인을 구하는 것과는 아무런 관련이 없다고 하며 권리범위확인심판에서는 권리소진 여부를 심리할 수 없다고 판시하였다(2010후289).

2) 검토

권리소진 여부는 대인적인 특허권 행사의 제한사유에 불과할 뿐, 특허권의 효력이 미치는 범위를 대상물과의 관계에서 구체적으로 확정하는 것을 목적으로 하는 권리범위확인심판의 심리범위에 해당하지 않는 것이므로 판례의 태도는 타당하다.

(3) 권리범위확인심판에서 진보성 무효사유 주장

과거 판례는 권리범위확인심판에서 진보성 무효사유를 심리하여 무효사유가 있는 경우 권리범위를 부정했으나, 최신 판례는 침해소송에서 항변으로 주장함은 별론으로 하고 권리범위확인심판에서는 무효심판의 기능을 약화시킬 우려가 있어 진보성 무효사유를 심리할 수 없다고 태도를 변경하였다(2012후4162).

(4) 금반언 또는 신의칙

1) 문제점

적극적 권리범위확인심판에서 피청구인이 확인대상발명을 실시하고 있는 듯한 언동을 보여 청구인이 별다른 조치를 취하지 아니하고 이를 전제로 심결이 난 경우, 심결취소소송에서 확인대상발명을 실시하지 않는다는 주장을 한 것이 금반언 또는 신의칙에 반하는지 문제된다.

2) 판례

가. 원심법원은 "적극적 권리범위확인심판에서 확인대상발명의 실시 여부는 피청구인의 지배영역에 있어서 청구인은 이를 정확히 알 수 없고 이를 확인 및 증명하는 데 상당한 노력이 요구되는 반면 피청구인은 아주 쉽게 이를 확인하여 줄 수 있는 점, 심결 이후인 심결취소소송 단계에서는 확인대상발명의 보정이 허용되지 않는 점 등을 고려하면, 적극적 권리범위확인심판절

차에서 피청구인이 청구인의 심판청구를 단순히 부인하여 청구인으로 하여금 그가 특정한 확인대상발명의 실시 여부를 입증하도록 하는 데 그친 것이 아니라, 답변서 또는 의견서를 제출하거나 구두 진술하는 등의 방법으로 심판청구의 적법요건과 본안의 당부에 관하여 적극적으로 다투었음에도 정작 당해 확인대상발명의 실시 여부에 관하여는 이를 긍정하거나 혹은 아무런 답변을 하지 않는 등 청구인에 대하여 마치 확인대상발명을 실시하고 있는 듯한 명시적 또는 묵시적인 언동을 보임에 따라 청구인이 확인대상발명의 보정이나 그 실시에 관한 증거 제출 등의 별다른 조치를 취하지 아니한 채 심판절차를 진행하고, 특허심판원도 피청구인이 확인대상발명을 실시하고 있음을 전제로 심결에 이른 경우에는, 비록 심판절차와 심결취소소송절차가 심급관계에 있지 않다고 하더라도, 심결취소소송 단계에 이르러 비로소 피청구인이었던 당사자가 당해 확인대상발명을 실시하지 않고 있다고 주장하는 것은 스스로의 언동에 의하여 형성된 상대방의 신뢰를 해치고 심판절차를 지나치게 형해화시키는 것으로서 금반언 또는 신의칙에 의하여 허용되지 않는다."고 판시하였다(2007허647).

나. 그러나, 이에 대해 대법원은 "특허심판단계에서 소극적으로 하지 않았던 주장을 심결취소소송단계에서 하였다는 사정만으로 금반언 내지 신의칙에 위반된다고 볼 수 없을 뿐만 아니라, 이를 금반언 내지 신의칙 위반으로 보는 것은 심결취소소송의 심리범위에 관한 위 법리와 양립될 수 없어서 허용될 수 없다. 따라서 특허심판단계에서 확인대상발명을 실시하고 있지 않다는 주장을 하지 않았다고 하더라도 심결취소소송단계에서 이를 심결의 위법사유로 주장할 수 있다고 할 것임에도, 이와 같은 주장이 금반언 내지 신의칙에 반하여 허용되지 않는다고 본 원심에는 심결취소소송의 심리범위에 관한 법리를 오해하여 판결에 영향이 있는 원고의 주장에 대한 판단을 누락한 잘못이 있다."고 판시하여 이를 파기, 환송하였다(2007후4410).

3) 검토

그 동안 일관되게 특별한 사정이 없는 한 특허심판원에서 주장하지 아니한 사유도 제한 없이 특허법원에서 주장할 수 있다고 보아 왔기 때문에, 태도의 일관성에서 접근하면 확인대상발명의 불실시 주장 또한 특허법원에서 제한 없이 주장할 수 있다고 해야 할 것이다.

제02절 권리범위확인심판에 있어 확인대상발명의 특정

1 권리범위확인심판의 심판청구방식

권리범위 확인심판을 청구할 때에는 특허발명과 대비할 수 있는 설명서 및 필요한 도면을 첨부하여야 하는데 (특허법 제140조 제3항), 확인대상발명의 특정의 정도 및 이에 따른 특허심판원의 조치가 문제된다.

2 확인대상발명의 특정

(1) 특정의 정도

1) 특허발명과 대비가 가능할 것

가) 판례는 "특허권의 권리범위확인심판을 청구함에 있어서 심판청구의 대상이 되는 확인대상발명은 당해 특허발명과 서로 대비할 수 있을 만큼 구체적으로 특정되어야 하는바, 그 특정을 위해서 대상물의 구체적인 구성을 전부 기재할 필요는 없지만, 적어도 특허발명의 구성요건과 대비하여 그 차이점을 판단함에 필요할 정도로 특허발명의 구성요건에 대응하는 부분의 구체적인 구성을 기재하여야" 한다고 판시하였다(2004후486).

나) 다만 판례는 확인대상발명의 설명서에 특허발명의 구성요소와 대응하는 구체적인 구성이 일부 기재되어 있지 않거나 불명확한 부분이 있다고 하더라도, 나머지 구성만으로 확인대상발명이 특허발명의 권리범위에 속하는지 여부를 판단할 수 있는 경우에는 확인대상발명은 특정된 것으로 본다(2010후296).

2) 다른 것과 구별이 가능할 것

가) 판례

특허권의 권리범위확인심판을 청구할 때 심판청구의 대상이 되는 확인대상발명은 당해 특허발명과 서로 대비할 수 있을 만큼 구체적으로 특정되어야 할 뿐만 아니라, 그에 앞서 사회통념상 특허발명의 권리범위에 속하는지를 확인하는 대상으로서 다른 것과 구별될 수 있는 정도로 구체적으로 특정되어야 한다. 만약 확인대상발명의 일부 구성이 불명확하여 다른 것과 구별될 수 있는 정도로 구체적으로 특정되어 있지 않다면, 특허심판원은 요지변경이 되지 아니하는 범위 내에서 확인대상발명의 설명서 및 도면에 대한 보정을 명하는 등의 조치를 취해야 하며, 그럼에도 그와 같은 특정에 미흡함이 있다면 심판의 심결이 확정되더라도 일사부재리의 효력이 미치는 범위가 명확하다고 할 수 없으므로, 나머지 구성만으로 확인대상발명이 특허발명의 권리범위에 속하는지를 판단할 수 있는 경우라 하더라도 심판청구를 각하하여야 한다(2010후3356).

나) 검토

확인대상발명의 일부구성이 불명확하더라도 특허발명과의 관계에서 권리범위에 속하는지 여부를 판단할 수 있다면 심리하는 것이 심판경제 및 당사자 의사를 고려할 때 타당할 것이나, 확인대상발명이 다른 것과 구별될 수 없는 경우 일사부재리 효력을 고려할 때 각하함이 타당하다.

(2) 특허발명이 수치한정 발명인 경우

판례는 "특허발명의 청구범위가 일정한 범위의 수치로 한정한 것을 구성요소의 하나로 하고 있는 경우에는 그 범위 밖의 수치가 균등한 구성요소에 해당한다는 등의 특별한 사정이 없는 한 특허발명의 청구범위에서 한정한 범위 밖의 수치를 구성요소로 하는 확인대상발명은 원칙적으로 특허발명의 권리범위에 속하지 아니한다고 할 것이므로, 확인대상발명이 특정되었다고 하기 위하여는 확인대상발명이 당해 특허발명에서 수치로 한정하고 있는 구성요소에 대응하는 요소를 포함하고 있는지 여부 및 그 수치는 어떠한지 등이 설명서와 도면 등에 의하여 특정되어야 할 것이다." 고 판시하였다(2003후656).

(3) 특허발명이 제법발명이고, 확인대상발명이 물건발명인 경우

1) 특허권의 보호범위에 속하는지 확인을 구할 수 있는지 여부

판례는 "특허권자는 업(業)으로서 그 특허발명을 실시할 권리를 독점하고, 그 중 물건을 생산하는 방법의 발명인 경우에는 그 방법을 사용하는 행위 이외에 그 방법에 의하여 생산한 물건을 사용·양도·대여 또는 수입하거나 그 물건의 양도 또는 대여의 청약을 하는 행위까지 그 실시에 포함되므로, 물건을 생산하는 방법의 발명인 경우에는 그 방법에 의하여 생산된 물건에까지 특허권의 효력이 미친다 할 것이어서, 특정한 생산방법에 의하여 생산한 물건을 실시발명으로 특정하여 특허권의 보호범위에 속하는지 여부의 확인을 구할 수 있다."고 판시하였다(2003후2164).

2) 특정의 정도

판례는 "특허권의 권리범위확인심판을 청구함에 있어서는 심판청구의 대상이 되는 기술내용은 당해 특허발명과 서로 대비할 수 있을 만큼 구체적으로 특정되어야 하는 것이지만, 그 특정을 위해서는 대상물의 구체적인 구성을 전부 기재할 필요는 없고 특허발명의 구성요건에 대응하는 부분의 구체적인 구성을 기재하면 되는 것이며, 또 그 구체적인 구성의 기재도 특허발명의 구성요건과 대비하여 그 차이점을 판단함에 필요한 정도면 충분하다. 대상 실시발명이 '물건의 발명'이기는 하지만 실시발명의 설명서에 그 생산방법을 구체적으로 특정하고 있는 경우, '방법의 발명'인 특허발명과 대비하여 그 권리범위에 속하는지 여부를 판단하여야 한다." 고 판시하였다(2003후2164).

3 확인대상발명의 특정에 흠이 있는 경우 특허심판원의 조치

(1) 직권조사사항 및 보정명령

판례는 "확인대상발명이 불명확하여 특허발명과 대비대상이 될 수 있을 정도로 구체적으로 특정되어 있지 않다면, 특허심판원으로서는 요지변경이 되지 아니하는 범위 내에서 확인대상발명의 설명서 및 도면에 대한 보정을 명하는 등의 조치를 취하여야 할 것이며, 그럼에도 불구하고 그와 같은 특정에 미흡함이 있다면 심판청구를 각하하여야 할 것인바, 확인대상발명이 적법하게 특정되었는지 여부는 특허심판의 적법요건으로서 당사자의 명확한 주장이 없더라도 의심이 있을 때에는 특허심판원이나 법원이 이를 직권으로 조사하여 밝혀보아야 할 사항이다." 고 판시하였다(2003후656).

(2) 심결취소소송에서 확인대상발명의 보정이 가능한지 여부

1) 판례

판례는 (가)호 발명이 이 사건 특허발명과 서로 대비할 수 있을 만큼 구체적으로 특정되지 않았음에도, 특허심판원이 보정을 명하는 등의 조치 없이 본안에 나아가 심결을 하고, 원심도 같은 취지에서 권리범위에 속한다고 판결한 사안에서, "특허심판원으로서는 (가)호 발명에 대한 보정을 명하는 등의 조치를 취하였어야 함에도 불구하고 본안에 나아가 이 사건 심결에 이른 잘못이 있다 할 것인데, 원심도 같은 취지에서 (가)호 발명이 이 사건 특허발명의 권리범위에 속한다고 판단한 것은 특허발명의 권리범위와 권리범위확인심판에서의 (가)호 발명의 특정에 관한 법리를 오해함으로써 판결 결과에 영향을 미친 잘못이 있다고 보아야 할 것이고, 이에 관한 상고는 그 이유가 있다."고 판시하여 원심판결을 파기하였다(99후2372). 즉, 판례는 확인대상발명의 특정에 흠이 있는 경우 이에 대한 보정은 명백한 오기를 정정하는 경우가 아닌 한 특허심판원에서만 할 수 있다고 보았다.

2) 검토

심결취소소송의 목적물인 확인대상발명을 동일성이 없는 다른 발명으로 변경한다면 소송물이 변경되어 별개의 소가 되어 심판절차를 거치지 않고 심리하게 되는 것이므로 심결전치주의에 반하는 바, 판례의 태도는 타당하다.

제03절 권리범위확인심판에 있어 확인대상발명의 해석

1 설명서와 도면 불일치시

판례는 "확인대상발명도 특허청구범위에 대응하여 구체적으로 구성을 기재한 확인대상발명의 설명 부분을 기준으로 파악하여야 하고, 확인대상발명의 설명서에 첨부된 도면에 의하여 위 설명 부분을 변경하여 파악하는 것을 허용되지 아니한다." 고 판시하여 설명서와 도면 불일치시 곧바로 부적법하다고 보지 않고 설명서 기준으로 확인대상발명을 해석한다(2004후3478).

2 부연 설명의 취급

판례는 물건발명의 특허권자가 피심판청구인이 실시한 물건에 대해 권리범위확인심판 청구한 사안에서, "확인대상발명의 설명서나 도면에 확인대상발명의 이해를 돕기 위한 부연 설명으로 그 제조방법을 부가적으로 기재하였다고 하여 그러한 제조방법으로 제조한 물건만이 심판의 대상인 확인대상발명이 된다고 할 수는 없다." 고 판시하였다(2019후11541).

제04절 권리 대 권리 간 권리범위확인심판

1 문제점

심판제도는 등록특허의 무효여부는 특허의 무효심판에 의하고, 보호범위 판단은 권리범위확인심판에 의하는 바, 권리 대 권리 간 권리범위확인심판의 적법성이 문제된다.

2 학설

이용관계인 사안에서는 이견이 없고, 저촉관계인 사안에서는 권한배분 문제로 견해대립이 있다. ⅰ) 부정설은 타방의 권리를 부인하게 되어 확인의 이익이 부정된다고 보고, ⅱ) 절충설은 적극적 권리범위확인심판은 부적법하나 소극적 권리범위확인심판은 적법하다고 보며, ⅲ) 긍정설은 심결의 최종 결론에 있어 무효심판과 구분될 수 있으므로 권한배분상 문제가 없어 적법하다고 본다.

3 판례

(1) 적극적 권리범위확인심판의 경우

1) 원칙

실용신안권의 권리범위확인은 등록된 실용신안을 중심으로 어떠한 미등록 실용신안이 적극적으로 등록 실용신안의 권리범위에 속한다거나 소극적으로 이에 속하지 아니함을 확인하는 것이므로 등록된 두 개의 실용신안권의 고안내용이 동일 또는 유사한 경우 선등록 실용신안권자는 후등록 실용신안권자를 상대로 실용신안등록의 무효심판을 청구할 수 있을 뿐 그를 상대로 하는 권리범위확인심판을 청구할 수는 없다(95후1920).

2) 예외

양 고안이 이용관계에 있어 (가)호 고안의 등록의 효력을 부정하지 않고 권리범위의 확인을 구할 수 있는 경우에는 권리 대 권리 간의 적극적 권리범위확인심판의 청구가 허용된다(99후2433).

(2) 소극적 권리범위확인심판의 경우

등록된 실용신안 사이의 권리범위의 확인을 구하는 심판청구라도 심판청구인의 등록실용신안이 피심판청구인의 등록실용신안의 권리범위에 속하지 않는다는 소극적 확인심판청구는 만일 인용된다고 하더라도 심판청구인의 등록실용신안이 피심판청구인의 등록실용신안의 권리범위에 속하지 않음을 확정하는 것 뿐이고 이로 말미암아 피심판청구인의 등록실용신안권의 효력을 부인하는 결과가 되는 것은 아니므로 이러한 청구를 부적법하다고 볼 이유가 없다(84후19).

4 검토

특허법 제98조도 특허 대 특허의 저촉관계는 인정하지 않는바, 특허 대 특허의 저촉은 권리범위의 확인사안이 아니라 특허무효사안으로 봄이 타당하다. 다만 판례와 같이 적극적 권리범위확인심판은 불허하되, 후등록 권리자는 특허무효심판의 청구가 불가하므로 자신의 권리의 효력이 부정되는 위험을 감수하더라도 타인의 권리의 범위에 속하는지의 확인을 구할 수 있도록 소극적 권리범위확인심판을 허용함이 타당하다.

제05절 | 권리범위확인심판과 침해소송과의 관계

1 권리범위확인심판과 침해소송의 차이점

(1) 침해소송의 결과는 침해금지 또는 손해배상 등 직접적 법률효과를 갖는데 비해, 권리범위확인심판은 침해소송에서 참고적 효력만 가질 뿐 직접적인 법률적 효과를 갖지 않는다.

(2) 또한 침해소송에서의 침해판결은 권리범위확인심판에서의 권리범위에 속한다는 심결을 함의하나, 권리범위확인심판에서 권리범위에 속한다는 심결은 침해판결로 귀결될 수 없다.

2 권리범위확인심판의 효용성과 한계점

(1) 효용성

침해를 이유로 법원에 소를 제기하는 것보다 권리범위확인심판을 청구하는 것이 전문기관의 판단을 받을 수 있다는 점에서 권리범위확인심판의 효용성이 있다.

(2) 한계점

권리범위확인심판에서 유리한 심결을 받더라도 상대방의 임의적 승복이 없으면 침해소송에 의할 수 밖에 없고, 권리범위확인심판에서 인정된 사실은 유력한 증거자료가 될 뿐 법원을 구속하지 않는다는 한계가 있다.

3 폐지론

권리범위확인심판의 모호한 법적 성격을 이유로 분쟁의 중복처리로 인한 번잡을 피하기 위해 폐지하거나, 일본의 판정 제도로 변경할 필요가 있다는 견해가 있다.

4 판례

한때 특허법원은 특허법 제135조가 존재하는 한 권리범위확인심판을 전면적으로 제기할 수 없도록 할 수는 없지만, 침해소송이 계속 중인 경우는 권리범위확인심판의 확인의 이익을 부정해야 함이 마땅하다고 주장한 바 있으나, 이에 대해 대법원은 침해소송이 계속 중이어서 그 소송에서 특허권의 효력이 미치는 범위를 확정할 수 있다고 하더라도 이를 이유로 침해소송과 별개로 청구된 권리범위확인심판의 심판청구의 이익이 부정된다고 볼 수는 없다는 태도를 취했다(2016후328 판결).

5 입법례

(1) 일본은 종래 권리범위확인심판을 두고 있었으나, 법적 성격의 모호함을 이유로 1959년 이를 폐지하고 판정제도로 대체하였다(일본특허법 제71조).

(2) 독일은 특허권의 부여는 특허청의 전권사항이고, 권리범위 해석은 법원의 전권사항임을 명백

히 하며, 특허청은 권리범위 해석에 관여할 수 없고 법원은 특허권 부여에 관여할 수 없도록 하고 있다.

6 검토

권리범위 확인심결에서 인정된 사실이 침해소송에서 법원을 구속하도록 하는 것은 현행 법체계하 곤란하다. 그러나 권리범위확인심판은 침해소송에 비하여 전문가에게 판단 받을 수 있다는 장점이 있어 권리범위확인심판을 폐지하거나 변경하는 것 또한 문제가 있다.

7 권리범위확인심판에 대한 심결취소소송 계속 중 침해소송이 확정된 경우 소의 이익

(1) 문제점

甲 회사가 乙 회사를 상대로 특허심판원에 상표권에 관한 소극적 권리범위확인심판을 제기하였으나 특허심판원이 확인대상표장이 등록상표의 권리범위에 속한다는 이유로 청구를 기각하는 심결을 하였는데, 이후 乙 회사가 위 등록상표의 상표권 침해와 관련하여 제기한 민사소송에서 甲 회사 승소판결이 선고되었고, 심결취소소송의 상고심 계속 중 위 민사판결이 그대로 확정된 사안에서, 심결취소소송의 소의 이익이 문제된다.

(2) 원심판례

원심은 "상표권의 권리범위확인심판은, 심판청구인이 심판의 대상으로 삼은 구체적인 대비대상 상표와의 관계에서 당해 등록상표의 효력이 미치는 범위에 관하여 현실적인 다툼이 계속되고 있고, 동일한 심판 대상에 대하여 가장 유효·적절한 분쟁해결수단인 침해금지청구나 손해배상청구와 같은 민사 본안소송의 판결이 내려지기 전에 그 권리범위의 속부를 확정할 실익이 있는 경우에 확인의 이익이 있다. 만일 이와 달리 당사자 사이에 현실적인 다툼이 없거나, 그 다툼을 해결하기 위한 가장 유효·적절한 분쟁해결수단인 민사 본안소송이 먼저 제기되어 이미 판결까지 선고되었고, 그 과정에서 전문 국가기관의 공적 판단인 권리범위확인심판의 심결이 먼저 내려져 위 민사본안판결에 고려될 수 있었던 사정까지 있었다면, 굳이 권리범위의 속부에 관한 심결의 취소소송을 통하여 위 분쟁해결의 중간적 수단에 불과한 심결의 당부를 확정할 실익은 없다고 봄이 상당하다."고 판시하여 (2008허6406), 소의 이익을 부정하였다.

(3) 대법원 판례

이에 대해 대법원은 "확정된 위 민사판결은 위 심결취소소송을 담당하는 법원에 대하여 법적 기속력이 없으므로 甲 회사에 위 민사판결이 확정되었음에도 불구하고 자신에게 불리한 위 심결을 취소할 법률상 이익이 있고, 달리 위 심결 이후 위 등록상표의 상표권이 소멸되었다거나 당사자 사이의 합의로 이해관계가 소멸되었다는 등 위 심결 이후 심결을 취소할 법률상 이익이 소멸되었다는 사정도 보이지 아니하므로, 甲 회사에 위 심결의 취소를 구할 소의 이익이 있다"고 판시하여 (2008후4486), 소의 이익을 인정하였다.

(4) 검토

상표에 관한 권리범위확인심판의 심결이 확정된 경우 그 심결이 민사·형사 등 침해소송을 담당하는 법원을 기속하지는 못한다고 하더라도, 상표법에서 권리범위확인심판과 그 심결취소소송을 명문으로 인정하고 있는 이상, 상표에 관한 권리범위확인심판절차에서 불리한 심결을 받은 당사자가 유효하게 존속하고 있는 심결에 불복하여 심결의 취소를 구하는 것은 위 상표법의 규정에 근거한 것으로서, 상표권이 소멸되거나 당사자 사이의 합의로 이해관계가 소멸하는 등 심결 이후의 사정에 의하여 심결을 취소할 법률상 이익이 소멸되는 특별한 사정이 없는 한 심결의 취소를 구할 소의 이익이 있다.

CHAPTER 14 정정심판 (특허법 제136조)

> **제136조(정정심판)**
> ① 특허권자는 다음 각 호의 어느 하나에 해당하는 경우에는 특허발명의 명세서 또는 도면에 대하여 정정심판을 청구할 수 있다.
>   1. 청구범위를 감축하는 경우
>   2. 잘못 기재된 사항을 정정하는 경우
>   3. 분명하지 아니하게 기재된 사항을 명확하게 하는 경우
> ② 제1항에도 불구하고 다음 각 호의 어느 하나에 해당하는 기간에는 정정심판을 청구할 수 없다.
>   1. 특허취소신청이 특허심판원에 계속 중인 때부터 그 결정이 확정될 때까지의 기간. 다만, 특허무효심판의 심결 또는 정정의 무효심판의 심결에 대한 소가 특허법원에 계속 중인 경우에는 특허법원에서 변론이 종결(변론 없이 한 판결의 경우에는 판결의 선고를 말한다)된 날까지 정정심판을 청구할 수 있다.
>   2. 특허무효심판 또는 정정의 무효심판이 특허심판원에 계속 중인 기간
> ③ 제1항에 따른 명세서 또는 도면의 정정은 특허발명의 명세서 또는 도면에 기재된 사항의 범위에서 할 수 있다. 다만, 제1항제2호에 따라 잘못된 기재를 정정하는 경우에는 출원서에 최초로 첨부된 명세서 또는 도면에 기재된 사항의 범위에서 할 수 있다.
> ④ 제1항에 따른 명세서 또는 도면의 정정은 청구범위를 실질적으로 확장하거나 변경할 수 없다.
> ⑤ 제1항에 따른 정정 중 같은 항 제1호 또는 제2호에 해당하는 정정은 정정 후의 청구범위에 적혀 있는 사항이 특허출원을 하였을 때에 특허를 받을 수 있는 것이어야 한다.
> ⑥ 심판관은 제1항에 따른 심판청구가 다음 각 호의 어느 하나에 해당한다고 인정하는 경우에는 청구인에게 그 이유를 통지하고, 기간을 정하여 의견서를 제출할 수 있는 기회를 주어야 한다.
>   1. 제1항 각 호의 어느 하나에 해당하지 아니한 경우
>   2. 제3항에 따른 범위를 벗어난 경우
>   3. 제4항 또는 제5항을 위반한 경우
> ⑦ 제1항에 따른 정정심판은 특허권이 소멸된 후에도 청구할 수 있다. 다만, 특허취소결정이 확정되거나 특허를 무효(제133조제1항제4호에 의한 무효는 제외한다)로 한다는 심결이 확정된 후에는 그러하지 아니하다.
> ⑧ 특허권자는 전용실시권자, 질권자와 제100조제4항·제102조제1항 및 「발명진흥법」 제10조제1항에 따른 통상실시권을 갖는 자의 동의를 받아야만 제1항에 따른 정정심판을 청구할 수 있다. 다만, 특허권자가 정정심판을 청구하기 위하여 동의를 받아야 하는 자가 무효심판을 청구한 경우에는 그러하지 아니하다.
> ⑨ 제1항에 따른 정정심판에는 제147조제1항·제2항, 제155조 및 제156조를 적용하지 아니한다.
> ⑩ 특허발명의 명세서 또는 도면에 대하여 정정을 한다는 심결이 확정되었을 때에는 그 정정 후의 명세서 또는 도면에 따라 특허출원, 출원공개, 특허결정 또는 심결 및 특허권의 설정등록이 된 것으로 본다.
> ⑪ 청구인은 제162조제3항에 따른 심리의 종결이 통지되기 전(같은 조 제4항에 따라 심리가 재개된 경우에는 그 후 다시 같은 조 제3항에 따른 심리의 종결이 통지되기 전)에 제140조제5항에 따른 심판청구서에 첨부된 정정한 명세서 또는 도면에 대하여 보정할 수 있다.
> ⑫ 특허발명의 명세서 또는 도면에 대한 정정을 한다는 심결이 있는 경우 특허심판원장은 그 내용을 특허청장에게 알려야 한다.
> ⑬ 특허청장은 제12항에 따른 통보가 있으면 이를 특허공보에 게재하여야 한다.

1 의의 및 취지

정정은 특허발명 명세서 등을 수정하는 절차이다. 이는 권리범위 해석상 다툼의 소지가 있거나 특허가 무효로 될 염려가 있을 때 이를 해소할 수 있도록 특허권자 보호를 위해 도입되었다.[190]

2 심판청구

(1) 청구인

특허권자만이 할 수 있고, 특허권이 공유인 경우 전원이 해야 하며 (특허법 제139조 제3항), 전용실시권자, 직무발명에 의한 통상실시권자, 허락에 의한 통상실시권자, 질권자가 있는 경우 이들의 동의를 받아야 한다(특허법 제136조 제8항 본문). 다만 동의를 받아야 하는 자가 무효심판을 청구한 경우는 동의를 받지 않아도 된다(특허법 제136조 제8항 단서).

(2) 청구대상

1) 내용

정정한 내용이 ⅰ) 청구범위를 감축하는 경우, ⅱ) 잘못 기재된 사항을 정정하는 경우, ⅲ) 분명하지 아니하게 기재된 사항을 명확하게 하는 경우 중 어느 하나에 해당해야 할 것 (특허법 제136조 제1항), 특허발명의 명세서 또는 도면에 기재된 사항의 범위에서 할 것 (특허법 제136조 제3항), 청구범위를 실질적으로 확장하거나 변경하지 않을 것 (특허법 제136조 제4항), 청구범위의 감축, 잘못된 기재의 정정에 해당하는 정정은 정정 후의 청구범위에 적혀 있는 사항이 특허출원을 하였을 때에 특허를 받을 수 있는 것의 요건을 만족해야 한다(특허법 제136조 제5항).

2) 청구범위의 감축 태양

감축 태양의 예로 청구항의 삭제, 상위개념으로부터 하위개념으로 변경 (내적부가), 택일적 기재요소의 삭제, 구성요소의 직렬적 부가 (외적부가), 다수항을 인용하는 종속항에서 인용항수를 감소시키는 경우 등을 들 수 있다.

3) 청구범위의 실질적 확장, 변경

가. 판단방법

청구범위의 실질적 확장 또는 변경 여부는 청구범위 자체만을 놓고 형식적으로 대비할 것이 아니라 발명의 설명 등을 포함하여 실질적으로 대비하여 판단해야 한다.

나. 판례

특허청구범위를 실질적으로 확장하거나 변경하는 경우에 해당하는지 여부는 특허청구범위 자체의 형식적인 기재만이 아니라 발명의 상세한 설명을 포함하여 명세서 전체의 내용과 관련하여 그 정정 전후의 특허청구범위 전체를 실질적으로 대비하여 판단되어야 한다. 그리고 특허청구범위의 정정이 청구범위의 감축에 해당되고, 그 목적이나 효과에 어떠한 변경이 있다고

---

[190] 다만, 특허권자와 제3자의 이익을 균형있게 조화시키기 위해 제한적 범위에서만 정정을 인정하여, 제3자에게 불측의 손해가 발생하는 것을 방지한다(2016후2522, 2016후8301).

할 수 없으며, 발명의 상세한 설명 및 도면에 기재되어 있는 내용을 그대로 반영한 것이어서 후출원인 기타 제3자에게 불측의 손해를 줄 염려가 없는 경우에는, 특허청구범위의 실질적인 변경에 해당되지 아니한다고 할 것이다(2008후1081, 2016후403).

4) 잘못된 기재의 정정 및 불명확한 기재의 명확화

① 잘못된 기재의 정정이란 명세서나 도면의 기재가 잘못된 것임이 명세서의 기재 전체, 주지의 사항 또는 경험칙 등에 비추어 명백한 경우에 그 잘못된 기재를 본래의 바른 기재로 정정하는 것을 말한다(2004허2536).

② 불명확한 기재의 명확화란 문리(文理)상 의미가 명확하지 않은 기재 또는 발명의 신규성·진보성을 판단하기에 불충분한 기재를 바로잡아 그 의미와 내용을 명확하게 하는 정정을 말한다.

③ 오기를 정정하고 기재상의 불비를 해소하여 바르게 하는 것을 통칭하여 오류의 정정이라고도 한다. 오류의 정정에는 특허청구범위에 관한 기재 자체가 명료하지 아니한 경우 의미를 명확하게 하든가 기재상의 불비를 해소하는 것 및 발명의 상세한 설명과 특허청구범위가 일치하지 아니하거나 모순이 있는 경우 이를 통일하여 모순이 없게 하는 것 등이 포함된다(2014후2184).

(3) 청구시기

1) 정정심판은 권리의 설정등록이 있은 후에 청구할 수 있다. 다만 특허의 무효심판 또는 정정의 무효심판이 특허심판원에 계속되고 있는 경우는 해당 절차 내에서 정정청구가 가능하기 때문에(특허법 제133조의2 제1항, 제137조 제3항) 정정심판청구를 허용하지 않는다.

2) 특허취소신청이 특허심판원에 계속 중인 때부터 그 결정이 확정될 때까지의 기간에는 정정심판을 청구할 수 없다. 다만, 특허무효심판의 심결 또는 정정의 무효심판의 심결에 대한 소가 특허법원에 계속 중인 경우에는 특허법원에서 변론이 종결(변론 없이 한 판결의 경우에는 판결의 선고를 말한다)된 날까지 정정심판을 청구할 수 있다(특허법 제136조 제2항 제1호). 이는 특허취소신청에 대한 결정의 신속한 확정을 위함이다[191].

3) 특허무효심판 또는 정정의 무효심판이 특허심판원에 계속 중인 기간에는 정정심판을 청구할 수 없다(특허법 제136조 제2항 제2호). 다만, 특허무효심판이 특허법원에 계속 중인 경우에는 정정심판을 청구할 수 있다. 이 경우 판례는 정정심판을 우선하여 심리하는 것이 바람직하나, 무효심판을 우선하여 심리하였다고 해서 부적법하다고 볼 수는 없다고 본다.

4) 정정심판은 특허권이 소멸된 후에도 청구할 수 있다. 다만, 특허취소결정이 확정되거나 특허를 무효(제133조 제1항 제4호에 의한 무효는 제외)로 한다는 심결이 확정된 후에는 그러하지 아니하다(특허법 제136조 제7항).

---

[191] 정정심판을 허용하면 정정심결에 의해 이미 특허취소신청절차에서 심리한 명세서·도면의 내용이 바뀔 수 있고, 바뀌면 특허취소여부를 다시 심리해야 하는데, 그렇게 되면 결정의 확정여부가 다소 지연될 수 있기 때문이다.

3 심리 및 심결

(1) 의견서 제출기회 부여 및 보정

1) 의견서 제출기회 부여

가. 심판관은 정정심판청구가 객체적 요건을 위반한 경우에는 청구인에게 그 이유를 통지하고, 기간을 정하여 의견서를 제출할 수 있는 기회를 주어야 한다.

나. 판례는 "의견서 제출기회를 부여하는 규정은 정정청구에 대한 심사의 적정을 기하고 심사제도의 신용을 유지하기 위한 공익상의 요구에 기인하는 이른바 강행규정이므로, 정정심판이나 그 심결취소소송에서 정정의견제출통지서를 통하여 심판청구인에게 의견 제출 기회를 부여한 바 없는 사유를 들어 정정심판청구를 기각하는 심결을 하거나 심결취소청구를 기각하는 것은 위법하나, 정정의견제출통지서에 기재된 사유와 다른 별개의 새로운 사유가 아니고 주된 취지에 있어서 정정의견제출통지서에 기재된 사유와 실질적으로 동일한 사유로 정정심판을 기각하는 심결을 하거나 그 심결에 대한 취소청구를 기각하는 것은 허용된다."고 판시하였다(2006후2660).

2) 보정

가. 청구인은 제162조제3항에 따른 심리의 종결이 통지되기 전(같은 조 제4항에 따라 심리가 재개된 경우에는 그 후 다시 같은 조 제3항에 따른 심리의 종결이 통지되기 전)에 제140조제5항에 따른 심판청구서에 첨부된 정정한 명세서 또는 도면에 대하여 보정할 수 있다(특허법 제136조 제11항).

나. 판례는 "정정명세서 등에 관한 보정은 정정청구취지의 요지를 변경하지 않는 범위 내에서만 허용되고, 이는 특허무효심판 절차에서의 정정청구에도 그대로 준용된다. 그런데 이러한 정정명세서 등의 보정제도는 등록된 특허발명에 대한 정정의 개념을 제대로 이해하지 못한 특허권자가 명세서나 도면의 일부분만을 잘못 정정하였음에도 불구하고 정정청구 전체가 인정되지 않게 되는 것을 방지하기 위하여 도입된 제도로서, 실질적으로 새로운 정정청구에 해당하는 정정명세서 등의 보정을 허용하게 되면 정정청구의 기간을 제한한 구 특허법의 취지를 몰각시키는 결과가 되고, 정정청구가 받아들여질 때까지 정정명세서 등의 보정서 제출이 무한히 반복되어 행정상의 낭비와 심판절차의 지연이 초래될 우려가 있는 점을 고려할 때, 정정명세서 등에 관한 보정은 당초의 정정사항을 삭제하거나 정정청구의 내용이 실질적으로 동일하게 되는 범위 내에서 경미한 하자를 고치는 정도에서만 정정청구취지의 요지를 변경하지 않는 것으로서 허용된다고 보아야 한다."고 판시하였다(2011후3643).

(2) 심결

1) 인용심결

가. 특허발명의 명세서 또는 도면에 대하여 정정을 한다는 심결이 확정되었을 때에는 그 정정 후의 명세서 또는 도면에 따라 특허출원, 출원공개, 특허결정 또는 심결 및 특허권의 설정등록이 된 것으로 본다(특허법 제136조 제10항).

나. 반면, 부적법한 정정이 착오로 인용심결난 경우 정정무효사유에 해당하므로 이해관계인은 정정무효심판을 청구할 수 있다(특허법 제137조).

2) 기각심결

정정심판청구가 이유없는 경우 기각심결이 내려지며, 이에 대해 청구인은 특허법원에 심결취소소송을 제기하여 불복할 수 있다(특허법 제186조 제1항).

4 관련문제

(1) 일부인용, 일부기각이 가능한지 여부

1) 학설

일체불가분적 청구라는 점에서 부정하는 견해와 일부라도 정정을 인정하는 것이 청구인 의사에 대한 합리적인 해석이라는 점에서 긍정하는 견해가 있다.

2) 판례

판례는 "특허발명의 복수의 청구항에 대한 정정이 청구되었다고 하더라도 그것이 하나의 기술사상에 기초한 것이므로 일체로서 정정을 구하는 취지라고 해석하여 그 일부 항에 정정불허사유가 존재하는 한 전체에 대한 정정을 허용할 수 없다"고 판시하였다(99허2174).

3) 검토

정정심판의 절차적 명확성, 일체불가분성에 비추어 볼 때 일부인용, 기각을 부정하는 판례의 태도가 타당하다.

(2) 정정의 객체적 요건에 흠이 있는 경우 해당 정정을 당연무효로 볼 수 있는지 여부

1) 판례

제137조 제1항은 특허발명의 명세서 또는 도면의 정정이 같은 법 제136조 제1항, 제3항 내지 제5항의 규정에 위반된 경우에는 그 정정의 무효심판을 청구할 수 있다고 규정하고 있으므로, 가사 특허발명이 특허청구범위를 실질적으로 변경한 내용으로 정정된 것이라고 하더라도, 정정의 무효심판에서 그 위법여부를 다툴 수 있음은 별론으로 하고, 정정된 내용을 당연무효라고 할 수 없다(2002후1829).

2) 검토

특허권이 설정등록된 이상 법적 안정성 측면에서 공정력이 인정되어야 하는 점, 특허심판원의 심결을 신뢰한 특허권자를 보호할 필요성이 있는 점에 비추어 판례의 태도는 타당하다.

(3) 약리기전을 추가하는 정정

법원은 i) 약리기전은 특정물질에 불가분적으로 내재된 속성에 불과하므로 의약용도발명의 청구범위에 기재 되는 약리기전은 특정 물질이 가지고 있는 의약용도를 특정하는 한도 내에서만 발명의 구성요소로서 의미를 가질 뿐, 약리기전 그 자체가 청구범위를 한정하는 구성요소라고 볼 수 없다고 하여, ii) 해당 질병과 함께 약리기전을 부가하는 정정은 특허법 제136조 제1항 각호에 헤딩한다고 볼 수 없다고 판시하였다(2012후238).

CHAPTER 15 특허의 정정 (특허법 제133조의2)

제132조의3(특허취소신청절차에서의 특허의 정정)
① 특허취소신청절차가 진행 중인 특허에 대한 특허권자는 제136조제1항 각 호의 어느 하나에 해당하는 경우에만 제132조의13제2항에 따라 지정된 기간에 특허발명의 명세서 또는 도면에 대하여 정정청구를 할 수 있다.
② 제1항에 따른 정정청구를 하였을 때에는 해당 특허취소신청절차에서 그 정정청구 전에 한 정정청구는 취하된 것으로 본다.
③ 제1항에 따른 정정청구에 관하여는 제136조제3항부터 제6항까지, 제8항, 제10항부터 제13항까지, 제139조제3항 및 제140조제1항·제2항·제5항을 준용한다. 이 경우 제136조제11항 중 "제162조제3항에 따른 심리의 종결이 통지되기 전(같은 조 제4항에 따라 심리가 재개된 경우에는 그 후 다시 같은 조 제3항에 따른 심리의 종결이 통지되기 전)에"는 "제132조의13제2항 또는 제136조제6항에 따라 지정된 기간에"로 본다.
④ 제1항에 따른 정정청구는 다음 각 호의 어느 하나에 해당하는 기간에만 취하할 수 있다.
  1. 제1항에 따라 정정을 청구할 수 있도록 지정된 기간과 그 기간의 만료일부터 1개월 이내의 기간
  2. 제3항에서 준용하는 제136조제6항에 따라 지정된 기간
⑤ 제3항을 적용할 때 제132조의2에 따라 특허취소신청이 된 청구항을 정정하는 경우에는 제136조제5항을 준용하지 아니한다.

제133조의2(특허무효심판절차에서의 특허의 정정)
① 제133조제1항에 따른 심판의 피청구인은 제136조제1항 각 호의 어느 하나에 해당하는 경우에만 제147조제1항 또는 제159조제1항 후단에 따라 지정된 기간에 특허발명의 명세서 또는 도면에 대하여 정정청구를 할 수 있다. 이 경우 심판장이 제147조제1항에 따라 지정된 기간 후에도 청구인이 증거를 제출하거나 새로운 무효사유를 주장함으로 인하여 정정청구를 허용할 필요가 있다고 인정하는 경우에는 기간을 정하여 정정청구를 하게 할 수 있다.
② 제1항에 따른 정정청구를 하였을 때에는 해당 무효심판절차에서 그 정정청구 전에 한 정정청구는 취하된 것으로 본다.
③ 심판장은 제1항에 따른 정정청구가 있을 때에는 그 청구서의 부본을 제133조제1항에 따른 심판의 청구인에게 송달하여야 한다.
④ 제1항에 따른 정정청구에 관하여는 제136조제3항부터 제6항까지, 제8항 및 제10항부터 제13항까지, 제139조제3항 및 제140조제1항·제2항·제5항을 준용한다. 이 경우 제136조제11항 중 "제162조제3항에 따른 심리의 종결이 통지되기 전(같은 조 제4항에 따라 심리가 재개된 경우에는 그 후 다시 같은 조 제3항에 따른 심리의 종결이 통지되기 전)에"는 "제133조의2제1항 또는 제136조제6항에 따라 지정된 기간에"로 본다.
⑤ 제1항에 따른 정정청구는 다음 각 호의 어느 하나에 해당하는 기간에만 취하할 수 있다.
  1. 제1항에 따라 정정을 청구할 수 있도록 지정된 기간과 그 기간의 만료일부터 1개월 이내의 기간
  2. 제4항에서 준용하는 제136조제6항에 따라 지정된 기간
⑥ 제4항을 적용할 때 제133조제1항에 따른 특허무효심판이 청구된 청구항을 정정하는 경우에는 제136조제5항을 준용하지 아니한다.

1 의의 및 취지

정정은 특허발명 명세서 등을 수정하는 절차이다. 이는 권리범위 해석상 다툼의 소지가 있거나 특허가 무효로 될 염려가 있을 때 이를 해소할 수 있도록 특허권자 보호를 위해 도입되었다.

2 정정청구

(1) 청구인

특허권자만이 할 수 있고, 특허권이 공유인 경우 전원이 해야 하며 (특허법 제139조 제3항), 전용실시권자, 직무발명에 의한 통상실시권자, 허락에 의한 통상실시권자, 질권자가 있는 경우 이들의 동의를 받아야 한다(특허법 제136조 제8항 본문). 단 이들이 무효심판 청구한 경우에는 그러하지 아니하다(특허법 제136조 제8항 단서).

(2) 청구대상

정정한 내용이 ⅰ) 청구범위를 감축하는 경우, ⅱ) 잘못 기재된 사항을 정정하는 경우, ⅲ) 분명하지 아니하게 기재된 사항을 명확하게 하는 경우 중 어느 하나에 해당해야 할 것, 특허발명의 명세서 또는 도면에 기재된 사항의 범위에서 할 것, 청구범위를 실질적으로 확장하거나 변경하지 않을 것, 청구범위의 감축, 잘못된 기재의 정정에 해당하는 정정은 정정 후의 청구범위에 적혀 있는 사항이 특허출원을 하였을 때에 특허를 받을 수 있는 것 (특허무효심판이 청구된 청구항을 정정하는 경우에는 제외한다)[192]의 요건을 만족해야 한다(특허법 제133조의2 제4항, 제6항).

(3) 청구시기

답변서 제출기간 내 (특허법 제147조 제1항) 또는 직권심리에 대한 의견서 제출기간 내 (특허법 제159조 제1항 후단)에 특허의 정정이 가능하다. 이 경우 심판장이 제147조 제1항에 따라 지정된 기간 후에도 청구인이 증거를 제출하거나 새로운 무효사유를 주장함으로 인하여 정정청구를 허용할 필요가 있다고 인정하는 경우에는 기간을 정하여 정정청구를 하게 할 수 있다(특허법 제133조의2 제1항).[193]

3 심리 및 심결

(1) 의견서 제출기회 부여 및 보정

1) 의견서 제출기회 부여

가. 정정심판과 마찬가지로 정정의 객체적 요건 위반시 정정을 청구한 자에게 이유를 통지하고, 의견서 제출기회를 부여해야 한다(특허법 제133조의2 제4항).

나. 판례는 "정정청구의 적법 여부를 판단하는 특허무효심판이나 심결취소소송에서 정정의견제출

---

[192] 이는 06. 10. 1 시행 개정법에서 반영된 것으로, 무효사유 존부 판단은 특허의 정정에 대한 인정여부 판단시가 아닌 무효사유 판단시에 할 수 있도록 규정하여 절차의 반복을 피하여 심판경제를 도모하기 위함이다.

[193] 제133조의2 제1항 후단은 07. 7. 1 시행 개정법에서 반영된 것으로, 무효심판청구인이 청구이유를 자유롭게 보정할 수 있는 것과의 형평성 측면에서 도입되었다.

통지서에 기재된 사유와 다른 별개의 사유가 아니고 주된 취지에 있어서 정정의견제출통지서에 기재된 사유와 실질적으로 동일한 사유로 정정청구를 받아들이지 않는 심결을 하거나 심결에 대한 취소청구를 기각하는 것은 허용되지만, 정정의견제출통지서를 통하여 특허권자에게 의견서 제출 기회를 부여한 바 없는 별개의 사유를 들어 정정청구를 받아들이지 않는 심결을 하거나 심결에 대한 취소청구를 기각하는 것은 위법하다."고 판시하였다(2011후934).

2) 보정

특허권자는 의견서 제출기간 내에 정정한 명세서 또는 도면을 보정할 수 있다(특허법 제133조의2 제4항). 보정의 내용적 범위는 정정심판에서의 보정과 같이 요지변경이 아닌 범위에서 허용된다.

(2) 정정의 적법여부에 따른 심리진행

1) 정정이 적법한 경우

특허의 정정청구가 적법한 경우 정정한 명세서 또는 도면을 기준으로 특허의 무효심판청구에 대한 심리를 진행하고, 심결문의 주문 및 이유란에 기재한다.

2) 정정이 부적법한 경우

가. 특허의 정정청구가 객체적 요건에 위배된 경우에는 특허의 무효심판에 대한 심리에서 이를 반영하지 않고, 심결문의 이유란에 정정을 채택하지 않은 이유를 기재한다. 시기적 요건에 위배된 경우에는 반려의 대상이 된다.

나. 부적법한 정정이 착오로 인정된 경우에는 정정무효사유에 해당하므로, 이해관계인은 정정무효심판을 청구할 수 있다(특허법 제137조).

다. 한편, 정정청구에 대해서는 정정심판과 달리 독립하여 불복할 수 없다.

4 관련문제

(1) 특허의 정정의 확정 시점

1) 판례

독립된 정정심판청구의 경우와 달리 정정청구 부분은 따로 확정되지 아니하고 무효심판의 심결이 확정되는 때에 함께 확정된다(2010후2698).

2) 검토

특허무효심판절차에서 정정청구가 있는 경우, 정정의 인정 여부는 무효심판절차에서 함께 심리되는 것이므로, 판례의 태도는 타당하다.

(2) 특허의 정정의 인정여부를 일체로 판단하여야 하는지 여부

판례는 "특허무효심판절차에서 정정청구가 있는 경우 정정의 인정 여부는 무효심판절차에 대한 결정절차에서 함께 심리되는 것이므로, 독립된 정정심판청구의 경우와 달리 정정만이 따로 확정되는 것이 아니라 무효심판의 심결이 확정되는 때에 함께 확정된다. 한편, 특허의 등록무효 여부

는 청구항별로 판단하여야 하더라도, 특허무효심판절차에서의 정정청구는 특별한 사정이 없는 한 불가분의 관계에 있어 일체로서 허용 여부를 판단하여야 한다."고 판시하였다(2007후1053).

(3) 정정된 독립항에 대한 심결이 취소되는 경우

판례는 이 사건 정정청구는 정정발명(독립항) 뿐만 아니라 종속항 발명에도 모두 걸쳐 있는 것이어서, 이 사건 심결 중 종속항 발명의 특허무효 여부에 관한 부분도 따로 확정되지 못한 채 이 사건 정정청구에 관한 부분과 함께 취소되어야 하므로, 결국 이 사건 심결은 전부 취소되어야 한다고 판시하였다(2015허8226).

CHAPTER 16 정정심판과 무효심판·침해소송과의 관계

제01절 정정심판과 무효심판과의 관계

1 문제점

무효심판절차 내에 정정심판과 취지를 같이 하는 특허의 정정을 두고 있다는 점, 무효심결과 정정심결은 소급효를 갖는다는 점, 무효심판과 정정심판은 동시에 계속될 수 있는 점에서 어느 한 절차가 계속 중인 경우 또는 어느 하나의 심결이 확정될 경우 양자의 관계가 문제된다.

2 무효심판 계속 중 정정심판이 청구되거나, 정정심판 계속 중 무효심판이 청구된 경우

(1) 무효심판 계속 중 정정심판이 청구된 경우

특허무효심판 또는 정정의 무효심판이 특허심판원에 계속 중인 기간에는 정정심판을 청구할 수 없는데 (특허법 제137조 제2항 제2호), 이는 무효심판에서 특허의 정정 (특허법 제133조의2)을 통한 간이한 정정이 가능하기 때문이다. 따라서 이 경우 정정심판청구는 심결각하된다.

(2) 무효심판에 대한 심결취소소송 계속 중 정정심판이 청구된 경우

정정심판청구는 적법하나 심리순서가 문제된다. 정정심결에 소급효가 있으므로 무효심판의 판단대상이 변경될 수 있다는 점에서 정정심판을 먼저 심리하는 것이 바람직하지만, 판례는 무효심판에 대한 심결취소소송을 중단하지 않고 먼저 판단하였더라도 위법하지 않다고 본다.

(3) 정정심판 계속 중 무효심판이 청구된 경우

무효심판청구는 적법하나 심리순서가 문제된다. 판례는 "동일한 특허발명에 대하여 특허무효심판과 정정심판이 특허심판원에 동시에 계속 중에 있는 경우에는 정정심판제도의 취지상 정정심판을 특허무효심판에 우선하여 심리·판단하는 것이 바람직하나, 그렇다고 하여 반드시 정정심판을 먼저 심리·판단하여야 하는 것은 아니고, 또 특허무효심판을 먼저 심리하는 경우에도 그 판단대상은 정정심판청구 전 특허발명이며, 이러한 법리는 특허무효심판과 정정심판의 심결에 대한 취소소송이 특허법원에 동시에 계속되어 있는 경우에도 적용된다고 볼 것이다."고 판시하였다 (20C1후713).

3 무효심판과 정정심판이 동시에 계속 중 어느 하나의 심판이 확정된 경우

(1) 무효심판이 특허법원에 계속 중 정정심결이 확정된 경우

판례는 "특허의 내용에 대한 정정심결이 확정되면 당초의 심결도 정정 후의 명세서 또는 도면에 의하여 심결된 것으로 보고 있기 때문에 정정 후의 특허청구범위에 의하여 심결된 것으로 보아야 하는 점, 특허청구범위의 정정은 특허청구범위를 실질적으로 확장하거나 변경할 수 없는 것이어서, 정정 후의 특허발명이 권리의 동일성을 그대로 유지하면서 그 특허권의 내용인 권리범위만을 감축하여야 하므로 실체법상으로 권리범위에 어떤 변동을 가져오는 것으로 볼 수 없는 점, 등록무효심판 청구사건에 대한 심결취소소송에 있어서 심결취소소송의 심리범위에 제한을 두지 아니하여 심판절차에서 주장하지 아니한 새로운 무효사유에 관하여도 주장·입증할 수 있고 이에 대하여 심리·판단할 수 있는 점, 무효심판청구인은 특허청구범위를 실질적으로 확장하거나 변경한 경우 또는 특허출원시에 특허를 받을 수 없는 경우 등 정정요건에 위반된 정정심결이 확정된 경우에도 정정무효심판을 청구할 수 있어서 특허법원에서 정정된 특허발명을 기초로 그 무효 여부를 판단하더라도 무효심판청구인에게 특별히 불리하다고 볼 수 없는 점 등에 비추어 볼 때, 등록무효심판의 심결 후에 특허청구범위가 정정되었다고 하더라도 심결취소소송에서 특허법원이 정정된 특허청구범위를 심결의 기초로 하여 특허발명에 무효사유가 존재하는지 여부를 판단할 수 있다."고 판시하였다(2005허10213).

(2) 무효심판이 대법원에 계속 중 정정심결이 확정된 경우

1) 과거 법원은 특허무효심판사건의 상고심 계속 중 정정심결이 확정된 경우 정정된 사항이 특허무효사유의 유무를 판단하는 전제가 된 사실인정에 영향을 미쳤다면 민사소송법 제451조 제1항 제8호의 재심사유까지 해당될 수 있다고 보아 곧바로 원심판결을 파기했다.
2) 그러나 최근 법원은 특허무효심판사건의 상고심 계속 중 정정심결이 확정되었어도 이는 민사소송법 제451조 제1항 제8호의 재심사유와는 무관하고, 정정 전 명세서 등을 대상으로 원심법원의 판결이 위법한지를 살펴 위법한 경우에 한해 원심판결을 파기하는 것으로 태도를 변경하였다(2016후2522).
3) 생각건대, 과거 판례의 태도에 따르면 특허소송의 사실심에서 패소한 특허권자가 추가로 정정함으로써 사실심 법원의 결론을 쉽게 뒤집을 수 있어 특허소송과 정정심판청구의 무한반복이 논리적으로 가능했다. 다만 이는 분쟁의 종국적 해결을 지연하는 결과를 초래하며 특허권자는 심결취소소송 사실심에서 충분한 정정심판청구 기회를 부여받을 수 있기 때문에, 최근 판례의 태도와 같이 심결취소소송 사실심 변론종결 이후에 확정된 정정은 고려하지 않음이 타당하다.

(3) 정정심판 계속 중 무효심결이 확정된 경우

1) 판례는 "특허발명의 전체 청구항에 대한 무효심결이 확정됨으로써 이 사건 특허발명은 처음부터 없었던 것으로 보게 되므로, 결과적으로 이미 소급적으로 무효로 된 이 사건 특허발명의 정정을 구하는 이 사건 정정심판은 그 정정의 대상이 없어지게 되어 그 정정심판을 구할 이익도 없게 된다."고 판시하였다(2007허11586).
2) 한편, 판례는 "제136조 제7항에서 "정정심판은 특허권이 소멸된 후에도 청구할 수 있다. 다만, 특허취소결정이 확정되거나 특허를 무효 (제133조 제1항 제4호에 의한 무효는 제외한다)로 한다는 심결이 확정된 후에는 그러하지 아니하다."고 규정한 것은 유효하게 존속하였던 특허권이 존속기간의 만료, 등록료의 불납 등의 사유로 소멸한 후에도 특허를 무효로 할 수 있도록 한 규정에 대응하여, 특허권자에게 정정에 의하여 특허의 무효사유를 소급적으로 해소할 수 있는 권한을

예외적으로 부여한 것이고, 위 규정의 단서 조항은 그러한 취지에서 무효심결이 확정된 경우 더 이상 정정을 할 수 없다는 취지를 명확히 한 것일 뿐, 무효심결의 확정 전에 청구된 정정의 허가 여부를 판단하여야 한다는 취지의 규정이라고 할 수는 없다."고 판시하였다(2003후2294).

4 무효심판과 정정심판이 동시에 계속되는 결과 초래되는 문제점에 대한 개선 방안

(1) 2003년 개정 일본 특허법

2003년 개정 일본특허법은 무효심판이 제기되어 그 심결이 확정되기까지는 원칙적으로 정정심판을 청구하지 못하도록 하였다(일본특허법 제126조 제2항 본문). 다만 심결취소소송의 제기일로부터 90일 이내에 한하여 정정심판을 청구할 수 있도록 하고(일본특허법 제126조 제2항 단서), 지적재산고등재판소는 결정으로 무효사건의 심결을 취소하여 심판관에게 환송할 수 있도록 하였다(일본특허법 제181조 제2항).

(2) 소송절차 중지신청의 활용 등

현재 임의규정인 제164조를 강행규정으로 보아야 한다는 견해, 무효심판과 정정심판의 병합제도를 도입해야 한다는 견해, 일본의 경우와 같이 심판청구의 시기적 제한을 두어야 한다는 견해 등이 제시되고 있다. 생각건대, 현행법상에서는 제164조를 적극적으로 활용하는 것이 가장 타당하다고 할 것이다.

제02절 정정심판과 침해소송과의 관계

1 민사소송의 경우

(1) 판례

1) 판례는 침해소송 1심 또는 2심 계속 중 당해 특허의 정정심결이 확정된 경우 제136조 제10항에 따라 정정 후 청구범위에 따라 발명의 내용을 확정해야 한다고 본다.
2) 다만, 침해소송의 상고심 계속 중 당해 특허의 정정심결이 확정된 경우 과거에는 "정정 전의 이 사건 특허발명을 대상으로 하여 무효 여부를 심리·판단한 원심판결에는 민사소송법 제451조 제1항 제8호 소정의 재심사유가 있으므로 결과적으로 판결에 영향을 끼친 법령위반의 위법이 있다."고 하여 원심판결을 파기하고 환송하였으나, 최근에는 민사소송법 제451조 제1항 제8호의 재심사유에 해당한다고 볼 수 없고 정정 전 명세서 등을 대상으로 원심법원의 판결이 위법한지를 살펴 위법한 경우에 한해 원심판결을 파기하는 것으로 태도를 변경하였다(2016후2522).

(2) 검토

1심 또는 2심의 사실심 법원은 정정심결의 소급효에 의해 정정 후 청구범위로 판단하는 것이 타당하나, 대법원은 변경된 사실관계를 반영하여 심리할 수 없는 법률심이므로 침해소송의 상고심 계속 중에 정정심결이 확정된 경우에는 정정 전 명세서로 원심판결의 위법여부를 심리함이 타당하다.

2 형사소송의 경우

(1) 판례

판례는 특허청구범위에 기재불비의 하자가 있어 권리범위를 인정할 수 없었던 특허발명에 대하여 그 특허청구범위를 정정하는 심결이 확정된 경우, 정정 전에 행하여진 피고인의 제품 제조, 판매 행위가 특허권 침해죄에 해당하는지 여부를 판단함에 있어 정정 전의 특허청구범위를 침해대상 특허발명으로 삼은 원심의 판단을 수긍하였다(2005도1262).

(2) 검토

정정심결의 소급효에 의해 정정 후의 명세서 및 도면의 내용대로 설정등록된 것으로 보아야 하지만, 특허권의 침해죄 성립여부를 정정 후의 청구범위를 기준으로 삼게 되면, 특허권자의 정정까지 예상할 수 없는 피고에게 지나치게 가혹한 점, 범죄구성여부의 판단시점은 행위시 법률에 의한다는 헌법 제13조 제1항 및 형법 제1조 제1항의 입법취지, 특허발명의 청구범위는 권리범위를 확정하여 대외적으로 공시하는 규범적 효력이 있는 점에 비추어 볼 때 판례의 태도는 타당하다.

CHAPTER 17 재심 (특허법 제178조 내지 제185조)

제178조(재심의 청구)
① 당사자는 확정된 특허취소결정 또는 확정된 심결에 대하여 재심을 청구할 수 있다.
② 제1항의 재심청구에 관하여는 「민사소송법」 제451조 및 제453조를 준용한다.

제179조(제3자에 의한 재심청구)
① 심판의 당사자가 공모하여 제3자의 권리나 이익을 사해(詐害)할 목적으로 심결을 하게 하였을 때에는 제3자는 그 확정된 심결에 대하여 재심을 청구할 수 있다.
② 제1항의 재심청구의 경우에는 심판의 당사자를 공동피청구인으로 한다.

제180조(재심청구의 기간)
① 당사자는 특허취소결정 또는 심결 확정 후 재심사유를 안 날부터 30일 이내에 재심을 청구하여야 한다.
② 대리권의 흠을 이유로 재심을 청구하는 경우에 제1항의 기간은 청구인 또는 법정대리인이 특허취소결정등본 또는 심결등본의 송달에 의하여 특허취소결정 또는 심결이 있는 것을 안 날의 다음 날부터 기산한다.
③ 특허취소결정 또는 심결 확정 후 3년이 지나면 재심을 청구할 수 없다.
④ 재심사유가 특허취소결정 또는 심결 확정 후 생겼을 때에는 제3항의 기간은 그 사유가 발생한 날의 다음 날부터 기산한다.
⑤ 제1항 및 제3항은 해당 심결 이전의 확정심결에 저촉된다는 이유로 재심을 청구하는 경우에는 적용하지 아니한다.

제181조(재심에 의하여 회복된 특허권의 효력 제한)
① 다음 각 호의 어느 하나에 해당하는 경우에 특허권의 효력은 해당 특허취소결정 또는 심결이 확정된 후 재심청구 등록 전에 선의로 수입하거나 국내에서 생산 또는 취득한 물건에는 미치지 아니한다.
  1. 무효가 된 특허권(존속기간이 연장등록된 특허권을 포함한다)이 재심에 의하여 회복된 경우
  2. 특허권의 권리범위에 속하지 아니한다는 심결이 확정된 후 재심에 의하여 그 심결과 상반되는 심결이 확정된 경우
  3. 거절한다는 취지의 심결이 있었던 특허출원 또는 특허권의 존속기간의 연장등록출원이 재심에 의하여 특허권의 설정등록 또는 특허권의 존속기간의 연장등록이 된 경우
  4. 취소된 특허권이 재심에 의하여 회복된 경우
② 제1항 각 호의 어느 하나에 해당하는 경우의 특허권의 효력은 다음 각 호의 어느 하나의 행위에 미치지 아니한다.
  1. 해당 특허취소결정 또는 심결이 확정된 후 재심청구 등록 전에 한 해당 발명의 선의의 실시
  2. 특허가 물건의 발명인 경우에는 그 물건의 생산에만 사용하는 물건을 해당 특허취소결정 또는 심결이 확정된 후 재심청구 등록 전에 선의로 생산·양도·대여 또는 수입하거나 양도 또는 대여의 청약을 하는 행위
  3. 특허가 방법의 발명인 경우에는 그 방법의 실시에만 사용하는 물건을 해당 특허취소결정 또는 심결이 확정된 후 재심청구 등록 전에 선의로 생산·양도·대여 또는 수입하거나 양도 또는 대여를 청약하는 행위

> **제182조(재심에 의하여 회복한 특허권에 대한 선사용자의 통상실시권)**
> 제181조제1항 각 호의 어느 하나에 해당하는 경우에 해당 특허취소결정 또는 심결이 확정된 후 재심청구 등록 전에 국내에서 선의로 그 발명의 실시사업을 하고 있는 자 또는 그 사업을 준비하고 있는 자는 실시하고 있거나 준비하고 있는 발명 및 사업목적의 범위에서 그 특허권에 관하여 통상실시권을 가진다.
>
> **제183조(재심에 의하여 통상실시권을 상실한 원권리자의 통상실시권)**
> ① 제138조제1항 또는 제3항에 따라 통상실시권을 허락한다는 심결이 확정된 후 재심에서 그 심결과 상반되는 심결이 확정된 경우에는 재심청구 등록 전에 선의로 국내에서 그 발명의 실시사업을 하고 있는 자 또는 그 사업을 준비하고 있는 자는 원(原)통상실시권의 사업목적 및 발명의 범위에서 그 특허권 또는 재심의 심결이 확정된 당시에 존재하는 전용실시권에 대하여 통상실시권을 가진다.
> ② 제1항에 따라 통상실시권을 가진 자는 특허권자 또는 전용실시권자에게 상당한 대가를 지급하여야 한다.
>
> **제184조(재심에서의 심판규정 등의 준용)**
> 특허취소결정 또는 심판에 대한 재심의 절차에 관하여는 그 성질에 반하지 아니하는 범위에서 특허취소신청 또는 심판의 절차에 관한 규정을 준용한다.
>
> **제185조(「민사소송법」의 준용)**
> 재심청구에 관하여는 「민사소송법」 제459조제1항을 준용한다.

1 의의 및 취지

재심이란 확정심결에 중대한 하자가 있는 경우 다시 심리하여 줄 것을 구하는 비상의 불복방법이다(특허법 제178조). 이는 법적 안정성과 구체적 타당성의 조화를 위함이다.

2 재심사유

(1) 당사자에 의한 재심청구 (특허법 제178조 제2항) – 민사소송법 제451조 준용

제178조 제2항에 준용하는 민사소송법 제451조 제1항 각호에서는,

1) 법률에 따라 판결법원을 구성하지 아니한 때,
2) 법률상 그 재판에 관여할 수 없는 법관이 관여한 때,
3) 법정대리권·소송대리권 또는 대리인이 소송행위를 하는 데에 필요한 권한의 수여에 흠이 있는 때(다만, 민사소송법 제60조 또는 제97조의 규정에 따라 추인한 때에는 그러하지 아니하다.),
4) 재판에 관여한 법관이 그 사건에 관하여 직무에 관한 죄를 범한 때,
5) 형사상 처벌을 받을 다른 사람의 행위로 말미암아 자백을 하였거나 판결에 영향을 미칠 공격 또는 방어방법의 제출에 방해를 받은 때,
6) 판결의 증거가 된 문서, 그 밖의 물건이 위조되거나 변조된 것인 때,
7) 증인·감정인·통역인의 거짓 진술 또는 당사자신문에 따른 당사자나 법정대리인의 거짓 진술이 판결의 증거가 된 때,

8) 판결의 기초가 된 민사나 형사의 판결, 그 밖의 재판 또는 행정처분이 다른 재판이나 행정처분에 따라 바뀐 때,
9) 판결에 영향을 미칠 중요한 사항에 관하여 판단을 누락한 때,
10) 재심을 제기할 판결이 전에 선고한 확정판결에 어긋나는 때,
11) 당사자가 상대방의 주소 또는 거소를 알고 있었음에도 있는 곳을 잘 모른다고 하거나 주소나 거소를 거짓으로 하여 소를 제기한 때'를 재심사유로 규정하고 있다. 한편, 판례는 이러한 재심사유는 확정된 종속판결에 대해 재심의 소를 제기할 수 있는 사유를 열거한 것이지 이를 예시한 것이라고 할 수 없다고 판시하였다(89누646).

(2) 제3자에 의한 재심청구 (특허법 제179조) – 사해심결

심판의 당사자가 공모하여 제3자의 권리나 이익을 사해(詐害)할 목적으로 심결을 하게 하였을 때에는 제3자는 그 확정된 심결에 대하여 재심을 청구할 수 있다(동조 제1항). 이 경우에는 심판의 당사자를 공동피청구인으로 한다(동조 제2항).

(3) 재심의 보충성

제178조 제2항에서 준용하는 민사소송법 제451조 제1항 단서에서는 "다만, 당사자가 상소에 의하여 그 사유를 주장하였거나, 이를 알고도 주장하지 아니한 때에는 그러하지 아니하다."고 규정하고 있다. 따라서 확정심결에 재심사유가 존재하더라도 심결취소소송 등에서 이를 주장하였거나, 알고도 주장하지 않았다면 그 사유를 이유로 재심을 청구할 수 없다.

3 재심청구

(1) 청구인 및 피청구인

확정심결로 인해 불리한 효력을 받는 당사자가 청구인이 되며, 사해심결의 경우 심판 당사자를 공동피청구인으로 해야 한다.

(2) 대상

재심청구의 대상은 확정된 종국심결 또는 특허취소결정이므로, 미확정심결은 재심의 대상이 될 수 없고, 부적법한 송달의 경우 심결이 확정된 것으로 볼 수 없으므로 재심의 대상이 될 수 없다.

(3) 기간

1) 재심의 청구기간

   가. 원칙과 예외

   당사자는 특허취소결정 또는 심결 확정 후 재심사유를 안 날부터 30일 이내에 재심을 청구하여야 한다(특허법 제180조 제1항). 대리권의 흠을 이유로 재심을 청구하는 경우에 위 기간은 청구인 또는 법정대리인이 특허취소결정등본 또는 심결등본의 송달에 의하여 특허취소결정 또는 심결이 있는 것을 안 날의 다음 날부터 기산한다(특허법 제180조 제2항). 해당 심결 이전의 확정

심결에 저촉된다는 이유로 재심을 청구하는 경우에는 이를 적용하지 아니한다(특허법 제180조 제5항).

나. 추후보완

당사자의 절차권 확보를 위해 재심청구기간은 추후보완의 대상이 된다(특허법 제17조). 따라서 특허에 관한 절차를 밟은 자가 책임질 수 없는 사유로 재심청구기간을 지키지 못한 경우에는 그 사유가 소멸한 날부터 2개월 이내에 지키지 못한 절차를 추후 보완할 수 있다. 다만, 그 기간의 만료일부터 1년이 지났을 때에는 그러하지 아니하다.

2) 제척기간 (특허법 제180조 제3항)

특허취소결정 또는 심결 확정 후 3년이 지나면 재심을 청구할 수 없다. 이는 재심사유가 내재된 확정심결 또는 취소결정이라고 하더라도 재심의 청구가 없었던 이상 이를 신뢰한 자를 보호하기 위함이다. 재심사유가 특허취소결정 또는 심결 확정 후에 생겼을 경우 위 기간은 그 사유가 발생한 날의 다음 날부터 기산한다(특허법 제180조 제4항). 해당 심결 이전의 확정심결에 저촉된다는 이유로 재심을 청구하는 경우에는 적용하지 아니한다(특허법 제180조 제5항).

(4) 관할

제178조 제2항에서 준용하는 민사소송법 제453조 제1항에서는 "재심은 재심을 제기할 판결을 한 법원의 전속관할로 한다."고 규정하고 있다. 따라서 재심을 청구하고자 하는 자는 재심청구서를 특허심판원장에게 제출해야 한다.

4 심리 및 심결

(1) 서설

재심은 적법한지 여부와 재심사유가 있는지 여부에 관한 심리를 본안에 관한 심리와 분리하여 먼저 할 수 있다(민사소송법 제454조 제1항).

(2) 적법여부 심리 – 각하 심결

재심기간을 도과하여 재심청구한 경우, 심결이 확정되기 전에 재심청구한 경우, 제178조 및 제179조에 열거된 재심사유가 아닌 다른 사유를 재심사유로 주장하는 경우는 부적법하여 각하심결을 한다(2010허2926).

(3) 재심사유 존부 심리 – 기각 심결

재심의 소가 제기되면 먼저 재심사유가 이유 있는지의 여부를 조사·심리한 다음, 재심사유가 이유 있는 것으로 인정되는 경우에만 본안에 관한 심리에 들어가게 되는 것이므로, 주장하는 재심사유가 이유 없는 것으로 판명될 때는 본안에 관하여는 심리할 필요도 없이 바로 종국판결로 재심청구를 기각한다(90다카21886)[194].

---

194) 일부는 재심사유가 이유 없는 경우도 적법요건으로 보아 각하심결해야 한다고 주장하기도 한다(동국대학교 법과대학 교수 최성호 논문).

(4) 본안심리

재심사유가 이유 있는 것으로 인정되면 본안심리를 한다. 이때는 재심의 성질에 반하지 아니하는 범위에서 특허취소신청 또는 심판의 절차에 관한 규정을 준용한다(특허법 제184조).

재심사유가 이유 있고, 원심결이 부당한 경우는 원심결을 취소하고, 새로운 심결을 한다.

재심사유가 이유 있으나, 원심결이 정당한 경우는 민사소송법 제460조를 준용하여 기각심결을 할 것이다.

(5) 불복

심판에 대한 재심절차에 관하여는 그 성질에 반하지 않는 한 심판의 절차에 관한 규정을 준용하므로, 재심청구의 심결에 대해서는 심결취소소송(제186조)을 통해 불복할 수 있다.

5 효과

(1) 일반적 효과

일반적 확정심결과 같이 기속력, 형식적 확정력, 실질적 확정력이 인정되며, 일사부재리의 원칙(특허법 제163조)이 적용된다.

(2) 재심에 의해 회복된 특허권의 효력제한 (특허법 제181조)

1) 요건

ⅰ) 무효가 된 특허권(존속기간이 연장등록된 특허권을 포함한다)이 재심에 의하여 회복된 경우, ⅱ) 특허권의 권리범위에 속하지 아니한다는 심결이 확정된 후 재심에 의하여 그 심결과 상반되는 심결이 확정된 경우, ⅲ) 거절한다는 취지의 심결이 있었던 특허출원 또는 특허권의 존속기간의 연장등록출원이 재심에 의하여 특허권의 설정등록 또는 특허권의 존속기간의 연장등록이 된 경우, ⅳ) 취소된 특허권이 재심에 의하여 회복된 경우 중 어느 하나에 해당해야 한다.

2) 효과

특허권의 효력은 ⅰ) 해당 특허취소결정 또는 심결이 확정된 후 재심청구 등록 전에 선의로 수입하거나 국내에서 생산 또는 취득한 물건(특허법 제181조 제1항), ⅱ) 해당 특허취소결정 또는 심결이 확정된 후 재심청구 등록 전에 한 해당 발명의 선의의 실시, ⅲ) 특허가 물건의 발명인 경우에는 그 물건의 생산에만 사용하는 물건을 해당 특허취소결정 또는 심결이 확정된 후 재심청구 등록 전에 선의로 생산·양도·대여 또는 수입하거나 양도 또는 대여의 청약을 하는 행위, ⅳ) 특허가 방법의 발명인 경우에는 그 방법의 실시에만 사용하는 물건을 해당 특허취소결정 또는 심결이 확정된 후 재심청구 등록 전에 선의로 생산·양도·대여 또는 수입하거나 양도 또는 대여를 청약하는 행위에는 미치지 아니한다(특허법 제181조 제2항).

(3) 후용권 (특허법 제182조)

1) 요건

제181조 제1항 각 호의 어느 하나에 해당하는 경우에 해당 특허취소결정 또는 심결이 확정된 후 재심청구 등록 전에 국내에서 선의로 그 발명의 실시사업을 하고 있는 자 또는 그 사업을 준비하고 있는 자는 실시하고 있거나 준비하고 있는 발명 및 사업목적의 범위에서 그 특허권에 관하여 통상실시권을 가진다. 이는 특허청의 처분을 신뢰한 자 및 기존의 산업설비를 보호하기 위함이다.

2) 효과

법정요건을 충족한 때 무상의 법정실시권이 발생하며, 등록하지 아니하여도 후에 특허권, 전용실시권을 취득한 자에 대하여도 효력이 있고 (특허법 제118조), 통상실시권인 이상 배타적 효력은 없다.

(4) 재심의 의하여 통상실시권을 상실한 원권리자의 통상실시권 (특허법 제183조)

1) 요건

제138조 제1항 또는 제3항에 따라 통상실시권을 허락한다는 심결이 확정된 후 재심에서 그 심결과 상반되는 심결이 확정된 경우에는 재심청구 등록 전에 선의로 국내에서 그 발명의 실시사업을 하고 있는 자 또는 그 사업을 준비하고 있는 자는 원(原)통상실시권의 사업목적 및 발명의 범위에서 그 특허권 또는 재심의 심결이 확정된 당시에 존재하는 전용실시권에 대하여 통상실시권을 가진다. 이는 특허청의 처분을 신뢰한 자 및 기존의 산업설비를 보호하기 위함이다.

2) 효과

법정요건을 충족한 때 유상의 법정실시권이 발생하며, 등록하지 아니하여도 후에 특허권, 전용실시권을 취득한 자에 대하여도 효력이 있고 (특허법 제118조), 통상실시권인 이상 배타적 효력은 없다.

PATENT LAW

PART 14

심결취소소송

CHAPTER 01 심결취소소송 일반

> **제186조(심결 등에 대한 소)**
> ① 특허취소결정 또는 심결에 대한 소 및 특허취소신청서·심판청구서·재심청구서의 각하결정에 대한 소는 특허법원의 전속관할로 한다.
> ② 제1항에 따른 소는 다음 각 호의 자만 제기할 수 있다.
>   1. 당사자
>   2. 참가인
>   3. 해당 특허취소신청의 심리, 심판 또는 재심에 참가신청을 하였으나 신청이 거부된 자
> ③ 제1항에 따른 소는 심결 또는 결정의 등본을 송달받은 날부터 30일 이내에 제기하여야 한다.
> ④ 제3항의 기간은 불변기간으로 한다.
> ⑤ 심판장은 주소 또는 거소가 멀리 떨어진 곳에 있거나 교통이 불편한 지역에 있는 자를 위하여 직권으로 제4항의 불변기간에 대하여 부가기간을 정할 수 있다.
> ⑥ 특허취소를 신청할 수 있는 사항 또는 심판을 청구할 수 있는 사항에 관한 소는 특허취소결정이나 심결에 대한 것이 아니면 제기할 수 없다. 〈개정 2016. 2. 29.〉
> ⑦ 제162조제2항제5호에 따른 대가의 심결 및 제165조제1항에 따른 심판비용의 심결 또는 결정에 대해서는 독립하여 제1항에 따른 소를 제기할 수 없다.
> ⑧ 제1항에 따른 특허법원의 판결에 대해서는 대법원에 상고할 수 있다.
>
> **제187조(피고적격)**
> 제186조제1항에 따라 소를 제기하는 경우에는 특허청장을 피고로 하여야 한다. 다만, 제133조제1항, 제134조제1항·제2항, 제135조제1항·제2항, 제137조제1항 또는 제138조제1항·제3항에 따른 심판 또는 그 재심의 심결에 대한 소를 제기하는 경우에는 그 청구인 또는 피청구인을 피고로 하여야 한다.
>
> **제189조(심결 또는 결정의 취소)**
> ① 법원은 제186조제1항에 따라 소가 제기된 경우에 그 청구가 이유 있다고 인정할 때에는 판결로써 해당 심결 또는 결정을 취소하여야 한다.
> ② 심판관은 제1항에 따라 심결 또는 결정의 취소판결이 확정되었을 때에는 다시 심리를 하여 심결 또는 결정을 하여야 한다.
> ③ 제1항에 따른 판결에서 취소의 기본이 된 이유는 그 사건에 대하여 특허심판원을 기속한다.

1 의의, 성격 및 관할

(1) 의의

심결취소소송은 항고소송으로서 당사자가 주장하는 심결의 실체적·절차적 위법사유를 심리하는 절차다.

(2) 성격

심결취소소송은 행정소송의 일종으로 특허법원을 1심으로 하여 제기하지만, 특허심판원의 심결을 불복의 대상으로 한다는 점에서 실질적으로 항소심적 성격을 갖는다. 다만, 심급의 연속성은 인정되지 않는다는 것이 통설, 판례이다.

(3) 관할

심결취소소송은 특허법원의 전속관할로 한다(특허법 제186조 제1항).

② 소송요건

(1) 심판전치주의

제186조 제6항에서 "특허취소를 신청할 수 있는 사항 또는 심판을 청구할 수 있는 사항에 관한 소는 특허취소결정이나 심결에 대한 것이 아니면 제기할 수 없다."고 규정하여 심판전치주의를 취하고 있다. 이는 특허 관련 분쟁에 전문지식이 필요하다는 점을 반영한 것이다. 따라서 심결취소소송의 대상은 특허심판원의 심결, 취소결정 또는 심판청구서의 각하결정이 대상이 된다.

(2) 당사자

1) 원고 (특허법 제186조 제2항)

당사자, 참가인, 또는 해당 특허취소신청의 심리, 심단 또는 재심에 참가신청을 하였으나 신청이 거부된 자만이 심결취소소송을 제기할 수 있다. 이는 특허권은 대세적 효력을 갖는 권리라는 점에서 이해관계에 있는 자가 많으므로 원고적격을 제한하여 소송의 남용이나 지연을 방지하기 위함이다.

2) 피고

취소결정, 각하결정, 결정계 심판의 경우 특허청장이, 당사자계 심판의 경우 심판청구인 또는 피청구인이 피고가 된다.

(3) 제소시기

심결취소소송은 심결 또는 결정의 등본을 송달받은 날부터 30일 이내에 제기하여야 한다(특허법 제186조 제3항). 심판장은 주소 또는 거소가 멀리 떨어진 곳에 있거나 교통이 불편한 지역에 있는 자를 위하여 직권으로 위의 불변기간에 대하여 부가기간을 정할 수 있다[195] (특허법 제186조 제5항).

③ 소송물

(1) 심결의 위법성 일반

심결취소소송의 소송물은 행정소송 중 항고소송의 경우와 같이 취소를 구하는 심결의 위법성 일반이다. 이에는 심결의 실질적 판단의 위법인 실체상의 위법과 심판절차의 위법인 절차상의 위법이 포함된다[196].

---

[195] 구 상표법(2007. 1. 3. 법률 제8190호로 개정되기 전의 것) 제86조 제2항에 의하여 준용되는 특허법 제186조 제5항에 의하면 심판장은 원격 또는 교통이 불편한 지역에 있는 자를 위하여 직권으로 심결취소소송을 제기할 수 있는 기간에 대하여 부가기간을 정할 수 있으나, 같은 조 제4항이 심결취소소송의 제소기간은 불변기간으로 한다고 규정하고 있는 점에 비추어, 제소기간의 연장을 위한 부가기간의 지정은 제소기간 내에 이루어져야만 효력이 있고, 단순히 부가기간지정신청이 제소기간 내에 있었다는 점만으로는 불변기간인 제소기간이 당연히 연장되는 것이라고 할 수 없다(2007후4649).

(2) 청구범위의 청구항이 2이상인 경우

특허무효심판, 권리범위확인심판은 2이상의 청구항에 대해 심판이 청구된 경우 청구항별로 본안 심결을 하므로, 제소기간 내에 2이상의 청구항 중 일부 청구항에 대해서만 심결취소소송을 제기할 수도 있을 것이다. 만약 일부 청구항에 대해서만 심결취소소송을 제기했다면 심결취소소송을 제기하지 않은 나머지 청구항에 대한 심결은 확정되었다고 봄이 타당하다.

4 심결의 위법성 판단시점

(1) 문제점

심결취소소송의 심리에 있어서, 특허심판원이 행한 심결의 위법성 여부에 대한 판단시점이 문제된다.

(2) 학설

심결시를 기준으로 해야한다는 처분시설과 변론종결시를 기준으로 해야한다는 변론종결시설이 대립한다.

(3) 판례

판례는 "특허심판원의 심결에 대한 취소소송은 행정처분인 심결이 적법한지 여부를 판단하는 것이므로 심결의 위법 여부는 '심결 당시의 법령과 사실상태'를 기준으로 판단하여야 하고, 심결이 있은 이후 비로소 발생한 사실을 판단의 근거로 삼을 수는 없다"고 판시하여(99후2211), 처분시설의 입장이다.

(4) 검토

법원이 심결 이후의 사정을 고려하여 심결의 위법성을 판단하는 것은 특허청의 제1차적인 판단권을 침해하는 것이고, 판결의 지연 등에 따라 결론이 달라지는 불합리가 있으므로 처분시설이 타당하다.

5 심리 및 판단

심결취소소송은 행정소송의 하나로 특허법에 특별한 규정이 없는 한 행정소송법이 준용되며, 행정소송법에 특별한 규정이 없는 한 민사소송법이 준용되므로 (행정소송법 제8조 제2항), 처분권주의, 변론주의, 공개주의, 구술주의 등 민사소송법상의 심리원칙이 준용된다.

6 소송의 종료

(1) 소취하

소 취하가 가능하나 본안에 관한 답변서나 준비서면이 제출된 후 원고가 소를 취하고자 하는 때는 피고의 동의를 얻어야 한다(민사소송법 제266조 제2항 참고).

---

196) 심판청구가 부적법하여 각하심결했어야 할 것을 본안심결한 경우도 포함한다.

(2) 판결

1) 심결, 결정의 취소 및 필수적 환송

법원은 심결취소의 소가 제기된 경우에 그 청구가 이유 있다고 인정할 때에는 판결로써 해당 심결 또는 결정을 취소하여야 하고 (특허법 제189조 제1항), 권한배분의 원칙상 자판할 수 없으며 필수적으로 특허심판원에 환송해야 한다.

2) 기속력

가. 내용

심판관은 심결 또는 결정의 취소판결이 확정되었을 때에는 다시 심리를 하여 심결 또는 결정을 하여야 하고 (특허법 제189조 제2항), 취소의 기본이 된 이유는 그 사건에 대하여 특허심판원을 기속한다(특허법 제189조 제3항).

나. 새로운 증거

판례는 "심결을 취소하는 판결이 확정된 경우, 그 취소의 기본이 된 이유는 그 사건에 대하여 특허심판원을 기속하는 것인바, 이 경우의 기속력은 취소의 이유가 된 심결의 사실상 및 법률상 판단이 정당하지 않다는 점에 있어서 발생하는 것이므로, 취소 후의 심리과정에서 새로운 증거가 제출되어 기속적 판단의 기초가 되는 증거관계에 변동이 생기는 등의 특단의 사정이 없는 한, 특허심판원은 위 확정된 취소판결에서 위법이라고 판단된 이유와 동일한 이유로 종전의 심결과 동일한 결론의 심결을 할 수 없고, 여기에서 새로운 증거라 함은 적어도 취소된 심결이 행하여진 심판절차 내지는 그 심결의 취소소송에서 채택, 조사되지 않은 것으로서 심결취소판결의 결론을 번복하기에 족한 증명력을 가지는 증거라고 보아야 한다."고 판시하였다 (2001후96).

(3) 불복

1) 민사소송법에 따라 판결정본 송달일로부터 2주 내에 특허법원의 판결에 대하여 대법원에 상고할 수 있다. 상고장은 상소장 원심법원제출주의에 따라 특허법원에 제출하며, 상고심 절차에 관한 특례법이 적용된다.

2) 상소는 자기에게 불이익한 재판에 대하여 자기에게 유리하도록 그 취소 및 변경을 구하는 것이므로 전부 승소한 원심판결에 대한 상고는 판결이유에 불만이 있더라도 상고를 제기할 이익이 없어 허용될 수 없다.

7 심결취소판결 확정 후 환송심 관련 쟁점

(1) 정정된 전체 청구항에 대한 취소판결

1) 심결취소의 범위

대법원은 정정발명 중 어느 한 항의 심결 부분이 위법한 경우, 정정청구가 걸쳐져 있는 다른 청구항 부분의 심결도 따로 확정되지 못한 채 함께 취소되어야 한다고 판시한다(2017후1830, 2015허8226).

2) 취소판결의 효력 - 기속력의 범위

또한, 정정청구가 모두 걸쳐져 있다는 이유로 다른 정정발명에 관한 부분까지 포함하여 심결을 취소한 확정된 취소판결의 기속력이 미치는 범위는 취소의 기본이 된 이유가 되는 정정발명에 관한 원심결의 사실상 및 법률상 판단이 정당하지 않다는 점에서만 발생한다고 판시하였다(2017후1830).

(2) 존속기간연장등록 전체 무효심결에 대한 취소판결[197]

1) 심결취소의 범위

대법원은 연장등록기간 중 어느 한 기간에 대한 심결이 위법하여 이를 인용하는 이상, 그 기간을 포함하는 연장등록된 기간 전체에 영향을 미치게 되므로 모두 함께 취소되어야 한다고 본다(2020후11752, 2019허3588).

2) 취소판결의 효력 - 기속력의 범위

또한 심결의 판단이 위법한 기간을 포함하는 연장등록된 기간 전체에 대한 심결을 취소한 경우, 심결의 판단이 적법한 기간의 판단에 대하여는 기속력이 발생하는 것이 아니라고 판시하였다(2020후11752).

(3) 심결취소판결 확정 이후 특허심판원의 통지 의무

① 특허법원은 특허심판원으로서는 심결 취소판결이 확정되어 재심리할 때에는 심판청구인으로 하여금 새로운 증거를 제출할 수 있도록 기간을 부여하고, 새로운 증거가 제출된 경우 피청구인에게도 기간을 정하여 답변서를 제출할 수 있는 기회를 주어야 한다고 판시한다(2018허4201).

② 이에 따라, 만약 특허심판원이 심결취소판결 확정 이후 심판관지정통지, 우선심판결정통지, 심리종결통지를 하면서 상당한 기간을 부여하지 않아 심판당사자들로 하여금 특허법에서 규정하고 있는 증거제출 기회나 심판절차 진행이나 심리에 관여할 수 있는 권리를 사실상 행사할 수 없도록 하였다면 그 심결은 절차상 위법이 있다고 판시한다(2018허4201).

(4) 심결취소판결 확정 이후 특허심판원의 정정청구의 기회 부여 의무

① 대법원은 특허심판원이 취소판결에 따라 다시 심판을 진행하면서 당사자로 하여금 취소판결의 소송절차에서 제출되었던 증거를 다시 제출하도록 통지하였으나 당사자로부터의 증거제출이 없어 이를 실제로 제출받지 아니한 채 이 사건 심결을 하였더라도, 그러한 사정만으로 곧바로 특허권자에게 의견을 제출할 기회를 주지 않았다거나 정정청구의 기회를 박탈한 위법이 있다고 할 수 없다고 판시한다(2009후2975).

② 같은 취지에서 특허법원은 당사자가 취소소송에서 이미 제출되어 새로운 증거에 해당하지 아니한 증거를 제출한 경우에 특허권자는 이미 취소소송이 계속 중인 동안에 정정심판을 청구할

---

[197] 이 사건 초과기간인 187일에 대한 무효심경에 대한 취소 소송에서 복허법원은 기간(132일)부분 심절의 판단은 위법하고 기간2(55일) 부분 심결의 판단은 적법하다고 판단하였고 대법원은 특허법원의 취소판결의 이유에 있어 기간2(55일) 부분 판단에 대하여는 취소판결의 기속력이 발생하는 것이 아니라고 보았다(2020후11752).

수 있었으므로 그 증거에 관한 그러한 사정만으로 특허권자에게 증거의 제출로 인한 정정청구의 기회를 박탈한 위법이 있다고 할 수는 없다고 판시한다(2020허7296).

8 관련문제

(1) 제소기간 산정에 관한 법규

1) 문제점

특허법 제14조 제4호는 특허에 관한 절차에 대해서는 근로자의 날도 공휴일로 보는데 행정처분에 대한 소 제기가 특허에 관한 절차에 해당하여 본 규정이 적용되는지 문제된다.

2) 판례

법원은 심결에 대한 소를 특허에 관한 절차로 보지 않으며, 심결에 대한 소의 제소기간을 계산할 때는 특허법 제14조 제4호가 적용되지 않고, 민법 제161조가 적용된다고 보며, 근로자의 날을 공휴일로 보지 않는다(2013후1573).

3) 검토

생각건대 특허법 제5조에서 특허에 관한 절차와 소의 제기를 구별하여 규정하고 있는 점, 특허법 제15조와 제186조에서 특허에 관한 절차의 기간의 연장과 심결에 대한 소의 제소기간의 부가를 구별하여 규정하고 있는 점에 비추면, 특허에 관한 절차에는 심결에 대한 소가 포함되지 않는다고 봄이 타당하다.

따라서 판례의 태도와 같이 심결에 대한 소의 제소기간을 계산할 때는 특허법 제14조 제4호가 아닌, 민법 제161조를 적용하고, 민법에서는 근로자의 날을 명시적으로 공휴일로 보고 있지 않으므로, 제소기간의 만료일이 근로자의 날인 경우 그 날로 기간이 만료한다고 보아야 할 것이다.

CHAPTER 02 소의 이익

1 서

(1) 심결취소소송의 소의 이익은 심결의 취소를 구할 법률상 이익이 있는지 여부에 의하여 판단된다. 심결의 효력이 그대로 존속하고 있는 한 심판절차에서 불리한 심결을 받은 당사자는 원칙적으로 심결을 취소하여 현재의 법적 상태를 그것이 없었던 상태로 되돌리는 원상회복을 청구할 이익이 있다.

(2) 다만 예외적으로 심결의 효력이 현재 그대로 존속하고 있기는 하나, 다른 사정에 의하여 심결 자체가 더 이상 무의미하게 되거나 또는 심결을 취소하지 않고 그대로 내버려두더라도 원고에게 더 이상 법률상 불이익이 없게 된 경우 심결을 취소하더라도 더 이상 유리한 심결을 받을 가능성이 없게 된 경우 등에는 원고가 심결취소소송으로써 자신에게 불리한 심결의 취소를 구할 법률상 이익이 없다고 하여야 할 것이다.

2 소의 이익의 의의

소의 이익이란 당사자가 소송을 이용할 정당한 이익 또는 필요성이다. 무익한 소를 배제하기 위한 소송요건 중 하나로, 소송요건을 흠결한 소송은 부적법한 것으로서, 법원은 소각하 판결을 해야 한다.

3 심판청구의 이익과 소의 이익의 구별

(1) 심결과 심결취소소송 사이에 소송법상 심급의 연속성이 없으므로, 심판을 청구할 이익과 심결취소소송을 제기할 이익은 엄밀히 구별되어야 하고, 심판청구의 이익이 흠결된 경우에는 심판청구가 각하되어야 하고, 심결취소소송에서 소의 이익이 흠결된 경우에는 소가 각하되어야 한다.

(2) 한편, 판단의 기준시점에 있어서도 심판청구의 이익은 심결시를 기준으로, 소의 이익은 원칙적으로 특허법원의 사실심 변론종결시 및 예외적으로 상고심 종결시를 기준으로 판단된다. 소의 이익은 갖추었으나 심판청구의 이익이 흠결되었다면 특허법원으로서는 심판의 이익이 없어 심판청구를 각하하여야 함에도 본안판단을 하였다는 절차적 위법을 이유로 심결을 취소하여야 한다.

(3) 그리고 심결취소소송 단계에서 소의 이익을 갖추지 못하였으면 심판청구의 이익의 유무에 관계없이 소의 이익이 없다는 이유로 소를 각하하여야 하므로, 어떤 구체적 사정이 심판청구의 이익과 소의 이익이 공통되는 경우에는 소의 이익의 유무를 먼저 판단한다.

CHAPTER 03 당사자

제01절 심결취소소송의 원고적격에 대한 쟁점

1 심판계속 중 특허권의 특정승계가 있는 경우 심결취소소송의 원고적격

(1) 문제점

심판계속 중 일반승계가 있는 경우 제20조 내지 제22조에 의해 수계한 당사자에게 심결취소소송의 원고적격이 인정된다. 한편, 특정승계가 있는 경우 제19조 규정의 해석과 관련하여 구권리자를 당사자로 하여 난 심결의 심결취소소송의 원고적격이 문제된다.

(2) 학설

제19조의 권리승계인에 대한 속행명령은 심판장의 재량사항으로 보아 구권리자만이 원고적격이 있다는 견해와 제19조의 권리승계인에 대한 속행명령은 심판장의 의무로 보아 속행명령을 누락했어도 승계인도 원고적격이 있다는 견해가 있다.

(3) 판례

1) 판례는 심판계속 중 권리가 이전되었음에도 불구하고 종전 권리자에게 심결한 사건에서 권리의 승계인도 심결의 당사자로서 심결에 대한 취소소송을 제기할 수 있다고 본 바 있다.[198)199)]
2) 다만 법원은 특정승계인이 특허출원인변경신고를 하지 않은 상태라면, 취소의 소를 제기할 수 있는 당사자 등에 해당하지 않으므로, 그가 제기한 취소의 소는 부적법하다고 보았으며, 또한 특정승계인이 취소의 소를 제기한 후 특허출원인변경신고를 하였더라도 그 변경신고 시기가 취소의 소 제기기간이 지난 후라면 제기기간 내에 적법한 취소의 소 제기가 없었다고 보아 취소의 소가 부적법하기는 마찬가지라고 보았다(2015후321 판결).

(4) 검토

생각건대, 권리의 특별승계가 있는 경우 일반승계와 달리 승계인으로 하여금 당사자의 지위를 당연히 승계케 하는 규정이 없다. 다만, 구권리자로서는 절차 진행에 소극적일 수 밖에 없어, 권리승계인은 자신의 권리를 보호하기 위해 절차를 진행할 수 있어야 한다. 이에 구체적 타당성의 견지에서 권리승계인도 제19조의 속행명령을 받았다면 당사자가 될 수 있는 지위에 있었던 바, 속행명령을 받지 않았어도 실질적으로 심판의 당사자에 포함된다고 보아 원고적격을 인정함이 타당하다.

---

198) 2003허1697
199) 특허청장 또는 심판장의 승계인에 대한 절차 속행 여부는 기속재량행위로서, 심판절차 진행 중 상표권 또는 상표에 관한 권리가 이전되면 심판장으로서는, 극히 예외적인 경우를 제외하고는 원칙적으로 승계인에 대하여 절차를 속행하여야 하는 것이다(2017허8404)

2 심결 후 특허권의 특정승계가 있는 경우 심결취소소송의 원고적격

판례는 "제186조 제2항은 '당사자, 참가인 또는 당해 심판 등에 참가신청을 하였으나 그 신청이 거부된 자'를 심결 등 취소소송의 원고적격자로 열거하고 있으나, 심결의 효력은 원고와 같이 그 심결 후에 특허권을 양수한 특정승계인에게 미치므로, 원고와 같은 양수인도 심결취소소송의 원고적격을 가진다고 해석함이 타당하다."고 판시하였다(2009허67779).

3 소 제기 후 권리의 승계 효력이 발생한 경우

(1) 판례

법원은 특정승계인이 특허출원인변경신고를 하지 않은 상태에서는 취소의 소를 제기할 수 있는 당사자 등에 해당하지 않으므로, 그가 제기한 취소의 소는 부적법하다고 보았다. 또한 특정승계인이 취소의 소를 제기한 후 특허출원인변경신고를 하였더라도 그 변경신고 시기가 취소의 소 제기기간이 지난 후라면 제기기간 내에 적법한 취소의 소 제기가 없었다고 보아 취소의 소가 부적법하기는 마찬가지라고 본다(2015후321).

(2) 검토

생각건대 심판 계속 중 권리를 승계한 권리승계인에게 절차속행명령을 받아 당사자가 될 수 있는 지위에 있었음을 고려해 원고적격을 인정할 수 있다고 하더라도, 권리승계의 효력이 발생하기 위해서는 상속, 그 밖의 일반승계의 경우가 아닌 한 특허출원인변경신고를 하여야만 한다(특허법 제38조 제4항).

제02절 공유자 중 1인의 심결취소소송 제기

1 문제점

공유인 특허권에 대한 심판청구의 경우 명문으로 공유자 전원이 공동으로 제기하여야 한다고 규정하고 있으나 (특허법 제139조 제3항), 심결취소소송의 경우 명문의 규정이 없어 공유자 중 1인의 심결취소소송의 제기가 적법한지 문제된다.

2 학설

특허권의 공동소유관계는 준합유의 관계로 보아 관리처분권이 공동 귀속되며 심결취소소송은 보존행위로 볼 수 없어 고유필수적 공동소송에 해당하여 전원이 심결취소소송을 제기해야 한다는 견해와 특허권의 공동소유관계는 공유이므로 공유자 중 1인도 심결취소소송을 제기할 수 있다는 견해가 있다.

3 판례

판례는 "상표권의 공유자가 그 상표권의 효력에 관한 심판에서 패소한 경우에 제기할 심결취소소송은 공유자 전원이 공동으로 제기하여야만 하는 고유필수적 공동소송이라고 할 수 없고, 공유자의 1인이라도 당해 상표등록을 무효로 하거나 권리행사를 제한·방해하는 심결이 있는 때에는 그 권리의 소멸을 방지하거나 그 권리행사방해배제를 위하여 단독으로 그 심결의 취소를 구할 수 있다."고 판시하였다(2002후567).

4 검토

생각건대, 특허법상 특허권의 공동소유는 공동 목적에 기해 조합체를 형성하여 권리를 함유하고 있다고 볼 수 없는 이상 공유의 관계로 봄이 타당하므로 고유필수적 공동소송으로 볼 수 없다. 다만 특허권의 공동소유를 공유로 본다 하더라도 특허법의 성질에 반하면 1인의 소 제기가 가능하다는 민법규정을 적용하지 못할 수가 있다.

이와 관련하여 특허법상 심판이 공동으로 제기된 경우 심결은 다수 당사자에 대해 합일적으로 확정되어야 한다는 성질이 있는데, 공유자 중 1인이 심결취소소송을 제기하더라도 승소할 경우 취소판결의 효력은 행정소송법 제29조 제1항에 따라 다른 공유자에게도 미쳐 심판원에서 공유자 전원에 대해 심판절차가 재개되어 합일확정의 요청이 충족되고, 패소할 경우 이미 심판절차에서 패소한 다른 공유자의 권리에 영향을 미치지 않아 합일확정의 요청에 반하지 않는다. 따라서 민법상의 공유와 마찬가지로 1인의 소 제기가 가능하다고 보더라도 특허법의 성질에 반하지 않는다.

오히려 심결취소소송을 공유자 전원이 제기해야한다고 보면, 공유자 일부가 협력하지 않는 경우 다른 공유자의 권리행사에 장애를 받거나 그 권리가 소멸하여 재산권이 침해되는 부당함이 있는 바, 공유자 중 1인도 심결취소소송을 제기할 수 있다고 봄이 타당하다.

CHAPTER 04 심리

1 심리원칙

(1) 심리 제 원칙

1) 심결취소소송은 행정소송의 일종으로 특허법에 특별한 규정이 없는 한 행정소송법을, 행정소송법상 규정이 없는 경우 민사소송법을 준용한다.
2) 행정소송의 일종인 심결취소소송에 직권주의가 가미되어 있다고 하더라도 여전히 변론주의를 기본 구조로 하는 이상, 심결의 위법을 들어 그 취소를 청구할 때에는 직권조사사항을 제외하고는 그 취소를 구하는 자가 위법사유에 해당하는 구체적 사실을 먼저 주장하여야 하고, 따라서 법원이 당사자가 주장하지도 않은 법률요건에 관하여 판단하는 것은 변론주의 원칙에 위배되는 것이다.

(2) 증명책임

1) 증명책임이란 소송상 어느 요증사실의 존부가 확정되지 않을 때에 당해 사실이 존재하지 않는 것으로 취급되어 법률판단을 받게 되는 당사자 일방의 위험 또는 불이익을 의미한다.
2) 민사소송과 마찬가지로 심결취소소송의 경우에도 법률규정의 구조에 따라 증명책임을 분배하는 법률요건분류설에 의하여 자신에게 유리한 요건사실을 증명해야 한다.

(3) 자백

1) 행정소송인 심결취소소송에서도 원칙적으로 변론주의가 적용되므로 자백 또는 의제자백도 인정되나, 자백의 대상은 사실이고, 이러한 사실에 대한 법적 판단 내지 평가는 자백의 대상이 되지 아니한다.
2) ⅰ) 발명의 공지시기, ⅱ) 선행발명의 구성요소, ⅲ) 피심판청구인의 확인대상발명 실시여부는 주요 사실에 대한 진술로서 자백의 대상이 된다.
3) ⅰ) 발명의 동일·유사여부, ⅱ) 신규성·진보성 판단, ⅲ) 청구항의 해석 등은 법적 평가 내지 판단사항이므로 자백의 대상이 될 수 없다.

2 심리범위

(1) 문제점

심결취소소송에 있어서 판단대상은 실체상 판단의 위법과 절차상 판단의 위법을 포함하는 심결의 위법성 일반이다. 행정소송의 경우 심판에서 주장하지 않은 사실도 법원에 주장하는 것이 가능하나, 심결취소소송의 경우 심결전치주의를 취하고 있고 (특허법 제186조 제6항), 고도의 전문화된 분야라는 점에서 새로운 공격방어방법의 심리가 가능한지 문제된다.

(2) 학설

ⅰ) 무제한설은 심결취소소송을 심판청구인이 요구한 청구취지에 한해서 마치 심판을 처음부터 다시 한번 되풀이하는 구조인 복심제로 보아 심결에 포함되지 않은 새로운 위법사유도 주장, 증명할 수 있고, 법원도 이를 채용하여 판결의 기초로 할 수 있다고 본다.

ⅱ) 동일사실, 동일증거설은 심결취소소송을 사후심적 구조로 보아 심결이 확정되었을 때 일사부재리의 효과가 미치는 범위를 동일사실 및 동일증거에 한정하고 있으니, 부당한 일사부재리의 차단을 위한 심결의 위법성에 대한 불복 또한 심판에서 판단되었거나 판단된 주장과 증거를 보충하는 데 불과한 새로운 주장 및 증거에 한하여 제한적으로 심리해야 한다고 본다.

ⅲ) 동일법조설은 심결취소소송을 심판에서 쟁점이 된 법조 내에서만 새로운 자료를 보태어 심판원의 심결을 재심리하는 구조인 속심제로 보아 심판에서 쟁점이 된 동일법조의 범위 내에서만 새로운 주장 및 증거의 제출이 허용된다고 본다.

(3) 판례

1) 판례는 "심판은 특허심판원에서의 행정절차이며 심결은 행정처분에 해당하고, 그에 대한 불복의 소송인 심결취소소송은 항고소송에 해당하여 그 소송물은 심결의 실체적·절차적 위법 여부이므로, 당사자는 심결에서 판단되지 않은 처분의 위법사유도 심결취소소송단계에서 주장·입증할 수 있고, 심결취소소송의 법원은 특별한 사정이 없는 한 제한 없이 이를 심리·판단하여 판결의 기초로 삼을 수 있으며, 이와 같이 본다고 하여 심급의 이익을 해한다거나 당사자에게 예측하지 못한 불의의 손해를 입히는 것이 아니다."고 판시하였다(2007후4410).

2) 다만, 거절결정불복심판의 심결에 대한 심결취소소송에서 특허청장에 한해서는 "특허출원에 대한 심사 단계에서 거절결정을 하려면 그에 앞서 출원인에게 거절이유를 통지하여 의견제출의 기회를 주어야 하고, 거절결정에 대한 특허심판원의 심판절차에서 그와 다른 사유로 거절결정이 정당하다고 하려면 먼저 그 사유에 대해 의견제출의 기회를 주어야만 이를 심결의 이유로 할 수 있다(특허법 제62조, 제63조, 제170조 참조). 위와 같은 절차적 권리를 보장하는 특허법의 규정은 강행규정이므로 의견제출의 기회를 부여한 바 없는 새로운 거절이유를 들어서 거절결정이 결과에 있어 정당하다는 이유로 거절결정불복심판청구를 기각한 심결은 위법하다. 같은 취지에서 거절결정불복심판청구 기각 심결의 취소소송절차에서도 특허청장은 심사 또는 심판 단계에서 의견제출의 기회를 부여한 바 없는 새로운 거절이유를 주장할 수 없다고 보아야 한다."고 판시하였다(2013후1054).

3) 한편, 일사부재리 흠결을 이유로 한 각하심결에 대한 취소소송에서 판례는 심결 시를 기준으로 동일사실·증거가 제출된 것인지를 심리하여 일사부재리 원칙 위반 여부를 판단하여야 하며, 이때 심판청구인이 심판절차에서 주장하지 않은 새로운 무효사유를 주장하는 것은 허용될 수 없다고 판시하였다(2018후11360).

(4) 입법례

미국 또는 일본의 경우 심판단계에서 이루어진 주장 또는 증거만을 기초로 판단하고 있고, 독일의 경우 특허법원이 사실심인 이상 심리범위에는 제한이 없는 것으로 본다.

(5) **검토**

특허법원 기술심리관 제도에 의해 전문성에 문제가 없는 바, 무제한설이 타당하다. 다만, 거절결정불복심판의 심결취소소송에서의 특허청장의 경우 무제한설에 의하면 출원인의 절차권이 박탈될 수 있으므로 심판단계에서 의견제출의 기회를 부여한 바 없는 새로운 거절이유를 주장할 수 없다고 보아야 한다.

3 거절결정불복심판의 경우 새로운 거절이유

(1) **판단방법**

1) 형식적으로는 거절이유, 인용발명 등의 동일 여부로 판단하되, 실질적으로는 그러한 이유에 대하여 출원인이 심사 또는 심판단계에서 절차권 보장의 기회를 가졌는지 여부로 판단하여야 한다.
2) 거절결정불복심판청구 기각 심결의 취소소송절차에서 특허청장이 비로소 주장하는 사유라고 하더라도 심사 또는 심판 단계에서 의견제출의 기회를 부여한 거절이유와 주요한 취지가 부합하여 이미 통지된 거절이유를 보충하는 데 지나지 아니하는 것이면 이를 심결의 당부를 판단하는 근거로 할 수 있다 할 것이다(2013후1054).
3) 거절결정불복심판청구 기각 심결의 취소소송절차에서 특허청장은 거절결정의 이유 외에도 심사나 심판 단계에서 의견서 제출의 기회를 부여한 사유 및 이와 주요한 취지가 부합하는 사유를 해당 심결의 결론을 정당하게 하는 사유로 주장할 수 있고, 심결취소소송의 법원은 이를 심리·판단하여 심결의 당부를 판단하는 근거로 삼을 수 있다(2015후1997[200]).

(2) **구체적인 경우**

1) 특허심판원이 특허청 심사관의 거절결정 이유와 다른 이유로 심판청구를 기각하면서 의견서 제출 기회를 부여하지 아니하여 심결이 위법한 경우에도, 그 심결취소소송에서는 심결의 이유와 다른 원결정의 거절이유로 심결의 적법성을 주장할 수 있다(2008허14452).
2) 출원발명에 대한 거절결정불복심판청구 후 심사전치과정에서 특허청 심사관이 특허출원인에게 출원발명이 비교대상발명과 대비하여 진보성이 없다는 취지의 의견제출통지를 하였다면, 심사관의 거절결정에 대한 불복심판청구를 기각하는 심결에서 비교대상발명에 관하여 판단되지 않았다 하더라도 특허청장은 위 심결에 대한 소송절차에서 위 심결의 결론을 정당하게 하는 사유로서 비교대상발명에 관하여 주장할 수 있다(2004후2260).
3) 이미 통지된 거절이유가 비교대상발명에 의하여 출원발명의 진보성이 부정된다는 취지인 경우에, 위 비교대상발명을 보충하여 특허출원 당시 그 기술분야에 널리 알려진 주지관용기술의 존재를 증명하기 위한 자료는 새로운 공지기술에 관한 것에 해당하지 아니하므로, 심결취소소송의 법원이 이를 진보성을 부정하는 판단의 근거로 채택하였다고 하더라도 이미 통지된 거절이

---

[200] 심사단계에서 미리 거절이유를 통지한 사유라고 하더라도 그 사유를 거절결정에서 거절이유로 삼지 않았다면 이와 같은 사유는 거절결정에 대한 심판절차에서는 '거절결정의 이유와 다른 거절이유'에 해당하므로, 심판 단계에서 심판청구인이 위 사유에 대해 실질적으로 의견서 제출 및 보정의 기회를 부여받았다고 볼만한 특별한 사정이 없는 한 이를 심결의 이유로 하기 위해서는 다시 그 사유에 대해 거절이유를 통지하여야 한다(2017후1779).

유와 주요한 취지가 부합하지 아니하는 새로운 거절이유를 판결의 기초로 삼은 것이라고 할 수 없다(2013후1054).

3) 거절결정불복심판청구 기각 심결의 취소소송절차에서, 통지된 거절이유가 선행발명에 의하여 출원발명의 진보성이 부정된다는 취지인 경우에 그 발명이 속하는 기술분야에 널리 알려진 주지관용기술의 존재를 증명하기 위한 자료의 제출이 허용되더라도 이는 그 선행발명을 보충하기 위한 경우로 한정되고, 비록 주지관용기술이라고 하더라도 거절이유에서 진보성 부정의 근거로 삼은 선행발명을 보충하는 범위를 벗어나 새로운 공지기술을 제시한 것에 해당하는 때에는 그러한 주지관용기술을 진보성을 부정하는 판단의 근거로 채택할 수 없다(2016허2829).

4) 의견서 제출기회를 부여하는 특허법 제136조 제6항은 정정청구에 대한 심사의 적정을 기하고 심사제도의 신용을 유지하기 위한 공익상의 요구에 기인하는 이른바 강행규정이므로, 정정심판이나 그 심결취소소송에서 정정의견제출통지서를 통하여 심판청구인에게 의견서 제출 기회를 부여한 바 없는 사유를 들어 정정심판청구를 기각하는 심결을 하거나 심결취소청구를 기각하는 것은 위법하나, 정정의견제출통지서에 기재된 사유와 다른 별개의 새로운 사유가 아니고 주된 취지에 있어서 정정의견제출통지서에 기재된 사유와 실질적으로 동일한 사유로 정정심판을 기각하는 심결을 하거나 그 심결에 대한 취소청구를 기각하는 것은 허용된다. 나아가 정정의견제출통지서에 기재된 증거가 아니라도 정정거절이유를 보충하는 것이라면 새로운 정정거절이유라고 할 수 없으므로, 특허법원이 그 증거를 채용하여 정정청구를 기각한 심결이 정당하다는 사유의 하나로 삼았다고 하여 심리범위를 일탈하였다고 할 수 없다(2006후2660).

5) 소송절차에서 새로이 주장하는 사유가 출원발명의 진보성에 대한 것인 경우 심사 또는 심판 단계에서 의견제출의 기회를 부여한 거절이유와 주요한 취지가 부합한다고 하기 위해서는, 출원발명의 각 구성요소가 공지된 근거로 제시되고 있는 선행기술문헌이 동일하고, 선행기술문헌으로부터 출원발명의 진보성을 판단하는 과정에서 필요한 전제사실(출원 당시의 기술수준, 기술상식, 해당 기술분야의 기본적 과제 등), 판단의 중심이 되는 구성요소, 판단 내용(해결하여야 하는 기술적 과제, 해결에 필요한 기술수단, 결합의 동기·암시 또는 장해요소 등)이 중요한 부분에 있어서 일치하며, 거절이유를 해소하기 위해 출원인에게 기대되는 의견서의 내용이나 출원인이 시도할 보정의 방향이 같아, 새로이 주장되는 사유에 대해서도 출원인에게 실질적으로 의견서 제출 및 보정의 기회가 부여되었다고 볼 수 있어야 한다. 비록 소송절차에서 새로이 주장되는 사유가 심사 또는 심판 단계에서 진보성이 부정되는 근거로 제시한 바 있는 선행발명을 그 결합 여부나 결합 관계를 달리 하여 주장하는 것에 불과하더라도, 진보성을 판단하는 과정에서 필요한 전제사실, 판단의 중심이 되는 구성요소, 판단 내용이 달라지고, 그로 인해 새로이 제시된 선행발명의 조합에 대해 출원인이 심사 또는 심판 과정에서 의견서를 제출하거나 보정을 할 수 없었던 경우에는 심사 또는 심판 단계에서 의견제출의 기회를 부여한 거절이유와 주요한 취지가 부합하지 않는 새로운 거절이유에 해당하여 허용될 수 없다(2016허7695).

6) 거절결정불복심판 또는 그 심결취소소송에서 특허출원 심사 또는 심판 단계에서 통지한 거절이유에 기재된 주선행발명을 다른 선행발명으로 변경하는 경우에는 일반적으로 출원발명과의 공통점 및 차이점의 인정과 그러한 차이점을 극복하여 출원발명을 쉽게 발명할 수 있는지에 대한 판단 내용이 달라지므로 출원인에게 이에 대해 실질적으로 의견제출의 기회가 주어졌다고

볼 수 있는 등의 특별한 사정이 없는 한 이미 통지된 거절이유와 주요한 취지가 부합하지 아니하는 새로운 거절이유에 해당한다(2015후2341).

4 보정각하결정에서와 다른 이유를 들어 보정의 부적법을 주장할 수 있는지 여부

판례는 "특허청이 출원인의 명세서 등에 대한 보정을 각하하는 경우에는 거절결정의 경우와 달리 그 결정 이전에 출원인에게 그 이유를 통지하여 의견제출 및 보정의 기회를 주도록 하는 특허법 규정이 없고, 심결취소소송 단계에 이르러 특허청이 보정각하결정이나 심판절차에서 다루지 아니한 다른 사유를 내세워 보정이 부적법함을 주장하더라도 출원인으로서는 이에 대응하여 소송절차에서 그 심리의 방식에 따라 충분히 그 다른 사유와 관련하여 보정의 적법 여부에 관하여 다툴 수 있으므로 출원인의 방어권 또는 절차적 이익이 침해된다고 할 수 없어, 특허청은 거절결정에 대한 심결취소소송 단계에서 보정각하결정에 붙이거나 심판절차에서 다루지 아니한 다른 이유를 들어 보정의 부적법을 주장할 수 있다."고 판시하였다(2006허9197).

5 보정의 적법여부에 대한 판단 없이 보정 전 발명의 내용에 따라 심리, 판단한 경우

판례는 "명세서 등의 보정은 명세서 등의 서류에 흠결이 있거나 불비한 점이 있는 경우에 이를 명료하게 정정하여 명세서 등의 명확화를 기하기 위한 것으로서 보정의 시기와 내용에 일정한 제한을 부가하는 것을 전제로 하여 출원인의 선출원의 이익을 도모하고자 하는 제도이므로 보정된 명세서 등에 기재된 발명에 대하여 심사 및 심판을 받을 출원인의 이익을 침해하거나 보정에 대한 적법한 심판절차를 회피할 수는 없는 점, 피고의 주장사유는 보정에 대한 판단을 생략하는 상태를 용인하여야 한다는 것이어서 명세서 보정의 제도적 의의를 잠탈하는 결과를 초래할 수 있는 점 등을 고려하여 볼 때, 2007. 2. 26.자 명세서 등 보정서에 기재된 명세서 보정이 적법한지 여부 및 위 보정서에 기재된 발명의 특허요건 구비 여부에 대하여는 아무런 판단을 하지 아니하고 위 보정 전의 발명만을 대상으로 판단한 이 사건 심결은 위법하다고 볼 수밖에 없고, 이는 거절결정 불복심판청구를 기각하는 심결의 취소소송단계에서 특허청이 거절결정의 이유와 다른 새로운 거절이유에 해당하지 않는 사유로서 심결의 결론을 정당하게 하는 사유를 주장하는 경우라 하더라도 심결취소소송의 법원이 제한 없이 심리 판단할 수 없는 특별한 사정이 있는 때에 해당한다고 할 것이어서, 피고의 위 주장을 받아들일 수 없다."고 판시하였다(2008허13121).

6 보정각하결정이 위법한 경우 보정 후 발명의 내용에 따라 심리하여야 하는지 여부

법원은 특허거절결정에 대한 불복심판청구를 기각한 심결의 취소소송은 특허거절결정을 유지한 심결의 위법성 여부를 판단하는 것일 뿐 출원에 대하여 직접 특허결정 또는 거절결정을 하는 것이 아니므로, 심사관이 특허출원의 보정에 대한 각하결정을 한 후 보정 전의 특허출원에 대하여 거절결정을 하였고, 그에 대한 불복심판 절차에서 위 보정각하결정 및 거절결정이 적법하다는 이유로 심판청구를 기각하는 특허심판원의 심결이 있었으나, 심결취소소송에서 위 보정각하결정이 위법한 것으로 판단되었다면, 그것만을 이유로 곧바로 심결을 취소하여야 하는 것이지, 심사관 또는 특허심판원이 하지도 아니한 보정 이후의 특허출원에 대한 거절결정의 위법성 여부까지 스스로 심리하여 이 역시 위법한 경우에만 심결을 취소할 것은 아니라고 보았다(2012후3121 판결).

장편소설

PART 15

특허협력조약 (PCT)

CHAPTER 01 국제출원

제192조(국제출원을 할 수 있는 자)
특허청장에게 국제출원을 할 수 있는 자는 다음 각 호의 어느 하나에 해당하는 자로 한다.
  1. 대한민국 국민
  2. 국내에 주소 또는 영업소를 가진 외국인
  3. 제1호 또는 제2호에 해당하는 자가 아닌 자로서 제1호 또는 제2호에 해당하는 자를 대표자로 하여 국제출원을 하는 자
  4. 산업통상자원부령으로 정하는 요건에 해당하는 자

제193조(국제출원)
① 국제출원을 하려는 자는 산업통상자원부령으로 정하는 언어로 작성한 출원서와 발명의 설명·청구범위·필요한 도면 및 요약서를 특허청장에게 제출하여야 한다.
② 제1항의 출원서에는 다음 각 호의 사항을 적어야 한다.
  1. 해당 출원이 「특허협력조약」에 따른 국제출원이라는 표시
  2. 해당 출원된 발명의 보호가 필요한 「특허협력조약」 체약국(締約國)의 지정
  3. 제2호에 따라 지정된 체약국(이하 "지정국"이라 한다) 중 「특허협력조약」 제2조(ⅳ)의 지역특허를 받으려는 경우에는 그 취지
  4. 출원인의 성명이나 명칭·주소나 영업소 및 국적
  5. 대리인이 있으면 그 대리인의 성명 및 주소나 영업소
  6. 발명의 명칭
  7. 발명자의 성명 및 주소(지정국의 법령에서 발명자에 관한 사항을 적도록 규정되어 있는 경우만 해당한다)
③ 제1항의 발명의 설명은 그 발명이 속하는 기술분야에서 통상의 지식을 가진 사람이 쉽게 실시할 수 있도록 명확하고 상세하게 적어야 한다.
④ 제1항의 청구범위는 보호를 받으려는 사항을 명확하고 간결하게 적어야 하며, 발명의 설명에 의하여 충분히 뒷받침되어야 한다.
⑤ 제1항부터 제4항까지에서 규정한 사항 외에 국제출원에 관하여 필요한 사항은 산업통상자원부령으로 정한다.

제194조(국제출원일의 인정 등)
① 특허청장은 국제출원이 특허청에 도달한 날을 「특허협력조약」 제11조의 국제출원일(이하 "국제출원일"이라 한다)로 인정하여야 한다. 다만, 다음 각 호의 어느 하나에 해당하는 경우에는 그러하지 아니하다.
  1. 출원인이 제192조 각 호의 어느 하나에 해당하지 아니하는 경우
  2. 제193조제1항에 따른 언어로 작성되지 아니한 경우
  3. 제193조제1항에 따른 발명의 설명 또는 청구범위가 제출되지 아니한 경우
  4. 제193조제2항제1호·제2호에 따른 사항 및 출원인의 성명이나 명칭을 적지 아니한 경우
② 특허청장은 국제출원이 제1항 각 호의 어느 하나에 해당하는 경우에는 기간을 정하여 서면으로 절차를 보완할 것을 명하여야 한다.
③ 특허청장은 국제출원이 도면에 관하여 적고 있으나 그 출원에 도면이 포함되어 있지 아니하면 그 취지를 출원인에게 통지하여야 한다.

④ 특허청장은 제2항에 따른 절차의 보완명령을 받은 자가 지정된 기간에 보완을 한 경우에는 그 보완에 관계되는 서면의 도달일을, 제3항에 따른 통지를 받은 자가 산업통상자원부령으로 정하는 기간에 도면을 제출한 경우에는 그 도면의 도달일을 국제출원일로 인정하여야 한다. 다만, 제3항에 따른 통지를 받은 자가 산업통상자원부령으로 정하는 기간에 도면을 제출하지 아니한 경우에는 그 도면에 관한 기재는 없는 것으로 본다.

제195조(보정명령)
특허청장은 국제출원이 다음 각 호의 어느 하나에 해당하는 경우에는 기간을 정하여 보정을 명하여야 한다.
  1. 발명의 명칭이 적혀 있지 아니한 경우
  2. 요약서가 제출되지 아니한 경우
  3. 제3조 또는 제197조제3항을 위반한 경우
  4. 산업통상자원부령으로 정하는 방식을 위반한 경우

제196조(취하된 것으로 보는 국제출원 등)
① 다음 각 호의 어느 하나에 해당하는 국제출원은 취하된 것으로 본다.
  1. 제195조에 따른 보정명령을 받은 자가 지정된 기간에 보정을 하지 아니한 경우
  2. 국제출원에 관한 수수료를 산업통상자원부령으로 정하는 기간에 내지 아니하여 「특허협력조약」 제14조(3)(a)에 해당하게 된 경우
  3. 제194조에 따라 국제출원일이 인정된 국제출원에 관하여 산업통상자원부령으로 정하는 기간에 그 국제출원이 제194조제1항 각 호의 어느 하나에 해당하는 것이 발견된 경우

② 국제출원에 관하여 내야 할 수수료의 일부를 산업통상자원부령으로 정하는 기간에 내지 아니하여 「특허협력조약」 제14조(3)(b)에 해당하게 된 경우에는 수수료를 내지 아니한 지정국의 지정은 취하된 것으로 본다.
③ 특허청장은 제1항 및 제2항에 따라 국제출원 또는 지정국의 일부가 취하된 것으로 보는 경우에는 그 사실을 출원인에게 알려야 한다.

제197조(대표자 등)
① 2인 이상이 공동으로 국제출원을 하는 경우에 제192조부터 제196조까지 및 제198조에 따른 절차는 출원인의 대표자가 밟을 수 있다.
② 2인 이상이 공동으로 국제출원을 하는 경우에 출원인이 대표자를 정하지 아니한 경우에는 산업통상자원부령으로 정하는 방법에 따라 대표자를 정할 수 있다.
③ 제1항의 절차를 대리인에 의하여 밟으려는 자는 제3조에 따른 법정대리인을 제외하고는 변리사를 대리인으로 하여야 한다.

제198조(수수료)
① 국제출원을 하려는 자는 수수료를 내야 한다.
② 제1항에 따른 수수료, 그 납부방법 및 납부기간 등에 관하여 필요한 사항은 산업통상자원부령으로 정한다.

제01절 국제출원의 장단점

1 의의 및 취지

특허협력조약(PCT; Patent Cooperation Treaty)은 출원인의 노력, 비용절감 및 각국 특허청의 심사 부담 경감을 위해 채택된 방식통일조약이다. 속지주의의 원칙상 각국의 특허는 서로 독립적으로 반드시 특허권 등을 획득하고자 하는 나라에 출원을 하여 그 나라의 특허권 등을 취득하여야만 해당국에서 독점 배타적 권리를 확보할 수 있으나, 국적국 또는 거주국의 특허청(수리관청)에 하나의 PCT출원서를 제출하고 그로부터 정해진 기간 이내에 특허획득을 원하는 국가(지정(선택)국가)로의 국내단계에 진입할 수 있는 제도로 PCT국제출원의 출원일이 지정국가에서 출원일로 인정받을 수 있다.

2 장점

(1) 출원인

간편한 절차로 다수국에 출원할 수 있다는 점, 국제조사 및 국제예비조사를 통해 특허가능성을 예측할 수 있다는 점, 국제단계에서도 보정이 가능하다는 점, 국내단계진입시점까지 출원진행여부를 개별적으로 타진할 수 있다는 점 등의 장점이 있다.

(2) 특허청

수리관청에서 방식심사를 수행하므로 방식심사에 대한 특허청의 부담이 적다는 점, 국제조사 및 국제예비조사가 실시되므로 특허요건에 대한 심사 부담이 적다는 점 등의 장점이 있다.

(3) 제3자

국제특허출원에 대한 국제공개가 이루어지므로 중복연구로 인한 중복투자를 방지할 수 있다는 점, 국제공개된 내용을 기술문헌으로 활용할 수 있다는 점 등의 장점이 있다.

3 단점

국제출원의 국내단계 진입시 비용이 든다는 점, 지정국에 개별적으로 출원한 경우에 비하여 권리화가 지연되어 특허권 존속기간이 짧아질 수 있다는 점, 과도한 유보조항 등의 단점이 있다.

제02절 국제출원일 인정 (제192조 내지 제198조)

1 국제출원

(1) 제출서류

1) 국제출원절차는 출원인이 소정의 언어로 작성한 극제출원서류를 3부 작성하여 수리관청에 제출함으로써 시작된다. 대한민국을 수리관청으로 하여 국제출원을 하려는 자는 국어, 영어 또는 일본어로 작성한 출원서와 발명의 설명·청구범위·필요한 도면 및 요약서를 특허청장에게 제출하여야 한다(특허법 제193조 제1항).

2) 발명의 설명은 그 발명이 속하는 기술분야에서 통상의 지식을 가진 사람이 쉽게 실시할 수 있도록 명확하고 상세하게 적어야 하고 (특허법 제193조 제3항), 청구범위는 보호를 받으려는 사항을 명확하고 간결하게 적어야 하며, 발명의 설명에 의하여 충분히 뒷받침되어야 한다(특허법 제193조 제4항).

(2) 자동지정제도

2004. 1. 1. 이후 출원한 국제출원에 대하여는 자정지동제도가 적용되어 국제출원의 출원서 등이 제출된 경우에는 국제출원일에 조약에 구속되는 모든 체약국의 지정이 행하여진 것으로 본다(특허법 시행규칙 제93조의2 제1항 제1호)[201].

2 국제출원일 인정

(1) 국제출원일 인정요건 (특허법 제194조 제1항)

특허청장은 국제출원이 특허청에 도달한 날을 국제출원일로 인정하여야 한다. 국제출원일을 인정받기 위한 요건으로 ⅰ) 출원인이 제192조의 주체적 요건을 만족할 것[202], ⅱ) 제193조 제1항에 따른 언어로 작성될 것, ⅲ) 제193조 제1항에 따른 발명의 설명 또는 청구범위가 제출될 것, ⅳ) 제193조 제2항 제1호·제2호에 따른 사항 및 출원인의 성명이나 명칭을 적을 것이 있다.

---

201) 다만, 특허협력조약규칙 4.9(b)의 규정에 따라 우선권 주장의 기초가 되는 자국내 선출원에 대하여 취하되는 효과를 규정하고 있는 체약국에 대하여는 국제출원의 출원인은 당해 체약국의 지정을 제외할 수 있다(시행규칙 제93조의2 제2항).
202) 제192조의 국제출원을 할 수 있는 자는
1. 대한민국 국민
2. 국내에 주소 또는 영업소를 가진 외국인
3. 제1호 또는 제2호에 해당하는 자가 아닌 자로서 제1호 또는 제2호에 해당하는 자를 대표자로 하여 국제출원을 하는 자
4. 산업통상자원부령으로 정하는 요건에 해당하는 자
중 어느 하나에 해당하는 자이다.

(2) 보완명령

1) 국제출원일 인정요건에 흠이 있는 경우 (특허법 제194조 제2항, 제4항)

특허청장은 국제출원이 제194조 제1항 각 호의 어느 하나에 해당하는 경우에는 기간을 정하여 서면으로 절차를 보완할 것을 명하여야 한다. 특허청장은 위 보완명령을 받은 자가 지정된 기간에 보완을 한 경우에는 그 보완에 관계되는 서면의 도달일을 국제출원일로 인정하여야 한다. 반면, 특허청장은 위 보완명령을 받은 자가 지정된 기간에 절차의 보완을 하지 아니하는 경우에는 특허협력조약규칙 20.4(ⅰ)에 따라 그 출원은 국제출원으로 취급하지 아니한다는 취지 및 이유를 출원인에게 통지하여야 한다.

2) 발명의 설명·청구범위·도면이 잘못 제출된 경우 (특허법 시행규칙 제99조의2)

특허청장은 제194조 제1항 각호뿐 아니라, 발명의 설명·청구범위·도면이 잘못 제출된 경우에도 2월 내에 잘못 제출된 부분을 정정하는 서류를 제출하도록 출원인에게 보완을 명하여야 한다. 특허청장은 위 보완명령을 받은 자가 2월 내에 보완을 한 경우에는 그 보완에 관계되는 서면의 도달일을 국제출원일로 인정하여야 한다.

3) 국제출원서에 기재된 도면이 제출되지 않은 경우 (특허법 제194조 제3항, 제4항)

특허청장은 국제출원이 도면에 관하여 적고 있으나 그 출원에 도면이 포함되어 있지 아니하면 그 취지를 출원인에게 통지하여야 한다. 위 통지를 받은 자가 그 통지일로부터 2월 내에 도면을 제출한 경우에는 그 도면의 도달일을 국제출원일로 인정하여야 하고, 도면을 제출하지 아니한 경우에는 그 도면에 관한 기재는 없는 것으로 본다.

(3) 국제출원일 인정효과

국제출원일 인정요건을 만족하여 국제출원일이 인정된 국제출원은 각 지정국에서 정규의 국내출원으로서의 효과를 가진다(PCT 제11조 (3), (4)).

3 국제출원의 보정명령 및 취하간주

(1) 보정명령 (특허법 제195조)

특허청장은 국제출원에 ⅰ) 발명의 명칭이 적혀 있지 아니한 경우, ⅱ) 요약서가 제출되지 아니한 경우, ⅲ) 출원인의 행위능력에 흠이 있는 경우, ⅳ) 임의 대리인이 변리사가 아닌 경우, ⅴ) 기타 방식위반의 경우 출원인에게 보정을 명하여야 한다.

(2) 취하간주 (특허법 제196조)

ⅰ) 제195조에 따른 보정명령을 받은 자가 지정된 기간에 보정을 하지 아니한 경우, ⅱ) 국제출원에 관한 수수료를 내지 아니한 경우, ⅲ) 제194조에 따라 국제출원일이 인정된 국제출원에 관하여 국제출원일로부터 4개월 내에 그 국제출원이 제194조 제1항 각 호의 어느 하나에 해당하는 것이 발견된 경우[203] 국제출원은 취하된 것으로 본다.

4 국제출원의 대표자 및 대리인

(1) 대표자 (특허법 제197조 제1항)

2인 이상이 공동으로 국제출원을 하는 경우에 국제출원절차 (특허법 제192조부터 제196조까지 및 제198조) 는 출원인의 대표자가 밟을 수 있다. 다만, 출원인이 대표자를 정하지 아니한 경우에는 대한민국 국민 또는 대한민국에 주소 또는 영업소를 가진 외국인에 해당하는 출원인 중 첫 번째로 기재되어 있는 자로 한다(특허법 시행규칙 제106조의4).

(2) 대리인 (특허법 제197조 제3항)

국제출원절차를 대리인에 의하여 밟으려는 자는 법정대리인을 제외하고는 변리사를 대리인으로 하여야 한다.

5 우선권주장 회복 제도 (특허법 시행규칙 제103조 제4항 제3호)

(1) 요건 (PCT규칙 26의2.3(a), 49의3.2(a))

적절한 주의를 기울였음에도 우선권기간 내에 출원하지 못한 경우(Due Care), 우선권기간 내에 출원하지 못한 것이 고의가 아닌 경우(Unintentionality)의 두 가지 회복 기준이 있다. PCT 동맹국 중 우선권주장 회복 제도를 유보하지 않은 지정관청은 두 가지 회복 기준 중 하나 이상을 적용해야 하며, 국내법에 따라 더 유리한 기준을 적용할 수 있다.

(2) 절차 (PCT규칙 26의3.3)

수리관청에 우선권기간을 지키지 못한 이유의 설명을 제출하며, 우선권기간 만료일부터 2개월 이내 신청할 수 있다.

(3) 우선권주장 회복의 국내단계에서의 효력 (PCT규칙 49의3.1)

Due Care 기준에 기초한 수리관청의 회복은 우선권주장 회복 제도를 유보하지 아니한 모든 지정관청에서 유효하다. Unintentionality 기준에 기초한 수리관청의 회복은 해당기준을 적용하는 지정관청에서만 유효하다. 다만 수리관청의 회복 또는 수리관청의 회복 거절은 지정관청에 대해 절대적인 구속력이 없으며, 지정관청은 다시 검토 가능하다.

---

203) 위 경우에 해당하여 국제출원이 취하된 것으로 보게 되는 경우에는 미리 그 취지 및 이유를 출원인에게 통지하여야 한다(특허법 시행규칙 제106조의2).

CHAPTER 02 국제단계 - 국제조사 및 국제예비심사 등 (제198조의2)

> 제198조의2(국제조사 및 국제예비심사)
> ① 특허청은 「특허협력조약」 제2조(xix)의 국제사무국(이하 "국제사무국"이라 한다)과 체결하는 협정에 따라 국제출원에 대한 국제조사기관 및 국제예비심사기관으로서의 업무를 수행한다.
> ② 제1항에 따른 업무수행에 필요한 사항은 산업통상자원부령으로 정한다.

1 의의 및 취지

(1) 국제조사란 출원된 발명에 관련된 선행기술을 조사하는 것으로, 이와 더불어 신규성, 진보성 및 산업상이용가능성의 특허성에 대한 견해를 표시하는 것을 말한다.

(2) 국제예비심사는 출원인의 임의 선택적 절차로서, 국제출원의 청구범위에 기재된 발명의 신규성, 진보성 및 산업상 이용가능성에 관하여 심사한 후, 그에 대한 예비적이고 비구속적인 견해를 표시하는 것을 말한다.

2 필수적 절차인지 여부

국제조사는 필수적 절차로 모든 국제출원이 국제조사의 대상이 되는 반면, 국제예비심사는 임의적 절차로 국제출원인이 청구한 경우에 수행된다. 국제예비심사를 청구하려는 자는 국제조사보고서 및 견해서를 출원인에게 송부한 날부터 3월 또는 우선일로부터 22월 중 늦은 날까지 해야 한다.

3 주체

국제조사는 국제출원을 할 수 있는 자가 받는 반면, 국제예비심사는 PCT 제2장에 구속된 체약국의 거주자 또는 국민으로서 그러한 체약국을 위하여 행동하는 수리관청에 출원한 경우에 한해 청구할 수 있다.

4 심사관의 의견 교환

국제조사절차와 달리, 국제예비심사절차에서는 심사관이 의견서 및 보정서 제출 기회를 줄 수 있다.

5 국제단계의 보정

(1) PCT 제19조 보정 및 PCT 제34조 보정의 공통점

국제단계의 보정으로 각 지정국에서 별도로 보정할 필요가 없다는 점, 출원시 국제출원에 개시된 범위 내에서 보정할 수 있다는 점에서 공통된다.

(2) PCT 제19조 보정 및 PCT 제34조 보정의 차이점

1) 근본적인 차이점

PCT 제19조 보정은 국제조사단계에서 열거된 선행기술과의 차이를 명확히 하기 위한 것이고, PCT 제34조 보정은 유리한 국제예비심사보고서를 얻기 위한 것이다.

2) 구체적인 차이점

가. PCT 제19조 보정은 ⅰ) 국제조사보고서를 받은 출원인이, ⅱ) 국제조사보고서 송달일로부터 2월이 되는 날 또는 우선일로부터 16월이 되는 날 중 늦은 날까지, ⅲ) 국제사무국에 대하여, ⅳ) 1회에 한해, ⅴ) 청구범위에 대해 할 수 있다.

나. PCT 제34조 보정은 ⅰ) 국제예비심사를 청구한 출원인이, ⅱ) 국제예비심사보고서의 작성개시 전까지, ⅲ) 국제예비심사기관에 대하여, ⅳ) 횟수의 제한 없이, ⅴ) 발명의 설명, 청구범위 또는 도면에 대하여 할 수 있다.

6 발명의 단일성

국제조사의 경우 단일성 위반시 추가 수수료를 납부해야 한다. 반면, 국제예비심사의 경우 단일성 위반시 추가 수수료 납부 또는 청구범위 감축을 명할 수 있다.[204]

7 종료형식

ⅰ) 국제조사의 경우 국제조사보고서를 작성하거나 작성하지 않는다는 선언으로써 종료된다.
ⅱ) 국제예비심사의 경우 반드시 국제예비심사보고서를 작성함으로써 종료된다.

8 기타 – 명백히 잘못된 기재의 정정신청(PCT 규칙 91.1)

(1) 내용

국제출원을 한 출원인이 PCT 규칙 91.1(a)에 따라 국제출원의 출원서 또는 그 보정서에 명백한 잘못이 있어 이를 정정하고자 할 때에는, 수리관청, 국제조사기관 혹은 국제예비심사기관에 그 정정을 신청할 수 있다. 만약 대한민국 특허청이 수리관청, 국제조사기관 혹은 국제예비심사기관인 경우는 대한민국 특허청장에게 그 정정을 신청할 수 있다(특허법 시행규칙 제84조 제1, 2항). 신청이 있으면 특허청장은 이러한 정정신청에 대해 관할 기관으로서 그 허가 여부를 신속히 결정하고 출원인 및 국제사무국에 허가 또는 거부사실 및 정정을 거부하는 이유를 신속히 통지한다[조약 규칙 91.3(a) 참조].

---

[204] 심사관은 위 명령을 받은 자가 지정된 기간 내에 청구범위를 감축함이 없이 추가수수료를 납부하지 아니하는 경우에는 청구범위에 가장 먼저 기재된 발명 또는 1군의 발명과 관련되는 국제출원 부분에 한정하여 국제예비심사를 하고 그 취지를 국제예비심사보고서에 기재한다.

(2) 정정사유 - 명백히 잘못된 기재

관련 문서에서 보여지는 것 이외에 다른 어떤 것이 의도되어 있었고 제출된 정정 이외에 어떠한 것도 의도될 수 없었다는 것이 명백한 경우에만 잘못의 정정이 허가된다[PCT 규칙 91.1(c)].

(3) 불복 관련

PCT는 정정을 출원인이 제출한 서류에 명백한 잘못이 있는 경우로 엄격하게 제한하고, 명백한 잘못이 아니라고 보아 이러한 정정신청이 받아들여지지 않을 경우, 별도로 이의절차를 마련하지 않고 있다.

법원은 대한민국 특허청장이 국제조사기관으로서 국제출원인의 정정신청을 거부한 사안에서 이는 대한민국 법원에서의 항고소송의 대상도 되지 않는다고 판시한 바 있다(2016두45745).

8 정리표

	국제조사	국제예비심사
대상	모든 국제출원	국제예비심사가 청구된 국제출원
연락권	없음	있음
보정	국제조사보고서 수령 후 소정기간 내	국제예비심사보고서 작성 개시 전
단일성 결여	추가수수료 지불요구	출원인의 선택에 의해 청구범위의 감축 또는 추가수수료 지불요구
이용가능자	국제출원을 할 수 있는 자	제2장 규정에 구속된 체약국 거주자 또는 국민이 그러한 체약국 또는 국가를 위해 행동하는 수리관청에 국제출원 한 경우만 적용
절차	1. 국제조사기관과 출원인간의 의견교환 - 원칙적 불허용 2. 보정 불허용 3. 불리한 보고 작성 전에 예고 받을 권리 없음 4. 단일성 불인정 경우에 추가수수료 납부 5. 절차의 종료 - 보고서 또는 부작성선언서 및 견해서 작성	1. 출원인은 국제예비심사기관과 구두 또는 서면으로 연락 관리함 2. 보정 허용 3. 불리한 보고 작성 전에 예고 받을 권리 있음 4. 단일성 불인정 경우에 추가수수료 납부 또는 청구범위 감축 5. 절차의 종료 - 보고서 작성

국제조사보고서 부작성 선언 사유(시규 제106조의11 제5항)	
국제출원의 대상이 다음 각 목의 어느 하나에 해당하는 경우 가. 과학 또는 수학의 이론 나. 단순히 발견한 동물·식물의 변종 다. 사업활동, 순수한 정신적 행위의 수행 또는 유희에 관한 계획, 법칙 또는 방법 라. 수술 또는 치료에 의한 사람의 처치방법 및 진단방법 마. 정보의 단순한 제시 바. 심사관이 선행기술을 조사할 수 없는 컴퓨터프로그램	발명의 설명, 청구범위 또는 도면에 필요한 사항이 기재되어 있지 아니하거나 기재된 사항이 현저히 불명료하여 유효한 국제조사를 할 수 없는 경우

	PCT 19조 보정	PCT 34조 보정
주체	국제조사보고서 받은 출원인	국제예비심사 청구한 출원인
시기	국제조사보고서 송달일부터 2월 또는 우선일부터 16월 중 늦은날까지	국제예비심사보고서 작성시까지
제출처	국제사무국에 대하여	국제예비심사기관에 대하여
횟수	1회	횟수 제한 없음
보정대상	청구범위	청구범위, 발명의 설명, 도면
보정범위	출원 시 국제출원의 범위	출원 시 국제출원의 범위

국제공개	국제공개 예외
우선일부터 1년 6개월 경과 후 국제공개	PCT21(5) 국제공개 전 국제출원 취하, PCT21(6) 공서양속에 반하는 부분, PCT64(3) 국제공개 필요 없다고 선언한 국가만 지정한 경우

CHAPTER 03 국내단계 및 기준일 (제199조 이하)

제199조(국제출원에 의한 특허출원)
① 「특허협력조약」에 따라 국제출원일이 인정된 국제출원으로서 특허를 받기 위하여 대한민국을 지정국으로 지정한 국제출원은 그 국제출원일에 출원된 특허출원으로 본다.
② 제1항에 따라 특허출원으로 보는 국제출원(이하 "국제특허출원"이라 한다)에 관하여는 제42조의2, 제42조의3 및 제54조를 적용하지 아니한다.

제200조의2(국제특허출원의 출원서 등)
① 국제특허출원의 국제출원일까지 제출된 출원서는 제42조제1항에 따라 제출된 특허출원서로 본다.
② 국제특허출원의 국제출원일까지 제출된 발명의 설명, 청구범위 및 도면은 제42조제2항에 따른 특허출원서에 최초로 첨부된 명세서 및 도면으로 본다.
③ 국제특허출원에 대해서는 다음 각 호의 구분에 따른 요약서 또는 국어번역문을 제42조제2항에 따른 요약서로 본다.
 1. 국제특허출원의 요약서를 국어로 적은 경우 : 국제특허출원의 요약서
 2. 국제특허출원의 요약서를 외국어로 적은 경우 : 제201조제1항에 따라 제출된 국제특허출원의 요약서의 국어번역문(제201조제3항 본문에 따라 새로운 국어번역문을 제출한 경우에는 마지막에 제출한 국제특허출원의 요약서의 국어번역문을 말한다)

제201조(국제특허출원의 국어번역문)
① 국제특허출원을 외국어로 출원한 출원인은 「특허협력조약」 제2조(xi)의 우선일(이하 "우선일"이라 한다)부터 2년 7개월(이하 "국내서면제출기간"이라 한다) 이내에 다음 각 호의 국어번역문을 특허청장에게 제출하여야 한다. 다만, 국어번역문의 제출기간을 연장하여 달라는 취지를 제203조제1항에 따른 서면에 적어 국내서면제출기간 만료일 전 1개월부터 그 만료일까지 제출한 경우(그 서면을 제출하기 전에 국어번역문을 제출한 경우는 제외한다)에는 국내서면제출기간 만료일부터 1개월이 되는 날까지 국어번역문을 제출할 수 있다.
 1. 국제출원일까지 제출한 발명의 설명, 청구범위 및 도면(도면 중 설명부분에 한정한다)의 국어번역문
 2. 국제특허출원의 요약서의 국어번역문
② 제1항에도 불구하고 국제특허출원을 외국어로 출원한 출원인이 「특허협력조약」 제19조(1)에 따라 청구범위에 관한 보정을 한 경우에는 국제출원일까지 제출한 청구범위에 대한 국어번역문을 보정 후의 청구범위에 대한 국어번역문으로 대체하여 제출할 수 있다.
③ 제1항에 따라 국어번역문을 제출한 출원인은 국내서면제출기간(제1항 단서에 따라 취지를 적은 서면이 제출된 경우에는 연장된 국어번역문 제출 기간을 말한다. 이하 이 조에서 같다)에 그 국어번역문을 갈음하여 새로운 국어번역문을 제출할 수 있다. 다만, 출원인이 출원심사의 청구를 한 후에는 그러하지 아니하다.
④ 제1항에 따른 출원인이 국내서면제출기간에 제1항에 따른 발명의 설명 및 청구범위의 국어번역문을 제출하지 아니하면 그 국제특허출원을 취하한 것으로 본다.
⑤ 특허출원인이 국내서면제출기간의 만료일(국내서면제출기간에 출원인이 출원심사의 청구를 한 경우에는 그 청구일을 말하며, 이하 "기준일"이라 한다)까지 제1항에 따라 발명의 설명, 청구범위 및 도면(도면 중 설명부분에 한정한다)의 국어번역문(제3항 본문에 따라 새로운 국어번역문을 제출한

경우에는 마지막에 제출한 국어번역문을 말한다. 이하 이 조에서 "최종 국어번역문"이라 한다)을 제출한 경우에는 국제출원일까지 제출한 발명의 설명, 청구범위 및 도면(도면 중 설명부분에 한정한다)을 최종 국어번역문에 따라 국제출원일에 제47조제1항에 따른 보정을 한 것으로 본다.
⑥ 특허출원인은 제47조제1항 및 제208조제1항에 따라 보정을 할 수 있는 기간에 최종 국어번역문의 잘못된 번역을 산업통상자원부령으로 정하는 방법에 따라 정정할 수 있다. 이 경우 정정된 국어번역문에 관하여는 제5항을 적용하지 아니한다.
⑦ 제6항 전단에 따라 제47조제1항제1호 또는 제2호에 따른 기간에 정정을 하는 경우에는 마지막 정정 전에 한 모든 정정은 처음부터 없었던 것으로 본다. 〈신설 2016. 2. 29.〉
⑧ 제2항에 따라 보정 후의 청구범위에 대한 국어번역문을 제출하는 경우에는 제204조제1항 및 제2항을 적용하지 아니한다.

제203조(서면의 제출)
① 국제특허출원의 출원인은 국내서면제출기간에 다음 각 호의 사항을 적은 서면을 특허청장에게 제출하여야 한다. 이 경우 국제특허출원을 외국어로 출원한 출원인은 제201조제1항에 따른 국어번역문을 함께 제출하여야 한다.
  1. 출원인의 성명 및 주소(법인인 경우에는 그 명칭 및 영업소의 소재지)
  2. 출원인의 대리인이 있는 경우에는 그 대리인의 성명 및 주소나 영업소의 소재지[대리인이 특허법인·특허법인(유한)인 경우에는 그 명칭, 사무소의 소재지 및 지정된 변리사의 성명]
  3. 발명의 명칭
  4. 발명자의 성명 및 주소
  5. 국제출원일 및 국제출원번호
② 제1항 후단에도 불구하고 제201조제1항 단서에 따라 국어번역문의 제출기간을 연장하여 달라는 취지를 적어 제1항 전단에 따른 서면을 제출하는 경우에는 국어번역문을 함께 제출하지 아니할 수 있다.
③ 특허청장은 다음 각 호의 어느 하나에 해당하는 경우에는 보정기간을 정하여 보정을 명하여야 한다.
  1. 제1항 전단에 따른 서면을 국내서면제출기간에 제출하지 아니한 경우
  2. 제1항 전단에 따라 제출된 서면이 이 법 또는 이 법에 따른 명령으로 정하는 방식에 위반되는 경우
④ 제3항에 따른 보정명령을 받은 자가 지정된 기간에 보정을 하지 아니하면 특허청장은 해당 국제특허출원을 무효로 할 수 있다.

제204조(국제조사보고서를 받은 후의 보정)
① 국제특허출원의 출원인은 「특허협력조약」 제19조(1)에 따라 국제조사보고서를 받은 후에 국제특허출원의 청구범위에 관하여 보정을 한 경우 기준일까지(기준일이 출원심사의 청구일인 경우 출원심사의 청구를 한 때까지를 말한다. 이하 이 조 및 제205조에서 같다) 다음 각 호의 구분에 따른 서류를 특허청장에게 제출하여야 한다.
  1. 외국어로 출원한 국제특허출원인 경우 : 그 보정서의 국어번역문
  2. 국어로 출원한 국제특허출원인 경우 : 그 보정서의 사본
② 제1항에 따라 보정서의 국어번역문 또는 사본이 제출되었을 때에는 그 보정서의 국어번역문 또는 사본에 따라 제47조제1항에 따른 청구범위가 보정된 것으로 본다. 다만, 「특허협력조약」 제20조에 따라 기준일까지 그 보정서(국어로 출원한 국제특허출원인 경우에 한정한다)가 특허청에 송달된 경우에는 그 보정서에 따라 보정된 것으로 본다.

③ 국제특허출원의 출원인은「특허협력조약」제19조(1)에 따른 설명서를 국제사무국에 제출한 경우 다음 각 호의 구분에 따른 서류를 기준일까지 특허청장에게 제출하여야 한다.
  1. 외국어로 출원한 국제특허출원인 경우 : 그 설명서의 국어번역문
  2. 국어로 출원한 국제특허출원인 경우 : 그 설명서의 사본
④ 국제특허출원의 출원인이 기준일까지 제1항 또는 제3항에 따른 절차를 밟지 아니하면「특허협력조약」제19조(1)에 따른 보정서 또는 설명서는 제출되지 아니한 것으로 본다. 다만, 국어로 출원한 국제특허출원인 경우에「특허협력조약」제20조에 따라 기준일까지 그 보정서 또는 그 설명서가 특허청에 송달된 경우에는 그러하지 아니하다.

제205조(국제예비심사보고서 작성 전의 보정)
① 국제특허출원의 출원인은「특허협력조약」제34조(2)(b)에 따라 국제특허출원의 발명의 설명, 청구범위 및 도면에 대하여 보정을 한 경우 기준일까지 다음 각 호의 구분에 따른 서류를 특허청장에게 제출하여야 한다.
  1. 외국어로 작성된 보정서인 경우 : 그 보정서의 국어번역문
  2. 국어로 작성된 보정서인 경우 : 그 보정서의 사본
② 제1항에 따라 보정서의 국어번역문 또는 사본이 제출되었을 때에는 그 보정서의 국어번역문 또는 사본에 따라 제47조제1항에 따른 명세서 및 도면이 보정된 것으로 본다. 다만,「특허협력조약」제36조(3)(a)에 따라 기준일까지 그 보정서(국어로 작성된 보정서의 경우만 해당한다)가 특허청에 송달된 경우에는 그 보정서에 따라 보정된 것으로 본다.
③ 국제특허출원의 출원인이 기준일까지 제1항에 따른 절차를 밟지 아니하면「특허협력조약」제34조(2)(b)에 따른 보정서는 제출되지 아니한 것으로 본다. 다만,「특허협력조약」제36조(3)(a)에 따라 기준일까지 그 보정서(국어로 작성된 보정서의 경우만 해당한다)가 특허청에 송달된 경우에는 그러하지 아니하다.

1 국제특허출원 (특허법 제199조)

(1) 「특허협력조약」에 따라 국제출원일이 인정된 국제출원으로서 특허를 받기 위하여 대한민국을 지정국으로 지정한 국제출원은 그 국제출원일에 출원된 특허출원으로 본다.

(2) ⅰ) 국제특허출원의 국제출원일까지 제출된 출원서는 제42조 제1항에 따라 제출된 특허출원서로 보고 (특허법 제200조의2 제1항), ⅱ) 국제특허출원의 국제출원일까지 제출된 발명의 설명, 청구범위 및 도면은 제42조 제2항에 따른 특허출원서에 최초로 첨부된 명세서 및 도면으로 보며 (특허법 제200조의2 제2항), ⅲ) 국제특허출원의 요약서를 국어로 적은 경우 국제특허출원의 요약서를, 국제특허출원의 요약서를 외국어로 적은 경우 제201조 제1항에 따라 제출된 국제특허출원의 요약서의 국어번역문을 제42조 제2항에 따른 요약서로 보아(특허법 제200조의2 제3항), 그 국제출원일에 출원된 통상의 출원과 같이 심사가 이루어진다.

2 국내단계진입절차

(1) 기준일

국내단계의 진입시점을 기준일이라 하며, 국어번역문은 기준일에 확정된다. 국내서면제출기간 (우선일로부터 2년 7월)의 만료일 또는 출원인의 심사청구일 중 **빠른 날**이 기준일이 된다.

(2) 국내단계 진입요건

국내단계 진입요건에는 ⅰ) 국내서면제출기간까지 제203조 제1항 각호의 사항을 기재한 서면을 제출할 것, ⅱ) 국내서면제출기간까지 제201조에 따른 국어번역문을 제출할 것 (국어로 출원한 경우 제외), ⅲ) PCT 제19조 또는 PCT 제34조의 보정이 있었던 경우, 이에 대한 국어번역문을 제출할 것 (국어로 출원한 경우 제외), ⅳ) 수수료 납부가 있다.

3 제출서류

(1) 특허법 제203조 제1항 각호의 사항을 기재한 서면

1) 제출의무

국제특허출원의 출원인은 국내서면제출기간에 다음 각 호의 사항[205]을 적은 서면을 특허청장에게 제출하여야 한다(특허법 제203조 제1항 전단). 이 경우 국제특허출원을 외국어로 출원한 출원인은 제201조 제1항에 따른 국어번역문을 함께 제출하여야 한다(특허법 제203조 제1항 후단). 제201조 제1항 단서에 따라 국어번역문의 제출기간을 연장하여 달라는 취지를 적어 제1항 전단에 따른 서면을 제출하는 경우에는 국어번역문을 함께 제출하지 아니할 수 있다(특허법 제203조 제2항)[206].

2) 법적취급

제201조 제1항 전단에 따른 서면을 국내서면제출기간에 제출하지 아니한 경우 또는 제출하였더라도 방식에 위반된 경우 특허청장은 보정기간을 정하여 보정을 명하여야 한다(특허법 제203조 제3항). 위 보정명령을 받은 자가 지정된 기간에 보정을 하지 아니하면 특허청장은 해당 국제특허출원을 무효로 할 수 있다(특허법 제203조 제4항).

(2) 발명의 설명 등에 대한 국어번역문

1) 제출의무

가. 국제특허출원을 외국어로 출원한 출원인은 국내서면제출기간에 국제출원일까지 제출한 발명의 설명, 청구범위 및 도면(도면 중 설명부분에 한정한다)의 국어번역문, 국제특허출원의 요약서의 국어번역문을 특허청장에게 제출하여야 한다(특허법 제201조 제1항 본문).

나. 다만, 국어번역문의 제출기간을 연장하여 달라는 취지를 제203조 제1항에 따른 서면에 적어 국내서면제출기간 만료일 전 1개월부터 그 만료일까지 제출한 경우(그 서면을 제출하기 전에 국어번역문을 제출한 경우는 제외한다)에는 국내서면제출기간 만료일부터 1개월이 되는 날까지 국어번역문을 제출할 수 있다(특허법 제201조 제1항 단서).

---

[205] 1. 출원인의 성명 및 주소(법인인 경우에는 그 명칭 및 영업소의 소재지)
2. 출원인의 대리인이 있는 경우에는 그 대리인의 성명 및 주소나 영업소의 소재지[대리인이 특허법인·특허법인(유한)인 경우에는 그 명칭, 사무소의 소재지 및 지정된 변리사의 성명]
3. 발명의 명칭
4. 발명자의 성명 및 주소
5. 국제출원일 및 국제출원번호
[206] 위 신청이 있는 경우 제201조 제1항에 따른 국어번역문의 제출기간을 1개월 연장할 수 있으나, 제203조 제1항 각호의 사항을 기재한 서면은 우선일로부터 2년 7월이 되는 날까지 제출해야 한다.

다. 국제특허출원을 외국어로 출원한 출원인이 PCT 제19조(1)에 따라 청구범위에 관한 보정을 한 경우에는 국제출원일까지 제출한 청구범위에 대한 국어번역문을 보정 후의 청구범위에 대한 국어번역문으로 대체하여 제출할 수 있다(특허법 제201조 제2항). 이 경우 제204조 제1항, 제2항을 적용하지 않는다.

2) 법적취급

가. 특허출원인이 기준일까지 발명의 설명, 청구범위 및 도면(도면 중 설명부분에 한정한다)의 국어번역문(새로운 국어번역문을 제출한 경우에는 마지막에 제출한 국어번역문을 말한다. 이하 이 조에서 "최종 국어번역문"이라 한다)을 제출한 경우에는 국제출원일까지 제출한 발명의 설명, 청구범위 및 도면(도면 중 설명부분에 한정한다)을 최종 국어번역문에 따라 국제출원일에 제47조 제1항에 따른 보정을 한 것으로 본다(특허법 제201조 제5항).

나. 출원인이 국내서면제출기간(혹은 1개월 연장된 기간까지)에 발명의 설명 및 청구범위의 국어번역문을 제출하지 아니하면 그 국제특허출원을 취하한 것으로 본다(특허법 제201조 제4항).

다. 출원인이 국내서면제출기간(혹은 1개월 연장된 기간까지) 도면 및 요약서의 국어번역문을 제출하지 아니하면 보정명령이 나올 것이다.

3) 국어번역문의 교체

국어번역문을 제출한 출원인은 국내서면제출기간(특허법 제201조 제1항 단서에 따라 취지를 적은 서면이 제출된 경우에는 연장된 국어번역문 제출 기간)에 그 국어번역문을 갈음하여 새로운 국어번역문을 제출할 수 있다. 다만, 출원인이 출원심사의 청구를 한 후에는 그러하지 아니하다(특허법 제201조 제3항). 이와 같이 새로운 번역문을 제출한 경우에는 마지막에 제출된 번역문을 "최종 국어번역문"이라고 한다.

4) 최종 국어번역문의 오역의 정정

출원인은 제47조 제1항 및 제208조 제1항에 따라 보정을 할 수 있는 기간에 최종 국어번역문의 잘못된 번역을 정정할 수 있다. 이 경우 정정된 국어번역문에 관하여는 제201조 제5항을 적용하지 않아 별도의 보정이 필요하다(특허법 제201조 제6항).

(3) PCT 제19조 또는 PCT 제34조 보정서에 대한 국어번역문 또는 사본

1) 제출의무

가. PCT 제19조

국제특허출원의 출원인은 PCT 제19조에 따라 국제조사보고서를 받은 후에 국제특허출원의 청구범위에 관하여 보정을 한 경우 기준일까지 외국어로 출원한 국제특허출원인 경우 그 설명서의 국어번역문을, 국어로 출원한 국제특허출원인 경우 그 설명서의 사본을 특허청장에게 제출하여야 한다(특허법 제204조 제1항).

나. PCT 제34조

국제특허출원의 출원인은 PCT 제34조에 따라 국제특허출원의 발명의 설명, 청구범위 및 도면에 대하여 보정을 한 경우 기준일까지 외국어로 작성된 보정서인 경우 그 보정서의 국어번역문

을, 국어로 작성된 보정서인 경우 그 보정서의 사본을 특허청장에게 제출하여야 한다(특허법 제205조 제1항).

2) 법적취급

가. PCT 제19조 또는 PCT 제34조 보정서에 대한 국어번역문 또는 사본이 제출된 때에는 보정서의 국어번역문 또는 사본에 따라 제47조 제1항에 따른 명세서 및 도면이 보정된 것으로 본다. 다만, 기준일까지 그 보정서 (국어로 된 경우에 한정한다)가 특허청에 송달된 경우에는 그 보정서에 따라 보정된 것으로 본다(특허법 제204조 제2항 및 제205조 제2항).

나. 기준일까지 보정서에 대한 국어번역문 또는 사본을 제출하지 않은 경우 보정서는 제출되지 아니한 것으로 본다. 다만, 국어로 된 경우에 기준일까지 그 보정서 또는 그 설명서가 특허청에 송달된 경우에는 그러하지 아니하다(특허법 제204조 제4항 및 제205조 제3항).

CHAPTER 04 국제특허출원의 특례

제202조(특허출원 등에 의한 우선권 주장의 특례)
① 국제특허출원에 관하여는 제55조제2항 및 제56조제2항을 적용하지 아니한다.
② 제55조제4항을 적용할 때 우선권 주장을 수반하는 특허출원이 국제특허출원인 경우에는 같은 항 중 "특허출원의 출원서에 최초로 첨부된 명세서 또는 도면"은 "국제출원일까지 제출된 발명의 설명, 청구범위 또는 도면"으로, "출원공개되거나"는 "출원공개 또는「특허협력조약」제21조에 따라 국제공개되거나"로 본다. 다만, 그 국제특허출원이 제201조제4항에 따라 취하한 것으로 보는 경우에는 제55조제4항을 적용하지 아니한다.
③ 제55조제1항, 같은 조 제3항부터 제5항까지 및 제56조제1항을 적용할 때 선출원이 국제특허출원 또는「실용신안법」제34조제2항에 따른 국제실용신안등록출원인 경우에는 다음 각 호에 따른다.
　1. 제55조제1항 각 호 외의 부분 본문, 같은 조 제3항 및 제5항 각 호 외의 부분 중 "출원서에 최초로 첨부된 명세서 또는 도면"은 다음 각 목의 구분에 따른 것으로 본다.
　　가. 선출원이 국제특허출원인 경우 : "국제출원일까지 제출된 국제출원의 발명의 설명, 청구범위 또는 도면"
　　나. 선출원이「실용신안법」제34조제2항에 따른 국제실용신안등록출원인 경우 : "국제출원일까지 제출된 국제출원의 고안의 설명, 청구범위 또는 도면"
　2. 제55조제4항 중 "선출원의 출원서에 최초로 첨부된 명세서 또는 도면"은 다음 각 목의 구분에 따른 것으로 보고, "선출원에 관하여 출원공개"는 "선출원에 관하여 출원공개 또는「특허협력조약」제21조에 따른 국제공개"로 본다.
　　가. 선출원이 국제특허출원인 경우 : "선출원의 국제출원일까지 제출된 국제출원의 발명의 설명, 청구범위 또는 도면"
　　나. 선출원이「실용신안법」제34조제2항에 따른 국제실용신안등록출원인 경우 : "선출원의 국제출원일까지 제출된 국제출원의 고안의 설명, 청구범위 또는 도면"
　3. 제56조제1항 각 호 외의 부분 본문 중 "그 출원일부터 1년 3개월이 지난 때"는 "국제출원일부터 1년 3개월이 지난 때 또는 제201조제5항이나「실용신안법」제35조제5항에 따른 기준일 중 늦은 때"로 본다.
④ 제55조제1항, 같은 조 제3항부터 제5항까지 및 제56조제1항을 적용할 때 제55조제1항에 따른 선출원이 제214조제4항 또는「실용신안법」제40조제4항에 따라 특허출원 또는 실용신안등록출원으로 되는 국제출원인 경우에는 다음 각 호에 따른다.
　1. 제55조제1항 각 호 외의 부분 본문, 같은 조 제3항 및 제5항 각 호 외의 부분 중 "출원서에 최초로 첨부된 명세서 또는 도면"은 다음 각 목의 구분에 따른 것으로 본다.
　　가. 선출원이 제214조제4항에 따라 특허출원으로 되는 국제출원인 경우 : "제214조제4항에 따라 국제출원일로 인정할 수 있었던 날의 국제출원의 발명의 설명, 청구범위 또는 도면"
　　나. 선출원이「실용신안법」제40조제4항에 따라 실용신안등록출원으로 되는 국제출원인 경우 : "「실용신안법」제40조제4항에 따라 국제출원일로 인정할 수 있었던 날의 국제출원의 고안의 설명, 청구범위 또는 도면"
　2. 제55조제4항 중 "선출원의 출원서에 최초로 첨부된 명세서 또는 도면"은 다음 각 목의 구분에 따른 것으로 본다.
　　가. 선출원이 제214조제4항에 따라 특허출원으로 되는 국제출원인 경우 : "제214조제4항에 따

라 국제출원일로 인정할 수 있었던 날의 선출원의 국제출원의 발명의 설명, 청구범위 또는 도면"
    나. 선출원이 「실용신안법」 제40조제4항에 따라 실용신안등록출원으로 되는 국제출원인 경우 : "「실용신안법」 제40조저4항에 따라 국제출원일로 인정할 수 있었던 날의 선출원의 국제출원의 고안의 설명, 청구범위 또는 도던"
  3. 제56조제1항 각 호 외의 부분 본문 중 "그 출원일부터 1년 3개월이 지난 때"는 "제214조제4항 또는 「실용신안법」 제40조제4항에 따라 국제출원일로 인정할 수 있었던 날부터 1년 3개월이 지난 때 또는 제214조제4항이나 「실용신안법」 제40조제4항에 따른 결정을 한 때 중 늦은 때"로 본다.

제206조(재외자의 특허관리인의 특례)
① 재외자인 국제특허출원의 출원인은 기준일까지는 제5조제1항에도 불구하고 특허관리인에 의하지 아니하고 특허에 관한 절차를 밟을 수 있다.
② 제201조제1항에 따라 국어번역문을 제출한 재외자는 산업통상자원부령으로 정하는 기간에 특허관리인을 선임하여 특허청장에게 신고하여야 한다.
③ 제2항에 따른 선임신고가 없으면 그 국제특허출원은 취하된 것으로 본다.

제207조(출원공개시기 및 효과의 특례)
① 국제특허출원의 출원공개에 관하여 제64조제1항을 적용하는 경우에는 "다음 각 호의 구분에 따른 날부터 1년 6개월이 지난 후"는 "국내서면제출기간(제201조제1항 각 호 외의 부분 단서에 따라 국어번역문의 제출기간을 연장해 달라는 취지를 적은 서면이 제출된 경우에는 연장된 국어번역문 제출 기간을 말한다. 이하 이 항에서 같다)이 지난 후(국내서면제출기간에 출원인이 출원심사의 청구를 한 국제특허출원으로서 「특허협력조약」 제21조에 따라 국제공개된 경우에는 우선일부터 1년 6개월이 되는 날 또는 출원심사의 청구일 중 늦은 날이 지난 후)"로 본다.
② 제1항에도 불구하고 국어로 출원한 국제특허출원에 관하여 제1항에 따른 출원공개 전에 이미 「특허협력조약」 제21조에 따라 국제공개가 된 경우에는 그 국제공개가 된 때에 출원공개가 된 것으로 본다.
③ 국제특허출원의 출원인은 국제특허출원에 관하여 출원공개(국어로 출원한 국제특허출원인 경우 「특허협력조약」 제21조에 따른 국제공개를 말한다. 이하 이 조에서 같다)가 있은 후 국제특허출원된 발명을 업으로 실시한 자에게 국제특허출원된 발명인 것을 서면으로 경고할 수 있다.
④ 국제특허출원의 출원인은 제3항에 따른 경고를 받거나 출원공개된 발명임을 알고도 그 국제특허출원된 발명을 업으로서 실시한 자에게 그 경고를 받거나 출원공개된 발명임을 안 때부터 특허권의 설정등록 시까지의 기간 동안 그 특허발명의 실시에 대하여 합리적으로 받을 수 있는 금액에 상당하는 보상금의 지급을 청구할 수 있다. 다만, 그 청구권은 해당 특허출원이 특허권의 설정등록된 후에만 행사할 수 있다.

제208조(보정의 특례 등)
① 국제특허출원에 관하여는 다음 각 호의 요건을 모두 갖추지 아니하면 제47조제1항에도 불구하고 보정(제204조제2항 및 제205조제2항에 따른 보정은 제외한다)을 할 수 없다.
  1. 제82조제1항에 따른 수수료를 낼 것
  2. 제201조제1항에 따른 국어번역문을 제출할 것. 다만, 국어로 출원된 국제특허출원인 경우는 그러하지 아니하다.
  3. 기준일(기준일이 출원심사의 청구일인 경우 출원심사를 청구한 때를 말한다)이 지날 것
② 삭제

③ 외국어로 출원된 국제특허출원의 보정할 수 있는 범위에 관하여 제47조제2항 전단을 적용할 때에는 "특허출원서에 최초로 첨부한 명세서 또는 도면"은 "국제출원일까지 제출한 발명의 설명, 청구범위 또는 도면"으로 본다. 〈개정 2014. 6. 11.〉

④ 외국어로 출원된 국제특허출원의 보정할 수 있는 범위에 관하여 제47조제2항 후단을 적용할 때에는 "외국어특허출원"은 "외국어로 출원된 국제특허출원"으로, "최종 국어번역문(제42조의3제6항 전단에 따른 정정이 있는 경우에는 정정된 국어번역문을 말한다) 또는 특허출원서에 최초로 첨부한 도면(도면 중 설명부분은 제외한다)"은 "제201조제5항에 따른 최종 국어번역문(제201조제6항 전단에 따른 정정이 있는 경우에는 정정된 국어번역문을 말한다) 또는 국제출원일까지 제출한 도면(도면 중 설명부분은 제외한다)"으로 본다.

⑤ 삭제

제209조(변경출원시기의 제한)

「실용신안법」 제34조제1항에 따라 국제출원일에 출원된 실용신안등록출원으로 보는 국제출원을 기초로 하여 특허출원으로 변경출원을 하는 경우에는 이 법 제53조제1항에도 불구하고 「실용신안법」 제17조제1항에 따른 수수료를 내고 같은 법 제35조제1항에 따른 국어번역문(국어로 출원된 국제실용신안등록출원의 경우는 제외한다)을 제출한 후(「실용신안법」 제40조제4항에 따라 국제출원일로 인정할 수 있었던 날에 출원된 것으로 보는 국제출원을 기초로 하는 경우에는 같은 항에 따른 결정이 있은 후)에만 변경출원을 할 수 있다.

제210조(출원심사청구시기의 제한)

국제특허출원에 관하여는 제59조제2항에도 불구하고 다음 각 호의 어느 하나에 해당하는 때에만 출원심사의 청구를 할 수 있다.
  1. 국제특허출원의 출원인은 제201조제1항에 따라 국어번역문을 제출하고(국어로 출원된 국제특허출원의 경우는 제외한다) 제82조제1항에 따른 수수료를 낸 후
  2. 국제특허출원의 출원인이 아닌 자는 국내서면제출기간(제201조제1항 각 호 외의 부분 단서에 따라 국어번역문의 제출기간을 연장하여 달라는 취지를 적은 서면이 제출된 경우에는 연장된 국어번역문 제출 기간을 말한다)이 지난 후

제214조(결정에 의하여 특허출원으로 되는 국제출원)

① 국제출원의 출원인은 「특허협력조약」 제4조(1)(ii)의 지정국에 대한민국을 포함하는 국제출원(특허출원만 해당한다)이 다음 각 호의 어느 하나에 해당하는 경우 산업통상자원부령으로 정하는 기간에 산업통상자원부령으로 정하는 바에 따라 특허청장에게 같은 조약 제25조(2)(a)에 따른 결정을 하여줄 것을 신청할 수 있다.
  1. 「특허협력조약」 제2조(xv)의 수리관청이 그 국제출원에 대하여 같은 조약 제25조(1)(a)에 따른 거부를 한 경우
  2. 「특허협력조약」 제2조(xv)의 수리관청이 그 국제출원에 대하여 같은 조약 제25조(1)(a) 또는 (b)에 따른 선언을 한 경우
  3. 국제사무국이 그 국제출원에 대하여 같은 조약 제25조(1)(a)에 따른 인정을 한 경우

② 제1항의 신청을 하려는 자는 그 신청 시 발명의 설명, 청구범위 또는 도면(도면 중 설명부분에 한정한다), 그 밖에 산업통상자원부령으로 정하는 국제출원에 관한 서류의 국어번역문을 특허청장에게 제출하여야 한다.

③ 특허청장은 제1항의 신청이 있으면 그 신청에 관한 거부·선언 또는 인정이 「특허협력조약」 및 같은 조약규칙에 따라 정당하게 된 것인지에 관하여 결정을 하여야 한다.

④ 특허청장은 제3항에 따라 그 거부·선언 또는 인정이 「특허협력조약」 및 같은 조약규칙에 따라 정당하게 된 것이 아니라고 결정을 한 경우에는 그 결정에 관한 국제출원은 그 국제출원에 대하여 거부·선언 또는 인정이 없었다면 국제출원일로 인정할 수 있었던 날에 출원된 특허출원으로 본다.
⑤ 특허청장은 제3항에 따른 정당성 여부의 결정을 하는 경우에는 그 결정의 등본을 국제출원의 출원인에게 송달하여야 한다.
⑥ 제4항에 따라 특허출원으로 보는 국제출원에 관하여는 제199조제2항, 제200조, 제200조의2, 제201조제5항부터 제8항까지, 제202조제1항·제2항, 제208조 및 제210조를 준용한다.
⑦ 제4항에 따라 특허출원으로 보는 국제출원에 관한 출원공개에 관하여는 제64조제1항 중 "다음 각 호의 구분에 따른 날"을 "제201조제1항의 우선일"로 본다.

제01절 자기지정

1 의의

자기지정이란 자국의 국내출원 또는 자국을 지정국으로 포함한 PCT출원에 기초하여 우선권 주장을 하면서 국제출원을 하는 경우 자국을 지정국에 포함시키는 것을 말한다.

2 PCT 제8조

(1) PCT 제8조 (1) 및 제8조 (2)a

국제출원도 우선권을 수반할 수 있으며, 국제출원이 우선권을 수반하는 경우 제54조는 적용되지 않고 파리협약 제4조의 요건이 적용되며 (제199조 제2항), 그 절차는 PCT에 의한다.

(2) PCT 제8조 (2)b

자기지정의 경우 절차는 PCT에 의하지만, 우선권 주장의 요건 및 효과는 당해 지정국의 국내법에 의한다. 이는 각 국의 법제가 달라 요건 및 효과를 통일적으로 규율하기 곤란하기 때문이다.

3 우선권 주장의 요건, 절차 및 효과

자기지정 종류	요건 (제55조 제1항)	절차 (PCT)		효과		
		우선권주장의 절차	우선권주장의 취하	선출원의 취하간주	판단시점의 소급 (제55조 제3항, 제202조 제3항)	확대된 선원의 지위 (제55조 제4항, 제202조 제3항)[207]
선출원이 PCT 출원인 경우	1. 선출원이 후출원시 계속 중이고, 분할, 변경 출원이 아닐 것 2. 선출원발명을 실질적으로 승계한 자일 것	국제출원서에 우선권주장의 취지 및 선출원의 표시	우선일로부터 2년 6월이 지나기 전과 국내서면 제출기간 전에 출원인이 심사청구를 하기 전중 빠른 날까지 우선	기준일과 국제출원일로부터 1년 3월이 경과한 때 중 늦은 때 취하간주 (제202조 제3항)	후출원에 기재된 발명 중 선출원의 원문 (국제출원일까지 제출된 발명의 설명, 청구범위 또는 도면에 기재된 발	후출원의 출원공개/국제공개/등록공고 + 후출원의 원문에 기재된 발명 중

		3. 발명의 동일성 4. 선출원일로부터 1년내 출원		권주장의 일부 또는 전부 취하 가능	명)에 대하여 판단시점 소급	선출원의 원문에 기재된 발명에 대하여 확대된 선원의 지위 인정
선출원이 국내출원인 경우				선출원일로부터 1년 3월이 경과한 때 취하간주 (제56조 제1항)	후출원에 기재된 발명 중 선출원의 최초 명세서 또는 도면에 기재된 발명에 대하여 판단 시점 소급	후출원의 출원공개/국제공개/등록공고 + 후출원의 원문에 기재된 발명 중 선출원의 최초 명세서 또는 도면에 기재된 발명에 대하여 확대된 선원의 지위 인정

4 관련문제

(1) 자기지정에 있어, 선출원이 국내출원인 경우의 쟁점

1) 선출원일로부터 1년 3월이 경과한 때 취하간주되는지 여부

가. 판례

국내출원을 기초로 한 자기지정과 관련된 사안에서 이 사건 원출원은 특허법 제56조 제1항에 따라 그 출원일로부터 1년 3개월이 도과한 때에 취하간주되었고, 거기에 특허법 및 PCT에 관한 법리오해 등의 위법이 있다고 할 수 없다고 판시하였다(2005후2168).

나. 검토

자기지정에 있어, 선출원이 PCT출원인 경우 기준일과 국제출원일로부터 1년 3월이 지난 날 중 늦은 때 선출원이 취하간주 되는 반면, 선출원이 국내출원인 경우 선출원일로부터 1년 3월이 지난날 선출원이 취하간주되어 형평성에 맞지 않는 문제점이 있다. 그러나 명문의 규정이 명백한 이상 판례의 태도가 타당하다.

2) 신뢰보호의 원칙에 반하는지 여부

같은 사안에서 판례는 "일반적으로 행정상의 법률관계에 있어서 행정청의 행위에 대하여 신뢰보호의 원칙이 적용되기 위해서는, 첫째 행정청이 개인에 대하여 신뢰의 대상이 되는 공적인 견해표명을 하여야 하고, 둘째 그 개인에게 행정청의 그 견해표명이 정당하다고 신뢰한 데에 대하여 귀책사유가 없어야 하며, 셋째 그 개인이 행정청의 견해표명을 신뢰한 결과 이에 상응하는 어떠한 행위를 하여야 하고, 넷째 행정청이 그 견해표명과는 반대되는 취지의 처분을 함으로써 개인의 이익을 침해하는 결과를 초래하며, 다섯째 종전 견해표명대로 행정처분을 할 경우 이로 인하여 공익 또는 제3자의 정당한 이익을 현저히 해할 우려가 없을 것 등의 요건이 필요한바, 원심판결의 이유를 위 법리와 기록에 비추어 살펴보면, 원심이 신뢰보호원칙의 성립요건 중 첫 번째 요건인, 피고

---

207) 후출원인 국제특허출원이 국내서면제출기간에 발명의 설명 및 청구범위의 국어번역문을 제출하지 않아 취하한 것으로 보는 경우에는 (특허법 제201조 제4항) 확대된 선원의 지위가 인정되지 않는다(특허법 제202조 제2항 단서).

가 원고에 대하여 이 사건 원출원을 취하간주처리하지 아니하겠다는 내용의 '공적인 견해표명'을 한 바가 없었다는 이유로, 피고의 그 취하간주처리가 신뢰보호의 원칙에 위반되지 아니한다고 판단하였음은 옳고, 거기에 신뢰보호의 원칙에 관한 법리오해 등의 위법이 있다고 할 수 없다."고 판시하였다.

(2) 국내우선권주장을 수반한 국제특허출원시 특별수권의 요부

판례는 "국내 우선권주장을 수반한 국제특허출원서 제출시에는 특허법이 적용되지 않고 특허협력조약이 적용되어 특허협력조약에서 정하고 있는 우선권주장의 절차 이외에 국내에서 별도로 우선권주장의 취지 및 선출원의 표시를 할 필요가 없으므로, 대리인이 국내에서 우선권주장을 하기 위해서는 특별수권을 얻어야 한다는 특허법 제6조가 적용될 여지가 없고, 국제특허출원서 제출시에 적용되는 국제특허출원 절차를 규정한 특허협력조약규칙 제90조3(a)에서는 대리인에 의한 행위는 출원인에 의한 행위로서의 효과를 가진다고 규정하고 있어서 대리인에게 별도의 특별수권이 필요한 것은 아니다."고 판시하였다(2004허8671).

(3) 자기지정 주체적 요건(2016두58543)

1) 우리나라에서 먼저 특허출원을 한 후 이를 우선권 주장의 기초로 하여 그로부터 1년 이내에 PCT가 정한 국제출원을 할 때 지정국을 우리나라도 하는 것을 자기지정이라 하며, 이 경우 우선권 주장의 조건 및 효과는 우리나라의 법령이 정하는 바에 의한다.
2) 국내우선권 주장의 법령에 따르면, 특허를 받으려는 사람은 자신이 특허를 받을 수 있는 권리를 가진 특허출원으로 먼저 한 출원의 출원서에 최초로 첨부된 명세서 또는 도면에 기재된 발명을 기초로 그 특허출원한 발명에 관하여 우선권을 주장할 수 있다(특허법 제55조 제1항). 이러한 국내우선권 제도의 취지는 기술개발이 지속적으로 이루어지는 점을 감안하여 발명자의 누적된 성과를 특허권으로 보호받을 수 있도록 하는 것이다.
3) 발명을 한 자 또는 그 승계인은 특허법에서 정하는 바에 의하여 특허를 받을 수 있는 권리를 갖고(특허법 제33조 제1항 본문), 특허를 받을 수 있는 권리는 이전할 수 있으므로(특허법 제37조 제1항), 후출원의 출원인이 후출원 시에 '특허를 받을 수 있는 권리'를 승계하였다면 우선권 주장을 할 수 있고, 후출원 시에 선출원에 대하여 특허출원인변경신고를 마쳐야만 하는 것은 아니다.
4) 특허출원 후 특허를 받을 수 있는 권리의 승계는 상속 기타 일반승계의 경우를 제외하고는 특허출원인변경신고를 하지 아니하면 그 효력이 발생하지 아니한다고 규정한 특허법 제38조 제4항은 특허에 관한 절차에서 참여자와 특허를 등록받을 자를 쉽게 확정함으로써 출원심사의 편의성 및 신속성을 추구하고자 하는 규정으로 우선권 주장에 관한 절차에 적용된다고 볼 수 없다. 따라서 후출원의 출원인이 선출원의 출원인과 다르더라도 특허를 받을 수 있는 권리를 승계받았다면 우선권 주장을 할 수 있다고 보아야 한다.

제02절 그 외 규정

1 공지예외적용주장과 출원의 특례 (특허법 제200조)

국제특허출원된 발명에 관하여 출원인의 의사에 기한 공지예외적용주장 (특허법 제30조 제1항 제1호)을 적용받으려는 자는 그 취지를 적은 서면 및 이를 증명할 수 있는 서류를 제30조 제2항에도 불구하고 기준일 경과 후 30일 내에 특허청장에게 제출할 수 있다.

2 재외자에 대한 특허관리인의 특례 (특허법 제206조)

재외자인 국제특허출원의 출원인은 기준일까지는 제5조 제1항에도 불구하고 특허관리인에 의하지 아니하고 특허에 관한 절차를 밟을 수 있다. 다만, 제201조 제1항에 따라 국어번역문을 제출한 재외자는 기준일부터 2개월 내에 특허관리인을 선임하여 특허청장에게 신고하여야 한다. 이러한 선임신고가 없으면 그 국제특허출원은 취하된 것으로 본다.

3 출원공개 시기 및 효과의 특례 (특허법 제207조)

(1) 공개의 주체, 대상 및 시기

국제사무국은 출원계속 중인 모든 국제출원에 대하여 우선일로부터 1년 6월이 되는 날 (신청에 의한 조기공개 가능) 국제공개를 한다.

(2) 국제공개의 효과 - 서면경고 및 보상금 청구권

1) 국어로 출원한 국제특허출원을 제외하고 국제공개가 있다고 해도 국내법에 의해 출원공개가 있기 전에는 국제특허출원된 발명을 업으로 실시한 자에게 국제특허출원된 발명인 것을 서면으로 경고할 수 없다.
2) 국제특허출원(특허법 제214조 제4항에 따라 특허출원으로 보는 국제출원을 포함)의 경우 국제출원일까지 제출한 발명의 설명, 청구범위 또는 도면에 기재된 발명이 국제공개된 경우 확대된 선원의 지위가 인정된다(특허법 제29조 제5항). 다만, 국제특허출원이 제201조 제4항에 따라 취하한 것으로 보는 경우 그러하지 아니하다(특허법 제29조 제7항).

4 보정의 특례 (특허법 제208조)

(1) 보정의 시기

국제특허출원은 ⅰ) 국어번역문을 제출할 것 (국어로 국제출원한 경우 제외), ⅱ) 소정의 수수료를 납부할 것, ⅲ) 기준일이 경과할 것의 요건을 충족하여야 국내단계의 보정을 할 수 있다(특허법 제208조 제1항).

(2) 보정의 범위

ⅰ) 2015년 개정법은 국제적 추세를 반영하여 국제특허출원의 범위를 번역문주의에서 원문주의로 변경하여 단순 오역이 있는 경우에도 이를 보정할 수 없어 진정한 권리를 취득하지 못하는 문제점을 해결하였다.

ⅱ) 외국어로 출원된 국제특허출원의 보정은 국제출원일까지 제출한 발명의 설명, 청구범위 또는 도면에 기재된 사항의 범위에서 하여야 한다(특허법 제208조 제3항).

ⅲ) 외국어로 출원된 국제특허출원의 보정은 제201조 제5항에 따른 최종 국어번역문(제201조 제6항 전단에 따른 정정이 있는 경우에는 정정된 국어번역문을 말한다) 또는 국제출원일까지 제출한 도면(도면 중 설명부분은 제외한다) 에 기재된 사항의 범위에서도 하여야 한다(특허법 제208조 제4항). 다만, 국어번역문은 오역의 정정이 가능하므로 실질적으로 보정이 가능한 범위는 외국어 명세서이다.

5 변경출원시기의 제한 (특허법 제209조)

국제실용신안등록출원을 기초로 하여 특허출원으로 변경출원을 하는 경우 ⅰ) 국어번역문을 제출할 것 (국어로 국제출원한 경우 제외), ⅱ) 소정의 수수료를 납부할 것의 요건을 만족해야 한다.

6 심사청구시기의 제한 (특허법 제210조)

(1) 출원인

국제특허출원인의 출원인은 ⅰ) 국어번역문을 제출할 것 (국어로 국제출원한 경우 제외), ⅱ) 소정의 수수료를 납부할 것, ⅲ) 국제출원일로부터 3년 내의 요건을 만족하여야 심사청구할 수 있다.

(2) 제3자

국제특허출원인의 출원인이 아닌 제3자는 ⅰ) 국어번역문을 제출할 것 (국어로 국제출원한 경우 제외), ⅱ) 소정의 수수료를 납부할 것, ⅲ) 국제출원일로부터 3년 내의 요건뿐만 아니라, ⅳ) 국내서면제출기간을 경과할 것의 요건을 만족해야 한다. 이는 제3자의 심사청구에 의해 국어번역문이 확정되는 것을 방지하기 위함이다.

7 결정에 의하여 특허출원으로 되는 국제출원 (특허법 제214조)

(1) 수리관청에서 국제출원일을 인정하지 않아 국제조사나 국제공개가 이루어지지 않는 국제출원이어도 그 수리관청의 국제출원일 인정의 거부에 잘못이 있는 경우 대한민국에서 일정한 절차 및 특허청장의 결정을 거쳐 국내법상 특허출원으로 구제할 수 있도록 규정하고 있다. 이러한 결정에 의해 구제된 국제특허출원은 국제출원일 인정의 거부가 없었다면 국제출원일로 인정할 수 있었던 날에 대한민국에 출원한 특허출원으로 간주된다.

(2) 위 신청은 거부 등이 출원인에게 통지된 날부터 2월 이내 가능하다(특허법 시행규칙 제117조 제1항).

변리사 조현중 편저

- **약 력**
  - 서울대학교 공과대학 화학생물공학부 졸업
  - 윌비스한림법학원 특허법 강사
  - 現) 골드제이특허법률사무소 대표변리사
    - 인마이제이 대표
    - 변리사스쿨 대표

- **주요저서**
  - 조현중 특허법 1차 기본서 (윌비스)
  - 조현중 특허법 2차 기본서 (윌비스)
  - 조현중 특허법 조문노트 (윌비스)
  - 조현중 특허법 필기노트 (윌비스)
  - 조현중 특허법 판례노트 (윌비스)
  - 조현중 특허법 판례노트 핸드북 (윌비스)
  - 조현중 특허법 최종정리 핸드북 (윌비스)
  - 조현중 특허법 2차 사례집 핸드북 (윌비스)
  - 조현중 특허법 서브집 핸드북 (윌비스)
  - 조현중 특허법 O×문제집 (윌비스)
  - 조현중 특허법 기출문제집 (윌비스)
  - 조현중 특허법 2차 기출문제집 (윌비스)
  - 조현중 특허법 객관식 (윌비스)

조현중 특허법 2차 기본서 (제4판)

초 판 발행	2021년 02월 19일	제2판 발행	2021년 12월 08일
제3판 발행	2022년 10월 31일		
제4판 인쇄	2023년 09월 11일		
제4판 발행	2023년 09월 15일		

편저자 조 현 중
발행인 송 주 호
발행처 ㈜윌비스
등 록 119-85-23089
주 소 서울시 관악구 신림로 129-1
전 화 02)883-0202 / Fax 02)883-0208

저자와의 협의에 의해 인지를 생략합니다.

ISBN 979-11-6618-630-1 / 13360   정 가 32,000원

이 책은 도서출판 윌비스가 저작권자와의 계약에 따라 발행하였습니다.
저작권법에 의해 보호를 받는 저작물이므로 본사의 허락 없는 무단 전재와 무단 복제를 금합니다.